Doing Business in China

중국에서 기업하기

신주식 박혜영 박정동 공저

생능출판사
Life & Power Press

머리말

PREFACE

중국은 지난 수십 년간 경제 발전을 최고 목표로 하여 국가 정책을 펼쳐 나갔다. 하지만 근래에 들어 그에 따른 부작용으로 심각한 몸살을 앓고 있다. 즉, 부의 양극화 문제, 정부의 부정부패, 높은 인플레이션 등의 문제들이 심각하게 대두되고 있어 이를 해결하기 위해 여러 가지 시도를 하고 있다. 그러한 예로 3~4년 전부터 물권법, 법인세법, 파산법, 노동계약법 등 여러 가지 법령의 개정, 신기술 고부가가치 업종에 대한 선별적인 투자우대 정책, 외국인 투자기업에 대한 다양한 특혜조치의 축소 등 투자에 영향을 미치는 많은 변화가 일어나고 있다. 이에 따라 우리 기업들의 중국 진출에 보다 세심한 주의가 요구되고 있다

우리나라의 시장은 이미 포화상태에 이르러 점점 활력을 잃어가고 있다. 이에 반해 중국시장은 광범위하고 무궁무진한 발전 가능성이 있어 활력을 잃은 우리나라 기업에 다시 활기를 가져다줄 수 있는 촉매제가 될 것이다. 이러한 상황 아래 중국시장 진출은 기업의 장기적인 발전을 위해서는 고려의 대상이 아니라 필수불가결적으로 선택해야 하는 경영전략의 하나라고 생각한다.

하지만 중국시장의 성공적인 진출과 중국에서의 경영이 성공하기 위해서는 중국의 빠른 변화에 대응하여 진출 전에 철저한 계획을 세우고 진출 뒤에는 중국의 경영 조건이 우리나라와 어떻게 다른지를 세밀하게 조사하여야 한다. 이를 조금이라도 더 체계적이고 쉽게 알려주기 위해 이 책이 나온 것이다.

책의 서두에는 중국에 진출하기에 앞서 사전에 조사하여야 할 것들을 몇 가지의 항목으로 나누어 각 조사 항목의 중요성과 조사 방법 및 결과

에 대해 서술하였다. 다음으로 사전 조사를 마친 다음 중국에 직접 진출하기 위해서는 무슨 서류를 구비하고 어떠한 절차에 따라 처리해야 하는지에 대해서 서술하였다. 마지막으로 현지에 진출한 다음 중국시장에서 가장 효율적인 경영 방법을 실제 사례를 제시하면서 성공 경영 노하우를 전수하려고 노력하였다.

이 책의 저자들이 기술한 각 장의 내용들은 한국인들의 관점에서 바라본 현상 분석들이 대종을 이루고 있다. 하지만 한국 기업인들이 중국인 거래선들을 상대하고 이들과 거래를 추진하는 경우나 한국 기업들이 중국인 직원들을 채용하여 기업 조직을 꾸려나가는 경우에는 이들 중국인들의 관점 역시 매우 중요하다. 따라서 이 책은 이들의 관점을 십분 감안하여 중국적 기업경영 전략이나 방침들도 다수 포함하고 있다. 어찌 보면 이 책이 제시하고 있는 대중국 투자기업의 경영전략들 중 일부 전략들에 대해서는 한국 기업 경영층의 관점에서 볼 때 과연 이 전략이 직원들의 관심과 정열을 유발시켜 긍정적인 결과를 도출하는 데 도움이 될 것인지 의문을 가질 수도 있을 것이다. 하지만 이런 경우 반드시 한국인들의 관점이 아닌 중국인들의 관점에서 재조명해보고 다시 한 번 살펴보는 독자들의 지혜와 슬기를 기대해보고 싶다.

우리 한국인들이 흔히 범하는 오류들 중의 하나가 한국인들과 중국인들의 사고방식과 행동양식을 비교, 분석하는 과정에서 서로 비슷한 모습을 보일 것이라는 가정과 전제하에서 모든 문제를 판단하는 습성을 보이고 있다는 점이다. 양국의 역사와 문화가 역사적으로 하나의 동일한 동양문화권 속에서 상호 영향을 미쳐 가며 발전을 해온 것이 사실이기는 하지만, 그 과정에서도 서로의 문화적 독립성과 사상적 독자성을 지켜가며 서로 다른 길을 걸어온 것 또한 사실이다. 따라서 저자들은 한국인들과 중국인들 사이에는 서로 비슷하거나 같은 점들도 많이 존재하기는 하지만 서로 다른 점들이 훨씬 더 많이 존재한다고 판단하고 있다. 그러기에 동일한 현상과 비슷한 사물의 모습에서도 양국 국민들의 민족성과 국민성의 관점들을 두루 활용하여 상대방인 중국인들의 관점에서 분석해보고 판단해 보는 습성을 기르는 것이 필요하다고 생각한다.

아무쪼록 이 책이 중국에 진출하려는 기업들에게 조금이나마 도움이 되길 바라며, 이 자리를 빌어 책 발간을 위해 아낌없는 지원을 해주신 생능출판사의 관계자 여러분들에게 심심한 사의를 표한다.

2011년 1월
저자 일동

차 례

머리말 3

PART 01 중국 경제를 주목하는 이유

CHAPTER 01 우리는 왜 중국과 중국 경제에 주목해야 하는가? 13

1. 중국의 국가 발전 청사진 14
2. 고속질주하는 중국 경제와 G2의 탄생 19
3. 글로벌 경제 전체에 영향을 미치는 중국 경제 22
4. 중국 경제의 한국 경제에 대한 영향 26

PART 02 중국 진출 이전 단계

CHAPTER 02 대중 투자 목표의 명확화와 사전 조사의 중요성 29

1. 대중 투자 목표의 명확화 30
2. 사전 조사의 중요성 35

CHAPTER 03 사전 조사 항목(1) – 투자 지역 선정 37

1. 투자 지역 선정을 위한 사전 조사 38
2. 세수 우대 정책과 투자 지역 선정 55
3. 투자 과열로 인한 개발구 정리 57

CHAPTER 04 사전 조사 항목(2) – 투자 방식 61
1. 투자 방식 선택 62
2. 중앙정부의 외국인 투자 유치 분야 72
3. 지방정부의 외국인 투자 유치 분야 79
4. 한국 기업이 투자 진출 시 신중을 거듭해야 할 투자 분야 81
5. 투자 수단 92

CHAPTER 05 사전 조사 항목(3)– 투자 파트너 선정과 투자의향서 97
1. 합작 파트너 선정 경로 98
2. 합작 파트너 평가 101
3. 투자의향서(投資意向書) 작성 108

CHAPTER 06 사업 타당성 검토보고서 작성 111
1. 예비 허가 단계 : 항목입항 113
2. 예비 허가 단계 : 사업 타당성 검토보고서 작성 114
3. 보고서 작성 방법 및 검토 사항 116
4. 기업 명칭 예비 등록 127

PART 03 출자 준비 및 조업 준비

CHAPTER 07 계약서 체결 및 정관 작성 131
1. 계약서 작성 및 체결 132
2. 계약서 작성 시 유의 사항 134
3. 정관 작성 155

CHAPTER 08 투자 허가 161
1. 중국에서의 외국인 투자 허가 신청 162
2. 국내에서의 해외 직접투자 신고 수리 절차 165
3. 기타 등기 절차 166

PART 04 경영관리 단계

CHAPTER 09 생산관리 171

1. 토지 및 공장 확보 172
2. 전기, 통신, 용수 확보와 관리 181
3. 원자재 및 설비 조달 185
4. 가격 책정 196
5. 품질관리 202
6. 생산자재 및 원료구매 전략 209
7. 생산 시설 건설을 위한 공장 건설과 관련된 전략 213

CHAPTER 10 인사 · 노무 관리 219

1. 인사관리 220
2. 노무관리 266

CHAPTER 11 자금관리 279

1. 중국에서의 대출 280
2. 외환관리 283
3. 세무 285
4. 회계 288

CHAPTER 12 마케팅 291

1. 중국 내수시장 공략 292
2. 마케팅 전략 300

CHAPTER 13 경영관리의 애로 사항 347

1. 진출 단계의 애로 사항 348
2. 운영 단계의 애로 사항 350

PREFACE

PART 05 현지화, 중국 상관습, 주재원 관리

CHAPTER 14 주재원과 현지 직원 간 관계 유지 전략 357

1. 적극성 · 진취성 · 도전성에 대한 오해 불식 358
2. 우리의 약점을 노출시키지 말자 363
3. 중국인과의 관계에서는 항시 여유를 갖고 행동하자 374
4. 의형제, 의남매 맺기 캠페인을 전개하자 376
5. CEO의 솔선수범과 직원들과의 동고동락 379
6. 항시 동의를 이끌어내는 타협과 협상 382

CHAPTER 15 중국 상관습과 거래선 관리 전략 385

1. 인정 및 동정에 호소한 감동 전략 386
2. 중국인 거래선들과 좋은 관계를 유지하는 방안과 전략 393
3. 선물이 중국인 거래선들에게 갖는 의미 399
4. 정부 기관 공무원들과 관계망 형성 403
5. 중국인 거래선들과의 신뢰 형성 405
6. 소형 거래선들의 마음을 잡는 전략 406

CHAPTER 16 주재원 관리 전략 413

1. 주재원의 중국어 구사 능력의 배양 414
2. 주재 생활의 갈등 문제 해결 방안 417
3. 주재 생활의 고독감과 외로움 문제 420
4. 주재원의 업무 고과 및 인사 고과 문제 421
5. 주재원 인사관리 전략에서 유의해야 할 점 427
6. 주재원의 사직을 사전에 차단하는 방안 431

CHAPTER 17 주재원 현지화 관리와 주재원 가족 관리 435

1. 주재원들의 현지화 의식구조 436
2. 주재원의 현지화 개념 정의와 실천 문제 443
3. 주재원 가족 관리 문제점 453
4. 주재원 대체 인력으로서의 현지인 활용 전략 구사 459

PART 06 철수 전략

CHAPTER 18 철수 전략 465

1. 개요 466
2. 지분 양도 방식에 의한 사업 철수 468
3. 청산 및 파산 방식에 의한 사업 철수 469
4. 청산 시 세무 문제 475

■ 부록 477
■ 참고문헌 545
■ 찾아보기 548

01

PART

중국 경제를 주목하는 이유

01

우리는 왜 중국과 중국 경제에 주목해야 하는가?

한국 경제가 글로벌 경제에서의 위상을 지속적으로 높여가기 위해서는 중국을 넘어서야 한다. 그러기 위해서는 우리 기업이 중국의 거대한 내수시장에 성공적으로 진입하여 중국시장을 장악해야 한다.

CHAPTER 01

우리는 왜 중국과 중국 경제에 주목해야 하는가?

1. 중국의 국가 발전 청사진

최근 중국의 화상회의(華商會議)[1]가 중국 정부의 주도하에 정기적으로 개최되고 있다. 이 회의에서 오간 토론의 내용을 살펴보면, 대중화 경제권 건설 계획 등 그들의 야망을 담은 대형 프로젝트들에 대해 토론을 벌인 흔적들이 심심찮게 보인다. 그들이 언급한 중국의 국토개발 및 글로벌 관점에서의 국가 발전 청사진과 주요 대형 프로젝트의 내용들을 여기서 몇 가지 소개해 보고자 한다. 그 이유는 왜 우리가 한국 경제 발전을 위해 중국과 중국 경제의 발전에 주목해야 하는지에 대해 독자들로 하여금 다시 한 번 생각해보는 기회를 제공하고자 하기 위해서이다.

(1) 중국의 국토개발과 관련된 장기 청사진

궁형(弓型; 활형) 개념의 상해 중심의 국토개발 청사진

궁형 계획의 기본틀을 보면 중경과 상해를 잇는 장강(양자강)을 축으로 직선 화살의 모양을 보이는데, 화살이 향하는 방향의 끝, 즉 화살촉은 상해에 해당하고 반대편의 화살의 끝은 중경에 해당한다. 대련, 천진(북경)을 거쳐 위해, 연대, 청도, 연운항, 상해, 닝보, 샤먼, 홍콩(광주)으로 이어지는 볼록한 곡선은 활의 뒷부분, 즉 궁배(弓背)를 형성한다. 즉, 대련에서 시작하여 상해를 거쳐 홍콩으로

1) 중국 기업 및 동남아 화교 기업, 대만 기업, 홍콩 및 마카오 기업들이 함께 개최하는 화교 상인들의 회의

이어지는 볼록렌즈 모양의 중국 지도상의 곡선 해안선을 궁배(弓背; 활의 등근 활등)에 비유한 것이다. 그리고 북경에서 정주(鄭州)를 거쳐 광조우(廣州)를 잇는 기존의 경광(京廣)철도[2] 또는 향후 건설하게 될 북경과 광주 간의 직선 고속도로 혹은 고속전철을 활시위, 즉 궁현(弓弦)에 비유한 것이다. 이때 활시위를 당기는 궁수(弓手)는 중국 경제 및 중국 국력이 될 것이며 화살이 날아가는 방향은 태평양을 건너 미국을 향하게 된다. 이는 곧 세계를 지배하는 초강대국으로 미국에 대한 도전을 의미하며, 좁게는 글로벌 경제 · 무역 · 금융의 지배 도시인 뉴욕에 대한 상해의 도전을 의미한다고 볼 수 있다. 중국의 국력이 미국 국력에 도전하는 중심 역할이 상해에 주어져 있는 셈이다.

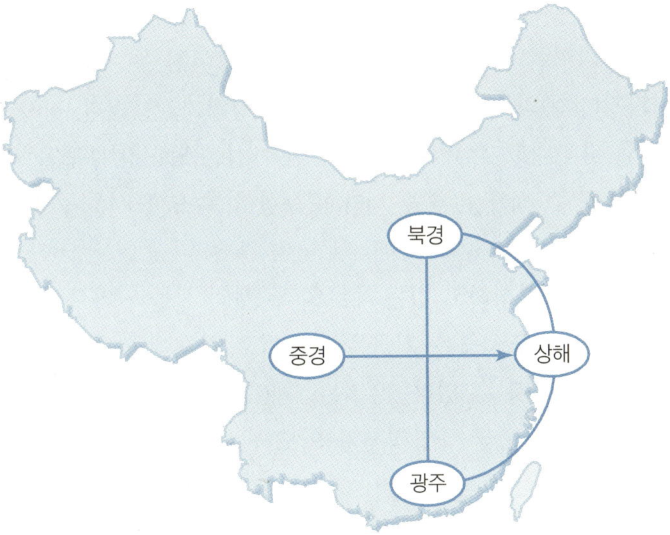

[그림 1-1] 궁형(弓型; 활형) 개념의 국토개발 청사진

결국 궁형 개념에서 볼 때 향후 중국 국가 발전의 핵심 지역은 화남지역이나 화북지역이 아닌 화중지역(중국에서는 지역 구분 시 상해를 화동지역에 포함시키고 있으나 여기서는 궁형 화살이 중경에서 시작하여 상해에서 끝나므로 편의상 화중지역으로 표기함)임을 알 수 있다. 화중지역의 핵심 도시는 상해이므로 중국 지도부의 생각의 단면을 엿볼 수 있는 것이다. 화살촉에 해당하는 상해가 태평양을 건

2) 북경의 경(京) 자와 광주의 광(廣) 자를 따서 만든 철도 노선의 이름

너 미국을 향하고 있는 것은 상해 엑스포 개최를 계기로 상해의 경제 · 금융 · 무역 중심 도시로서의 성장이 뉴욕을 앞지르기를 바라는 중국 수뇌부의 바람이 들어 있다고 보아야 하지 않을까?

'개(开)' 자형 국가 발전 청사진

한자의 열 개(開)를 간자체로 쓰면 개((开)가 된다. 이 개((开) 자를 시계 바늘 방향으로 90도 돌리면 [그림 1-2]와 같은 모양이 된다. 즉, 开 자가 바로 서 있지 않고 오른쪽 옆으로 누운 형태의 '亍'가 된다. 이 모양 중 ǀǀ 부분의 오른쪽의 ǀ은 중국의 연해지역 해안선을 따라 형성된 해안 도시들(대련, 천진, 위해, 연대, 청도, 연운항, 상해, 영파, 하문, 홍콩 등)의 연결선을 의미하고, 왼쪽의 ǀ은 경광철도(북경과 광조우를 잇는 기존 철도) 및 향후 건설될 북경-광주 간 고속철도 또는 고속도로를 의미한다. 또한 '亍' 중 가로로 그어진 두 개의 선 중에서 아래쪽 선은 양자강(장강)의 주변에 위치한 도시들(상해, 남경, 무한, 장사, 중경 등)을 잇는 연결선을 나타내고, 나머지 한 개의 위쪽 선은 황허강 주변을 포함한 화북지역(북경, 천진, 정주, 석가장, 태원, 서안 등 포함)의 주요 도시들을 잇는 연결선을 나타낸다.

이처럼 '亍' 자를 형성하고 있는 세로의 두 개의 선들과 가로의 두 개의 선들을 연결한 주변 주요 도시들은 최근은 물론이고 향후에도 중국 경제의 발전을 선도할 도시들이라고 볼 수 있다. 우리는 '개(开)' 자형 국가 발전 청사진을 통해 국가경영 전략에서 중국 중앙정부가 의도하는 장기 청사진을 엿볼 수 있다. 최근까지 화북지역에 비해 경제 발전이 빠른 화남지역이 중앙 정부의 우선순위 배정에서는 후순위로 밀렸음을 이 청사진을 통해 확인해볼 수 있다.

1990년대 말 일부의 대만 학자들이 조심스레 영연방제와 같은 연방제를 개진한 적이 있었다. 즉, 대만이 중국과 연합할 기회가 생긴다면 각국이 실제로는 완전히 독립된 상태인 느슨한 연방 형태로 하되, 이 경우 4~5개의 연방을 구성한다면 대만과 광동성이 한 개의 연방이 될 수도 있지 않겠느냐는 의견이었다. 이 점을 고려할 때 북경의 중앙정부를 중심으로 한 '통일 목표라는 중심부를 향한 구심력 관점'에서는 광동성을 중심으로 한 화남지역이 약간은 약한 상태일 수도 있어 소수의 대만 학자들이 그런 의견을 개진한 배경이 어느 정도는 이해되는 대목이 아닐까 하는 생각이 든다.

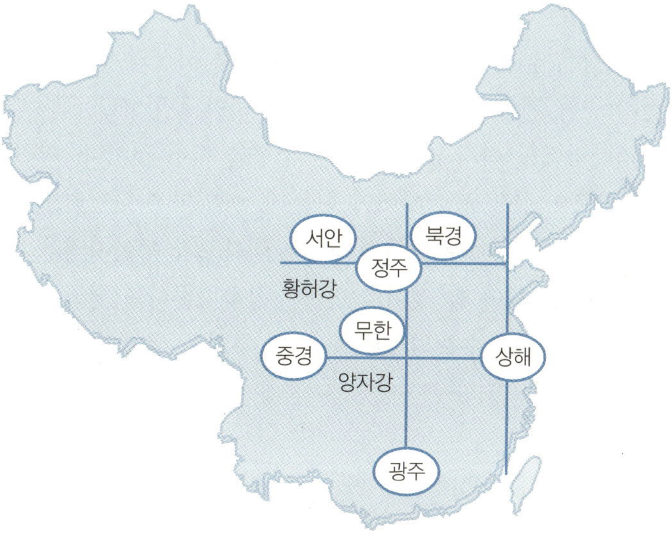

[그림 1-2] '卄' 자형 국가 발전 청사진

(2) 글로벌 관점에서의 국가 발전 청사진

제1대륙교(大陸橋) 개념의 중국 중심 글로벌 경영 청사진

1907년 6월 최초의 북경과 파리 간 16,000km 장거리 자동차 경주가 열린 것을 비롯해 최근까지 수차례 자동차 경주 또는 오토바이 경주가 북경-파리 구간에서 개최되었다. 중국은 이를 현대판 대륙 간 교량(大陸橋) 건설의 분위기 조성을 위한 초기 이벤트로 활용하면서, 장기 추진 국가 과제로 삼아야 한다고 국제화상(華商)회의에서 주제로 삼아 토론하기도 하고 학자들 역시 심심찮게 주장하기도 한다. 이는 중국의 야심을 충족시킬 수 있는 야심만만한 대형 프로젝트로서 중국이 장기적으로는 반드시 추진할 과제로 채택할 것으로 보인다.

고속철도가 될지 고속도로가 될지는 두고 보아야 하겠지만 북경-파리 간 16,000km 거리는 고속철도의 경우는 40시간으로 이틀이면 주파가 가능하고 고속도로의 경우는 160시간으로 7일이면 충분히 도달할 수 있다. 화물선을 통한 해운의 경우 24~30일 이상 걸려야 하는 운송시간을 파격적으로 단축하는 대륙 간 글로벌 운송 혁명이 일어날 가능성이 큰 것이다.

물론 이와 같은 대륙교를 건설하자면 통과하는 국가가 수십 개가 될 것이고, 이들 국가들과의 협의가 있어야만 되겠지만 글로벌화 추세에 비추어 보건대 타결 가능성은 충분할 것으로 예상할 수 있다. 이 프로젝트가 현실화될 경우 서유럽과 동유럽 시장은 물론이고 중앙아시아 및 중동 시장의 영향권에 있는 40여 개국이 완전히 중국 제품 판매의 독무대가 될 것이 분명하다. 그렇다면 중국과 경쟁하는 우리나라에도 적지 않은 부정적 영향을 미칠 것이다. 이런 면에서 빠른 시일 내에 남북이 통일을 이루어야 하는데, 통일이 아니더라도 최소한 남북연방이나 남북연합 등을 이루어 북경까지의 대륙교가 북한지역을 거쳐 남쪽의 부산까지 연결되도록 해야 할 것이다. 만일 이에 따른다면 한국 기업의 대륙교 활용권 확보를 위해 상당 수준의 대륙교 건설 투자도 뒤따라야 할 것으로 예상된다.

중국 중심의 중경-사우디아라비아 간 제2대륙교 건설

해운으로 중국 대련에서 쿠웨이트 또는 사우디아라비아 항구까지는 약 20~25일의 시간이 소요되고 있다. 중국 학자들이나 화상회의의 관련 인사들은 중국 쪽 출발점은 최근 서부 대개발의 중심 도시라 할 수 있는 중경(重慶)이 되어야 하고, 종착점은 세계 최대의 산유국인 사우디아라비아가 되어야 한다고 주장하고 있다. 만일 중경에서 사우디아라비아까지 고속도로가 건설되면 3~4일 만에 사우디아라비아의 리야드나 제다에 도달할 수 있을 것이다. 이 경우 산업 생산 시설과 기반이 거의 전무한 중동시장 및 중앙아시아시장의 약 20여 개국 시장이 완전히 중국 기업의 안마당이 될 가능성이 크다.

중국의 중경과 사우디아라비아를 잇는 고속도로가 건설될 경우 우리나라 기업은 어떠한 대응 전략으로 중국과 경쟁을 해야 할까? 부산에서 출발한 1만 톤급 우리나라 선박이 중동시장용 수출 화물을 싣고 상해항을 거쳐 장강(양자강)을 따라 거슬러 올라가 삼협댐을 통과하여 12일 만에 중경에 도착한 다음, 고속도로 운송수단을 활용하여 중동에 14일 만에 중동시장에 도착하는 방안도 고려해 봄 직하지 않을까?

우리는 중국이라는 큰 나라가 마음만 먹는다면 상상하기조차 힘든 어마어마한 대형 프로젝트를 추진함으로써 전대미문의 효과와 결과를 낼 수 있는 환경적 요소를 가진 나라임을 알 수 있다. 여기에다 중국은 몇천 년 전부터 최근까지 무엇을 하든, 무엇을 만들든 항시 '최고'와 '최대'를 과시하고 추구하는 경향을 보여 왔다. 과거의 만리장성 건설, 이화원 축조와 같은 역사적 건축물들이 그랬고, 최근에는 1994년 착공하여 2008년 완공된 삼협댐 건설, 2008년 개최된 베이징 올림픽 및 2010년 5월 1일 개막된 상하이 엑스포가 그랬다. 그들이 갖고 있는 자원, 국토, 인구, 역량 등이 이런 것들을 가능하게 했고, 과거 수천 년의 역사가 이런 것들을 가능하게 했다는 것을 증명하고 있다. 이는 앞으로도 중국인들이 중국 경제 발전과 중국 국력 신장을 괄목할 만하게 이룰 수 있을 것이라는 점을 시사하고 있다고 할 것이다.

2. 고속질주하는 중국 경제와 G2의 탄생

(1) 세계의 공장에서 세계의 은행으로

중국이 2009년 세계 제1의 수출국이 됨과 동시에 GDP(국민총생산)도 일본을 앞질러 세계 2위로 부상한 것으로 추정된다고 〈홍콩경제일보〉가 보도했다.[3)]

이와 같은 보도와는 달리 2009년도 중국의 GDP가 간발의 차이기는 하나 아직 일본을 넘어서지는 못했고, 2010년에는 확실히 일본 GDP를 추월할 것이라는 보도도 나왔다. 중국 상무부의 중산(鐘山) 부부장은 2010년 1월 27일 열린 '2009 중국 개방 경제 포럼'에서 "중국이 이미 독일을 누르고 세계 최대의 수출국이 됐을 가능성이 높다."고 말했다. 그는 "2009년 중국의 수출은 작년에 비해 16.5%포인트 하락했지만, 다른 경쟁국들도 수출이 위축되면서 세계 시장에서의 중국 수출 점유율은 작년 8.86%에서 올해 9%로 오히려 높아질 것이다."라고 말했다.

2008년까지 세계 수출 시장 점유율은 독일 9.1%, 중국 8.86%로 독일이 근소하게 앞섰다. 하지만 금융위기로 각국의 수출이 위축되면서 2009년 상반기 6개월간 중국의 수출이 21.7% 감소할 때 독일은 34.1%의 감소율을 보여 독일의 감소폭이 훨씬 컸다. 중산 부부장의 언급은 이런 감소폭을 감안할 때 독일과 중국의 수출 총액이 이미 역전되었다는 것을 말해주는 것이다. 이로써 중국은 2005년 일본을 앞선 이후 미국과 독일까지 제치고 세계 1위의 수출대국이 된

3) 〈홍콩경제일보〉, 2010. 1. 28.

것으로 추정된다.[4]

〈파이넨셜 타임즈〉는 2009년 3월 23일 2009년 세금 금융기관 순위를 발표했다. 주식 시가 총액 기준으로 발표된 아래 자료는 최근의 세계 금융지도 변화를 그대로 드러내고 있다.[5]

순위	금융기관명	주식 시가 총액	비고
1위	중국 공상은행	1,753억 달러	
2위	중국 건설은행	1,287억 달러	
3위	중국 중국은행	1,128억 달러	
4위	미국 JP 모건체이스	945억 달러	1위가 4위로 추락
5위	영국 HSBC	783억 달러	
6위	미국 웰스 파고	621억 달러	
7위	일본 미츠비시 UFJ 파이넨셜	562억 달러	
8위	스페인 산탄데르 은행	541억 달러	
9위	미국 골드만 삭스	457억 달러	
10위	캐나다 RBC	403억 달러	

1999년에는 세계 20대 은행 중 미국계 은행은 11개 사였으나 2009년에는 4개 사로 감소하였고, 영국계 은행은 1999년 4개사에서 2009년 1개사로 감소하였다. 반면에 2006년부터 주식 상장을 시작한 중국계 은행들은 2009년 5개 사가 20위권 이내에 들었다. 특히 2009년도에는 중국계 은행이 1, 2, 3위를 독차지한 점이 두드러진다.

1999년 시가 총액이 1,509억 달러로 1위를 차지했던 미국 시티그룹은 2009년 시가 총액 137억 달러로 20위권 밖으로 밀려났고 최근 미국의 구제 금융으로 연명하고 있다. 1999년 세계 2위였던 뱅크오브아메리카(BOA)는 파산 위기에 몰린 메릴린치 투자은행을 인수했다가 부실의 늪에 빠져 11위로 추락했다. 이러한 현상을 두고 일부 학자들은 중국이 1990년대부터 2009년까지 세계의

4) 〈조선일보〉, 2010. 1. 30.
5) 〈파이넨셜 타임즈〉, 2009. 3. 23.

공장으로 불리었듯이, 2009년 미국발 세계금융위기 이후부터는 세계의 은행으로 불리어야 한다고 주장한다.

(2) G2의 탄생

G2라는 표현도 국제무대에서 서슴없이 사용되고 있다. G20 금융정상회담의 프레스 센터에서는 2000여 명의 각국 기자를 위한 국가별 부스와 좌석을 배정하였는데, 첫 번째 줄에는 주최국 영국 기자들을, 두 번째 줄에는 미국 기자들을, 세 번째 줄에는 중국 기자들(30석 차지)과 프랑스 기자들(24석 차지)을 앉을 수 있게 하였다. 그렇다면 2009년까지 세계 2위의 경제대국의 위치에 있던 일본의 기자석 부스는 몇 번째 줄이었을까?

이틀 동안의 각국의 양자 회담들 중에 가장 관심을 끈 것은 오바마와 후진타오 주석의 회담(일부 언론들은 이를 G2 회담으로 불렀음)이었다. 이 회담에서 미국의 오바마 대통령은 중국의 후진타오 국가 주석에게 "중국은 전통적 대국이다. 경제뿐만 아니라 정치 · 사회 · 문화 · 국력 등 모든 분야에서 대국이다. 미국의 재정적자 문제를 잘 관리해 나가겠다."라고 말했다.[6] 미국 대통령의 이와 같은 언급은 미국의 최대 채권국인 중국(미국 채권 보유액 7,400억 달러)이 달러화 가치 하락에 따른 손실을 우려하고 있어 중국을 달래기 위한 제스처라는 말도 있어 어찌 보면 참으로 재미있다 할 것이다.

후오회의(胡奥会)라는 표현도 중국에서 유행하고 있다. 후진타오(胡锦涛) 주석의 성과 오바마의 한자식(중국식) 성(奥巴马의 奥)을 따서 붙인 이름이다. 중국의 신문과 방송도 G2라는 용어[7]를 거침없이 사용하고 있다. 세계는 G2가 결정을 하고 G8이 추인하면 G20이 집행을 의결하는 구조로 될 것이다라는 것이 중국인들의 생각이라고 한다.[8] 오바마 미국 대통령이 "미중 관계는 세계에서 가장 중요한 양자 관계이다. 중국은 세계가 주목하고 있는 가운데 발전하고 있는 대국이다. 중요한 국제문제와 지역분쟁에서도 이익을 공유하고 있다."고 말하자 후진타오 중국 국가 주석은 "중미 관계는 지금 새로운 출발점에 서 있다."라고

6) 〈조선일보〉, 2010. 4. 3.
7) G2라는 용어는 세계은행 총재인 로버트 졸릭이 처음 사용했다. 그는 강한 G2 없이는 G20이 실망만 안겨줄 것이라고 언급하였다.
8) 〈조선일보〉, 2010. 4. 3.

대답하였다. 후진타오 주석은 "중국은 이제 150년 전의 중국이 아니다."라는 점을 에둘러 표현한 것이 아닐까?

3. 글로벌 경제 전체에 영향을 미치는 중국 경제

(1) 신기축통화화를 노리는 중국

최근에 터진 글로벌 금융위기를 계기로 전 세계 경제는 더욱더 중국 경제에 의지하게 되었다. 국제통화기금의 확충 작업에도 중국의 미 달러 공급과 지원이 절대 필요한 것이다. 전 세계가 중국이 세계의 공장에서 세계의 소비 역할을 해주어야 세계 경제가 살아날 수 있다는 기대감을 중국에게 노골적으로 나타내기에 이른 것이다. 중국의 내수시장 확대 정책으로 전 세계 각국의 대중국 수출이 늘어나게 되고, 이로 인해 부진의 늪에 빠진 자국의 경기가 다시 살아날 수 있기를 기대하는 것이다. 중국 자신이 세계 경제의 구조적인 불안 요소인 세계 2대 불균형의 해소, 즉 미국의 과잉소비와 중국의 과잉저축이라는 불균형 문제를 스스로 해결해줄 것을 기대하고 있는 것이다.[9)]

영국의 BBC 방송은 "중국은 모든 카드를 다 갖고 있다."라는 말로 중국 경제의 글로벌 경제에 미치는 영향력을 직접적으로 묘사했으며, 미국의 CNN 방송은 "돈이 권력이라면 중국은 이번 G20 회담에서 가장 힘 있는 위치에 있다."고 설파함으로써 중국의 영향력을 우회적으로 언급하였다. 중국의 신화통신은 "오바마 미국 대통령으로부터 미국과 함께 글로벌 금융위기 극복을 위한 G2(차이메리카 CHIMERICA[10)])의 한 축이라는 점을 확답받은 것이 가장 큰 성과이다."라고 논평했다. 신화통신의 논평은 중국이 미국으로부터 G2의 당사자로 공식 인정을 받았다는 점을 강조함으로써 중국이 세계 경제의 양대 축의 기능을 수행하게 된 점을 높이 평가하고 있는 것이다.

미국발 서브프라임 모기지 사태로 촉발된 글로벌 금융위기는 미국 달러의 사

9) 2조3천억 달러가 넘는 외환보유고 및 중국의 높은 저축률에 근거하고 있다.
10) 중국의 China와 미국의 America의 합성어

면초가 신세와 위안화의 대 공세 상황을 야기하였다. 현재 US 달러의 기축통화화에 대한 문제 제기가 바로 그것이다. 중국 매체들은 중국의 대달러 공세 시작의 신호탄을 바로 글로벌 금융위기의 발발에 의해 쏘아 올려졌다고 보고 있다. 글로벌 경제를 좌지우지하던 미국 경제가 스스로 글로벌 경제의 위기를 자초하였으니 중국이 바로 그 기회를 노린 것으로 볼 수도 있다. 이런 상황에서 과거의 일본의 사례를 되돌아보자. 일본의 경우 미국에 이어 세계 2위의 경제 규모의 위상을 수십 년간 유지해 왔지만 감히 미국의 아성에 도전하는 발언이나 행위 등은 일체 자제해 왔다. 그러나 중국은 그 경제 규모가 일본의 경제 규모를 앞지를 것이 확실시되는 2010년 이전인 2009년에 US 달러가 기축통화로 되어 있는 현재의 통화체제 변화의 필요성을 제기하고 나선 것이다.

중국의 대달러 공세는 중국의 중앙은행인 인민은행의 행장인 주소천(周小川)의 언급에서 시작되었다. 주소천 인민은행장의 이른바 '신기축통화론'은 특정 국가와 연계되지 않은 초국가적인 국제통화가 필요하다는 것을 의미한다.[11] 달러 대신 국제통화기금의 특별인출권(SDR)의 역할을 확대하자는 주 은행장의 주장은 미국의 자존심을 망가뜨리는 신호탄으로 봐도 무방하지 않을까? 여기서 우리는 중국의 달라진 태도를 읽을 수 있다. 종전의 수세적인 입장과 조심스런 태도에서 2009년 이후 도발적이고 공격적인 태도로 급변한 것이다. 이와 같이 급변한 중국의 자세나 태도는 전인대[12]와 정협[13]의 합동회의에서 위안화의 국제화 방침을 공식화함으로써 장기적인 관점에서 위안화의 기축통화화의 첫 걸음을 내디딘 것이다. 이는 먼 장래에 위안화를 기축통화로 하기 위한 규정적 · 법률적인 기초를 마련한다는 데서 그 의의를 찾을 수 있을 것이다. 또한 중국 정부는 2009년 행정 · 경제 조치를 통해 홍콩과의 무역거래에서 위안화를 결제통화로 사용하도록 허용하였고 상하이, 주하이, 선전, 광동 등 5개 경제 도시에 무역대금을 위안화로 결제할 수 있도록 조치하였다. 위의 두 가지 조치와 SDR의 기축통화화 제안은 얼핏 보면 관련성이 없는 듯 보이나 실제 관련성은 깊다. 즉, 1단계로는 단기 목표로 SDR의 신기축통화화를 추진하고, 2단계로는 중기 목표로 위안화의 국제화를 추진하고, 3단계로는

11) 〈조선일보〉, 2010. 4. 11.
12) 전국인민대표자대회의 준말로 우리나라의 경우 국회에 해당한다.
13) 중국의 국정자문기관으로 중국인민정치협상회의의 준말

장기 목표로 위안화의 신기축통화화를 노린다는 것이 중국 정부의 의도라고 할 수 있다.[14)]

(2) 과연 중국은 세계 최강의 자리에 오를 수 있을까?

중미 관계가 글로벌 경제의 중요 사안들의 향방을 결정하는 데 중요한 역할을 하게 되면서 이제 G2라는 용어도 어색하지 않게 자연스럽게 사용되고 있다. 중국의 지도자들도 이제 어깨가 으쓱해지는 모양이다. 그들은 앞으로의 중미 관계는 21세기를 공동으로 건설해 나가기 위해 적극적이고 전면적으로 협력하는 관계가 되어야 할 것이라는 점을 서슴없이 표현하고 있다. 중미 관계를 대등한 관계로 보는 시각을 여과 없이 드러낸다고 할 수 있다. 부시 행정부 시절 아시아 담당 보좌관이었던 마이클 그린은 "중국이 커버린 것이 아시아 주변국에게는 결코 유리하지 않다. 중국은 언덕 위에 앉아서 조공을 바치러 오는 주변국들을 내려다보려 할 것이다. 중국의 발언권이 커질수록 아시아 국가의 목소리는 점점 작아질 것이다."라고 말했다. 이 말에 약간의 거부감도 들지만, 특히 북한 핵문제에 대한 중국의 영향력이 더욱더 커져 가고 있는 시점에서 우리나라가 중국의 눈치를 봐야 하는 것도 이 때문이 아닐까 하는 생각이 든다.

2009년 초까지만 해도 프랑스의 사르코지 대통령은 기세등등하게 허세를 부렸다. 티베트의 민주화와 자유를 보장하라며 베이징 올림픽과 연계시켜 중국에게 경고를 주기도 했고, 프랑스의 2008년 베이징 올림픽 성화 봉송 방해 움직임을 방치하기도 했다. 그런가 하면 프랑스에서 약탈해 간 중국 문화재의 경매 강행(경매 주관 업체 크리스티)을 방치함으로써 중국인의 문화적 권리와 민족 감정을 손상시켰다. G20 2009년 4월 회의 직전까지도 기세등등했던 사르코지 프랑스 대통령은 조세 피난처 규제에 홍콩 · 마카오를 제외하는 중국이 최대 걸림돌이라고 일갈하였다. 그러나 얼마 안 되어 중국의 100억 달러 항공기 구매 취소에 이르러서는 백기투항을 할 수밖에 없었다. 유럽의 다른 나라들과 220억 달러 구매 계약을 체결하는 과정에서 프랑스가 제외되었고, 더 나아가 100억 달러의 기존 구매건마저 취소당하는 상황에서는 더 이상 버틸 수가 없었던 것이다. 사르코지 대통령은 G20 회의 기간 중에 후진타오 주석이 머무는 호텔로

---

14) 〈조선일보〉, 2010. 4. 11.

찾아가 "프랑스는 내정 불간섭의 원칙에 따라 티베트의 독립을 지지하지 않기로 하겠다."고 약속하였다. 중국의 인권 문제의 상징인 티베트와 관련하여 강하게 비난했던 영국의 찰스 왕세자도 후진타오 주석의 숙소를 찾았다고 한다.[15] 중국의 이러한 태도는 중국 경제 발전에 있어서의 확신에서 나온다고 볼 수 있다.

중국이 향후 미국을 압도하고 세계 최강의 자리에 오를 수 있을 것인가? 이 문제는 간단히 대답할 수 없을 것이다. 2008년 하반기부터 본격적으로 시작된 글로벌 금융위기로 미국의 위상이 잠시 흔들리고 있기는 하지만 미국이라는 나라가 쉽게 무너지거나 몰락할 나라는 아니다. 미국식 자본주의는 유럽식 자본주의와는 달리 전 세계 어느 나라도 가지고 있지 않은 독특한 특징이 있다. 일반적으로 미국식 자본주의를 설명할 때 주주의 이익에 초점을 맞추는 주주 자본주의, 시장과 경쟁의 우선 원리가 작동하는 자본주의, 글로벌 스탠더드에 기반을 둔 글로벌 자본주의, 각종 세금 부담 경감, 작은 정부 및 규제 완화 추구, 공평보다는 효율에 더 큰 비중을 두는 자본주의 등을 내세우곤 한다. 이런 특징적인 요소 때문에 분명 미국식 자본주의는 성공하였고 이제까지 부유한 초강대국의 위치에 있었다. 특히 효율과 경쟁, 글로벌화의 세 가지 요소는 복리 · 복지 분야를 중시하는 유럽식 자본주의와는 차별화되는 상황을 연출하면서 초강대국으로서의 미국의 위상을 한껏 높였고 미국의 힘으로 세계를 지배하는 데 결정적인 기여를 하였다. 최근의 글로벌 금융위기로 인하여 미국식 자본주의가 종말을 고하게 될지 아니면 다시 한 번 재기의 깃발을 들게 될지는 앞으로도 두고 볼 일이다. 그러나 이러한 미국에 도전장을 내고 있는 중국의 위상과 영향력은 지금보다 더욱더 강해질 수밖에 없을 것이고, 당분간 미국과 중국의 국력 격차는 더욱더 좁혀질 것이라는 사실이다. 이와 같은 관점에서 볼 때 중국 바로 옆에 위치하고 있는 작은 나라인 우리나라로서는 그 영향이 지금보다 훨씬 커질 수밖에 없다는 점은 명약관화하다.

15) 〈조선일보〉, 2010. 4. 3.

4. 중국 경제의 한국 경제에 대한 영향

경제학자들은 세계에서 차지하는 중국 제조업의 비중이 엄청 커지게 되면서 중국을 '세계의 공장' 이라고 불렀다. 일부 학자들은 최근 글로벌 금융위기 이후 미국계 은행들의 급격한 쇠퇴와 중국계 은행들의 급격한 부상을 두고는 중국을 '세계의 은행' 이라고 불러야 한다고 주장하고 있다. 뿐만 아니라 최근 중국의 내수시장의 규모가 확대되면서 휴대폰에 이어 중국의 자동차 시장 규모가 미국을 제치게 되면서 중국을 '세계의 시장' 으로 부르는 학자들도 나타나기 시작하였다.[16] 이런 상황에서 중국 경제는 한국 경제의 발전과 관련하여 수출, 수입 및 투자의 세 가지 방면에서 상당한 기여를 해왔으나 향후의 전망을 예측해볼 때 그리 밝지는 않은 것 같다. 대중 무역흑자 규모는 점차 감소하는 추세이고, 각 제품별 가격경쟁력과 품질경쟁력의 격차가 갈수록 줄어들고 있다. 한국 제품들이 중국 제품들과 경쟁하여 여전히 우위를 점할 경우 한국 경제에게는 계속 유리한 기회들이 부여될 것이고, 경쟁적 우위를 상실하고 중국 기업들에게 추월당할 경우 한국 경제는 위기에 봉착하게 될 것이다.

한국 경제가 글로벌 경제에서의 위상을 지속적으로 높여가기 위해서는 중국을 넘어서야 하고 중국을 극복(克中)해야 한다. 중국을 극복해야 된다는 말에는 두 가지 의미가 있다고 볼 수 있다. 한 가지는 전 세계 시장에서 중국 제품과 경쟁하여 이겨야 된다는 점이고, 또 다른 한 가지는 우리 기업이 중국의 거대한 내수시장에 성공적으로 진입하여 중국시장을 장악해야 한다는 점이다. 첫 번째의 해외시장에서의 경쟁보다 두 번째의 중국 내수시장에의 성공적인 진출이 더 어렵다. 왜냐하면 중국시장은 독이 든 양약이요 가시 많은 장미와 같기 때문이다. 이 두 가지 문제를 극복하는 단계를 거치지 않고는 한국 경제의 지속적인 발전을 바라기는 어렵다고 보아야 할 것이다.

16) 〈조선일보〉, 2010. 4. 20.

02

PART

중국 진출 이전 단계

02

대중 투자 목표의 명확화와 사전 조사의 중요성

중국에 진출하여 성공하기 위해서는 투자 목표가 명확해야 하며, 면밀한 사전 조사와 준비가 필요하다.

CHAPTER 02

대중 투자 목표의 명확화와 사전조사의 중요성

1. 대중 투자 목표의 명확화

국제경영전략 이론에 의하면 해외시장에 대한 기업의 글로벌화는 간접수출, 직접수출, 기술 라이선싱, 프랜차이징, 직접투자 등 다양한 방식으로 이루어진다. 기업은 글로벌화 전략, 해외시장 진출 목적, 기업의 경영 자원과 역량, 기업의 생산 방식, 진출 대상국의 투자 환경과 시장 요인 등을 종합적으로 고려하여 글로벌화를 추구하여야 한다.

중국 진출을 위해 가장 먼저 해야 할 일은 '진출 목적'을 확실히 세워야 한다. 즉, '대중 투자 목표의 명확화'이다. 투자 목표를 명확히 하기 위해서는 중국 진출을 왜 하는지, 기업의 장기적 전략 중 중국 사업은 어떤 의미를 지니는지(중국 사업의 위상), 중국 사업을 통해 얻으려는 성과는 무엇인지, 어느 시장에 들어갈 것인지 등을 고려해야 한다.

우리나라 기업들의 경우 중국으로의 직접투자 목표는 주로 생산 효율 추구, 시장 추구, 자원 추구로 요약된다. 먼저 생산 효율 추구는 원가절감과 생산성 효율을 추구하는 경우로 대부분 중소기업이 이에 해당한다. 이들 기업들은 수익성보다는 '생산성'에 더 많은 초점을 두고 있어, 중국이 한국, 서남아시아, 동남아시아와 비교해서 생산비 면에서 비교우위가 있는지 검토해야 한다. 단, 주의해야 할 점은 단순히 중국과의 임금을 비교할 것이 아니라 임금 이외에 복지기금, 주택수당, 준조세, 지역사회 기부 등의 총비용 개념으로 접근해야 한다는 것이다.

이처럼 중소기업이 저임 노동력의 활용을 주요 투자 동기로 삼고 있는 반면, 대기업 현지법인은 향후 시장 잠재력과 현재 시장 수요에의 대응 등과 같은 시장 추구, 시장 확보를 중시한다. 이러한 시장 추구가 진출 동기인 기업들에게 사업의 가장 큰 목적은 '수익성'이다. 중국 현지 내수시장의 진입을 목표로 하는 대기업들은 중국이 하나의 단일 시장이 아니므로 지역별 시장 특성 파악에 주력해야 한다. 즉, 1인당 소득 수준, 소비 성향 등의 분석을 비롯해 당해 업종의 진입장벽, 당해 제품에 대한 중국의 유통제도, 지역 간 유통장벽, 상습관, 사회 문화적 요인 등에 대한 사전 분석이 중요하다.

마지막으로 자원 추구는 중국의 석유, 천연가스, 비금속 자원 등의 천연자원을 개발하기 위해 중국에 투자하는 경우이다. 이 경우에는 수송비, 판매 및 투자 자본의 회수율, 정치적 리스크, 지역별 산업 정책 등에 대한 분석이 필요하다. 우리나라 기업들의 대중국 투자 목표는 대부분 생산 효율 추구와 시장 추구이나, 최근 몇몇 대기업을 중심으로 중국 서부 내륙의 자원 개발을 위한 투자가 시작되고 있다. SK의 경우 지난 2005년 4월 우루무치에 휴대폰 공장을 건립하기로 발표했는데, 이는 엄격한 휴대폰 제조 허가를 얻어내기 위한 노력과 중국 정부의 서부 대개발 정책에 적극 협조함으로써 정유나 에너지 등 SK그룹 주력 사업의 중국 진출에 도움을 얻기 위한 노력의 일환이다.

사례 1 한국 기업들이 느끼는 중국 투자의 매력

1992년 한중 수교 이후 중국과의 교류가 점차 활발해지고 중국이라는 새로운 코드가 전 세계의 주목을 받기 시작하면서, 한국의 기업인들에게 중국은 투자하기 좋은 나라, 투자를 하면 성공할 수 있는 나라라고 인식되었다. 2002년 중국의 WTO 가입과 더불어 더욱 박차를 가하기 시작한 중국 시장 진입은 현재까지도 활발히 진행되고 있으며, 많은 기업들이 중국 진출을 고려하는 추세이다.

한국 기업의 대중 투자 진출은 다국적 기업보다 빠르지 못하지만 2001년부터 꾸준히 증가하기 시작하여, 이미 성공과 실패를 맛보고 대중 투자에 대한 관점을 정립한 기업인들이 수십만 명에 육박하고 있다. 성공보다 실패 사례가 더 많다고 하는 중국 투자이지만, 아직 많은 한국 기업들은 중국 투자를 고려하고 있다. 한국 기업들이 대중 투자에 매력을 느끼는 원인에는 다음과 같은 것들이 있다.

첫째, 낮은 인건비이다. 중국의 인건비가 저렴하다는 것은 중국에 관심 있는 기업인들이라면 모두 알고 있는 사항이다. 1990년대 후반에 중국에 진출하는 기업의 가장 큰 이유가 중국의 저렴한 인건비였고, 이는 아직까지도 기업인들이 중국 시장에 매력을 가지고 있는 큰 이유이기도 하다.

둘째, 넓은 대륙만큼이나 매력적인 중국 내수시장이다. 과거 1990년 후반 기업들이 저렴한 인건비 때문에 중국에 진출하였다면, 최근의 기업들은 중국 내수시장 때문에 진출하고 있다. 과거에 진출한 기업들이 생산 · 제조 상품을 한국 또는 제3국으로 수출하는 업무 비중이 컸다면, 현재 대부분의 기업들은 중국 시장을 겨냥하고 있다. 현재 중국에 진출한 대기업의 45.3%가 대중 투자를 하는 이유를 내수시장 진출이라고 하고 있으며, 기업들의 현지 판매 비중이 점차 증가하고 있다는 통계만 보아도 중국 내수시장에 대한 국내 기업의 기대치를 알 수 있다.

셋째, 저렴한 비용으로 원부자재 확보가 용이하다. 중국에서 제공하는 원부자재는 한국과는 경쟁조차 되지 않는다. 그만큼 가격경쟁력에서 매우 큰 우위에 있다. 원부자재 가격이 상승하면 상품의 가격도 상승하기 마련이다. 같은 조건이면 저렴한 원부자재를 사용한 상품이 저렴한 가격으로 시장에서 우위를 점할 수 있다.

넷째, 중국에서 해외 투자 유치 정책으로 내세우는 각종 우대 혜택이다. 중국 정부는 많은 해외 기업들의 투자 유치를 목적으로 우대 혜택을 내세우고 있다, 어느 지역의 개발구에서는 토지 무상 제공, 어떤 곳에서는 기업 소득세 2면 3감 정책, 증치세 면세 등 다양한 세제 혜택을 내세워 한국의 투자자들을 유치하고 있다.

다섯째, 중국에 이미 진출해 있는 기업들 혹은 파트너 관계인 중국 기업들과의 원활한 협력 관계이다. 대기업보다는 중소 제조업체들이 대부분 이 경우에 해당한다. 국내의 대기업이 중국으로 업무를 확장 또는 이전하면서 하청을 받고 있는 중소기업들이 한국에서 중국으로 물건을 납품하는 데 있어서의 번거로움을 줄이기 위해서나, 파트너 기업들의 요청이나 중국 파트너와의 원활한 업무 협조를 위해 중국으로 진출하기도 한다. 그 밖에 중국의 협력 파트너와의 문제 때문에 직접 대중 투자를 결심하는 기업들도 있다.

이처럼 중국에 진출하는 기업들은 많지만 그에 비례하여 성공은 그다지 높지 않다. 정확한 데이터 수치로 환산할 수 없지만, 대중 투자를 연구하는 사람들에 의하면 과거 대중 투자 기업 10곳 중 7곳이 실패하였고, 2곳은 기업 운영을 영위할 정도이며, 남은 한 곳은 결과물이 있는 성공 기업이라고 한다. 현재 운영 중인 대중 투자 기업들을 대상으로 한 조사에서 흑자를 기록한 기업은 60% 정도(KOTRA, 2004년)였다. 그러나 이 수치는 중국에서 현재 영업 중인 529개사를 토대로 한 결과이며, 대부분 어느 정도 사업이 영위되는 기업들이 설문에 응답했을 것을 감안하면 그 수치는 더 낮아질 것으로 예상된다. 그러나 점차 성공하는 기업들도 많아지고 있는 것으로 보아 중국이 결코 성공 확률이 낮다고만 볼 수 없는 분명 투자 가치가 있는 나라임에는 틀림없다.

(출처: KOTRA)

〈표 2-1〉 대중 투자의 동기 변화

<table>
<tr><th>연구</th><th>조사 연도</th><th>저임금(비율 %)</th><th>시장(비율 %)</th><th>비고</th></tr>
<tr><td rowspan="2">대한상공회의소</td><td rowspan="2">1998</td><td>저임 및 저지가 활용</td><td>중국 내수시장 개척</td><td rowspan="2">246개사 설문 조사, 복수 응답</td></tr>
<tr><td>43.2</td><td>30.5</td></tr>
<tr><td rowspan="3">대한상공회의소</td><td rowspan="3">2002</td><td>저렴한 노동력 활용한 비용 절감</td><td>거대 시장 활용한 시장 개척</td><td rowspan="2">75개사, 진출 목적에 관한 질문, 복수 응답</td></tr>
<tr><td>25.5</td><td>25.5</td></tr>
<tr><td>14.0</td><td>30.0</td><td>5년 후 활용 목적</td></tr>
<tr><td rowspan="2">전국경제인연합회</td><td rowspan="2">2004</td><td>생산비 절감</td><td>중국시장 잠재력</td><td rowspan="2">대중 투자 700대 기업 중 254개사</td></tr>
<tr><td>40.8</td><td>40.8</td></tr>
<tr><td rowspan="3">KOTRA</td><td rowspan="3">2004</td><td>중국의 저임 노동력</td><td>중국 내수시장 공략</td><td rowspan="2">529개사 중 693개 복수 응답</td></tr>
<tr><td>25.8</td><td>26.8</td></tr>
<tr><td>16.3</td><td>34.9</td><td>대기업의 경우</td></tr>
<tr><td rowspan="3">KIEP</td><td rowspan="3">2004</td><td>저임금+노동력</td><td>내수시장 진출</td><td rowspan="2">298개 기업 복수 응답</td></tr>
<tr><td>36.2</td><td>25.6</td></tr>
<tr><td>26.6</td><td>45.3</td><td>30대 기업진단 소속(34개)</td></tr>
</table>

(출처 : 대외경제정책연구원)

〈표 2-2〉 중국 내 한국 기업의 최종재 판매 시장 구조

	무역협회(1995)	KIEP(2004)
현지 판매	27.7	38.1
대한국 수출	23.5	26.7
제3국 수출	48.9	35.2
합계	100.0	100.0

(출처 : 대외경제정책연구원)

사례 2 중국 진출 기업의 경영 성과 및 전망

KOTRA가 한중 수교 17주년과 중국 투자 20년을 맞아 실시한 '중국 투자 기업 경영 성과 평가 및 실태 분석 설문 조사'(Grand Survey 2009) 결과는 4가지 중요한 메시지를 던져주고 있다.

첫째, 기업들의 현지화 경영이 강화되고 있다. 매출액의 지역별 구성에서 중국의 비중이 80% 이상인 기업이 전체의 43.6%로 매우 높게 나타났다. 향후 원부자재 조달 계획과 관련해서는 수입 확대(7.4%)보다 현지 조달 확대(35.1%)에 우선순위를 두고 있다. 또 조기에 진출한 기업일수록 지속적 현지 재투자를 하는 것으로 추정되며 원부자재 현지 조달 비중도 높아지는 것으로 파악됐다. 이 같은 추세는 우리 기업들의 중국 내수시장 개척에 유리한 요인으로 작용할 것이다. 그러나 현지 조달 확대는 대중국 원부자재 수출 수요 감소로 이어질 수도 있어 대책 마련이 요청된다.

둘째, 서비스업의 약진이 돋보인다. 서비스업 기업들은 현재 경영 상황(흑자 비율), 매출액 대비 평균 이윤율, 투자 동기 달성도, 전체적인 만족도, 향후 진출 환경 전망 등 대부분의 설문 문항에서 제조업 기업보다 양호한 성과를 거두고 있는 것으로 나타났다.

셋째, 내수시장 경기 전망에 대해 낙관적이다. 기업들은 2010년까지의 단기 · 중기 전망에서 60% 이상이 낙관적으로 보고 있으며, 2011년 이후 장기 전망은 더욱 밝은 것으로 조사됐다. 이는 2008년 말 이후 중국 정부가 대대적인 내수 부양 정책에 나서고 있는 움직임과도 관련된 것으로 평가된다.

넷째 기업들의 확대 경영으로 대중국 투자가 활기를 띨 전망이다. 90% 이상의 기업들이 향후 중국 사업을 확대 또는 현상 유지하겠다고 응답했고, '축소' 고려는 6%에 그쳤다. 특히 제3국 이전 또는 한국으로의 U턴을 고려하는 기업은 각각 0.9%와 0.3%에 불과한 것으로 조사됐다. 이 같은 반응은 최근 중국 내 제조업 투자 환경 악화 속에서도 기업들의 내수시장 전망이 밝은 것과도 연관이 있는 것으로 풀이된다.

(출처: KOTRA, 2009 중국 Grand Survey)

2. 사전 조사의 중요성

대중 투자 목표 설정의 다음 단계는 사전 조사이다. 원가절감이라는 경제 논리와 글로벌화라는 막연한 구호 아래 중국에 투자하는 경우가 많은데, 대중 투자 성공을 위해서 면밀한 사전 조사와 준비의 필요성은 아무리 강조해도 지나침이 없다.

중국 시장의 성장 가능성만 고려하여 중국 투자에 대해 너무 긍정적으로 생각해서는 안 된다. 대중 투자를 하는 우리나라 기업의 주요 철수 원인 중의 하나가 '즉흥적 투자 결정에 따른 사업 준비 불충분'이라고 한다. 따라서 사전 조사가 없으면 경영 흑자도 없다는 생각으로 철저하게 사전 조사를 실행해야 한다.

2003년 한국수출입은행의 발표에 따르면 중국에 투자한 지 3년 이내에 청산을 하는 경우가 전체 청산의 68.4%, 5년 이내에 청산을 하는 경우가 무려 84.9%에 달했다. 이와 같은 실패는 꾸준한 조사와 현장 답사 등을 통해 충분한 검토를 한 후 투자하기보다는 중소기업 경영자의 감각적인 판단, 투자 지역 정부의 호의적인 태도, 최고경영자의 의지를 반영한 짜맞추기 식의 사업 타당성 조사 등이 함께 어우러진 섣부른 의사결정 때문이다.

사전 조사의 항목으로는 진입 방식, 투자 방식, 투자 지역, 지방정부 특성뿐만 아니라 실제 기업 경영상에서 발생할 수 있는 여러 가지 문제, 철수 등의 요소도 고려해야 한다. 중국에서 성공을 거둔 다국적기업의 경우 본격적인 사업 시작에 앞서 대표사무소를 설치하여 중국 진출의 교두보로 이용하였다. 이를 통해 사업 파트너 및 공급업체 선정을 위한 조사, 상품 개발과 정보 수집 및 자사의 존재를 홍보하고 정부 관계자들과 꽌시(關係)를 형성하는 등의 활동을 하였다. 중국시장의 정보 체계가 불투명한 만큼 사전 조사 단계에서는 선발 진입자의 경험을 충분히 받아들이고, 시간 및 협상 비용의 여유를 확보하면서 협력 가능한 잠재 파트너를 다수 선정하여 경쟁을 유도하도록 하는 것도 중요하다.[1]

사전 조사의 중요성을 감안하여 주요 사전 조사 항목들을 한 장씩 할애하여 정리해보도록 하겠다.

1) 〈우리나라 대중국 투자 기업의 청산 현황 분석〉, 한국수출입은행 해외경제연구소, 2003. 4. 4.

사례 3 지역 시장 조사 미흡으로 인한 실패

중국 진출 초기인 1993년, 국내 모 기업이 신장 우루무치에 컬러TV와 냉장고로 진출했다가 크게 실패한 경험이 있다. 그러나 비슷한 시기에 진출한 일본의 유명 전자회사인 ○○기업은 오히려 팩시밀리 및 통신기기 판매로 커다란 성공을 거둔 바 있다.

이는 당시 우루무치의 특수한 시장 환경을 충분히 조사하지 못한 데에서 원인을 찾을 수 있다. 신장지역의 중심 도시인 우루무치에서는 동부 연해지역을 통해 많은 물건을 수입하고 있었는데, 우루무치를 제외한 다른 신장지역은 아직 이렇다 할 발전이 이루어지지 않아 모든 업무 연락이 이곳을 통해야만 했었다. 따라서 효율적인 통신 수단인 팩시밀리가 자연스럽게 선호될 수밖에 없었다.

뿐만 아니라 우루무치의 사업 범위는 북경, 천진뿐만 아니라 내몽고, 러시아에서부터 카자흐스탄, 아프가니스탄, 파키스탄, 인도에 이르기까지 연결되어 있어 팩시밀리는 현지 무역회사뿐만 아니라 일반 기업들에도 없어서는 안 될 수단으로 인식되었다. 이에 반해, 컬러TV와 냉장고 등 전자제품은 1993년경에는 중국산 컬러TV가 상당히 보급되어 있어 가격경쟁력 등에서 그다지 차이가 나지 않아 실패할 수밖에 없었다.

(출처 : 최필규, 《중국을 넘어야 한국이 산다》, 1994.)

03

사전 조사 항목(1) – 투자 지역 선정

중국에서만은 공장의 소재지나 사무실의 위치, 사업 중심지가 철저히 소비자 중심 또는 판매자 중심이어야 한다. 중국 사업의 성패가 생산이 아닌 판매에 달려 있기 때문이다.

CHAPTER

03

사전 조사 항목(1) – 투자 지역 선정

1. 투자 지역 선정을 위한 사전 조사

성공적인 중국 투자를 위한 첫 걸음은 투자 지역 선정에 있다. 투자 입지는 투자 목표에 따라 달라져야 한다. 투자 지역 선정을 위해서는 경제 발전 수준과 소득, 구매력 등의 요소를 검토해야 한다. 하지만 이에 앞서 각 지역별 임금 수준, 노동 수급 동향, 기존 투자 기업들의 투자 성향 등을 면밀히 비교 분석해야 한다. 또한 인건비, 원부자재 조달 편의성, 물류비용, 준조세, 토지 사용료, 사회기반 시설 수준, 현지 지방정부의 지원과 협조 정도를 비교 분석해야만 실패하지 않을 수 있다.

또한 중국은 중앙정부 차원의 법규와 정책 가이드라인 틀 안에서 각 성시(省市)별로 외자 유치 장려 업종, 노동관계 법규 및 세제 혜택 등이 다소 달라 이를 잘 파악해 투자 입지를 선정한다면 기업 이익 제고와 함께 시행착오를 줄일 수 있다. 투자 지역 선정을 위한 사전 조사 항목을 정리하면 다음과 같다.

〈표 3-1〉 투자 지역 선정을 위한 사전 조사 항목

사전 조사 항목	내용
투자 목적에 따른 입지 다변화 검토	• 우리나라 기업의 경우 동북 3성과 발해만 지역에 치우쳐서 투자하고 있는데, 투자 지역을 다양화할 필요가 있다. • 저가 노동력 활용과 내수시장 진출을 위한 기업들은 화북 및 동북 지역으로 진출하는 것이 유리하다. • 현지 생산 및 판매거점 다변화와 내수시장 진출을 위한 기업들은 화동지역으로 진출하는 것이 유리하다. • 단순히 지리적 인접성과 조선족 활용 여건만을 고려하기보다는 진출 목적에 따라 투자 대상 지역을 폭넓게 검토해야 한다.

생산 제품에 대한 수급 동향	• 상무부 발표에 따르면 2005년 상반기 중 600개의 완성품 상품군(공산품 507종, 농수산품 93종)의 73.2%인 439종이 공급 초과 현상을 보이고 있다. • 완성품 시장의 공급 과잉 심화와 이에 따른 가격 인하가 보편화되어 있다는 점을 감안해야 한다.
전기, 수도의 안정적 공급 여부	• 전력난 및 용수난으로 인한 피해를 사전 점검한다. • 정전 유무 및 일정 전압 유지 여부를 점검한다.
근로자의 자율 고용 및 해고 여부	• 중국 각 지방의 노동관계 규정은 법률 책임을 명확히 규정하고 있다. • 각 지역별로 노동 계약 기간에 따른 수습 약정 기간, 노동 계약을 체결하지 않았을 경우의 법률 책임, 노동 계약 해제 시의 위약 책임 규정 등에서 다소 차이가 있다. • 원활한 노무관리를 위해서는 이에 대한 사전 확인이 필요하다.
노동 인력 수급 현황	• 지역별 · 산업별 노동 수급 현황을 파악하여 임금 인상 요인을 제거해야 한다. • 노동력의 질(양질의 노동력이 필요한 업종은 진출 지역에 대한 인력 채용 구조와 그들의 근무 태도나 문화 등에 대해서도 심도 있는 검토가 이루어져야 함)을 확인해야 한다.
임금 수준 적정 여부	• 중국은 동남아시아 등지에 비해 인건비가 저렴하다는 인식이 있으나, 실제 상해 등 연해지역 대도시에 위치한 기업의 경우 동남아시아에 비해 오히려 임금이 높을 수도 있다. • 중국은 주요 성시별로 최저임금 수준이 다양하고 동일 성시 내에서도 지역에 따라 최저임금 수준의 격차가 크다. • 기본 임금 외에 추가 부담해야 하는 복리후생비를 고려한다. • 생산성 향상을 위해 생산 기지를 이전하는 기업들은 지역별 임금 수준을 사전에 면밀히 파악해야 한다.
토지, 건물 임차료 및 토지 사용비 수준 적정 여부	• 신건설용지에 대한 토지 사용비를 2배 인상한다고 통지하고, 토지 사용비 표준을 15등급으로 나누었다.(신건설용지 토지 유상 사용 정책에 관한 통지 48호, 2007년부터 시행) • 지방정부는 15등급으로 나누어진 전국 토지 최저 가격 표준에 따라 입찰, 경매 방식으로 공업용지를 출양하였다.(전국 공업용지 출양 가격 최저 가격 표준, 2007년) • 외국 기업도 도시 토지 사용세를 납부해야 하고, 납부 기준도 3배 이상 인상되었다.('도시 토지 사용세 잠정 조례' 수정 관련 통지, 2007년 시행)
기업 소득세(법인 소득세) 인센티브	• 지역(중서부, 개발구 · 경제특구 · 보세구 등)에 따라 기업 소득세율을 달리 적용한다. • 중국은 중앙정부의 세수 가이드라인 틀 안에서 각 성시별로 투자 기업의 업종이나 경영 상황에 따라 세율 적용에 다소 차이가 있다. • 2008년 이후 중국은 우대 세제를 첨단산업, 기반산업 중심으로 전환하였고, 세제 방식은 지역별 세제 방식에서 산업별 우대 세제 방식으로, 직접 우대 세제에서 간접 우대 세제 방식으로 변경되었다.(기업소득세법, 2008년 1월 시행)
영업세, 증치세(부가가치세) 등 각종 조세 및 준조세	• 세율은 같으나 징수 방식, 증치세 환급 방식, 각종 준조세 징수 등에 있어서 지역별로 차이가 존재한다.

원부자재 조달 및 생산 제품 판매 시의 교통 여건	• 항공, 철도, 고속도로, 수상 운송 및 기타 요금 수준을 사전에 파악하는 것이 중요하다. 중국에서 생산 관련 비용은 저렴해도 물류비가 의외로 비싸고, 지역 간 물류 이동 제약 등 전국적 물류시스템을 구축하기 어려워 제품의 적기 납품에 어려움을 겪는 경우가 많다. • 원부자재 국외 조달과 현지 조달 방법 가운데 품질 및 가격 조건, 교통 여건 등을 고려하여 결정한다.
사회환경	• 치안 정도, 의식 형태의 개방도, 행정 관리의 자율성, 인구 수 및 인구 구성, 상주 외국인 규모, 한국어 및 영어 구사 인력 가용성, 교육 수준 및 교육 시설, 병원 의료 시설 등을 파악한다.
자연환경	• 기후, 지하자원 부존 및 개발 현황, 위치(한국과의 거리, 제3국과의 거리) 등을 파악한다.

(1) 중국의 조사 기관 활용

중국의 투자 검토 지역이 선정되면 현지 방문을 통하여 확인하는 과정을 반드시 거쳐야 한다. 즉, 사전 자료나 소개, 모으고 들은 내용들을 정리하여 체크리스트를 만들고 현장으로 가서 조사를 해야 한다. 물론 현지의 사정에 정통한 전문 조사 기관이 있다면 자체 조사와 병행하여 활용하는 것도 좋은 방법이 될 수 있다. 기업의 사업 조사나 마케팅 조사에 필요한 데이터를 한국에서 입수하기란 매우 어렵다. 또한 중국에서는 공표되지 않은 내부 자료가 많고, 외국인이 단독으로 시장 조사를 하기에는 한계가 많다. 따라서 외국 기업은 조사 기관을 활용해 시장 조사를 해야 한다.

중국 현지에는 KOTRA, 한국수출입은행, 무역협회, 대사관 경제과, 중소기업진흥공단, 재중한국상회, 재중한국인회, 각 은행지점 등 우리나라 기업의 중국진출과 투자에 도움을 주는 기관이 적지 않다. 이런 우리나라의 중국 진출 공공기관을 제대로 활용하여 자료를 수집하고, 또 그들에게 조언을 듣는 것만으로도 자료 수집 측면에서는 충분하다 할 것이다.

중국에서도 대외 개방과 시장경제의 영향으로 외국 기업이나 국내 기업의 조사 의뢰의 증가로 국영 또는 민간의 여러 조사 기관이 각 지방에 우후죽순으로 생겨나고 있다. 정부의 조사 기관으로는 중앙이나 각지의 통계국 소속의 전문회사가 있는데, 이들은 각종 데이터를 가지고 있어 활용도가 매우 높다. 또한 사회과학원 계열의 조직은 중앙정부 및 각 지방정부의 정책 개발 계획을 숙지하고 있어 매우 도움이 된다. 기타 여러 업종별 전문 조사 기관도 활용할 만하다. 따라서 각각의 조사 기관의 내용을 먼저 숙지하고 목적에 맞게 이용하는 것이 좋다. 중국의 조사 기관을 활용하는 데 있어 장단점은 아래와 같다.

〈표 3-2〉 중국의 조사 기관 활용의 장단점

장점	단점
• 광범위한 데이터와 중국 내부 자료의 수집이 가능하다. • 복잡한 기업의 기업 내 인맥, 파워 관계의 파악이 가능하다. • 비용이 비교적 저렴하다.	• 문제의식 공유가 쉽지 않고, 언어적 차이 등으로 인해서 목적에 맞지 않는 조사 결과가 나올 수 있다. • 조사 방법이나 기술이 미숙해서 자세한 조사가 불가능하다. • 비밀 보장을 장담할 수 없으므로, 피조사 대상이나 기타 제삼자에게 조사 사실 결과를 알리고 싶지 않을 경우 주의를 요한다.

중국의 조사 기관을 제대로 활용하기 위해서는 먼저 조사를 발주하기 전에 조사의 목적, 방법, 결과에 대해서 충분히 설명하고 이해시켜야 한다. 또 한국인 스텝도 조사에 참여시켜 중국 측 스텝의 업무 진척 상황을 확인하면서 공동 작업을 하도록 해야 한다. 비밀 보장을 위해서는 적은 인원의 조사팀이나 신뢰할 수 있는 개인에게 조사를 의뢰하도록 한다. 마지막으로 조사 내용을 자세하게 작성하도록 한다. 이처럼 중국 조사 기관의 활용에서의 단점을 보완하고 효과적으로 실행하는 데 있어서는 무엇보다 유능한 조율자의 역할이 클 수밖에 없을 것이다.

(2) 투자 지역 선정 시 고려 사항

그럼 실제로 외국인 투자 기업들이 투자 지역 선정 시 가장 우선적으로 고려하는 요소는 무엇일까?

최근 중국 상무부가 발표한 '2005~2007년 다국적기업 대중국 산업 투자 추세 조사 연구 보고서' 에 따르면, 다국적기업이 중국 투자 지역 선정 시 가장 우선적으로 고려하는 요소는 현지 지방정부의 외자기업에 대한 우대 정책의 시행 현황 및 정책의 연속성인 것으로 나타났다. 그 다음으로 현지 지방정부의 행정 효율과 투명도를 중요한 요소로 고려하는 것으로 나타나, 다국적기업들이 중국 투자 시 현지의 인프라, 교통 여건 등 하드웨어적인 면보다 오히려 소프트웨어

〈표 3-3〉 중국시장 조사 방법

구분		내용
컨설팅 회사 의뢰		• 중국 사회과학원 소비시장 조사팀 • 시장무역화개발중심(市場贸易和開發中心, 상무부 산하) • 중국 갤럽 → 이들 3개 기관은 비용이 과다하나 비교적 신뢰도가 높은 시장 조사가 가능하다. • 기타 민간 컨설팅 기업 활용
직접 조사	기초 자료 수집	• 대한무역투자진흥공사(www.kotra.or.kr) • 중소기업진흥공단(www.bizonk.or.kr) • 대외경제정책연구원(www.kiep.go.kr) • 한국무역협회(www.kita.or.kr) • 기타 중국 내 각 지역별 외국인 투자 서비스 센터
	전시회 세미나 참가	• 국내 각종 중국 투자 관련 세미나 참석 • 중국 내 각종 전시회 참가 – 중국투자무역흡담회 (中國投资贸易洽谈會, www.chinafair.org.cn) – 중국국제고신기술성과교역회(中國國際高新技術成果交易會, www.chtf.com) – 중국상품교역시장(中國商品交易市場, www.chinamarket.com.cn) – 상해국제공업박람회(上海國際工業博覽會, www.sif-expo.com) 등 • 기업과 접촉을 통한 동종 기업 현황 • 전시 상품 동향 및 기술 수준 파악
	제품 시장 조사	• 동 업종의 중국 상위 랭크 기업 조사 • 상위 기업 제품 시장 점유율 확인(거래처, 도 · 소매상, 백화점 등 방문) • 외자기업 제품 조사
	진출 지역 조사	• 지역별, 도시별, 소득계층별, 연령별 다양화 • 대도시 → 대도시 • 대도시 → 주변 소도시 • 중소기업일수록 특정 단일 도시 중심의 마케팅 필요
	투자 방식 판단	합작 혹은 단독 투자 결정

적인 면을 더욱 중시하고 있음을 엿볼 수 있다.

최근 각 지방정부 간 외자 유치 경쟁이 가열화됨에 따라, 지방정부별로 기업 소득세 감면, 토지 사용 비용 인하 등 우대 정책을 앞다퉈 내놓으며 외자업체를 유혹하고 있다. 그러나 실제 이러한 우대 정책의 약속이 해당 지방정부 지도층의 교체, 중앙정부의 거시 정책 조정 등에 따라 원래의 약속대로 이행되지 못하는 현상이 곳곳에서 빚어지고 있다. 이러한 문제들을 직 · 간접으로 경험하여 학습효과를 얻은 다국적기업들은 이제 당장 구미가 당기는 각종 우대 정책의 약속보다는 그러한 약속들을 해당 지방정부가 얼마나 연속성을 갖고 변화 없이 추진할 수 있느냐에 더 큰 관심을 갖고 있으며, 이러한 행정적 환경이 구축된 지역을 우선적인 투자 지역으로 선정하고 있다는 점이 이번 보고서의 핵심으로 해석되고 있다.

다른 국가보다 정부 부문의 통제가 상대적으로 많을 수밖에 없는 중국의 사회주의 시스템의 특성 때문에 상대적으로 높은 행정 효율을 갖춘 지방정부 및 공정한 시장경쟁 환경을 보장해줄 수 있는 투명한 행정시스템을 갖춘 지역을 선호하는 점도 우리나라 기업들에게 시사하는 바가 매우 크다고 할 수 있다.

한편 일부 기업은 현지 정보 수집의 용이도를 투자 지역 선택의 요소로 손꼽고 있다. 이들 기업은 적지 않은 정보가 이른바 비공개 정보로 분류되어 접근이 용이하지 않으며, 애써 수집한 산업, 시장, 자원, 정책 관련 정보도 그 정확도가 떨어져 기업 경영에 있어 눈에 보이지 않는 비용을 높이고 있다고 생각하기 때문이다. 따라서 이들은 정보 전달 채널이 잘 구축된 지역을 투자 지역으로 선호하고 있는 것으로 나타났다.

향후 3년간의 선호 투자 지역을 묻는 질문에 대해서는 47%의 기업이 장강(長江)삼각주지역을, 22%의 기업이 환발해지역을, 21%의 기업이 주강(珠江)삼각주지역을 대답한 데 반해, 중국 정부가 의욕적으로 추진하는 서부대개발 정책 및 동북 농공업기지 진흥 정책에도 불구하고 동북지역과 중서부지역을 꼽은 기업은 각각 9%와 8%에 그쳤다. 아울러 응답 기업 중 92%가 투자 지역으로 여전히 개발구를 선호하는 것으로 나타났다.

앞의 투자 선호 지역 통계를 단순하게 분석해보면 다국적기업들이 인프라 시설이 잘 갖추어져 있고, 배후시장이 잘 형성된 지역을 우선적인 투자 선호 지역으로 꼽는 것으로 해석할 수 있다. 그러나 투자 지역 선택 요소에 대한 다국적기업들의 응답을 더 자세히 해석해보면, 중국 정부 차원의 정책적 지원에도 불구하고 중서부지역이나 동북지역이 아직도 현지 지방정부의 행정 서비스 수준이라든지 정보 수집 채널 등 소프트웨어적인 면에서 동부 연해지역보다는 낙후되어 있기 때문에 상대적으로 선호 투자 지역에서 후순위로 밀린 것으로 분석된다.[1)]

1) 中國國際商報, 招商週間(KOTRA에서 재인용), 2005. 4. 18.

사례 1 2005년 중국 진출 기업의 경영 환경 현지 실태

흑자 기업 31.6%에 불과해

우리 기업들이 중국에 진출해 손익분기점에 도달하는 데까지 평균 40개월이 걸리는 것으로 조사됐다. 특히 중국 진출 기업 중 흑자 기업은 31.6%에 불과하며, 나머지는 손익분기점(39.3%) 수준에 머물러 있거나 적자(29.1%)를 보고 있는 것으로 나타났다. 대한상공회의소는 22일 중국에 진출한 200개 한국현지법인을 대상으로 조사한 '중국 진출 기업의 경영 환경 현지 실태' 결과를 발표하고 이같이 밝혔다.

기업이 중국에 진출한 이유로는 인건비 절감(40.2%), 중국 시장 개척을 위한 판매망 구축(30.5%), 노동력 확보(19.5%)순으로 조사됐다. 규모별로는 대기업이 중국 시장 개척(52.9%)을, 중소기업은 인건비 절감(40.0%)을 가장 우선적으로 꼽았다. 실제로 이들 기업의 64.9%는 중국 생산직 근로자에게 월 6만5000원~13만 원(1위안=130원 기준) 정도를 지불하고 있다고 응답했다.

또 진출 기업의 53.7%는 현재 중국 진출에 '만족'하고 있었으며, '불만족'이라는 응답은 10.9%에 불과했다. 중국 진출에 대한 만족은 추가 투자로도 이어지고 있다. 중국 진출 기업들의 48.2%는 1~2년 내 추가 투자 의지를 밝혔으며 1~2년 내 추가 투자를 하지 않겠다는 기업은 24.1%에 머물렀다. 미결정 기업은 27.7%였다.

중국 진출 기업이 생산하는 제품의 원자재 조달처 비중은 중국(49.8%), 한국(44.4%), 제3국(5.8%)순이며 제품이 판매되는 시장은 제3국(36.1%), 중국(35.8%), 한국(28.1%)순으로 조사됐다. 기업 규모별로 진출 대기업은 중국에서 원자재를 조달(65.6%)해 중국에서 판매(46.6%)까지 하고 있으며, 중소기업은 주로 한국 조달(47.9%), 제3국 판매(40.1%) 형태가 주류를 이뤘다. 중국 진출 기업들은 투자 허가를 얻기 위해서는 4.3개월이 소요된다고 응답했고, 고용 관리상 가장 큰 걸림돌로는 높은 이직률(36.7%), 전문직 구인난(32.9%), 숙련공 구인난(20.3%) 등을 들었다.

대한상의 관계자는 "최근 중국 인건비의 급속한 증가세와 더불어 전력, 원자재, 행정 절차, 세제 등 어려움을 호소하는 중국 진출 기업들이 늘고 있다."며 "따라서 급변하는 중국 경영 환경에 대한 유관 기관의 신속하고 정확한 정보 제공이 그 어느 때보다 중요시되고 있다."고 밝혔다.

(출처: 대한상공회의소)

사례 2 2009년 중국 도시 경쟁력 보고서

2003년부터 매년 중국의 도시 경쟁력을 평가해오고 있는 중국사회과학원이 올해 4월에 일곱 번째로 '2009년 중국 도시 경쟁력 보고서'를 발표하였다. 중국사회과학원은 중국 294개 도시에 대해 총체적인 보고서를 작성한 후 동남지역, 환발해지역, 동북지역, 중부지역, 서남지역, 서북지역 등 6개 지역으로 구분하고, 종합 경쟁력, 종합 성장 경쟁력, 경제 규모 경쟁력, 경제 효율 경쟁력, 발전 비용 경쟁력, 산업 수준 경쟁력, 생활 수준 경쟁력에 대해 분석했다. 또한 51개 중점 도시를 선정하여 자본 경쟁력, 과학 기술 경쟁력, 구조 경쟁력, 기초 인프라 경쟁력, 제도 경쟁력, 기업 관리 경쟁력, 문화 경쟁력 등에 대해서도 분석했다.

올해 보고서는 도시 종합 경쟁력이 가장 큰 10개의 도시(순위별)로, 홍콩, 선전, 상하이, 베이징, 타이베이, 광저우, 칭다오, 톈진, 쑤저우, 가오시옹(高雄)을 발표하여, 중국 동남지역의 종합 경쟁력이 다른 지역에 비해 월등한 것으로 나타났다. 전국 1위의 홍콩은 개방 경쟁력, 인재 경쟁력, 자본 경쟁력 및 정부 관리 경쟁력에서 1위를 차지하여 베이징과 상하이를 압도하였으며, 도시 종합 경쟁력 순위에서 계속 1위를 차지해 오고 있다. 작년과 비교해볼 때, 도시 종합 경쟁력 순위 중 앞의 6개 도시 순위에는 변화가 없었다. 그러나 뒤의 4개 도시 순위에는 변화가 생겼는데, 그중 칭다오의 상승 속도가 매우 빨랐다. 칭다오는 작년에 10위 안에도 들지 못하다가 올해에 곧바로 7위를 차지하여 작년의 9위를 차지했던 항저우를 밀어냈다.

도시 가치 확장 속도와 잠재력을 나타내는 종합 성장 경쟁력은 환발해지역이 전국 1위, 종합 시장 점유율을 나타내는 경제 규모 경쟁력은 동남지역의 상하이가 전국 1위로 나타났다. 또한 도시 창조 가치의 투입산출 효율의 집중도를 나타내는 경제 효율 경쟁력에서 동남지역이 전국 1위를 차지하여, 동남지역의 대부분의 도시는 공업화 중 · 후기 단계로 평가되었다.

항목별로 도시 경쟁력을 들여다보면 다음과 같다. 조사 분석 대상 51개 도시 중 자본 경쟁력 부문은 홍콩이 차지했으나, 과학기술 경쟁력은 베이징이 차지하였다. 기초 인프라 경쟁력은 상하이가 차지하였으며 베이징을 제외한 상위 10위권 내의 여타 도시는 모두 연해지역으로 나타났다. 제도 경쟁력 면에서는 홍콩이 1위이며 상위 10위권은 모두 중국 동남 연해지역으로, 장강삼각주와 주강삼각주 지역이 조기 발달하여 비교적 성숙된 시장 경제 체계의 역사와 경험을 가지고 있는 것이 경쟁력의 이유로 보인다. 기업 관리 경쟁력은 포산, 도시 문화 경쟁력은 원저우가 각각 1위를 차지했다.

구분	1위	2위	3위	4위	5위	6위	7위	8위	9위	10위
종합 지역 경쟁력	홍콩	션젼	상하이	베이징	타이베이	광저우	칭다오	톈진	쑤저우	가오시옹
인재 경쟁력	홍콩	베이징	상하이	광저우	션젼	아오먼	항저우	난징	충칭	톈진
자본 경쟁력	홍콩	상하이	베이징	션젼	광저우	칭다오	항저우	톈진	아오먼	난징
과학기술 경쟁력	베이징	상하이	션젼	홍콩	톈진	창샤	우한	광저우	청두	충칭
경제 규모 경쟁력	상하이	홍콩	베이징	션젼	광저우	톈진	타이베이	보우샤	항저우	동관
산업 수준 경쟁력	베이징	홍콩	션젼	상하이	타이베이	신쥬	타이중	가오시옹	아오먼	타이난
인프라 경쟁력	상하이	홍콩	베이징	광저우	션젼	칭다오	톈진	아오먼	다롄	샤먼
환경 경쟁력	쑤저우	웨이하이	홍콩	항저우	동관	샤먼	양저우	우시	다롄	샤오싱
문화 경쟁력	원져우	션젼	칭다우	다이져우	쓰씽	동관	후이져우	홍콩	양저우	창샤
제도 경쟁력	홍콩	쫑샨	포샤	쑤저우	우시	동관	양저우	창져우	쥬하이	아오먼
정부 관리 경쟁력	홍콩	상하이	베이징	광저우	션젼	칭다오	우시	챵조우	션젼	양저우
기업 관리 경쟁력	포샤	쫑샨	홍콩	양저우	우시	탕샨	상하이	허페이	청두	쑤저우
개방 경쟁력	홍콩	션젼	쑤저우	동관	주하이	칭다오	샤먼	상하이	베이징	다롄

(출처 : 대외경제정책연구원, http://211.187.141.176:81/2009/index.php)

일반적으로 공장을 세운다든지 투자를 하는 지역을 결정할 때 공장의 위치 또는 투자 지역을 어디로 해야 할지가 큰 고민거리이다. 판매 지역을 기준으로 할지 아니면 원료 및 원자재 생산 지역을 기준으로 할지를결정해야 한다. 이 경우 특별한 사정이 없는 한 판매 지역을 중심으로 결정할 것을 권하고 싶다. 왜냐하면 중국 비즈니스에서 일반적으로 만드는 것보다 파는 것이 어렵다고 보는 것이 정설이기 때문이다. 중국 내수 사업에서의 투자 지역 우선순위는 지역의 소비자 구매력으로 결정된다. 다음은 대만 기업인들이 판매지 중심으로 투자를 결정하는 사례이다.

최근 대만 기업인들이 상하이 지역에 집중 투자를 하는 현상을 보고 의아해한 적이 있다. 상해에는 현재 약 20만 명 정도의 대만인들이 거주하고 있다고 한다. 동남아 화교들의 속성상 중국 투자를 하게 될 경우에는 자신들의 고향을 중심으로 투자가 집중되는 현상이 일반적인데 대만 기업들은 약 15년 전부터 상해를 중심으로 집중 투자를 하고 있었던 것이다. 중국 정부가 1979년 개혁 · 개방을 하면서 광둥성과 푸젠성을 중심으로 한 남부지역에 다섯 개의 경제특구를 설치하면서 노린 것도 인생의 황혼기에 접어들면 고향으로 돌아가 그곳에 정착하려는 화교들의 귀소본능을 의식했기 때문이었다. 그런데 대만 기업인들의 상해를 중심으로 하는 투자 집중 현상은 이와 같은 주장을 뒤엎은 셈이다.

사실 대만 인구의 85%가 소위 번성런(本省人)[2], 즉 푸지엔성 출신들인데 푸지엔성을 멀리 하고 상하이 지역에 투자하는 것은 여러 가지 이유가 있겠지만 가장 중요한 이유는 공장의 소재지나 사무실의 위치 또는 사업 중심지가 중국에서만은 철저히 소비지 중심 또는 판매지 중심이어야 한다는 대만 기업인들의 확신 때문일 것으로 생각한다. 중국 사업의 성패는 생산이 아닌 판매에 달려 있고 판매활동의 성공은 단일 시장 또는 소수 지역 시장에 집중할 때 쉽게 얻어질 수 있다. 이러한 단일 시장 또는 소수 지역 시장에서의 판매량이 일정 수준 이상의 공장가동률을 보장하자면 부득이 대형 소비시장이 공장 곁에 있는 것이 절대적인 조건이라고 대만 기업인들은 믿고 있는 것이다. 그렇지 않고 원료 생산지 가까이에 공장을 설립할 경우, 일정 수준 이상의 공장 가동률을 유지하고자 하면 몇 개의 인근 시장으로 확대 판매해야 하고, 이 경우 중국적 환경 특성 때문에 판매 조직 관리가 효율적으로 통제되지 않아 실패하기 쉽다는 것이다.

우리나라 기업이 대중 투자에서 내수 판매를 주로 할 경우 가장 유리한 지역이 어디인지에 대해 MBA 코스를 이수하고 있는 학생들과 같이 아래와 같은 평가요소를 기준으로 토론한 적이 있다. 지역별 투자 지역으로서의 적절성을 평가

2) 지금부터 150년 내지 200여 년 전에 중국 푸젠성으로부터 대만으로 건너 온 무리들을 본성인(本省人)이라고 하고, 반면 중국 공산당과의 내전에 패하여 대만으로 건너 온 국민당을 따라 이주한 무리들을 외성인(外省人)이라고 부른다.

하는 작업이었다. 지역을 선정할 때 고려 사항으로는 해당 지방정부의 개방성, 외자기업에 대한 배려 정도, 관료주의의 정도, 인사 청탁 등 기업에 불리한 요구, 회사 경영에 대한 간섭, 각종 준조세, 주변의 소비시장의 규모, 한국 제품에 대한 인지도 및 호감도 등을 감안하여[3] 지역별로 평가를 하였다.

그 결과 1위는 베이징(시장이 크고 한국 제품에 대한 인식과 호감도가 양호)이었고, 2위는 톈진(天津 ; 자체 시장 외에 북경 시장 공략이 양호하고 지방정부 지원 양호)이었다. 3위는 산둥성(山東省; 한국 기업이 많아 실패 방지를 위한 학습효과가 양호하나 한국 기업이 많은 점이 인건비 과다 등 불리한 점이 있고 시장이 협소하다는 단점이 있음)이었고, 4위는 상하이(상해 시장에서의 성공은 타지방으로의 브랜드 이미지 확산에 절대 유리하나 하이테크 분야 투자만 환영함)와 광둥(廣東省; 소비자 소득이 높으나 대만 · 홍콩 기업들과 경쟁해야 하는 부담이 있음)이었다. 위에서 언급한 지역별 투자 우선순위는 어디까지나 일반적인 기준을 적용하여 평가한 결과이기 때문에 특수한 여건을 요구하는 사업이나 특정 산업의 경우에는 이를 적용할 수 없음은 두말할 필요가 없다.

중국 투자에서 공장 및 기업 본사의 소재지 선정에서 어디가 가장 적합하냐를 판단하게 될 때 꼭 한 가지 특별히 고려해야 할 사항이 있는데, 그것은 바로 생산된 제품을 수출할 것이냐 아니면 내수 판매를 할 것이냐 하는 점이다. 내수 판매냐 수출이냐에 따라 베이징이 유리하냐 아니면 베이징의 이웃에 있는 톈진(天津)이 유리하냐가 결정될 수 있기 때문이다. 100% 내수 판매인 경우에는 베이징이 유리하고 일부 수출, 일부 내수 판매일 경우 또는 100% 수출일 경우에는 단연 톈진이 유리하다. 같은 랴오닝성(遼寧省)일지라도 내수 위주일 경우에는 선양(沈陽)이 유리하고 일부 내수, 일부 수출일 경우에는 다리엔(大連)이 유리하다. 푸지엔(福建)성에 투자를 할 경우, 내수 위주일 때는 푸조우(福州)가 유리하고 일부 내수, 일부 수출 또는 수출 위주일 경우에는 시아먼(厦門)이 유리하다. 이렇듯 투자 기업이 어떤 영업을 하느냐에 따라 투자 지역 선정에 결정적 영향을 미친다고 볼 수 있다. 상하이시의 경우, 외자기업의 투자가 이미 포화 상태에 육박하기 때문에 환경오염 산업이나 일반 저기술 보유 사업은 상하이시 정부의 선택 대상에서 제외되는 것도 유념할 필요가 있다.

중국 시장에서 여러 화교 기업인들과 중국 기업인들을 만나면서 많은 얘기를

3) 정광호, ≪중국 비즈니스 터닝 포인트≫, (한국, 서울 ; 프리미엄북스, 2001. 6. 15.), p.15

나누는 과정에서 얻은 결론 중의 하나는 아무리 좋은 조건을 제공한다고 하더라도 중국 변방의 낙후 지역이나 각 지방의 중형도시와 소형도시에의 진출은 가급적이면 피하라는 점이다.

최근 중국의 신강지역, 서장지역, 내몽고지역 등 변방 지역이나 각 내륙 중형도시 또는 소형도시의 투자 유치단이 한국을 번갈아가며 방문하고 있다. 그들 중소형 도시들이 제공하는 투자 조건들도 아주 파격적이다. 중소도시의 위치가 내륙 지역일 경우에는 더욱 파격적이다. 얼른 보기에는 한국 기업인들의 구미를 당긴다. 그러나 이들 지역에 대한 진출은 신중에 신중을 기하여야 한다. 내륙 지역의 중소도시일 경우에는 반드시 고려해야 할 사항이 몇 가지 있다. 첫 번째가 물류 문제이다. 중국에서의 물류비용은 한국보다 훨씬 비싸다. 그리고 운송거리도 한국보다 훨씬 먼 것이 일반적이다. 따라서 원료구매와 제품판매에 따른 물류비용을 세심하게 조사해야 한다. 둘째, 내수 위주의 영업 구조일 경우, 주위 시장의 소비 수준과 구매력을 자세하게 조사해야 한다. 주위에 시장이 작거나 없으면 먼 곳에 있는 시장에 내다팔아야 되는데 이 경우 비용도 문제지만 더 큰 문제는 먼 지역에 있는 판매 조직의 관리가 난제로 등장한다는 점을 잊어서는 안 된다. 셋째, 그 지역에서 채용할 인력의 수준을 철저하게 파악해야 한다. 중국의 중소도시 젊은이들은 대개 북경이나 상해에서 일자리를 구하려는 심리가 강해 채용 후 얼마 지나지 않아 이직할 가능성이 크다는 점을 감안해야 한다. 다섯째, 지방공무원들의 수준이다. 진출 기업에 도움을 주기보다는 오히려 부담을 주는 경우가 많기 때문이다. 그들은 현대 기업 경영 시스템에 대해 잘 모르고 있으며 쿼터 제도나 각종 수입 금지 조치 또는 수출 촉진 정책 등에 대해서도 잘 이해를 하지 못하고 있다. 내몽고에 있는 밀가루 공장의 밀가루 품질관리를 위해 미국산 밀을 수입해야 하는 경우가 생겼는데, 당시 내몽고 지방정부를 방문해 내몽고 지방정부 이름으로 중앙정부에 미국산 밀을 수입할 수 있도록 쿼터량을 배정해 달라는 공문을 작성, 신청해줄 것을 요청했으나 거절당한 적이 있었다. 담당 공무원의 변명인즉, 과거에 쿼터 신청을 한 적이 없어 신청할 수 없다는 것이어서 아연실색한 적이 있었다. 지방정부 공무원의 국제 감각이나 비즈니스 감각이 그만큼 뒤떨어진다는 얘기이다.

중국 투자 기업이 내수 판매를 위주로 할 경우, 공장의 위치를 도심지로 할 것이냐, 도시 외곽인 농촌 지역으로 할 것이냐, 도시 변두리로 할 것이냐는 도시의 규모와 시내 및 시외 교통 등을 고려하여 결정해야 한다. 현장을 자세히 조사하고 현장의 상황을 면밀히 분석하고 난 다음에 결정하는 것 역시 잊어서는 안 된다. 다만 오늘날의 중국 도시들의 상황을 고려할 때, 공장의 위치가 도시 밖인 농촌 지역으로 나가서도 안 되고 도심지에 있어서도 안 된다. 그 중간 지점인 도심지에서 약간 떨어져 있는 외곽 지역이나 변두리에 위치하는 것이 가장 좋다고 보면 된다. 물론 환경오염 산업인 경우는 예외이다.

도시의 변두리 지역이 가장 좋은 이유는 업무상 편리하고 공장과 판매 사무실이 동일 지역에 있을 수 있어 경영자가 기업 경영 전체를 총괄하기가 용이하며, 생산직 노동자와 사무직 인력을 확보하고 채용하는 데 편리하기 때문이다. 버스로 출퇴근하는 경우도 고려하여야 하지만 자전거로 1시간 거리 이상이면 인력 확보 문제가 심각해지고 인력의 질도 문제가 될 수 있다. 다음의 예는 이를 잘 보여주고 있다.

> 허베이(河北)성 친황다오(秦皇島)시(市)에서 펌프를 생산하고 있는 ○○사는 주요 부품을 한국으로부터 수입하여 고품질의 제품을 생산하여 높은 가격으로 판매하고 있다. 참고로 친황다오시는 중국의 수도 베이징에서 자동차로 약 4~5시간 정도 걸리는 가까운 거리에 있는 중소형 외곽 도시이다. 이 회사의 매출액은 매년 50~60%씩 증가하고 있는데, 기술력과 품질 우위로 중국산보다 2~3배가 높은 가격으로 판매하고 있다. 그러나 소재지가 지방도시인 관계로 우수 인력 수급에 상당한 애로를 겪고 있다. 중국의 젊은이들이 베이징, 상하이, 광조우 등 대도시를 선호하는 경향이 뚜렷하여 상대적으로 소규모 지방도시인 친황다오(秦皇島)에 취직하려는 인재가 거의 없고, 인근 도시인 베이징이나 톈진으로 가서 일자리를 구하고 싶어 하기 때문이다.[4)]

"손톱 밑 곪는 줄은 알아도 등 곪는 줄은 모른다."는 우리나라 속담이 있다. 눈에 항상 보이는 곳에 있으면 쉽게 관찰할 수 있어 문제가 생겨도 곧바로 대응할 수 있으나 눈에 잘 띄지 않는 곳에 있으면 문제가 일어날 경우 그 발견이 쉽지 않아 제때에 대응할 수 없다는 말이다. 이런 관점에서 보면 중국 시장에 투자한 기업의 경우 사무실과 생산 공장은 동일 지점에 위치해야 한다.

대부분의 한국 기업인들은 판매 사무실은 판매 시장 중심부에 위치해야 한다

4) KOTRA 편, ≪중국투자 현장점검≫, (서울, 학림사, 2001. 11. 30.), pp.201~202

고 생각한다. 물론 이 말은 사리에도 맞고 효율적인 측면에서도 그렇다. 그러나 중국의 현실에서 판매 사무실을 공장 사무실과는 별도로 시내에 두게 되면 판매 사무실 관리와 판매 관리가 엉망이 되기 십상이다. 뒤에서 설명하겠지만 중국 비즈니스는 오너 경영, 직접 경영, 확인 경영, 현장 경영의 원칙하에서 이루어진다. 그런데 판매 사무실과 공장 사무실이 각기 다른 장소에 있으면 사장인 오너의 직접 경영, 확인 경영, 현장 경영이 불가능하게 되어 조직관리가 제대로 이루어지지 못해 저효율 체제로 전락하게 된다. 따라서 판매조직이나 공장의 생산조직이 사장의 관리 시야 바깥에 있어서는 곤란하다. 다시 말해, 사장의 시선 안으로 조직이 들어오지 못하면 그 조직은 썩게 되는 것이다.

앞에서 대도시 외곽 지역에 공장과 사무실이 같이 있으면 가장 이상적이라고 했다. 그러면 외곽 지역의 어떤 곳에 공장을 건설하면 좋은지에 대해 현지 한국인 사장의 주장을 들어보기로 한다.

> 첫째, 보세구 단지 내의 투자로 시정부 차원에서 조성한 보세 지역 단지 내에 공장을 설립하는 경우이다. 이 경우 수출입 시 통관 절차가 필요 없어 임가공 등 제3국 수출에는 도움이 되나 내수시장을 겨냥하는 업체에게는 별 도움이 안 된다.
>
> 둘째, 중앙정부, 시(市), 구(區), 진(鎭) 정부 등에서 조성한 개발구에 투자하는 방법으로, 개발구는 한국의 공업단지와 같은 지역이다. 계약 당사자의 단위가 커서 세심한 배려는 기대하기가 힘드나 지역 선정 시 최악의 실패에 대한 우려를 줄일 수 있다.
>
> 셋째, 진(鎭) 또는 촌(村) 소유의 지역에 투자하는 것으로 개발구와 같은 공업단지가 형성되어 있지 않은 지역에 공장을 세우는 경우이다. 그 지방 공무원들의 협조 여하에 따라 도움이 되기도 하지만 손해가 될 경우가 더 많다.
>
> 넷째, 중국 정부로부터 허가를 받아 개인이나 특정 단체가 소유하고 있는 건물 등의 시설에 투자하는 경우인데 현지 사정을 잘 아는 경우를 제외하고는 가급적 삼가는 것이 좋다.[5]

경영학에서는 공장의 입지조건을 정하는 데 있어 판매 지역에 둘 수도 있고 원료 생산 지역에 둘 수도 있다고 가르친다. 또는 특정 문제를 해결하기 위해

---

5) 중소기업진흥공단 편, ≪중국 투자 경영 실무≫, (서울, 보성인쇄기획, 2001. 12.), p.5

특정 지역에 둘 수도 있다고 가르친다. 뿐만 아니라 경쟁 기업이 적은 지역을 선택하라고 가르친다. 그러나 중국 투자에서만큼은 내수 영업 위주의 경우 공장의 위치를 판매 지역 그것도 대형 판매 지역에 두는 것이 가장 효율적이다. 꼭 집어서 몇 %라고 얘기할 수는 없지만 대개 90%의 경우는 대형 판매 지역에 공장을 짓는 것이 바람직하다. 중국 투자에서는 일반적으로 생산 분야보다 판매 분야로 인한 문제로 기업 경영이 어려워지는 경우가 훨씬 많기 때문이다. 특히 판매 지역이 여러 지역으로 쪼개지고 분산되어 여러 곳에 판매조직을 구성해야 할 때는 중소기업의 경우 역부족일 때가 다반사이다. 왜냐하면 판매에는 물류 · 유통 · 배송 · 운송 · 창고 등의 문제가 따르고, 점포 · 대리점 관리 문제가 수반되며, 외상매출금 회수 문제가 뒤따르기 때문이다. 이런 문제들을 사장인 오너가 직접 현장에서 확인하고 관리(오너 경영, 직접 경영, 현장 경영, 확인 경영)하지 않으면 십중팔구 실패하기 마련이다. 따라서 한국 기업인들에게 중국에 투자할 경우에는 가급적이면 대형 판매시장에다 공장을 건설하라고 충고하고 싶다.

공장의 위치가 대형 판매시장 안에 있을 경우 영업부서 및 관리부서는 공장의 위치와 같이 하는 것이 유리하므로 역시 판매시장 안의 공장 내에 설치하는 것이 좋다. 이 경우 판매부서, 관리부서 및 생산부서의 인력들을 가급적이면 공장 인근 지역에 있도록 하여야 한다. 대도시 도심지에서 멀리 떨어져 있지 않은 외곽 지역에 위치하면 수준이 낮은 생산부서 직원들도 채용할 수 있고 수준이 높은 관리부서 인력들도 채용할 수 있다. 적어도 직원들이 자전거로 출퇴근할 수 있도록 하자면 대도시 외곽지역을 벗어나면 안 될 것이다. 다음은 이와 관련하여 저자가 직접 겪은 경험담이다. 중국 투자 시 고려했으면 하는 바람이다.

대만 기업들이 왜 상하이에 집중하여 투자하는지에 대한 이유를 설명하는 과정에서 중국 투자에 있어 공장의 위치는 대도시 소비시장에 위치하는 것이 좋다는 점을 설명하였다. 그러나 한국 기업 진출이 밀집되어 있는 산둥지역을 둘러본 결과 한국 기업들이 밀집되어 있음으로써 유리한 점들도 많이 있지만 불리한 점들도 많다는 걸 알게 되었다. 한국 기업에 불리한 점들 중 가장 핵심적인 것은 한국 기업끼리의 경쟁에서 야기된 것인지는 몰라도 한국 기업들의 현지 종업원들의 평균 임금 수준이 동종업계의 중국 기업의 종업원 임금 수준보다 2배 내지는 2.5배 정도 된다는 사실이다. 외국 기업이 중국에 막 진출하게 되면 중국 공무원들은 분명히 외자기업의 종업원들의 봉급이 중국 기업의 종업원 봉급보다 20~30% 정도 높으면 된다고 한다. 그런데 문제는 현지 직원 채용 후 4~5년이 지나면 외자기업의 현지 종업원 임금 수준이 중국 기업의 2배 내지는 2.5배 수준으로 격차가 엄청나게 벌어진다는 사실이다.

그렇다고 외자기업의 직원들의 업무 효율이 현지 중국 기업보다도 2배 또는 2.5배가 되는 것도 아니다. 아니 오히려 중국 기업보다 효율이 떨어지는 경우가 더 많다. 중국 기업들의 경우, 기업 리더가 마음만 먹으면 지방정부의 엄호하에 대대적인 구조조정을 단기간 내에 아무런 부작용 없이 끝낼 수 있기 때문이다. 반면에 외자기업의 경우 똑같은 규모와 똑같은 수준의 구조조정을 하려면 몇 년에 걸쳐서 수많은 난관과 고충을 겪어야 한다.

그런데 임금과 관련하여 또 다른 심각한 문제는 어느 특정 한국 기업이 다른 한국 기업들과의 형평성을 고려하지 않고 임금을 내리면 그 직원이 다른 한국 기업으로 옮겨가기 때문에 함부로 임금을 내릴 수도 없고 서로 눈치를 볼 수밖에 없다는 것이다. 또한 한국 기업 간의 종업원 복리 제도와 후생 시설이 서로 다를 경우, 반드시 좋은 제도와 시설을 가진 한국 기업 수준으로 상향 조정되고 결코 하향 조정되는 경우는 발생하지 않는다는 것이다.

뿐만 아니라 한국 기업에 종사하는 현지 종업원들끼리 서로 협력하여 근무조건 개선과 임금 조건 개선을 위해 부단히 노력하다보니 동종업계 중국 기업과 비교할 때 그 격차가 날이 갈수록 벌어져 경쟁력을 상실하기도 한다. 이런 불리한 점들 때문에 중국시장을 잘 아는 대만 기업들은 대만 기업이 집중 진출한 지역은 가급적 피하고 외자기업이 진출하지 않은 지역에 진출하여 각종 혜택을 누리고 있는 경우도 많다. 물론 대만 기업인들은 중국어에 능통하고 중국을 잘 알기 때문에 이런 전략을 채택할 수 있음은 두말할 필요가 없다. 대만 기업들이 이런 전략을 구사하고 있는 이유는 외자기업 또는 대만 기업 진출이 없는 지역을 선택하면 무담보 은행대출을 받을 수 있는 것은 물론이고 대출 이자율도 상당히 낮아 파격적인 혜택을 누릴 수 있기 때문이다. 외자 유치에 혈안이 되어 있는 현지 정부의 극진한 보살핌을 받을 수 있기 때문에 훨씬 유리한 것이다. 심지어는 공장 부지용 토지를 무상으로 받을 수도 있고 수도 · 전기료에 있어서도 파격적인 할인을 받을 수 있어 타 기업과의 경쟁에서 절대 유리하다.

"공(公)과 공(公)의 관계에는 떡고물이 떨어진다."는 속담이 있다. 공공기관 간에는 각종 혜택이 있고 융통성이 있는 것 역시 중국이나 한국이나 마찬가지이다. 한국도 공기업이 민간기업보다 효율이 떨어지고 각종 비리나 부정, 부패 현상이 심하다. 중국은 한국보다 오히려 이런 현상이 더 심하다. 따라서 양국 지방정부 간의 전용공단 건설과 같은 프로젝트가 있으면 각종 혜택과 특혜들이 주어질 수 있다. 이 경우 공장의 위치 선정이나 입지 문제 등은 예외로 취급되어야 할 것이다. 한국 지방정부가 주도하는 중국의 전용공단에 입주하면 공장부지를 무상으로 취득할 수도 있고 기타 각종 혜택을 누릴 수 있기 때문이다.

이제는 중앙정부나 지방정부의 지원 없이 투자 사업을 전개하기가 어려운 시대가 되었다. 예전과 같이 투자 사업은 일반기업이나 경제단체에게 맡기고 정부는 간접으로 지원해야 한다는 생각은 최근의 지역 경제를 구성하고 있는 지역 기업들의 상황을 고려할 때 더 이상 통하지 않게 되었다. 지방정부가 다수의 지역 기업들로 구성된 선단을 이끌고 해외시장에 진출하는 등 깊숙이 개입하면서 선장과 조타수 역할을 하지 않으면 다른 지역의 기업들과의 경쟁에서 이기기 어려운 환경이 된 것이다. 현재 한국의 상당수 지방정부 역시 지역 경제의 국제화와 경제 발전을 위해 총력을 기울이고 있다. 이런 측면에서 이제는 한국의 중앙정부 및 지방정부가 대중 투자 사업에 직접 나서야 하고 직접 개입하여야 하는 시기가 되었다. 이들 지방정부가 주도하는 전용공단은 일반적으로 토지를 무상으로 공급받을 수 있기 때문에 여기에 입주하는 기업들로서는 투자비에서 많은 비용을 절약할 수 있다. 다음은 전용공단에 입주한 기업의 사례이다.

한국의 ○○시는 중국의 △△시에 ○○시 지역 기업들의 전용공단을 조성하기로 합의하였다. 전용공단 조성을 위한 중국 지방정부와의 협상 결과도 파격적이다. 50년간 토지 무상 사용에다 기업소득세도 이익 발생 후 5년간 면세이며, 그 후 5년간도 50% 감세 조건이다. 전기요금, 수도요금과 증기(스팀)요금도 특별우대 조건을 받는다. 공단 내 도로, 전기, 수도, 오폐수 처리 시설, 통신 등은 무료 설치 및 무료 조성을 보장받았다. 또한 토지, 건축물의 양도, 임대 및 저당도 가능하다. 이러한 특혜 조건은 개별 기업이 개별적으로 진출할 때는 꿈도 꾸지 못하는 것들이다. 이런 특혜 조건을 획득하기 위해 중앙정부 및 지방정부들이 노력하고, 제품경쟁력을 높이고 생산원가를 절감하기 위해 중앙정부 또는 지방정부가 조성하는 전용공단에 기업들이 적극 진출하면 중국 비즈니스를 성공시킬 수 있다. 전용공단에 입주할 경우, 입주 기업들은 지방정부의 주도적인 역할하에

트럭 · 자동차 · 승용차 등의 운송 · 배송 수단을 공유함으로써 비용을 대폭 절감할 수 있고 창고 및 기타 공장 설비의 공동 이용을 통해 창고비를 포함한 각종 비용을 절감할 수 있다. 뿐만 아니라 사무실 내에서 사용하는 컴퓨터, 복사기, 프린터 기기 및 기타 사무용품을 공동 구매, 공동 사용함으로써 각종 비용을 절감할 수 있고, 총무, 인사, 재무 부서의 인력들을 통합 채용, 통합 활용함으로써 종업원의 자질을 높이는 것은 물론 업무 강도를 높임으로써 상당한 수준의 업무 효율을 제고시킬 수 있다.

2. 세수 우대 정책과 투자 지역 선정

어느 성시(省市)를 투자 대상 지역으로 선정할 것인가가 결정되면, 그 다음으로는 경제기술개발구나 첨단기술개발구(高新技術開發區), 보세구 또는 일반 도시 지역 중 어느 지역(단지)에 투자할 것인지를 선택해야 한다. 이때 각각의 지역(단지)별로 우대 혜택과 투자 환경이 다르기 때문에 투자 기업의 생산 조건을 고려하여 가장 적합한 지역을 선택해야 한다.

중국에서는 지역마다 다른 세수 우대 정책을 실시하고 있다. 이 정책을 제대로 알고만 있어도 투자자는 각 지역별 세수 차이를 이용해 투자 지역을 선정하고 투자 자본금을 줄여 큰 투자 효과를 얻을 수 있다. 중국 국가세무총국(中國稅務總局)이 2004년 4월에 발간한 〈세법속체(稅法速遞)〉 — 세수우대지침(稅收优惠指南) — 내용에 따르면 중국의 현행 세수 우대 지역은 다음과 같이 16종류로 나뉜다.

① 경제특구(經濟特區)
② 연해경제개발구(沿海經濟開發區)
③ 경제기술개발구(經濟技術開發區)
④ 첨단기술개발구(高新技術開發區)
⑤ 연해개방도시(沿海開放城市)
⑥ 연강개방도시(沿江開放城市)

⑦ 내륙개방도시(內陸開放城市)
⑧ 변경대외개방도시(邊境對外開放城市)
⑨ 국가여행휴양지(國家旅遊度假區)
⑩ 소주공업원구(蘇州工業園區)
⑪ 복건대만기업투자구(福建臺商投資區)
⑫ 상해포동신구(上海浦東新區)
⑬ 해남양포개발구(海南洋浦開發區)
⑭ 수출가공구(出口加工區)
⑮ 보세구(保稅區)
⑯ 중서부빈곤지역(中西部貧困地域)

이들 세수 우대 지역은 중국 정부가 경제 개방의 실험지로 1979년 처음 4개의 경제특구를 지정하여 외자기업에 대해 세제와 무역관리 면에서 우대 혜택을 부여한 이래, 1984년 경제기술개발구(經濟技術開發區), 1988년 중국 횃불계획(火炬計劃)의 일환으로 1991년부터 국무원이 비준한 첨단기술개발구(高新技術開發區), 보세구 등에도 확대 적용되어 지금에 이르렀으며, 중국 대부분 지역이 '경제특구화' 되는 결과를 가져왔다. 이들 지역들은 구체적인 우대 정책이 저마다 다르기 때문에 면밀한 비교 검토가 필요하다.

한편, 중국 정부는 2007년 3월 전인대의 의결에 따라 내 · 외자기업의 소득세를 25%로 통합하였고, 외자기업에 대한 이전 가격 조사 강화와 핫머니 관리를 위한 외자기업의 무분별한 외채차입 억제 등을 전개하고 있다. 2008년 1월 1일 〈중화인민공화국기업소득세법〉(이하 신세법이라 약칭함)과 〈중화인민공화국기업소득세법실시조례〉(이하 실시조례라 약칭함)가 실시되면서 과거 지역 위주의 세수 우대 정책으로부터 산업과 기술 위주의 우대 정책으로 전환하였다. 현재 중국으로의 신규 진입을 목표로 하는 기업의 경우, 신세법 발포 전에 비준 설립된 회사의 '기업소득세 과도특혜정책' 을 유념하여 지역 선정에 있어서의 경쟁 우위 여부도 고려해야 할 것이다.

또한 중국 정부는 동부지역의 세수 혜택 감소와 서부 · 중부 · 동북 지역에 대한 우대 정책을 통해 경제적 낙후 지역에 대한 외국인 직접투자(FDI) 유치를 활성화하고자 노력하고 있다. 이를 통해 에너지 · 자원 소모형 산업과 환경오염 유발 산업에 대한 투자를 가급적 억제하는 한편, 첨단산업과 고부가가치산업에 대한 투자와 중서부 · 동북 지역 등 상대적으로 낙후된 지역에 대한 투자를 적극 지원하고 있다. 따라서 이들 지역에 투자할 경우, 투자 우대 혜택을 받고 시장을 선점하여 독점적 지위를 차지할 수 있을 것이다. 다만, 중서부지역의 인프라와 업체별 특성을 잘 고려해야 할 것이다.[6)]

3. 투자 과열로 인한 개발구[7)] 정리

투자 지역 선정에 있어 한 가지 주의해야 할 점은 중국의 거시경제 과열로 인해 중국 정부가 경제기술개발구 및 첨단기술산업개발구 등 각종 개발구에 대한 정리 정돈 작업을 펼치고 있다는 점이다.

그동안 중국의 각 지방정부는 과도한 개발 정책의 붐을 타고 중앙정부의 승인 없이 무분별하게 개발구를 설립하여 왔으며, 지역 간 경쟁이 심화되면서 저가 토지 또는 공짜 토지들이 남발되어 토지시장에 혼란이 발생하였다. 따라서 중국의 중앙정부는 2003년부터 법과 규정을 지키지 않은 불법 토지에 대한 단속을 시작하여 같은 해 11월, 1차적으로 심사를 통과한 개발구 명단을 발표하기도 하였다. 중국 정부는 개발구 정리 정돈 작업 추진에 따라 일단 맹목적인 개발구 설립에 대하여 효과적으로 제동이 걸린 것으로 판단하고 있다.

6) http://www.pkupaper.net/215

7) 중국 정부가 설치한 공업 단지임. 중국 정부는 개발구에 대한 외국인 투자 유치를 중심으로 공업화 정책을 시행하고 있으며, 개발구에 입주하는 외국 기업들에게 세금 감면을 비롯한 각종 혜택을 주고 있기 때문에 외국인 투자 기업들은 개발구 위주로 투자를 실시하고 있다.

사례 3 중국 신규 개발구 설립 중지

국가발전개혁위원회, 국토자원부, 건설부의 연합 공고 2007년 제18호 공고가 4월 6일 국가발전개혁위원회의 사이트에 발표됐다. 공고에 따르면 심사에 통과한 개발구는 총 1,568개로 국가급 개발구가 222개, 성급 개발구가 1,346개이다. 또한 향후 개발구 사업에 대하여 다음과 같이 규정하였다.

첫째, 개발구 정리성과 보장, 발전 계획의 과학적 제정, 산업 특색 강화, 토지의 집약 이용, 기반 시설 완벽화, 투자 환경 개선, 투자 유치의 질과 수준 제고, 현대 제조업 및 외자 유치 밀집 지역으로 발전, 체제 개혁과 순환 경제의 시범 지역으로 발전 등을 요구한다.

둘째, 국무원 규범이나 개발구 발전의 정책이 발표되기 전에 성급 개발구를 신설하거나 범위를 확대하는 것을 중지하고, 개발구 관련 지방 정책의 제정과 발표를 연기하며, 계획이 심사에 통과되지 않았거나 공고하지 않은 개발구는 개발구 명의로 투자를 유치하지 못한다.

(출처 : 중국개발구신식망(中国开发区信息网)

사례 4 중국 개발구의 새로운 발전 특징 조명

사이디컨설팅(Ccid)사는 얼마 전 '2007~2008년 중국 개발구 투자 환경 경쟁력 연구 성과'를 발표했다. 보고서에서는 중국 국가 개발구를 연구 대상으로 하여 대외개방, 발전업태 전환, 관련지원, 운영효율, 산업생태, 정보서비스 등 6개 측면의 지표를 종합적으로 평가했다. 평가 결과, 톈진경제개발구가 계속해서 중국 투자 환경 경쟁력 10대 경제개발구 1위에 선정됐고, 장강(張江)첨단기술단지가 연속적으로 중국 투자 환경 경쟁력 10대 첨단기술단지 1위에 선정됐다.

◆ **'클러스터/브랜드 유치'**

사이디컨설팅은 보고서에서 다년간의 발전을 거쳐 중국의 경제개발구는 이미 외향성 경제의 중요한 창구가 됐으며, 각 지역에서 외자 유치가 가장 활발히 이뤄지고, 위치하고 있는 도시의 산업 구조조정 및 기존 기업의 업그레이드 기지로 부상했다고 평가했다. 그중 장강삼각주지역, 주강삼각주지역, 환발해지역의 첨단기술 산업 규모는 전국 총량의 80% 이상을 차지하고 있다. 한편 상하이, 베이징, 우한(武漢), 선전, 창춘(長春) 등의 지역은 각자 특색이 있는 첨단기술 산업기지를 건설 중에 있다. 2010년이 되면 중국 첨단기술단지 GDP가 전국의 약 10%를 차지하고 2020년에는 20%를 웃돌 것으로 전망된다.

사이디컨설팅의 부총재 왕제이(王杰義) 박사는 연구 성과 발표회에서 중국 개발구 건설과 투자 환경 현황을 소개했다. 그는 "개발구 투자 환경 기반이 탄탄해 외자 유치, 고부가가치 서비스업 발전의 잠재력이 무궁무진하다. 국제 산업 이전 및 재중 산업 업그레이드와 더불어 중국 개발구는 지속적인 성장세를 보이고 있다. 개발구의 경제적 역할이 보다 뚜렷해지면서 경제 실력이 빠르게 강화됐고, 산업클러스터 효과가 가시화되고 첨단기술산업 발전이 가속화되고 있다. 또한 관리 체제가 부단히 혁신되고 투자 환경이 지속적으로 개선됐으며, 토지 자원이 고효율, 집약적으로 이용되고 지속 발전 능력이 안정적으로 향상됐다."고 말했다.

보고서는 "동부지역 개발구의 투자 환경이 일반적으로 중서부지역보다 낫다. 중서부지역의 투자 환경 조성 수단은 상대적으로 전통적인 반면, 동부지역은 이미 자체 발전 단계에 접어들었다. 동부와 중서부 개발구 간 투자 환경 경쟁력의 역 'U'자형 추세가 보다 강화될 전망이다."라며 "현 단계 클러스터 유치, 브랜드 유치는 이미 자원 · 정책 유치를 대체해 개발구 투자 환경을 조성하는 중요한 수단으로 자리잡았다."고 분석했다.

◆ 미해결 문제를 위한 해법

사이디컨설팅 첨단기술산업연구중심 부총경리(副總經理) 황레이(黃蕾) 박사는 "현재 중국 개발구의 투자 환경 경쟁력 확보에서 드러나는 주된 문제점은 산업적 유도가 부족하고 산업사슬이 불완전하며 일출효과(spillover)가 제한적이고 리더업체 수가 적으며 자금조달 루트가 미흡하고 확장 능력이 부족하다는 것이다. 이러한 문제점은 전체적인 전략과 기획이 결여돼 있고 자원이 분산돼 있으며 전반적인 혁신체계 개선이 시급하고, 기업 간에 산업과 기술의 연관성이 높지 않고 이전성이 약하며, 첨단기술구는 첨단기술기업의 '인큐베이팅' 및 생산기지에 불과한 측면이 있고, 중소기업이 주를 이루고 있어 리더업체가 없는 상황이 근본적으로 개선되지 않고 있으며, 벤처투자가 부족하고 과학기술 상품화 및 산업화를 뒷받침할 만한 자금원이 부족하고, 명성이 낮고 지명도가 높지 않다는 등의 현상으로 나타나고 있다."고 지적했다. 이러한 문제를 겨냥해 사이디컨설팅은 보고서에서 다음과 같은 해법을 제시했다.

첫째, 첨단기술산업 클러스터를 형성한다. 즉, 다국적회사 R&D 센터, 기술서비스 센터, 지역운영 센터 유치에 주력하는 한편, 정보기술, 신소재 등 핵심기술 분야의 중대형 첨단기술 업체 양성에 힘쓰고, 핵심 전자부품, 고급 통용 칩, 기본 소프트웨어, 대규모 집적회로 등 제조기술의 발전을 장려하여 첨단기술산업 클러스터를 형성한다.

둘째, 산업단지 기획을 강화하고 특화 산업을 육성한다. 각 산업단지는 산업 발전 계획을 세우고 산업 포지션을 수립, 이를 바탕으로 투자 유치 전략을 세우도록 한다. 중서부지역은 현(縣), 진(鎮)급 개발구를 정리하고 국가급 개발구 건설에 주력한다.

셋째, 고효율적인 정부 서비스 환경을 마련한다. '원스톱' 서비스를 보급하고 업무 처리 절차를 간소화하여 투자자에게 프로젝트 허가에서 본격적인 생산 · 경영에 이르기까지 전 과정에 걸친 서비스를 제공한다.

넷째, 브랜드 마케팅 확장에 주력한다. 이미지 구축을 추진, 국가급 개발구 가운데서 기술혁신 능력이 높은 지역 클러스터/브랜드를 점차적으로 형성한다.

다섯째, 대외개방을 확대한다. 글로벌 생산요소와 국제시장을 이용한 발전 능력을 강화하고 외자 이용의 질을 높인다.

(출처 : 국제상보(国际商报), 2008. 6. 27.)

04

사전 조사 항목(2) – 투자 방식

어떤 산업에 투자를 할 것인지를 결정할 때에는 중앙정부와 지방정부의 외국인 투자 유치 항목을 꼼꼼히 살펴보아야 한다. 그에 따라 여러 투자 방식의 장 · 단점을 비교하여 투자를 결정해야 한다.

CHAPTER

04 사전 조사 항목(2) – 투자 방식

1. 투자 방식 선택

외국 기업의 중국 투자 방식은 법인 설립의 유무에 따라 크게 직접투자와 간접투자로 나뉜다. 그중 대표적 직접투자 방식으로는 사무소, 지점, 합자(合資)기업, 합작(合作)기업, 독자(獨資)기업이 있다.

사무소는 기업이 해외에 직접 진출하는 최초의 단계로, 많은 외국계 기업들이 사무소를 교두보로 삼아 중국 진출에 성공하였다. 사무소는 영업 활동을 하지 않고 업무 연락, 시장조사, 연구개발 등 비영업적인 기능만을 수행하는 단계라 할 수 있다. 지점은 사무소와 달리 생산 및 경영 활동이 가능하다. 법적으로 중국 법인이 아니며, 지점을 설치한 당해 외국 기업은 중국 지점의 활동에 대해 민사책임을 진다.

합자기업은 외국 회사의 자본과 중국의 자본이 결합하여 공동으로 경영하고 공동으로 손익을 책임지며 공동으로 투자 리스크를 분담하는 형태이다. 경영의 권리와 책임이 출자 비율에 따라 결정되는 조인트벤처(Joint Venture)를 일컫는다. 합작기업은 외국과 중국의 자본이 결합하는 형태는 합자와 같지만, 손익배분을 비롯한 투자, 합작 조건, 위험과 손실의 분담, 경영관리 등이 모두 계약에 의해 결정된다는 점이 합자와 다르다. 독자기업은 외국 회사가 순수 자기 자본으로 기업을 설립하여 독자적으로 운영하는 형태로, 개혁 개방 초기의 독자기업은 드물었지만 1990년대에 들어 급속하게 증가하고 있다. 중국 정부가 투자 사업 업종에 많은 제한을 두고 있어, 독자로 진출하려는 외국 기업은 투자 업종이 금지나 제한 업종에 해당하는지 여부를 먼저 검토해야 한다.

합자기업, 합작기업, 독자기업을 삼자기업(三資企業)이라 하며, 중국 정부는 이들에 대해 각각 별도의 외국인 투자법을 제정하여 시행하고 있다. 합자기업은 중외합자경영기업법(中外合資經營企業法) 및 실시조례, 합작기업은 중외합작경영기업법(中外合作經營企業法) 및 실시세칙, 독자기업은 외자기업법(外資企業法) 및 실시세칙에 의해 설립해야 한다. 외국인 투자자가 위의 법령에 따라 기업을 설립할 경우 합자 및 합작은 최소한 25% 이상의 출자지분을 보유해야만 외국인 투자 기업으로 분류되어 세제상의 혜택을 받을 수 있다.

직접투자 이외에 법인을 설립하지 않고 비즈니스 활동을 하는 간접투자에는 주재원 사무소 설립, 위탁가공, 기술제휴 등이 있다.

직접투자와 간접투자를 종류별로 좀 더 자세히 살펴보면 다음과 같다.

(1) 직접투자 방식

중외합자경영기업(合資기업)

외국 자본과 중국 자본이 결합하여 공동으로 경영하고 공동으로 손익을 책임지며, 공동으로 투자 리스크를 분담하는 형태이다. 경영의 권리와 책임은 출자 비율에 따라 결정된다. 합자기업투자는 1990년 4월 개정된 〈중화인민공화국중외합자경영기업법(中外合資經營企業法)〉과 1988년 9월에 공포된 〈중화인민공화국중외합자경영기업법실시조례(中外合資經營企業法實施條例)〉에 근거하고 있다. 당사자 쌍방의 권리, 의무에 관한 법적 규정이 명확하고 투자 업종에 대한 제한이 비교적 적은 장점이 있어 독자기업의 형태와 함께 많이 이용되는 투자 형태이다.

중국 측 파트너가 있기 때문에 중국 측의 노무, 인사 노하우 및 판매 네트워크를 활용할 수 있으며, 중국 국영기업과의 합자를 바탕으로 꽌시(關係) 문제를 해결하여 토지, 원료, 서비스 등 많은 측면에서 정부 당국의 지원을 얻을 수 있다. 반면에 적절한 중국 파트너 선정이 합자기업의 성공을 판가름하므로 파트너의 선정과 설립 교섭에 많은 시간과 노력이 필요하다.

합자기업의 특징

- 중국 내 설립 등기된 중국 법인: 중국의 관련 법규에 의해 중국 내에 설립 등기된 법인으로서 중외합자기업의 권리와 의무를 규정하는 중국의 관련 법규

들을 준수한다.

- **공동 투자**: 외국과 중국의 투자자가 현금, 현물, 지적재산권, 기계 설비, 토지 사용권, 경영 노하우 등을 각각 출자하여 그 출자액에 따라 지분을 배분한다.
- **공동 경영**: 외국과 중국의 투자자가 공동으로 동사회(董事會; 이사회)를 구성하고, 동사회의 결정을 총경리(總經理; 사장)가 실질적인 책임을 지고 집행한다.
- **공동 손익 부담**: 외국과 중국의 투자자는 각각의 지분율에 따라 손익과 리스크를 분담한다.
- **유한책임회사**: 회사 채무의 부담 책임은 회사 자산총액 이내로 하고, 투자자들의 회사 채무에 대한 책임은 출자액 이내로 하며, 투자자 상호 간의 연대책임 의무가 없다.

합자기업의 리스크 및 대처 방안[1]

- **합자 파트너 리스크**: 리스크는 크게 두 가지에서 온다. 첫째는 중국 측 파트너의 출자자산에 대한 신용 리스크이고, 둘째는 유통 능력에 대한 리스크이다. 중국 측 파트너가 제시한 자산(주로 토지, 건물)이 출자가 불가능한 토지(즉, 국가 무상임대지)이거나 저당이 잡혀 있을 경우 외국인 투자자는 자금 손실을 입을 수 있다. 또 유통을 담당하는 중국 측 파트너를 너무 믿고 투자하였을 경우에도 손해를 입을 수 있다. 이를 방지하기 위해서는 직접 현지 방문을 통해 확인하거나 파트너 신용 조사를 확실히 해야 한다.
- **핵심 기술 유출**: 합자 과정에서 중국 측 파트너가 외국 기업의 핵심 기술을 빼내거나 모방할 수 있는 리스크가 충분히 있으므로 기술 부분에 대한 규정을 계약서 작성 시 명기한다.
- **경영 주도권 장악 애로**: 외국 측 지분이 많더라도 중국 측 파트너가 지분율 이상의 동사(董事; 이사)를 보유하거나 동사장(董事長; 이사장)을 확보한 경우 경영 활동에 어려움이 있을 수 있다. 이때에는 경영 주도권 장악을 위해 가능하면 과반수 이상의 동사 및 동사장직까지 확보하고 이를 계약서에 명기해야 한다. 정관상으로는 외국 측이 과반수 이상의 동사를 확보한다는 전제하에 경영 사안들을 모두 과반수 의결이 가능토록 정관에 규정하는 것이 필요하다

1) KOTRA, ≪중국투자실무가이드≫, 2007.

(합자기업법상 만장일치가 필요한 의결 사항은 제외). 또 중국 측 부총경리가 외국 측 총경리와 대등한 대표로 생각하지 않도록 외국인 부총경리와 중국인 부총경리를 각각 1명씩 두어야 한다.

- **이익 회수 및 사업 철수의 난제:** 사업 철수 결정은 합자기업법상 만장일치제이므로 만약 동사 중 1명이라도 반대하면 철수할 수 없다. 이런 경우를 대비해 계약서에 해결 기준 등을 명확하고 자세히 정해놓아야 한다.

중외합작경영기업(合作기업)

합작 방식은 계약형 합자라고도 하는데 기본적으로 '계약에 의해' 당사자 간의 권리와 의무를 결정하는 경영 형태이다. 따라서 손익 분배, 투자, 합작 조건, 위험과 손실의 분담, 경영관리 등이 모두 계약에 의해 결정된다. 합작 투자는 1988년 4월 13일 공포된 〈중화인민공화국중외합작경영기업법(中華人民共和國中外合作經營企業法)〉[2] 규정 및 1995년 8월 7일 국무원의 비준을 얻은 〈중화인민공화국중외합작경영기업법실시세칙(中和人民共和國中外合作經營企業法實施細則)〉에 근거하고 있다. 투자자 각자의 권리와 의무가 투자자들의 계약에 의해 배분되는 것이기 때문에 투자자 쌍방의 권리와 의무를 융통성 있게 조정할 수 있다. 예를 들어, 합작 기간 전반에는 외국 측이, 후반에는 중국 측이 경영관리를 행하는 경우이다.

합작기업의 특징

- **계약주의:** 중국과 외국 투자자의 합작 조건과 그에 따른 권리와 책임이 모두 계약 내용에 의해 규정된다.
- **출자의 다양성:** 출자는 지분 배분 방식과 약정 배분 방식 모두 가능하다. 따라서 투자자는 토지, 자연 자원, 노동력, 용역, 건물, 설비, 시설, 기술, 현금 중 가용한 투자 자원을 활용하여 출자할 수 있다.
- **기업 형태:** 회사법인 형태나 연합경영체 형태가 모두 가능하며, 이에 따라 이사회를 구성하여도 되고 하지 않아도 되며 연합관리위원회를 구성하여 기업을 관리하거나 제삼자에게 관리를 위임할 수 있다.

---

2) 중화인민공화국중외합작경영기업법은 통상 합작법(合作法)이라 하며, 2000년 10월 31일 개정되었다.

- **이윤 분배**: 중국과 외국 투자자 쌍방의 출자에 따른 분배와 쌍방이 계약한 별도의 약정 방식에 의한 이윤 분배 모두 가능하다.
- **유한책임회사**: 합작투자기업의 형태가 회사 형태를 취할 경우는 반드시 유한책임회사 형태로 하여 중국과 외국 투자자는 각자의 출자 범위 내에서 합작투자기업의 채무에 대한 책임을 진다.
- **투자 자본의 회수**: 합작투자기업의 외국인 투자자는 중국 투자자와 합의한 계약에 따라 투자 기간 내 투자 자본의 조기 회수가 허용되고 있다. 만약 외국인 투자자가 자본을 조기 회수하는 경우, 투자 기간 만료 시 합작투자기업의 모든 자산은 중국 투자자에게 무상으로 귀속되며 별도 청산절차를 거칠 필요가 없다. 외국인 투자 자본의 조기 회수 방법으로는 ① 일정액을 외국인 투자자에게 상환하면서 이를 고정자산 감가상각액으로 처리하는 방법, ② 외국인 투자의 이윤 배분 비율을 높게 설정하는 방법, ③ 처음부터 외국인 투자자에게 일정액의 투자 자본 상환 금액을 약정하고 이익금이나 영업 수입 중에서 상환금액을 선 공제한 후 잔여 이익금이나 영업 수입을 다시 분배하는 방법 등이 있다.

합작기업의 리스크 및 대처 방안

- 합작투자는 계약에 의해 양측의 권리와 의무가 정해지기 때문에 법적 해석이 모호하여 분쟁이 발생하기 쉽다. 이를 방지하기 위해서는 계약서 작성 시 모든 투자 위험 부담, 이익 분배 조건을 계약서에 규정해야 하며, 향후 분쟁 발생 시 손해를 보지 않도록 작성에서부터 주의를 기울여야 한다. 특히 합자의 경우와 마찬가지로 중국 측 파트너에 대한 철저한 신용 조사를 하여 문제 발생에 대비해야 한다.

외상독자기업

외상독자기업은 일반적으로 독자기업으로 불리며 외국 투자자가 순수 자기 자본으로 기업을 설립하여 독자적으로 운영하는 형태이다. 중국의 개혁 개방 초기에는 드물었지만 1990년대에 들어 투자 규제가 완화되기 시작하면서 급속하게 증가하고 있다. 독자기업의 투자 업종에 대해서는 중국 정부가 합자기업이나 합작기업과 달리 별도로 많은 제한을 두고 있어, 독자로 진출하려는 외국

투자자는 투자 업종이 금지나 제한 업종에 해당하는지 여부를 먼저 검토하여야 한다.

독자기업의 특징

- **자본소유권**: 외자기업의 자본은 반드시 외국인에 의한 외자로 충당되어야 하며, 만약 투자자가 중국에서 은행대출을 받아 외자기업을 설립할 때는 본인의 신용으로 획득한 대출금이어야 한다.
- **기업의 법률적 지위**: 독자기업의 자본소유권이 비록 외국인 투자자에게 귀속된다 하더라도 외자기업의 법률적 지위는 중국 내에서 중국법에 의거해 설립된 중국의 기업 법인이라고 할 수 있다. 한마디로 법률적 지위는 중국 기업이라고 할 수 있다.
- **독자적 경영관리**: 독자기업의 경영 방식은 외자기업법에 별도로 규정되어 있지 않으며, 각 개별 기업의 선택에 맡기고 있다. 따라서 합작 상대방과 손익분배 등에 대한 분쟁의 소지가 없고 신속한 의사결정이 가능하다는 장점이 있다. 하지만 중국 측 파트너가 없기 때문에 경영과 관련된 모든 것을 자기 책임으로 처리해야 한다. 따라서 유능한 중국인을 경영 간부로 채용하는 것이 필요하다.

공동지분투자형 합자기업(Joint-share Company)

일종의 합자기업의 변형으로, 중국 측이나 외국 측이 다수 지분을 갖되 그 지분을 한 주체가 아닌 복수의 주체가 나누어 갖는 경우를 말한다. 예컨대 대련포금강판(大连浦金钢板)은 한국 측 지분 70%를 포철(40%), 포스틸(15%), SK상사(15%)가 나누어 투자한 경우이다. 주로 투자자 간 투자비 부담과 리스크를 분담하는 데 주목적이 있으므로 자본 집약적 업종의 투자에 많이 쓰인다. 하지만 복수 파트너 간 이해 대립, 투자 참여자 일부의 경영 무관심 등으로 인해 투자 자금 분담으로 생기는 이익 및 시너지 효과보다 더 많은 비용 및 역기능이 발생할 수 있다. 즉, 소수 지분을 가진 중국 측이 외국 공동 지분 투자자 간의 갈등 관계를 교묘히 이용하거나 지방정부의 힘을 등에 업고 외국 기업을 압박하는 경우가 많으므로, 사전에 의사소통과 경영 협조가 잘될 수 있는지를 철저하게 타진해야 한다.

M&A(인수합병)

M&A는 신설투자(Green Field)에 비해 이미 구축된 유통망을 이용함으로써 내수시장 진입이 용이하여, 2007년부터 본격화된 중국 정부의 내수시장 확대 정책과 맥을 같이하여 증가해왔다. 중국 내 M&A는 중국의 정치 체제의 불안정성, 제도의 투명성과 안정성 미비, 중국 특색의 거래 관행, 감독 · 관리 제도 미정비 등의 리스크에 노출되어 있다. 인수합병하기 전 목표 기업을 이해하고, 다각적인 분석과 더불어 상존하는 다양한 리스크를 관리할 수 있어야만 성공적인 M&A를 통한 시장 진입이 가능하다.

M&A의 특징

- 인수합병 투자는 피인수 기업의 생산설비 라인을 인수할 수 있기 때문에 즉각 조업할 수 있는 이점이 있다.
- **피인수 기업의 판매 채널 및 노하우 이용 가능**: 외국인 투자 기업이 중국 유명 기업을 인수합병한다면 피인수 기업의 브랜드를 이용한 중국 내수시장의 확대가 가능하다.
- **중국 주식시장에 상장 가능**: 현 상황에서 외국인 투자 기업이 직접 주식시장에 상장하는 것은 어렵지만, 외국인 투자기업이 중국 상장기업을 인수하면 중국 주식시장에서 저비용으로 자금을 조달할 수 있다.

M&A의 리스크 및 대처 방안[3)]

- **정치 및 체제 리스크**: 중국 국유기업의 M&A는 중앙 및 지방 정부의 수익 창출과 관계가 있기 때문에 외자기업은 M&A 협상 과정에서 중국 정부의 관여가 있다는 것을 대비해야 한다. 국유기업에 대한 M&A는 모두 정부 주도형으로 진행되고 있어 M&A 성공 여부는 해당 지방정부의 태도에 따라 달라질 수 있다.
- **법률 리스크**: 중국은 WTO 가입 후 M&A 관련 법령을 잇달아 발표하고 있지만 아직 불건전하고 많은 부분에서 투명도가 결여되어 있다. 또 외자 도입 허가, 국유 자산 관리, 외환 관리 제도, 세수 혜택, 재산권 교역 등의 부문에 대

3) KOTRA, ≪M&A를 통한 중국 진출 전략≫, 2007.

해 국자위(國資委), 상무부 등 각 관계 부처가 외국 기업에 대한 M&A 법령을 제각각 제정하고 있어 사전에 상호 배치되는 조항 등을 정확히 파악해야만 법률 해석 오류에 따른 리스크를 줄일 수 있다.

- **자산 리스크**: M&A 사전 조사 과정에서 목표 기업의 토지사용권 유무, 사용 연한, 권리 하자, 이전, 토지 출양금 지불 등에 대해 상세히 조사해서 소유권 여부를 확인해야 하며, 지적재산권에 대한 사전 조사도 필요하다. 중국 기업을 조사할 때는 중국 측이 제공한 자료에만 국한하지 말고 관련 기관을 통해 제반 상황을 확인해야 한다.
- **소송 관련 리스크**: 외자기업은 목표 회사가 진행 중이거나 진행 가능성이 있는 소송 리스크에 대해 사전 조사를 해야 한다.

다음으로 지금까지 언급한 직접투자 방식 중 대표적인 형태인 3자기업의 특성을 간략하게 표로 비교해봤다.

〈표 4-1〉 3자기업(三資企業)의 주요 차이점 비교

구분	합자기업	합작기업	독자기업
근거법	합자법과 실시조례	합작법과 실시세칙	외자법과 실시세칙
기업 형태	유한책임회사	유한책임회사 연합경영체	유한책임회사
투자 업종 제한 범위	제한 범위 작음	제한 범위 작음	제한 범위 큼
기업 부채 책임 범위	지분율에 비례 출자액 한도	유한책임회사는 출자액 한도 연합경영체는 공동 책임	출자액 한도
이윤 분배 기준	지분율	계약 내용	독점
법인세 기준	3자기업 공통	3자기업 공통	3자기업 공통
최고의사결정 조직	동사회(이사회)	동사회 연합관리위원회 경영관리수탁자	투자자 임의
경영관리 방식	투자자 공동 경영	투자자 공동 경영 투자자 일방 경영 제삼자 위탁 경영	투자자 독자 경영
토지 사용권 획득 방식	중국 측 투자자 출자 합자기업 명의로 토지사용권 유상 양수 혹은 임차	중국 측 투자자 출자 합작기업 명의로 토지사용권 유상 양수 혹은 임차	외자기업 명의로 토지사용권 유상 양수 중국 정부 측 독자기업의 토지 임차 사용 제한

출자 자원	현금, 현물, 지적재산권 가능	현금, 현물, 지적재산권 가능 용역 출자 가능	국제적으로 태환이 가능한 외화 현금, 현물, 지적재산권 출자 가능. 단, 토지 출자 불가
출자 평가	모든 출자분 반드시 화폐 가치로 환산 평가	계약 내용	모든 출자분 반드시 화폐 가치로 환산 평가
출자 기한	일괄 불입: 6개월 이내 분할 불입: 규모별로 불입 기한 다름 *1회 불입분: 출자액의 15% 이상을 영업 허가 발급 90일 이내 불입 *잔금 불입분 등록 자본 50만 달러 이하: 영업 허가 발급 후 1년 이내 50만~100만 달러: 1년 반 이내 100만~300만 달러: 2년 이내 300만~1000만 달러: 3년 이내 1000만 달러: 인가 기관이 실정에 따라 별도 처리	계약 내용에 따라 분할 불입 *1회 불입분: 출자액의 15% 이상을 영업 허가 발급 90일 이내 불입 *잔금 불입분 등록 자본 50만 달러 이하: 영업 허가 발급 후 1년 이내 50만~100만 달러 : 1년 반 이내 100만~300만 달러: 2년 이내 300만~1000만 달러: 3년 이내 1000만 달러: 인가 기관이 실정에 따라 별도 처리	분할 불입 가능 : 규모별 불입 기한 규정 *1회 불입분: 출자액의 15% 이상을 영업 허가 발급 90일 이내 불입 *잔금 불입분 등록 자본 50만 달러 이하: 영업 허가 발급 후 1년 이내 50만~100만 달러: 1년 반 이내 100만~300만 달러: 2년 이내 300만~1000만 달러: 3년 이내 1000만 달러 : 인가 기관이 실정에 따라 별도 처리
지분율 의무	등록 자본금의 25% 이상	등록 자본금의 25% 이상	등록 자본금의 100%
투자 자본 회수 방식	당기 순이윤 배분 청산 이윤 배분	당기 총이윤 배분 당기 판매 수입 배분 당기 생산품 배분 당기 감가상각비 약정 금액	당기 순이윤 배분 청산 이윤 배분
자본 감자(減資)	제한적 가능	제한적 가능	제한적 가능
청산 자산 처리	청산 후 잉여 자산 지분율에 따라 배분	계약 내용대로 배분 -중국 투자자가 투자 기간 중, 외국 투자자 투자 자본을 조기에 상환하고, 투자 기간 만료 시는 자산 전부가 중국 투자자에 귀속되는 것이 일반적	청산 후 잉여 자산 독점 소유

(출처 : ≪섭외기업관리(涉外企業管理)≫, 남개대학(南開大學)출판사
≪중국섭외경제법률실무(中國涉外經濟法律實務)≫, 법률출판사)

(2) 간접 투자 방식

위탁가공

내료가공(來料加工; 원료가공), 내건장배(來件裝配; 넉다운 조립), 내양생산(來樣生產; 샘플 생산), 보상무역의 4가지 형태가 있으며, 간단히 삼래일보(三來一補)라고 한다. 내료가공(원료 제공 방식)은 외국 기업이 요구하는 제품의 품질, 규격, 형식, 포장, 상표 등 생산 사양을 근거로 중국 기업은 가공 생산을 하고 납품 물량에 대해 가공비를 수취하는 방식이다. 내건장배(넉다운 방식, KNOCK-DOWN)는 외국 기업이 조립 부품, 기계, 설비, 기술 등을 제공하고, 중국 기업은 외국 기업에게 조립한 완제품을 인도한 후 조립가공임을 수취하는 방식이다. 내양생산(샘플 제공 방식)은 외국 기업이 제품의 디자인, 견본, 규격 등을 제공하고, 중국 기업은 상대방의 요구에 따라 자체 조달 원자재로 제품을 생산하여 완제품을 상대방에게 인도한 후 계약에서 규정한 단가에 따라 대금을 받는 방식이다. 보상무역은 외국 기업이 중국 기업에게 기계설비, 생산기술, 원자재 등을 제공하고, 중국 기업은 그 설비를 이용하여 생산한 제품 또는 쌍방이 합의한 다른 상품으로 대금을 상환하는 방식이다.

이들 위탁가공 생산 공장과 직접 계약을 체결할 경우에는 가능한 홍콩에 인접한 지역에 공장을 선정하여 홍콩에 대표 사무소나 지사를 설립하여 중국 공장들을 관리하는 것이 효과적이다. 즉, 한국 본사-홍콩 지사-중국 생산 공장을 연결하는 3각 생산 방식을 활용하는 것인데, 이때 홍콩 지사는 중국 생산 공장에 대한 금융, 원자재 공급, 생산품 선적, 품질관리 등을 담당한다.[4)]

기술 제휴(라이선스 생산)

외국 기업이 기술 노하우 등 소유권을 유상으로 중국 기업에 제공하여 해당 기술을 이용한 생산을 허용하는 것을 말한다.

주재원 사무소

주재원 사무소의 설치는 해외에 직접 진출하는 최초의 단계로 볼 수 있다. 주재원 사무소는 경영 활동을 영위하지 않고 업무 연락, 시장조사, 연구개발 활동

4) KOTRA, ≪중국투자실무가이드≫, 2007.

등 비영업적인 기능만을 수행한다. 중국에 진출하기 위한 많은 외자기업들은 본격적인 사업 시작에 앞서 주재원 사무소를 중국 시장 진출의 교두보로 삼아 사업 파트너 및 공급업체를 선정하기 위한 조사, 상품 개발, 정보 수집 및 자사의 존재를 홍보하고 정부 관계자들과 꽌시를 형성하기도 한다.

2. 중앙정부의 외국인 투자 유치 분야

투자 목표와 기업의 사정에 맞추어 투자 방식의 직 · 간접 형태를 결정하는 것도 중요하지만, 진출하려는 산업이 중국 정부가 투자를 장려하는 업종에 속하는지를 사전에 파악하는 것 역시 중요하다. 중국은 〈외상투자방향지침에 관한 잠정규정(外商投資方向指針暫定規定)〉과 〈외상투자산업지도목록(外商投資産業指導目錄)〉에서 투자 업종을 장려, 제한, 금지의 3가지로 분류하고 있다. 2007년 11월 7일에는 '외국인투자방향지침규정'에 근거, 국가발전계획위원회, 국가경제무역위원회, 대외무역경제합작부 등 3개 부처가 공동으로 국무원 비준을 거친 〈외국인투자산업지도목록(外商投資産業指導目錄/外商投目)〉(2007年修, 이하 신목록)을 공표하였다. 신목록은 2007년 12월 1일부터 시행에 들어갔다.

신목록은 2005년에 발표된 기존 〈외국인투자산업지도목록〉을 대체하는 것으로 2년 만에 수정된 것이다.[5] 새로 발표된 〈외국인투자산업지도목록〉은 크게 산업구조 조정, 에너지 절약과 환경보호, 저부가가치형 수출 구조 조정, 지역별 균형 발전, 전략산업 보호 등 5가지의 특징을 보이고 있다.

5) 2005년 이전의 목록은 2002년에 발표된 바 있으며, 이번 신목록도 2005년 이후 2년 만에 발표되었다. 지도목록은 매 2년마다 갱신되고 있다.

〈표 4-2〉 외국인투자산업지도목록

항목	구분	주요 내용
장려 업종	1,2 차 산업	• 환경보호를 위한 각종 기술 · 설비 분야(예: 대기오염 방지, 수질오염 방지, 환경보호 감측기 등 제조 설비) • 재생에너지 분야(태양에너지 · 신재생에너지 등) 관련 설비 · 제조 분야 • 하이테크 기술, 신소재 생산, 선진 의료설비 생산 등 • 고속도로, 철도 여객 운송, 도시철도 기초 시설 종합 수리(중국 측 다수 지분) • 중국의 희귀 자원, 재생 불가능한 자원에 대한 외국 기업의 채굴, 생산 • 중국 내 성숙한 생산 기술(예: 고급제지 생산, 중의약, 반도체 부품 전용 소재 연구 개발) • 기존 목록의 모호한 표현을 세분화해 지침 역할을 강화(예: 대형 → 연산 20톤 이상)
	3차 산업	• 현대 물류업 • 비즈니스 서비스업(예: 서비스 아웃소싱 분야의 시스템 응용 관리 및 보수, IT 기술 지원 관리, 은행 지원 서비스, 재무 결산, 인력 자원 서비스, 소프트웨어 개발, 콜센터, 데이터 처리 등 IT 기술) • 공공시설 건설 관리업(예: 도시 일정 구획 내(封閉型) 도로 건설 경영, 도시지하철 교통 건설 경영) • 문화 · 체육 · 오락업(예: 공연 장소 건설(중국 측 다수 지분), 체육관 경영, 체육 시설, 경기장 공영 및 체육교육 및 중개 서비스 등) • 부동산업: 일반 주택의 개발 및 건설
제한 업종	1, 2차 산업	• 희귀 자원 또는 재생 불가능한 자원의 채굴, 생산 • 면화 가공, 탄산음료, 옥수수 임가공 • 교통 운수: 일반 선박 수리, 설계 및 제조(중국 측 다수 지분) • 통신설비: POS기 • 담배 · 필터 등 담배 가공업 • 중소형 일반 베어링 제조 • 일반 폴리에스테르 장섬유, 단섬유 설비 제조 • 방직업(산업 고도화가 필요한 전통 제조업임)
	3차 산업	• 송전망 건설, 경영(중국 측 다수 지분: 구목록에서는 금지류로 분류됨) • 부동산 2급 시장(개발상이 건축한 주택, 건물을 소비자에게 매매하는 시장)에 대한 매매 및 중개 서비스 * 해외 핫머니의 부동산 투기 제한을 목적으로 함(최근 베이징 · 상하이 등 부동산 가격 상승이 외국인 투자의 부정적 영향에 따른 것임) • 금융업: 선물회사(중국 측 다수 지분), 증권사(A주 위탁판매, B주, H주, 정부 · 회사 채권 위탁 판매 및 교역에 한함, 외자 참여비 중 1/3 미만) • 비즈니스 서비스업: 촬영 서비스(공중 촬영과 같은 특수 촬영 서비스를 포함하나 항공 촬영은 불포함, 합자에 한함) • 공공시설 관리업: 대도시 가스, 열, 배수관 건설 · 경영(중국 측 다수 지분) • 문화, 체육, 오락업: 오락 중개 기구(중국 측 다수 지분), 오락 장소 경영(합자, 합작에 한함) • 도소매 무역업: 화물 리스 회사, 대외 무역회사 • 대형 테마파크 건설 및 경영

금지 업종	1, 2차 산업	• 희귀 자원, 재생 불가능한 자원의 채굴, 생산 • 국가 안보와 관련된 분야(예: 지도 제작, 대지 측량, 항공 촬영 등) • 환경오염 제품(예: 니켈카드뮴 전지) • 과학 연구 분야: 인체줄기세포, 유전자 진단 · 치료 기술 개발 및 응용 등
	3차 산업	• 부동산업: 골프장 건설 · 경영 • 문화 · 체육 · 오락업: 뉴스 사이트, 인터넷 영상 프로그램 서비스, 인터넷 서비스 영업 장소, 인터넷 문화 경영

〈외국인투자산업지도목록〉은 외국인 투자자들의 가이드라인으로서, 장려 산업에 포함될 경우에는 설비 수입 시 관세 면제, 증치세(부가가치세) 면제 등의 혜택을 받을 수 있다. 〈외국인투자산업지도목록〉은 지난 1995년 6월 처음 발표된 이후 시기별 정책을 반영하여 4번 수정 발표되었으며, 금번이 제5차 수정안이다. 금번에 발표된 신목록은 17차 전국대표대회에서 제시한 '외국인 투자 구조 조정, 기술 혁신 분야의 외국인 투자 역할 강화, 산업 고도화, 지역 균형 발전을 위한 적극적 역할 추진' 이란 목표에 따라 제정된 것이다.

중국은 2006년 '제11차 5개년 규획(11.5 규획)' 에 이어 외국인 투자 유치 정책의 새로운 방향을 제시하기 위하여 같은 해 11월 '11.5 외자 이용 규획' 을 발표하여 외국인 투자 유치의 포커스를 '양' 에서 '질' 로, '자금' 에서 '기술과 노하우' 로 전환하고 있다. 금번 수정 발표된 〈외국인투자산업지도목록〉은 외국인 투자를 무분별하게 유치하던 데서 벗어나 선별적으로 유치하려는 방침을 재확인시켜준 것이다. 중국은 향후 선별적 외자 유치를 통해 중국에 도움이 되는 산업은 적극 장려하는 한편, 부정적 산업은 투자 유치를 제한할 방침이다.

2007년 시행된 신목록의 주요 변동 사항을 구목록과 비교해보면 다음과 같이 요약될 수 있다.

(1) 장려 업종 대폭 확대, 제한 및 금지 업종 소폭 증가

종전과 동일하게 장려 분야, 제한 분야, 금지 분야로 나누어져 있지만, 이번에 발표된 신목록과 기존의 구목록의 업종 수를 단순 비교하면, 장려 업종은 256개에서 342개로 늘어나 변화가 가장 크게 나타났다. 제한 업종은 78개에서 87개로 9개 증가하였고, 금지 업종은 35개에서 40개로 5개 늘어난 수준에 그쳤다.

(2) 신기술 적극 유치, 구기술 우대 혜택 축소

중국 내 생산력과 시장 수급 상황을 고려하여 신기술 유치가 필요한 일반 기계 제조업, 전문 설비 제조업, 교통 · 운수 설비 제조업, 계측기 및 문화 · 사무용 기기 제조업 등을 장려 업종에 편입하였다. 한편 제조업 중 이미 중국시장 내 포화 국면을 보이고 있는 철 · 금속 제련 및 압연 가공업, 신형 출력장치 개발 및 제조, 일부 화학품 제조업 등은 장려 항목에서 제외하였다.

(3) 단순 수출에 대한 우대 혜택 취소

기존의 목록에서 '허가' 업종 중 100% 수출하는 분야는 장려 업종으로 구분하였으나, 신목록에서는 장려 업종에서 제외함에 따라 앞으로 우대 혜택 취소가 불가피할 전망이다. 게다가 최근 중국의 무역수지 흑자 증가에 따른 외환보유고 유지 부담이 늘어나고 있는 가운데 가공무역 금지 및 제한 정책과 맞물려 수출기업에 부여되어 왔던 우대 혜택은 더욱 축소될 수밖에 없어 보인다.

(4) 부동산업에서의 외국인 투자 제한

구목록에서 장려 업종에 해당되었던 '일반 주택지 개발 건설'이 신목록의 장려 업종에서 제외되어 향후 외국인의 일반 주택 건설 분야 진출은 과거보다 제한을 받게 되었다.

최근 외국인의 부동산 투자가 중국 내 주요 도시 부동산 가격 상승의 한 요인으로 지목되고 있어, 중국 정부는 이번 목록을 통하여 부동산의 외국인 투자를 제한함으로써 부동산 과열 투자를 완화시킬 계획인 것이다.

중국 국가통계국에 따르면, 2007년 1월~9월까지 1조6,800억 위안에 달하는 전국 부동산 개발 투자액 중 외국인 투자 자금은 423억 위안으로 그 비중은 3%에 지나지 않았으나, 증가율이 60%대로서 높은 수준을 보였다. 이에 따라 중국 건설부 등 관련 부처에서 외국 기업의 부동산 2급 시장(개발기업이 건축한 주택, 건물을 소비자에게 매매하는 시장)에서의 교역 및 부동산 중개회사 설립을 제한하는 등 부동산 업종에 대한 긴축 정책을 발표하였다. 하지만 위안화 절상, 해외 투기 자금의 중국 부동산 투기가 전혀 수그러들지 않았다. 따라서 신목록 장려 업종에서 외국인의 부동산 투자의 제외는 이에 대한 추가 조치인 것으로 보인다.

이와는 별도로 토지 개발, 고급 호텔, 별장, 고급 오피스 빌딩, 국제 컨벤션센터 건설 · 경영은 구목록에 이어 신목록에서도 제한 업종에 포함되었다.

한편 대형 테마파크 건설 · 경영은 구목록에서 제한 업종에 속했으나 이번에는 삭제되었고, 반면 골프장 건설 · 경영 등이 금지 업종에 추가되었다.

(5) WTO 가입 6년차, 서비스 시장 진입 제한 완화

중국은 2001년 12월 WTO에 가입하였으며 5년간의 유예 기간을 통하여 서비스 시장을 순차적으로 개방하기로 양허한 바 있다. 2005년 구목록에서는 이를 반영하여 과도기 규정으로서 서비스 시장 진입의 시기와 형태를 부칙의 형식으로 기술한 바 있다. 그러나 금번 신목록에서는 부칙을 모두 삭제하였다.

(6) 금융업, 제한적 개방 확대

구목록에 이어 신목록에서도 보험회사를 제한 업종으로 분류하였지만, 보험사 중 비생명보험사의 외자 비율 제한은 완화되었다. 즉, 신목록에서 생명보험회사의 외자 비율은 여전히 50% 미만으로 규정되어 있지만, 비생명보험사에 대한 외자 비율을 따로 정하지 않고 있다. 지난 구목록에서는 비생명보험사와 생명보험사에 대해 각각 외자 비율을 51%, 50% 미만으로 규정한 바 있다.

증권업은 구목록과 동일하게 신목록에서도 제한 업종으로 분류되었으며 종사 가능 업종에 대해 보다 명확히 명기하였다. 이번 수정안에 따르면, 외국인 투자증권회사의 사업 범위는 A주 위탁 경영, B주, H주 및 정부와 회사의 채권 위탁 경영 및 매매에 제한을 두었으며, 외자 비율을 1/3 미만으로 규정하고 있다. 또 증권투자펀드 관리 회사는 종전과 동일하게 외자 비율을 49%를 초과할 수 없다고 규정하고 있다.

단, 선물회사의 경우 구목록에서 금지 업종으로 분류하였으나 신목록에서는 제한 업종으로 분류하여 중국 측이 다수 지분을 확보한다는 조건으로 외국인 투자가 가능하게 되었다.

신목록에서의 이런 변화는 최근 중국의 금융시장 개방 확대에 따라 외국의 선진 경영 기법 도입을 통해 금융시장을 육성하고자 하는 것으로 해석되고 있다.

(7) 비즈니스 서비스 산업 적극 육성

중국 정부는 신목록에서 산업 구조 고도화와 일자리 창출을 목적으로 비즈니스 서비스업을 새롭게 장려 업종으로 추가하였다. 구체적으로 시스템 응용 관리와 보수, 정보기술 관리, 은행 지원 서비스, 재무결산, 인력 자원 서비스, 소프트웨어 개발, 콜센터, 데이터 처리 등 정보기술과 업무 절차의 아웃소싱 서비스를 포함시켰다.

(8) 철도 교통 · 운송 및 그와 관련한 보수 분야를 장려 업종에 추가

신목록에서는 교통 · 운송 관련 '고속 철도 · 철로 여객 운송, 도시 간 철로 인프라 종합 보수(중국 측 다수 지분)' 가 추가되었다. 따라서 이번 장려 항목의 확대로 연구개발 및 설계 · 제조 · 관련 부품 생산에서부터 보수에 이르기까지 외국인 투자 기업의 참여 영역이 확대될 수 있을 것으로 전망되고 있다.

관련 통계에 따르면, 향후 10년 내 중국에서는 최소 1,200~1,500km의 도시 궤도 교통이 필요하며, 여기에 필요한 궤도 교통 차량은 5,000~6,000대가 필요할 것으로 예측되고 있다. 중국 또한 11차 5개년 규획에서 도시 궤도 교통에 약 260억 위안을 투자할 계획임을 명시한 바 있다.

(9) 송전망, 발전소 건설 · 경영 분야 진출 제한 완화

기존 구목록에서 금지 업종으로 분류되었던 전선망 건설 · 경영 항목이 신목록에서는 중국 측 다수 지분 보유 조건을 전제로 제한 업종으로 전환되었다.

구체적으로 살펴보면 시장(西藏, 티베트), 신장(新疆), 하이난(海南) 등 소송전망 내에 단기 출력 30만kW 이하 석탄 응축 화력발전소, 단기 출력 10만kW 이하 석탄 응축 · 추출 겸용(兩用) 기기 종합 화력발전소 건설과 경영을 금지 업종에서 제한 업종으로 변경하였다.

(10) 일부 희귀 자원 및 재생 불가능한 광산 자원에의 투자 제한

구목록에서 장려 업종으로 분류했던 일반 채굴업종이 신목록에서는 삭제되었다. 즉, 석탄층 가스 탐사 개발, 저급 야금 광산 채굴 및 선광 작업, 구리 · 납 · 아연광의 탐사 · 채굴, 유황 · 인 · 칼륨 등 화학 광산의 선광 작업 등이 신목록의 장려 업종에서 모두 제외되었다.

또 일부 희귀 자원의 경우, 국내 자원 보호를 목적으로 외국인 투자의 채굴을 제한 및 금지하였는데, 이미 구목록에서 금지 업종으로 되어 있던 방사선 광산의 탐사 · 채굴 · 선광, 희토류의 탐사 · 채굴 · 선광에 '텅스텐, 몰리브덴, 주석, 안티몬, 형석의 탐사 · 채굴'을 추가하였다. 앞으로 중국 정부의 국내 자원 보호 및 에너지 절감 정책 추진으로 이 분야의 외국인 진출은 더욱 어려워질 것으로 전망되고 있다.

목록의 원문은 중국 국가발전계획위원회(www.sdpc.gov.cn) 또는 상무부(www.mofcom.gov.cn) 웹사이트에서 찾아볼 수 있다.

중국 정부는 〈외국인투자산업지도목록〉 이외에도 첨단기술 분야와 낙후된 중서부지역에의 외국인 투자를 유도하기 위해 〈첨단기술제품에 대한 외국인투자 장려산업목록〉과 〈중서부지역 외국인투자 비교우위 산업목록〉 등을 발표하고, 관련 산업에 대한 우대 정책을 실시하고 있다.

따라서 중국 진출을 원하는 한국 기업들은 투자하고자 하는 산업이 이에 속하는지를 잘 살펴보고, 중국 정부의 우대 정책을 최대한 이용할 필요가 있다. 또한 중국 정부의 투자 유치 방향이 저부가가치 산업의 외국인 투자를 억제하고 첨단산업 및 제품 위주의 투자 유치를 장려하는 등 선별적 투자 유치로 바뀌고 있고, 장려 산업에 속하지 않은 분야의 경우 우대 제도를 점차 철폐할 것으로 전망되기 때문에 기업들은 이에 대한 고려가 필요하다.

정부의 외자 유치 정책 변화와 함께 중국은 인건비 상승 등 생산비용의 고비용화로 과거 가장 큰 장점이었던 단순 가공 및 수출 기지로서의 장점이 크게 하락하고 있다. 향후 중국 내 생산 구조의 고비용화는 불가피할 것으로 우려되며, 중국 시장의 환경 변화에 따라 신규 진입 기업 및 기존 진출 기업 모두 시장 전략의 근본적 수정이 불가피하다. 또한 2006년 이후 각종 법령의 정비와 함께 각종 후속 조치가 속속 발표되고 있는 가운데 정책 리스크 관리 중요성이 높아지고 있어 관련 업계의 정책 변화 모니터링과 신속 대응이 요구되고 있다.

3. 지방정부의 외국인 투자 유치 분야

어떤 산업에 투자할 것인지를 결정할 때는 중앙의 정책과 더불어 지방정부의 투자 유치 항목도 꼼꼼히 살펴야 한다. 중국의 지방정부가 각지의 사정에 맞추어 각기 다른 유치 정책을 펴고 있기 때문이다. 예컨대, 우리나라 기업의 투자가 가장 많은 지역인 산둥성(山东省)은 정책적으로 방직, 식품 등 전통적인 경공업 분야와 여행업, 상업, 요식업 등 서비스업 관련 외자 유치에 적극적이다. 쟝쑤성(江苏省), 저쟝성(浙江省), 상하이(上海) 등 화동(華東)지역은 다른 지역에 비해 공업화가 상당히 진행되어 환경보호에 대한 관심이 많고 정책적으로 환경보호 설비와 재생 자원 이용 및 오염 방지 기술 도입에 적극적이다.

상하이의 경우만 보더라도 각 특구에 따라 유치하려는 산업이 다르다. 상하이시 자체는 자동차, 통신 설비, 대형 기전(機電) 설비, 석유화학, 미세화공, 가전기기, 철강공업 등 6대 지주산업 유치에 적극적인 반면, 푸둥신구(浦東新區) 및 와이까오챠오보세구(外高橋保稅區)의 경우 무역업 및 포장, 창고, 컨설팅업을 외자 유치 중점 분야로 명문화하였다. 이런 차이는 생산성 기업뿐만 아니라 무역업 투자 유치를 통해 대외 무역 기반을 마련하고자 하는 정책 목표 때문이다.

또한 저쟝성은 여타 주요 성시들과는 다르게 유기농 식품, 전자상거래, 물류업 등을 외자 유치 중점 분야에 포함하고 있다. 베이징(北京)과 톈진시(天津)는 도시 재개발을 위한 교통, 에너지 부문의 외자 유치를 적극 추진 중이며, 특히 하이테크 기업 투자 유치를 우선시 하고 있다. 광둥성(广东省)은 고속도로, 지하철, 항구, 부두 등 교통 인프라 건설 관련 외자 유치에 적극적인데, 이는 중국 소비재 교역량의 40%가 광둥성을 중심으로 이루어지고 있고, 외자기업을 중심으로 한 가공무역 중심지라는 광둥성의 경제 특성상 화물운송을 위한 인프라 건설 투자 유치가 중요하기 때문이다.

각 지방정부의 외국인 투자 유치 중점 분야에 투자할 경우, 지방정부의 각종 우대 정책 수혜가 가능하므로, 투자 산업 선정 시 이 점을 적극 고려할 필요가 있다.

〈표 4-3〉 지역별 외자 유치 중점 분야

지역	중점 외국인 투자 유치 분야
베이징시 (北京)	• 국내외 시장 수요에 부응하는 하이테크 산업 및 신흥 산업 • 시정, 교통, 에너지 등 도시 인프라 건설 • 국내외 시장 수요에 부응하는 무오염, 저에너지 소모의 고부가가치 산업 • 노후 산업의 기술 개조 • 우량 농산물 양식 및 임가공 • 국제 시장 수요에 부응하는 고급 제품, 수출 확대 품목 • 종합도시계획에 부합하는 도시 인프라 구축 및 아파트 재건축, 부동산 개발
톈진시 (天津)	• 시정, 교통, 에너지, 환경보호 등 도시 인프라 건설 • 국내외 시장 수요에 부응하는 무오염, 저에너지 소모의 고효율 공업 제품, 고부가가치 기술 집약적 제품 • 노후 기업의 기술 개조 • 국내외 시장 수요에 부응하는 하이테크 산업 • 우량 농산물 양식 및 가공 • 국제 시장 수요에 부응하는 고급 제품, 수출 확대 품목 • 해양 석유화학공업 • 톈진시 종합도시계획 건설에 부합하는 아파트 재건축, 노후 기업 이전 부동산 개발 • 주택 및 구주택 재건축
산둥성 (山东)	• 기계 및 전력 설비 • 가전, 야금공업, 경공업, 방직업, 식품, 컴퓨터 • 원양어업, 농업 재배 및 양식, 수산물 양식 및 가공업 • 목재, 벌목 가공, 여행업, 상업, 요식업, 의료보건, 융자 대부업, 건축업
랴오닝성 (辽宁)	• 기계가공, 공작기계 등 기계류 11개 항목 • 가전제품, 자전거, 냉각설비 등 경공업 14개 항목 • 원양어업, 해산물가공, 농업종합 개발 등 농어업 8개 항목
광둥성 (广东)	• 고속도로, 지하철, 항구, 부두 등 도시 인프라 건설 • 신소재, 의료기기, 생물공학, 에너지자원, 환경보호, 마이크로 전자기술 등 6개 하이테크 산업 • 농업, 양식업, 부동산, 금융, 관광, 서비스, 컨설팅업
상하이시 (上海)	• 농업 신기술, 농업 종합 개발, 교통 등 도시 인프라 건설, 중요 원재료공업 건설 항목 • 하이테크 기술, 에너지 및 원재료 절감 효과가 크고 제품 성능과 품질 향상 및 시장 수요에 부응하는 신설비 및 신재료 • 국제 수요에 부응하는 고급 제품으로 수출을 확대할 수 있는 항목 • 재생 자원을 사용하고 오염을 방지하는 신기술, 신설비
상하이시 (上海)	• 자동차, 통신설비, 대형기전설비, 석유화학 및 미세화공, 가전기기, 철강공업 등 6대 지주산업 및 컴퓨터와 네크워크, BT, 의약, 건자재, 환경보호설비 • 노후 기업의 9개 시급공업개발구 이전 관련 건설 및 구도심 주택 재건축에 투자한 부동산 매매 • 푸둥개발구 및 와이까오챠오보세구에 진출한 무역업체, 재수출업체, 무역업 관련 포장, 창고, 컨설팅업 등

푸젠성 (福建)	• 농림목어업 및 관련 공업, 경공업, 방직업 • 교통운수업, 우편통신업, 광산, 전력, 흑색야금공업 • 유색금속공업, 석유, 석유화학 및 화학공업 • 기계공업, 전자, 건자재, 건자재 설비, 의약업 • 의료기기 제조업, 항공업, IT, BT 등 신흥 산업 • 서비스업 • 100% 직접 수출이 가능한 허가류 항목(〈외국인투자산업지도목록〉의 장려, 제한, 금지에 속하지 않는 항목)
장쑤성 (江苏)	• 농림목업, 방직업, 화학공업, 석유가공업, 의약업 • 경공업, 기계. 전자, 건축업, 야금공업, 인프라 건설 • 도시 건설 및 환경보호, 하이테크 산업, 서비스업
저장성 (浙江)	• 교통, 에너지, 용수 공급, 오염 처리 기초설비 건설 • 선진 농업 기술, 국내외 우량 품종 도입, 유기농 식품 생산 및 수출 • 석유화학, 합성재료, 신형 건자재 • 기계, 방직, 화공, 식품, 건자재 등 • 국내외 수요에 부응하는 광전자, 생물, 신의약, 신재료, 환경보호 등 기술 산업 • 물류, 전자상거래, 특색 여행업, 중개업 등 서비스업 • 재생 자원을 이용, 환경오염을 방지하는 신기술 및 신설비 생산 항목

(출처: 각 성정부 사이트, 중국망(中國網, www.china.org.cn))

4. 한국 기업이 투자 진출 시 신중을 거듭해야 할 투자 분야

(1) 중국 국유기업들이 장악하고 있는 분야

중국 국유기업들이 산업 전반을 장악하고 있는 분야에 대한 진출은 신중에 신중을 거듭해야 한다. 중국 국유기업이 산업 전반을 지배하고 시장 점유율에서도 선두 그룹을 형성하고 있는 사업 영역이나 사업 분야에는 가급적이면 진출하지 않는 것이 좋다. 그 이유는 중국 국유기업들이 중국 정부로부터 보이지 않는 지원을 엄청나게 많이 받고 있기 때문이다. 중국 국유기업의 경우, 대기업이나 유명 기업의 CEO는 대개 정부에서 임명된다. 따라서 CEO의 능력보다는 정치적 요인이 개입될 수밖에 없다. 중국에서는 기업과 행정, 기업과 정치, 기업과 정부 간의 분리가 되어 있지 않아 국유기업을 경영하는 데 있어서 정부 및 행정기관의 간섭을 뿌리치기가 쉽지 않다. 특히 지방 대기업의 경우는 지방정부의 입김이 무척 강하여 이런 현상이 더욱 심하다. 이런 현상은 기업의 입장에서 보면 약점이 되기도 하지만 강점이 되기도 한다. 기업이 적자에 허덕여도 좀체 도산이 되지 않는다는 점은 기업에게는 좋은 점이다. 이러다보니 기업 간 경쟁에서도 자사 기업의 부실을 염두에 두지 않고 상대 기업에 대해 무차별 공격을 하게 된다. 경쟁이 전쟁과 흡사한 상태로 변질되곤 하는 것이다. 따라서 이들 국유기업과의 가격경쟁을 하는 외자기업들은 자칫 경영 위기를 맞게 되는 수가 많다.

중국은 기업과 행정이, 기업과 공산당이, 기업과 정부가 분리되어 있지 않다. 예로써 가전 및 전자업체인 챵홍(長虹)이나 TCL과 같은 대기업 또는 유명 기업들의 CEO는 거의 대부분 정부 기관에 의해 임명된다. 후난(湖南)성의 유명한 썅찌오우꿔이(湘酒鬼)라는 주식 상장기업은 2000년 상반기의 순이익이 전년도 동기 대비 56% 떨어지자 2001년 2월 본 기업의 이사회 멤버를 교체하였다. 9명의 멤버 중에서 3명이 유임되고 6명이 교체되었는데, 문제는 유임된 3명과 교체된 6명 모두가 지방정부와 관련이 있거나 배경을 가진 멤버들이었다는 사실이다. 이사회의 신임 회장으로 선임된 티엔쨔꿔이(田家貴) 역시 썅씨(湘西) 자치주(自治州)의 상무(常務) 부주장(副州長)이었다. 그런데 그렇게 할 수밖에 없는 이유는 지방정부 재정 수입의 85%가 본 기업에서 나오기 때문이었다고 한다.

또한 정부에서 보유하고 있는 기업의 재산권 상태가 불분명하고 지방정부가 많은 기업들의 주식을 소유하고 있어 기업에 대한 간섭이 심할 수밖에 없다. 더군다나 지방정부가 소주주가 아닌 대주주인 경우가 많고, 정부와 기업 간의 이해관계가 복잡하게 얽혀 있어 기업 경영의 독립성이 보장되지 않고 있다. 즉, 정치와 기업이 미분리(政企未分離) 상태인 것이다.[6] 정부와 기업 간의 이러한 미분리는 기업에게 불리한 작용을 하기도 하지만, 기업이 정부로부터 자금 지원과 정책 지원을 과감히 받을 수 있어 재무구조 악화로 인한 기업 도산과 같은 최악의 상황이 발생될 가능성은 매우 낮다. 이런 연유로 인해 국유기업들은 강력한 정부 지원을 배경으로 손익 개념을 아예 무시하고 기업 간 경쟁에서 무차별적으로 경쟁 기업을 공격하는 습성이 있다.

중국 기업과 외자기업 간의 종업원 임금 차이가 현저하게 차이가 나는 것도 외자기업이 중국 국유기업과 경쟁을 피해야 하는 또 한 가지 이유이다. 휴대폰

6) 盧泰宏 主編, ≪行銷大中國≫, (臺灣, 臺北 ; 時報文化出版企業有限公司, 2001. 9.), pp.3~4

메이커 중 외자기업의 종업원 임금 자체가 중국 기업의 2배 이상이 되고 기타 생산원가 역시 중국 기업의 2배가 넘는다.[7] 조사에 의하면 청도 지역의 한 외자 제조기업의 종업원 평균 임금은 인민폐 900위안이었던 반면 동일 지역의 동종 업계 중국 기업의 평균 임금은 400위안에도 미치지 못하였다. 뿐만 아니라 외국 기업은 중국 정부의 의도적인 국산품 애용 캠페인과 민족기업(중국 국유기업을 의미) 육성 캠페인의 영향을 받아 일반 외자기업들은 고전할 수밖에 없는 것이 현실이다. 앞서 언급했듯이 중국에 투자한 한국 기업의 현지 종업원 임금은 동일 지역 동종 업계에 종사하는 중국 기업의 종업원 임금보다 2배 내지 3배가 된다. 또한 외자기업의 종업원 복지 비용에서의 기업 부담률은 30%이나 중국 국유기업의 기업 부담률은 20%밖에 되지 않는다.[8] 각종 준조세 면에서도 외자기업은 국유기업에 비해 상당히 높은 비율의 비용을 부담해야 한다.

중국 국유기업과의 경쟁 회피 전략은 외자기업으로서는 반드시 고려해야 할 중요한 경영전략 중의 하나이다. 중국 국유기업과 외자기업 간의 가격경쟁은 중국 국유기업의 의도에 따라 경쟁 차원을 넘어 상대 외자기업의 도산을 노리는 이른바 가격 전쟁으로 변질되는 경우가 다반사이다. 삼국지에 나오는 과거 역사상의 수많은 술수가 후세 사람들의 단순한 추리의 산물만이 아니고 당시의 실제 현실이었을지도 모르겠다는 생각을 갖게 하는 대목이다. 그 후예들도 그들 조상 못지않은 지모와 계략에 능하다는 점을 느끼게 한다. 섬뜩하기까지 한 대목이다. 이렇듯 외자기업들은 그들과 경쟁하면 무리한 경쟁으로 인해 경영 실패를 자초하기 십상이다. 중국 기업의 경쟁 패턴을 여러 가지로 분석해본 후 느낀 점은 손자병법의 36계가 줄행랑을 의미하듯 외자기업들도 가급적이면 기업 경쟁에서만은 36계 전략을 구사하는 것이 최선이라는 생각이다.

사실 어떤 면에서는 중국 시장에서 중국 기업과의 경쟁을 하지 말라는 것은 중국 비즈니스를 하지 말라는 뜻과 같다고 볼 수도 있다. 그러나 여기서 강조하고자 하는 것은 중국 기업이 대세를 장악하면서 선두 그룹을 형성하고 있고 외자기업들이 뒤처져서 허덕이는 그런 업종에는 진출하지 않는 것이 낫다는 뜻이다. 외자기업들이 진출하는 데 가장 유리한 업종은 외자기업들이 완전히 시장을 장악하고 중국 국유기업들이 뒤따라가면서 고전하는 업종이다. 그런 상황이

7) 盧泰宏 主編, ≪行銷大中國≫, (臺灣, 臺北 ; 時報文化出版企業有限公司, 2001. 9.), p.72
8) KOTRA 편, ≪중국투자기업 현장점검≫, (서울 ; 학림사, 2001. 11. 30.), p.144

아니더라도 최소한 외자기업과 중국 기업들이 선두 그룹을 향해 혼전을 벌이는 업종 정도는 되어야 진출을 고려할 수 있다는 뜻이다. 이들 외자기업들 중에서도 한국 기업이 가장 경쟁하기가 쉬운 상대는 유럽, 미국, 일본 등지의 기업들로 볼 수 있다. 대만, 홍콩, 동남아 화교들과의 경쟁은 그리 녹녹치 않다. 따라서 대만, 홍콩, 동남아 화교 기업과 경쟁을 하는 분야도 가급적이면 피하는 것이 좋다.

중국 국유기업은 민족기업이라는 명분하에 보이지 않는 각종 경영 특혜가 주어지곤 한다. 국유기업이 반드시 도산되어야 할 상황인데도 지방정부가 실업 문제를 이유로 무한정 기업 생명을 연장시키기도 한다. 따라서 그들과의 경쟁은 심각한 출혈 경쟁을 야기할 가능성이 높기 때문에 중국 국유기업이 시장을 지배하고 있는 업종은 가급적이면 피하는 것이 좋다.

여기서 한국 굴삭기 제조업체들의 중국 시장 진출 사례를 보도록 하자. 어떤 굴삭기 제조업체의 현지 한국인 사장은 한국 굴삭기의 중국 진출 성공 요인을 경영전략의 성공이라고 주장하면서 다음 사항을 성공 이유로 들었다. 첫째, 현지인과의 커뮤니케이션의 성공, 둘째, 지방정부로부터의 자금 지원, 셋째, 부품 수입과 관련된 관세의 지불기일 연장 등이 그것이다. 그러나 당시 이 굴삭기 제조업체가 성공할 수 있었던 요인들이 10가지 정도 있다고 가정할 때, 위의 세 가지 요인은 그중 비중이 낮다고 생각한다.

한국 굴삭기의 최대의 성공 요인은 중국 국유기업과의 경쟁을 피할 수 있었다는 데 있지 않았을까? 당시 굴삭기 제조업의 특성과 초기 단계의 중국 굴삭기 메이커의 포진 상황을 살펴보며 이와 같은 주장을 검증할 수가 있다. 일반적으로 대형 굴삭기 한 대를 제작하는 데 부품이 2만여 개 소요된다고 한다. 외국 굴삭기 업체들이 중국 시장에 진출한 초기 단계에서는 일반적으로 중국 내에서 이들 부품들을 100% 아웃소싱(out-sourcing)한다는 것은 불가능하였다. 당시 많은 부품들이 중국에서는 생산되지 않고 있었으며 설사 중국에서 생산된다 하더라도 부품의 품질 보증 및 납기 엄수가 어려운 상황이었다. 상당수의 부품들은 해외에서 수입되어야 하는 상황이었다. 따라서 현지 중국 국유기업의 굴삭기 메이커가 굴삭기를 생산하게 되면 가격경쟁력과 품질경쟁력이 떨어질 수밖에 없었다.

상대적으로 중국에 진출해 있는 미국의 카터필라, 일본의 고마츠 및 히타치, 한국의 두 제조업체는 자국의 공장에서 생산된 부품을 상당수 중국 공장으로 수입하여 사용할 수 있었다. 한국과 일본, 미국의 굴삭기 부품의 품질이 그리 큰 차이가 없는 현실에서 부품의 가격경쟁력은 한국 업체가 일본과 미국 업체들을 압도할 수밖에 없었다. 따라서 당시 가격경쟁력에서 우위를 차지하고 품질경쟁에서도 밀리지 않은 한국의 굴삭기가 중국 시장에서의 경쟁에서 이들 일본 기업과 미국 기업을 제칠 수 있는 것은 그리 어렵지 않았다.

반면에 해외로부터 부품 공급에 관한 보장을 받지 못하고 있고 중국 내에서도 좋은 거래 조건으로 부품을 제때에 공급받을 수 없었던 당시의 중국 굴삭기 메이커들은 생산상의 저효율과 부품 공급상의 애로사항으로 인해 정상적인 경영이 이루어지지 못하고 있었다. 즉, 부품 공급이 원활하지 못하고 공급되는 부품의 가격경쟁력이 문제가 되고 있는 상태에서 중국 기업들이 한국 기업들과 경쟁하는 것은 매우 어려울 수밖에 없었다. 이러한 부품 공급 상황이 한국 굴삭기 제조업체들로 하여금 중국 국유기업과의 경쟁을 피할 수 있게 하였고, 이는 곧 한국 굴삭기 제조업체의 기업 경영을 순조롭게 할 수 있었다고 볼 수 있다.[9)]

(2) 담보 확보가 용이하지 않은 분야

담보 확보가 용이하지 않은 분야는 투자 진출에 신중을 기해야 한다. 중국 비즈니스에서는 앞으로 남고 뒤로 밑지는 경우가 많다. 특히 중국 비즈니스의 성패에 결정적인 영향을 미치는 것이 판매이고, 판매 중에서 가장 핵심적인 문제가 외상매출금 회수이다. 건설 장비의 경우, 제품 가격이 비싸 일반 건설업자들이 일시불로 구입하기가 쉽지 않다. 그런데 건설 프로젝트를 수주하게 되면 지방정부의 재정 수입에 크게 기여한다. 따라서 각 지방정부는 지역 내 소속 건설회사가 타 지역 건설 프로젝트 입찰에 참여하여 공사를 따오기를 원한다. 그런데 타 지역의 공사입찰에서 성공하자면 자기 지역 내의 건설회사가 충분한 건설장비를 갖추어야 한다. 그렇지 않은 한 수주 경쟁에서 실패한다. 따라서 각 지방정부는 지역 내 은행들로 하여금 지역 내 건설업체가 건설 장비를 구매하고자 할 때는 지급보증을 해주게 한다. 중국 건설업체는 은행의 지급보증 수단을 활용하여 외상 또는 할부로 건설 장비를 구입한다. 그런데 건설 장비 메이커는 비록 이 거래가 외상거래이거나 할부판매이기는 하지만 대금 회수에 대한 은행 지

9) 신주식 저, ≪쳐다보는 달과 바라보는 달≫, (한국, 대구 ; 해조음, 2006. 2. 26.), pp.237~238

불보증이 있기에 안심하고 판매한다.

건설 장비를 둘러싼 중국에서의 이러한 판매 메커니즘은 굴삭기 메이커들에게도 큰 도움이 되고 중국 지방정부 및 건설회사에도 큰 도움이 되어 지방정부가 정책상의 특별 지원을 하게 되는 경우가 많다. 즉, 관할 지역 내 건설업체가 인근 타성(他省)에서 진행하는 건설 공사 입찰에 참여하여 낙찰받도록 지원하자면, 관할 지역 내의 건설업체들이 충분한 건설 장비를 갖추어야 하기에 때로는 지방정부가 건설업체들이 건설 장비를 구입할 때는 지방은행이 건설 회사를 대신하여 건설 장비 공급선에게 지불보증을 서도록 주선하는 일들이 많아지게 되는 것이다. 이런 업종에 한국 기업들이 진출하게 되면 외상매출금 회수 문제는 어느 정도 해결할 수 있다.

또한 농기계 분야에 진출하면 비교적 수월하게 비즈니스를 할 수 있다. 왜냐하면 중국 인구에서 농민이 차지하는 비중이 엄청 높기 때문에 중국 정부는 이들 농민들의 생활 안정 문제를 정권 안정 차원에서 취급하고 있다. 또한 농민들의 경작 문제를 수입 농작물 유입에 따른 농작물 경쟁 차원에서 보고 있어 어떤 형태로든 농민에 대한 지원을 게을리할 수 없다. 따라서 중국 정부로서는 농기계 구매를 위한 자금 지원을 적극적으로 추진할 수밖에 없다. 이와 같은 농기계 분야의 사업에서는 자금 지원의 효과 때문에 불량 채권의 발생 가능성이 상대적으로 낮고 현금 거래가 비교적 용이하다고 볼 수 있다. 한국 기업들에게 이들 사업 분야 진출을 적극 권장하고 싶다. 중국의 농업 인구는 약 7억 명 이상이 되는데, 농민 생활의 안정은 곧 중국 공산당 정권의 안정을 보장하기 때문이다.[10)]

따라서 중국 정부의 농업에 대한 관심과 지원은 상당히 적극적이고 파격적이다. 쨩쑤(江蘇)성 지방정부는 농민들이 얀마의 농기계를 살 때, 농민들에게 기계화 장려금을 보조금으로 주었다. 대당 인민위폐 6~7만 위안 정도를 보조해주었는데 2000년 하반기부터는 컴바인에 대한 보조금이 폐지되고 이앙기에만 보조금을 주고 있다. 이와 같은 농민에 대한 보조금이 있어 외자 농기계 업체들은 100% 현금거래가 가능하다. 한국 기업을 포함한 외자기업들이 이런 분야에 진출하면 쉽게 사업을 성공적으로 이끌 수 있다. 실제 중국 기업들의 농기계 거래 조건을 보면 우선 30%를 선수금으로 받고 60%는 공장 출고를 할 때 받는다. 나머지 10%는 현장에서 시운전에 성공하고 나서 받는다. 메이커 입장에서는 대금

10) 신주식 저, ≪쳐다보는 달과 바라보는 달≫, (한국, 대구 ; 해조음, 2006. 2. 26.), pp.238~241

회수가 그만큼 쉬워지는 분야라 할 수 있다. 단지 한국 기업의 경우 농기계 메이커들이 중소기업인 관계로 중국 시장 진출에서 큰 성공을 거두지 못했다. 건설장비 사업 분야에서 한국 대기업들이 선전하여 성공한 사례와 대비가 되는 부분이다. 한국 경제에서의 대기업의 위력을 읽을 수 있는 전형적인 사례가 아닐까 생각한다.

(3) 중국 생산 제품을 100% 중국 내수시장에 판매해야 하는 경우

한국 본사의 상황이 중국 생산 제품을 100% 중국 내수시장에 판매해야 하는 경우에는 진출에 신중을 기해야 한다. ○○굴삭기는 원래 중국에서 생산된 전량을 제3국으로 수출하는 것을 원칙으로 하여 설립된 회사이다. 따라서 한국의 본사가 도산하기 전에는 제3국 시장에 나름대로의 거래선들을 확보하고 있었다. 그런데 1997년 IMF 사태가 터지고 한국의 본사가 도산을 한 이후에는 중국의 ○○굴삭기는 홀로서기를 시도할 수밖에 없었다. 이때 과거의 제3국 시장으로의 수출 영업 기반을 갖고 있었다는 것이 큰 힘이 되었다. 수출 기반을 갖고 있다보니 당장 중국 내수시장 점유율에 대한 압박감이 적어져 기업 재정이나 공장 가동률 면에 있어 우선 숨을 쉴 수 있었다. 중국 국내 시장 개척에 시간적 여유를 갖고 단계적이고 점진적으로 접근할 수 있는 여유가 생겼던 셈이다. 즉, 수출시장으로 상당한 물량을 수출할 수 있어 공장 가동률 유지에 별다른 부담을 느끼지 않은 상태에서 중국 내수시장을 개발하기 시작하면 내수 영업상의 판매 수량이 크지 않아도 공장 운영에 있어 큰 지장을 초래하지 않는다. 이런 상황하에서는 내수 영업에 있어 밀어내기식 판매 방식을 도입하지 않아도 되고 리스크가 큰 바이어에게는 판매를 강행하지 않아도 된다. 리스크가 적고 대금 회수가 보장되는 안전한 바이어만 골라 거래를 할 수 있는 여유가 생기는 것이다. 결국은 중국 굴삭기 메이커들이 자체 생산 기술 문제와 부품 조달 문제로 경영이 부진해지고 경쟁력을 상실하게 되면서 ○○굴삭기 산동성 공장은 중국 국유기업과의 경쟁을 피할 수 있었다. 이는 ○○굴삭기 사업이 성공하는 데 가장 큰 요인으로 작용했다.

이와는 반대로 중국 내수 영업만 하는 기업은 일정 판매량을 유지하여 공장 가동률을 일정 비율 이상 유지해야 하기 때문에 바이어의 신용 정도를 고려한 우량 바이어에 대한 선택의 폭이 줄어들게 되면서 판매 대금 회수 등 각종 문제들이 발생하게 된다. 특히 중국 시장은 법규의 변경이나 국가 정책의 변화 등으로 영업 환경이 수시로 변화하기 때문에 영업 리스크를 해외시장과 중국 국내시장으로 분산시킨다는 측면에서도 제3국(한국 포함)으로의 수출과 중국 국내 내수 영업을 병행하는 것은 매우 적절한 정책이 된다.

해외 수출과 중국 내수를 동시에 추진하여 투자 기업을 안정적으로 경영할 수 있었던 사례는 많이 있다. 대만의 신발업체인 용언(永恩)이라는 기업이 수출 위주의 기능에 내수의 보조 기능이 합세함으로써 기업 경영이 초반부터 흑자 경영으로 들어간 사례도 그중의 하나이다.

(4) 한국 투자 기업과 중국 기업 간의 기술 격차가 크지 않은 분야

한국 투자 기업과 중국 기업 간의 기술 격차가 크지 않은 분야의 진출은 가급적이면 자제하는 것이 좋다. 식품 가공기의 경우, 필립스 제품의 가격은 인민폐 400위안 수준이나 중국 기업 제품 가격은 200위안 수준밖에 되지 않는다. 필립스 제품의 가격이 중국 기업 제품 가격의 2배나 되지만 모델 및 기술 분야에서 중국산 제품보다 훨씬 우월하여 오히려 중국 기업들이 판매에서 고전하고 있다. 그러나 마이크로 오븐의 경우 외국 기업과 중국 기업의 기술 격차가 거의 없어 중국 기업의 독무대가 되고 있다. 이는 곧 중국 제품보다 기술이 월등히 뛰어나지 않는 한, 외국 기업은 생존하기 힘들다는 점을 암시한다고 하겠다. 한국 기업으로서는 한국적 특색이 강하여 중국 국유기업들이 도전하기가 어려운 제품, 즉 김치, 된장, 고추장, 간장 등으로 승부수를 띄우는 것도 한 가지 방법이 될 것이다.

마이크로 오븐 사업의 경우 2000년 초반기에는 메이더(美的)가 향후 목표를 100만 대 생산에 맞춤으로써 업계 3위(당시 50만 대 생산으로 5위를 차지)를 차지하는 것에 초점을 맞추었다. 메이더는 경쟁상의 유리한 점인 2선 도시(중소도시)까지 커버 가능한 판매망을 소유하고 있는 데다 시장에서 누리고 있는 브랜드 이미지까지 나쁘지 않아 자신만만해하고 있었다. 더구나 마이크로 오븐 기술의 핵심은 해외에서 수입되는 자기(磁氣) 통제 파이프뿐이기 때문에 거란스(格蘭仕)를 추격하는 것은 쉬울 것으로 호언하였다. 현재 1위를 달리고 있는 거란스는 "6억 위안을 투입하여 엘지를 죽이자."고 외쳤으나 실제 목표는 메이더를 겨냥하였다는 것이 정설이다. 결국 거란스가 표면적으로 표방한 거란스와 엘지의 전쟁은 거란스가 메이더라는 다크호스를 죽이는 데 그 목적이 있었음을 알 수 있다. 거란스는 심리전의 일환으로 마이크로 오븐의 손익분기점(BEP)이 500만 대 수준이라 주장하여 메이더의 기를 죽이려고 하였지만 메이더는 자기네들 계산으로는 15만 대를 BEP 수준으로 본다고 반박하였다.[11]

반면 농기계는 여름 한철 쓰는 제품인 관계로 한 번 고장 나면 수리를 기다릴 수 없다. 농번기는 한 번 지나가면 그만이기 때문이다. 따라서 기술을 중시하고 품질을 중요하게 생각할 수밖에 없다. 농기계 분야의 중국 기업의 기술 수준은 부품이나 자재의 자체 생산 능력 부족으로 인해 아직은 보잘것없는 수준이기 때문에 한국, 일본 및 독일의 외자기업들끼리 오순도순 소극적인 경쟁을 해가면서 흑자를 내고 있다. 기술우위로 인한 품질우위가 이런 결과를 가져온다고 볼 수 있다.[12]

(5) 한국 제품의 지명도가 낮은 분야에 저급 제품으로 진출하는 경우

한국 제품의 지명도가 낮은 분야에 저급 제품으로 진출하고자 할 때는 신중에 신중을 거듭해야 한다. 한국의 제품 중에서 중국 기업들이 좀체 넘보기 어려운 분야가 있다면 그건 한국 음식일 것이다. 중국 기업들이 감히 도전하지 못하는 분야에서 확실히 그들의 도전을 뿌리치기 위해서는 반드시 최고급 제품 및 최고급 시설로 승부하여야 한다. 중국에서 한국 음식점을 하더라도 기업형 · 서비스형으로 경영해야 한다는 말이다. 한국 음식점은 한국 문화의 얼굴이기에 더욱 그렇다. 베이징시에 있는 모 한국 음식점은 베이징시로부터 제1급 식당으로 지정받았다. 중국에서 한국 식당이 1급으로 지정받은 것은 이 음식점이 처음이다. 중국 지방정부는 식당의 규모, 위생 상태, 실내 장식, 요리 등을 종합 심사해 특급부터 1급, 2급, 3급 식당으로 구분해 지정하며 특급과 1급은 주로 고급 호텔 내 식당 위주로 지정한다. 1급 식당으로 지정되면 공식적으로 음식값의 10%에 해당하는 봉사료를 별도로 받을 수 있어 중국 내에서 고급 식당으로서의 위상을 다지게 된다. 이 식당은 손님에 대한 서비스를 무척 강조하고 있다. 예컨대, 커피 잔의 손잡이와 티스푼을 반드시 손님이 바로 잡을 수 있게 놓도록 방향을 잡아주는 교육이 그중의 하나이다. 또한 위생 관념이 철저하지 못한 중국 종

11) 신주식 저, ≪쳐다보는 달과 바라보는 달≫, (한국, 대구 ; 해조음, 2006. 2. 26.), pp.244~245
12) KOTRA 편, ≪중국투자기업 현장점검≫, (서울 ; 학림사, 2001. 11. 30.), p.159

업원들에게 청결 의식을 일깨우기 위해 화장실을 깨끗이 청소한 후 회사 대표를 비롯한 모든 종업원들이 화장실에 들어가 식사를 했다는 일화는 유명하다.[13)]

(6) 규모의 경제가 경쟁 승부를 결정짓는 분야

규모의 경제가 경쟁 승부를 결정짓는 업종은 투자 조사 과정에서부터 치밀하고 세심하게 주의를 기울여야 한다. 중국은 기업과 정치, 기업과 행정, 기업과 정당 간의 완전 분리가 되지 않은 상태이기 때문에 기업 경영에서도 정부 또는 행정의 입김이 많이 작용하고 있다. 지방정부나 행정의 입김과 영향력이 작용하기 시작하면 기업 논리와 효율 개념이 배제되는 경우가 허다하게 발생한다. 특히 규모의 경제로 원가 인하 효과가 큰 사업 분야일 경우에는 지방정부 또는 행정의 엄청난 자금 지원과 특혜로 대형 중국 기업들의 무제한의 투자 확대와 무제한의 자금 지원이 가능해진다. 따라서 이들 기업과 경쟁하는 것은 상당히 위험하다. 일반적으로는 중국의 대형 국유기업의 경우, 비효율적인 요소가 많아 경쟁력이 없을 것으로 생각하는 사람이 많으나, 최근 대형 국유기업들이 구조조정 및 경영 쇄신 활동을 통해 효율화 작업에 박차를 가하고 있고, 지방정부로부터 전폭적인 재정상, 행정상의 지원을 받으면서 경쟁력이 많이 강화되었다고 볼 수 있다. 한국 기업들이 이들과 경쟁하는 경우 이전보다 실패할 확률이 더 높아졌다고 보아야 한다.[14)] 다음의 예를 살펴보자.

한국 기업인들은 대부분의 대형 중국 기업들이 구조조정이나 기업 개혁을 하지 못할 것으로 생각하고 있는 듯하다. 맞는 말이다. 그런데 일부 중국 대기업의 경우, 리더가 소신이 확고하여 강하게 구조조정을 실시하는 경우에는 그 효과가 대단히 크고 쉽게 성공한다는 것이다. 우선 외자기업들과 같은 노조의 반발이 거의 없고 설사 반발이 있다 하더라도 친구인 지방정부의 도움을 받으면 간단히 해결되기 때문이다. 기업 개혁의 예로서 경쟁력 강화를 위해 종업원 임금 삭감을 추진할 경우에도 큰 반발이나 후유증 없이 간단히 해결해 버린다. 지방정부와 국유기업이 동일체적 속성을 지니고 있기 때문에 모든 개혁 작업이 쉬워지는 것이

13) KORTA 편, ≪중국투자기업 현장점검≫, (서울 ; 학림사, 2001. 11. 30.), pp.265~266
14) 신주식 저, ≪중국 비즈니스 전략 308선≫, (한국, 서울 ; 고려대학교 출판부, 2003. 12. 12.), pp. 97~99

다. 중국 기업의 경우 일단 마음만 먹으면 어제의 부실 기업을 오늘의 성공 기업으로 만드는 데 그리 많은 시간과 노력이 들지 않는다.

외자기업 중에서 중국에 대규모 투자를 하여 투자 규모에서 이미 타 경쟁사를 압도하는 경우에도 섣불리 뛰어들 것이 아니다. 예를 들면, 휴대폰 시장과 같이 서구의 빅스리가 규모 경제의 이점을 활용하여 시장을 선점, 분할하고 있는 경우, 사업 진출에 있어 신중을 기해야 한다. 한국의 휴대폰 메이커들이 중국에 진출하여 최근 성공을 거두고 있다는 소식이 자주 들린다. 그러나 우리가 한 가지 유의해야 할 것은 아직 게임이 끝나지 않았고 앞으로 수십 년간 치열한 경쟁이 지속될 것이라는 점이다. 그 과정에서 한국 메이커가 지불해야 할 대가가 어느 정도인지는 아무도 예측할 수 없다.

사례 1 휴대폰의 가격 인하 전쟁

2000년 10월에 중국 휴대폰 소비자를 대상으로 한 조사에서 61.39%가 가장 강력하게 구매 의욕을 부추기는 것으로 가격 인하를 꼽았다. 사실상 2000년 6월부터 모토롤라, 노키아, 에릭슨 등은 1999년 대비 가격을 40% 정도 인하하였으며 어떤 기종은 60%까지 인하하였다. 휴대폰 업계가 가격 전쟁으로 돌입하게 된 배경에는 몇 가지 이유가 있다.

첫째, 휴대폰은 생산량의 증대에 따른 생산비용 절감과 연구개발비 절감을 통한 생산원가 절감이 매우 큰 품목이다. 예로써 모토롤라의 모델 NO. 998이 최초 판매가 시작될 때는 인민폐 10,000위안이 넘었는데 2000년 6월 이후에는 3,500위안 이하로 떨어졌다. TCL의 완밍지엔(萬明堅) 사장은 모토롤라 휴대폰 모델 NO. 998의 생산비용과 이윤 폭을 설명하면서 "설사 인민폐 2,000위안에 판매한다 하더라도 모토롤라는 여전히 대당 인민폐 1,000위안 이상의 이윤을 남긴다."고 말했다. 그 이유는 모토롤라의 기술 수준으로 보면 연구개발 비용이 싸고 특히 소비 증가로 인한 생산량 증가가 생산비용 인하에 많은 기여를 하기 때문이다. 중국 휴대폰 업계에서 나온 통계 자료에 의하면 생산량 20만 대와 100만 대 간의 생산비용 차이는 약 15~20% 정도 된다고 한다. 중국 기업이 만드는 휴대폰이 월 수만 대에 불과한데 비해 모토롤라의 월 생산량이 30만 대 가까이 되니 가격을 인하할 수 있는 여지가 상당히 크다고 볼 수 있다.

둘째, 휴대폰 소매업자들은 생업을 위해 자신들의 고객을 유지하여야 한다. 그 때문에 이들 고객층들을 확보하기 위해 자신들의 이윤을 대당 인민폐 50위안 내지는 100위안 정도로 인하함으로써 휴대폰 가격 하락을 부추겼다.

셋째, 실력이 있는 대리점이나 도매상들은 경쟁사 제품을 압도하기 위해 메이커와의 협상을 통해 가격을 낮추면서까지 판매량을 늘리려고 한다. 이 경우에 늘어난 판매량에 대해 메이커에서 리베이트를 주기 때문에 가격 하락을 부채질한다. 대리점이나 도매상들은 또한 이렇게 함으로써 자체 고객도 다수 확보, 유지할 수 있어 여러모로 자신들에게 유리하다는 점을 인식하고 있다.

넷째, 통화비를 수취하는 휴대폰 운영 기업 간의 경쟁이 가격 하락을 유발한다. 중국에는 중국이동통신회사와 중국리엔통(聯通)이라는 두 개의 운영 회사가 경쟁하고 있는데, 이들 회사들이 대당 통화료에 대해 인민폐 200위안씩 무료로 처리해 줌으로써 실질적인 가격 하락을 주도하고 있다. 즉, 휴대폰을 파는 대리점이나 도매상과 2개 운영 회사 간에 약정된 통화비 무료분 인민폐 200위안이 소비자에게 판매할 때는 1,000위안짜리 휴대폰이 800위안에 판매되도록 하는 현상을 야기하기 때문이다.

다섯째, 젊은 소비층들은 휴대폰의 가치를 기능에 두지 않고 하나의 유행 상품 또는 몸치장하는 장식품으로 생각하면서 수시로 신형 모델로 바꾸려고 한다. 이에 따라 값비싼 다기능 휴대폰이 잘 팔리지 않고 값싸고 아름다운 신형 모델이 잘 팔리는 현상이 가격 전쟁을 유발하였다.

여섯째, 중국의 중소도시 또는 농촌의 소비자들이 휴대폰의 기능을 잘 이해하지 못함으로써 그저 오는 전화를 받고 필요할 때 전화를 거는 정도의 단순 기능에 만족하는 현상이 저가 제품의 수요를 늘렸다. 이는 곧 고급 제품의 상대적 판매 부진을 야기하면서 가격을 하락시키는 결과를 초래하였다.[15]

5. 투자 수단

투자 수단에는 현금 투자, 실물 투자, 공업 소유권이나 기술 등의 무형자산 투자가 있다. 그러나 어떠한 경우이든 외국 투자자는 등록 자본금의 25% 이상을 투자하여야 한다.

(1) 현금 투자

현금 투자란 중국으로 송금된 외화 또는 자유롭게 현금화할 수 있는 유가증권, 외국인 투자자가 중국에서 취득한 이윤의 재투자 등을 말한다. 중국이 외자 유치에 적극적이므로 일반적으로 현금 투자가 환영받고 있다. 중국 납입 자금의

15) 盧泰宏 主編, 《行銷大中國》, (대만, 타이베이; 時報文化出版企業有限公司, 2001. 9.), pp.149~169

가치는 자금 납입 당일에 중국 외환관리국이 공표하는 환율에 따라 인민폐 또는 약정된 화폐로 환산하여야 한다.

(2) 시설 투자

기계설비, 원부자재 건축물 또는 장소 사용권 등의 투자를 말하며, 외국 투자가는 일반적으로 설비 또는 기타 물자로 투자하고, 중국 측이 건축물 또는 장소 사용권을 투자하는 경우가 일반적이다. 투자로 제공되는 실물은 반드시 자기 소유나 담보로 설정되지 않은 실물로서, 유효한 실물 소유권과 처분권에 대한 증빙 서류를 첨부하여 제공해야 한다.

투자액은 양측이 투입하는 실물 명세서에 따라 '공평, 합리'의 원칙에 의거 투자 쌍방이 정하거나, 투자 가치 산정에 이견이 있을 수 있는 경우에는 상호 합의하에 공인된 제삼자에게 의뢰하여 투자 가치를 평가할 수 있다. 투자액을 평가할 때에는 기업에서 실물을 인수한 일자, 확인된 수량, 상호 협의한 가액을 기장하여 근거로 남겨 두어야 한다.

기계설비 등 실물로 투자할 경우 당해 물품의 필요성 여부, 통관, 상품 검사, 가치 평가 등에 있어 중국 정부가 엄격한 규정을 적용하고 있으므로 사전에 관련 법규와 절차 및 비용 등 제반 사항을 충분히 검토하고 준비하여야 한다.

중국에서 요구하는 설비 투자 요건은 다음과 같다.

- 기계설비 등 실물 투자는 제품 생산 활동에 필수적인 것이어야 한다.
- 외국 측이 투자하는 기계설비 등 실물은 중국에서 생산할 수 없거나, 생산은 가능하지만 고가이고 기술적으로나 설치 기간 등을 감안할 때 외국에서 도입하는 것이 절대 유리할 경우여야 한다.
- 실물 투자분은 당시 국제시장 가격을 초과하여서는 안 되며, 중국상품검사부서의 감정을 필히 받아두어야 한다.
- 실물 투자분의 투자 내용은 중국 측 합자기업 주관 부서의 심사와 허가를 받아두어야 한다.
- 외국 측이 낙후한 설비를 제공하여 중국 측 투자자에게 손실을 입혔을 때는 법에 의거 중국 측에 배상해야 한다.

(3) 공업 소유권, 전문 기술 등 무형자산의 투자

중국은 공업 소유권 및 전문 기술과 비특허 기술 등을 투자 지분으로 인정하고 있으나 그 평가액이 등록 자본금의 20%를 초과하지 못하도록 규정하고 있다.

공업 소유권 및 전문 기술을 투자할 경우 이들이 외국 측 투자자가 제공한 자료와 같지 않을 시 심사허가기관은 외국 측 투자자에게 기한 내에 이를 보완토록 할 수 있다. 또한 외국 투자자가 고의적으로 낙후된 기술로 중국 측에 손실을 입혔을 때는 중국의 관련 부문에서 법에 의거하여 손해배상을 청구할 수 있도록 되어 있어 주의가 필요하다.

또한 중국의 〈중외합작경영기업법〉에 의하면 현금, 실물, 토지 사용권, 공업 소유권 이외에도 비특허 기술과 기타 재산권 등도 투자 수단으로 인정된다. 비특허 기술이란 특허권을 신청하였는데 아직 특허권을 취득하지 못한 기술을 말하는 것으로, 비특허 기술로 투자할 경우 그 기술의 특성, 실용 가치, 평가액 산정 계산 근거 등의 자료를 제출하여야 하지만 기술 비밀 보호에 관련된 자료는 제출하지 않아도 된다.

사례 2 합작투자 성공 사례 : 일본 기업의 중국 기술 활용

일본의 ○○사는 고주파 자동 시뮬레이터, 정전기 장해 시험기, 낙뢰발생기 등 첨단 설비를 이용하여 신제품 개발을 하는 회사이다. 하지만 기술 인력의 한계로 사업 확대가 어렵던 차에 중국의 발달된 기초과학 분야 연구소와 합자기업을 설립, 운영하게 되었다.

중국 측 파트너는 상해에 소재한 중국연구소로 일류 대학을 졸업한 과학기술자만 760명이고, 전기 자동제어 오토메이션, 전기공학 신기술 응용, 전자 겸용 기술, 전기합금을 연구하는 4개의 연구실과 실험 공장을 가지고 있으며, 연구 성과만도 1,500개 항목에 이르는 선진 연구기관이다.

그러나 중국의 연구 결과가 기초과학 측면에서는 높은 성과를 거두고 있는 반면, 이를 상품으로 만드는 능력이 부족하였으며, 중국 개개인의 설계도는 다른 사람이 알아볼 수 없는 등 상품화 작업에 어려움이 따르기도 하였다. 이에 일본 기업은 중국 연구원들의 꾸준한 일본 연수 교육을 통하여 기업 존재의 의미, 제품의 납기 등 자본주의적 경영 시스템을 이해시키고, 그들의 기초과학을 상품화하여 성공적인 합자기업을 운영할 수 있게 되었다.

(출처: KOTRA)

사례 3 설비 투자 시 유의 사항: 중국 상품검사기관의 가격 검정 필수

1. 사건 내용 및 발생 배경

한국의 한 주식회사는 베이징 모 현(縣)의 한 회사와 한국 80%, 중국 20%의 비율로 약 500만 달러를 투자한다는 합자 계약을 체결하였다. 듣기로는 이 합자회사의 계약서 서명식에 베이징시 고위 관리도 참석했다고 한다.

쌍방은 합자 계약에서 합영 쌍방의 실물 투자는 실물 내역표에 의하되 실물의 명칭, 수량 및 협정 가격을 명시한 내역표를 계약서에 명시하기로 합의하였다. 또 중국 측 파트너는 한국 투자자의 설비를 상당한 가격으로 인정했다. 한국 투자자는 중국 측의 건물 준비 관계로 10%의 첨단 설비만 투입하지 못했을 뿐 투자액의 90%에 상당하는 설비를 계약대로 모두 베이징으로 운반해 왔다.

그러나 설비를 투입한 지 2년이 지나도 운영은커녕 설비 설치가 이루어지지 않은 상태에서 분쟁이 일어났다. 그러자 중국 측 파트너는 한국 투자자의 설비 가격을 인정하지 않을 의도로 국가상품검사기관에 해당 설비에 대한 감정 신청을 하였다. 일반적으로 국가상품검사국의 감정은 원래의 협정 가격을 인정하지 않는 것이 보통이다. 그러나 한국 투자자는 계약서에 이미 명시된 협정 가격이 상품검사국의 감정 가격에 대응하지 못하는 것에 대하여 의문을 품게 되었다.

2. 처리 결과

한국투자자는 법률사무소를 통해 현 정부 및 상품검사국과의 교섭을 시도, 어느 정도 협조를 얻기는 했지만 상품 검사를 통하지 않고는 원래의 계약대로 출자자금을 인정받을 수 없다는 사실을 발견하고 다른 방법을 강구하였다. 하지만 현실적으로 전망은 그리 밝지 않다.

3. 우리 기업에게 주는 시사점 및 대책

중국 정부는 외자 유치를 위해 그동안 각종 법률, 법규를 제정, 공포하였다. 그중에는 외국기업의 투자 재산에 대한 상품 검사 규정도 포함되어 있다. 그런데 많은 한국 기업들은 이런 규정을 이해하지 못한 채, 중국에 투자한 설비나 실물은 한국 관계 기관의 검사 및 비준을 받았기 때문에, 다시 중국 기관의 검사가 필요 없다고 생각하기 쉽다. 중국 법률에 의하면 외국 투자 재산의 가격 감정은 법적으로 강제 규정에 속한다. 따라서 외국 투자자가 자국에서 받은 재산 가격 감정은 중국에서 그 법적 효력이 없고 중국 상품검사기관의 상품 가격 감정을 받아야만 투자 재산의 가격을 법적으로 인정받게 된다.

여기서 외국 투자 재산이란 외국의 기업, 경제 단체 또는 개인이 중국에 설립한 중외합자기업, 중외합작기업 및 외상독자기업 등이 현금으로 투입한 후 합영의 외국 측이나 제삼자에게 위탁해 중국 국경 밖에서 구입한 설비와 실물 등을 말한다. 또 가격 감정이란 외상 투자 재산의 현 시점에서의 가치를 평가하는 것을 말한다.

외상 투자 기업은 반드시 투자 재산이 설치, 사용되는 지역에 운반된 후 상품검사국에 투자 재산의 가치 감정을 신청해야 한다. 상품검사국은 재산의 실제 상황, 신구(新舊)의 정도,

성능 지표, 기술 계수, 이전 비용, 이윤 창출 능력 등을 근거로 가치 감정 증서를 발급한다. 상품검사국의 가치 감정 증서는 외상 투자 재산에 대한 가치 평가의 유효한 증거가 되며, 회계사 사무소는 이것에 의거해 외국 투자 재산의 자산 검사를 하게 된다. 즉, 상품검사국의 가치 감정 증서가 없으면 외국 투자자는 합법적인 자금 검사 보고를 취득할 수 없기 때문에 합영기업 계약 중의 출자 의무를 완수하지 못한다. 이상과 같이 중국 상품검사기관의 재산에 대한 가치 감정은 법적인 강제집행이므로 아무리 본국에서 가치 감정을 받았거나 중국 측과 협의가 되었다고 하더라도 그 절차를 반드시 밟아야 사후 분쟁 예방에 도움이 된다.

양자 간의 합법적인 계약이라도 분쟁이 발생한 경우 법률에 부합하는 합법적인 내용만 중국 법률의 보호를 받을 수 있다. 계약서에 중국 투자자와 함께 서명한 후 중국 관계 기관의 비준을 얻고 영업 허가서까지 취득했다고 해서 반드시 법의 보호를 받는 것은 아니라는 것이다.

한편 우리 기업은 중국이 법치(法治)가 아닌 인치(人治) 국가라는 시각으로 접근하여 인맥 관계에 치중하는 경향이 있다. 물론 중국 사회에서 인맥 관계는 여전히 중요하지만 법이 우선한다는 점을 인식해야 한다. 법률에 근거하여 사업을 진행해야 하며 파트너, 정부 관리의 말은 필요 시 문서로 남겨 사후를 도모하는 것이 필수적이다. 위의 예는 중국 투자 관련 계약 체결 시 투자법 및 기타 관련 법규를 면밀하게 검토해야 한다는 것을 시사하고 있다.

(출처: KOTRA)

05

사전 조사 항목(3)
– 투자 파트너 선정과 투자의향서

중국 투자에서 실패한 기업 중 많은 경우는 투자 파트너하고의 문제 때문이다. 따라서 중국 측 파트너의 주력품, 주요 시장, 시장 내 위상, 자금 사정, 마케팅 및 기술 개발 전략, 향후 투자 및 계획 등을 숙지하여 파트너를 선정해야 한다. 파트너 성정이 완료되면 투자의향서를 작성하는데, 투자의향서는 중국 투자에 있어 문서화되는 최초의 서류이다.

CHAPTER

05

사전 조사 항목(3) – 투자 파트너 선정과 투자의향서

1. 합작 파트너 선정 경로

투자 지역과 투자 방식을 결정하였다면 다음으로는 투자 파트너를 선정하는 작업이 이루어져야 한다. 투자 파트너 선정 과정은 독자 형태를 선택한 기업에게는 해당되지 않고, 합자나 합작 방식을 택한 기업에게만 해당된다.

중국 투자에서 실패한 기업 중 많은 경우는 합작 파트너하고의 문제 때문이다. 따라서 합작 파트너 선정은 중국 투자 성공에 중요한 요소 중의 하나이다. 중국 측 합작 파트너는 현지에서의 꽌시(關係) 활용, 내수판매 활로 개척 등에서 경영상 도움을 줄 수 있는 반면, 한국 투자자가 75%의 지분을 확보하였음에도 중국 측이 경영권을 강점하는 극단적인 경우도 있다. 이런 경우 합작 파트너의 선정이 근본적으로 잘못되었거나 관계 설정에 문제가 있는 경우인데 경영상 치명적인 어려움을 겪게 된다. 따라서 합작 파트너 선정 시 세심한 주의와 경영권을 확보할 수 있는 지분의 확보 그리고 이를 효과적으로 관리할 수 있는 경영 능력이 필요하다.

중국 시장 진출에 성공한 외자기업들의 대부분이 국유기업과의 합작을 선택했는데, 이는 지방정부 및 국유기업과의 파트너십 구축은 토지, 원료, 서비스 등에서 혜택을 볼 수 있기 때문이다. 우리나라 기업의 경우도 동종 업계에 종사하고 있는 생산 기업을 투자 파트너로 선택한 경우가 비교적 성공적인 진출로 평가받고 있다. 이는 중국 내 은행 자금의 이용이나 도소매 시장에서의 판매망, 정부에 대한 로비 등에서 혜택을 누릴 수 있기 때문이다.

파트너 선정 시에는 중국 측의 규모에 현혹되어서는 안 되며, 작더라도 내실 있는 파트너를 선택해야 한다. 화교 기업과의 공동 지분 투자 가능성도 타진해

볼 만하다. 화교 기업은 현지 권력층과 강력한 꽌시를 형성하고 있고 중국 내 정보 수집이 용이하여, 중국 투자 진출 및 기업 경영상에서 리스크를 줄이는 데 도움이 되기 때문이다. 파트너 선정에 있어 중국 측 파트너의 주력품, 주요 시장, 시장 내 위상, 자금 사정, 마케팅 및 기술 개발 전략, 향후 투자 및 계획 등을 숙지해야 한다.

그러면 중국 진출 시 어떻게 합작 파트너를 선정할 것인가? 과거에는 합작 파트너 선정에 있어 많은 기업들이 어떤 경로를 통해야 하는지 몰라 애를 많이 먹었다. 하지만 지금은 우리나라 기업들의 중국 진출이 확대되고 중국 시장이 중요해짐에 따라 정부 기관뿐만 아니라, 각종 전시회 · 세미나 및 투자설명회, 전문적인 알선업체도 많아 합작 파트너 선정에 많은 도움을 받을 수 있다. 합작 파트너 선정을 위한 몇 가지 경로를 소개하면 다음과 같다.[1)]

- 중국 측에서 경제 대표단을 파견하여 한국 내에서 개최하는 각종 투자 유치 설명회 및 상담회 참가
- 중국 내에서 각 품목별, 지역별로 연중 개최되는 각종 전시회 참가 및 참관
- 우리나라 중국 투자 지원 또는 중국 정보 서비스 기관의 자료 열람
- 중국 각 지역별로 설립되어 있는 외국인투자서비스센터(外商投資服務中心)의 주선
- 국내 중국 시장 정보 마케팅 회사의 주선
- 중국 각 지역별 지방정부 대외경제무역 부서의 주선
- 중국 각 품목별, 업종별 대외무역총공사의 주선

이 가운데 중국 지방정부가 직접 우리나라에서 개최하는 투자 설명회나 중국 투자 지원 기관 또는 중국 정보 서비스 기관이 개최하는 각종 세미나 등은 일차적인 정보를 얻는 가장 좋은 방법이다. 중국에서 개최되는 각종 전시회 관련 정보는 매년 KOTRA에서 발간하는 국제박람회 디렉터리를 이용하면 손쉽게 얻을 수 있다. 이 디렉터리에 수록된 중국 전시회 정보는 각 지역별, 품목별로 분류 정리되어 있으며, 전시회 명칭과 기간, 장소, 주최자, 최근 연도 참가 업체 수 및

1) KOTRA, ≪중국투자실무가이드≫, 2007, p.121

참관자 수 등에 관한 내용을 제공하고 있다.[2)]

그 다음으로 한국 유관 기관들을 활용하는 방법도 유효하다. 현재 중국에 진출해 도움을 주는 공공기관 근무 직원들은 상당한 노하우를 체득한 중국 전문가들이 대부분이며, 이런 전문가 집단으로부터 저렴한 비용으로 양질의 자료를 얻을 수 있다. 또한 중국 어느 지역을 가더라도 현지에 진출한 한국 기업들이 있기 때문에 먼저 진출한 한국 기업들로부터 현지 사정을 듣는 것도 합작 · 합자 파트너 선정에 많은 도움이 될 것이다.

〈표 5-1〉 주요 중국 투자 지원 기관(한국 기관)

기관명	지원 정보	웹사이트
주중 한국대사관 경제부	우리나라 기업에 대한 지원 및 대중 시장 개척 지원 활동	www.koreaemb.org.cn
재중국 한국인회	한국 투자 기업의 경영 지원	www.koreanc.cn
대한무역투자진흥공사	중국 각 성시(省市)별 투자 환경 및 투자 상담, 투자 사절단 파견	www.kotra.or.kr
대한상공회의소 재중한국상회	투자 환경, 투자 상담	china.korcham.net
한국무역협회	무역 투자 환경, 투자 설명회	www.kita.net
한국수출입은행	투자 상담 및 자금 지원	www.koreaexim.go.kr
중소기업청	투자 상담	www.smba.go.kr
중소기업진흥공단	투자 상담 및 자금 지원	www.bizonk.or.kr
산업연구원	투자 환경 자료 제공	www.kiet.re.kr
대외경제정책연구원	투자 환경 자료 제공	www.kiep.go.kr

2) KOTRA, ≪중국투자실무가이드≫, 2004, p.42

2. 합작 파트너 평가

여러 가지 경로를 통해 원하는 합작 상대방을 찾았을 경우에는 다음의 요소를 조사하고 평가해야 한다.

첫째, 회사의 존재 여부와 배경을 알아봐야 한다. 중국 현지의 공상행정관리국에서 발급한 회사 등기 관련 서류 등을 통해 회사의 실존 여부를 확인하고, 출자자 및 주주의 구성도 확인해야 한다. 특히, 중국 측에서 토지를 제공하는 경우는 토지 사용권상의 소유자와 사용 기간을 반드시 확인해야 한다.

둘째, 합작 상대방의 재무 구조 및 최근 경영 실적을 조사해야 한다. 합작 상대방의 최근 3년간 대차대조표(資産負債表), 손익계산서(損益表), 현금흐름표(財務狀況變動表)를 받아서 회사의 경영 상태를 꼼꼼히 살펴봐야 한다. 이를 통해 회사의 자금 조달 및 현금 가용 능력을 파악할 수 있으며, 기계설비 등 보유 설비의 과다 여부도 확인할 수 있다.

셋째, 합작 상대방의 업종이 중국 정부에서 장려하는 업종인지 확인해야 한다. 중국 정부는 〈외국인투자산업 지도목록〉을 통해 외국인에게 장려하는 투자 업종과 제한 및 금지하는 업종을 발표하고 있다. 합작 상대방의 업종이 중국 정부가 제한하거나 금지하는 업종이 아닌지 반드시 확인할 필요가 있다.

하지만 이상의 내용은 서류상의 검토라는 한계 때문에 위조 등의 사기에서 벗어날 수 없다. 따라서 기업이 여력이 된다면 현지 출장이나 현지 컨설팅 회사를 통해 사실 확인을 같이 알아보는 것이 좋다. 특히 중국의 기업 규모를 평가할 때는 단순히 고용된 직원 수와 고정자산 규모를 기준으로 해서는 안 된다. 이는 중국 기업의 고용 직원 중에는 상당수의 퇴직자나 사회복지 명목으로 기업이 의무적으로 임금을 지급하는 비근무자들이 포함되어 있는 경우가 많고,[3] 고정자산도 50년대~60년대의 노후 설비가 고평가된 장부가액으로 계상되어 있는 경우가 있기 때문이다. 또 공장 부지나 건물도 고평가된 기준으로 투자자에게 보고할 수 있으므로 반드시 중국 측 파트너 업체에 대한 현지 실사가 필요하다. 그

3) 중국 국유기업체의 유휴 직공은 대략 전체 직공의 30% 내외에 달하고 있다. 이들은 통상 급여의 70%를 소속회사로부터 수령하고, 다른 부업 등을 통하여 수입을 보충하고 있다.(〈월간 중국경제〉, 한경 리서치)

외 중국에서 법인 형태를 갖추지 않은 개인 등은 외국인 투자자와의 합자나 합작 기업 신설이 금지되어 있다는 것도 주의해야 한다.[4)]

중국 기업과의 합작을 통해 현지 인맥 및 판매망을 활용하려는 의도는 좋지만 이것은 어디까지나 합작 상대방과 원만한 신뢰 관계가 형성되었을 때 발생하는 것이고, 때로는 이를 역이용한 사기 사건도 빈번하게 발생하고 있다는 사실을 명심해야 한다. 중국 측 상대방에게 회사 인감 관리를 맡겼다가 출자금의 일부를 유용당한 사례, 합작 상대방이 본인의 소유가 아닌 토지 사용권을 위조해 투자 자금을 횡령한 사례 등 아직까지도 중국 기업과의 합작에서 피해를 본 사례가 종종 발생하고 있다. 따라서 우리나라 기업들은 객관적으로 냉정하게 각종 자료를 통해 합작 파트너를 평가해야겠지만 더욱 중요한 것은 반드시 중국 현지를 방문하여 직접 확인 실사를 해야 한다는 점이다. 여러 가지 환경이 다른 중국 기업과의 합작은 몇 배의 검토와 확인이 필요하다는 점을 아무리 강조해도 지나치지 않을 것이다.

〈표 5-2〉 합작 파트너 능력 조사 및 평가

구분	비고
회사의 존재 여부 및 배경	• 해당 소재지 공상행정관리국 등기 여부 • 해당 소재지 토지 사용권 등기 등록 내용 • 출자자 혹은 주주 구성
재무 구조 및 최근 경영 실적	• 최근 3년간 대차대조표, 손익계산서 등 제반 재무제표 • 자금 조달 및 현금 가용 능력 • 소재지 관할 주무 부서에 제출한 연도 생산 계획표
보유 자산 적정 평가	• 기계 설비의 과다 평가 여부
시장 지배력	• 생산 제품의 시장 점유율 및 가격 결정력 • 동 업종의 구조조정에서 주도적 역할을 하는 기업인가 아니면 합병될 기업인가의 여부
중국 정부의 장려 여부	• 장려하는 투자 업종과 제한 및 금지하는 업종 여부

4) 1999년 3월 개최된 제9기 전인대(全人大) 2차 회의에서 새로운 계약법(合同法)을 제정 공포했으며, 1999년 10월 1일부터 시행해 오고 있다. 동법은 〈중화인민공화국합동법〉, 〈중화인민공화국섭외경제합동법〉, 〈중화인민공화국기술합동법〉을 하나로 통합한 통합 계약법으로서 계약의 주체를 법인 및 기타 경제 조직과 함께 자연인도 포함시켰다(제2조). (KOTRA, 《중국투자실무가이드》, 2007, pp.121~122)

중국의 합자 · 합작 파트너 기업에 대한 신용조사는 크게 국내 기관과 중국 기관을 통해서 할 수 있다. 국내 기관으로는 대표적으로 한국수출보험공사가 서비스를 제공한다.

이 외에도 KOTRA, 중국국제경제자문유한책임회사, Dun&Bradstreet, 中诚信国际信用评级有限责任公司, 大公國際資信評估有限公司, 上海远东资信评估有限公司, 華夏國際企業信用咨詢有限公司, 新華信用管理服務公司(SINOTRUST), CCPIT, 中國萬通DB회사, 정보산업부 전자정보센터 등의 기관이 있다.

〈국내 합자 · 합작 파트너 기업 신용조사 서비스 예〉

- **기관** : 한국수출보험공사
- **연락처** : 1588-3884
- **웹사이트** : http://www.keic.or.kr
- **일반 신용 조사 서비스**
  - 지역: 아시아, 중동, 아프리카, 일본, 홍콩, 인도, 유럽, 대양주, 북미, 중남미
  - 조사 기간: 2~3주
  - 서비스 수수료: 33,000원
  - 자세한 신용조사 서비스는 지역마다 별도 요금 책정

사례 1 현지 파트너에 대한 신용조사 미비 – 실패 사례

1. 진출 개요
   - 사업 분야 : 환경 상품
   - 진출 형태 : 현지 대리점 계약을 통한 물품 판매
   - 진출 기간 : 2002년

2. 사업 진행 내용 및 실패 요인
   - 한국 A사는 중국 환경 전시회 참가 중 중국 ○○시의 B사와 현지 대리점 계약을 체결하였음. 아울러 중국 현지 B사 방문과 한국 A사의 생산 시설 견학으로 사업 협력에 대한 신뢰를 돈독히 쌓아나감.
   - 그 후 중국 B사는 한국 A사에게 물품 인도 후 대금을 지급하는 형식으로 약 20만 불 상당의 상품을 주문함.
   - 한국 A사는 선적 후 중국 B사의 물품 대금 입금을 기다렸지만 그 후 몇 번의 전화와 팩

스 송신만 오가고 연락이 두절됨.
- 확인 결과 중국 B사는 경영난을 겪고 있는 터에 한국 A사의 물품을 인도받아 처분 후 회사를 폐업하여 이미 없어진 상태였음.

3. 시사점 및 대응 방안
- 중국 측과의 무역 거래에서 파트너의 신용조사는 매우 중요한 부분으로 과거 한국 업체들이 많이 겪은 사례의 일부라고 볼 수 있음.
- 중국 진출 시 중국 측 파트너에 대한 한중환경산업센터 및 KOTRA, 국내외 민간 신용조사 기관을 통해 철저한 신용조사를 실시해야 함.

(출처 : 한국환경산업협회, 〈국내외 환경산업체의 중국진출 성공 실패 사례 분석 연구〉, 2005, p.64)

손자병법에도 싸우지 않고 이기는 것을 최상의 병법으로 여기고 있다. 중국 시장에서의 합작투자에서도 서로 경쟁하지 않고 서로 Win-Win으로 사업을 영위해 나갈 수 있는 방법들이 있다. 중국 시장에서 성공한 합작기업들을 보면 대부분 좋은 합작 파트너를 만난 경우가 많다. 이처럼 좋은 조건의 합작 상황이 있는데, 그 유형을 훑어보기로 하자.

첫 번째로 꼽을 수 있는 분야가 바로 외자기업의 중국 시장 내에서의 독과점형 사업 영역 진출이다. 이 경우는 진출만 하면 대개 성공의 절반을 얻는 셈이다. 중국 현지인들의 인간 관계 또는 꽌시[5]를 이용하여 독점권 또는 반독점권이 보장되는 분야에 투자함으로써 거의 100% 성공하는 경우가 바로 그런 것들이다. 즉, 사영 기업가가 철도회사와 협의하여 열차 내에서의 식품 판매 또는 식당 경영에 대한 권한을 위탁받아 사업을 하거나 주유소 사업 또는 시외버스터미널 사업 등 정부의 허가가 필요한 독과점 업종에 진출하여 치열한 경쟁 없이 순탄하게 기업을 경영하는 사례 등이다. 특히 주유소 사업이나 시외버스터미널 사업의 경우에는 한 개의 도시에서 수용할 수 있는 경쟁사가 제한될 수밖에 없기 때문에 특정 지역 내에서는 독점적 비즈니스를 향유할 수 있어 한국 기업들에게 이런 분야에 대한 진출을 권장하고 싶다.

뿐만 아니라 다음과 같은 분야에서의 사업은 독과점 형태의 성격이 강하여

5) 타인과의 개인적인 양호한 관계를 활용하여 개인적인 경제적 이득을 노리는 행위

치열한 경쟁을 피할 수 있다. 특정 지역 한 곳 또는 몇 곳의 전력국을 대상으로 합자회사를 설립하고 생산된 케이블을 이들에게 장기 공급하는 경우, 학교 또는 정부 관공서 건물 내에서의 식당 사업, 정부기관 또는 학교 내에서의 매점 사업, 소방서와 합자회사를 설립하여 소방 기구를 생산 · 판매하는 사업, 특정 지역 및 도시에 대한 교통신호 시설 설치 사업 등이 그것이다. 다음의 사례를 살펴보자.

석유화학업계의 양대 거두인 두 회사가 중국 내 8만여 개의 주유소 시장 장악을 위해 사투를 벌였다. 중국석유화공집단공사와 중국석유천연가스집단공사가 벌이는 전국 주유소 매수 합병 경쟁이었다. 여기에 국제적인 명성이 있는 석유업체들이 가세하면서 종전에 별 관심을 끌지 못했던 주유소 가격이 몇 배로 뛰는 등 중국 전역에 큰 회오리 바람을 불러일으켰다. 중국석유화공과 중국석유천연가스는 중국의 석유 시장의 대부분을 장악하고 있는 거대 기업이다. 원유 방면에서는 중국석유화공이 22%를, 중국석유천연가스가 67%를 점유하고 있고, 제품유(製品油) 방면에서는 중국석유화공이 31%를, 중국석유천연가스가 12%를 장악하고 있다. 현재로서는 중국석유화공이 남방 지역 19개 성시에 제품유의 84%의 도매시장과 65%의 소매시장을 장악하고 있다. 상대적으로 보면 중국석유화공은 소매시장 방면에 경쟁우위가 두드러져 이미 중국 전역에 2만 개 이상의 주유소를 장악하고 있다.

양사 간의 매수 합병 전투가 얼마나 치열했던지 중국 시장 내에서 떠도는 소문 한 가지를 소개해본다. 양자 간의 매수 전투가 너무 치열하여 어느 한 주유소의 일반 가격이 인민폐 20만~30만 위안 정도면 매수할 수 있는데, 이 주유소를 실제 중국석유화공이 매수하는 데 인민폐 200만 위안을 주었다고 한다. 이를 판매한 지방정부가 이 매수 합병에서 패배한 중국석유천연가스에게 말하기를 당신 회사가 개입하여 우리 지방정부가 횡재하였으니 다른 주유소 1개소를 공짜로 주겠으니 가져가라 했다는 소문이 있을 정도이다.[6)]

만약 한국 기업들 중에서 중국 석유 소매시장에 진출하고자 하는 기업이 있다면 이들 2개 사 중에서 한 회사를 선정하여 특정 지역의 주유소 몇 개에 대해 합자투자를 하는 것도 좋은 방안이 될 것이다. 특히 주유소를 선정할 때는 위치

6) 盧泰宏 主編, 《行銷大中國》, (대만, 타이베이; 時報文化出版企業有限公司, 2001. 9.), pp.175~177

를 어느 곳으로 할 것이냐가 중요한데, 이는 토지 가격의 상승 가능성을 염두에 둔 것이다. 토지 가격이 오르면 부득이한 경우, 퇴출을 해야 할 때 토지 사용권 이양에서 상당한 이익을 취할 수 있다.

두 번째로 성공 가능성이 매우 높은 합작기업의 경우는 합작기업이 생산하게 될 제품 전부에 대해 중국 측 기업의 자체 소비 능력과 소화 능력이 100%인 경우이다. 이런 중국 측 파트너를 찾아 합작을 할 경우에는 사업 성공 확률이 매우 높고 이들과의 합작은 사업 성공의 지름길이 된다.

중국 투자 사업에서 가장 어려운 분야는 판매 분야이다. 판매 분야는 먼저 판매 조직을 가져야 한다는 측면에서 조직관리 문제가 수반되고, 판매 인력을 확보하여야 한다는 측면에서 인사관리 문제가 뒤따른다. 또한 운송 · 물류 · 창고 · 배송 · 대금회수 등 기타 부수적인 업무가 반드시 수반되고, 상점 · 점포 · 대리점과의 관계에서 판매 · 마케팅 · 판촉 · 대금회수 등 골치 아픈 문제가 뒤따른다. 마지막으로, 판매 조직이 대개 여러 지역으로 분산되어 위치하고 있어 원거리 조직관리라는 문제점이 생기게 된다. 이러한 문제들은 어느 것 하나 쉽지 않으며 약간만 방심하면 큰 손실로 연결될 수 있는 뇌관의 성격을 지니고 있다. 따라서 중국 투자 사업에서 가장 손쉽게 흑자 경영을 하려고 한다면 판매가 누군가에 의해 대신 수행되거나 판매 활동 자체가 생략되어도 상관없는 사업 구조를 선택하면 된다. 만일 합작한 중국 측 파트너의 기업이 합작 공장에서 생산된 제품 100%를 자체 소비해줄 수 있는 경우가 바로 판매가 생략되는 사업 구조라고 볼 수 있다. 이와 같은 상황이 주어진다면 중국 투자 사업의 성공은 이미 보장되었다고 볼 수 있다. 다음의 사례가 이를 잘 말해주고 있다.

한국의 모 라벨 인쇄 전문 회사는 중국의 대형 식품업체와 합자투자 형식을 통해 대형 식품회사 내에 라벨 및 인쇄 전문 자회사를 설립하여 자체 수요의 라벨을 공급하고 있다. 식품 회사가 워낙 큰 대형업체여서 필요로 하는 라벨 수요가 그 공장의 생산 능력의 가동률 100% 수준에 육박하여 라벨 제작 회사로서는 대외 영업을 할 필요가 없다. 따라서 이 회사는 투자 기업의 안정적인 흑자 경영을 보장받고 있다.

동북 3성에서 소화기 생산에 투자한 한국 기업 M사는 현지 지방정부의 소방국 산하의 산하기업과 합자하였는데 소방공무원이 경찰보다 권한이 세어 생산 제품 판매에 상당한 힘이 되어주었다. 중국 수요자가 아무리 한국제 소화기를 사고 싶어도 검사 기관이 동의하지 않으면 절대로 살 수가 없다. 그러나 소방국의 산하 기업과의 합작으로 이런 문제가 해결되었을 뿐만 아니라 정부 기관의 소화기 구매에 직 · 간접으로 압력을 가할 수 있어 상당한 양의 판매가 확보될 수 있었다. 더군다나 중국 시장 판매에서의 아킬레스건인 판매대금 회수 문제도 소방국의 영향력을 활용할 수 있어 문제가 없었다. 그야말로 일석삼조, 일석사조인 셈이다.[7] 그러나 최근 권력 기관의 수입 사업은 법으로 금지하는 분위기가 있어 이들과의 합자투자는 그리 쉽지 않을 전망이다.

사례 2 상해 역매득(上海 易買得, E-MART) 합작투자 성공 사례

1. 업체 개요
   - 투자 규모 : US $510만(한국 측 US $5백만, 중국 측 US $10만)
   - 업종 : 유통업
   - 취급 품목 : 각종 식품, 의류, 생필품 등
   - 직원 수 : 398명(정규 209명, 실습생 등 임시 고용직 89명)
2. 투자 동기 및 목적
   - 중국 최대 도시인 상해가 소비시장 규모가 크고, 항공, 철도 등 물류 인프라가 잘 갖추어져 있어 상해를 중국 전역에 걸친 다점포화를 위한 시발지로 선택하였음.
   - 한국 내에서는 이미 외국계 유통업체와 치열한 경쟁을 벌이고 있는데, 국내 상품 수요의 변화에 민활히 대처하고 유통상품의 차별화를 위해서 해외 상품의 구매 및 공급 기지로 활용하기 위해 해외 투자를 결정하게 된 것임.
3. 파트너 선정
   - 유통업은 외국 기업에 대한 진입 제재가 가장 큰 부분 중의 하나로 중국은 1992년 북경, 상해, 천진 등 6개 도시와 심천 등 5개 특구에 한해서 소매유통업을 시범적으로 개방하였음.
   - 또 유통법인 설립은 반드시 합자 또는 합작 방식으로 하되 합자법인은 반드시 중국 측이 51% 이상의 지분을 보유하도록 규정하고 있음.
   - 중국 정부는 유통법인 설립 허가 시 객관적인 기준 없이 각 사안별로 부여해주기 때문에 초기 단계에서 허가 기관에 영향력을 행사할 수 있는 파트너의 발굴이 중요함. 그러나 이보다 투자 이후에 법인의 영업에 실질적인 도움을 줄 수 있는 파트너의 선정이 파트너 발굴의 핵심임. 유통업은 투자 이후가 더 중요하기 때문임.

7) KOTRA 편, 《중국투자 현장점검》, (서울, 학림사, 2001. 11. 30.), p.171

- 이마트가 상해 투자를 실행할 때, 상해 시 상무국 상업위원회는 상품교역전시장을 설립하려고 10억 위안을 은행으로부터 대출하였으나, 당초 계획을 변경하여 영업 형식으로 전환하고 유통업체를 유치하고 있었음. 이에 이마트는 상무국 산하의 상해상무중심고유한공사(上海商務中心股有限股公司)를 합작 파트너로 하여 법인을 설립하였음.
- 상해상무중심고유한공사는 원래 계획했던 상설전시장에 3성(城) 1시(市)를 구상했음. 3성이란 가구매장(家具城), 건물장식매장(裝璜城), 가전매장(家電城)을 말하며, 1시란 대형할인매장(大型超市)을 말하는데, 이마트가 1시로 들어온 것임. 상무 중심의 상품 카테고리별 전문매장(Category Killer)은 시너지 효과를 유발하여 이마트로 고객을 끄는 데 유리한 점으로 작용한 것임.
- 이마트는 합작으로 유통업 허가 요건을 만족시키면서 이사회 6명 중 4명, 이사장, 사장 모두를 한국 측이 담당하도록 함으로써 경영의 독립성을 확보하였음. 중국 측에 지분율에 대한 고정 수입 일부와 임차료를 제공하면서 파트너 측의 영업력을 활용하여 안정적인 운영을 하고 있음.

4. 시사점

- 합자 방식으로 유통업에 진출하려면 중국 측이 51% 이상의 지분율을 차지하여야 하는 현 규정에 비추어볼 때 파트너의 실제 운영자금 동원 능력, 섭외 능력 등이 더 중요해지고 있음. 따라서 한국 측이 모든 것을 장악하기보다는 파트너 나름의 장점을 발휘할 수 있도록 하여 궁극적으로 파트너를 활용하는 태도가 중요함.

(출처: KOTRA)

3. 투자의향서(投資意向書) 작성

투자 업종, 투자 지역, 파트너 선정이 완료되면 투자 쌍방은 투자 기업 설립에 대한 협의를 진행하고 투자의향서(협의서)를 작성한다. 즉, 투자 쌍방은 상담을 통해 투자 사업의 개괄적인 내용을 정하고 이를 투자의향서라는 형태로 문서화하게 된다. 투자의향서는 중국 투자에 있어 문서화되는 최초의 서류이다.

투자의향서는 말 그대로 투자 당사자들의 의향이나 희망을 나타낼 뿐 법적 효력은 없다. 이는 쌍방이 구체적인 계약 체결 단계로 가기 전 그때까지 논의하여 결정한 사항이나 계약의 기본적인 방향에 대해서 간단하게 작성하는 서류를 말하는 것으로, 향후 계약 체결로 가기 위해 서로의 의중을 확인하는 문서라고 생각하면 된다.

투자의향서는 국내에서 중국 투자 허가 신청 시 반드시 제출할 문서는 아니다. 하지만 중국 측의 경우 투자의향서를 통해 투자자의 투자 의사를 확인하고 투자 내용의 대강을 파악하는 등 중국의 투자 허가 기관으로부터 투자자 측과의 투자 사업 착수를 허가받는 예비 허가 신청의 근거 서류가 되기 때문에 중요한 의미를 지닌다. 의향서에 포함될 내용으로는 중국 측과 사전 상담을 통해 ① 투자 방식, ② 투자 기업 명칭, ③ 투자 기업 설립 장소 또는 소재지, ④ 사업 내용, ⑤ 투자 규모, ⑥ 투자 기간, ⑦ 출자 지분, ⑧ 경영 방식, ⑨ 이사회 구성 방식, ⑩ 생산 규모 및 생산 방식, ⑪ 설비 또는 기술 방식, ⑫ 자금 조달 방안, ⑬ 공장 확보 방안, ⑭ 원자재 조달 방안, ⑮ 제품 판매 방안, 이윤 분배 및 분쟁 해결 방식 등을 포함한다.[8]

이 투자의향서는 합자 · 합작 투자의 경우에는 투자 파트너와 체결하지만, 단독 투자, 즉 독자기업 설립의 경우에는 지방정부의 주무 부서와, 개발구에 입주하는 경우에는 해당 개발구 관리위원회 혹은 개발구 총공사 측과 투자의향서를 체결한다. 투자의향서의 정형화된 문서 양식은 없으며 법적 효력도 없다. 단, 중국의 합동법(合同法)에 의거한 계약 효력 생성 요건에 부합하는 경우(의향서의 개별 조항 또는 전체 조항에 법적 구속력이 있는지에 대해 명시해놓는 경우 등)에는 의향서 그 자체가 계약서로서 법적 구속력을 가질 수 있다.[9]

의향서의 내용은 이후 합작 투자 계약 체결 시 계약서 작성의 토대가 되는데, 중요 내용은 심사숙고한 후 결정할 필요가 있으므로 불확실한 세부 내용까지 포함시킬 필요는 없다.

8) KOTRA, ≪중국투자실무가이드≫, 2007, p.94.
9) http://www.legaldaily.com.cn/fxy/content/2008-05/09/content_848520.htm?node=6070

06

사업 타당성 검토보고서 작성

중국 투자 방식 결정, 투자 지역 및 파트너 선정, 의향서 작성 등의 사전 조사 과정이 끝나면, 항목입항(項目入項), 사업 타당성 검토보고서 및 프로젝트 신청보고(項目申請報告) 제출, 기업 명칭 예비 등록 등의 예비 허가 단계를 통해 기업법인 설립 허가를 받기 위한 준비 작업에 들어가야 한다.

CHAPTER 06

사업 타당성 검토보고서 작성

〈표 6-1〉 전체 절차도

구분	주요 내용	관련 기관	비고
1. 사전 조사 단계	• 투자 방식 선택 • 투자 지역 선택 • 파트너 선정 • 의향서 체결	• 한국투자지원기관 • 중국: 외상투자기업복무중심(外商投資企業服務中心)	• 합자, 합작 독자 기업으로 구분
2. 사업 타당성 검토보고서 심사	• 합자 · 합작 기업 : 투자 쌍방이 공동 작성 • 독자기업: 외국인 투자자가 작성	• 계획위원회(計劃委員會) • 경제무역위원회(經濟貿易委員會) • 대외경제무역합작부문(對外經濟貿易合作部門)	• 서류 구비 시 2일 이내 처리 가능 • 소요 비용 없음
3. 기업 명칭 예비 등록	• 규정대로 명칭을 정했는지 여부 확인	• 공상행정관리국(工商行政管理局)	• 처리 기간: 10일 내
4. 계약서 작성 및 정관 심사, 비준	• 투자 항목의 정관 및 이사회 구성 인원에 대한 비준	• 대외경제무역합작부문(對外經濟貿易合作部門) • 개발구관리위원회(開發區管理委員會)	• 처리 기간: 통상 7일 내
5. 공상 등기	• 영업집조(사업자등록증) 발급	• 공상행정관리국(工商行政管理局)	• 처리 기간: 10일
6. 항목확인서 취득	• 투자 권장 품목이나 제한 을류(乙類) 품목인 경우 투자 설비 면세	• 합자 · 합작 기업: 성급계획위원회(省級計劃委員會) 또는 경제무역위원회(經濟貿易委員會) • 독자기업:성급대외경제무역합작청(省級對外經濟貿易合作廳)	
7. 조직 기구 코드 신청	• 전국 조직 기구 코드 증서 발급	• 기술감독국(技術監督局)	• 처리 기간 : 통상 3~4일
8. 외환관리국 등록	• 외화 등기 수속	• 외환관리국분국(外換管理局分局)	• 영업집조 발급일로부터 30일 이내

9. 은행구좌 개설	• 외환구좌와 인민폐구좌 개설	• 외국환은행	
10. 세관 등록	• 자가통관기업등록증명서 발급	• 관할 세관	
11. 세무 등록	• 세무등기표 발급 및 기업세무등록	• 소재지 국가세무국 • 지방세무국	• 영업집조 발급일로부터 30일 이내
12. 재정 등기	• 재정등기표 제출 • 외상투자기업재정등기증 발급	• 재정 기관	• 영업집조 발급일로부터 30일 이내
13. 통계 등록	• 각종 정부 부서에 통계자료를 보내기 위해 등록하는 절차	• 통계국(統計局)	• 영업집조 발급일로부터 30일 이내

1. 예비 허가 단계 : 항목입항

앞의 표에는 나와 있지 않지만 사업 타당성 검토보고 및 프로젝트 신청보고 제출 바로 전 단계에 항목입항(項目立項)이라 불리는 예비 허가 단계가 있다. 이 단계에서는 '항목건의서(프로젝트 건의서)'와 '외자기업 설립보고서'란 문서가 필요한데, 합자 · 합작 투자인 경우 중국 측 합자 · 합작 파트너가 항목건의서(項目建議書)를 작성하고, 단독 투자인 경우는 직접 혹은 대리인이 외자기업 설립보고서를 작성해 투자 소재지를 관할하는 현급 이상 지방정부의 외국인 투자 허가 부문에 제출해야 한다. 이 과정은 한국 국내에서 해외 투자 신고 수리 절차를 밟기 전에 이행되어야 한다. 중국에서 예비 허가를 얻어야 비로소 국내에 돌아와 신고 수리 절차를 밟을 수 있기 때문이다.

'항목건의서 작성'에서는 중국 측 합자 · 합작선이 건의서를 작성한 후, ① 중국 측 합자 · 합작 파트너가 기업관리 부서, 각 위원회, 공업국, 상업국 등 관련 행정 관청 주무부서의 일차 심사를 거쳐, ② 동 주무부서가 승인하는 경우 외국인 투자 금액 범위에 따라 중앙정부 혹은 관할 지방정부의 투자 허가 기관에 예비 허가를 신청해야 한다. 이와 달리 단독 투자에 필요한 '외자기업 설립보고서'는 직접 또는 우리 투자자로부터 위임을 받은 중국 내 대리인이 희망 투자지 관할 지방정부의 투자 허가 부문에 제출해야 한다.

이때 우리 투자자는 필히 항목건의서나 외자기업 설립보고서의 내용이 앞서 체결한 의향서와 일치되게 작성되었는지 여부를 확인함으로써 파트너와의 정식 계약 체결 등 본격적인 상담 과정에서 드는 노력과 시간을 절약할 수 있도록 해야 한다. 특히 합자나 합작인 경우 항목건의서를 통해 중국 측 합자 · 합작선의 능력을 파악할 수 있다는 점에 주목할 필요가 있다.

항목건의서나 외자기업 설립보고서의 경우 둘 다 정형화된 양식은 없으며 사업의 목적 및 내용, 투자 및 생산 규모, 생산 및 판매 방안, 경제적 효과 분석, 사업 추진 일정 등의 내용을 기재하면 된다. 각 지방마다 심사 기간에 차이는 있지만 대개 30일 이내에 서류를 검토하고 가부 여부를 통보해주고 있다.

〈외자기업 설립보고서 내용〉

① 외자기업 설립 목적
② 외자기업의 업종 및 투자와 생산 규모
③ 외자기업의 생산품
④ 기술 및 설비 도입 방안
⑤ 생산품의 중국 내수와 수출 방안 및 그 비율
⑥ 공장부지 소요 면적 및 각종 사회간접자본 요구 수준

2. 예비 허가 단계 : 사업 타당성 검토보고서 작성

항목건의서나 외자기업 설립보고서를 제출한 후 중국의 현급 이상 지방정부 투자 허가 기관인 상무부서로부터 예비 허가를 받게 되면, 곧바로 사업타당성 검토보고서(可行性研究報告)를 작성해 다시 한 번 허가를 받아야 한다. 만약 고정자산 투자와 관련되어 있는 경우(제조업)에는 발전 개혁위원회에의 프로젝트 신청보고서(항목신청보고) 제출을 빼먹어서는 안 된다.

〈프로젝트 신청보고서 내용〉

① 프로젝트명, 경영 기관, 투자자 기본 사항
② 프로젝트 건설 규모, 건설 내용, 제품의 주요 시술, 공법, 제품 판매 계획, 고용 직원 수
③ 프로젝트 건설 시 토지 · 물 · 에너지 등 자원에 대한 수요, 주요 원자재 소비량
④ 환경 영향 평가
⑤ 공공재 및 서비스 가격
⑥ 프로젝트 총 투자금, 등록 자본금, 투자자 출자액, 출자 방식, 융자 방안, 도입 설비 및 금액

사업타당성 검토보고서 작성 및 제출은 대중국 투자 사업을 정식으로 허가받기 전에 거쳐야 할 예비 허가 단계로, 중국의 유관 기관은 이 보고서를 토대로 투자 효과를 판단한다. 중국 투자 허가 기관은 사업 타당성 검토보고서를 심사함에 있어 3가지 주안점이 되는 ① 시장조사, ② 기술 분석, ③ 경영관리 연구 등을 주로 보는데, 심사 결과 이윤 미흡, 외화가득액[1] 창출 효과 미미, 높은 차입금 사용 비율, 원자재 및 에너지 다량 사용, 과도한 공해 배출 등의 문제가 있다고 판단하면 투자 허가를 거절할 수 있기 때문에 보고서 작성 시에 세심한 주의가 요구된다.

그 외 사업 타당성 보고서와 같이 제출하면 유리한 문서로는 국가과학위원회의 기술 도입에 대한 심사의견서, 국가기계공업위원회의 설비 수입 방안에 대한 심사의견서, 주요 원자재 · 전력 · 부품공급원의 공급 가능 여부에 대한 관련 기관 의견서, 국가외환관리국의 외환 자금원 및 조절에 대한 심의의견서 등의 부속 서류가 있다. 따라서 이 자료들에 대한 준비도 필요하다. 그러나 이들 부속 서류들은 모두 제출해야 하는 것이 아니고 투자 항목(투자 프로젝트)에 따라 약간씩 차이가 있다.

1) 외화가득액이란 특정 기간 또는 특정 품목의 수출 금액에서 수출품 제조를 위해 지출된 수입 원재료 또는 원료 등의 합계액을 차감한 잔액을 말한다. 외화가득액으로 수출 상품이 외화 획득에 기여하는 정도를 알 수 있다.

3. 보고서 작성 방법 및 검토 사항

사업 타당성 검토보고서(可行性研究報告)를 작성함에 있어 명심해야 할 몇 가지 원칙이 있다. 먼저, 사업 타당성 검토보고서는 철저한 사전 조사를 바탕으로 작성되어야 한다. 전반적으로 해외투자에서 철수한 기업의 경우, 불충분한 사전 조사가 공통적인 실패 요인으로 지적되고 있다. 사전 조사에서도 특히 시장 관련 조사와 채산성 조사가 중요하다. 둘째, 정보의 이중 확인이 반드시 이루어져야 한다. 특히 중요하다고 생각되는 항목이나 불확실한 정보에 대해서는 반드시 복수의 정보처로부터 정보를 입수하고 확인할 필요가 있다. 셋째, 현지국의 문화적 · 사회적 배경을 고려해야 한다. 넷째, 투자 희망 지역에 이미 진출한 자국 기업으로부터 정보를 수집하는 것이 필요하다. 일반 투자 환경 조사보고서로부터 얻을 수 없는 보다 실제적인 정보를 얻는 것이 중요하므로 가능하면 복수의 기업을 방문하여 현지 영업 경험담 및 조언을 청취하는 것이 좋다. 마지막으로, 앞서 행해진 조사를 종합하여 신중한 예측을 해야 한다. 객관적인 사실 정보를 기초로 하여 장래 예측을 하되, 희망적 관측이 아닌 현실적이고도 조심스런 예측을 하여야 한다. 특히 현지 파트너로 선정된 후보와 현지 정부는 외자를 적극 유치하기 위해 낙관적인 예측을 제공하는 사례가 많다는 것에 유의해야 한다.

이런 원칙을 명심하고 본격적으로 사업 타당성 검토보고서 작성에 들어가보자. 사업 타당성 검토보고서는 회사 설립에서 폐쇄까지 드는 비용과 투자 규모가 얼마나 될지 종합적으로 검토한 후 작성되어야 한다. 다만, 너무 정밀한 부분에 신경 쓰기보다는 실제 상황에 맞게 작성하는 것이 좋다. 예를 들어, 작성 결과 투자 회수율이 좋지 않고 처음 계획했던 예산을 초과하게 될 경우, 원료비 수정, 판매 규모 재검토 또는 토지 사용 방식을 구입에서 임대로 전환하는 등의 여러 가지 가능성을 검토하는 것이 좋다.

또 하나 명심해야 할 것은 투자 허가 기관이 투자 회수율이 낮은 프로젝트를 좋아하지 않으므로 5년 안에 흑자로 전환할 수 있다는 것을 사업 타당성 보고서에 명시하는 것이 좋다. 그리고 보고서 마지막에 "본 사업 타당성 보고서는 회사 설립 시 중국 및 국제 시장을 근거로 작성한 것으로 회사 설립 후 구체적인 사업 계획을 구속하는 것은 아니다. 회사 설립 이후에는 이사회가 시장 상황을 근거로 구체적인 계획을 제정해서 실행한다."는 조항을 써넣는 것이 좋다.

〈표 6-2〉 사업 타당성 검토보고서 주요 내용[2)]

구분	내용
사업 개요	• 합작기업 명칭 및 주소 • 합작 쌍방 개요(주소, 대표자, 소재지 국가 등) • 투자 규모, 방식, 비율 • 합작 기한 • 이익, 손실 분배
투자자 개요	• 중국 측 및 한국 측 회사 개요
시장 수요	• 생산 제품의 중국 내 기술 수준 • 수급 상황
기업 규모	• 생산 계획(향후 3~5개 년도) • 공장 규모 • 수출 및 내수 비율
원재료 공급	• 국내 및 수입 조달 비율
인프라 상황	• 소요 에너지(전력, 용수 등) 확보 및 비용 처리 방식
설비	• 생산 절차 • 주요 설비 명세 및 평가 방식
조직 및 임금	• 근무 방식(2~3교대 등) • 인원 구성(관리직, 기술직, 생산직 구별) • 임금 수준 • 기본급, 장려급, 각종 보조금 구성 및 지급 방식
재무 상황	• 생산-판매 전망에 따른 판매 수입 예측 • 이윤 총액 및 이윤율 예측 • 투자 총액 및 자금 조달 방식

(1) 생산, 판매, 자재 조달 계획 수립 및 예측[3)]

일반적인 투자 환경 정보와 업종별 · 품목별 시장 환경 정보를 입수하여 검토 과정을 거친 후에는 구체적으로 제품의 생산 및 영업 계획을 수립하고 예측해야 하는데, 이 과정에서 더욱 면밀한 정보 수집 활동이 필요하다. 이 과정이 바로 사업 타당성 검토의 핵심 단계이다. 검토되어야 할 주요 사항을 제조업인 경우를 전제로 해서 요약해보면 다음과 같다.

논리적으로 볼 때 설비 투자를 통해 공장 건설 및 기자재를 준비한 다음, 원

2) 한국수출입은행, 《중국 투자환경과 투자사례》, 2002, p.25
3) KOTRA, ≪중국투자실무가이드≫, 2007, pp.97~101

부자재를 조달하여 생산을 하고 판매에 들어가는 것이 순서이다. 그러나 사업을 계획하는 단계에서는 실제 생산에서 벌어지는 설비 투자, 공장 건설, 원자재 조달, 생산 및 판매의 순서와는 달리, 먼저 판매 계획 수립 및 전망 예측이 이루어진 다음, 이에 맞춰 생산 계획을 수립하고 그에 따라 원자재 조달 계획과 설비 투자 계획이 이루어지게 된다. 생산 · 판매 계획 수립 단계에서 검토해야 할 사항은 다음과 같은 것들이 있다.

〈표 6-3〉 생산 · 판매 계획 수립 단계에서의 검토 사항

<table>
<tr><th>구분</th><th colspan="2">세부 검토 사항</th></tr>
<tr><td>판매 계획</td><td colspan="2">• 초년도 판매 및 향후 몇 년간의 판매고 및 가격 추이 예측
• 판매 촉진 활동 수행 계획</td></tr>
<tr><td>생산 계획</td><td colspan="2">• 적정 제품 재고 수준
- 발주하는 데 특별한 관습 및 방법이 있는가?
- 대리점의 재고 기능은 어떠한가?
- 수주 생산인지, 계획 생산인지 확인
• 초년도 월차 생산량 및 향후 몇 년간 생산 계획
• 기술 지원 계획
- 기술 지원 내용 및 계약 기간은 어떠한가?
- 평가는 어떻게?
• 기술자 파견 인원 및 파견 기간</td></tr>
<tr><td>원자재 조달 계획</td><td colspan="2">• 현지 조달 가능 원자재
- 현지 조달 가능한 원자재 및 주요 공급원은 어디인가?
- 품질 및 납기는 어떠한가?
- 수송 방법 및 수송 시간은 어떠한가?
- 지불 조건은 어떠한가, 재고 필요량은 어느 정도인가?</td></tr>
<tr><td>수입 원자재</td><td colspan="2">• 현지 조달 가능 원자재, 수입해야만 하는 원자재는 무엇인가?
• 현지 조달 가능 원자재 주요 공급처는 어디인가?
• 수입해야만 하는 원자재 수입 업자는 누구인가?
- 수입 업자가 현지에 재고를 보유하고 있는 경우 직접 수입에 따른 장 · 단점과 수입 업자를 통해 구매할 경우의 장 · 단점을 비교 검토
• 품질 및 수입 가격(보험료, 관세 등 포함)은 어떠한가?
• 납기, 지불 조건, 재고 필요량은 어떠한가?</td></tr>
<tr><td>원자재 사용 계획 검토</td><td colspan="2">• 현지 조달분 및 수입분
• 구입 수량 및 구입 비용</td></tr>
<tr><td>설비 조달 계획</td><td>주요 설비</td><td>• 현지에서 조달 가능한 것은 무엇인가?
- 기계 설비 이외에 고장 시 혹은 유지관리에 필요한 일반 부품에 대해서도 검토
• 주요 공급처는 어디인가?
• 가격 및 지불 조건은 어떠한가?
• 리스 시의 장점은?
• 수입할 설비는 무엇인가?</td></tr>
</table>

<table>
<tr><td rowspan="2">설비 조달 계획</td><td>주요 설비</td><td>• 수입 제한은 있는가?
– 수입 기계의 면세 조치가 있다 해도 면세 수속에 시간이 소요되므로 인해 조업 개시가 연장되는 경우가 있기 때문에 병행해서 검토해야 함.
• 수입 비용을 포함한 비용은 어느 정도인가?
• 기계 수리는 현지 회사에서 가능한가?
– 현지에서 기계 수리가 불가능한 경우, 기술자 파견 서비스 비용을 충분히 고려해야 함.</td></tr>
<tr><td>부대 설비</td><td>• 신뢰할 만한 공사 용역 회사는 있는가?
• 건설회사에서 일괄 청부로 하는가?
• 부대 설비 중에서 현지 조달 가능한 부대 설비는?
• 가격 및 지불 조건은 어떠한가?
• 수입하는 부대 설비는 어떤 것인가?
• 수입 비용을 포함한 가격은 얼마인가?
• 필요한 설비 공구는 무엇인가?
– 수입해야만 하는 설비 공구는 무엇인가?
– 현지 조달 가능한 설비 공구는 무엇인가?</td></tr>
<tr><td rowspan="5">인프라 현황</td><td rowspan="5">공장 입지 조건</td><td>• 토지
– 토지, 기후 상황은 어떠한가?
– 지형, 지질은 공장 용지에 적합한가?
– 토지 소유에 대한 제한은 없는가?
– 토지 가격 및 토지 취득 시 수반되는 세금은?</td></tr>
<tr><td>• 전기
– 안정 공급은 가능한가, 자가 발전은 필요한가?
– 전압, 주파수는? 전력 공사에 수반되는 부담금은?
– 공사 기간은 어느 정도인가?
– 전력 요금 체계 및 세금은 어떠한가?
– 사용량 예측 및 비용 산출</td></tr>
<tr><td>• 용수
– 안정 공급은 가능한가? 저수 시설은 필요한가?
– 공사비에 수반되는 부담금은?
– 공사 기간은 어느 정도인가?
– 상수도 요금 체계는?
– 사용량 예측 및 비용 산출</td></tr>
<tr><td>• 연료
– 안정 공급은 가능한가?
– 자가 저장 설비는 필요한가?
– 사용량 예측 및 비용 산출</td></tr>
<tr><td>• 운송
– 원자재 조달용 수송 수단 및 소요 시간은?
– 제품 수송용 국내 교통 수단과 소요 시간은?
– 종업원 퇴근 시 교통 수단은 있는가?
– 신뢰할 수 있는 운송업자는 있는가?
– 운송 비용 체계는?
– 교통 파업은 자주 있는가?
– 항만, 공항의 적하장 등 취급 상항은 어떠한가?
– 해상 · 항만 수송의 소요 일수와 요금 체계는?
– 통관상의 문제는 없는가? 그 대책은?</td></tr>
</table>

인프라 현황	공장 입지 조건	• 통신 – 통신 사정은 어떠한가, 설치비와 요금 체계는?
		• 노동력 확보 – 지역의 통근권 내 노동 인구, 실업률, 연령 분포는? – 인근 공장의 노동력 확보 실정은 어떠한가? – 인근 공장의 작업 내용 및 임금 수준은 어떠한가?
	건물 물색	• 기초 공사 비용 및 기간은 어느 정도인가? • 건축 관련 법규는 어떻게 되어 있는가? • 설계상 유의점(기후상, 법규상)은 무엇인가? • 건축 비용은, 건축 공사 기간은 어느 정도인가? • 관할 관청의 인허가 사항은 무엇이며, 절차 및 소요 기간은? • 신뢰할 만한 건축설계사무소, 건설회사는? • 건축 자재는 현지 조달이 가능한가?

(2) 조직 구성과 인력 계획 수립 및 예측[4)]

조직 구성과 인력 계획 수립 및 예측 단계에서 검토해야 할 사항은 다음과 같은 것들이 있다.

〈표 6-4〉 조직 구성과 인력 계획 수립 및 예측 단계에서의 검토 사항

구분		세부 검토 사항
관리 및 영업 조직		• 조직 구성은 어떻게 하는가? – 현지 풍습, 관습을 고려하여 현지인 관점에서 구성 • 파견 사원의 역할과 지위는 어떠한가? • 관리자의 구인 방법 및 승급 방법은 어떠한가?
공장 조직		• 조직 구성은 어떻게 하는가? • 본사 파견자의 지위는 어떠한가? • 현지 공장 관리자 및 기술자의 구인 방법은?
인력 고용	노동력 확보	• 노동력의 이직 실태와 관습은 어떠한가? • 노동자의 기질은 어떠한가? • 인종에 따라 노동에 대한 차이가 있는가? • 노동자의 기능 수준은 어떠한가? • 일반적인 구인 방법은 무엇인가?
	노동 계약	• 노동 계약의 일반적인 내용은 어떠한가? • 해고는 용이한가? 그 절차는? • 일반적인 퇴직 제도는 무엇인가?
	임금	• 직종별, 성별 임금 수준은 어떠한가? • 과거 3년간의 임금 상승률은 어떠한가? • 최저 임금 규정은 있는가? 그 내용은? • 일반적인 임금 체계는 어떠한가?

4) KOTRA, ≪중국투자실무가이드≫, 2007, p.103

인력 고용	복리후생	• 어떠한 보험 의무 제도가 있는가? • 기업 부담분은 어느 정도인가? • 일반적인 복리후생 제도의 내용은?
	취업 규정	• 휴일은 언제인가? • 어떠한 휴가를 인정하는가? • 취업 관련 법적 규제는 어떠한가?
	노동조합	• 노동조합 운동은 활발한가? 노동조합의 특성은? • 노동조합의 쟁의 행위는 어떠한가?
	교육 훈련	• 어떠한 교육이 필요한가? • 기간 및 방법은 어떠한가?
	급여 체계 인건비	• 관리 및 판매 조직의 급여 체계 • 공장 조직(공장 관리자 포함)의 급여 체계

(3) 현지 파트너 기업의 분석 및 평가[5)]

현지 파트너 기업의 분석 및 평가에서 검토해야 할 사항은 다음과 같은 것들이 있다.

〈표 6-5〉 현지 파트너 기업의 분석 및 평가 단계에서의 검토 사항

구분	세부 검토 사항
파트너 기업의 경영 방식, 능력 및 평판	• 경영 실적 및 경영 수완은 어떠한가? • 사업에 대한 사고방식 및 경영 철학은 어떠한가? - 단기의 이익만을 추구하는가? - 투기적 이익에만 치중하여 원가 의식이 희박한가? - 박리다매하지 않고 마진을 중시하는가? - 품질과 기술을 중시하는가? - 공장 관리, 공장 조직의 중요성에 대한 인식은? • 인간성 및 사회적 평판은 어떠한가?
파트너 기업의 연혁	• 설립 시기, 설립 배경, 설립자는? • 주주 구성은 어떠한가?
재무 상황	• 재무 구조는 어떠한가? • 자금 조달력은 어떠한가?
영업 상황	• 시장 점유율은 어떠한가? 그 추이는?
노무관리 상황	• 타사와 비교해서 근로자의 성향은 어떠한가? • 노동 조건은 어떠하며 노무관리는 잘 되고 있는가? • 이직률(정착률)은 어떠한가?

5) KOTRA, ≪중국투자실무가이드≫, 2007, p.103

(4) 재무 계획[6)]

예측표 정리 및 비용 산출

앞에서 검토한 항목을 각각 예측표에 정리하여 제조원가 및 판매가격, 일반관리비 등을 산출한다.

〈표 6-6〉 예측표 항목

• 초년도 판매수량 예측(월별) • 연간 판매수량 예측 • 가격 예측 • 연간 판매고 예측 • 제품 재고 예측(연말) • 기계설비 리스트(수입분) • 부대설비 리스트(현지 조달분) • 부대설비 리스트(수입분) • 설비공구 리스트(현지 조달분) • 설비공구 리스트(수입분) • 초년도 생산량 예측(월별) • 연간 생산 수량 예측 • 원자재 가격 예측(수입분) • 원자재 재고 예측(연말/현지 조달분) • 원자재 재고 예측(연말/수입분) • 원자재 사용 계획(현지 조달분) • 원자재 사용 계획(수입분)	• 원자재 구입 계획(수량/현지 조달분) • 원자재 구입 계획(수량/수입분) • 원자재 구입 계획(비용/현지 조달분) • 원자재 구입 계획(비용/수입분) • 각종 동력 사용량 예측 • 각종 동력 비용 예측 • 기계설비 리스트(현지 조달분) • 인원 계획(공장 부문) • 인원 계획(판매관리 부문) • 임금 수준 예측(공장 부문) • 복리후생비 정리 • 노무비 정리 • 인건비 정리(판매관리 부문) • 보험료 정리 • 감가상각비 • 판매비 및 일반관리비 정리 • 제조원가 정리 • 창업비 정리

마지막에 소개된 창업비를 좀 더 자세하게 들여다보면, 11개 정도의 부대비용으로 구성되어 있다.

첫째, 엔지니어링 비용이 있다. 이 비용은 수주 비용과 설계 비용으로 나뉘는데, 현지 파트너와의 교섭을 위한 출장, 공장 예정 지역에 대한 조사 출장 등에서 쓰인 출장 경비가 수주 비용이며, 새로운 회사 파견 예정자의 국내 준비 기간 중에 드는 인건비, 국내 여비(본사와 지사 간), 제품 시험 제작비, 회의 비용 등이 설계 비용에 들어간다. 둘째, 용역 비용(기술지도비 등)이 있다. 용역 비용은 설계 관계자 지도비와 제조기술 관계자 지도비로 나뉘는데, 전자의 경우 현지 공장

6) KOTRA, ≪중국투자실무가이드≫, 2007, p.103

건설에 관한 감독 지도 및 기계전기 관련 기술지도를 위한 기계설치 비용, 그 업무 담당 직원 현지 출장에 대한 모든 실비를 포함하고 있다. 후자는 제조기술 관련 직원의 현지 출장을 위한 모든 실비와 여비를 말한다. 셋째, 초기 공장 건설을 위해 고용하는 현지인 고용비, 즉 현지인 인건비가 들어가야 한다. 넷째, 공장 조업 전 훈련이 필요한 현지 인력을 자국 공장에 연수시키는 비용(여비 포함), 즉 현지인 훈련비도 포함되어야 한다. 다섯째로는 본사 파견 직원의 인건비가 있다. 이는 파견 직원이 공장 건설 시기부터 현지에 파견되어 조업 개시 준비 기간 동안 체류하면서 소요되는 인건비를 말한다. 통상 새로운 회사의 급여 수준을 기준으로 해서 계산하는 게 관례이다. 여섯째, 사무소 경비를 꼽을 수 있다. 사무소 경비란 공장 및 본사가 세워질 예정지의 임시 사무소에 필요한 전화, 팩스 등 비품류 설치 비용을 말한다. 일곱 번째, 공장 등이 완성되면 본격적으로 새로운 회사 설립을 위한 수속비가 들어가는데 이를 회사 설립 비용이라고 한다. 설립 수속 비용은 등록비, 인지세, 기타 법적 수속 비용이 있다. 여덟 번째로 시운전 원자재 비용이 들어가야 한다. 보통 정식 조업 개시까지 기계 시운전을 위해서 약간의 원자재가 필요한데 이에 소요되는 비용이 바로 시운전 원자재 비용이다. 아홉 번째로는 조업 전 교제비를 꼽을 수 있다. 통상적으로 회사 관계자는 회사 설립 후부터 조업 개시 전까지 유관 기관 등과의 교제비를 필요로 한다. 열 번째로는 기계 설비, 건물 등에 대한 보험 가입비가 필요하다. 마지막으로, 기계 설비 구입 대금 등 투자 자본 중 차입금으로 충당되는 부분에 대한 차입 금리가 창업비 안에 들어간다.

그러나 명심해야 할 것은 실제로 이 중 일부 비용이 기계 대금에 포함되기도 하고 건설을 위한 일괄 청부 대금에 포함되는 경우도 많다는 것이다. 또 창업비를 경비로 인정하지 않는 국가도 있기 때문에 주의를 요한다.

자본금 및 차입금 검토

재무 예측표 정리가 끝났으면, 다음으로 투자 자본금 및 차입금에 대한 검토가 들어가야 한다.

〈표 6-7〉 투자 자본금 및 차입금에 대한 검토 사항

구분	세부 검토 사항
설비 자금의 차입 조달 가능성 검토	• 어떠한 제도 금융이 이용 가능한가? • 사채 등의 조달은 가능한가? • 현지 금융기관으로부터의 장기 조달은 가능한가?
현지에서 운전 자금 조달 가능성 검토	• 금리, 차입 기간, 자금 사용처, 대출액의 제한은? • 담보 물건의 범위, 본사 보증 필요 여부는?
외국으로부터의 운전 자금 조달 가능성 검토	• 외화차입은 가능한가? – 외국인 투자기업의 융자가 제한되거나 현지 금리가 높은 경우 현지 차입이 필요하게 됨. • 본사로부터의 차입은 가능한가?
자본 금액 검토	• 기업의 자금 조달 능력, 금리 부담률 등을 충분히 고려하여 검토

재무제표 작성

마지막으로 손익계산서, 자금조달표, 대차대조표를 각각 상호 조정하면서 작성한다.

이상에서 살펴본 보고서가 작성 완료된 후에는 제반 부속 서류들을 같이 구비해 예비 심사 허가 기관에 제출해야 한다. 허가 기관에 제출해야 될 서류들로는 합자 · 합작 기업의 경우 ① 중국 측 파트너의 주관 부서에서 작성한 합영회사 설립 신청서, ② 사업 타당성 검토보고서 및 비준 문건, ③ 합영회사 계약 및 정관, ④ 합영회사 법인 대표 및 이사회 명단, ⑤ 합영 쌍방의 이사회 인원에 대한 파견 증명, ⑥ 이사회 구성 인원의 경력 및 주민등록(혹은 여권) 사본, ⑦ 중국 측 이사회 인원이 당정 기관의 재직 간부가 아님을 증명하는 서류, ⑧ 기업 명칭 예비 등록 허가통지서, ⑨ 사업 타당성 검토보고서 인가 시 첨부하였던 서류가 필요하다. 외자(독자)기업인 경우 ① 외자기업 설립신청서, ② 외자기업 정관, ③ 사업 타당성 검토보고서, ④ 외자기업 법인 대표(혹은 이사회 구성 인원) 명단, ⑤ 이사회 구성 인원의 경력 및 주민등록(혹은 여권) 사본, ⑥ 외국 투자자의 법정 증명자료와 자금 신용 증명, ⑦ 기업 명칭 예비 등록 허가통지서, ⑧ 국가 안전 부문에서 발급한 안전선지비부(安全選址批復, 국가 보안상 문제가 없다는 것을 증빙하는 서류), ⑨ 환경보호국에서 심사한 환경영향평가 보고서 및 비준 문건, ⑩ 소방관리부서의 동의서, ⑪ 항목 실행에 필요한 수도, 전기, 스팀, 자재 등의

공급에 대한 소재지 정부 주관 부서의 동의서, ⑫ 수입이 필요한 자재 및 설비 명세서, ⑬ 기타 필요한 서류가 필요하다.

이상으로 사업 타당성 검토보고서 작성 및 제출에서 알아야 할 제반 사항을 살펴보았다. 하지만 여기서 짚고 넘어가야 할 것이 하나 있다. 2006년 10월 9일 중국 국무원은 〈외국인투자프로젝트 비준에 관한 잠정 관리방법(外商投資項目核准暫行管理方法, 이하 방법)〉을 공표해 외국인 투자 안건에 대한 종래의 '심사허가제'를 '인가제'로 간소화한다는 조치를 공식화했다. 당 조치는 외국 기업의 합자 · 합작 · 독자 기업 설립, 외국 기업의 중국 기업 인수(M&A), 합자 · 합작 · 독자 기업들의 증자 등 모든 외국인 투자 안건에 적용되는 것으로, 앞으로 외국인 투자 기업은 이전의 기업 설립과 업종 추가 시 해당 업종의 경영 범위를 명확히 기재하고 관계 당국에 심사 허가를 받아내야 했던 규정에서 벗어나, 업종이 제한 또는 금지 업종에 해당하지 않을 경우 별도로 복잡한 심사나 허가 없이 단순한 인가 절차만으로 조업을 할 수 있게 되었다.

인가 절차만으로 조업을 할 수 있게 되었다는 것은 항목건의서와 타당성 검토보고서 작성 없이 프로젝트 신청보고서 제출만으로도 외국인 투자 기업 설립 신청이 가능해졌다는 것을 의미한다. 그러나 그렇다고 해서 앞서 살펴본 사업 타당성 검토보고서가 완전히 필요 없게 되었다는 것을 뜻하지는 않는다. 아직까지 지방정부에서는 새로운 규정대로 시행되고 있지 않은 것으로 알려지고 있어, 전면 실시에는 다소 시간이 소요될 것으로 예상되기 때문이다.

사례 1

납입 기한 내 출자금 미납으로 영업 허가 취소

A사는 1994년 5월 공상행정관리국으로부터 영업 허가서를 발급받았다. 중국 측과 외국 측은 각각 372만 위안을 일괄 출자하기로 계약서에 명시하였으나 기한 내에 납부하지 않았다. 공상행정관리국은 이 회사가 계약서에 규정한 대로 출자를 이행하지 않음에 따라 영업 허가를 취소하였다.

적정 임대료 사전 조사 미흡 및 임대 계약 불이행에 따른 실패

A사는 2000년 산동성 청도시에 단독 투자한 신발 제조업체로서 지방정부와 1년 임대료 30만 위안을 지불하기로 하고 1000m²의 공장 건물을 임차하였다. 계약 후 주변 임대료에 비해 현저히 비싼 비용으로 임대하였음을 알게 되었고 임대차 계약 기간이 만료되지 않은

상태에서 다른 지역을 물색하여 공장을 이전하였다.

현지 지방정부는 A사에게 임대료, 체납금 위약금, 공장 건물 손실 등의 명목으로 본래 임대료보다 훨씬 많은 돈을 요구하였으며, 설상가상으로 A사는 경영난에 봉착하여 제때에 임대료를 지불하지 못하게 되었다.

지방정부는 A사가 임대료를 지불하지 못하자 법원에 소송을 제기하였고 몇 번의 협상을 거쳐 배상금액에 대해 합의하였으나 A사는 1년을 버티다가 2001년 결국 철수하였다.

현지 지방정부와 임대차 계약을 체결할 때는 투자 및 지불 능력, 임대료 자격 등이 적합한지 여러 가지 상황을 면밀히 조사 · 확인해야 한다. 또한 다른 지역으로 이전할 때에도 지방정부와의 임대차 계약에서 이행하지 못한 부분에 대한 명확한 해결책을 마련하고 이전을 해야 한다.

결국 A사가 철수하게 된 가장 큰 원인은 경영난으로 인한 자금난이었지만 불명확한 임대차 계약도 한 원인으로 작용한 것이다.

기술 출자의 등록 절차 소홀에 따른 문제 발생

A사는 2000년 B사, C사와 함께 합작기업을 설립하였다. A사는 기술을 출자하여 40%의 지분을 인정받기로 하였고, B사, C사는 현금과 현물을 출자하여 지분을 갖기로 합의하였다.

회사 납입 자본은 10만 위안으로 설비를 구입하여 회계사로부터 설비로써 출자 증명을 받았다. B사와 C사의 요청에 의해 법인 대표는 A사가 맡았으나 모든 실무는 B사와 C사가 전담하였다. 2001년 초 자금 조달을 위하여 D사로부터 30만 위안의 투자를 유치하였으나 지분 문제에 대하여 합의한 바가 없어 일단 회사 재무팀에서 주식 대금 30만 위안을 수령했다는 영수증만 D사 앞으로 발급하였다.

2001년 9월 회사 영업 상황이 악화되자 A사가 경영을 포기하였다. 설비를 판매한 회사는 A사 앞으로 설비 대금 청구 소송을 하였고 공상관리국을 찾아가 회사 정관을 확인한 결과, A사가 기계 설비로 4만 위안으로 출자 등기되었음과 모든 관련 서류의 서명이 위조된 것임을 확인하였다.

회사법상 비특허 기술의 출자는 자본금의 20%를 초과할 수 없으며 따라서 약정한 40%를 지분으로 인정받을 수 없다. 결국 기술 출자를 설비 투자로 바꾸어 편법으로 회사 등기를 취득하였고, 공상관리국은 이를 문제 삼아 사업 등록을 취소하였다.

법원은 회사가 자본금을 증자할 때는 원 주주에게 우선 출자 권한이 있으며 B사와 C사가 A사의 동의 없이 D사로부터 자금을 유치한 행위는 무효로서 회사는 D사에게 출자 자금 명목으로 받은 30만 위안을 반환하도록 판결하였다. 또한 회사의 모든 권리와 의무는 출자 비율에 따라 분담되며, 따라서 A사에 대해 회사의 채무 40%의 변제 의무를 부여하였다. 자본금 허위 등록 및 공문서 위조에 대해서는 벌금을 부과하였다.

(출처 : 한국수출입은행, 《중국 투자환경과 투자사례》, 2002, p.133)

4. 기업 명칭 예비 등록

예비 허가 단계를 거치고 계약 체결(독자기업의 경우 제외) 및 정관 심사 비준을 받기 전에 해야 할 일이 하나 더 남아 있다. 즉, 외국인 투자기업 등록 권한이 있는 소재지 공상행정관리국에 기업 명칭을 예비 등록해야 한다. 이는 정부 당국에서 규정한 대로 기업 명칭을 정했는지 여부를 확인하는 동시에 기존 기업 명칭과 중복되는 것을 방지하기 위해 반드시 필요한 절차이다.

기업 명칭 예비 등록에 필요한 서류는 외국인 투자기업 절차 수속 진행 책임자가 서명한 기업 명칭 등록신청서, 항목건의서 및 사업 타당성 검토보고서의 비준 문건 및 관련 서류 등이다. 기업 명칭 예비 등록은 등록 신청 후 10일 이내에 처리되도록 중국 정부는 규정하고 있지만, 실제로는 당일 바로 등록이 가능하다.

〈기업 명칭 예비 비준통지서(企業名稱預先核准通知書) 양식〉

企業名稱預先核准通知書

(北京) 名稱核外字 (2008) 第

根據《公司登記管理條例》和《企業名稱登記管理規定》, 同意預先核准下列 ____ 投資人投資 ____ 万元 ____, 在 ____ 設立的 ____ 企業名稱爲: ________________, 該預先核准的企業名稱保留期自 ____ 年 ____ 月 ____ 日至 ____ 年 ____ 月 ____ 日 ____. 在保留期内, 不得用于從事經營活動, 不得轉讓. 投資人名單及投資額, 投資比例.

年　月　日

03
PART

출자 준비 및 조업 준비

07

계약서 체결 및 정관 작성

투자 지역 및 투자 파트너 선정 등의 사전 조사 과정과 항목입항, 사업 타당성 검토보고서 작성, 기업 명칭 예비 등록 등의 예비 허가 과정을 마친 후에는 정식 허가 신청에 필요한 서류, 즉 계약서와 회사 정관을 작성해야 한다. 실질적으로 외자기업이 중국에서 작성하는 서류 중 법적 구속력을 갖는 서류는 계약서와 정관이다. 따라서 여기부터는 세부 항목과 내용 작성에 있어 더욱 신중을 기할 필요가 있다. 단, 주의할 점은 계약서와 정관 작성은 합자와 합작 투자의 경우에만 필요하고, 단독 투자 시에는 회사 정관만 작성하면 된다는 것이다.

CHAPTER 07

계약서 체결 및 정관 작성

1. 계약서 작성 및 체결

중국에서는 계약을 합동(合同)이라 부르고 계약서를 합동서(合同書)라고 하는데, 일반적으로는 합동과 합동서를 구분하지 않아 통상 '합동' 하면 계약과 그에 따른 계약서까지 합하여 가리키는 것으로 이해하는 것이 무난하다.

계약은 서명 당사자들에 대해 구속력을 발휘하는 법률 행위로서 합자나 합작 투자 쌍방이 합자 혹은 합작 기업을 설립, 경영하는 데 따른 권리와 의무의 구체적인 내용을 투자자 쌍방이 합의하여 결정하고 그에 대해 서명을 하는 것이다. 따라서 중국과 국내 금융기관의 허가(신고수리)와 감독 그리고 현지 설립 기업의 경영관리와 투자자 쌍방 간의 분쟁 해결에 이르기까지 중국 투자의 모든 것을 규정하는 중요한 문서로서 신중을 기해 작성할 필요가 있다. 실제 계약과 정관이 의향서 혹은 협의서 내용과 상이할 때는 일단 계약서에 근거하여 해석하도록 되어 있고 계약 내용 중에는 이 같은 준거 조항이 반드시 명기되어 있다는 점에 주의해야 한다.

또한 투자자들이 중국에 설립하는 투자 기업은 그 형태가 합자, 합작, 독자 여부를 불문하고 모두 중국법의 관할을 받도록 되어 있다. 따라서 계약을 체결할 때는 투자 사업 내용에 관련된 것뿐만 아니라, 계약이라는 법률 행위가 중국에서 법적으로 어떻게 규정되어 있는가를 살펴보고, 투자자 측이 체결하려는 계약이 과연 법적 효력을 발휘하고 법적으로 보호받을 수 있는 요건을 제대로 갖추고 있는지를 확인하는 것도 중요하다.

계약을 체결할 때는 한국어와 중국어로 동일한 내용을 각각 2부씩 작성하여 투자자 쌍방이 확인 후 서명을 하며, 필요시 공증[1]을 받아서 투자자 쌍방이 한국어와 중국어 계약서 각 1부씩을 가지도록 해야 한다. 중국어와 한국어로 계약서를 작성할 경우, 한국어로 작성되는 내용이 중국어 내용과 일치하는가를 반드시 확인할 필요가 있다. 중국 내에서 문제가 발생할 경우, 별도 명시가 없는 한 중국어로 작성된 계약서가 주로 효력을 발휘하기 때문에 중국어로 작성되는 계약서가 제대로 투자 계약 내용을 반영하고 있는지에 대한 점검이 필요하다.

한편 계약의 내용은 투자자 쌍방의 합의 사항에 따라 다르겠지만, 실제로는 중국 측이 거의 정형화된 계약서 예문을 제시하면서 동 예문에 준해 계약을 작성하여 체결할 것을 제안하는 경우가 대부분이다. 이와 관련하여 명심해야 할 점은 동 계약서 예문은 중국 측에 유리한 조건이 규정되어 있을 개연성이 있으며, 우리 투자자 측에서 각각의 조항이 가지는 법률적 의미를 정확히 파악하지 못할 가능성 또한 크다는 사실이다. 이런 점을 감안한다면 우리 기업 측과 중국 측 합자 · 합작 기업이 의향서나 협의서, 사업 타당성 검토보고서 내용 등에 근거한 계약서를 각각 작성하여, 계약 내용을 상담을 통해 조정 및 결정하는 방식이 좋을 것이다.

물론 계약 체결 단계에 이르기까지 이미 수차례의 상담 과정을 거쳐 의향서, 협의서, 사업 타당성 검토보고서 등에 의거해 투자 사업 내용을 정하기는 했다. 하지만 엄밀한 의미에서 보면 계약이 법률적 구속력을 갖는 최초의 문서이고, 쌍방의 권리와 의무를 규정하는 최고의 효력을 갖는 것이기 때문에 계약 체결은 충분한 시간을 갖고 추진하는 것이 좋다. 사실 의향서나 협의서 또는 중국 측의 예비 허가는 그 유효기간이 규정되어 있지 않다.

---

1) 중국에서도 공증을 公證으로 표기하며, 국가 공증기관이 신청인의 신청에 의해 법률 행위 혹은 법률적 의의를 지니고 있는 문서나 사실의 진실성과 합법성을 증명하는 행위라고 정의하고 있다. 중국의 공증 업무는 1982년 4월 13일 공포된 〈중화인민공화국(中華人民共華國) 공증잠행조례(公證暫行條例)〉에 근거하고 있는데, 국내에서와는 달리 국가의 공증처(公證處)에서 공증 업무를 하고 있다는 점에 유의해야 하며 각 지역별로 시(市), 현(縣), 구(區) 공증처가 설치되어 있다. 투자자는 중국의 공증처에서 발급한 공증서에서 필히 공증처 공증원의 서명 여부를 확인해야 한다. 공증서는 반드시 공증원의 서명이 있어야 유효하기 때문이다.

〈계약서 주요 내용[2]〉

(1) 계약 체결 목적 및 준거법(총칙)	(13) 세무, 재무, 회계 감사
(2) 합자 계약 체결 당사자	(14) 합자기업 경영 기간
(3) 생산 경영의 목적, 범위, 규모	(15) 보험
(4) 투자 총액과 등록 자본	(16) 출자 불이행에 대한 책임 및 배상
(5) 출자액의 양도	(17) 적용 법률
(6) 합자 계약 당사자의 책임	(18) 문자, 언어, 통지
(7) 기술 이전	(19) 합자기업 만료 시 재산 처리
(8) 제품의 판매	(20) 계약의 개정과 해지
(9) 이사회	(21) 불가항력
(10) 경영관리 기구	(22) 분쟁의 해결
(11) 원자재 및 설비 구입	(23) 계약의 효력 및 기타
(12) 노무관리	

2. 계약서 작성 시 유의 사항

중국 측과 투자 계약서 작성 시 유의할 사항은 단계별로 다음과 같다.

(1) 계약 체결 목적 및 준거법

외국인 투자 기업이 작성하는 계약서의 준거법은 중국법을 기초로 하기 때문에 외국인 투자 기업은 중국법인이며 중국법의 적용을 받는다. 따라서 계약서상에 중국 법률 외에 한국법의 적용을 받을 수 있다고 기재할 수 없다.

(2) 합자 · 합작 계약 체결 당사자

합자 · 합작 기업의 당사자는 가급적 단수가 좋다. 여러 당사자가 복수로 투자할 때는 의견 일치가 되지 않아 통일적인 경영에 어려움을 초래할 소지가 있다.

2) 구체적인 실례는 마지막 장 〈부록〉 참조

(3) 생산 경영의 목적, 범위, 규모

생산 품목에 있어서는 한 가지 품목만을 20~30년간 계속 생산하도록 규정하기보다 생산 품목의 생산 및 판매 범위를 탄력적으로 규정하는 것이 바람직하다.

생산 규모도 매년 증가하도록 규정하는 경우가 많은데, 이를 단순하게 그대로 받아들일 것이 아니라 생산 후의 판매도 고려하여 충분히 판매될 수 있는 범위에서 생산 규모를 늘리도록 규정하는 것이 바람직하다. 무조건적인 생산 증가는 우리나라 투자자 측의 수출 의무 부담의 우려가 크므로 유의할 필요가 있다.

(4) 투자 총액과 등록 자본

유동자금의 조달

중국 측 파트너들은 우리나라 투자자 측에 투자 총액을 등록 자본보다 크게 설정하도록 요구한다. 투자 총액이 등록 자본보다 클 때는 부족 금액을 차입금이라는 부채로 조달해야만 한다. 중국 측이 투자 총액을 등록 자본보다 크게 하려는 것은 부채를 우리나라 투자자 측이 조달하도록 요구하려는 의도를 가지고 있기 때문이다. 따라서 이 부채를 누가 어떻게 조달할 것인가 하는 문제를 명확하게 규정해놓을 필요가 있다.

이때 우리나라 측은 "부족한 운전 자금을 중국 측인 갑방이 책임지고 중국 측 은행에서 대출받는다."라고 못 박아두는 것이 유리하다. 그러나 중국 측은 각종 이유를 들어 이러한 자금 조달의 부담을 우리나라 투자자 측에 떠넘기려고 버티는 것이 보통이다. 따라서 부채 조달에 자신이 있을 경우에만 이러한 조항을 수락하는 것이 바람직하다.

출자의 이행

출자 자본금은 보통 영업 허가증을 발급받은 이후 60일, 90일, 120일과 같이 몇 단계로 나누어 납입하는 것이 보통이다. 투자 금액 전체를 한꺼번에 납입하게 되면 부담도 크고, 또 중국 측이 납입 약속을 지키지 않을 경우 사업 추진이 지연되는 번거로운 문제가 발생하게 된다. 대부분 6개월 이내에 납입을 완료하도록 규정하고 있다.

또 경우에 따라서는 출자 기한을 4년으로 나누어 매년 얼마씩 출자하도록 규정한 사례도 있는데, 농업 투자나 광산 개발 등의 사업과 같이 특성상 허용된 경우이다. 참고로 매번의 출자 이행 비율이 지분 비율에 비례할 필요는 없다. 예를 들어, 중국 측이 현물로 출자할 경우에는 초기 출자율이 대단히 높은 경우도 많다.

중국 측은 우리나라 투자자가 출자하는 설비가 완전한 신제품이기를 바라는 경우가 많으며, "출자 가격은 설비 판매상이 제공하는 견적서에 운송비와 보험료를 가산한 것을 기준으로 한다."고 규정하기도 한다. 출자가 완료된 후에는 중국에 등록된 회계사가 출자 검증을 하여야 하는데, 대부분의 계약이 회계사무소를 특별히 명시하지 않지만 경우에 따라서는 '상해시의 ○○회계사무소' 처럼 지정하기도 한다.

출자 명세서

출자 명세를 정하는 방식은 대부분 계약의 본문에서 간단히 언급하는 경우가 많은데 이는 바람직하다고 할 수 없다. 따라서 가능하면 출자 자산을 상세히 나열한 명세서를 계약서의 부속 문서로 작성하여 계약서와 동등한 효력을 가지도록 규정해놓을 필요가 있다.

토지 사용 방법

토지 사용 방법은 크게 3가지로 나뉜다. 첫째 중국 측으로부터 임차하는 방법, 둘째 중국 측이 출자하는 방법, 셋째 합자투자 양측이 합자회사 명의로 토지 사용권을 국가로부터 구매하는 방법이다.

중국 측으로부터 토지를 임차할 경우 중국 측은 일반적으로 토지 임차료를 아주 비싸게 받는데, 심지어 합자기업이 망해도 중국 측은 임차료를 받아 챙기는 것만으로도 손해가 없도록 비싸게 받는 경향이 강하다. 따라서 임차료는 이미 투자한 주변 기업들에게 자문을 구하여 합리적인 수준으로 결정되도록 잘 협상하여야 한다. 중국 측이 토지를 자본으로 출자할 경우에는 계약서상 중국 측 출자 명세서에 상세히 명기하도록 요구해야 한다. 또 합자회사 명의로 토지 사용권을 구매한 경우 합자 기간이 연장될 가능성도 고려하여, 중국 측 파트너가 토지 사용 기간의 연장을 위해 노력하도록 규정하는 방법도 고려해볼 필요가 있다.

(5) 합자 · 합작 투자 당사자 책임

많은 우리나라 기업들이 중국 측 파트너와 체결한 투자 계약에서 양측의 책임을 검토해보면, 중국 측의 책임은 협조 정도로 간단하게 규정되어 있는 반면, 우리나라 투자자 측의 책임은 아주 상세하게 못 박아두는 경우가 많다. 통상 중국 측의 책임으로 규정되는 사항 중 노동자와 기술자 및 경영관리 인력의 초빙이나 중국에서 조달되는 원자재, 연료, 전력시설, 설비와 사무용품 등의 구매에 있어 중국 측의 협조는 오히려 중국 측의 이권으로 악용될 소지가 있다. 따라서 이에 대한 철저한 대비 규정을 만들어두는 것이 좋다. 반면 중국 측은 투자자에게 해외 원자재, 설비 등의 구입을 의뢰할 때 투자선을 철저하게 감시하도록 규정하고 있음을 유의해야 한다.

중국 측 책임으로 명시 사례

① 공장 건물의 성실한 완공과 정확한 출자 이행
② 회사 설립에 따른 중국 정부 관계 기관의 인허가 혹은 승인의 신청 및 취득
③ 토지 사용권 취득
④ 합자회사가 사용하기로 합의한 토지의 사용료를 영업 허가증 발급일부터 5년간 면제 보장
⑤ 공장, 건물, 건축물의 완벽한 시공
⑥ 중국의 법률, 조례, 규칙과 관련된 모든 행정 처리
⑦ 환경보호 설비의 설치, 정상적인 가동, 환경보호법상의 모든 책임
⑧ 중국 관리자, 기술자, 노동자 모집에 대한 협력 및 상근노동자 확보 협조
⑨ 중국 내 설비, 원자재, 차량, 사무용품, 통신설비 등을 구입 또는 임대하는 데 협조
⑩ 원부자재, 에너지, 통신 등의 사용 및 공급에 있어 중국의 국영기업과 동일한 조건으로 우선적 조달 보장[3)]
⑪ 한국 측 경영 관리자, 기술자의 입국 비자는 기간이 1년 이상 연속 체류 가능한 복수비자 발급을 보장하며, 장기체류 증명의 취득 및 국내외 여행에

---

3) 사실 이 조항은 중국 정부 기관이 할 수 있는 약속이지 중국 측 파트너가 약속할 수 있는 사항이 아님에도 불구하고 계약서에 못을 박아놓는다.

따른 제반 편의 제공, 숙소 · 식사 등 체류 편의 제공
⑫ 반제품 조립을 위한 외부 협력처의 확보 유지
⑬ 생산된 제품의 중국 내 판매 활동
⑭ 생산 제품의 70%를 중국 국내에서 판매
⑮ 합자회사가 위탁한 중국 내 제반 사항의 원만한 처리
⑯ 중국 측 출자금에 대해 합자회사에서 이자 부담이나 담보 제공은 허용되지 않으며, 출자금과 관계되는 어떠한 비용도 합자회사와는 관련 없다는 보장
⑰ 토지 사용권을 연간 평방미터당 3위안씩에 취득할 책임
⑱ 중국 측이 이사회 동의 없이 동종, 동류의 제품을 생산하는 제3의 회사를 설립하거나 그러한 회사에 참여하지 않을 책임[4)]
⑲ 원료와 연료를 중국에서 저렴하고 안정된 가격으로 구매할 것을 책임지며 구매비용도 인민폐로 지급하도록 할 책임

사례 1 현지 파트너의 계약 위반 사례

1. 주요 경험 사례
   - 생산 품목 : 잡화
   - 투자 형태 : 독자
   - 개요 : 당초 합자로 출발했으나, 합자기업 성립 이후 원 중국 측 기업의 채권자가 나타나 재산 압류 등을 시도
   - 원인 : 당초 중국 측 기업의 부채 누적
   - 과정 : 채권자 측에서 합자기업 성립 전, 중국 측 기업의 채무에 대해서도 합자기업에 상환 책임이 있다며 압류 시도
2. 해결 방법
   - 중국 측 투자분을 매입하여 합자기업을 독자기업으로 전환
   - 교훈 : 합자 계약 시 사전 확인 및 계약서에 이에 대한 책임 명시

(출처 : http://yb.baekdunet.com/bbs/board.php?bo_table=04_5&wr_id=262)

4) 실례로 한국 측 회사는 중국 측에게만 이러한 책임을 지우고, 자신은 타 지역에서 다른 합자회사를 설립하였다. 중국 측에만 이러한 책임을 지울 수 있었던 것은 한국 측이 생산품의 80%를 한국으로 되가져가고 20% 현지 판매분의 이익까지 보장해주었기 때문에 가능했을 것으로 판단된다.

우리나라 투자자 측의 책임으로 명시 사례

중국 측이 제시하는 표준 계약서는 중국 측의 책임을 협조 정도로 가볍게 명시하는 반면, 한국 측의 책임은 철저하게 규정하는 경우가 많다. 예를 들어, "중국인 기술자 양성을 위해 필요한 제반 경비를 한국 측이 부담하고 한국 체재 중 숙식비도 한국 측에서 부담한다." 또는 "기술 교육, 품질관리, 제품설계, 6개월 내 합격 제품 생산 등의 책임을 한국 투자자 측이 부담한다." 등으로 우리나라 투자자 측의 책임을 무겁게 규정하고 있다. 우리나라 투자자 측에 부담시키는 책임들을 일부 열거하면 다음과 같다.

① 국제시장 정보의 수집과 제공 책임
② 중국 내에서 동일 종류의 기술 협력 또는 합영회사를 설립하지 않을 책임
③ 합자회사 설립 초기 한국 측이 경영을 담당하고 있는 상황에서 설비의 설치, 조정, 시운전 및 생산 직원 훈련의 책임
④ 생산 공장의 정상적 운영을 위한 기술 자료를 제공할 책임
⑤ 수입 원자재, 부품을 중국산으로 대체하기 위해 생산에 사용되는 원자재, 부품 등의 기술 자료를 제공할 책임
⑥ 생산원가를 낮추고 원자재 및 부품의 국산화율을 점차 높일 책임
⑦ 생산량의 70%를 수출할 책임

(6) 기술 이전

현재 기술 이전의 문제점은 우리나라 기업들이 기술을 중국 측에 무상으로 주면서도 기술자 훈련 및 기술 자료 제공을 책임지고, 계약 기간 만료 후에도 계속적인 기술 사용을 허가하는 등 알맹이를 빼앗기고 있다는 점이다. 더욱이 기술 이전이 다소 미흡할 때는 엄중한 벌금의 책임까지도 지고 있다. 실제 계약 사례들을 보면 다음과 같다.

출자에 의하지 않은 무상 이전 사례

사례 1

• 한국 측은 생산 기술을 무상으로 제공한다. 한국 측이 제공하는 기술은

경영 목적과 규모에 필요한 선진 기술로서 제품 선택, 생산 절차, 재료 배합, 인원 훈련이 포함되어야 한다. 또한 중국 측에 제공하는 기술에 대해 다음 사항을 보증해야 한다. 기술이 전부 완벽하다고 믿을 수 있으며 특히 이 계약에서의 제품이 필요로 하는 품질과 수량에 달할 수 있음을 보증한다. 훈련을 받은 생산 기술 인력이 훈련 과정에서 배운 지식과 기능을 파악, 운용할 수 있도록 하여야 한다.

- 합자회사가 한국 측이 제공한 기술을 사용할 때, 그 기술적 요구대로 집행하지 아니하여 경제적 손실을 입은 경우에는 합자회사가 책임을 진다. 합자회사가 한국 측 요구대로 기술을 사용하였으나 합격품을 생산하지 못해 손해를 본 경우에는 한국 측이 책임을 진다.
- 한국 측은 영업 허가증 발급 후 2개월 내에 규정된 기술 내용을 합자회사에 제공해야 한다.
- 한국 측은 영업 허가증 발급 후 2개월 내에 기술 요원을 합자회사 소재지에 파견, 합자회사의 기술 직원을 훈련시킨다. 본사의 기술자가 중국에 체류하고 있는 동안 필요한 비용은 합자회사가 부담하고 기술 요원을 파견하는 기간과 인원 수는 이사회가 결정한다.

사례 2

- 한국 측은 생산 기술을 무상으로 제공하며 설계, 생산 기술, 생산 과정, 측정 및 검사 등 일체의 기술은 완전성과 신뢰성을 보장한다. 한국 측 자체의 보유 기술로서 회사의 경영 목적에 부합되는 것으로 계약에서 요구하는 제품의 품질과 생산 능력을 보증하여야 한다.
- 한국 측은 본 계약과 기술 이전 협의에 규정한 기술을 전부 이전하는 것을 보증하고 설비의 운전 및 조작이 실제 사용 수준에 도달할 것을 보증한다.
- 한국 측은 기술 이전 협의서에 규정된 기간 내 합자회사와 생산자가 이전되는 기술을 완전히 습득하는 것을 보증한다.

사례 3

- 한국 측은 생산 기술을 무상으로 제공하며, 제공하는 기술 내용은 제품

설계, 규격, 제조, 생산 관리, 제품 검사 방법, 제품 및 원자재 포장 방법 등이다.

- 한국 측이 제공하는 기술은 선진적이고 계약이 요구하는 합격 제품을 생산할 수 있어야 한다.
- 한국 측이 제공하는 기술 자료, 도면 등은 생산 개시 후 1개월 내에 합자회사에 제출하여야 한다.
- 한국 측이 제공한 기술로 생산하여 그 제품이 합격 표준에 도달하지 못한 경우, 한국 측은 지체 없이 구제 조치를 취하여 수 일 이내에 합격 표준에 도달하게 하여 불필요한 경제 손실을 방지하여야 한다. 만일 합자회사가 한국 측이 제공한 기술대로 조작하지 않아 합격 제품을 생산 못할 경우 합자회사가 책임을 진다.
- 합자회사의 기술 이전은 한국 측이 전문가를 파견하여 기술 강의, 설비 설치, 시운전, 생산 실습 등을 진행하여 모든 기술을 완전히 습득하도록 하여야 한다.
- 한국 측이 합자회사에 제공하는 기술, 설계도, 자료 등은 합자 쌍방이 약정한 시일 내에 합자회사의 법정 주소로 적시에 완전하게 우송되어야 한다.
- 합자회사는 한국 측 제공 기술에 대하여 비밀을 엄수해야 한다. 한국 측의 동의 없이 제삼자에게 기술을 누설한 경우, 중국 측은 손해배상의 책임을 진다. 비밀 보장을 위해 합자회사는 종업원 고용 시 노동 계약에 상세한 규정을 둔다.

사례 4

- 한국 측은 기술 이전 협의 유효 기간 내에 당해 기술의 개선 및 개선 정보와 기술 자료를 별도의 비용을 받지 않고 합자회사에 제공하며, 6개월 내에 합자회사의 기술자와 노동자에게 기술을 습득시킬 것을 보장한다.
- 한국 측이 합자회사에 제공하는 제품의 설계 제조 기술, 제조 과정, 측정과 검사 등 모든 기술이 완전하고 정확하며 신뢰성이 있음을 보증하고 합자회사의 목적에 부합되고 본 계약이 요구하는 제품의 품질과 생산 능력에 도달할 것을 보장한다.

- 한국 측은 본 계약과 기술 이전 협의서에 규정된 기술이 합자회사에 모두 이전되는 것을 보증하고, 제공된 기술이 한국의 동종 기술 중 최고의 선진 기술과 설비이며 성능과 품질이 우수함을 보증한다.
- 한국이 제공하는 기술 이전의 범위는 패턴 제작, 라스트, 재단, 재봉, 마무리, 기계 조작 등의 제반 기술을 포함하며, 이를 위해 한국 기술자를 파견하여 상주시켜 중국 기술자를 개별 지도한다.
- 도면과 상세한 기술 자료는 이전하는 기술의 한 부분으로 반드시 기일 내에 제공해야 한다.

사례 5

- 한국 측이 제공하는 기술과 기술 비결은 실용적이고 완벽한 것이며 계약에 규정된 합격 제품의 생산을 보장하여야 한다. 한국 측 제공 기술로 인해 합자회사가 경제적 손실을 입은 경우 한국 측이 배상 책임을 진다.
- 한국 측은 합자회사에 제공한 기술이 자기 소유임을 보증하고, 합리적인 소유자이며, 제삼자로부터 권리 침해를 이유로 피소된 경우에는 한국 측이 완전히 책임을 지며, 합자회사에 모든 경제적 손실을 배상한다.
- 한국 측이 알고 있는 범위 내에서 본 계약 및 기술 협력 계약에 규정된 시설과 기술을 제공하지 않은 경우, 또는 숨길 경우 중국 측에게 직접 손실에 대해 배상하여야 한다.
- 한국 측이 계약과 기술 협의서에 규정한 시설과 기술을 적시에 제공하지 아니하거나 기피 또는 기만하거나 은닉하는 행위가 발견된 경우 합자회사에 직접적인 손해를 배상해야 한다.

출자에 의한 기술 이전 사례

중국 측은 우리나라 투자자 측이 기술을 자본의 일부로 투자할 때, 다음과 같은 보장을 요구한다. 예를 들면, "한국 측의 ○○ 전문 기술은 출자의 일부로서 ×× 만불로 평가한다.", "한국 측은 합자 기간 중 국제시장 수요 변화에 따라 더욱 새로운 기종의 설계도, 제조 공정, 실험, 특수한 기능, 제품의 점검 및 측정 방법, 품질 기준, 신뢰할 수 있는 지표와 재료, 부품 명세, 부품 생산 기술자의 훈련 등을 반드시 제공해야 한다." 등으로 되어 있다. 한국 측이 기술을 출자할 때, 중국 측이 요구하는 보증의 구체적 실례는 대개 다음과 같다.

① 한국 측이 제공하는 ○○ 기계 제품 설계도, 제조 기술, 작업 공정, 검사와 계측 및 시험, 모든 기술은 완전하고 정확하고 믿을 수 있는 것이며 합자회사의 경영 목적에 부합됨을 보증한다.
② 본 협의서와 기술 이전 협의서에서 규정한 모든 기술의 이전을 보장하고 제공한 기술이 선진 기술임을 보증한다.
③ 기술 이전 협의에 규정한 각 단계별 기술 제공과 기술 업무는 구체적인 명세를 규정한 계약서 부속 문서를 작성하여 실시한다.
④ 제품 설계도, 기술 문건과 기타 상세한 자료는 기술 이전 시 반드시 제공해야 될 부분으로서 영업 허가증 발급일로부터 2개월 내에 합자회사에 제공해야 한다.
⑤ 합자회사의 유효기간 동안 한국 측은 본 기술에 대해 개선된 정보 및 기술 자료를 제공해야 하며 비용은 받지 아니한다.
⑥ 한국 측은 계약 유효기간 내에 합자회사 기술자 및 근로자들에게 모든 기술을 전수하여야 한다.
⑦ 본 계약 및 기술 이전 협의 규정에 따라 장비와 기술을 제공하지 않거나, 기만 또는 은닉한 것으로 판명될 경우 한국 측은 중국 측이 입은 직접 손실에 대해 배상할 책임을 진다.
⑧ 기술 이전(투자) 기간은 영업 개시일로부터 10년으로 한다. 합자 기간이 만료되어 합자 계약을 연장하는 경우 중국 측은 기술 투자 비용 ×× 불을 한국 측에 보상해야 한다. 중국 측은 계약 종료 후에도 한국 측의 기술을 계속 사용할 권리를 가진다.

(7) 제품 판매

통상적으로 합자 · 합작 회사의 생산 제품 중 70% 이상을 해외로 수출하고 30% 이하만을 중국 국내시장에 판매하도록 규정하는 경우가 많다. 사실 이 조항은 우리 기업들의 중국 투자 진출을 가로막는 가장 큰 장애요인이 되고 있다. 따라서 계약서 작성 시 내수판매 비율을 30%에서 50% 또는 그 이상으로 늘릴 수 있도록 유념할 필요가 있다. 실제로 일부 기업들은 중국 국내 수요에 따라 수입 대체품으로 판매하는 경우, 이를 수출로 간주하도록 규정한 경우도 있고, 반제품 상태로 수출한 것도 수출 비율에 포함시키도록 규정하여 70%라는 무거운 수출 부담을 줄이기도 한다.

또한 중국의 중외합자경영기업법은 합자기업의 외화수지 균형 유지를 요구하고 있는데, 이는 표면적으로 중국의 외환보유고 보전을 목적으로 하고 있지만 실제로는 외국 투자자의 중국 내수판매를 봉쇄시키는 기능을 하고 있다. 그러나 수출 책임을 반드시 외국 투자자 측이 지는 것은 아니며, 한중 양측 파트너가 공동으로 또는 합자회사가 지도록 규정하기도 한다.

이 외에 한국 측에 수출 책임을 지우고, 합자회사는 내수판매만 책임지겠다는 규정을 넣는 경우도 많이 있다. 또 어떤 중국 측 파트너는 "한국 측이 70% 이상 수출 책임을 지며, 사정이 허락하는 경우 합자회사가 직접 해외에 수출할 수 있다."라고 규정하길 원하기도 한다. 그러나 이는 일단 수출 책임을 한국 측에 부담시킨 상태에서 중국 측이 수출 자생력을 키우고, 반면 중국 측의 내수판매에 대해서는 아무런 책임도 지지 않는 결과를 초래하여 유의해야 한다. 따라서 한국 측은 합자회사가 해외로 수출할 경우, 이에 상응하는 만큼 한국 측의 수출 부담 책임을 경감시키도록 규정할 필요가 있다. 일반적으로 한국 측에만 책임을 지우고 중국 측은 전혀 책임을 지지 않으려는 유형의 규정은 한국 측에 대단히 불평등한 조항이므로 수락하지 말아야 한다. 가급적 한국 측과 중국 측의 의무가 균형을 이루어서 중국 측도 한국 측의 의무에 상응하는 의무를 부담하도록 규정하여야 한다.

(8) 이사회

합작기업의 경영권은 계약 내용에 따라 결정되지만, 합자기업의 경영권은 출자 지분에 따라 결정되기보다는 이사의 숫자나 의사결정 방법 등에 의해 확보된다. 따라서 이사의 수를 가능하면 많이 확보하고 대표이사도 한국 측에서 맡는 것이 유리하다. 또 의결 방법도 만장일치보다는 다수결원칙으로 규정해, 다수의 한국 측 이사들에 의해 결정이 이루어지도록 해야 한다. 실제로 한국 측과 중국 측의 지분 비율이 90:10이었음에도 불구하고 이사수가 2:2, 의사결정도 이사 전원의 만장일치에 의하도록 규정해서 중국 측이 만장일치를 무기로 한국 측 경영 방침을 좌절시킨 사례가 있다.

(9) 원자재 및 설비 구입

중국 측 파트너는 가능한 중국산 원자재나 설비를 우선적으로 구입하도록 규정하는 경우가 많다. 만약 한국산 설비를 구입해야 할 상황일 경우에는 중국 측 직원을 한국에 파견해 기계 설비들을 미리 검사하도록 하고 파견 비용도 한국 측이 부담하도록 규정하고 있다. 한국 측에 설비 구입을 의뢰할 때도 비리가 있을 경우에는 한국 측이 모든 손실을 배상하도록 규정하고 있다. 실제 사례에서는 "국내외 설비 또는 원부자재를 구입함에 있어 한중 쌍방은 공동으로 조사하고 수량, 모델, 가격을 확인한 후 일방에 구매를 위탁하거나 합자회사가 자체적으로 구매한다."라거나, "일방에 위탁하여 구매할 때에는 반드시 정/부 이사장의 서명이 있는 위탁서를 제출해야 하며, 구매 수탁 측은 설비 및 원부자재의 품질, 수량, 납기에 대해 책임을 지고 필히 원산지 증명서를 제출해야 한다. 이에 대한 책임 부족으로 손실이 발생했을 경우 적절히 배상해야 한다."라고 제약을 가하기도 한다. 따라서 어떻게 우리 쪽에 유리한 방향으로 규정을 하는가에 대해 철저한 사전 준비가 필요하다.

(10) 노무관리

노무관리 부분에서 조심해야 할 것은 파견 직원과 현지 직원의 급여 지급 주체와 현지 직원 업무 능률 향상을 위한 인센티브 및 벌칙 조항을 구체적으로 규정해야 한다는 것이다.

한중 양측이 합자회사에 파견한 직원의 임금을 결정할 때, 한국 측이 파견한 직원의 급여는 한국 측이 지급하도록 하면서 중국 측이 파견한 직원은 합자회사가 급여를 지급하도록 규정하는 경우가 있는데, 이는 한국 측에 불리한 규정으로 한국 측 파견 직원의 급여도 합자회사에서 부담토록 하는 것이 바람직하다.

또 일부 업체들은 중국인 종업원들의 느슨한 업무 태도를 방지하기 위해 무노동 무임금 원칙을 계약 안에 삽입하기도 한다. 실제로 "취업 규정이 정한 일정한 업무에 종사하지 아니한 경우, 무임금의 원칙에 따라 처리하고, 회사의 지시 명령에 불복종하여 개인 또는 집단으로 태업, 파업 등 노동을 거부하는 경우에는 노동에 참가하지 아니한 시간 및 일수의 임금을 지급치 않는다."고 한다거나, 많이 일하는 사람에게 많은 임금을 주는 성과급 원칙을 못 박기 위해 "임금과 보너스는 다노다득(多勞多得)의 원칙에 따라 사장이 결정한다. 노동자의 평균 임금은 중국 동종 업종 평균 임금의 1.35배(인민폐로 지급)이며 노동보험(퇴직양로보험, 건강보험, 실업보험)은 기본 임금의 21%를 지급하고, 또 기본 임금의 25%를 주택보조금으로 시 정부에 납부한다."거나, "일반 종업원의 노임은 소재지의 동종 업종, 동일 직종, 동등한 기술 수준의 국영기업 종업원이 실제로 받는 노임의 120% 이상을 지급하며 실무 능력, 기술 수준, 생산 경영 성과에 따라 해마다 증감한다."라는 조항을 넣어 보장하고 있다.

(11) 세무 · 재무 회계 감사

세무 및 재무 회계 부분에서 이윤 분배와 투자 자본 회수 중 가장 중요한 부분은 외화의 사용에 대한 규정이다. 합자회사의 외화수지, 즉 외화의 수취와 사용은 중국법에 따른다는 규정만을 두기도 하는데, 최대한 구체적으로 설명하는 것이 바람직하다. 실제로 우리 기업들이 중국에서 생산한 제품을 100% 수출하면서도 벌어들인 외화의 사용 순서를 명기하지 않은 것은 아주 위험하므로, 외화를 벌어들였을 경우에는 어떤 명목으로 사용할 것인가에 대해 외화 사용의 우선순위를 명시해놓는 것이 반드시 필요하다. 외화의 사용 순서를 명시한 사례를 살펴보면 "합자회사는 수출하여 벌어들인 외화를 중국 내 각지 외환조절센터에서 인민폐로 교환하며 원재료, 설비의 구매, 수도, 전기, 토지 사용료, 임금, 납세 등 중국 내에서의 모든 지출은 인민폐로 지급한다. 인민폐로 바꾸지 아니한 외화는 회사의 외화계좌에 저축하여 잉여 부분은 향후 각 측에 분배한다. 회사는 보유하고 있는 외화를 해외 송금 부분으로 이윤 분배에 우선적으로 사용할 것을 보장한다." 등이 있다.

〈외화의 사용 순서〉

① 외국에서 차입한 자본의 원금과 이자 상환
② 생산에 필요한 각종 원자재와 원료, 부품의 수입 비용
③ 국내에서 필요한 외화수지
④ 외국적 직원의 임금 및 규정에 따라 회사가 필요시 지급해야 하는 기타 인력의 외화 비용
⑤ 합자 각 측에 배당하는 이익(외화 부족 시 중국 측 출자금의 외화 차입금 원금과 이자를 상환한 후 한국 측에 우선 지급)
⑥ 기타 필요한 외화 지급

(12) 출자 불이행

보통 계약서를 쓸 때 합자 계약을 체결하고도 자본금을 출자하지 않은 경우가 자주 발생하기 때문에 출자 불이행에 대해서 벌금으로 위약금을 내도록 규정하는 경우가 많다. 문제는 중국 측이 대부분 토지, 건물 등으로 출자하기 때문에 출자 불이행이나 지연의 영향을 전혀 받지 않는 데 반해, 한국 측은 현금으로 출자하기 때문에 한국 측만 타격을 받게 된다는 점이다.

출자 불이행의 위약금을 월 1%, 2%, 2.5%, 3%, 5%, 7%, 10%, 20% 등으로 규정한 경우도 있고 하루 지연마다 0.2%, 0.3% 또는 0.6%의 위약금을 가산하는 등 규정이 다양하다. 대부분의 계약서에서는 3개월이 지난 후에도 납입하지 않은 경우 월 위약금을 누계하여 타 방에게 지급하며 계약을 이행한 측은 제○○조의 규정에 따라 계약을 종료시킴과 동시에 위약한 측에 손해배상을 요구할 권리를 가진다고 규정하고 있다. 어떤 계약서는 "1개월 경과 시 2.5%, 3개월부터는 3.5%, 4개월 경과 시에는 계약 종료와 손해배상 청구권을 갖는다."라고 규정하고 있기도 하다. 이런 경우를 대비해 자금 확보 방안을 충분히 강구한 뒤 계약서를 쓰는 것이 필요하다.

(13) 적용 법률

한국 기업들이 중국 측과 체결하는 계약은 중국 법률의 적용을 받도록 되어 있다. 계약서상에 적용 법률을 규정해놓은 사례를 살펴보면 다음과 같다. "본 계약의 체결, 효력, 해석, 이행 및 분쟁 해결은 모두 중화인민공화국 법률의 관할을 받는다. 본 계약의 특정한 부분을 규율하는 중화인민공화국의 성문법이 없는 경우에는 국제 상거래의 관행을 참고해야 한다.", "현행 중국 법률에 근거하여 계약을 체결한 후 중국이 새로운 법률 또는 법규를 제정하여 어느 일방에 불이익을 주거나 불리한 영향을 미치게 될 경우, 만약 그 법률 법규가 제정, 개정되지 않았거나 그와 같이 해석되지 않았다면 얻을 수 있었던 경제적 이익보다 이익이 감소하지 않게 한중 양측의 계약 당사자들은 쌍방의 이익 유지를 위해 최대한 노력해야 한다.", "만약 본 계약 체결일 이후 중국 정부가 새로운 법률 또는 법규를 통하여 또는 기타의 방법으로 중국 측에 계약서상의 조건보다 유리한 대우를 정한 경우, 본 계약의 당사자와 합자회사는 한국 측도 그러한 유리한 혜택을 받을 수 있도록 지체 없이 협력해야 한다."

(14) 문자, 언어, 통지

계약서는 일반적으로는 중국어와 한국어로 작성하도록 하고 있다. 의미상의 차이가 있을 때는 한국어를 기준으로, 또는 중국어를 기준으로 하는데, 우리 측의 입장에서는 한국어를 기준으로 하는 것이 바람직하나 중국 측에서는 중국어를 우선하도록 강력히 주장할 것이다.

일부 업체들은 이러한 이견을 조정하기 위해 중국어, 한국어, 영어로 작성하고 모두 동등한 효력을 가지되, 이들 문자 간의 차이가 있을 때에는 영어본을 기준으로 하도록 규정하기도 한다. 또 어느 업체들은 중국어, 한국어로 작성하고 문자 간 상이한 부분이 발견될 때에는 양측이 신속하게 협상하여 해결하도록 하여 기준본에 대해 특별히 규정하지 않는 경우도 있다.

참고로 우리 업체들은 계약서 작성 시 '협의'와 '합의'라는 단어에 대해 별다른 구분 없이 혼용하는 경향이 많은데, 협의는 단순한 상의라는 뜻이고 합의는 양자 간의 의견이 일치되었다는 뜻이므로 계약서상에 표기할 때 특별히 유의해야 할 것이다. 실제로 일부 업체들은 계약서의 부속 문서를 표기할 때 '부속 협의 문서'라고 표기하는 경우가 있는데 부속 문서도 계약서와 동등한 효력을 가지는 중요한 문서가 되므로 반드시 '부속 합의 문서'라고 표기하는 것이 바람직하다.

(15) 합영 기간 만료 시 재산 처리

중국 정부가 제정한 중외합자경영기업법에는 계약 기간 만료 후의 자산 처리, 계약 기간 만료 이전에 앞당겨 청산할 때 잔여 재산의 평가 등에 대해서는 자세히 언급되어 있지 않다. 따라서 실제로 잔여 재산을 처리하는 유형은 계약서에 따라 다르다. 그 유형을 살펴보면 다음과 같다.

첫째, 청산 후의 모든 실물자산과 권익 또는 모든 재산을 중국 측이 소유한다고 규정하는 경우가 있다. 이때 권익 또는 모든 재산에는 상표권이 포함되는 점을 유의해야 한다. 만약 계약 기간이 종료된 이후에 상표가 국제시장에서 지명도가 높아진 상태라면, 중국이 자체적으로 수출할 수 있는 능력이 생기게 되기 때문에 우리는 상표권에 대해서 보상받을 수 있도록 평가 방식에 대해 규정해놓을 필요가 있다.

둘째, 청산 후의 모든 자산을 양측의 지분에 따라 분배하는 경우가 있다. 이

때에 분배 방법은 여러 가지를 생각해볼 수 있는데, ① 중국 측은 인민폐로, 한국 측은 미화로 분배하는 방법, ② 고정자산에 대해 중국 측이 우선적으로 처분하거나, 중국 측의 동의 없이 제삼자에게 처분하지 못하도록 하는 방법, ③ 중국 측이 부동산의 우선적 분배권과 구매권을 가지는 방법, ④ 모든 고정자산을 중국 측이 소유하고 현금은 출자 비율에 따라 나누는 방법 등이 있다.

셋째, 보유 외화의 분배와 관련해서는 중국 측과 한국 측에 각각 유리한 조항이 따로 있는데, "외화는 중국 측의 납입 자본, 외화대출금의 원금과 이자를 상환한 후 한국 측에 우선적으로 분배한다."라는 규정은 중국 측에 유리하고, 반면 "중국 측은 한국 측에 청산액을 미화로 지불해야 하며 3개월을 초과할 수 없다."라는 규정은 한국 측에 유리한 규정이다.

마지막으로, 잔여 재산의 평가 기준에는 장부 가격과 국제시장 가격이 있는데, 한국 기업들에게는 국제시장 가격으로 평가받는 것이 유리하다. 실제로 보면, 중국 측 파트너는 재산을 장부 가격에 의해 평가할 것을 주장하는 데 반해 한국 측 파트너는 시가(時價)에 의할 것을 주장하여 상호 간의 마찰이 발생하는 경우가 종종 있다. 따라서 계약서상에 잔여 재산을 국제시장 가격 또는 시가로 평가한다고 규정해놓지 않으면, 출자 시에 아무리 국제시장 가격 기준으로 평가했다 하더라도 중국 측이 이를 인정해 주지 않아 장부 가격으로 평가당하는 손실을 보게 되니 유의해야 한다.

(16) 계약의 개정과 해지

합자나 합작 당사자들은 계약이 정상적으로 만료되기 이전에도 어떤 특별한 사유로 계약을 중지시킬 수 있는데, 이들 중지 사유에 해당하는 것으로는 첫째, 대규모 손실로 경영을 계속할 수 없는 경우, 둘째, 불가항력에 의하여 경영을 계속할 수 없는 경우, 셋째, 일방이 계약 규정을 위반하여 계약을 더 이상 수행할 가능성과 필요성이 없는 경우 등을 꼽을 수 있다.

통상적으로 중국 측이 제시하는 계약서상에는 "불가항력으로 인하여 계약을 이행할 수 없거나 회사가 연속적으로 손해를 입어 경영을 계속할 수 없는 경우에는 이사회 의결을 거친 후 원 인가 기관의 승인을 얻어 합자 기간을 앞당겨 만료시키거나 또는 계약 만료 전에 계약을 해지할 수 있다."라고 규정하고 있다. 이를 좀 더 구체화시킨 규정을 보면, "이사회의 결의와 인가 기관의 승인을 얻어 해산할 수 있는 사유로는 ① 계약 만료, ② 합자기업에 막대한 손해가 발생하여 경영을 계속할 수 없는 경우, 또는 누적된 적자가 납입 자본금의 50%를 초과한 경우, ③ 일방이 계약, 정관 및 합자 당사자 간 서면으로 전원 일치의 합의를 한 규정을 이행하지 아니하여 회사가 경영을 계속할 수 없는 경우, ④ 불가항력으로 입은 막대한 손해 때문에 경영을 계속할 수 없는 경우, ⑤ 회사가 경영 목적을 달성할 수 없고 장래에도 발전 가능성이 없는 경우, ⑥ 기타 회사 경영이 불가능하다고 판단되는 경우 등이 있다."

한편 일방의 계약 불이행에 의한 계약 해지와 관련해서도 여러 가지 규정이 있다. 일례로 "일방이 계약과 부속서류 및 정관에 규정된 의무를 이행하지 못해 합자회사를 경영할 수 없거나 계약에 규정된 경영 목적에 도달할 수 없는 경우, 타 방은 손해배상을 청구할 수 있고, 요구받은 위약 측은 통지 후 60일 내 위약 부분에 대해 손해배상을 지불해야 한다." 또는 "동시에 계약의 규정에 따라 심사 허가 기관으로부터 계약 종료에 대한 승인을 받을 권리를 가진다. 한중 쌍방이 경영을 계속하기로 동의하는 경우 위약자 측은 합자회사의 경제적 손실을 배상해야 한다.", "일방이 계약, 정관 등에 규정된 의무를 불이행하여 상대방으로부터 그 시정을 요구하는 통보를 받은 후 40일 내에 시정하지 않아 경영이 불가능해지거나 계약에 규정된 경영 목적을 달성할 수 없을 경우 타 방은 손해배상을 청구할 수 있다." 등이 있다.

(17) 불가항력

통상적으로 지진, 태풍 등 천재지변과 전쟁을 불가항력으로 간주하며, 이외에도 정부의 경제 정책 기조 변화 및 우리나라 투자 기업 모회사의 파업 등도 불가항력의 범주에 포함될 수 있다. 이 경우에는 반드시 계약서에 명시를 하여야 한다.

예를 들어, 한국 측 본사에서 파업 사태로 중국 측과의 합자 계약을 이행하지 못하는 경우도 발생하는데, 이때를 대비해 중국 측과의 합자 계약서 작성 시 한국 측은 본사의 파업을 불가항력으로 계약서에 명시하여 계약 불이행에 대한 손해배상금을 낭비하지 않도록 대비해야 한다.

(18) 분쟁 해결

한중 양 당사자 간 분쟁 해결 방법으로는 조정, 중재, 재판[5] 등 세 가지 방법이 있지만, 보통은 중재에 의해 분쟁을 해결한다고 계약서에 명시하고 있다. 문제는 어디에 중재를 신청하느냐이다. 중재가 진행된 후 합의에 따라 강제 집행이 될 수 있도록 중재 장소를 현실적으로 정할 필요가 있다. 실제 어느 기업들은 미화 3만 불 투자를 하면서 중재 장소를 스웨덴으로 정해놓은 사례가 있는데, 이는 중재 비용이 투자 총액보다 많이 들기 때문에 실효성도 없고 스웨덴의 중재 기구가 접수조차 하지 않을 가능성이 크다. 따라서 이와 같은 비현실적인 중재 장소보다는 한국 또는 중국으로 명시하는 것이 좋다. 만약 계약서상에 중재지가 명시되지 않으면 쌍방 간에 중재지에 대해서 의견 일치를 보지 못해 분쟁이 오히려 악화될 가능성도 있고, 또 애매하게 제3국에서 중재한다고만 명시해놓을 경우에도 중재지에 대한 합의가 이루어지지 않을 우려가 크다.

일반적으로 중재 장소는 '피고지주의' 원칙에 의해 결정한다. '피고지주의'란 한국 측이 제소할 경우 한국 측은 원고가 되고 중국 측은 피고가 되므로 중국에서 중재를 하고, 중국 측이 제소를 하면 한국 측이 피고가 되므로 한국에서 중재를 하게 되는 것을 말한다. 또한 중재로 합의가 되었다 할지라도 집행이 되지 않으면 아무런 소용이 없으므로 현지 인민법원 등에 제소하여 강제 집행할 수 있는 근거를 만들어둘 필요가 있다.

한편 중재 비용의 부담에 있어서는 "중재비는 패소자 측이 부담한다."라는 규정을 두거나, 아니면 "중재비는 패소자 측이 부담한다. 다만 중재위원회가 달리 정한 때에는 이에 따른다."라는 규정을 두는 경우가 일반적이다. 그러나 만약 "중국에서 중재하거나 한국 측이 제3국 중재 기관에 회부하되 이에 필요한 비용은 한국 측이 부담한다."라는 규정을 두게 되면 한국 측에 대단히 불리하므로 이러한 조항은 피한다.

중재는 한 번의 결정으로 모든 것이 결정되는 데 반해 재판은 1심에 불복할 경우 2심에 부칠 수 있다. 그러나 현재 중국 내 재판관의 숫자가 절대적으로 부

5) 조정 : 분쟁을 해결하기 위하여 법원이 당사자 사이에 끼어들어 쌍방의 양보를 통한 합의를 이끌어 냄으로써 화해시키는 것을 말한다.
중재 : 중재 기관 등 제삼자가 개입하여 분쟁 당사자 간의 분쟁을 조정하고 해결하는 것을 말한다.
재판 : 구체적인 소송 사건을 해결하기 위하여 법원 또는 법관이 공권적 판단을 내리는 것을 말한다.

족하여 수리부터 판결까지 오래 걸리는 단점이 있다. 따라서 두 가지 방법의 장, 단점을 비교하여 중국 측과 분쟁 해결 방법에 대해 합의해야 한다.

〈표 7-1〉 중재와 재판의 비교

	중재	재판
성립 요건	• 당사자 쌍방이 합의에 의해 중재 신청 • 계약서에 명확하게 규정한 중재에 관한 조항 필요	• 당사자 중 일방에 의한 제소 가능 • 소송 서류가 수리되면 다른 쪽은 응소해야 함.
수리 대상	• 계약에 관한 분쟁이나 재산 권익에 관한 분쟁만 다룸(가사 분쟁과 행정 분쟁은 수리 대상에서 제외)	• 신상, 재산, 그 외 각종 민사에 관한 소송(대상이 광범위함)
담당 기관	• 중국국제무역촉진위원회 산하의 중국국제경제무역중재위원회 • 중국국제상회 산하의 중국해사중재위원회	• 기층 인민법원 • 중급 인민법원 • 고급 인민법원 • 최고 인민법원
담당 기관 특성	• 중재 기구 간에는 상하 소속 관계나 순위, 지역 관할이 없음. • 당사자 간에 협의로 전국에 있는 모든 중재 기구 선택이 가능	• 재판소에는 상하 소속 관계, 감독 관계가 존재, 각 안건에 대한 급별 재판소 관할이 명확함. • 당사자는 1심 진행 시에만 재판소 선택권이 있음.
중재원 · 재판관 선택권	• 쌍방 협의에 의해 자유롭게 중재원 선택 가능 • 합의제(3인)의 경우, 제3의 중재인이 의장 중재인이 됨. • 단독제(1인)의 경우 당사자들이 공동으로 선정하거나 공동으로 중재위원회 주임에게 위탁하여 지정함.	• 재판관에 대한 교체를 신청할 권리는 있지만, 선택권은 없음.
공개 가능 여부	• 당사자가 협의에 의해 공개하는 경우를 제외하고, 모두 비공개	• 민사 안건 처리의 경우 공개 가능 • 판결서에는 쟁의 사실과 판결 이유를 명기
종료 수속	• 일재종국제도(중재 재정을 받으면 바로 발효) • 당사자가 의무를 이행하지 않은 경우 상대방은 인민법원에 강제집행 신청 가능	• 이심종심제(당사자는 항소가 가능하고, 하나의 안건에 대해 최고 2계급의 재판소를 통과하여 재결 가능)

(출처 : KOTRA, 《투자 실무 가이드》, 2007, p.138을 참고하여 작성)

사례 2 중재를 통한 분쟁 해결 사례와 시사점

1. 사건 내용 및 발생 배경

2001년 ○○사는 △△사와 매매 계약을 체결, 수출 금액 1,660,000달러에 달하는 PTA 4,000톤을 수출했다. 화물 수입 후 △△사는 PTA 포장 중량이 불일치하다는 이유로 ○○사의 계약 위반을 제기하였다. △△사는 중국국제경제무역중재위원회 상하이 분회에 중재를 신청, ○○사가 제공한 화물이 계약과 불일치로 인해 발생한 △△사의 손실을 배상할 것을 청구했다.

- 수출자: 한국 ○○사
- 수입자: 중국 △△사
- 수출상품: PTA 4,000톤
- 계약 체결일: 2001. 10. 16.
- 계약 금액: 1,660,000달러

그러나 쌍방이 체결한 매매 계약서에 약정한 중재 조항에 따르면 "우호적인 협상을 통해 해결해야 한다. 협상이 이루어지지 않은 경우 베이징 중국국제경제무역중재위원회에 교부하여 중재를 진행한다(China International Economic Trade Arbitration Commission(CIETAC) in Beijing for the Promotion of International Trade)."라고 규정한 바, ○○사는 중재위원회 상하이분회에 '관할권 이의 신청서'를 제출하고, 계약서의 중재 조항에 위와 같이 규정한 것을 근거로 베이징에 있는 중국국제경제무역 중재위원회에서 중재할 것을 주장하였다.

특히 12조의 "쌍방 당사자는 분쟁을 중재위원회에 교부하여 베이징에서 중재할 것을 약정할 수 있다." 및 25조의 "당사자가 중재 지역을 약정한 경우 중재 안건의 심사는 반드시 약정 지역에서 진행되어야 한다." 규정에 근거, 본 분쟁의 중재 관할권은 베이징 중국국제경제무역중재위원회이며 상하이 분회로 할 수 없음을 제기하였다. 이는 3조의 "중재위원회는 당사자가 분쟁 발생 전 혹은 발생 후 달성한 중재 협의서 및 일방 당사자의 서면 신청서에 근거 안건을 수리한다.", "당사자가 중재 지역을 약정했을 경우 안건의 심사 중재는 약정 지역에서 진행해야 한다."에 근거, 상하이 분회가 월권하여 본 안건을 처리 시 중재위원회 규칙 규정을 위반하게 된다.

이에 △△사는 "쌍방이 체결한 매매 계약서 12조의 중재 조항은 법적으로 효력을 발생하나 중재위원회 상하이 분회가 동 안건을 심사, 중재하는 데 부당한 이유가 없다."고 주장하였다.

그 이유로 중국에는 중국국제경제무역 중재위원회가 1개뿐이며 베이징에 본부를, 상하이, 선전에 각각 분회를 설치하였기 때문에 계약 조항상의 '베이징 중재위원회'는 베이징을 중재 지역으로 약정한 것이 아니라 본부가 베이징에 있는 중재 기구, 즉 중국국제경제무역 중재위원회를 의미한다고 강조하였다.

2. 처리 결과

중재위원회 상하이 분회는 계약서의 중재 조항은 쌍방의 의사를 진실하게 표현하였고 법적으로 효력을 발생한다고 판결, 안건의 심사 중재 지역 관련 'CIETAC in Beijing'이 '베이징에 있는 중국국제경제무역중재위원회'" 혹은 '베이징 중국국제경제무역중재위원회'로 번역되는지를 막론하고 베이징 중재위원회를 가리키며 계약서의 중재 지역은 베이징으로 최종 판결하였다.

3. 우리 기업에게 주는 시사점 및 대책

이러한 사례는 투자에서도 발생할 수 있다. 한국인 사업가 조모 씨는 지난 93년 4월부터 중국의 한 기업과의 합자로 한국 음식점을 경영했다. 한중 쌍방은 '중화인민공화국 중외합자기업법'의 관련 규정에 따라 합자 계약을 체결하고 합자기업의 경영과 판매는 전부 한국 측에서 책임지기로 하였다. 그리고 합작 중 발생 가능한 분쟁에 대처하기 위하여 계약서 안에 "본 계약의 집행 혹은 본 계약과 관련되는 일체의 쟁의는 우호적인 협상을 통해 해결하며 협상이 불가능할 경우에는 중국의 관련 중재 기관에 중재를 요청하고 그 중재는 최종적이고 쌍방 모두에게 구속력이 있다."라고 명문화하였다.

그런데 중국 측은 96년 3월 경영관리가 좋지 않고 합자회사에 적자가 발생하여 합자 계약 체결 시의 이익을 내지 못했다는 이유로 어느 지방의 중급 인민법원에 합자 계약의 중지와 합자회사 재산의 청산에 관한 소송을 제기했다.

이 분쟁에서 제기되는 주요 문제는 바로 중재 조항의 효력 문제이다. 현행 '중화인민공화국 중재법'에 따르면 계약 당사자가 중재를 요청할 때는 반드시 중재 협의가 있어야 하며 중재 협의에는 반드시 중재 기관이 선정되어야 한다. 이 경우 중재 기관을 명시하지 않아 중재 조항이 사실상 효력을 발휘하기 어려우며 결국 소송을 통하여 진행될 수밖에 없게 되었다.

따라서 중재 조항 기입 시 반드시 중재 기관의 정확한 명칭을 명시해야 중재 조항을 통한 신속한 분쟁 처리가 가능하다. 즉, 계약서 작성 시 중재 조항 관련, "본 계약과 관련되는 일체의 쟁의는 우호적인 협상을 통해 해결하며 협상이 불가능할 경우 중화인민공화국의 중국경제무역중재위원회에 중재를 요청, 중재 절차에 따라 중재를 진행하며 그 중재는 최종적이고 쌍방 모두에게 구속력이 있다."라고 하는 동시에 구체적인 중재 기관을 명시하여 작성하는 것이 좋다.

(출처 : http://www.baekdunet.com/bbs/board.php?bo_table=04_5&wr_id=116)

3. 정관 작성

독자기업은 사업 타당성 검토 등을 마친 후 곧바로 회사 정관을 만들어 다른 서류들과 함께 투자 허가 신청을 하면 되고, 합자 · 합작 기업의 경우는 계약서 작성 과정 이후에 회사 정관 작성에 들어가야 한다.

중국에서는 회사 정관을 장정(章程)이라 부르는데 이는 외국인 투자자가 중국에 설립하는 기업의 기본적인 권리, 운영 방침 및 규정을 제정하여 중국 정부에 어떤 식으로 경영을 해나갈 것인지 선언하는 것으로 매우 중요한 기본 문서이다. 정관은 투자 기업의 법인 명의로 작성되므로 법정 대표의 서명이 있어야 한다. 이때 법정 대표가 위임한 사람이 서명을 하는 경우 그 내용을 증명하는 위임장을 공증받아 첨부해야 한다. 서명된 정관이 중국 정부의 허가를 받으면 그 내용은 중국의 법률이나 규정을 위반하지 않는 한 공식적인 법적 문서로 인정된다. 또 한국어, 중국어 두 개의 언어로 작성해야 한다. 간혹 개발구나 해당 투자 허가 기관에서 권하는 간단한 중국어 정관에 그대로 서명하여 사용하고 한국어 정관을 준비하지 않은 경우가 있는데, 이는 추후 어떤 분쟁이 발생할 때 명확한 근거 서류가 없는 것이나 마찬가지이므로 매우 위험하다고 할 수 있다.

독자 투자의 경우에는 정관에 구체적인 내용을 모두 담아야 한다. 즉, 정관에 회사 명칭, 법정 소재지, 법정 대표, 투자자 명칭, 회사 형태와 설립 목적, 경영 범위와 투자 기한, 총투자액과 등록 자본금, 회사의 경영 조직, 재무 및 회계 제도, 손익 분배 제도, 노동자 고용 방식, 임금 및 복리 제도, 적립금 적립 비율, 이사회 조직과 권한, 사장 등 고급 관리 직원 직책, 회사의 해산 및 청산 방식, 회사의 투자 기한 종류 및 연장 제도, 회사 정관의 개정 제도 등에 대한 내용을 포함시켜야 한다.

반면, 합자 · 합작 투자의 정관은 계약서의 내용을 대부분 반영하여 한국어와 중국어 두 개의 언어로 작성하면 된다. 이 정관은 기업에게 그 존재를 보증하는 효력을 가지고 있기 때문에 매우 중요한 서류라고 할 수 있다.

합자 · 합작 투자 정관 주요 심사 사항[6)]

● **출자 자본 종류**

출자 자본은 자기 현금이나 어떠한 형태의 담보물권도 설정되어 있지 않은 자기 소유 현물, 지적재산권, 특허 기술과 중국 내의 토지 사용권 등이 인정되며, 원부자재는 출자 자본보다는 합자 · 합작 기업 설립 후 우선적으로 구매 사용토록 하는 방식이 중국 정부에 의해 권장되고 있다.

● **투자 총액=투자 자본금(투자자들 출자 자본금 총합)+차입금**

● **등록 자본금 출자 금지 사항**

① 중국 측 투자자가 외국 측 투자자를 대신하여 출자하는 것(합자, 합작)
② 합자 · 합작 기업 설립 후 배분된 이윤으로 출자 자본을 충당하는 것

● **투자 총액 중 등록 자본금 법정 비율**

① 투자 총액 300만 불 이하면 70% 이상
② 투자 총액 1,000만 불 이하면 210만 불 이상 혹은 50% 이상
③ 투자 총액 3,000만 불 이하면 500만 불 이상 혹은 40% 이상
④ 투자 총액 3,000만 불 이상이면 1,200만 불 이상 혹은 33% 이상
⑤ 투자 증액 시에도 필히 투자 총액에 따른 등록 자본 법정 비율 준수

● **출자 자본 출자 기한**

① 분할 불입 시
1회 출입분: 출자액의 15% 이상을 설립일로부터 3개월 이내
잔여 출입분: 설립일로부터 2년 이내
② 일괄 불입 시
설립일로부터 6개월 이내

● **출자 자본금 분할 납부 법정 비율**

1회 출자본은 출자액의 15% 이상(최초 출자분 납입 기한: 영업집조 발급일로부터 3개월 이내)

● **출자 불이행 위약 책임**

① 계약 기일 지연 시 위약 책임 발생
② 위약 측은 계약된 위약금 지불 의무
③ 출자 이행 측은 합자 · 합작 기업 설립 허가 취소 요청 권리

● **등록 자본금 변경**

① 합자기업은 투자 기간 중 등록 자본 제한적 감자 가능, 증자 가능
② 합작기업은 투자 기간 중 등록 자본 제한적 감자 가능
③ 등록 자본금의 변경 혹은 자본의 양도는 투자 허가 기관 승인 필요
④ 자본 양도 시 원래 합자 · 합작선의 우선 구매권 인정

---

6) KOTRA, ≪중국투자실무가이드≫, 2007, pp.140~142

● **중국 내 재투자**

합자 · 합작 투자 기업의 외국 측 투자선이 기존 합자 · 합작 기업 배분 이윤을 제3의 중국 기업과의 합자 · 합작 투자 출자 자본으로 활용, 새로운 합자 · 합작 투자 기업을 설립하는 것이 가능하다(독자도 가능).

● **현금 출자: 최저 30%**

● **동사회: 동사회(이사회) 동사 수는 3인 이하 불가**

● **동사 선정: 합자, 합작선의 위촉**

● **동사 임기: 최초 임기 4년으로 하되 연임 가능**

● **동사회 성립 정족수: 동사의 2/3 이상 참석**

● **동사회 개최:**

① 연 1회 이상 정기 동사회 개최
② 동사의 1/3 이상 제안 시 임시 동사회 개최

● **동사회 만장일치 통과 법정 사항**

① 정관의 개정
② 합자 · 합작 기업의 중지와 해산
③ 합자 · 합작 기업의 등록 자본 증자
④ 합자 · 합작 기업의 합병, 분할
⑤ 해외 투자

● **동사회 주요 결의 사항**

① 기업 발전 계획
② 생산 경영 활동 방안
③ 예산 수지
④ 이익 분배
⑤ 노동 임금 지급 계획
⑥ 조업 중단
⑦ 총경리, 부총경리, 총공정사, 총회계사, 총감사의 임명 또는 고용 및 그 권한과 대우
⑧ 증자, 감자
⑨ 정관 수정
⑩ 기업의 계약 중지, 해산
⑪ 기업의 합병, 분할
⑫ 적립 기금, 직원 장려 복지 기금, 기업 발전 기금 적립 및 적립 비율
⑬ 직원 상벌, 급여 제도, 생활 복지, 노동 보호 및 보험
⑭ 청산 방안, 청산 보고서

● **총경리의 직무**

① 계약 및 정관 규정 사항과 동사회 결의 사항의 집행
② 각 부서 주무 책임자 및 부총공정사, 부총회계사 추천
③ 각 부서의 업무 분장과 감독
④ 분기 및 연간 업무 보고서의 동사회 제출

사례 3 현지 합작회사 설립 시 중도 계약 해지를 고려한 정관 작성 사례

1. 한국 ○○ 기업 사례

- 한국 ○○ 기업은 감광액 등 인쇄 재료 생산업체로 중국 기업과 1,450만 위안(한국 측 투자액은 362만 위안) 규모의 합작기업 설립
- 사업 운영 도중 뚜렷한 해산 사유가 발생하지 않았음에도 불구하고 중국 측 합작선은 갑자기 이사회를 소집하여 한국 측 소유 지분을 120만 위안에 양도하고 철수하라고 통보
- 이유는 일본계 기업이 더 좋은 기술과 조건으로 중국 측 합작선과 제휴할 것을 제안하였기 때문
- 그러나 계약 당시 계약서와 정관에 합작 기간의 연장 또는 중도 해지의 경우 반드시 이사회에서 만장일치로 결정하도록 규정해놓았고, 중도에 재산 분배를 하는 경우 합작 상대방의 투자액을 우선 공제하도록 명시해놓았기 때문에 중국 측이 다수의 지분을 갖고 있음에도 불구하고 일방적 조치에 대항하여 권리 확보가 가능했음.
- 결국, ○○ 기업은 실제 투자 금액보다 많은 500만 위안을 받고 지분을 양도하기로 합의

2. 합자기업인 △△사의 사례

- 한국 측이 200만 위안을 투자한 합자기업인 △△사의 중국 측 파트너는 인쇄 관련 국립기술연구소로, 구성원의 대부분이 학력이 높고 합리적이라 설립 후 합자 사업 진행에 별 어려움이 없었음.
- 합자회사 설립 당시부터 기존 합자회사들의 운영상 문제점을 면밀히 검토하여, 한국 측은 해외 수출입 거래에 관한 일체의 권한을 갖는 대신 중국 내에서 발생하는 일반적인 경영 사항에는 일체 간섭하지 않기로 합의함. 또한 민감한 부분인 이익의 배당 문제는 예상 이익을 산출하여 매월 분할 지급하는 방식으로 하되 한국 측의 배당을 우선적으로 하는 등 쌍방이 권한과 책임을 확실히 분담함.
- 사업 개시 이후 5년 동안 별다른 분쟁 없이 매년 매출이 늘어나고 수익성도 점점 증가함. 그런데 2001년 연말 이사회에서 합자 기간이 아직 많이 남아 있음에도 불구하고, 국가 정책상 양측의 합자 사업을 정리해야 한다는 중국 측 통보를 받음. 보상금으로 120만 위안을 지급하겠다고 통보해옴.
- 한국 측은 당초 합의 사항을 근거로 잔여 합자 기간 동안 중국 공장 생산제품의 한국 시장 독점 판매권을 갖고, 중국 측이 처음 제시한 금액의 3배가 넘는 390만 위안에 지분을 양도하는 것으로 합의함. 아주 만족스럽지는 못하지만 대체로 중요한 요구는 관철시킴.
- 중도에 합자 관계를 정리할 수밖에 없는 상황이 발생하면 결국은 합자 쌍방의 합의에 의해 지분 양도나 청산 절차를 밟을 수밖에 없는데, 이때에는 의향서나 계약서에 기초한 회사 정관이나 비망록, 이사회 결의서 등에 따르게 됨. 충돌 없이 원만하게 끝나면 다행

이지만 합의가 이루어지지 못할 땐 회사 정관이 대단히 중요함.

- 따라서 사전에 정관을 충분히 연구 · 검토하고 수시로 문제점을 보완하는 한편, 우호적인 분위기일 때 자연스럽게 문서화시켜 만약의 사태에 대비하는 것이 최선의 방법임.

(출처 : 한국환경산업협회, 〈국내 · 외 환경산업체의 중국진출 성공 · 실패 사례 분석 연구〉, 2005, p.76)

08

투자 허가

중국 투자 준비 과정에 있어서 지금까지 투자 목표의 명확화, 투자 지역의 선정, 투자 방식의 결정, 투자 파트너 선정, 사업 타당성 검토보고서의 작성, 정관 작성 등의 과정들을 하나하나 살펴보았다. 이러한 일련의 과정들이 중국 투자 허가 신청의 준비 작업이라 할 수 있다. 여기까지의 준비 작업이 완료되면 이제 투자 허가 절차를 거쳐 중국 측의 상무부 주관 부문으로부터 투자허가서를 의미하는 '비준증서(批准證書)'를 발급받고, 국내의 중국 투자 관련 기관에 의해 해외직접투자 신고 수리가 완료되어야 비로소 중국 투자 허가 절차가 완료되었다고 할 수 있다.

CHAPTER 08

투자 허가

1. 중국에서의 외국인 투자 허가 신청

중국 내 투자 허가 신청 시, 투자자들은 먼저 중국 특유의 지방 분권적 행정 조직 체제를 이해할 필요가 있다. 중국의 외국인 투자 허가 기관은 투자 허가 권한 위임 범위별로 수직적인 체계를 이루고 있어서 투자 규모별, 지역별로 허가 기관이 상이하다. 따라서 기업들은 투자 허가 신청 시 반드시 중앙정부 주무 부처의 투자 허가 권한 범위 및 해당 지방정부의 외국인 투자 허가 주무 부처와 해당 업종 관할 부서의 투자 권한과 투자 인센티브 및 각종 세제 등에 대해 구체적으로 확인해야 한다.

〈표 8-1〉 중국의 각급 외국인 투자 허가 기관별 권한 범위

외국인 투자 허가 기관	권한 범위
중앙 국무원 국가발전 · 개혁 위원회	외국인 투자 허가와 관련 각 지방정부에서 독자적 허가 범위를 넘는 외국인 투자 사업의 사업 계획과 사업 타당성 보고서 심사 업무를 수행함. 특히 중국 경제 전반에 영향을 미치는 대형 사업과 기간산업 투자 시는 계획위원회의 심사 결과가 투자 허가 여부에 직접적인 영향을 미치게 됨. 다만 이때 계획위원회는 국무원 각 해당 부서와의 협의를 거치도록 되어 있으나 실제로는 계획위원회 측이 결정적인 역할을 하는 것으로 보임. 이런 점에 비추어 계획위원회는 우리나라의 경제기획원에 상당하는 기능을 수행하며, 비록 외국인 투자 허가 업무 주무 기관은 아님에도 불구하고 외국인 투자 허가와 밀접한 관련을 맺고 있음.

중앙 국무원 상무부	외국인 투자 허가 업무의 주무 기관으로 각 지방정부의 독자적인 허가 범위를 넘는 외국인 투자 사업의 계약과 정관 내용을 심사하는 한편 국무원 내 계획위원회를 비롯한 관련 부서의 심사 결과에 따라 최종적으로 투자 허가 여부를 결정함. 즉, 각 지방정부의 독자적인 허가 범위를 넘는 외국인 투자 사업은 대외무역 경제 합작부의 투자 허가 승인인 비준증서를 발급받음으로써 중국 정부 측의 투자 허가 절차가 완료되며 외국인 투자자는 중국 내의 투자 요건을 갖추게 됨.
연해지구 성 및 직할시와 경제특구 및 계획단열도시 정부 내륙지구 성 및 계획단열도시 정부	장려류 1억 불 미만, 제한류 5000만 불 미만 허가 가능
연해지구와 내륙지구의 시 및 구(區) 정부와 현(懸)정부	성 정부나 직할시 정부 혹은 계획단열도시 정부 등 국무원으로부터 투자허가 권한을 위임받은 정부가 위임된 범위 내에서 다시 관할하는 하급 지방정부에 대한 위임 범위를 정함. 중국에서 현재 외국인 투자 허가 권한을 위임받은 최하급 지방정부는 현(懸) 정부이기 때문에 행정 조직상 현 정부 밑에 향(鄕)과 진(鎭) 및 촌(村)이 있다 하더라도 이들은 실제 독자적인 외국인 투자 허가 권한이 없으며, 현 정부에 대해 투자 승인을 요청토록 되어 있음. 우리 기업들의 주의를 요함.

(출처: KOTRA, ≪중국투자실무가이드≫, 2007, p.116)

이처럼 중국 투자에 있어 중앙정부와 지방정부의 투자 허가 범위에는 큰 차이가 있다. 총 투자비가 1억 달러 이상이면 중앙정부의 승인을 필요로 하고 그 이하인 경우 지방정부의 승인을 받는다.

그러나 실제로는 규정된 투자 허가 범위에도 불구하고, 중국 지방정부는 외국의 대형 투자자들을 자기 지역에 유치하기 위한 일환으로 총 투자비를 2회 또는 3회로 나누어 지방정부 허가 범위 내에서 허가를 받을 수 있도록 하는 편법을 쓰기도 한다. 이로 인해 보통 중앙정부의 허가를 받을 때보다 지방정부의 허가를 받을 때 소요되는 시간이 덜 걸린다고 할 수 있다. 하지만 지방정부의 허가 절차가 신속하다고 해서 경영상 중앙정부의 허가를 받을 때에만 누릴 수 있는 이점들도 무시할 수 없으므로 꼭 지방정부의 허가를 얻어 빨리 진행하는 것만이 최선은 아니다. 그러므로 우리 투자자들은 주한 중국대사관 상무처와 같은 확실한 기관을 통해 자료와 정보를 습득한 후 투자 허가를 지방정부에서 받을 것인지 아니면 중앙정부에서 받을 것인지 신중하게 결정하는 것이 좋다.

사례 1 중앙정부와 지방정부의 사업 승인 범위

- ○○ 회사는 지방정부에서 사업 허가 승인을 받은 열병합발전소임
- ○○ 회사는 석탄을 주요 연료로 사용, 중국의 석탄 가격이 급격한 가격 폭등을 겪게 되자 많은 발전소들이 타산이 맞지 않아 일시적으로 문을 닫게 되었고 ○○ 회사도 마찬가지의 상황에 놓이게 됨.
- 하지만 최초 사업 승인 시 중앙정부의 승인을 받았던 다른 기업들은 중국 정부가 중앙정부의 비준을 받은 발전소에 한하여 '전매(電煤)'라 불리는 고품질의 석탄을 시장 가격의 절반밖에 안 되는 가격으로 안정적으로 공급해 어려운 시기에 사업을 수월하게 풀어갈 수 있었음.

중국의 외국인 투자 허가 심사는 크게 두 단계에 걸쳐 이루어지는데, 먼저 중앙정부나 각 지방정부가 위임된 범위 내에서 발전 · 개혁 위원회와 해당 업종부서에서 사업 타당성을 심사하여 예비 허가를 한다. 그런 후 중앙정부나 각 지방 상무부서에서 정관(章程)을 심사하여 최종 허가 여부를 결정하여 투자를 허가한다는 '비준증서(批准證書)'를 발급하게 된다. 그러므로 투자자들은 투자자 자격과 사업 업종의 요건을 갖추고, 사전에 투자 허가 기관에서 제정한 외국인 투자 중점 유치 사업 방향에 부합되는 업종인지 여부를 확인해야 한다. 또한 사업 타당성 보고서 및 정관 등의 투자 서류 내용이 중국 법률을 상대로 효력이 있는지 검토해야 한다.

비준증서의 취득 여부는 허가 신청일로부터 보통 3개월 이내에 결정되고, 경제 개발구와 같은 지역에서는 허가 신청일로부터 7~10일 정도면 결정된다.

투자 허가에 필요한 제출 서류들은 기본적으로 외국인 투자 기업 설립 신청서(투자자 서명), 사업 타당성 보고서, 계약서(합자 · 합작; 장소입대계약서, 재산권증명서), 정관, 자산 증명서(은행잔고증명서, 출자자금증명서), 투자자의 사업자등록증명서 및 신분증 사본(공증, 인증 필요), 기업 대표 임명서, 기업 대표 신분증 사본, 이사회 명단, 감사 · 총경리 위임장 및 신분증 사본, 수입 설비 명세서, 법률 문서 송달 위임장 등이다.

2. 국내에서의 해외 직접투자 신고 수리 절차

중국 투자 시 국내에서 해외 직접투자 신고 수리는 중국 정부로부터 투자 허가를 받거나 최소한 예비 투자 허가를 받은 후에 진행하는 것이 적합하다. 우선 주거래 외국환 은행에 해외직접투자신고서를 제출하여 신고 수리 확정을 받고, 투자 자금 송금 후 신고 수리 기관에 통지를 하게 되는 방식으로 대략적인 절차가 이루어진다. 이때 해외 직접투자 신고 수리 기관이 업종이나 투자 금액 등에 따라 주거래 은행이 아닌 재정경제부나 한국은행이 될 수도 있다.

투자에 필요한 제출 서류는 기본적으로 해외직접투자신고서, 사업계획서, 사업자등록증 사본 등이 있으며, 투자 방식에 따라 제출해야 할 서류들이 추가로 요구된다. 또한 이후에 투자에 대해 이미 신고한 내용(투자 금액, 투자 비율, 투자 업종 등)에 변경 사항이 생겼을 때에는 다시 신고를 해야 한다.

〈해외 직접투자 신고 수리 시 제출 서류〉

[공통 제출 서류]

① 해외직접투자신고(수리)서
② 사업계획서, 단 1백만 불 이하인 경우 투자개요서
③ 사업자등록증 사본(투자자별)
- 법인인 경우 : 사업자등록증 사본, 납세증명
- 개인 사업자인 경우 : 사업자등록증 사본, 주민등록등본, 납세증명
- 개인인 경우 : 주민등록등본(최근 3일 이내), 재산세 또는 소득세납세사실증명서

[추가 제출 서류]

① 대부투자 시 금전대차계약서(공증 기관의 공증 요)
② 합작투자인 경우 당해 사업에 관한 합작계약서
③ 현물투자의 경우 현물투자명세표 2부
④ 투자 금액 1백만 불 초과 시
- 최근 결산대차대조표 또는 신용조사서
- 개인 사업자인 경우 관할세무서장이 확인한 최근 결산손익계산서 또는 신용조사서
- 현물투자 시 현물 가액에 대한 감정평가서(중고품의 경우) 또는 견적서(신품의 경우)
- 증액 투자인 경우 현지법인의 최근 결산대차대조표 또는 재무 상태를 나타내는 서류

⑤ 부동산 취득 관련 해외 직접투자의 경우 현지 부동산 감정평가서 및 등기부등본, 단 개인 또는 개인 사업자의 경우 관할세무서장 발행 '자금출처확인서' 추가

⑥ 주식을 통한 해외 직접투자인 경우 공인회계사법에 의한 회계법인의 주식 평가에 관한 의견서
⑦ 현지법인이 제3국에 역외공장 등 설립 시 자회사 사업계획서 또는 투자개요서
⑧ 상장법인이거나 협회등록법인인 경우 공시서류

[보완 서류]
① 신용 불량자 여부 확인 서류 : 투자 기업체 및 기업체 대표자
② 해외 자원 개발 사업의 경우 : 관계 당국 앞 신고필을 확인하는 서류
③ 건설업에 대한 해외 직접투자인 경우 : 건설교통부장관 앞 신고필을 확인하는 서류
④ 상장법인(자본금의 10% 이상 투자 시) 또는 증권업협회등록법인(자기 자본의 30% 이상 투자 시)은 금융감독위원회, 한국증권거래소 또는 한국증권업협회 앞 신고필을 확인하는 서류

[기타]
수리권자가 필요하다고 인정하는 서류

* 지정 거래 외국환 은행 : 주채무 계열 소속 기업체인 경우 당해 기업의 주채권 은행, 주채무 계열 소속 기업체가 아닌 경우 여신 최다 은행, 기타의 경우 거주자가 지정하는 은행

(출처: 기획재정부)

해외 직접투자 신고 수리 처리 기간은 신청일로부터 7일 영업일 이내이며, 신고 수리 유효 기간은 신고 수리 일부터 1년이다. 신고 수리 심사 내용은 투자자의 자격 요건, 투자 금액, 투자 계획, 자금 조달 계획, 현물투자 가액의 적정성, 현지 금융에 대한 거주자의 보증 한도, 사전 신고 대상일 경우 신고 절차 이행 여부 등을 기본으로 한다.

3. 기타 등기 절차

중국에서의 투자 허가 절차 마지막 단계에서 비준증서를 발급받고 나면, 발급일로부터 30일 이내에 해당 지역 공상행정관리국에 투자 기업 설립 등기 신청을 하여 '영업허가증(營業執照)'을 발급받고, 세무 · 외환 등 기업을 운영하기 위해 필요한 각 부문의 등기 절차를 진행해야 한다. 특히 외환 관리 등기가 끝나면 중국계 외국환 은행이나 중국 소재 외국계 은행에서 계좌를 개설하여 현금출

자 준비를 해야 한다.

통계 등기

- 기관
  관할 지역 통계국
- 필요 서류
  기업통계등기표, 외국인투자기업설립허가서

설립 등기 및 영업허가증(營業執照) 신청

- 기관
  관할 공상행정 관리국
- 필요 서류
  외국인투자기업신청등기표, 외국인투자기업설립허가서(비준증서), 기업명칭예비허가통지서, 정관, 투자자의 사업자등록증명서, 신분증 사본, 기업 대표 임명 서류, 신분증 사본, 회사 주소증명서(부동산권리증, 임대차계약서 등), 법률 문서 송달 위임장, 기타 요구 서류 등

회사 공식 인감 제작 및 등록

- 기관
  소재지 공안당국 또는 공안당국 지정 인감 제작업체
- 필요 서류
  투자허가부서(또는 공안국)의 소개 서신, 인감제작신청 및 설명서(인감 양식 첨부)
  영업허가증 원본 및 사본, 수권위임서 및 대리인 신분증(원본, 사본은 대리인 신청 시)

기업 번호 등기(기업 코드 신청)

- 기관
  소재지 기술 감독 부처
- 필요 서류
  기업번호신청서(대표인 서명 및 인감 날인), 외국인투자기업설립허가서(비준증서), 영업허가증(원본, 사본), 법정 대표 신분증 사본, 수권위임서 및 대리인 신분증 사본(대리인 신청 시), 기타 요구 서류

외환 등기

- 기관
  소재지 관할 국가 외환관리국 분국
- 필요 서류
  외국인투자기업기본현황등기표(외환관리국 지정 양식), 외국인투자기업설립허가서(비준증서 원본, 사본), 영업허가증(원본, 사본), 정관(원본, 사본), 계약서(합자, 합작), 기업번호증, 기타 요구 서류

은행 계좌 개설

- 기관
  외환등기 후 외환/인민폐 업무가 가능한 은행
- 필요 서류
  계좌개설신청서, 영업허가증(원본, 사본), 기업번호증서(원본, 사본), 수탁위임서 및 대리인 신분증(원본, 사본은 대리인 신청 시), 세무등기증, 외환등기증

※ 중국계 은행의 일방적인 여신 중단, 잦은 자금력 체크, 의사소통의 불편함, 사후 관리의 어려움 때문에 은행 계좌 개설 시 우리 투자자들은 한국계 은행 계좌 1개, 중국계 은행 계좌 1개를 모두 개설하는 것이 좋다.

세무 등기

- 기관
  소재지 관할 세무국 또는 재세국(財稅局) 등의 세무 행정기관
- 필요 서류
  외국인투자기업세무등기표(기업 인감 날인), 영업허가증(원본, 사본), 정관(원본, 사본), 계약서(합자, 합작), 외국인투자기업설립허가서(비준증서 사본), 기업번호증서(원본, 사본), 기업대표 · 회계담당 · 세무신고 담당자 신분증 사본, 기타 요구 서류

※ 외국인 주재원도 중국의 거주자라는 게 분명할 경우 개인 소득세 세무 등기를 반드시 해야 하며, 현지법인 또한 직원 급여의 개인 소득세에 대한 원천징수 의무가 발생해 원천징수세액등기도 해야 한다.

재무 등기

- 기관
  소재지 관할 재무국
- 필요 서류
  외국인투자기업설립허가서(비준증서 원본, 사본), 영업허가증(원본, 사본), 기업번호증, 정관 원본 및 사본, 계약서 원본 및 사본(합자, 합작), 사업타당성 검토보고서 및 승인서 사본, 재무등기표

세관 등기

- 기관
  세관(海關)
- 필요 서류
  영업허가증 사본, 세무등기증 사본, 은행계좌증명서 사본, 기업번호등기증 사본, 통관업체상황등기표, 통관업체관리자상황등기표, 기업정관 사본

[그림 8-1] 기타 등기 절차도

04

PART

경영관리 단계

09

생산관리

생산 시설 건설을 위한 공장 건설은 단계별, 점진적으로 해야 성공하기 쉽다. 즉, 1단계에서는 한국으로부터 제품을 수입하여 생산 진출 전에 판매를 시작해보고, 2단계에서는 이러한 판매 활동이 성공을 거두었을 때 중국 국유기업 공장에 임가공 생산을 의뢰해본다. 3단계로 중국 국유기업 공장에 OEM 생산을 의뢰해보고, 4단계에서는 공장 일부를 임대하여 직접 가동을 해본다. 5단계에서는 공장 전체를 임대하여 공장 가동을 해보며, 6단계에서는 판매력에 맞는 소규모 자체 공장을 건설하여 운영을 해보고, 마지막 7단계에서는 본격적으로 대규모 공장을 건설한다.

CHAPTER 09

생산관리

1. 토지 및 공장 확보

중국은 토지 소유권이 국가에 속하며 개인은 토지를 보유하거나 살 수 없는 나라이다. 중국의 토지 소유 제도는 크게 국가소유(全民所有)와 집체소유(勞動群衆集體所有)로 나뉘는데, 토지가 기본적으로 국가와 집단 소유이기 때문에 외국기업이 토지를 이용하고 싶다면 토지 사용권이라는 것을 취득하여야 한다.

외자기업이 토지 사용권을 획득하는 방법은 국가소유 토지와 집체소유 토지 간 차이가 있다. 국가소유 토지의 경우, 시(市)나 현(縣) 지방정부 '국가토지관리국' 으로부터 토지 사용권을 양도(出讓)받거나 이미 토지 사용권을 가진 국유기업이나 기관으로부터 재양도를 받아야 한다. 사용권은 통상 70년이며 공업용지는 50년, 관광 · 오락 용도의 상업용지는 최장 40년으로 정해져 있다. 이들 토지는 도시 계획 등의 특별한 이유가 없는 한 만기 후 연장이 가능하며, 사용 기한 1년 전에 연장 신청을 하면 된다. 집체소유 토지의 경우, 원칙적으로 국유 토지로의 전용 절차를 밟은 후 사용권을 취득해야 한다.

토지 사용권을 양도(出讓)받을 때는 정부의 토지관리부서와 '토지출양(出讓)계약' 을 체결하며 계약에서 약정한 용도대로 토지를 사용해야 한다. 출양받은 토지 사용권은 양도, 임대, 저당이 가능하다.

외자기업이 중국 내 토지 확보를 위해 이용할 수 있는 토지 사용권 취득 방법을 표로 정리하면 다음과 같다.

〈표 9-1〉 외자기업의 토지 사용권 취득 방법

무상양도(劃拔)	• 정부로부터 무상으로 토지 사용권을 취득하고, 매년 국가에 토지 사용비만 납부하는 방식 • 법률상 외국인 투자 기업도 무상양도 방식으로 토지 취득이 가능하도록 되어 있으나, 실질적으로는 거의 불가능 • 일반적으로 국가 기관 용지, 군사 기지, 도시 인프라 부지, 공공사업 부지, 국가 중점 인프라 부지 등에 적용됨
유상양도(出讓)	• 국가로부터 토지 대금을 납부하고 일정 기간 동안 토지 사용권을 취득하는 방식으로 대개 협의나 입찰 방식으로 취득
재양도(轉讓)	• 법에 따라 토지 사용권을 취득한 자로부터 토지 사용권 잔여 기간 내에 토지 사용권을 다시 취득
토지 사용권 임차(出租)	• 토지 사용권을 취득한 자 혹은 정부와 직접 토지 임대차 계약을 체결
합작에 의한 취득 (토지의 현물출자)	• 중국 측 합작선이 토지 사용권을 출자 지분으로 투자하는 방식에 의한 토지 사용권 취득

(1) 토지 사용권 확보 방식 및 비용

유상양도 및 재양도

외국인 투자 기업이 토지 사용권을 취득하는 가장 합리적인 방법은 유상양도나 재양도이다. 무상양도는 외국인 투자 기업에게는 적용되지 않기 때문에 이 글에서는 제외하였다. 유상양도, 즉 출양(出讓)은 중국 정부에게 돈을 지급한 후 양도 이전 등기를 거쳐 토지 사용권을 취득하는 것으로 토지의 매입에 상당하기 때문에 가격이 비교적 높다. 하지만 이러한 방식만이 해당 토지의 재양도, 임대 및 저당이 가능하다. 재양도(轉讓)는 이미 국가로부터 토지 사용권을 양도받은 제삼자와 양도 계약을 체결해 사용하는 것으로 초기 출양받았을 경우와 동일한 법적 지위를 누릴 수 있다.

여기서 유의해야 할 점은 유상양도 혹은 재양도 방식으로 토지 사용권을 취득하는 것은 원칙적으로 국유 토지에 대해서만 가능하다는 것이다. 이는 현행 중국 헌법상 국유 토지만이 유상양도, 임대 및 기타 방식에 의해 토지 사용권이 이전될 수 있도록 규정하고 있기 때문인데, 만약 집체 토지로 분류된 토지를 유상양도, 재양도받고 싶으면 먼저 소정의 금액을 납부하고 국유 토지로 전환하는 절차를 거쳐야 한다.

재양도(轉讓) 방식으로 토지 사용권을 취득할 경우 유의해야 할 점은 당해 토지의 사용 기한이 얼마나 남았는지 확인해야 한다는 점이다. 토지 사용권 사용 기한이 임박했을 경우, 토지 사용권 만료 시점에 정부에 토지를 반환해야 하거나 높은 비용으로 토지 사용권 이용권을 재부여 받아야 하는 문제점이 발생할 수 있기 때문이다.

토지 유상양도 시 체결해야 하는 계약서는 '국유토지사용권출양계약서(國有土地使用權出讓合同)'로 이 계약 체결은 소재지 지방정부의 토지관리국과 한다. 부속 서류의 하나인 토지 사용 조건 서류에 의해 사용 용도와 시공 및 준공 기한 등이 엄격히 제한받는다. 이때 투자자는 외국인 투자 기업 설립 후 일정 기간 내에 소정의 토지 계약을 체결해야 하는 기한이 명시되어 있는지 필히 확인해야 한다.

〈표 9-2〉 국유토지사용권출양계약서 내용

① 계약 당사자
② 부지의 위치, 면적(지적도 확인)
③ 부지 사용 기한
④ 부지 사용 용도
⑤ 부지 양수 금액 및 납부 방식
⑥ 부지 사용권 이전 등기 절차 및 기한
⑦ 부지의 사용 용도에 따른 시공 및 준공 기한
⑧ 부지에 건축될 건물의 구체적 건축 계획
⑨ 공공시설물을 위한 무보상 수용 조항
⑩ 부지 내 시설물의 무단 철거, 개축, 증축 금지 조항
⑪ 전기, 수도, 접속 도로 설치 비용 부담 조항
⑫ 분쟁 처리 조항
⑬ 위약금 조항
⑭ 사용권 연장 및 해지 조항 등

(출처 : KOTRA, ≪중국투자실무가이드≫, 2008, p.194)

유상양도(출양)를 통한 취득 비용은 토지 취득비와 토지 개발비로 나뉘는데, 토지 취득비는 취득 시점에서 일괄 지급하는 것이 원칙이지만 지역에 따라 연간 혹은 분기납도 가능하다. 여기서 주의해야 할 점은 연 단위 납부 시 토지 기준 시가가 상승할 경우, 토지 취득비에 대한 추가 부담 문제가 발생할 가능성이 있으며, 분기별로 납부할 경우에는 연 단위 기준 미납 금액에 대해 이자를 납부해야 한다는 것이다. 토지 개발비는 토지 사용권을 취득한 뒤 당해 토지를 기업 용도에 맞게 개발하는 데 소요되는 비용을 말한다.

임차(出租)

임차는 토지 사용권 소유자로부터 해당되는 부지를 임대차 계약을 통해 임차하는 방법으로 소정의 임차료를 임대자에게 납부한다. 임대 계약은 최장 20년이다. 임차 방식의 장점은 토지 사용권 취득에 따른 과도한 초기 투자 비용을 절감하고 토지 사용권 매각 시 자산 손실을 최소화할 수 있다는 점이다. 즉, 토지 사용권 매각 시 매입 대상자 물색, 가격 협상 등으로 많은 시일이 소요될 수 있어 기업들은 토지 사용권을 헐값으로 매각하는 경우가 많은데, 임차 방식에 의할 경우 이로 인한 손실은 없다.

토지 사용권 임차 시 주의해야 할 점은 중국 내 모든 토지가 전부 임대 및 임차가 가능한 것이 아니므로 해당 토지의 사용권 임대차 가능 여부를 확인해야 하며, 토지 사용권 보유자가 토지 사용권 가격 상승을 이유로 임대료를 과다하게 인상할 가능성이 있으므로 토지 임대차 계약서 작성 시 임대료 조정과 관련된 사항을 사전에 명시할 필요가 있다. 참고로 임대료 책정은 통상 장지 사용비(場地使用費, 토지 개발비와 토지 사용비로 이루어짐)를 기준으로 이루어진다. 이 중 토지 사용비는 토지 등급에 따라 매년 납부해야 하는 일종의 자원세 성격을 가진 비용으로, 성 · 직할시 · 시급 지방정부가 결정하여 고시한다. 토지 사용비 표준 가격 인상은 지역에 따라 다르지만 보통 3~5년에 한 번씩 가능하며, 1회 인상폭은 기존 가격의 30% 이상을 초과할 수 없다는 점을 알고 있어야 한다. 따라서 임대료 인상은 정부와 임대 계약 체결 시 4년차부터 조정이 가능하며 인상폭은 기존 임대료의 30%를 초과할 수 없다. 기업이나 개인과 임대 계약 체결 시 임대료 변경이 가능하지만 과다한 임대료 인상을 방지하기 위해서는 정부와의 임대 계약 사항을 준용하여 계약서를 작성하는 것이 바람직하다.

그 외에 외국인 투자 기업이 임대 후 직접 공장 등 건물을 건축하여 운영할 경우 건축비 회수가 불가능하며 오히려 원상 복구하라는 요구를 받아 철거 비용까지 부담할 수 있다는 점도 유념해야 한다.

토지의 임대차 가능 여부는 소재지 관할 지방정부 토지관리국(土地管理局)과 부동산관리국(房地産管理局)의 등기 내용을 열람해 확인할 수 있다. 그리고 중국 내 토지 임대차 계약은 관할 지방정부 토지관리국의 허가를 받고나서 부동산관리국에 보고해야 한다는 점도 명심해야 한다.

현물출자(합작에 의한 취득)

합작투자 시 중국 측에서 투자금 대신 토지 사용권을 현물로 출자하는 경우가 있다. 이때 외자기업은 중국 측이 해당 소재지의 지방정부 토지관리국이나 부동산관리국에 출자 기한 내 또는 계약에 별도 약정된 기한 내에 토지 사용권의 출자 절차를 마치고 등기 변경을 하였는지, 합자 · 합작 기업 명의의 토지사용증서(土地使用證書)가 발급되었는지를 확인해야 한다.[1] 토지사용증서를 확인할 때는 무엇보다도 토지 사용권 기한이 투자 기한보다 짧아서는 안 되고, 예정된 토지에 대한 명의가 정확히 이전되었는지를 지적도를 통해 살펴보아야 한다. 이를 위해서는 계약서상에 부지의 지적도상 위치와 면적이 명기되도록 하는 것이 좋다.

토지의 현물출자 시에는 원칙적으로 투자 허가 기관으로부터 허가받은 사업목적 외에는 사용할 수 없으며, 토지 사용권의 재양도, 임대, 저당 등도 불가하므로 이 점도 사전에 명확히 확인해야 한다. 특히 중국 측이 국가로부터의 무상양도(劃拔) 토지를 출자하는 경우, 토지 사용권 저당 등이 불가능한 것 외에도 기업 청산 시 정부에 반납해야 하기 때문에 출자한 토지에 대한 재산상의 불이익을 받을 수 있다는 점을 명심해야 한다.

한편 국가공상행정관리총국 내부 문건인 〈공상외기자(工商外企字), 2006, 81호〉에 따르면 토지의 현물출자 시에는 반드시 사전에 중국 내 관련 자산 평가기관에 의해 자산 평가를 받아야 한다.

그리고 중국 측이 토지를 현물출자하는 경우에 그 토지의 사용비는 중국 측이 납부하는 것이 일반적이며, 외국인 투자 기업의 실질적인 토지 비용은 없다.

---

1) 토지관리국은 토지 관련 허가 업무에 대해 총괄적으로 책임지는 일을 하고, 부동산관리국은 건물 등기, 건물 매매와 임대차 가격 관리를 담당한다. 그러나 이런 구분은 지역마다 다를 수 있다. 일부 지역에서는 국토자원국이 토지 관련 업무를 맡고, 건설위원회(산하 부동산등기사무센터) 또는 부동산관리국이 부동산 관련 업무를 총괄하나, 또 다른 지역에서는 국토 자원 관리 부서와 부동산 관리 부서가 통합되어 하나의 부서로 운영되고 있기도 하다(예: 국토부동산관리국).

따라서 중국 측은 배분받은 이윤 중에서 일부를 해당 토지 사용비로 납부하며, 만약 이윤 배분이 없는 경우에는 합자 · 합작 기업이 납부하고 이를 비용으로 처리하여 '기업관리비' 계정에 기입한다.

건물 구입과 병행된 토지 사용권 취득

〈중화인민공화국 성진국유토지사용권 출양화전양잠행조례(中和人民共和國城鎮國有土地使用權出讓和轉讓暫行條例)〉 제23조와 제24조 규정에 의하면, 토지의 지상 건물과 부착물 소유자는 동 건물 및 부착물 사용 범위 내의 토지에 대한 사용권도 함께 갖는 것으로 되어 있어 일반적으로 건물 구입 시 해당되는 토지 사용권도 획득하게 된다.

문제는 지상 건물과 부착물의 소유 기한이 해당 토지 사용권 기한에 의해 제한받으므로, 설사 외국 기업이 건물을 구입했다 할지라도 건물 소유주의 해당 토지 사용권 기한이 끝나면 건물 구입에 의한 건물 소유권은 자동적으로 토지 사용권과 함께 소멸된다는 점에 있다.

토지 사용비의 감면과 면제

외자 기업의 토지 사용권 획득에 관해 중국은 원칙상으로 무상양도를 허용하지 않고 있다. 무상양도가 허용되는 기관은 중국 정부 기관, 군부대 등이기 때문이다. 다만 일정 자격을 갖춘 외국 기업에 한해 몇 년간 면제해주는 방법은 통용되고 있다. 예를 들어, 중국은 삼자기업에 대해 소재지 관할 지방정부의 각 관련 부서 심사를 거쳐 수출형 기업[2]이나 선진기술형 기업[3]으로 지정받을 경우 토지 사용비를 토지 사용권 취득일로부터 5년간 일괄 면제해주고 6년차부터 다시 5년간 50% 감면해주고 있다. 또 삼자기업이 1차산업이나 사회간접자본 사업에 종사하는 경우에는 투자 기간 중 토지 사용비를 계속 면제해주고 토지 개발비도 최고 50%까지 감면해주고 있다.

2) 수출형 기업은 지역별로 요건이 다르다. 북경시의 경우 당해 연도 외환수지가 흑자이면서 당해 연도 수출액이 당해 연도 매출액의 50% 이상인 기업을 말한다.

3) 선진 기술형 기업 역시 지역별로 요건이 다르다. 상해시의 경우 투자 장려 항목에 해당되며 선진국 수준의 기술로서 실제 적용이 가능한 기술, 중국 국내 공급이 불가한 제품의 생산 기술, 중국 국내 동종 제품의 대체 혹은 수출 촉진 및 수입 대체 유발 효과가 큰 기술에 해당되면 선진 기술형 기업의 요건을 갖추게 된다.

〈표 9-3〉 변경된 과세 기준

신규 건설 용지 토지 유상 사용비 기준 인상 : 2007. 1. 1. 시행
• 중국 정부는 '2006년 11월 7일' 에 〈신규 건설 용지 토지 유상 사용비 정책 조정에 관한 통지〉를 발표하여 2007년 1월 1일부터 실시 - 전 국토를 15등급으로 나누어 기준을 정하고 있으며 2007년 1월 1일부터 2배로 인상(1등급 70위안/㎡→10위안)
• 중국 정부는 2006년 12월 27일 〈전국 공업용지 불하 최저 가격 표준〉을 발표하여 2007년 1월 1일부터 실시 - 전국 토지를 15등급으로 나누고 등급별로 최저 가격 기준을 정하였으며 지방정부가 공업용지 사용권을 불하할 경우 최저 가격에 명시된 기준을 준수해야 함. - 공업용지의 불하 시는 입찰 또는 경매 방식을 의무화하며 당사자 간의 협의에 의한 양도는 불가
토지 사용세 기준 인상 및 외자기업 부과 확대 : 2007. 1. 1. 시행
• 중국 정부는 2006년 12월 31일 〈도시 토지 사용세 잠행 조례 수정 관련 통지〉를 공표하였으며 2007년 1월 1일부터 시행 - 과거 토지를 사용하는 국유 기업, 집체 기업, 민간 기업, 개인에서 납부 대상을 확대하여 외국 기업을 포함(외국인은 종전과 같이 불포함) - 사용세 기준을 3배 인상하여 대형 도시의 경우 연 0.5~10위안/㎡에서 1.5~30위안/㎡으로 상향

(출처 : 장세은, 장효경, 《중국 경제체제 흐름의 변화와 우리 기업의 전략적 과제》, 2007, pp.8~9)

(2) 공장 확보 방식

공장을 확보하는 방식은 신규 건설, 구입, 임차, 중국 측 현물투자 등이 있다.

신규 건설

토지를 확보하게 되면 공장 건설 단계에 들어가게 되는데, 이때 외자기업들은 토지 사용 계약서에 명시된 시공 일자와 준공 일자를 준수해야 한다. 이 일자를 준수하지 못하는 경우 소재지 관할 지방정부는 앞서 획득한 토지 사용 허가를 취소할 수 있다. 이런 건설 관행을 제대로 파악하지 못하면 공장 건설 단계에서 많은 노력과 시간을 들이게 되므로, 반드시 투자 계획 수립 단계부터 공장 건물 건축까지 계획을 면밀하게 세워야 한다. 특히 공장 신축에 들어가는 여러 부대 비용 계산 같은 경우는 믿을 만한 중국 내 컨설팅 업체에 맡기는 것이 오히려 비용과 시간 절감 측면에서 더 유용할 수 있다.

〈표 9-4〉 공장 건설 절차

절차	내용	관련 기관
건설 기본 계획	투자 계획 허가 현지법인 설립 부지 선정 토지 계약 공장 건설 기본 계획도 작성	계획위원회 토지관리국
설계	설계 사무소 선정 초보(方案) 설계 확대 설계 시공도 설계	건설 주관 부문 규획국(規劃局)
시공 준비	공사 시공 허가 취득 입찰 업무: 시공업자 및 감리업체 선정 시공 및 관리: 시공 허가증 취득 인프라 신청: 전기, 전화, 가스, 수도	건설업 관리 판공실/건설 주관 부문 감리업체 공전국(供電局), 수도공사 통신 회사 등 인프라 운영업체
시공	시공, 심의	
사용 허가 취득	준공 검사 생산 설비 반입 건축 사용 허가증 취득	건설공정질량감독기관 (建設工程質量監督機關) 건설 주관 부문

(출처: KOTRA, ≪중국투자실무가이드≫, 2007, p.201)

공장 구입 및 임대

일반적으로 사람들은 공장 건물을 구입하게 되면 그 건물만 구입하는 것으로 생각하기 쉬운데, 실제로는 건물 구입과 동시에 토지 사용권 구입도 함께 이루어진다. 이와 관련해 건물 부지가 국유 출양 토지인지, 토지 사용권 기한이 언제 끝나는지 필히 확인해야 한다. 토지 사용권 기한이 만료되면 건물 소유권도 같이 소멸되기 때문이다.

또 건물을 구입하거나 신축하여 소유하면 우리의 건물세에 해당하는 '도시부동산세(房産稅)'를 납부해야 한다. 이 부동산세 과세율은 〈도시부동산세 잠정조례〉 제6조에 따라 ① 건물 기준 가격에 의하는 경우 연간세율 1%, ② 토지 기준가에 의하는 경우 연간 세율 1.5%, ③ 건물 기준 가격과 토지 기준 가격이 명확히 구별되지 않는 지역은 잠시 건물 기준 가격과 토지 가격의 합산 금액을 기준으로 연간 세율 1.5%, ④ 건물 기준 가격을 계산하기 어려운 지역은 잠시 건물 임대 기준 가격에 의해 연간 세율 15%를 적용한다.

그러나 도시부동산세 납부 금액도 지역에 따라 달라질 수 있고 심지어 감면

해주는 지역도 있으므로 사전 확인이 필요하다. 실제로 중국 일부 지역에서는 지방정부가 먼저 개발구를 조성하고 외국인 투자자들이 공장을 구입, 개발구에 입주하도록 유도하기 위해 개발구 내 표준공장[4]을 건설해놓았다. 그리고 이 표준공장 구입 시에는 부동산세 5년 면제라는 혜택을 주기도 한다.

건물 구입이 아닌 임차의 방법을 택할 경우에는 필요로 하는 공장 건물만을 임대차 계약에 의해 임차 사용하면 된다. 임대차 계약 내용은 소재지 관할 지방정부의 부동산관리국에 등기되어야 임차 사용권이 비로소 보호받을 수 있다. 유의해야 할 점은 이때 토지 사용권에 관한 권한은 건물 소유주, 즉 공장 건물 임대자에게 있으므로 임차인은 토지 사용비를 부담할 필요가 없이 공장 건물의 임대자 측이 해당 토지의 토지 사용비를 납부하게 된다. 종종 우리 투자자 측이 공장 건물 임차료와는 별도로 해당 토지의 토지 사용비를 납부하도록 요구받는 경우가 있으나, 중국 각 지방정부별로 제정되어 있는 〈토지사용비잠정규정(土地使用費暫行規定)〉에는 건물 임대자가 토지 사용비를 납부토록 규정하고 있다.

중국에서의 건물 임대료는 건물 토지 사용비가 기준이 되는데, 토지 사용비는 대개의 경우 3년에 한 번씩 조정 고시되며, 조정폭 역시 30%를 넘지 않는 것이 관례로 되어 있다. 따라서 임대료 조정 조항을 결정함에 있어 이 점을 참고해야 한다.

중국에서는 토지와 건물 임대료를 연 단위로 지불하는 방법과 투자 기간에 상당하는 기간의 임대료를 일시불로 지불하는 방법이 통용되고 있다. 일시불로 지불하는 경우에는 임대료에 대한 추가적인 조정이 없다는 편리함이 있으나, 임대료의 선지불에 따른 이자소득 기회비용을 고려하여 결정해야 할 것이다.

그 외에 건물의 개·보수와 관련해서 외국 기업이 임의로 시공을 할 수 있고 시공업체를 선정할 수 있느냐 하는 점을 사전에 확인해야 한다. 대개의 경우 소재지 관할 지방정부의 건설공사품질관리감독(建設工程質量監督) 기관으로부터 사전 시공 허가를 받아야 하며, 관할 지방정부에 등록된 시공업체가 독점적인 사업권을 가지고 있어 예상 외로 많은 비용이 들 수 있기 때문에 공장 건물을 구입, 임차할 때는 사전에 개조와 보수에 관련된 사항을 고려해야 한다.

---

4) 표준공장은 인프라가 대체적으로 잘 구축되어 있고 공장 가동까지 시간이 단축되나, 전력 용량 부족, 전기 배선에 따른 생산 설비 레이아웃 제한 등의 문제점이 있을 수 있어 사전에 면밀한 검토가 요망된다.

〈표 9-5〉 표준공장 확인 사항

구분	세부 항목
소유자, 토지 소유권	• 소유자는 개발구 관련 회사인가? • 사용 토지의 성격은 무엇인가?(출양, 무상양도, 집체소유) • 우대 혜택에는 무엇이 있는가?
인프라	• 전기, 가스, 수도, 통신 등은 실제 사용 가능한가? • 사용 공간, 최대 사용 전력, 환경 표준은 어떠한가? • 동일 개발구 내 한국 기업의 의견은 어떠한가?
도로	• 화물차의 통행에 지장은 없는가? • 도로폭과 회차(回車) 각도에는 여유가 있는가?
건물	• 구조상 문제는 없는가, 작업 공간, 창고, 사무실 공간은 충분한가, 비밀유지에 지장은 없는가? • 화장실, 주방, 샤워, 공용 장소의 설치 상황은 어떠한가? • 전원은 충분한가, 변전 설비는 어떠한가? • 2층 이상의 경우 엘리베이터는 화물의 반출입에 지장(공간, 적재중량 등)이 없는가, 계단에 충분한 공간이 있는가? • 창유리, 창틀, 방화셔터, 자물쇠 등 방범, 방화상 문제가 없는가? • 방화 구획은 잘 되어 있는가, 벽, 천장의 재료는 불연재가 사용되었는가? • 발화 가능성이 높은 설비는 분리되어 있는가, 덕트는 잘 갖추어져 있는가, 오일 저장 시설에는 펜스가 쳐져 있는가? • 피뢰침 설치 상황(다른 배선과의 구분 등)은 문제가 없는가, 내장 비용, 임대료는 어느 정도 소요되는가?
소방 설비	• 소화전은 설치되어 있는가, 수압은 충분한가, 호스의 상태는 양호한가? • 소화기가 낡지 않았나, 손상된 곳은 없는가? • 화재 경보기가 설치되어 있는가, 감지기는 잘 부착되어 있는가, 작동에는 문제가 없는가?
경비	• 개발구의 방범, 방화 체제는 어떠한가? • 경비가 필요한가, 수위실은 설치되어 있는가?

(출처: KOTRA, ≪중국투자실무가이드≫, 2007, p.203)

2. 전기, 통신, 용수 확보와 관리

토지 및 공장 확보와 함께 해결해야 할 것은 전력 · 용수 확보와 관리이다. 중국의 전력 및 용수 사정은 지역별 편차가 심한 편이다. 일반적으로 경제특구, 연해 경제기술개발구는 사정이 좋지만 내륙으로 갈수록 관련 인프라 사정이 나쁘다. 따라서 진입 예정인 지역에서 조업하고 있는 다른 기업을 통해 통신 · 전력 · 용수 사정 등을 철저히 확인한 후 최종 결정을 내려야 한다.

(1) 전기 · 통신 · 용수 신청

통신과 전기를 비롯해 공업용수 공급 및 하수처리 공사 등은 이미 소재지 관할 지방정부의 해당 부서에 의해 사전 심사된 것으로 해당 부서에 가설 및 공급을 신청한다. 그러나 실제로 사회간접자본의 공급은 외자기업들에게 적잖은 애로 사항이 되고 있는 것으로 알려지고 있다.

예를 들면, ① 전기의 경우 필요한 전기 선로 공사를 위한 전선과 애자, 변압기, 전구 등의 자재 비용을 수용가 측이 부담해야 하는데, 그 가격이 예상했던 것보다 훨씬 높을 뿐만 아니라 소재지 관할 해당 부서 내에 필요한 자재 보유분이 없다는 점을 들어 가설 공사에 착수하지 못하는 경우가 있고, ② 용수의 경우도 상수도 공급이 원활하지 않을 것을 우려해 지하수를 개발 사용하고자 하면 이는 투자 허가 당시에 거론되지 않았던 것임을 이유로 허용되지 않는 경우도 있으며, ③ 통신 같은 경우는 일반 전화 신청자보다 우선적으로 회선을 배정하기 위한 별도의 비용을 요구하는 경우 등이 있다.

또한 한국 기업들이 국내에서 가지고 간 팩시밀리나 사내 전화교환시스템이 중국 정부의 형식 승인을 받지 않은 것임을 이유로 사용을 못하게 되는 경우도 있다.

따라서 투자자 측은 사업 타당성 검토보고서 작성 단계에서 중국 현지의 생산 여건을 구체적으로 조사하면서 투자자 측에서 요망하는 사회간접자본 공급이 가능한지를 확인해야 한다. 또 이를 소재지 관할 지방정부 해당 부서로부터 확약을 받는 한편, 필요한 경우 국내에서 소요되는 자재를 공급하여 가설 기간을 단축시킬 수 있는 방안도 충분히 검토하는 것이 바람직하다.

중국의 전압은 220볼트와 380볼트, 사이클은 50Hz로서 국내 전력 공급과 다르며, 주변압기 변전 전압이 110킬로볼트, 35킬로볼트, 10킬로볼트, 6.3킬로볼트이다. 또 유무선 전화 모두 시내 전화, 장거리 전화, 국제 전화 기능이 분리되어 있어 시내 전화와 함께 장거리 전화, 국제 전화를 사용하려면 별도의 신청을 해야 한다.

(2) 비즈니스 리스크로 대두된 전력난

전력난 발생 현황

중국의 급속한 경제 발전에 따라 전력 수요도 가파르게 증가하고 있는데, 소비전력량은 1996년~2002년간 중국 실질 성장률을 넘어서 연 9~15%의 급격한 증가세를 보이고 있다. 따라서 2003년 여름부터 전력난이 본격화되면서 중국 현지 진출 기업은 휴일 대체나 야간 조업을 하는 등 중국의 전력 공급 조정 정책으로 인한 영향을 크게 받아오고 있는 실정이다. 특히 지린성, 랴오닝성, 헤이룽장성, 신장성, 하이난성 등 기타 성급 전력망은 모두 제한 송전을 실시하는 등 2004년에는 2003년보다 더욱 악화되어, 이에 따라 제한 송전 지역이 2003년 22개 성에서 2004년에는 24개 성으로 확대되었다.

사례 1 중국, 하반기 전력난 심각

중국이 심각한 전력난을 겪고 있는 가운데 올해 하반기 중국의 전력 부족량이 1500만kW에 달할 전망이다. 〈홍콩문회보〉는 중국전력기업연합회(중전연)의 수치를 인용해 하반기 중국의 전력 부족량이 1500만kW에 달해 심각한 전력난을 겪을 것으로 예상된다고 14일 (현지시간) 보도했다.

중전연은 '전국 전력 공급 · 수요 및 경제 상황 분석 보고서'를 통해 여러 요인으로 석탄 가격이 오르고 있어 하반기 발전용 석탄의 공급 부족 현상이 심각할 것으로 전망했다. 올해 발전용 석탄 소비량은 16억 톤으로 지난해에 비해 11.5% 증가할 것으로 예상된다. 보고서에 따르면 발전용 석탄 공급 부족과 가격 상승으로 일부 발전소가 석탄 부족에 시달리면서 발전기 가동을 중단한 상태이다.

산둥성은 10년 이래 최악의 전력난에 시달리고 있다. 광둥성은 최대 전력 부족량이 600만kW에 이를 것으로 보인다. 산둥성의 올해 최대 전력 수요량은 3700만kW에 달할 것으로 예상되지만 7월 29일 산둥성의 전력 부족량은 1022만kW에 이르렀다. 이는 전력 수요량의 33%에 해당한다.

(출처 : 〈아시아 경제〉, 2008. 8. 14.)

전력난 발생 주요 원인

중국의 전력 수급 불안은 지나친 석탄 의존형 에너지 산업구조와 중국 정부의 전력 가격 통제 정책이 빚은 결과이다. 중국 전력 수급 불안의 가장 큰 원인은 전력 가격 연동이 지연되면서 발전소의 운전 정지 횟수가 증가한 데 있다. 중국 상무부 일일 통계 자료에 따르면 2003년 톤당 246.3위안이었던 중국의 석탄 가격이 2004년 365.3위안, 2005년 391.4위안, 2006년 406.1위안, 2007년 431.3위안, 2008년 5월 497.1위안으로 5년 만에 2배 이상 상승하였다. 이는 발전탄 수요 증가율이 공급 증가율을 앞서고 있고, 자원세와 환경 기금, 지속 가능 기금 등 각종 부과금 징수가 늘면서 석탄 채광 원가가 상승한 데 따른 것이다.

중국 내 발전탄 공급 능력이 부족한 것도 중국 전력 수급에 영향을 끼치고 있는데, 이는 중국 전체 발전원 중 석탄 화력이 설비 용량의 77%, 발전량의 83%를 차지할 정도로 석탄 의존형 에너지 산업구조를 갖고 있기 때문이다. 하지만 경제 성장으로 석탄의 수요가 증가하는 반면에, 사고 방지 및 석탄 기업 대형화를 노린 중국 정부의 '소규모 탄광 폐지 정책'과 중국의 석탄 자원에 대한 무분별한 통제 정책으로 인해 석탄 공급량은 현저히 줄고 있다. 이에 대해 중국은 2020년까지 원자력발전 설비를 전체 전력 시설용량의 5%(약 7000만kW)까지 확대하기로 하였다.

중국은 전력 수급난을 해결하기 위해서 단기적으로는 수요 제한, 중기적으로는 전원(電源) 개발, 장기적으로는 안정 공급을 위한 전원(電源) 구성의 적정화 등을 세우고 있다. 향후 중국 경제 성장에 따라 에너지 수요는 지속적으로 확대될 것이다. 이에 따라 전력 부족이 수년간 지속될 경우 중국 경제뿐만 아니라 현지 진출 기업에 대한 영향도 막대할 것으로 전망된다. 또한 거시적으로 보면 현지 투자 한국 기업에 그치지 않고 한국 경제에도 큰 영향을 끼칠 것으로 보인다.

중국은 한국의 제1교역 대상국으로 전력 부족에 따라 중국의 실질 GDP가 저하할 경우 중국에 대한 원자재 수출이나, 중국으로부터의 소비재 수입에 미치는 영향을 피할 수 없을 것이다.

3. 원자재 및 설비 조달

(1) 원자재 조달 방법

중국은 〈중외합자경영기업법〉에 "비준된 경영 범위 내에서 필요한 원자재·반제품연료·보조설비 등 물자를 국내시장이나 국제시장에서 구매할 수 있다."고 규정하고 있다.

외국인 투자 기업이 중국 내에서 생산용 원자재를 조달하는 방안은 대개 ① 소재지 관할 지방정부 물자국(物資局)에 의한 배정, ② 소재지 관할 지방정부에 등록된 도매기업이나 물자 공급 기업으로부터 구매, ③ 자유 시장(自由市場)에서의 구매, ④ 중국 측 합자·합작선의 기존 생산품 이용, ⑤ 중국 내 대외무역수출입공사(對外貿易進出口公司)를 통한 수입, ⑥ 투자 기업의 직접 수입 등이 있다. 우리나라 기업들은 주로 모기업으로부터의 공급이나 제3국으로부터의 직접 수입 방식을 많이 이용하고 있다.

중국 내 현지 조달은 부품의 적시 조달, 직접 생산비 절감, 외환 절약 등의 장점을 갖고 있는 반면, 중국 현지 원부자재의 열악한 품질, 관할 부서의 개입과 통제, 원부자재 공급 지연과 수량 부족, 공급 부족 원부자재에 대한 리베이트 요구 등의 문제점이 있다. 따라서 외자기업들은 저가 원자재나 긴급 원부자재를 필요로 할 경우에만 중국에서 조달하고, 핵심 부품이나 고기술 부품은 자국 및 제3국에서 수입해서 쓰는 이중적 전략을 쓰고 있다.

중국에서 원자재를 수입하는 경우, 관할 세관에서 〈중화인민공화국해관대외상투자기업리행산품출구합동소수진구료건가공복출구등기수책(中華人民共和國海關對外商投資企業履行產品出口合同所需進口料件加工復出口登記手册; 통상 해관등기수책으로 칭함)〉이라는 긴 제목의 '면세반입 등록대장'을 발급받아 이 등록대장 내용대로 품목별 원자재 수입, 완성품 수출, 사후 관리를 받는 것이 일반적이다. 해당 기업은 원자재 수입 시 매 건마다 등기수책에 기록하고 소재지 관할 세관에 신고해야 되는데, 나중에 이 등기수책에 근거해 완성품 수출 시 증치세(부가가치세)를 환급받아 면세 혜택을 누릴 수 있다.

원자재를 비축할 수 있는 또 다른 방법은 보세창고를 설치하는 방법인데 보세창고 설치 방법은 〈중화인민공화국해관대보세창고급소존화물적관리판법(中

華人民共和國海關對保稅倉庫及所存貨物的管理辦法; 보세창고 및 화물관리법〉〉에 의거하고 있다. 보세창고 허가를 얻고자 하는 경우 소재지 관할 세관에 보세창고등기증서(保稅倉庫登記證書)를 발급받으면 되는데 보세창고 비축 기한은 1년이며 보세창고 비축 원자재의 사후 관리는 1개월 단위로 행해지는 것이 원칙이다.

그러나 최근 들어 많은 한국 기업들이 가격 경쟁력과 품질 유지라는 두 마리의 토끼를 잡기 위해 본국으로부터의 원자재 수입보다는 부품 회사들과의 동반 진출을 많이 추진하고 있는 추세이다. 실제로 중국으로의 관련 산업 동반 진출은 원부자재의 상호 보충, 안정적 조달, 제품 품질 유지, 가격 경쟁력 제고 등에서 많은 도움이 되고 있다.

이런 추세에 힘입어 2003년에 무역협회가 실시한 조사에 따르면, 투자법인들의 원자재 조달(매입) 시 중국 현지 조달 비율이 44.3%로 가장 높게 나타났으며, 그 다음이 한국, 제3국순이었다. 또한 한국수출입은행의 발표에서도 중국 진출 한국 기업의 중간재 조달 비중은 1999년 34.8%였던 현지 조달 비율이 2001년에는 45.9%, 2003년에는 49.7%로 크게 높아진 반면, 한국으로부터의 조달은 각각 44.8%, 39.8%, 36.1%로 낮아졌다. 이렇게 중국 내 한국 기업의 중간재 현지 조달 비중 상승은 거시적인 측면에서 우리나라의 대중 수출에 부정적인 영향을 미칠 것으로 예상되지만, 중국에 진출한 외자기업의 입장에서는 원자재비 절감 효과를 볼 수 있어 가격 경쟁력 제고, 내수시장 진출에 유리하다. 현지 조달 시 공급 기일 단축, 적정 재고 유지 가능, 내수 영업 위주에 따른 외화 조달 애로 요인 회피 등의 측면에서 유리하게 작용하고 있다.

(2) 핵심 원자재 부품 수입에 대한 통제

중국 내 외자기업이나 한국 기업들은 저가 원자재나 긴급 원부자재의 경우 중국에서 조달하지만, 핵심 부품이나 고기술 부품은 자국 및 제3국에서 수입해서 쓰는 이중적 전략을 쓰고 있다. 그러나 계획경제하에서 폐쇄적 자립 경제를 추구하였던 중국이 비록 '사회주의 시장경제'로의 체제 전환을 도모하고 있지만 아직도 다양한 비관세 장벽이 존재하고 있다는 점을 명심해야 한다.

수입허가증 관리제와 수입 쿼터제

중국은 수입 억제 수단으로 주요 물품에 대해서 수입허가증과 쿼터제를 활용하고 있다.

수입허가증의 경우 수입업체가 수입허가증 신청 시 유관 부처가 발행하는 수입유효증서를 첨부하도록 하고 있으며, 이 수입유효증서를 발급하는 기관을 품목에 따라 다르게 두고 있다.

〈주요 품목별 수입유효증서 발급 기관〉

① 국가발전계획위원회(國家發展計劃委員會) : 폐선, 천연고무, 화학섬유 모노모, 자동차 타이어 등
② 대외무역경제합작부(對外貿易經濟合作部) : 담배
③ 국무원경제무역판공실(國務院經濟貿易辦公室) : 조립 가공 설비 등
④ 국가기전제품수출입판공실(國家機電產品進出口辦公室) : 기계, 전자 제품

중국 정부가 수입 쿼터제를 실시해 수입 물량을 통제하는 품목은 기계, 전자, 주요 생필품 및 원자재 등이다. 수입 쿼터제에서는 수입업체가 국가 유관 기관으로부터 일반제품수입쿼터증명서(一般產品進口配額證明書)를 발급받아 건별로 수입허가증을 신청하도록 하고 있는데, 만약 기업이 수입쿼터증명서가 없는 경우에는 허가받은 기업을 통해 수입이 가능하다.

중국은 크게 일반제품과 기계전자제품 두 가지로 구분해 쿼터 관리를 실시하고 있다. 일반 쿼터 관리 품목으로는 ① 유제품 ② 양모 ③ 천연고무 ④ 설탕 ⑤ 화학비료 및 동제품 ⑥ 면화 등 6종(중국 HS 8단위 분류 기준 51개 품목)이 해당되고, 기계전자 수입에 대해서는 비교적 엄격한 수입 통제를 실시해 일부 중요한 물자의 경우 정부가 직접 수량을 할당하는 쿼터제를 실시하고 있다. 기계전자 쿼터 대상 품목은 ① 자동차 및 주요 부분품 ② 컬러 TV 및 브라운관 ③ 냉장고 및 컴프레서 ④ 세탁기 ⑤ 오토바이 및 주요 부품 ⑥ 디스크플레이어, 녹음기 및 헤드 ⑦ 영상 기록 또는 재생 설비 ⑧ 사진기 ⑨ 시계 ⑩ 공조 설비 및 압축기 ⑪ 녹음 및 영상 기록 테이프 복제 설비 ⑫ 자주식 기중기 및 섀시 ⑬ 전자현미경 ⑭ 에어제트룸 방사기 ⑮ 전자분색기 등 15종(중국 HS 8단위 분류 기준 151개 품목)이 있다.

중국 정부는 기계전자제품에 대해서 수입업체가 '기계전자제품수입신청서(機電產品進口申請書)'를 작성한 후 현지 기전제품수입관리 부처에 증빙 서류와

함께 제출하도록 하고 있다.

기전제품수입관리 부처는 국가기전제품수출입판공실(國家機電產品進出口辦公室)에 이를 보고하여 심사를 거쳐 수입쿼터증명서(進口配額證明書)를 발급(유효기간 1년)하는데, 수입업체는 이 수입쿼터증명서를 근거로 대외무역경제합작부에 건별로 수입허가증을 신청한다.

일반 특정 상품 등기제

중국 정부가 수입 억제 수단으로 쓰는 것 중 하나는 특정 상품 등기 제도이다. 중국 정부는 표면적으로 이 제도를 비관세 장벽이 아니라고 하고 있으나, 현실적으로 모든 신청 업체에 대해 등기를 통과시키는 것이 아니기 때문에 유효한 수입 억제 수단이 되고 있다.

등기 제도의 대상 품목이 되는 것은 ① 곡물 ② 식물유 ③ 주류 ④ 원유 ⑤ 석면 ⑥ 컬러 감광 재료 ⑦ 농약 ⑧ 플라스틱 원료 ⑨ 합성고무 ⑩ 베니어판 ⑪ 합성직물 ⑫ 철 또는 비합금강 반제품 ⑬ 철 또는 비합금강 제품 ⑭ 동 ⑮ 알루미늄 등 15종(중국 HS 8단위 분류 기준 449개 품목)이며, 이들 품목의 수입자는 관할성 지방정부의 계획위원회에 등기를 신청하여 〈특정상품수입등기증〉을 취득해야만 수입이 가능하다.

일례로, 의료기기는 국가의약관리국에 등기를 신청하여 심사에 통과해야 하는데, 심사에 통과하기 위해서는 ISO 또는 IEC국제표준을 획득해야 하고, 중국 내에서 서비스 기관(A/S 포함)이 지정되어 있어야 하는 등 절차가 까다롭다. 무선전파 발사 설비의 경우 수입 계약 전에 등기를 하여야 하고, 신식산업부(信息產業部, 정보통신부) 무선통신관리국(無線電管理局)에 형식 승인을 신청하여 검사에 합격하여야 수입이 가능하다. 특히 이들 중 수입허가증 관리 대상에 해당되는 품목이 있으면 등기도 하고 수입허가증도 취득해야 하기 때문에 2중의 장벽을 통과해야 한다.

기계전기 특정 상품 입찰제

중국은 또 중국 내 생산 기술은 도입되었으나 아직 경쟁력을 갖추지 못한 기계전자제품 중 일부 품목을 지정해 수입 제한을 함으로써 국내 관련 업종을 보호하고 있다. 이 품목을 수입하고자 하는 수입업체는 반드시 중국기전설비입찰센터(中國機電設備招標中心)에서 실시하는 입찰을 통해 수입 권한을 매입해야만 중국 내 판매가 가능하다.

입찰제도 대상 품목으로는 FAX기, 전력변압기, 전기케이블 등 77종(중국 HS 8단위 분류 기준 122개 품목)이 해당되며, 대상 품목 중 에스컬레이터, 전력변압기 등 8개 품목은 반드시 국제 입찰을 통해서만 수입하도록 규정하고 있다. (해당 중국 HS번호: 84284000, 84563010, 84571010, 84571020, 84571030, 84571090, 84714991, 84791010, 84742010, 84742090, 85042320, 85352900)

기계전자(機電) 상품 자동등기제

중국은 수입 물량 통제 및 조절을 위한 조치로 기계전자제품 중 쿼터 관리 품목, 특정 상품, 외국인 투자 기업의 자가 사용 목적 수입 제품, 임가공 무역 및 외국의 무상 원조로 수입하는 제품을 제외한 모든 품목에 대해 자동등기제를 실시하고 있다.

수입 전담 회사 지정

주로 국민 생활에 직접 관련이 있고 가격 변동이 민감한 품목에 대해 업체를 지정하여 이들 업체들만이 수입하도록 규정하고 있는데, 이는 수입 대상국 및 수입 물량에 대한 통제가 용이하다는 장점이 있다.

대상 품목으로는 화학비료, 밀, 원유, 조제유류, 담배, 고무, 철강재, 합판, 양모, 아크릴섬유, 면화, 식용설탕, 식물유, 교육용 녹음테이프 또는 녹화테이프, 영화필름, 고철, 폐동, 폐알루미늄, 폐플라스틱, 폐지 등이 있다.

품질안전검사제도

중국은 자동차 등 47개 품목에 대해 이 제도를 실시하고 있다. 외국 수출업체 또는 그 대리인은 수입 전에 국가출입국검사검역국(國家入出境檢驗檢疫局)에 품질안전검사를 신청하여 1차로 견본 검사에 합격하고 다시 생산 현장 검사에서도 합격하여야만 CIQ 마크를 상품에 부착하고 중국시장에 진출할 수 있다.

이에 해당하는 대상 품목으로는 자동차, 자동차 안전유리, 자동차 안전벨트, 오토바이, 오토바이 엔진, 오토바이 타이어, 보일러, 보일러 압력용기 안전 부품, 이동식 및 고정식 콤프레셔, 냉장고, 냉장고용 콤프레셔, 에어콘, 에어콘용 콤프레셔, TV, TV브라운관, 음향기기, 비디오레코더, 퍼스널컴퓨터, 디스플레이장치, 프린터, 가정용 세탁기, 진공청소기, 전자레인지, 전기밥솥, 전기다리미, 전기샤워기, 피부 및 머리손질기, Food Processor, Cooking Ranger, Roaster, 액체가열기, 전동공구, 전기용접기, Power Switching Equipment, Low Voltage Apparatus, 통신단말기, 안전기술방범제품, 화재경보설비, 의료용 X선진단설비, 혈액투석장치, 공심섬유투석기, 혈액정화장치의 처리순환관도, 심전도기, 삽입식 심장박동기, 의료용 초음파 진단 및 치료 설비 등이 있다.

중고기계 수입 금지

중국 정부는 1998년 2월부터 자동차를 포함한 중고 기계 및 전자 제품에 대해 수입을 금지하고 있으며, 외국인 투자 기업이 투자로 중고 설비를 수입하는 경우에도 중앙 부처의 허가를 받도록 규제하고 있다.

기타 비관세 수입 장벽과 통관 지연

앞에서 살펴본 비관세 수입 장벽 외에도 중국은 보세운송 불허 품목이란 것을 지정하고 있다. 보세운송 불허 품목이란 오직 입항지 세관에서만 통관이 가능한 품목을 말하는데, 자동차 및 그 부품, 오토바이 및 그 부품, 턴테이블, 녹음기, 라디오 등 방송수신용 기기 및 그 부품, 카세트플레이어, 전자계산기 및 그 외부 설비, 컬러TV 및 브라운관, 비디오카메라, 비디오 등 녹화 설비 및 그 부품, 냉장고 및 콤프레셔, 에어컨 및 공기압축기가 있으며, 그중 특히 자동차는 따리엔항(大連港), 톈진신항(天津新港), 상하이항, 황포항(黃浦港), 만주리(滿洲里), 션토우(汕頭), 강문(江門), 항죠우(杭州), 훅호트(呼和浩特), 우루무치(烏魯木齊) 및 톈진동항(天津東港)으로만 수입이 가능하도록 하고 있다. 화장품에 대해서는 17~30%의 소비세를 부과하고 있으며, 수입 전에 중국 위생부로부터 〈위생허가증〉을, 대외무역경제합작부로부터 〈특정상품수입허가증〉을 발급받아야 하며, 〈특정상품수입자동등기관리잠정조치〉에 의거 수입등기를 해야 수입이 가능하도록 하고 있다.

중국 일부 지역 세관에서는 통관 지연이 다반사로 발생하고 빠른 통관을 원할 시에는 급행료를 요구하는 경우가 있다. 또 수입 물품은 도착 14일 전에 세관에 신고하여야 하고, 지체 시에는 수입 가격(CIF)의 0.5% 이내에서 벌과금을 부과시키며, 3개월 이내 미신고 시에는 세관이 임의로 물건을 처분하는 경우도 있다.

중국의 세관 절차는 지역마다 전산화율이 달라 사람이 직접 서류를 갖고 돌아다녀야 하고 수입 비용도 일괄 납부가 아닌 관련 기관에 개별적으로 납부하는 방식이기 때문에 시간과 비용 낭비가 크다는 문제점이 있다. 또한 수입 가격으로 인해 가격 경쟁력이 낮다는 단점도 있다. 이러한 점들은 부품 및 원자재 조달에 있어 중국 현지화의 필요성을 높여주는 요인이라 할 수 있다.

(3) 원자재 수입 시 드는 부대비용

원자재 수입 시에 드는 부대비용에는 대체로 통관 사례비, 물류비, 품목에 따른 수입허가증서 취득비, 창고비, 수입 수수료 등이 포함되며 지역과 품목에 따라 상당한 차이를 보이고 있다. 이들 부대비용은 제품 판매가의 상당 부분을 차지할 정도로 중요하므로 중국 진출 외자기업들은 부대비용 절감을 위해 여러 가지 노력을 기울여야 한다. 한 예로 북경지역 자동차판매가에서 부대비용이 차지하는 비율은 한국 제품의 경우 30%, 일본은 20%, 대만은 10% 정도로, 한국이 다른 경쟁 국가에 비해 비교적 많은 부대 비용을 부담하고 있는 것으로 조사되고 있다.

통관 사례비

통관 사례비는 세관에 따라 상이하나 상품 검역 시 상품의 파손 방지를 위해 또는 시간적으로 급한 경우 사례비를 지불하고 검역을 면제받는 데 필요하다. 정상적인 수입 절차로 진행하면 통관 사례비가 불필요하나 시간적으로 많이 지체되거나 검역으로 인한 부분적인 파손 등이 있을 때는 요긴하다. 이 통관 사례비는 수입 기업과 현지 세관의 관계에 의하여 결정되는 경우가 많다. 하지만 경우에 따라 통관 사례비 없이도 순조롭게 통관이 가능하거나 사례비 지급에도 불구하고 통관이 어렵게 되는 경우도 있음에 유의해야 한다. 전체 판매가에서 통관 사례비가 차지하는 비중을 산정하기는 어려우나 보통의 경우 5~10%, 심한 경우에는 60~70%씩 차지하는 경우도 있다. 일례로 상해지역 타폴린의 통관비는 수입 가격(CIF)의 1~5%, 주방용품은 수입 가격의 5~10%를 차지한다.

대개의 경우 통관 사례비는 모든 국가에 적용되나, 홍콩이나 대만과 같은 중국어권 기업에게는 의사소통의 원활로 묵인해주는 경우가 많다. 이로 인해 대중국 수출량이 많은 일본이나 한국 기업은 상대적으로 불리한 비용이라고 볼 수 있다.

수입허가증 취득비

기계 및 전자 제품인 경우에는 기계전자제품 입찰을 거쳐 허가증서 등을 구비해야 하는데, 현재 중국 내 정상적인 경로를 통해서는 취득하기 힘든 상황이며 대부분이 암거래로 취득한다.

창고비

특정 원인으로 통관 시간이 지연되었을 경우 세관 창고 저장비를 지불하여야 한다. 그러나 창고비의 경우 통관 사례비 등에 비하면 미미한 수준으로 대체로 통관 사례비의 10~20% 수준으로 알려지고 있다.

물류비

물류비에서 중국 내 내륙 운송 비용이 차지하는 비중은 그리 높지 않은 편이다. 그러나 운송을 중국 운송업체가 책임지는 경우 신용도에 대한 우려가 높아 상품의 손상 및 운송 시간 지연 등 문제가 자주 발생하고 있다. 중국의 철강 물류비는 북경지역의 경우 판매가의 2%로 한국, 일본과 비슷하며, 상해지역 주방용품의 물류비는 수입 가격(CIF)의 10~15%를 차지한다.

〈표 9-7〉 대련 내 피혁 수입 시 부대비용 및 물류비 비교(한국, 일본, 대만)

비용	한국(부산-대련)	일본(동경-대련)	대만(대만-대련)
Invisible cost (IC)	대부분 임가공 형태이기 때문에 IC가 거의 없음.	한국과 동일, IC 거의 없음.	한국과 달리 내수용이기 때문에 IC 있음. 물건 가치에 따라 확정되는데 예를 들어 관세가 10만 위안일 경우 1~2만 위안 정도임.
물류비	운송비: USD 250 부두 비용: 200~300위안 통관비: 300위안 검사비: 300위안	운송비: USD 320 부두 비용: 200~300위안 통관비: 300위안 검사비: 300위안	운송비: USD 540 부두 비용: 200~300위안 통관비: 300위안 검사비: 300위안
판매 원가 내 비율	3%	2%	5%

(출처: KOTRA 현지 실사)

〈표 9-8〉 대련 내 문구류 수입 시 부대비용 및 물류비 비교(한국, 일본, 대만)

비용	한국(부산-대련)	일본(동경-대련)	대만(대만-대련)
Invisible cost (IC)	5,000~10,000위안	2,000위안	5,000~10,000위안
물류비	운송비: USD 250 부두 비용: 200~300위안 통관비: 300위안 검사비: 300위안	운송비: USD 320 부두 비용: 200~300위안 통관비: 300위안 검사비: 300위안	운송비: USD 540 부두 비용: 200~300위안 통관비: 300위안 검사비: 300위안
판매 원가 내 비율	10~15%	15%	15%

(출처 : KOTRA 현지 실사)

사례 2 단일 거래선은 화를 자초하는 첩경

"모든 계란을 하나의 바구니에 담지 말아라."는 격언은 위험을 분산시키는 기본 개념이다.

1988년 둥관(東莞)에 OEM 방식으로 비닐 제품 제조 공장을 세운 채씨(蔡氏)는 처음에는 원자재를 대만에서 들여왔으나 대만 정부에서 중국으로 가는 직항로 개설을 허용하지 않았기 때문에 반드시 홍콩을 경유해야만 했다.

운송상에 애로를 느끼던 채씨는 중국 관리들과 접촉 후 중국에도 풍부한 원자재가 있음을 알게 되었고, 광둥의 한 국영 회사로부터 필요한 원자재를 공급받게 되었다. 이로 인하여 원자재 공급의 번거로움을 덜게 되었고 운송 경비의 절감 효과까지 보게 되어 얼마 후에는 원자재 공급을 완전히 광둥의 공영 회사에 의지하게 되었다.

그러나 대만 투자 기업 수가 증가함에 따라 공영 회사의 적극적이던 태도는 다른 새로운 대만 기업으로 옮겨가고 채씨는 원자재 부족과 부정확한 납품 기일을 감수해야 했다. 더 큰 문제는 갈수록 원자재 품질이 나빠지는 것이었으나 어찌할 도리가 없었다.

이렇게 되고나서부터 채씨는 납기를 못 맞추는 것은 물론이고, 품질조차도 보장할 수 없게 되어 급기야는 원자재 부족으로 겨우 납기를 맞추어 미국에 수출하였던 접착 테이프가 규격 미달로 클레임에 걸리는 사태를 빚게 되었다. 금전적인 손실이야 어떻게든 만회할 수 있겠으나 기업 신용도의 실수는 회복하기 어려운 것이었다.

따라서 외국 기업이 중국에 투자할 때는 반드시 위험 분산의 문제에 주의하여야 하며, 절대로 중국의 시장 생산에만 의존해서는 안 된다. 이렇게 함으로써 원자재 생산업체와 상담을 유리하게 할 수 있을 뿐만 아니라 생산 과정 중 불필요한 간섭을 배제할 수 있어 앞으로 발생될지도 모를 불확실한 문제를 최소화할 수 있다.

외국인 투자 기업은 양두재외(兩頭在外; 외국에서 원료를 수입, 가공하여 완제품을 수출하는 것)의 경영 방식이 바람직하다. 또한 이는 중국 정부에서 장려하는 바이기도 하므로 이

방식을 적극 활용하는 것이 원자재 수급, 생산, 판매에 이르는 전 과정을 충분히 조절할 수 있다.

(출처: 한국무역협회, 〈중국투자 이런 점에 유의하라〉, 1994.)

사례 3 중국 투자 기업의 생산관리 실태 분석

1. 상해 – 의류

- 개황

  동 회사는 100% 단독 투자한 의복 제조 업종이며, 상해시에 생산 시설을 갖추고 있다. 또한 북경, 청도 및 천진에 연락 사무소를 두고 있다.

- 진출 동기

  동종 여타 업체와는 달리 중국 내수시장 개척을 위해 투자하였으며, 상해 입지는 시장성이 여타 지역에 비해 유리하다고 판단했기 때문이다.

- 생산관리

  생산 설비는 한국 및 일본에서 수입하며 원 · 부자재는 전량 한국에서 수입하고 있다. 현지 근로자들의 생산성은 한국의 60~70% 정도에 이른다. 현지 근로자들에 대한 생산 관련 기술 교육은 자체 교육용 라인을 통해 실시하고 있으며, 여타 교육은 한국의 본사와 동일한 프로그램하에 진행하고 있다. 한편, 동 회사는 작업장의 분위기를 쇄신하고 노사 간 신뢰감을 조성하기 위해 주 1회 대청소의 날을 실시하고 있다. 이 날은 사장이 솔선하여 청소하고 있다.

2. 강소성 – T 완구

- 개황

  동 회사는 100% 단독 투자 기업인 동시에 100% 수출 기업인 완구 제조업체로서 소주시에 입지하고 있다. 그러나 수출은 OEM으로 이루어지고 있으며 자체 브랜드는 가지고 있지 않다.

- 설립 동기 및 과정

  봉제 완구 업종은 노동집약 산업이므로 임금이 상대적으로 싼 중국에 투자하게 되었다. 생산 입지로 상해권을 선택한 것은 기존 한국의 동종 진출업체가 청도 및 심천에 집중해 있어 중간 위치인 상해 인근 지역이 유리하다고 판단했기 때문이다. 또한 상해 인근 지역은 인프라 시설이 유리하기 때문에 원활한 수출을 기대할 수 있었다. 장기적으로는 내수시장으로 진출해야 하며 이를 위해서는 상해 입지가 적격이라고 생각했다. 한편, 동 회사는 중국인이 투자를 권유하여 이에 응한 경우인데 투자를 권유한 중국인은 소주인이었다.

• 생산관리

원자재의 60%는 현지에서 조달하며 나머지 40%는 한국으로부터 수입하고 있다. 생산 원가는 한국의 80년대 말과 유사한 것으로 추정되고 있다. 한편, 동 회사는 인근 한국 기업 또는 중국 기업에 하청을 주고 있다. 한국 기업에 하청을 주는 경우 품질 및 납기에 별 문제가 없으나 중국 기업에 의뢰하는 경우에는 납기, 품질관리 등에 많은 애로 사항을 느끼고 있다. 이는 지원 인력 부족이 가장 큰 원인이 되는 것으로 판단하고 있다. 현지 근로자들에 대한 믿음을 갖고 운영하는 방침을 세우고 처음부터 중국인에게 주요 보직을 맡겼다. 구체적으로는 작업 라인의 반장을 현지인으로 임명하였다. 최근에는 일부 사항에 대한 재무 책임도 부여하고 있는데, 이는 여타 한국 기업으로서는 상상하기 힘든 부분이라 할 수 있다. 또한 각종 교육을 통해 애사 정신을 심어주는 동시에 주인 의식 고취에도 노력하고 있다.

3. 천진 – S 전기

• 개황

동 회사는 한국 측과 중국 측이 66:34의 비율로 합작한 전기제품 제조업체이다. 생산된 제품 가운데 75%는 수출되며, 나머지 25%는 중국 내수시장으로 판매된다. 내수되는 대부분의 제품은 한국 및 일본 현지법인에 납품되고 있다.

• 진출 동기 및 과정

중국이 '세계의 공장'이 됨에 따라 동 회사가 생산하는 제품도 중국 내에서 대기업으로의 납품 비율이 높아지는 등 장기적으로 중국 내수시장에 대한 전망이 밝다고 판단하여 진출하였다. 중국의 국영기업 개혁의 방침에 따라 중국의 정부 기관이 복수의 합작 파트너 후보를 소개했으며 동 회사는 복수의 합작 파트너 후보 가운데 적당하다고 판단되는 파트너를 선정하였다.

• 생산관리

동 회사는 회사 내규에 생산성 제고를 위한 규정을 두고 있다. 생산성이 회사가 정하는 기준의 70%에 미치지 못하면 경고 처벌이 내려지며, 이러한 기준 미달이 반복되면 해고 조치된다. 이러한 조치는 중국인의 준법 정신이 탁월하다는 점에 착안한 것이다. 따라서 기업 운영에서 발생할 수 있는 모든 세부 사항에까지 법제화하는 것은 중요하다. 그러나 동 회사에서 두 차례에 걸쳐 기준 생산성에 미치지 못해 해고당한 경우는 거의 없다. 생산에 필요한 원·부자재는 100% 한국에서 수입되고 있으며 기계·설비는 2/3 정도가 한국 제품이다. 향후 중국은 자본재 수입에 대하여 관세 혜택을 부여하던 기존의 조치를 바꾸어 높은 관세율을 부과할 움직임을 보이고 있다. 이렇게 되면 동 회사는 '리스' 방법으로 기계·설비를 도입할 예정이다.

4. 천진 – R 보일러

• 개황

동 회사는 100% 단독 투자한 보일러 제조업체이다.

• 투자 동기 및 생산입지

중국은 토지가 넓은 만큼 추운 지방도 많다. 그러나 중국에는 난방 시설이 미비하여 향후 소득이 증대됨에 따라 보일러에 대한 수요가 증대될 것으로 판단하여 투자를 단행하였다. 천진에 생산입지를 선정한 것은 한국과 지리적으로 인접하여 물류가 편리할 뿐만 아니라 생산에 필요한 기후 조건이 양호하기 때문이다.

• 생산 및 판매 관리

생산에 필요한 설비는 100% 한국에서 수입하고 있으며, 원 · 부자재는 30%를 현지에서, 나머지 70%를 한국에서 수입한다. 생산된 제품은 내수시장으로 판매되는 가운데 극히 소량이 러시아로 수출된다. 판매망으로는 전국에 250여 개의 대리점이 운영되고 있으며, 판매 실적이 양호한 대리점에 대해서는 신용 판매를 병행하고 있다. 대리점 운영의 자격 요건으로는 A/S 가능자 3~4인 이상 확보를 요구하고 있다. 한편, A/S 요원에 대해서는 본사(천진)에서 연 2회 교육을 실시하고 있다.

(출처 : 김화섭, 《중국진출 무엇이 문제인가》, 1997. 8.)

4. 가격 책정

(1) 중국 내 가격 책정 시 고려 사항

중국시장에서의 가격 책정은 여타 다른 국가에서와 마찬가지로 제조원가, 물류비, 시장 경쟁 구도를 종합적으로 고려한 뒤 이루어진다. 그러나 국토의 크기를 고려할 때 중국에서는 물류비가 더 고려되어야 한다는 점을 명심해야 한다. 우선 제조원가란 어떤 제품을 만들 때 드는 재물(財物)과 용역(用役)을 화폐 가치로 계산한 합계액으로 가격 책정을 할 때 가장 기본적으로 고려해야 할 사항이다.

그 다음으로 원격지 요인이란 것이 있는데, 중국은 광대한 나라이면서도 수송 · 물류 · 통신 시설이 낙후되어 있고, 유통상의 애로가 심하다. 따라서 특정 제품이나 서비스의 가격을 책정할 때 원격지 요인을 고려해야 한다. 특히 한 개의 다국적기업이 중국의 주요 지역에 여러 개의 공장을 설립 · 운영하는 다공장 경영(multi-plant operation) 체제하에서는 소비재 공산품 가격 책정 시 단순히 수송 · 물류 비용만을 고려하는 것이 아니라, 지방 보호주의로 인한 도로세 · 통과세 · 반입세 · 반출세 등 세금 요인, 생산지와 소비지 간의 거리로 인한 물류비 발생 등 원격지의 특수성을 고려해야 한다. 여러 개의 공장을 가진 기업은 타 지역 판매 시 수송 · 통신 · 보관비를 보상받기 위해 생산지보다 높은 가격을 책정하는 경우가 있다. 그러나 소비지와의 거리 및 수송비 요인만을 고려한 이 같은 고가격 책정 전략은 도매상의 충성도를 약화시켜 거래선 이탈과 매출 감소로 연결될 가능성이 크다.

중국 내 가격 책정에 있어서 월별 구입 빈도도 중요한 고려 요인이다. 예컨대 한 달에 한 번만 사도 되는 샴푸의 경우, 30위안이란 가격이 그리 비싸게 느껴지지 않는다. 그러나 소비재 공산품, 특히 음식료품이나 일용잡화의 가격을 책정할 때에는 소비자가 당해 상품을 매월 얼마나 구입하는지 살펴봐야 한다. 다른 조건이 동일하다면 구매빈도가 높은 상품에 대해서는 그렇지 않은 제품보다 가격을 낮게 책정하는 것이 현명하다고 할 수 있다.

또한 시장 경쟁 구조도 중요한 고려 요인이다. 상품 가격 결정 시 가장 중요한 것은 표적 세분 시장의 경쟁 구조를 파악하는 것이다. 중국은 계획경제 위주의 공급자 중심 시장에서 소비자 중심 시장으로 변모한 지 오래이다. 따라서 현재는 공급의 적재량이 심각한 상황으로 시장 가격의 파괴 현상이 나타나고 있다.

소비 수요의 가격 탄력도도 간과해서는 안 된다. 중국 내 가격 결정에 있어서 도시민들의 가격에 대한 민감도는 매우 중요하다. 도시 중산층의 경우 약간 비싸더라도 품질이 좋은 외국산 브랜드를 선호하는 것이 사실이다. 하지만 예산 제약이 빠듯하기 때문에 품질이 엇비슷하고 가격 차이가 많이 날 경우 오히려 값이 싼 국산품을 선호하게 된다. 일반적으로 얘기하면, 소비 수요의 가격 탄력도는 소비재 공산품, 서비스의 종류, 진출 지역, 시장 경쟁 구조 등에 따라 다른데, 구매력 수준이 낮은 농촌 지역일수록, 기업 간 경쟁이 심할수록, 생활필수품일수록 소비자가 가격 변화에 민감하게 반응한다.

중국 내 기술 진보도 중요한 요소이다. 외자기업의 반도체 · 이동통신 · 디지털가전 · TFT-LCD 등 IT 업종에 대한 대중 투자가 늘어남에 따라, 중국 내 IT 제품 가격 결정의 특수성을 고려해야 할 필요가 커졌다. 특히 IT 정보재의 경우, 기술 혁신을 통해 품질과 성능이 개선되었음에도 불구하고, 가격이 비슷하거나 종전보다 가격이 떨어지는 '역가격' 결정 현상이 나타나고 있다. 따라서 기술 혁신에 따른 시장 가격 하락 추이를 감안하여 가격을 책정해야 한다.

진입 지역의 소득 수준도 중요하다. 중국 각지의 소비자 수입은 일치하지 않으므로 가격을 정할 때 반드시 현지 상황을 고려하여 책정해야 한다. 일반적으로 동부 연해지역이나 양자강 연안지역 등은 소득 수준이 높은 반면, 서부 내륙 지역이나 동북 3성지역은 비교적 낮은 소득 수준을 보인다.

사례 4 코카콜라사의 내륙지역 겨냥 '1위안 마케팅'

코카콜라사는 중서부 내륙 중소도시 시장에서 경쟁자와 도전자들을 물리치기 위해 2001년부터 내륙 중국인들의 소득 수준을 감안한 콜라 병 제품 1위안 출시 전략을 결정하였다. 이 같은 파격적 가격 전략에 힘입어 코카콜라의 내륙 병 제품 매출액은 2003년 한 해에만 30%나 늘어났다. 병 제품에만 저가 전략을 적용한 이유는 캔 제품의 경우 생산비용이 비싸 도시에 적합하고, 병 제품의 경우 회수가 가능해 생산비용을 낮출 수 있기 때문이다.

반면, 베이징과 상하이 등 대도시에서는 개당 2~2.5위안짜리 고가 캔 제품으로 승부하고 있다.

(출처 : 〈연합뉴스〉, 2004. 3. 18., 〈한국경제신문〉, 2004. 3. 18.)

마지막으로 전략적 요인에 의해 가격을 책정하기도 한다. 중국시장에서도 가격은 기업의 이윤 극대화, 장기적 생존 · 발전의 중요한 전략 변수가 되고 있는데, 내수시장 진입 초창기에 경쟁자보다 제품의 가격을 지나치게 높게 책정할 경우 진입에 실패하거나 판매를 확대하기 어렵다. 그렇다고 가격을 너무 낮게 책정할 경우 '싸구려 제품'으로 포지셔닝될 위험성이 있다. 따라서 중국 내 시장 경쟁 구조가 과점적 시장 구조에 가까울 경우에는 경쟁사의 가격 전략을 고려하여 자사의 가격 전략을 책정하고, 그 후에도 상황 변화에 따라 신축적으로 제품 가격을 조정하는 것이 좋다.

사례 5 고급 이미지 포지셔닝

귀족 마케팅

중국 전체 인구의 3.5%에 해당하는 고소득층을 직접 겨냥한 '고가 마케팅' 전략으로 LG전자의 '벽걸이 TV'는 국내 판매가의 2배, 삼성전자 휴대폰은 국내의 3배에 가까운 금액으로 중국에서 팔리고 있다. LG전자는 마케팅을 전공한 한족을 중심으로 21명의 태스크포스팀을 구성했고, 삼성전자도 베이징과 상하이, 광저우 지역의 고소득층을 대상으로 프로젝션 TV와 양문 냉장고, 휴대폰 등 고가 제품 판촉에 열을 올리고 있다.

특히 애니콜의 경우 노키아보다 뛰어난 브랜드력을 보유하고 있는데, 그 전략은 다음과 같다. 노키아는 주로 중국산에 전 가격대의 제품을 생산하는 반면, 애니콜은 한국산이며 디자인력, 품질력이 탁월한 고가품만을 중국 시장에 내놓았다. 그 결과 삼성 애니콜은 중국에서 가장 가격대가 높은 제품임에도 불구하고 품귀 현상이 나타날 정도로 인기가 높다. 게다가 동양인의 감각에 맞는 패션까지 가미되어 '신분의 상징'으로 여겨질 정도로 뛰어난 브랜드력을 보유하고 있다.

(출처 : 최순화, 〈중국시장 진출의 성공요인〉, 삼성경제연구원, 2001. 10. 2.)

중국 시장에서 영업을 하다보면 동종 업계에서 서로 경쟁하고 있는 중국 국유기업이나 외자기업들로부터 가격 카르텔을 형성하거나 가격 담합을 하여 시장 가격의 보조를 맞추자는 제의가 많이 들어오게 된다. 결론부터 얘기하면 이런 제의가 있을 경우 정중히 거절해야 한다. 우선 이런 가격담합이 변질되어 결국 지켜지지 않게 되는 경우가 대부분이고, 가격담합이 발각되어 지방정부에 의해 조사를 받는 경우 외자기업의 피해가 중국 국유기업보다 훨씬 더 큰 경우가 많기 때문이다. 경쟁사와 담합하여 형성된 가격 카르텔에는 가급적이면 연루되지 않는 것이 좋다.

중국시장에서의 산업 분야별 가격 책정상의 묵계는 지켜지지 않는 것이 일반적이다. 따라서 타 업종 기업 또는 동종 업종 기업과 합의한 가격 카르텔이나 기타 약정은 사실상 무의미한 경우가 대부분이다. 중국인들의 속성상 가격 카르텔이나 기타 약정은 반드시 깨어진다고 보고 별도의 전략을 마련하는 것이 좋다.

가전업계와 브라운관업계의 충돌 사례를 통해 중국 기업 간의 모종의 약정이 쉽게 깨어질 수 있다는 점을 살펴보자.

한때 중국 가전업계의 선두 자리를 지켰던 창청(長城)을 비롯하여 캉지아(康佳), TCL, 추앙웨이(創維), 하이신(海信), 러화(樂華), 시아화(廈華), 숑마오(熊貌), 상광디엔진싱(上廣電金星), 시후(西湖) 등 9개 대형 메이커들이 선전(深圳)에 모였다. 이들 9개 업체가 생산하는 제품의 시장 점유율을 모두 합하면 70% 이상이 되었다. 이들이 협회를 구성하여 중국 시장에서 최저 판매가를 설정하고 그 이하로는 판매하지 않기로 결의하였다. 당시 언론들이 가격 담합 또는 가격 카르텔 형성 가능성을 우려하며 가격법 위반이라고 주장하기 시작했다. 그러나 한 달도 안 되어 7월 중 숑마오가 먼저 9개 업체들이 결의한 최저 판매가보다 낮게 판매하였고, 비판 여론이 들끓자 8월 11일 창청에 이어 9월 20일에는 캉지아 등도 20% 정도 가격을 인하하며 합의한 최저 판매가 체제를 무너뜨렸다. 이런 과정에서 당시 언론들은 중국 시장에서의 가격 담합과 같은 비시장 논리에 의한 담합 행위는 더 이상 불가하고, 경쟁을 피하기 위한 어떤 행위도 용납할 수 없으며, 소비자들도 더 이상 그런 행위를 용납하지 않을 뿐만 아니라 법률을 위반한 어떤 단체 행동도 통하지 않는다는 교훈을 얻었다고 설명하였다. 이 사례에서 얻은 또 한 가지 교훈은 중국 기업 간의 모종의 협약은 오래가지 못하고 곧바로 깨어질 가능성이 높다는 것이다.[5)]

가격 전쟁이 일어날 경우 제품의 고급화 전략으로 맞서는 것이 필요하다. 중국 국유기업이 가격 전쟁을 일으킬 때는 가격 인하 폭이 매우 크다. 외부 시장에서 가격 인하 요인이 발생하지 않았는데도 불구하고 한 번의 가격 인하 폭이 30%를 넘거나, 일 년에 몇 번에 걸쳐 인하할 경우에도 모두 합해 인하 폭이 50%를 넘는 경우가 허다하다. 이러할 때에는 이에 맞대응하여 가격을 내리지 말고 종전 가격을 유지하되 그 명분으로 제품 기능의 다양화와 새로운 기능의 추가 등 제품의 고급화로 대응하는 것이 좋다. 이처럼 외부에 가격 인하 요인이 없는 데도 불구하고 경쟁사가 10%~15% 정도 가격을 인하하면 상대 경쟁 기업의 의도를 정확하게 파악할 필요가 있다. 상당수 중국 국유기업들은 경쟁사 죽이기의 일환으로 가격의 대폭 인하를 통해 경쟁사의 목을 조르는 경우가 비일비재하기 때문이다. 어쨌든간에 중국 국유기업과 맞대응하여 같이 가격을 인하하기보다는 오히려 기존 브랜드는 가격 인하 없이 그대로 두고 한 단계 낮은 중급 브랜드를 출시하여 상대 경쟁사의 가격 인하에 대응하는 전략을 구사하는 것이 바람직하다. 어떤 경우든 기존 고급 브랜드는 고급 브랜드로서의 이미지에 손상을 가는 일은 없도록 해야 한다. 다음의 일본 시세이도 화장품과 컬러 텔레비전 가격 전쟁 사례는 이를 잘 말해주고 있다.

5) 신주식 저, 《중국 비즈니스 전략 308선》, (서울 ; 고려대학교 출판부, 2003. 12. 12.), pp.431-432

일본의 시세이도 화장품

일본의 시세이도 화장품이 중국에 공장을 건설하여 막 판매를 시작하였을 때는 공장 가동률이 너무 낮아 수백 명의 종업원이 2년간 공장 내의 부지에서 잡초 뽑기를 하였다고 한다. 많은 간부들이 가격을 내려 판매량을 늘리면 공장 가동률이 곧바로 정상화된다고 주장했지만 경영층은 이들의 주장을 묵살했다. 중국시장의 장기적 공략을 위해 잠시의 고통은 참겠다는 경영층의 의지를 보여준 것이었다. 그때의 경영진의 과감한 결단이 없었다면 오늘날 시세이도가 고급 화장품 브랜드로서 중국 화장품 시창을 장악하는 일은 없었을 것이다. 먼훗날을 보고 중국 시장을 경영하겠다는 의지가 있는 사장이라면 이 정도의 아픔은 견뎌내면서 고급 브랜드로서의 이미지를 지켜야 하지 않을까 생각해본다.

컬러 텔레비전 가격 전쟁

2000년대 초부터 시작된 광조우(廣州)시장에서 컬러 텔레비전 가격이 5~10% 인하되면서 컬러 텔레비전의 가격 전쟁의 서막이 올랐다. 컬러 텔레비전의 가격 전쟁은 그 지속 기간이 2년이나 계속되어 그 파급력과 후유증이 매우 컸다. 이로 인해 적자, 재고 누증, 불량 채권의 폭발적 증가 등의 문제가 야기되었다. 또 연구개발에 투입할 자금 여력이 없어졌고 고기술로 인한 이윤의 향유는 꿈도 꾸지 못하는 상황으로 치달았다.

표면적으로는 가격 전쟁으로 인해 가장 큰 득을 본 것은 소비자들로 인식되고 있으나 실제로는 이 또한 그렇지 못했다. 기술 감독국의 실제 조사 결과에 의하면 첫째 메이커들이 비용을 줄이기 위해 주로 구형 모델을 사용하였고, 추가 기능이 비교적 적은 방향으로 흘렀으며, 둘째, 브라운관 역시 주로 값싼 것을 사용하였을 뿐만 아니라(값비싼 평면 직각 브라운관은 전체 생산 수량의 25%에 불과하였음), 셋째, 진열 판매되고 있는 TV의 50% 이상이 기술 수준이 낮았던 초기 모델을 그대로 사용하고 있었다는 것이다. 또한 판매상의 소비자들에 대한 서비스와 애프터서비스 수준도 하락하였다.

2000년대 초, 몇 년간 침묵과 소극적 판매로 일관해 오던 외자기업 TV 메이커들은 기술우위를 바탕으로 권토중래를 하기 시작했다. 소니와 필립스가 각각 DRC와 잉차이(瑩彩) 시리즈라는 컬러 텔레비전 기술로 재기를 시작했고 마츠시타 역시 일본 시장의 최신 모델을 중국 시장에 도입하여 생산을 시작하였다. 이들이 시장을 노크한 것은 저가 정책이 아니라 고기술 전략이었다. 상황이 이렇게 되자 각 상점들도 판매 매장의 핵심 위치에 이들 고급 제품들을 진열하게 되었고 가격 전쟁에 휩싸여 있던 저급 제품들은 나쁜 진열대로 밀리게 되었다.

상황이 이렇게 역전되자 중국 텔레비전 메이커들은 서비스 개선 전략으로 맞섰다. 추앙웨이(創維)는 "고객은 회장님이다."라는 서비스 슬로건을 내걸게 되었고 전면적으로 무료 방문 서비스를 실시하였다. 러화(樂華) 그룹은 즈싱화(紫荊花) 서비스 이념을 개발하여 제품 판매 후 3년간 무료 서비스, 3개월 내 고장이 나면 제품 교환 반드시 이행, 텔레비전의 종신 무기한 유료 서비스 보장, 중형·대형 도시는 방문 수리, 서비스, 사용 방법 교육을 위한 호별 방문, 365일 24시간 서비스 HOT LINE 개설 등을 약속하였다. 하이얼(海爾)은 인터넷 서비스 망을 완벽하게 구축하여 전면 서비스 전쟁에 돌입한다고 선언하였다. 상황이 이런 방향으로 치닫게 되자 창홍, 캉지아, 하이얼, TCL 등은 종전의 가격 전쟁에서 기술우위 확보를 통한 기술 경쟁으로 돌입하지 않을 수 없게 되었고 가전업계는 가격 전쟁에서 기술 전쟁으로 선회하게 되었다.[6)]

5. 품질관리

중국시장에서 한국 기업의 경쟁자는 세계 굴지의 다국적기업들이기 때문에 가격 못지않게 품질도 중요하므로 품질관리를 철저히 해야 한다. 하지만 중국인들은 아직까지도 품질관리에 대한 인식이 명확하지 않고, 숙련공도 적으며, 검사원들의 교육이 철저히 이루어지지 않아 품질관리가 잘 이루어지지 않고 있다. 그들에게 품질관리가 왜 중요한지를 각인시키기 위해서는 정기적인 훈련과 교육을 도입하고, 작업 실명제를 도입하여 자신이 작업한 것에 대해서 책임을 지도록 하는 방법이 필요하다. 그리고 중국이 2002년 5월 1일부터 본격적으로 시행하고 있는 중국강제인증제도(CCC)에 대한 회사 경영진 및 직원들의 충분한 숙지를 통해 엄격한 품질관리가 이루어지도록 해야 한다.

(1) 인력 훈련과 교육

인력 현지화는 파견 인력 축소를 통한 인건비 절감을 위해 필요할 뿐만 아니

6) 盧泰宏 主編, 《行銷大中國》, (타이완, 타이베이; 時報文化出版企業有限公司, 2001. 9.), pp.149~169

라 현지 사회에 대한 적응력을 높여 기업 활동의 전반적 효율을 높이기 위해서도 필요하다. 그렇다고 현지 인력 비중을 무작정 높이는 것만이 능사는 아니다. 능력이 모자라거나 조직에 적응하지 못하는 현지인은 오히려 회사 일을 망칠 수도 있기 때문이다. 따라서 현지 인력의 능력을 본사 수준으로 끌어올리는 것이 중요하다.

사례 6 모토로라와 삼성의 현지 인력 교육 사례

모토로라

모토로라는 진출 초기인 1994년 14%에 지나지 않았던 중국법인 관리직의 중국인 비율을 2003년에 84%까지 끌어올렸고, 현지 인력 수준을 크게 향상시켜 인력의 현지화에 성공한 것으로 평가받고 있다. 이를 위해 모토로라는 진출 초기부터 현지 인력 훈련에 막대한 투자를 했다.

천진법인 설립 다음 해인 1993년에 기업 연수원인 '모토로라 대학'을 개설하고, '중국 강화 훈련 계획'(Chinese Accelerated Management Program)을 진행했다. 이에 따라 관리직과 생산직을 망라한 모든 종업원에게 강도 높은 연수를 실시하였는데, 그때 기술 및 경영 지식뿐 아니라 기업 문화를 포함한 사회적 지식까지 전수해 현지 인력을 '모토로라 인'(Motorola People)으로 양성했다. 또 이러한 훈련을 모토로라 중국법인 뿐 아니라 협력업체들에게까지도 확장 실시했다. 그리하여 'Total Cutisfaction'과 'Six Sigma'의 슬로건 아래 품질관리 교육을 시킴으로써 6개월 만에 Six Sigma 이상의 품질을 달성하였다.

삼성SDI(중국에서 사이버 사내 교육 실시)

삼성SDI는 '사이버 사내 교육 시스템(www.samsungsdi.net)'을 2002년 오픈해 중국법인 직원들의 직무 능력을 향상시켰다. 5억 원을 들여 구축한 시스템은 중국어동영상 등의 멀티미디어 기능을 통해 상하이 · 톈진 · 선전 · 둥관 4개 법인의 8,000여 명을 대상으로 교육을 진행하였으며, 교육 내용은 6시그마, 정보화(OA), 브라운관 제조 기술 3개 과정으로 이루어졌다.

이에 따라 직원들은 업무 공백 없이도 자율적으로 학습할 수 있게 되었다. 또한 과정별 1~2개월의 교육 종료 후에 교육 이력과 성적을 인사에 반영해 성적 우수자에게 인사상 인센티브를 제공하는 등 해외법인 직원들을 대상으로 한 인트라넷 교육 시스템을 잘 활용해 직원의 업무 능력을 향상시켰다.

(출처: 〈매일경제〉, 2002. 7. 14.)

(2) 작업 실명제 실시

작업 실명제는 자신이 작업한 것에 대해서 자기 이름을 적게 하여 그 실적을 급여에 반영하도록 하는 방법으로, 중국에 진출한 대우종합기계의 성공이 좋은 예가 되고 있다.

사례 7 대우 굴삭기

대우종합기계의 굴삭기가 중국 시장에서 시장 점유율과 품질 · 고객만족도 등 모든 분야에서 1위 자리를 확실하게 굳히고 있다.

대우종합기계는 자사의 굴삭기가 중국의 인민일보 시장 정보 센터에서 실시한 품질 · 고객만족도 조사에서 중국 내 23개 굴삭기 생산업체 중 1위를 차지했다고 밝혔다. 이에 따라 대우종합기계 중국 현지법인장인 채규전(蔡奎全) 총경리는 2004년 4월 28일 인민일보 주관으로 베이징 인민대회당에서 열린 시상식에서 품질 · 고객만족도 1위 업체 대표로서 중국 공산품을 대표하여 '품질 대상'을 수상하였다. 또한 한국인으로서는 처음으로 인민대회당에서 연설하는 영예를 안았다.

이번 인민일보 조사에서 대우종합기계는 종합 평가 총 151,182점을 획득하여 중국 굴삭기 23개 업체 중 1위를 차지했으며, 해외 경쟁업체들보다 12,000~20,000점 이상 앞선 것으로 나타났다.

인민일보 시장 정보 센터는 지난 6개월간 굴삭기를 포함하여 중국 공산품 1,000개 업체의 제품에 대하여 고객 약 80만 명을 상대로 인터넷, 서면 및 전화 등을 통해 품질 · 고객만족도 조사를 실시한 바 있는데, 이 조사에서 대우종합기계가 시장 점유율뿐만 아니라 품질과 고객만족도 분야에서도 1위를 달성한 것이다. 이와 같은 결과를 얻을 수 있었던 것은 그동안 대우종합기계가 '33 운동' 및 '품질 실명제'를 시행하는 등 품질 개선 노력을 지속해왔고, 중국 전역에 걸쳐 14개 지사와 85개 대리상 등 영업망을 구축하여 대리상들을 통해 제품 판매는 물론 서비스와 부품 관리까지 담당하게 함으로써 효율적인 고객관리 체계를 구축해왔기 때문이다.

(출처: 두산인프라코어 사이트, 2004. 4. 28.)

(3) 중국 품질 인증 제도

중국은 WTO 가입에 따른 의무 이행과 시장 경제로의 발전에 부합하는 내부 관리 체계를 갖추기 위해 품질 인증 제도[7]인 중국 강제 인증 제도(China

7) 한국의 경우 KS 인증 제도, ISO 9001 품질 인증 제도 등을 실시하고 있다.

Compulsory Certification)를 도입하여 중국 내 기업들의 품질관리에 표준을 제시하고 있다. 중국 내에서 생산, 유통되는 모든 제품과 중국으로 수출되는 모든 제품 및 부품에 대해 강제 인증 품목에 해당하는 제품은 반드시 IEC(국제전기표준협회) 및 중국 국가 표준에 준하여 안전 및 품질 인증을 받도록 한 제도로서 반드시 CCC 마크를 받아야만 중국 내에서 판매가 가능하다.

CCC 도입 배경

중국은 2001년 12월 11일자로 WTO에 가입하고 WTO의 요구 사항에 대한 의무 이행과 시장 경제로의 발전에 순응하기 위해, 안전 인증 제도와 관련된 제도 및 내부 관리 체계 등을 국제 기준에 맞춰 전면 개편하였는데, 이 중 하나가 중국의 강제 인증 제도이다. 즉, 국내 제품(CCEE 마크)과 수입 제품(CCIB 마크)으로 이원화하여 운영해오던 인증 제도를 2001년 12월 3일 단일 강제 인증 제도(CCC 마크)로 통합하여 2002년 5월 1일부터 본격적으로 시행하고 있다.

CCC 주요 내용

〈국내 제품〉	〈수입 제품〉	〈수출 제품〉
–국가품질기술감독국(CSBTS)	–국가수출입검사검역국(CIQ)	–국가수출입검사검역국(CIQ)
– CCEE(상품 안전 인증) · 가전제품, 전공부품설비, 조명설비 등 104개 품목	–CCIB(수입 상품 안전 품질 인증) · 주로 자동차, 가전제품, 의료설비 등 107개 품목	–CIQ(수출 안전 인증) · 주로 전기제품, 완구, 화장품 등 76개 품목

⬇

〈국내 제품, 수입품, 수출품〉
– 국가품질감독검험검역총국(AQSIQ): 제도 관련 기준 및 인증 대상 제품 목록 승인 – 국가인증인가감독관리위원회(CNCA): 인증 마크, 서식 결정, 인증 기관 지정 – 지정인증기관(DCB): 인증 신청 접수 및 처리
– CCC 마크(중국 강제 인증 마크): 자동차, 전기제품 등 135개 품목

[그림 9-1] 중국 강제 인증 제도

조직 체계

국가품질감독검험검역총국(AQSIQ) 국가의 관련 법률, 제도 기준 및 인증 품목 승인과 공포
국가인증인가감독관리위원회(CNCA) 강제 인증 품목에 관한 관리 개발 및 인증 마크 결정 등
인증기관(DCBs) : 9개 기관 CNCA에서 지정한 기관으로 강제 안전 인증 업무의 시행을 주관
시험 기관 : 68개 기관 지역별/제품별로 분리하여 시험 업무 분할 시행 주관

적용 품목

전선 · 케이블, 전기 스위치, 보호 장비, 전기 접속 장치, 저압형 전기 장비, 저공률(低功率) 전동기, 전동 공구, 전기 용접기, 생활용 전기 제품, 음향기기, 정보기술 장비, 조명 장비, 정보통신 단말기 설비, 자동차 · 안전 부품, 자동차 타이어, 안전용 유리, 농기계 제품, 의료기기, 소방기기, 기술 안정 보호 제품 등이다.

〈표 9-9〉 19분류 132개 품목 목록

번호	분류(영문)		품목 수
1	전선 및 케이블	electrical wires and cables	5
2	전기 스위치 및 보호 장비, 전기 접속 장치	switches for circuits, installation protective and connection devices	6
3	저압형 전기 장비	low-voltage electrical apparatus	9
4	저공률 전동기	small power motors	1
5	전동 공구	electric tools	16
6	전기 용접기	welding machines	15
7	생활용 전기 제품	household and similar electrical appliances	18

8	음향 제품(단, 라디오 방송 및 자동차용 음향 설비 제외)	audio and video apparatus (not including the acoustics apparatus for broadcasting service and automobiles)	16
9	정보기술 장비	information technology equipment (IT)	12
10	조명 장비	lighting apparatus (not including the lighting apparatus with the voltage lower than 36V)	2
11	정보통신 단말기 설비	telecommunication terminal equipment	9
12	자동차 및 안전 부품	motor vehicles and safety parts	4
13	자동차 타이어	motor vehicle tyres	3
14	안전용 유리	safety glasses	3
15	농기계 제품	agricultural machinery	1
16	라텍스 제품	latex products	1
17	의료기기	medical devices	7
18	소방기기	fire fighting equipment	3
19	기술 안전 보호 제품	detectors for intruder alarm systems	1

CCC 제도 관련 법규정

CCC 관련 법률 법규로는 ① 중국인민공화국 상품 품질법, ② 중화인민공화국 수출입 상품 검사법, ③ 중화인민공화국 수출입 상품 검사법 실시 조례, ④ 중화인민공화국 상품 품질 인증 관리 조례가 있다. 규칙에 해당되는 문헌으로는 강제성 상품 인증 관리 규정이 있고, 규범 문헌으로는 ① 강제성 상품 인증 마크 관리 방법, ② 제1강제성 상품 인증 실시 상품 목록, ③ 강제성 상품의 인증 실시 규칙(47부), ④ 강제성 상품 인증 비용 규정, ⑤ 강제성 상품 인증 제도 실시 일정에 관한 규정이 있다.

CCC 인증 처리 기본 절차

CCC 인증을 받기 위해서는 다음과 같은 절차를 거쳐 인증서를 획득해야 한다.

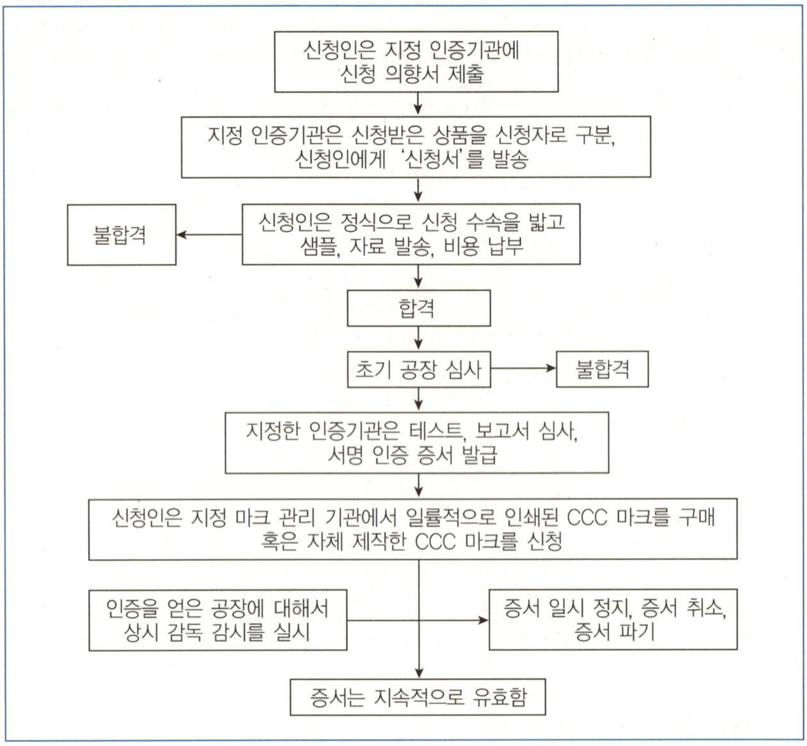

[그림 9-2] CCC 인증 처리 기본 절차

CCC 인증 신청 시에는 ① 신청서, 기술 문서와 시료를 DCB에 제출하는 것이 필요하며, ② 만약 도매업자, 소매업자 또는 수입업자가 신청인이 될 경우에는 앞의 ①번 자료와 함께 제조업자와의 계약서 사본 또는 수입업자와 제조자 간의 계약서 사본을 준비해야 한다. ③ 만약 제삼자에게 신청 위임을 하는 경우에는 수탁자와 승인, 시험, 초도 공장 검사, 사후 검사 등에 대한 계약을 하여야 하며, 수탁자는 ① 항의 자료와 위탁 증명, 위임 계약서 사본과 기타 관련 계약서를 송부해야 한다.

6. 생산자재 및 원료구매 전략

(1) 입찰형 구매 방식

생산자재 또는 원료를 구매할 때는 입찰형 구매 방식을 적극 활용해야 한다. 대만 기업 사장들 중에서 ○○기업 사장은 중국의 구매 업무는 사장이 직접 구매 업무에 관여하지 않는 한 각종 비리와 구매 리베이트 관행을 근절시키지 못한다고 믿는 사람 중의 한 사람이다. 다음은 ○○사의 사장이 공장 원료 구매를 하는 과정에서 20% 정도의 가격을 깎아 내리는 데 성공한 사례로서 한국 기업들이 반드시 참고하였으면 한다.

대만의 ○○사의 사장은 구매 부서는 개인적으로 치부하는 사원들이 근무하는 복마전 부서라 믿었다. 그리고 이런 관행을 타파하기 위해 자신이 직접 나서기로 하였다. 우선 ○○사가 종전까지 구매해온 공급선의 사장들을 모조리 공장 지역인 톈진(天津)에 집합시키라고 명령하였다. ○○사의 톈진 공장이 식품회사인지라 구매하고자 하는 원료도 농산품이었다. 이 농산품의 주산지는 화북지역과 서북지역이었는데 과거 공급선의 사장들을 모조리 톈진으로 집합시킨 것이다. 일부 사장이 안 올 것으로 미리 예상하고 이번 구매에서 6개월치 구매분을 일괄 확정할 것이라는 전갈을 각 공급선 사장에게 보내었다.

당시 8개 거래선 중 7개 거래선의 사장이 톈진에 집합하였다. 그들 7인의 사장들을 한 개의 방에 같이 배치하였다. 그들로 하여금 가격담합을 하도록 일부러 내버려둔 것이다. ○○사 사장은 오전 중에 집합시킨 사장들 7인을 한데 모아 원료 구매 가격을 타진하였다. 그 결과 7인 모두가 서로 비슷한 수준으로 오파를 내었다. 예상대로 담합을 한 흔적이 역력하였다.

오전 집단 회의가 끝나 점심 시간이 되어 점심을 먹게 되었는데, 이들 7인의 사장들을 고의적으로 분산시켜 점심 식사를 하게 하였다. 중국인들의 남을 믿질 않는 약점을 노린 분산 작전이었다. 공급선의 사장 7인은 서로 다른 사장들이 오전에 자기들끼리 논의했던 가격담합을 지키지 않고 개인 플레이를 할 것으로 생각하게 만들기 위한 작전이었다. ○○사 사장이 예상한 대로 분산되어 점심 식사에 참여한 공급선 사장들은 자기네들과 함께 식사하던 ○○사의 고급 간부직원들에게 자신의 가격을 얼마나 더 내리면 6개월치 물량을 혼자 독식하겠느냐고 물어왔다. 심지어는 15%를 내리면 6개월치 물량을 혼자 독식할 수 있겠느냐고 물어오는 공급선 사장도 있었다.

당시 해당 원료는 풍작이 되어 공급이 수요를 훨씬 초과하는 상황이었는데, 만일 그들 공급선들이 ○○사의 물량, 그것도 6개월치의 물량을 놓치게 되면 그들에게는 제품 판매를 할 수 없는 치명적인 상황이었다. 결국 7인의 거래선 중 3개 거래선이 당초의 자기네들끼리의 담합을 깨고 15% 정도의 할인 가격을 제시하였고 ○○사의 사장은 6개월치 구매량을 더 늘려 1년치 구매 계획을 제시하면서 다시 추가로 5%를 깎아 전체 20%를 깎아 내리는 개가를 올렸다.

○○사 사장의 말에 의하면 사장이 직접 개입하지 않고 종전대로 구매 부서 직원에게 일임하였다면 관례대로 1~2% 정도의 디스카운트로 구매가 결정되었을 것이 확실시되는 사례이다. 이 사례는 구매 과정에서 사장이 직접 나선다면 이와 같은 반 입찰형 구매 방식도 먹혀 들어갈 수 있는 시장이 중국시장이라는 점을 설명하고 있다. 물론 몇 개월치 물량이 아닌 반년치 또는 1년치 물량으로 늘린다는 전제 조건이 따라야 함은 물론이다.

위와 같은 입찰 방식의 구매 전략이 먹혀 들어간 데는 중국인들이 비교적 상대방을 의심하는 경향이 강하다는 점 때문이다. 대만 경제가 중소기업 위주의 경제체제가 된 것에는 여러 가지 이유가 있으나 남을 잘 믿으려 하지 않는 것도 그 원인의 하나라고 생각한다. 남을 잘 믿으려 하지 않으니 기업의 책임자들을 대부분 친지나 가족들로 채우게 되고, 이로 인해 외부 전문 경영인들을 영입할 수 있는 길이 막히게 된다. 또한 조직의 확대와 영업의 발전이 저해되는 결과를 초래하여 자연히 중소기업들이 발달할 수밖에 없게 된 것이다. 국가 경제가 발전하자면 대기업과 중소기업이 균형 있게 발달하여야 하는데 이런 면에서 우리는 대만 경제의 취약점을 발견하게 된다.

또 다른 한국의 모 기업은 협력업체인 원료 공급업체들의 잘못된 관행을 고치고자 노력한 결과 상당한 수준의 구매원가를 절감할 수 있었다. 우선 공급업체들에게 생산원가표를 제시하도록 요구하였고, 자체적으로 원자재 구입비 등을 조사하여 협력업체들에게 납품 가격을 낮추도록 요구하여 평균 30% 정도 단가 인하에 성공하였다. 그리고 한 달에 한 번씩 회사에서 이들을 초대하여 식사를 하며 간담회를 개최하였고, 많은 대화를 하여 서로 같은 배를 타고 있다는 동질감을 갖도록 노력하였다. 그런 한편 업체별로 A, B, C 3등급으로 나누어 결제 및 발주량에서 차등을 두는 방법을 강구하였다. 그 결과 수지(收支) 문제가 상당히 개선되었고 생산성 향상에도 도움이 되었다.[8)]

(2) 집단 구매

집단 구매는 대중 투자를 성공으로 이끄는 지름길이다. 이런 집단 구매를 가능하게 하기 위해 특정 업종의 기업들이 집단적으로 특정 업종 전용 공단에 진출하는 전략도 고려해봄 직하다.

최근까지 중국에 진출한 한국 기업들의 투자 건수는 어림잡아 3만여 건을 넘어서고 있다. 특히 칭다오(靑島)를 중심으로 한 산동성 지역에 많은 한국 기업들이 밀집되어 있다. 이런 현상을 볼 때마다 안타깝게 느끼는 점이 한 가지 있다. 왜 한국의 각 지역의 지방정부와 중앙정부가 중국에 투자하는 한국 기업들의 투자 업종 및 투자 지역에 대해 교통 정리를 하지 않느냐는 점이고, 또 중국에 투자하고자 하는 기업인들이 왜 자기네들끼리 서로 모여 어느 지역에 어떤 업종 진출이 유리한지 협의를 하는 등의 자체 교통 정리를 하지 않느냐는 점이다. 왜냐하면 한국 기업들이 한 곳에 밀집되어 있으면 잃는 것보다는 얻는 것이 많아야 할 텐데 실제로는 얻는 것보다 잃는 것이 더 많기 때문이다.

특정 지역에 약 50여 개 사가 집단적으로 진출하기로 하고 약 2~3십만 평 이상의 공단 건설용 토지를 중국 정부에 무상으로 제공해줄 것을 요구할 경우 중국 측에서 승낙할 가능성은 높은 편이다. 이럴 경우 여러 가지 조건상 특정 지역에 특정 업종 관련 기업들이 집단적으로 진출하게 되면 특정 지역의 특정 업종 전문화로 인한 이점까지 누릴 수 있을 것이다. 우선, 원료나 원자재 또는 반제품의 공동 구매에서 엄청난 이익을 누릴 수 있고, 컴퓨터 등 사무기기 등을 공동 구매하게 될 경우 수십 퍼센트의 비용을 절감할 수 있을 것이다. 또 입주업체들이 동맹하여 현지 직원 채용 시 임금 수준을 일정 선에서 묶어둘 수도 있을 것이며, 운송 차량의 구매에서 공단 전체 입주 기업 소유로 하여 구매하게 될 시 구매원가의 대폭 절감은 물론 운송 차량의 pool제 운용 등으로 그 비용을 엄청나게 절감할 수도 있을 것이다.

한국 기업들이 집단적으로 진출하지 않고 각개 전투로 진출하게 되면 특히 중소기업들은 치명타를 맞게 된다. 값싼 노임을 노려 진출한 한국의 중소기업의 경우, 곁에 고임금의 대기업 공장이 있으면 자사 직원들의 임금을 대기업 직원의 임금 수준과 비슷하게 올려줄 수밖에 없다. 그러나 이러한 불리한 점을 극복하기

---

8) 중소기업공단 편, 《중국투자 경영실무》, (서울, 보성인쇄기획 ; 2001. 12.), pp.79~80

위해 한국 기업들이 머리를 싸매고 궁리를 하는 노력은 부족한 것 같다. 특정 업종의 한국 기업들이 같은 공단 안에 집단적으로 진출하므로 인해 누릴 수 있는 이점이 많은 데도 불구하고 한국 기업들이 이를 등한시하는 것 같다.

(3) 한국 투자 기업들끼리의 공동 구매 전략

앞에서 한국 기업들이 집단 구매를 하기 위해 비슷한 업종의 한국 기업들끼리 같은 전용 공단에 입주하는 방안도 검토해봄 직하다고 했다. 같은 공단 안에 밀집되어 있으면 생산자재, 원료, 반제품, 원자재뿐만 아니라 컴퓨터 등 사무용기, 문방구, 배송 차량 및 운송 차량의 구매 등에서도 공동 구매를 함으로써 예상 외의 큰 이익을 누릴 수 있다. 그중 가장 큰 이익은 바로 기업 내에 만연되어 있는 각종 비리와 부조리 및 부정부패 행위를 근절시킬 수 있다는 점일 것이다. 이런 막대한 효과를 고려하여 한국 기업들이 실천에 옮기고자 하는 의지만 있다면 한 공단에 집단 입주하지 않은 상태에서도 서로 공동 구매를 추진할 수 있다. 인터넷 공동 구매가 바로 그런 방안들 중의 하나인데, 이는 한국 기업들이 반드시 실천해야 할 중대한 과제라고 생각한다. 다시 한 번 강조하지만 공동 구매로 인한 비용절감보다 한국 기업들이 얻을 수 있는 훨씬 더 큰 수확은 청렴한 기업 문화의 정착과 깨끗한 경영 분위기의 구축이 될 것이기 때문이다.

중국 기업은 물론이고 중국에 투자한 외국 기업들의 구매 부서에서 영위하는 구매 행위는 대부분 리베이트 관행이 보편화되어 있다. 이러한 리베이트 관행은 모든 것이 공개된 상태에서 합법적으로 이루어지는 경우도 있지만, 대부분은 구매 및 판매 부서 관련 직원들 간에 비밀리에 거래되는 부정 행위 또는 부패 행위와 연결되어 있다. 앞에서 설명한 바와 같이 중국 투자 기업에서의 원부자재 구매에서는 거의 대부분 리베이트가 있다고 생각해야 하는데, 몇 개 또는 몇십 개의 회사가 공동 구매하면 이런 리베이트라는 악습을 근절시킬 수 있고, 구매 물량이 늘어나면서 구매 가격을 대폭 깎을 수 있다. 뿐만 아니라 동일 지역에서 서로 타 업종에 종사하는 기업들은 수십 개 또는 수백 개 기업들이 합동으로 운송 차량, 운반 설비, 창고 등을 공유하고 공동 구매, 공동 사용하는 데서 많은 비용을 절감할 수 있을 것이며, 사무용구(컴퓨터, 문방구 일체), 작업복, 작업화, 작업모 등에서도 공동 구매를 하게 되면 종전의 관행이었던 리베이트 사례를 근절시키고 10~20%의 비용을 절감할 수 있을 것으로 생각한다.[9]

(4) 구매 부서 인력은 가급적이면 여성 인력으로 충당하는 전략

한국 기업의 책임자들은 중국 비즈니스에서도 마찬가지로 여성 인력을 사용하는 것을 부담스러워하는 것 같다. 이는 한국 사회가 이제까지 남성 중심의 사회여서 여성 인력들이 상대적으로 차별 대우를 받아온 역사적 환경과 관련이 있다고 보여진다. 최근에는 한국 사회도 이런 문제점들이 많이 해소되어 여성들의 파워가 많이 강해졌다. 그러나 아직도 남성 중심의 인력 채용 관행은 여전히 남아 있다고 볼 수 있는데, 이는 중국에 투자한 한국 기업들의 현지 중국인 직원 채용 시에도 여전히 적용되고 있다. 중국 사회는 한국 사회와는 달리 여성의 경제 활동 및 사회 활동 참여가 두드러진 사회이다. 여성도 남자 못지않게 능력이 있고 남자 못지않게 열심히 일하는 경우가 많고 전반적으로 전문 지식이나 일반 상식 측면에서는 여성이 남성보다 더 우월한 경우를 자주 볼 수 있다. 또 한 가지 우리가 명심해야 할 부분은 여성 인력이 남성 인력보다 부패나 비리에 물들지 않는 경향이 있다는 것이다. 한때 중국 라면시장의 점유율을 40%까지 차지했던 캉스푸(康師傅)의 경우 120명의 구매부서 전원을 여성 인력으로 충당하였다고 하니, 한국 기업들도 대만 기업들과 마찬가지로 구매 부서 인력은 여성 인력으로 충당할 것을 권하는 바이다.[10)]

7. 생산 시설 건설을 위한 공장 건설과 관련된 전략

(1) 최초의 공장은 소규모로 건설

'빙동삼척 비일일지한, 적수천석 비일일지공(氷凍三尺 非一日之寒, 滴水穿石 非一日之功)' 이라는 말은 얼음이 얼어 3자의 두께가 되기까지는 하루의 추위로 되는 것이 아니고 물방울이 똑똑 한 방울씩 떨어져 큰 바위에 구멍을 내기까지는 하루의 노력으로 되는 것이 아니라는 뜻이다. 매사에 점진적이고 끊임없이

9) 신주식 저, 《중국 비즈니스 전략 308선》, (서울, 고려대학교 출판부 ; 2003. 12. 12.), pp.499~500
10) 신주식 저, 《중국 비즈니스 전략 308선》, (서울, 고려대학교 출판부 ; 2003. 12. 12.), p.501

노력해야 큰 목적을 달성할 수 있다는 말이다. 단계별, 점진적으로 투자하라는 의미는 생산 기지 건설 이전에 판매를 먼저 시작하여 시장성을 파악하고, 자신이 생기면 중국의 기존 공장에 임가공 생산을 의뢰하고, 다음으로 OEM 생산 방식을 시행해보는 것이다. 성공 가능성이 보일 때 공장의 일부 임차 및 공장 전체의 임차 방식을 채택하고, 성공했을 때 판매력에 알맞은 공장을 건설하는 것이 바람직하다. 단계별 투자에 성공한 사례로는 동양제과의 초코파이 공장의 사례가 손꼽힌다. 초코파이 비즈니스는 처음부터 큰 공장을 짓지 않고 판매 능력에 맞는 규모의 공장을 지음으로써 가동률을 높여 공장 건설 제2차 연도부터 흑자를 내었다.

이와 같은 점진적인 진출 전략에는 다음과 같은 단계를 거치는 것을 생각해 볼 수 있다. 1단계에서는 한국으로부터 제품을 수입하여 생산 진출 전에 판매를 먼저 시작해보고, 2단계에서는 이러한 판매 활동이 성공을 거두었을 때 중국 국유기업 공장에 임가공 생산(來料加工 ; 원료와 부자재 등 모든 걸 제공하고 중국 공장은 임가공 생산에만 책임지는 제도)을 의뢰해본다. 이런 단계가 문제 없이 진행되면 3단계로 중국 국유기업 공장에 OEM 생산을 의뢰해보고, 그 다음 단계인 4단계에서는 공장 일부를 임대하여 직접 가동을 하면서 생산상의 기술적인 문제가 없는지 그리고 판매 능력과의 균형 문제를 조사, 검토한다. 이 경우 공장 운영 능력이나 조직관리상의 문제가 발생되지 않는다면 5단계에서는 공장 전체를 임대하여 공장 가동을 해보며 기술 인력의 확보, 기술 수준의 유지 및 판매 능력과 생산 능력과의 조화 문제 등을 검토하는 단계를 거친다. 6단계에서는 판매력에 맞는 소규모 자체 공장을 건설하여 운영을 해보고, 큰 무리가 없을 것으로 판단되면 마지막 7단계로 진입하여 본격적인 대규모 공장을 건설한다. 판매량이 신장되어 일정 규모 공장으로 확대가 가능할 때 일정 규모로 생산 능력을 늘린다는 말이다.

사례 8 점진적인 진출 전략

한국의 ○○사는 투자 리스크를 피하기 위해 처음에는 중국 기업과 합작하여 기존 공장을 개보수하여 곧바로 생산 활동과 판매 활동을 시작하였다. 투자 금액도 백만 불에 미치지 못하는 정도였다. ○○사의 최초 소형 합작 공장 영업은 ○○사가 중국시장을 이해하기 위해 소규모 자본으로 중국시장 문을 노크해본 실험 사업 또는 시험 사업의 성격이 강하다고 보아야 한다. 그러나 본 실험(시험)이 성공을 거두면서 ○○사의 전략과 국제화 전략의 3대 거점으로서의 중국시장을 생각하게 되었고 이런 전략의 일환으로 건설된 것이 본격적인 대규모 공장이다. 이와 같은 단계적 투자 진행 및 점진적 진입 전략은 투자 리스크가 큰 중국시장에의 진출에 있어 항상 주장하는 하나의 교과서적인 표준 접근 방법이라 할 만하다. 현실 상황을 정확히 고려한 수준 높은 투자 전략으로 볼 수 있다.

한국의 ○○사는 초기 첫 번째의 합작 공장에서 영업을 시작할 때는 자금 투자가 적게 드는 대리점 체제를 도입하였고 공장도 소형 합작 공장으로 시작하면서 판매 시장을 가급적이면 확대하지 않고 1개 도시 시장으로 한정하였다. ○○사의 사장은 "시장 최소화 전략이 적중하여 성공하였다."고 자평하였지만, 첫 번째 합작 공장의 중국 측 파트너를 잘 만났던 행운도 무시하지 못할 성공 요인으로 작용했다고 본다. 중국 측 파트너가 ○○사의 사장의 합자기업 경영에 적극적으로 협조한 것은 핵심적인 1개 시장 한 곳에만 모든 역량을 집중한 집중 전략 못지않게 ○○사의 사업 성공에 많은 도움이 되었다고 보는 것이다. 훌륭한 파트너를 만나기가 쉽지 않은 중국시장에서는 이런 파트너를 만날 확률이 그리 높지 않기에 ○○사의 성공이 더욱 값져 보인다.

첫 번째의 합작 사업이 성공한 후, ○○사는 상하이에서 본격적으로 독자 사업을 전개하기 위해 새로운 공장을 건설하였다. ○○사의 두 번째 독자 투자에서는 판매 시스템 면에서 첫 번째의 실험 사업에서 채택하였던 대리점 체제 영업 패턴을 과감히 버리고 우선 상하이시장에서 직접 판매 위주의 혼합 체제 시스템을 도입하기로 결정하였다. 즉, 물류 협력 파트너 체제가 그것인데, 이는 물류 협력 파트너의 역할을 물류, 배송, 운송, invoicing(상점에서의 대금 회수), 창고, 창고 내에서의 재고 책임 등을 담당하는 데 국한시키고 나머지 업무는 직접 사내 조직을 통해 처리하는 체제이다. ○○사가 담당하게 될 나머지 업무에는 판촉 요원 모집 · 교육 · 관리, 광고 및 홍보 활동, 백화점과의 입점과 관련된 조건에 대한 직접 협상 등이 포함되어 있다. ○○사의 두 번째 독자 투자에서는 본격적인 직접 판매 영업을 위해 대도시의 프리미엄 백화점에만 먼저 진입하는 사전 준비성과 치밀함도 돋보였다. 현재 상하이에 이어 또 다른 대형 도시이며 핵심 시장인 베이징에서도 영업을 할 준비를 하고 있는데 상하이에서의 영업 패턴을 그대로 도입할 것으로 알려져 있다.

상하이에서의 ○○사의 신규 브랜드 영업 활동 결과를 보면 초기 단계이기는 하지만 대단히 성공적이라고 할 수 있다. 첫 번째 소형 합작 공장에서 생산된 제품의 판매를 위해 사용한 브랜드와 두 번째 공장에서 생산된 제품의 브랜드를 서로 다르게 하여 새로운 브랜드로 중국시장의 심장부를 직접 공략하였던 것이다. 두 번째 공장에서 생산된 브랜드는 상하이 백화점 점포 2개소에 입점, 판매되고 있는데, 입점 초기 한 백화점에서는 전체 입점 브랜드 20여 개 중 11위를 차지함으로써 상당한 성공을 거두었다.

(2) 판매 후 공장 건설

제조업 진출을 위한 공장 건설을 결정하기 전에 판매를 먼저 시도하여 중국에서 생산하고자 하는 제품의 판매 가능성 및 사업의 성공 가능성을 미리 측정해보는 것은 대단히 중요하다. 충분한 시간을 갖고 중국에서 생산하고자 하는 제품을 한국에서 수입하여 중국시장에서 판매를 해보고 난 후 공장 건설 여부를 결정하는 전략인 것이다. 중국시장에서는 겉으로 드러나 있는 정보보다 수면 아래에서 잠복되어 있는 잠복성 정보가 더 많다. 정보의 실용성 면에서도 수면 위에 있는 정보보다 수면 아래 정보의 실용 가치가 더 큰 경우가 많다. 따라서 기업 사회 전반에 걸쳐 불확실성이 광범위하게 내재되어 있어 투자를 추진할 때 무척 신중해질 필요가 있다. 돌다리도 두드리며 건너라는 속담이 의미하듯 중국 투자에서도 제조업에 바로 진출하지 말고 판매를 먼저 시도해본 다음 공장 건설 후 공장 가동이 순조롭게 될 수 있겠다고 판단될 때 공장 건설을 추진하는 것이 올바른 방법이라 할 수 있다.

한국의 동양제과의 오리온 초코파이도 생산 공장의 건설에 앞서 판매부터 먼저 시작하여 성공한 경우이다. 이 제품은 공장 건설 훨씬 이전에 조선족들의 한국 왕래 또는 보따리 장사에 의해 상당히 긴 기간 동안 중국 소비자들에게 소개되는 과정을 거쳤다. 이로 인해 공장 건설 후 제2차 연도에 흑자를 실현하는 성적을 거둔 것이다. 초코파이의 동양제과는 십수 년 전부터 소위 보따리 장수 또는 홍콩을 경유한 변통 무역 등을 통해 조선족 고객을 상당수 확보하여 왔고 이들 조선족 거래선을 기반으로 하여 점차 한족 고객을 확보한 경우라 할 수 있다.

사례 9 즈란메이 화장품 회사

즈란메이(自然美) 화장품 회사는 대만 기업으로서 상하이시장을 중심으로 하여 중급 및 저급 백화점 등에 약 50여 개 점포를 확보, 판매 중에 있으며, 1개 점포당 평균 인민폐 100,000위안 정도를 판매함으로써 상당히 성공을 거둔 경우이다. 즈란메이 브랜드는 대만인 차이이엔핑(蔡燕萍) 사장(여장부)이 생산 공장을 건설하기 전에 상하이를 중심으로 각 지역에 미용 학원을 열어 즈란메이 화장품(대만에서 수입)을 사용하여 미용 기술을 가르치면서 시작하였다. 수천 명의 학생들을 배출시킨 다음 그 수료생들로 하여금 수료 후 자신들의 경비 부담하에 각 동네 어귀에 미장원을 내게 하고 그 미장원에 즈란메이 화장품을 계속 공급함으로써 그 수요량이 공장을 건설할 만한 규모가 되었을 때, 뒤늦게 공장을 건설하여 성공한 사례이다.[11](自然美 美國際事業集團 이름으로 상하이 각 지역에 '芳香美容護膚센터'라는 미용실 체인을 개설). 상하이 출장 기간 중에 즈란메이(自然美) 화장품의 상하이 지역 판매 상황을 돌아본 결과 아래의 3개소 백화점에 입점, 판매하고 있었다. 고급 백화점인 홍콩(香港) 신세계 백화점에서는 매월 평균 판매액 50,000위안 실적으로 약 20여 개의 국내외 브랜드 중 5위를 차지하고 있었고, 중급 백화점인 제일 백화점에서는 매월 평균 판매액이 100,000위안으로 9개 업체 중 2위를 차지하고 있었다. 저급 백화점인 화리엔상사(華聯商廈) 백화점에서는 매월 평균 판매액이 120,000위안으로 18개 브랜드 중에서 6위를 차지하는 등 성공적인 판매 활동을 하고 있었다.

11) 王文靜 等 共著《安家立業 新中國》, (臺灣, 臺北 ; 商智文化出版社, 2001. 6. 12.), pp.37~41

10

인사 · 노무 관리

흔히 중국에 진출하는 많은 기업들이 값싼 인력 때문에 중국을 선택하는 경우가 많다. 하지만 이제 순전히 인건비가 싸다는 이유만으로 인사나 노무 관리에 대한 충분한 지식과 준비 없이 중국에 진출하려는 기업들은 분명 정착하기도 전에 철수 준비를 해야 할지도 모른다. 중국은 멀리 떨어져 있지 않은 이웃나라이지만 직원들을 관리하다보면 두 나라의 문화적 차이에서 비롯된 갈등과 문제들이 적지 않게 발생한다. 그렇기에 중국 투자에 있어 인사 · 노무 관리는 그 어느 분야보다도 현지에 대한 올바른 이해가 요구되는 분야이다. 실제로 대부분의 우리 투자자들은 현지 문화의 불충분한 이해, 중국을 무시하는 시선 등으로 인해 노무관리에서 상당한 어려움을 겪고 있는 게 사실이다. 성공적인 중국 진출을 위해서 우리 투자자들은 인사 · 노무 관리에 대해 문제의식을 가지고 그 중요성을 절대로 간과해서는 안 될 것이다.

CHAPTER

10 인사 · 노무 관리

1. 인사관리

(1) 채용 방식

중국에서 외자기업을 설립하고 나면 회사를 운영하기 위해 최소한 '총경리, 부총경리, 재무관리 담당자(회계 자격증 소유자), 통역'과 같은 직원을 선발하여야 한다. 이는 최소한의 조건이고, 투자 분야의 특성에 따라 추가로 다른 분야의 직원이 필요할 수도 있다.

중국에서의 직원 채용 방식은 일반적으로 '광고를 통한 채용, 인맥을 통한 채용, 노동국을 통한 채용'으로 정리해볼 수 있는데, 중국이라는 사회에서 가장 널리 통용되고 있는 방식은 바로 인맥을 통한 채용 방식이다. 여기에는 아는 사람을 고용함으로써 조직 장악력을 제고할 수 있고, 능력 하나만 보고 외지 사람을 데려다 쓰기 위해 호구 문제를 해결해주어야 하는 부담도 덜 수 있다는 이점이 있기 때문이다.

투자자들이 회사를 운영해나갈 현지 직원들을 모집하는 것은 결코 쉬운 일이 아니다. 광고를 통하여 공채를 실시하는 경우 해당 지방에서의 우수한 인력의 수가 부족한 경우가 많고, 다른 지방에서 인재를 초빙해오려면 호구와 주택 문제를 해결해주어야 하는 난점이 있다. 또한 합작 · 합자 사업일 경우에 대부분의 직원을 인맥을 통해 모집하게 되면 이후 경영상 중국인 파트너보다 불리한 입장에 놓일 수도 있다. 그러므로 투자자들이 직원을 채용할 때에는 기능직이나 단순 근로자들은 인맥을 통하여 선발하되 주요 기술자, 담당자, 간부 같은 요직은 반드시 공채를 통하여 모집하는 등의 절충안을 적절히 활용하는 것이 좋다.

(2) 노동계약(勞動合同)

직원 채용 후 기업은 직원과 '노동계약(勞動合同)'을 체결하고 소재지 관할 지방정부 노동국의 검증을 받아야 한다. 노동계약은 기업과 직원이 협상을 통해 쌍방의 권리 의무에 대해 동의한 내용을 표시하는 법률행위로, '계약 기간, 직업 내용, 노동 보호 및 근로 조건, 보수, 노동 규율, 계약 종료 조건, 계약 위반 책임' 등의 내용을 포함한다. 노동계약 실제 서류 양식은 부록을 참고하기 바란다.

(3) 임금 체계

중국의 임금 체계는 사회주의 경제체제의 영향으로 기본 급여 이외에 사회보장적 성격의 보험과 복지 비용이 포함되어 있어 임금 체계가 우리와 많이 다르다. 외국인 투자 기업의 임금은 크게 '실수령임금(實得工資), 복리비(福利工資), 국가보조금(複貼工資)'으로 구분된다. 실수령임금은 기본급, 수당, 장려금으로 구성되고, 복리비는 양로보험, 의료보험, 실업보험 등 각종 사회보험료로 구성되며, 국가보조금에는 주택보조금과 물가보조금 등이 주로 포함된다.

중국은 그동안 초보 단계에 머물러 있던 사회보험제도가 세계무역기구(WTO)에 가입하고 2008 북경올림픽을 개최하면서 근래에 들어 급속도로 정비되고 있다. 특히 2008년 신노동계약법 제49조에는 "국가는 정책 추진을 통해, 노동자의 사회보험이 전국적으로 적용될 수 있도록 그 제도를 계속 정비한다."라고 명시되어 있는데, 이는 우리 투자자들도 주의를 기울여야 할 항목이다. 보상금 때문에 직원들이 기업의 사회보험 미납 사실을 신고하는 경우도 종종 발생하므로, 다소 부담이 되더라도 중국 당국에서 지정한 보험료는 반드시 납부해야 한다.

〈표 10-1〉 주요 도시 사회보장제도 및 납부 비율

<table>
<tr><th>지역</th><th>항목</th><th>직원 구분</th><th>개인 부담률</th><th>회사 부담률</th></tr>
<tr><td rowspan="12">베이징</td><td rowspan="2">양로보험</td><td>현지 노동력</td><td>8%</td><td>20%</td></tr>
<tr><td>외지 노동력</td><td>8%</td><td>20%</td></tr>
<tr><td rowspan="2">실업보험</td><td>현지 노동력</td><td>0.5%</td><td>1.5%</td></tr>
<tr><td>외지 노동력</td><td>0.5%</td><td>1.5%</td></tr>
<tr><td rowspan="2">공상보험</td><td>현지 노동력</td><td>0</td><td>0.4%</td></tr>
<tr><td>외지 노동력</td><td>0</td><td>0.4%</td></tr>
<tr><td rowspan="2">의료보험</td><td>현지 노동력</td><td>2%</td><td>10%</td></tr>
<tr><td>외지 노동력</td><td>2%</td><td>10%</td></tr>
<tr><td rowspan="2">생육보험</td><td>현지 노동력</td><td>0</td><td>0.1%</td></tr>
<tr><td>외지 노동력</td><td>0</td><td>0</td></tr>
<tr><td rowspan="2">주택공적금</td><td>현지 노동력</td><td>8%</td><td>8%</td></tr>
<tr><td>외지 노동력</td><td>8%</td><td>8%</td></tr>
<tr><td rowspan="6">상하이</td><td>양로보험</td><td>현지 노동력</td><td>0</td><td>17%</td></tr>
<tr><td>실업보험</td><td>현지 노동력</td><td>0</td><td>2%</td></tr>
<tr><td>공상보험</td><td>현지 노동력</td><td>0</td><td>0.5%</td></tr>
<tr><td>의료보험</td><td>현지 노동력</td><td>0</td><td>5%</td></tr>
<tr><td>생육보험</td><td>현지 노동력</td><td>0</td><td>0.5%</td></tr>
<tr><td>주택공적금</td><td>외지 노동력</td><td>0</td><td>12.5%</td></tr>
<tr><td rowspan="12">칭다오</td><td rowspan="2">양로보험</td><td>현지 노동력</td><td>8%</td><td>20%</td></tr>
<tr><td>외지 노동력</td><td>0</td><td>0</td></tr>
<tr><td rowspan="2">실업보험</td><td>현지 노동력</td><td>1%</td><td>2%</td></tr>
<tr><td>외지 노동력</td><td>0</td><td>0</td></tr>
<tr><td rowspan="2">공상보험</td><td>현지 노동력</td><td>0</td><td>0.5%</td></tr>
<tr><td>외지 노동력</td><td>0</td><td>0</td></tr>
<tr><td rowspan="2">의료보험</td><td>현지 노동력</td><td>2%</td><td>8%</td></tr>
<tr><td>외지 노동력</td><td>0</td><td>0</td></tr>
<tr><td rowspan="2">생육보험</td><td>현지 노동력</td><td>0.2%</td><td>0.9%</td></tr>
<tr><td>외지 노동력</td><td>0</td><td>0</td></tr>
<tr><td rowspan="2">주택공적금</td><td>현지 노동력</td><td>10%</td><td>10%</td></tr>
<tr><td>외지 노동력</td><td>0</td><td>0</td></tr>
</table>

다롄	양로보험	현지 노동력	8%	19%
		외지 노동력	8%	19%
	실업보험	현지 노동력	1%	2%
		외지 노동력	1%	2%
	공상보험	현지 노동력	0	0.6%
		외지 노동력	0	0.6%
	의료보험	현지 노동력	2%	8%
		외지 노동력	2%	8%
	생육보험	현지 노동력	0	0.5%
		외지 노동력	0	0.5%
	주택공적금	현지 노동력	10%	10%
		외지 노동력	10%	10%

출처: KOTRA, ≪중국투자실무가이드≫, 2007, p.214

사례 1 '장기 휴직' 상태 근로자의 사회보험 혜택

1. 사건 경위

D씨 등 4명은 1991년에 북경의 모 회사에 배정되었다. 1995년 7월 회사는 경영 상황이 좋지 못해 이 4명에게 집에 가서 '대기' 하도록 구두로 통보했다. 하지만 그 후 4년 동안 회사는 서면으로 양측의 노동 관계를 파기하지도 않았고 그들에게 새로이 업무를 배정해주지도 않았다. 그리고 4명의 개인 서류를 계속 회사에 보관해 두었다. D씨 등은 여러 차례 업무 문제를 해결해달라고 요구했지만 회사 측은 아무 대답이 없었다. 4명은 할 수 없이 회사를 그만두기로 결정했다. 개인 서류는 잠시 인재 교류 센터에 맡겼다. 그런데 이때 그들은 뜻밖에도 1992년 10월부터 회사가 계속 그들에게 사회보험 비용을 지급하지 않았다는 사실을 발견했다. 그래서 그들은 회사를 찾았다. 하지만 회사는 1995년 7월 이전의 보험 비용만을 지급하는 것에 동의했으나, 그 후의 보험 비용에 대해서는 그들이 4년 동안 출근을 하지 않았으므로 보험 비용을 지불할 의무가 없다고 주장했다. D씨 등 4명은 이에 불복하고 소송을 걸어 회사가 각종 사회보험 비용을 지불할 것과 4년의 기본 생활비를 지급할 것을 요구하였다.

2. 분석

본 안건의 핵심은 D씨 등 4명이 집에서 '대기' 한 후에도 이 회사와 노동 관계가 존재하는가의 여부에 있다. 본 안건에서 피소인은 구두로 제소인에게 집에 가서 '대기' 하도록 했다. 서면 형식으로 양측의 노동 관계를 파기하지도 않았을 뿐만 아니라 규정에 따라 D씨 등의 서류를 관련 부서로 넘기지 않았다. 그렇기 때문에 양측의 노동 관계는 아직 존재하며 D씨 등은 기업의 잉여 근로자 또는 장기휴직 근로자로 간주해야 한다.

노부발(勞部發, 1995) 309호 〈'중화인민공화국 노동법' 관철 실시의 약간 문제에 관한 의견〉 제74조에는 "기업의 잉여 근로자, 장기 휴가 근로자, 장기간 병결 근로자, 파견 근로자 및 학교를 다니면서 일하는 근로자 등의 사회보험 비용은 규정에 따라 소속 단위와 개인이 계속 지불해야 한다. 보험 비용 납부 기간은 납부 기한으로 계산된다."고 규정하고 있다. 이로써 "출근하지 않으면 보험 비용을 받지 않는다."는 회사의 말은 확실히 잘못된 것이라는 사실을 알 수 있다.

(출처: 주중국대한민국대사관)

(4) 직원의 신원 확인 및 해고 조치 권한

중국에서 직원의 신원을 가장 확실하게 파악하는 방법에는 '당안(檔案)과 호구부(戶口簿)'를 확인하는 방법이 있다. 중국은 아직까지 조작된 서류들이 범람하기 때문에 대학 졸업장 같은 증명서도 암암리에 모조품을 쉽게 구할 수 있다. 그러므로 당안[1]과 호구부[2] 확인은 신원조회의 기본이라 할 수 있다.

어느 사회나 직원을 해고하는 일은 개인의 신상에 관련된 매우 민감한 일일 테지만, 공산주의 이념의 영향 아래에 있는 중국에서 회사를 운영하다보면 직원 해고 조치 시 상당한 어려움을 느낄 수 있다. 이를 대비하여 투자자들은 사전에 노동계약에 해고 대상 사유를 명확히 명시해놓아야 한다.

중국 노동법에 명시된 해고의 종류는 다음과 같다.

① 노동계약의 만기가 도래하여 노동계약이 해제되는 경우(제24조)

② 수습 기간 중 채용을 취소하는 경우(제25조)

③ 즉시 해고(제25조)

④ 경고에 의한 해고(제26조)

위의 ①, ②의 경우 퇴직금을 지급할 필요가 없지만, ③, ④의 경우에는 퇴직금을 지불하여야 한다. 부당 해고 시에는 통상 1년 연속 근무 시 1개월 임금에

---

1) '당안(檔案)'이란 사회주의 체제하의 특이한 인사관리 시스템에서 비롯된 것으로 개인의 신상 조사 기록서에 해당한다.

2) '호구부(戶口簿)'는 '상주호구부(常主戶口簿)'의 줄임말로 가족 전체 신상이 기록되어 있는 증명서, 즉 우리의 주민등록등본과 유사한 개념이다.

상당하는 금액을 보상액으로 지급해야 한다. 다만 다음과 같은 경우 면책이 가능하다.

① 취업 규칙을 위반하는 경우
② 회사의 공금을 횡령하거나 회사에 손실을 끼친 경우
③ 형사상의 책임을 물어야 하는 경우

참고로 2008년 신노동계약법 제14조에 의하면, 한 직장에서 10년 이상 근속한 사람은 노동계약 기간을 무기한으로 할 수 있도록 허용하고 있다. 따라서 정말 문제가 되는 직원이 있다면 9년차 전에는 정리를 하는 것이 좋다.

사례 2 직원 해고 시에는 반드시 타당한 해고 사유 확보

- 강소성에 진출한 OO사는 회사 규정을 어기고 인사 부서로부터 여러 차례 경고 조치를 받은 현지 관리자가 다시금 회사 규정을 어기자 해고 처리하기로 결정하고 이 사실을 본인에게 통지
- 이 직원이 관할 노동국에 부당해고를 이유로 진정서를 제출하였으며, 노동국에서도 회사의 처분은 지나치다고 통보
- 그러나 OO사는 해고 사유서를 노동국에 제출하였고 이 직원 해고 건은 별 무리 없이 무마됨.
- 회사는 이 직원이 회사 규정을 어길 때마다 시말서를 받았으며, 이를 기초로 해고사유서를 작성하여 노동국에 제출함으로써 노동국도 별다른 이의를 제기하지 못함.

(출처: 〈중국 투자환경과 투자사례〉, 한국수출입은행, 2002. 6)

(5) 인사관리와 관련된 주요 전략

겸양과 겸손의 자세로 대화하라

중국인들의 자국의 역사와 문화에 대한 자존심은 대단히 높은 편이다. 역사적으로 중국은 중국 주변에 있는 나라들을 모두 오랑캐 또는 미개인으로 생각했고 그 결과 주변의 국가나 민족들을 지칭할 때 동이(東夷), 서융(西戎), 남만(南蠻), 북적(北狄) 등의 멸칭(蔑稱)을 썼다. 특히 한국의 경우 역사적으로 중국 왕조로부터 받은 영향이 큰 편이라 한국 또는 한국인들을 대하는 중국인들의 내적인

태도는 약간은 오만하고 경시하는 듯한 느낌을 지울 수가 없다. 이런 경우 화가 난다고 해서 거만하고 건방진 자세를 취하는 것은 금물이다. 그럴수록 겸양과 겸손의 자세를 취해야 한다.

대만에서의 경험을 돌이켜보면 당시 대부분의 한국 가정의 부모들은 자녀들을 미국 학교에 보냈지만 소수의 부모들은 자녀들을 중국 전문가로 키우기 위해 현지 학교에 보냈다. 그런데 대만 현지 학교에 다니는 한국 학생들 중 공부를 잘하는 학생들이 중국 학생들로부터 받는 스트레스는 그렇지 못한 학생들보다 더 크다는 것을 발견했다. 내 자식의 경우도 마찬가지였다. 일부 한국 학생들은 거의 매일 울다시피 하면서 학교에 가지 않으려고 하였다. 한국 학생들의 성적이 반에서 상위 랭킹에 들어가는 경우, 역사적으로나 문화적으로 우위를 점해온 중국인들의 자존심이 상처를 받았다고 생각하는 모양이었다. 대만인 학생들은 노골적으로 한국인을 비하하는 언행을 일삼는가 하면 세계 역사 속에서의 중국 왕조의 역할과 기능을 공부하는 역사 시간에는 역사 선생님이 한국인 학생을 의식하지 못하고 자존심을 상하는 표현을 쉽게 하기도 하였다. 즉, 중국이 한국을 도운 역사적 사건이나 중국이 한국에 대해 지배적 영향을 끼친 사건에 대해 강의하면서 한국 학생들이 듣기에 거북스런 표현을 자연스럽게 쓰기도 하였다. 이 모든 것이 한국 학생들에게 지면 중국인의 자존심이 상한다는 중국인 특유의 우월주의에서 기인된 것은 아닐까?

중국인들은 풍수지리설을 신봉한다. 그들은 풍수지리에서 풍수의 유전(流轉)을 믿는다. 이러한 풍수의 유전 논리에 따라 중국 역사의 유전을 예측하고 예단하는 학자들이 꽤 많다. 중국인들의 사고방식은 정태적이라기보다는 동태적이다. 변화하지 않는 현상은 없으며 모든 사물도 변화한다는 가정에서 출발한다. 중국 사상인 음양 이론도 동태적인 관점에서 출발하며, 태극 사상도 동태적인 관점에서 설명된다. 역사도 마찬가지이다. 그들의 주장에 의하면 중국 역사는 7백 년마다 한 번씩 융성하여 최고의 절정기를 맞는다고 한다.[3] 그런데 이러한 주장을 각 시기별로 자세히 들여다보면 중화우월 사상의 강조에 초점이 맞추어져 있으며, 이런 이론들에 의해 중국인들이 중국 역사와 문화에 대해 한층 더 강한 우월감을 갖게 되었다는 점을 쉽게 발견할 수 있다.[4]

---

3) 曾仕强 著, 《中國式管理》, (臺灣, 臺北 ; 建中書報社, 2001. 8.), p.17
4) 신주식 저, 《쳐다보는 달과 바라보는 달》, (대구, 해조음 ; 2006. 2. 26.), pp.91~94

제1차 융성 시기는 기원전 8세기 서주(西周)가 봉건제도를 도입하여 봉토를 제후들에게 나누어주면서 그들의 굳건한 지지를 바탕으로 중국 역사상 찬란한 금자탑(華夏之光, 즉 중국의 영광을 뜻함)을 세운 시기이다. 중국 역사에서 처음으로 국가라는 틀과 모습을 갖춘 시기가 바로 이때이다. 역사적 사실과 기록 면에서 보더라도 중국은 2,800년 전에 이미 국가적인 체제를 갖춘 왕조가 존재하였다는 것을 대내외에 과시하고 있는 것이다.[5)]

제2차 융성 시기는 제1차 융성 시기로부터 700년 후인 기원전 1세기로, 한(漢)나라 무제가 봉건제도를 폐지하고 군현(郡縣)제도를 확립하면서 흉노족 등 이민족의 침입의 뿌리를 뽑는 등 한족[6)] 국가 건설에 큰 업적을 남긴 시기를 말한다. 군현제도가 행정관리를 강화하고 중국 전역을 효율적으로 통치할 수 있는 중앙집권적 통치 기초를 다진 것에 높은 점수를 주고 있는 것이다. 중국 민족을 한족이라고 부르는 것도 한나라에 대한 중국인들의 자긍심과 자존심을 나타낸 표현이라 볼 수 있으며, 이 시기에 대한 중국 학자들의 평가는 중국인들의 중화 우월주의 사상을 고취시키는 데 적잖은 기여를 하였다고 보는 것이다.[7)]

제3차 융성 시기는 제2차 융성 시기로부터 700년 후인 AD 7세기로, 당 태종 리스민(李世民)이 이룩한 정관의 치(貞觀之治)[8)]와 그의 증손자 당 현종이 이룩한 개원의 치(開元之治)[9)]의 공적을 통해 중국 문화의 우월성을 주변 인접국들에게 과시한 시기로 볼 수 있다. 그 당시의 당나라 법전은 동남아 · 동북아 일대에 심대한 영향을 끼쳤다. 중국 국내의 통치 기반을 공고히 하였다는 의미에다 동남아 등 중국의 주변 국가들에게 심대한 영향을 끼침으로써 중국 문화의 우월성을 과시한 시기라 할 수 있다. 중국의 역사에서 이 시기가 어떤 의미를 갖는지 중국에서는 명확히 드러내놓고 있지는 않다. 하지만 대만의 경우 당나라의 태종과 명나라의 주위엔장(朱元章)을 중국 역사상 가장 위대한 황제로 칭송하는 분위기

5) 曾仕强 著 , 《中國式管理》, (臺灣 , 臺北 ; 建中書報社 , 2001. 8.), pp.17~18
6) 중국과 타이완의 인구 대부분을 차지하고 있는 세계 최대의 민족 집단
7) 曾仕强 著 , 『中國式管理』, (臺灣 , 臺北 ; 建中書報社 , 2001. 8.), pp.17~18
8) 당나라 제2대 태종 이세민의 치세(626~649년). 수(隋)나라 말기 전국적인 동란과 백성의 피폐 가운데 굳건히 일어서서 당나라의 국초(國礎)를 확립하여 중앙집권을 강화하였다. 율령체제(律令體制)의 정비에 따라 학교 · 과거(科擧)도 발달하였다.
9) 당 현종이 다스렸던 713년부터 741년까지 28년간을 가리켜 개원의 치(開元之治)라고 한다. 현종이 훌륭한 정치를 하자 당의 국력은 강성해졌으며, 당 태종 리스민이 이룩한 태평성세에 버금가는 치세를 하여 후세 사람들은 이를 당시의 연호인 개원(開元)을 따 '개원의 치(治)' 로 불렀다

가 강하다. 당 태종은 국내 통치에서도 높은 점수를 받고 있는 데다 한민족이 세운 그때까지의 모든 왕조들 중에서 가장 영토가 넓었다는 점을 높이 평가하는 데 기인한다. 어쨌든 당 태종에서 당 현종에 이르는 이 기간을 제3차 중국 역사의 융성을 기록한 한민족 최고의 발전 시기로 간주함으로써 중국 문화의 최고봉을 과시하고자 하는 중국 학자의 의도를 엿 볼 수 있다.[10)]

제4차 융성 시기는 제3차 융성 시기로부터 700년이 지난 AD 14세기로, 평민 출신의 명나라 태조 주위엔장(朱元章)이 이민족인 몽고족이 세운 원나라를 멸망시키고 명나라를 건국하면서 한민족 문화 재건에 혁혁한 공을 세운 시기이다. 앞에서 설명한 바와 같이 주위안장은 당 태종과 함께 대만 국민들이 자랑하는 위대한 군주 중의 하나이다. 사실 한국 역사에서 보는 명나라 주위엔장은 그리 높은 점수를 받는 군주가 아니다. 하지만 대만의 중국 역사에서 그가 차지하는 비중은 이례적일 정도로 매우 높다. 이는 한족(漢族) 역사, 즉 중국 역사에서 원나라의 중국 지배가 얼마만큼 한족에게는 치욕의 역사였는지를 설명하는 근거가 된다. 원나라는 통치 기간 중 줄곧 한족의 중국 문화를 억압하고 말살하려 했기에 원나라에 대한 한족의 반감은 매우 컸을 것이다. 이런 원나라를 주위엔장이 멸망시키고 한족의 중국 왕조를 건설하였기에 대만에서는 주위엔장을 위대한 군주로 평가하고 있는 것이다. 이에 반해 같은 이민족으로서 중국을 지배했던 만주족의 청나라 역사는 대만 역사학자들이 긍정적으로 보는 면이 강하다. 이는 청나라가 한민족 문화에 동화되면서 이를 수용하는 자세를 지녔기 때문으로 해석될 수 있다. 대만 역사학자들은 청나라의 건륭황제나 강희제 시대의 문화 발전을 높이 평가하는 데 주저하지 않는다. 바로 청나라 황제들의 한족 문화, 즉 중국 문화에 대한 배척이 존재하지 않았던 점과 무관하지 않다고 볼 수 있다. 대만에서는 또한 중국의 국부(國父)이면서 중국 대륙에서도 상당히 높은 점수를 받고 있는 쑨원(孫文)을 주위엔장과 함께 위대한 인물로 꼽고 있다. 이는 청나라가 비록 한족 문화를 수용하고 스스로 동화되는 융화 정책을 도입하긴 했지만 어쨌든 1911년 신해혁명을 통해 이민족인 만주족이 세운 전제(專制)군주 국가를 무너뜨리고 한족이 중심이 된 국가를 건국하는 기반을 구축하였다는 데서 그 원인을 찾을 수 있다. 이 모두가 중국인들의 우월사상과 이민족에 대한 멸시사상

10) 曾仕强 著, 《中國式管理》, (臺灣, 臺北 ; 建中書報社, 2001. 8.), pp 17~18

을 엿볼 수 있다.[11]

제5차 융성 시기는 제4차 융성 시기인 14세기로부터 700년이 지난 21세기로 뉴밀레니엄 시기의 중국, 즉 지금의 중국이다. 현재의 중국이 2025~2030년 사이에 미국을 앞지르며 세계 패권을 장악하게 되리라는 믿음이다. 지앙쩌민(江澤民), 후진타오(胡錦濤)로 이어지는 국가 지도자들이 몇 번의 순차적인 정권 이양 과정을 거치면서 이와 같은 업적을 이루어내리라는 희망을 서슴 없이 드러내고 있다. 이는 중국인들이 중화사상에 입각하여 자신들을 세계의 중심에 놓음으로써 21세기에는 세계의 중심에 우뚝 서는 중국의 시대가 올 것이라는 확신을 갖게 되었음을 의미한다고 볼 수 있다.[12] 중국 경제의 발전에 대해 긍정적인 사고를 갖고 있는 많은 중국학자들은 변증법을 주창한 헤겔(G. W. F. Hegel)의 철학 이론, 즉 인류 문명은 태양과 같이 동쪽에서 서쪽으로 이동한다는 논리를 중시하고 있다. 즉, 고대 문명이 중국, 인도, 이라크 지역에서 일어나 그리스 및 로마를 거쳐 서구로 이동하였고, 19세기 말기 무렵 다시 미주 대륙으로 이동하여 미국을 중심으로 미주세기(美洲世紀)를 전개하였다고 보는 것이다. 많은 중국 학자들은 서구의 학자 존 네이스비츠(John Naisbitt)가 1983년 주장한 바와 같이 20세기 후반기에는 미주 · 대서양 중심에서 아시아 · 태평양 지역으로 그 중심축이 옮겨진다는 말을 믿고 있는 듯하다. 1997년 아시아 지역을 강타한 금융 위기에도 불구하고 21세기는 아시아의 세기라는 데에 대해 많은 중국 학자들은 이견을 달지 않는 것 같다.[13]

위에서 언급한 중국 역사 700년 융기설은 제1기부터 제5기까지 모두 중국인들의 중화우월 사상을 담고 있다는 것을 알 수 있다. 이런 상황을 고려한다면 중국인들과 역사적으로 특별한 관계를 맺어온 한국인으로서는 가급적이면 겸양과 겸손의 미덕을 의식적으로라도 보여줄 필요가 있다. 중국인 거래선뿐만 아니라 중국인 직원들과의 대화에서나 태도 및 자세에서도 우쭐대지 않고 잘난 체하는 것은 삼가야 할 것이다. 한국인 특유의 자신감이나 도전의식이 중국인들에게는 오만과 과시 행위로 비춰질 수 있다는 점을 한시라도 잊어서는 안 될 것이다.

11) 曾仕强 著, 《中國式管理》, (臺灣 , 臺北 ; 建中書報社 , 2001. 8.), pp.17~18
12) 曾仕强 著, 《中國式管理》, (臺灣 , 臺北 ; 建中書報社 , 2001. 8.), pp.17~18
13) 程超澤 著, 《中國經濟隱憂》, (中國, 北京; 外文出版社, 1999. 1.), pp.8~10

한중 간 비교 사항이나 문화와 역사에 관한 사항은 자제하라

한국인 기업인 중에서 중국 역사와 중국 문화에 대해 일가견을 갖고 있는 사람이 있었다. 이 기업인이 중국인 거래선들을 만나서 중국 역사와 중국 문화와 연관하여 한중 간의 역사적인 문제를 언급했을 때 당시 그 중국인 거래선은 그 기업인의 말에 맞장구를 쳤지만 훗날 그 중국인 거래선에게서 들은 이야기로는 그 당시 매우 자존심이 상했다는 것이었다. 양국 기업인들이 비즈니스 관련 대화를 하면서 간혹 스포츠에 대해 이야기를 나누는 경우가 있다. 중국 기업인이 양국의 축구에 관한 이야기를 하면서 한때 유행했던 공한증(恐韓症) 이야기를 할 때 한국 기업인이 취할 수 있는 태도 중 가장 바람직한 것은 수십 년간 만리장성의 벽을 넘지 못했던 탁구의 예를 드는 것이다. 괜히 공한증 관련 다른 사례들을 들어가면서 맞장구치고 희희낙락하는 모습을 보이면 결국 자존심이 강한 중국인 기업인들의 기분을 상하게 할 수도 있기 때문이다.

베이징대 교수와 만나 각자 자신의 조상들에 대한 이야기를 하는 중에 그 교수는 중국인들은 항시 조상을 이야기할 때면 후손으로서 부끄러움을 느끼는 편이라고 했다. 그 이유를 물었더니 중국인들은 조상을 이야기할 때면 으레 공자를 떠올리는데, 공자는 중국인들에게 자랑스런 조상의 대명사라고 했다. 후대의 중국인들은 시대적 상황을 고려한 당시의 공자 사상이 중국 사상사와 중국 문화사의 최고봉으로서 위상을 지니고 있다는 점에 대해서 거의 모두가 수긍한다고 했다. 그는 세계 역사를 볼 때 잘난 조상에 못난 후손의 나라가 있는가 하면 못난 조상에 잘난 후손의 나라도 있으며, 잘난 조상에 잘난 후손의 나라도 있다는 이야기를 했다. 잘난 조상에 못난 후손의 나라로는 그리스(그리스 고대 문화), 이집트(이집트 고대 문화), 이라크(티그리스강 · 유프라테스강 유역을 중심으로 한 메소포타미아 문명), 인도(인더스 문명), 멕시코(마야 문명), 페루(마야 문명) 등을 꼽았고, 못난 조상에 잘난 후손의 나라로 독일과 일본을 꼽았다. 그리고 잘난 조상에 잘난 후손의 나라로 영국(대영 제국과 오늘날의 영국)과 이탈리아(로마 문명과 현대 이탈리아)를 들었다. 그렇다면 그가 평가하는 중국은 잘난 조상에 못난 후손일까 아니면 잘난 조상에 잘난 후손일까?

공자(孔子)는 B.C. 551년 현재 산동성(山東省) 곡부(曲阜) 지방인 노(魯)나라의 작은 마을인 추읍에서 태어났다. 이때는 인도의 석가모니가 태어난 지 10여 년 뒤이고, 소크라테스가 태어나기 얼마 전 시기에 해당되며, 예수가 태어나기 500여 년 전의 시기이다. 그 시기에 태어난 공자는 만년을 불행하게 지내다가 72세가 된 해인 기원전 479년에 제자들이 지켜보는 가운데 숨을 거두었다. 공자가 세상을 떠난 후 제자들은 스승이 남긴 어록을 모아서 《논어》라는 책을 저술하였다. 그리하여 공자의 가르침은 유교로서 오랜 세월에 걸쳐 중국에 전해 내려와 천수백 년에 걸쳐 중국 사회의 정치, 윤리 도덕의 규범이 되었을 뿐만 아니라 한국 및 일본을 비롯한 동아시아 지역의 정치, 사회와 문화면에서 커다란 영향을 끼쳤다. 그래서 중국인 후손들은 자신들의 위대한 조상의 대명사인 공자와 비교하면서 그들 조상의 발뒤꿈치에도 미치지 못한다고 자탄한다고 했다.

그 베이징대 교수는 이런 이야기를 하면서 근세 170년 가량의 중국 문화 수난기가 중국인 후손들이 못나서 자초한 것이라는 주장을 폈다. 많은 현대의 중국 지식인들이 중국은 잘난 조상을 가졌지만 못난 후손들 때문에 근세사에서 일본과 구미 강국의 식민지배를 받을 수밖에 없었다고 생각한다고 말했다. 하지만 그는 중국이 1970년대 말 개혁 · 개방 정책을 펴면서 1990년대부터 중국 경제가 본격적으로 고도 성장을 하게 되어 중국인의 자존심이 회복되었다는 말을 빠뜨리지 않았다. 그래서 최근의 중국 지식인들은 중국을 잘난 조상에 잘난 후손의 나라로 분류하고 있다는 점을 첨언하는 것도 잊지 않았다.

중국인의 관점에서 생각해보라

한중 양국의 국민들은 서로 상대방에 대해서 칭찬하며 돈독해하는 경우보다 비판하거나 헐뜯는 경우가 더 많은 것 같다. 양국 인터넷 네티즌들이 어떤 사안을 두고 서로 설전을 오가며 비방하는 일이 많은 것을 보면 더욱 그렇다. 전 세계 각국들의 사례를 보더라도 이웃 국가 간의 국민들이 화기애애하게 지내는 경우는 매우 드물다. 서로 비방하고 질투하는 경우가 더 많은데, 한중 양국 간의 관계도 그런 관계에서 기인된 것이 아닌가 하는 생각을 해본다. 하지만 이런 편견은 양국 기업의 상대국 투자 진출에 결코 좋지 않으며, 양국 간의 상호 협조와 공동 발전을 위해서도 바람직하지 않다.

실제 중국에 투자한 한국 기업의 경우 대부분이 중국 직원들을 한국 직원들 다루듯이 한다. 중국인과 한국인의 성격이나 사고방식이 서로 비슷할 것이라는 가정에서 출발하기 때문이다. 같은 동양 문화권이고, 한자 문화권이며, 생활습관과 풍습 등이 비슷하기에 행동 양식도 비슷할 것이라고 생각하여 한국 직원을 다루는 방식을 중국 직원 관리 통제의 틀 안에 그대로 적용시킨다. 그런데 그 결과는 대개 실패로 끝나고 만다. 중국인들의 개인주의와 이기주의 성향이 한국인을 닮기보다는 미국인을 닮은 부분이 더 많다는 것을 망각했기 때문이고, 중국 직원들의 사고방식을 이해하지 못하고 중화우월 사상에 젖어 있는 마음 상태를 제대로 읽지 못해 일어난 일이다. 이에 중국인들은 한국인들의 적극성과 과감성을 도발성과 과격성으로, 한국인들의 직설적인 성격을 잘난 체하는 오만성으로 보지는 않는지 주의 깊게 보아야 한다. 또한 한국인들은 중국인들이 화장실 문제와 같은 위생은 외면하고 오로지 금전적인 면을 너무 밝히는 민족으로 보지는 않는지 등을 살펴보아야 한다.

우리나라도 예전에 가난을 벗어나지 못했을 때의 농촌은 일 년에 두세 번 정도 목욕을 했던 기억이 있다. 그 당시 한국의 화장실 문화도 10~20년 전의 중국 화장실 수준과 다를 바 없었다. 오늘날 한국의 젊은 세대들의 금전관은 또 어떤가? 지금 중국인들의 그것과 다를 바 없지 않은가? 중국이 최근 몇십 년 동안 발전 과정에 있다는 상황을 고려한다면 이런 것들을 가지고 흠잡을 일은 아니라고 본다. 중국인들이 한국인들을 말할 때 너무 직설적이라든지 너무 과격하다든지 또는 너무 도발적이고 너무 잘난 체한다는 지적도 그렇다. 근세 역사를 살펴보면 한국은 중국과 일본이라는 강국의 틈바구니에서 숨도 제대로 못 쉬며 억눌려 지냈다. 어찌 보면 중국인들이 말한는 한국인들의 모습도 이러한 상황에 대한 반작용으로 나타난 것은 아닌가라는 생각을 해본다.

추운 겨울날 밤하늘에 외로이 떠 있는 달을 차창을 통해 보는 것을 즐기기 시작한 지 꽤 오랜 세월이 흘렀다. 중국에 주재하면서 그 넓은 중국 대륙을 기차와 자동차로 종횡무진 누비던 시절에 얻어진 습관이다. 수십 시간 이상을 차로 달려도 산은 물론 구릉 하나 보이지 않은 중국의 광활한 평야. 때로는 추운 겨울날 차창가로 비치는 달빛이 좋아 몇 시간 이상 달을 응시한 적도 한 두 번이 아니었다. 말이 몇 시간이지 그 긴 시간 동안 달을 쳐다본다고 상상해보라. 한국인이라면 열이면 다섯 사람 이상은 그게 어디 가능하기라도 한 일인가 하고 의문을 달 것이다. 몇 시간 동안 달을 쳐다보고 있노라면 고개가 분명 아플 것이다. 몇 시간은커녕 몇 분도 못가 그만 포기하고 말 것이다.

달의 존재를 쳐다보는 것으로만 여기는 한국 사람들이 그렇게 생각하는 것은 전혀 이상하지 않다. 왜냐하면 좁은 나라에 많은 산을 갖고 있는 국토에서 살아온 우리 민족은 항상 달은 쳐다보는 존재로 인식하고 있기 때문이다. 지평선이 거의 없는 산지 국토에서 달은 언제나 산 위로 떠오르고, 그걸 보려면 약간은 위로 고개를 젖혀 쳐다보아야 한다. 고개를 젖혀 쳐다보는 달만을 기억하고 있는 한국인들에게는 지평선에서 떠오르는 달을 상상하기가 어려울 것이다.

달을 쳐다보지 않고 그냥 바라본 경험이 있는 한국인은 그리 많지 않을 것이다. 적어도 김제평야나 만경평야와 같이 지평선이 보이는 곳에 사는 사람들이거나 동해, 서해, 남해의 넓은 바다에서 고기를 잡는 어부들만이 달을 바라본 경험이 있을 것이다. 따라서 대부분의 한국인이 달이라고 하면 쳐다보는 달만을 연상하는 것도 무리는 아니다. 바라보는 달은 중국과 같이 넓디넓은 평야를 가지고 있는 나라의 국민들만이 연상할 수 있는 일이다. 지평선을 뚫고 떠오르기 시작한 달이 중천에 이르기 전까지의 몇 시간 동안 중국인들은 달을 쳐다볼 필요가 없다. 그저 고개를 바로 들어 바라보기만 하면 되는 것이다. 그래서 몇 시간 동안 달을 응시해도 고개가 아프지 않다.

쳐다보는 달과 바라보는 달. 그건 다름 아닌 한국인과 중국인 간의 관념과 사고의 차이가 존재한다는 사실을 단적으로 설명해준다. 이 사실은 나에게 많은 일깨움을 주었다. 지평선을 뚫고 떠오르는 달을 영 도의 각도에서 바라보기만 하면 되는 중국인과 산 정상 능선을 뚫고 떠오르는 달을 적어도 몇 도 또는 몇십 도의 각도에서 쳐다보아야만 하는 한국인 사이에는 오랜 기간 이런 습관과 환경의 차이에서 오는 관점의 차이가 적지 않다는 사실을. 이런 생각을 하게 된 것은 중국에서 오랫동안 생활하면서 바라보는 달도 존재한다는 사실을 발견하면서 비롯되었다.[14)]

20년 주재 생활을 마감하면서 얻은 결론은 한국인과 중국인 사이에는 같은 점보다는 다른 점이 훨씬 많다는 사실을 알게 되었다. 또 한국인과 중국인의 차이는 한국인과 미국인의 차이와 비슷하다는 사실 역시 알게 되었다. 이처럼 한국인과 중국인은 같은 사물과 현상을 보면서 서로 다른 각도에서 접근하며 달리 해석하는 경우가 많다.[15)] 중국 사회의 각종 사회 현상과 정치, 경제, 사회, 문화상의 제도는 중국인의 관점에서 보아야 정확히 이해할 수 있다. 서양인의 논리와 한국인의 논리로 중국을 관찰하고 중국인을 해부하면 중국 사회의 작동 원리와 중국인의 사고 체계와 행동 양식을 제대로 정확히 이해할 수 없다.

최근 많은 한국 기업들과 한국인들이 중국에 진출해 있다. 투자 기업을 경영

14) 신주식 저, 《쳐다보는 달과 바라보는 달》, (대구, 해조음 ; 2006. 2. 26.), pp.10~11
15) 신주식 저, 《쳐다보는 달과 바라보는 달》, (대구, 해조음 ; 2006. 2. 26.), pp.10~11

하는 과정에서 중국 직원들의 사고방식과 관련하여 이해하기 힘든 부분을 많이 발견할 수 있을 것이다. 또한 그들과의 대화에서 무언가 매끄럽지 못한 부분들을 자주 발견할 수 있을 것이다. 한국인의 관점에서 이해가 되지 않는다거나 무언가 매끄럽지 못한 일들이 발생하면 그걸 한국인의 관점에서 생각하지 말고 중국인의 관점에서 한 번 생각해보아야 한다. 그러면 해답의 실마리를 찾을 수 있을 것이다.

중화우월주의를 인정하되 허허실실의 자세[16]를 견지하라

중국 정부가 전 세계를 상대로 무역을 하면서 가장 불만이 많은 나라가 한국과 대만, 일본이다. 왜냐하면 이들 세 나라가 중국 입장에서 보면 무역적자가 큰 편에 속하는 나라이기 때문이다. 코트라에서 발표한 내용에 따르면 경제 대국 중국이 세계 곳곳에서 무역 마찰을 일으키고 있는 상황에서 한국은 중국 입장에서 보면 무역적자국이기에 양국 간의 통상 마찰이 문제가 될 수 있다. 사실상 중국의 영토인 홍콩과의 무역 마찰은 그리 크지 않다. 하지만 미국과의 경우에 보듯이 미국이 중국에 위안화 절상 압력을 높이는 등 경제적 측면을 넘어 정치적으로까지 갈등이 일어나고 있다. 대만과 한국, 일본에 대해서는 미국과는 반대의 입장이다. 대만은 중국과의 특수한 관계 때문에 중국이 인내를 할 것으로 보인다. 하지만 한국에 대한 중국의 통상 압력은 그리 간단하게 해결될 것으로 보이지 않는다. 왜냐하면 중국의 국익 측면에서 한국은 중국의 국익을 증대시키는 유익한 국가라기보다는 중국으로부터 여러 가지 이익을 가져가는 나라로 보기 때문이다. 따라서 국가 조달이나 국가 구매 또는 공익사업이나 대형 국가급 프로젝트에서 한국에게 호의적이지만은 않을 것이다. 이와 같은 현상으로 중국은 한국의 비중을 고의적으로 낮추려고 하고, 정책적 배려에서 한국에 불리한 조치를 취하기도 한다.

오랫동안 중국이나 중국 관련 국가에서 생활을 하면서 중국 정부 공무원들과 협상을 할 때 우리나라가 중국으로부터 어떤 위상에서 어떤 대접을 받을까 하

16) 마음가짐이나 준비 자세에 틈이 생긴 상태 또는 약점 부위를 '허(虛)'라 하고, 틈이 없이 견실한 상태나 부분을 '실(實)'이라 한다. 중국의 손자(孫子)가 처음 무술에 적용한 용어로 알려져 있다. 경기에서는 틈을 보이지 않는 상대방에게 작전상 일부러 자신의 '허'를 보여 상대방의 허점을 유도하기도 하는데, 이런 경우의 '허'를 특별히 '색(色)'이라고 한다.

는 문제를 생각하곤 했다. 주관적인 견해이긴 하지만 2000년 들어 중국이 미국 다음으로 두 번째로 우리에게 중요한 국가가 아닌가 하는 생각을 해본다. 1990년대만 해도 중국의 위상은 미국과 일본에 이어 제3위 정도라고 생각했었다. 그만큼 최근 들어 중국이라는 존재가 우리에게 큰 중압감으로 다가오고 있다고 할 것이다.

거꾸로 중국의 입장에서 보면 한국이라는 위상이 어느 정도 될까 하는 문제를 생각했다. 이런 생각을 하게 된 사건이 있었다. 삼성그룹 중국 본부의 전략기획 팀장으로 근무하던 때 삼성그룹의 관계사인 삼성생명의 중국 내에서의 생명보험 영업 허가를 받기 위해 동분서주한 적이 있었다. 사실 삼성생명보험은 1995년 북경에 연락사무소를 설치하여 중국 생명보험시장에서의 생명보험 영업 허가를 받기 위해 무척 노력을 해오던 터였다.

틈이 있을 때마다 중국 중앙정부의 생명보험 영업 허가를 내주는 각 주요 기관들의 주요 인사들을 만나 설득하는 데 전략기획 팀장으로서 많은 노력을 기울였다. 그런데 쉽게 문제가 해결되지 않았다. 삼성그룹이 그룹 차원에서 모든 노력을 경주하였는데도 불구하고 그 노력이 결실을 맺는 데는 10여 년의 세월이 걸렸다. 물론 삼성생명보험이 중국 정부가 요구하는 일정한 조건을 갖추는 데 상당한 시일을 허비한 면도 있기는 하지만 문제는 그 조건을 충족시키는 조건을 갖추고도 상당한 시간이 흘러서야 영업 허가를 받을 수 있었다는 점이다. 미국의 경우 몇 개의 생명보험 회사가 그 사이 영업 허가를 받은 바 있고 구미의 상당수 국가들의 경우도 2개 정도의 생명보험 회사가 영업 허가를 받은 터였다.[17]

삼성생명 보험회사의 영업 허가 건과 관련하여 상당히 노력했던 그때 중국 중앙정부가 생각하는 한국의 비중을 생각해봤다. 생명보험 영업 허가가 어찌하여 중국의 중앙정부가 특정 국가를 어느 정도의 비중으로 보고 있는지에 대한 측정을 가능케 하는 바로미터가 될 수 있는가를 살펴보자.

중국은 사회주의 국가이다. 사회주의 국가는 국가 지도 이념이 노동자 및 농민의 복지와 복리 증진에 상당한 비중을 두는 국가이다. 일반 자유주의 자본주의 국가에서 국민의 복지와 복리에 신경을 쓰는 것보다 훨씬 더 많은 자금과 노력을 투입하는 것이 사회주의 국가이다. 그런 비중 있는 업무의 상당 부분은 국

17) 신주식 저, 《쳐다보는 달과 바라보는 달》, (대구, 해조음 ; 2006. 2. 26.), pp.80~84

가가 생명보험 회사에 위임하여 국민의 복지와 복리 문제를 해결한다. 따라서 중국의 중앙정부가 해외의 유명 생명보험 회사에게 중국 내에서의 생명보험 영업을 하게 할 경우, 중국 정부가 담당해야 할 상당 부분의 국민의 복리 및 복지 관련 업무가 이들 외자 생명보험 회사에 위임되는 것이다.

따라서 중국 정부가 외국의 생명보험 회사에게 생명보험 영업을 하도록 허가를 내줄 때에는 그 기업의 능력과 갖추어야 할 조건 등의 심사에서 상당히 엄격한 기준의 심사 요건을 들이댄다. 또한 중국 전체의 국익과 중국의 이해 관계에 어느 정도 영향을 미치는지, 국제 정치적으로나 외교적으로 어느 정도 중국이 중시해야 하는지를 감안하여 종합적으로 판단한다. 왜냐하면 생명보험 회사의 영업 범주에는 국민의 재산, 생명, 질병 및 기타 복지, 복리 문제가 모두 들어 있기 때문이다. 따라서 중국이 전 세계에 존재하고 있는 200여 개의 국가 중에서 한국을 몇 번째로 중시하고 있는지를 생각해볼 수 있다.

2004년 말경 삼성생명보험은 10년간 각고의 노력 끝에 중국 내에서의 생명보험 영업 허가를 받았다. 정확히 파악한 것은 아니지만 한국이 중국 내 생명보험 영업 허가를 받은 9번째 이후의 나라라는 점은 거의 확실하다.

과거 역사와 현실의 인정 속에 중국인을 사랑하라

중국인들이 자국의 역사와 문화에 대해 갖고 있는 긍지는 대단하다. 과거 역사 속의 세계의 중심이라는 이른바 중화사상은 오늘날 중국과 중국인들에게 상당한 영향을 미치고 있다고 보여진다. 그들이 자신들의 역사와 문화에 대해 긍지를 갖고 있는 데는 나름대로의 이유가 있다. 세계 4대 문명의 발상지답게 전 세계에서 가장 유구한 역사를 가진 국가 중의 하나이고, 역사 기록과 관련된 문자의 발명 시기부터 최초 국가 형태의 등장 시기 및 각종 제도와 체제의 확립 시기 등에서 선진 수준이었음을 부인할 수 없다. 그런데 이런 역사적, 문화적 선진은 먼 과거로부터 현재까지 중화우월주의 사상이라는 국가적 분위기를 형성해왔는데, 1970년대 말에 시작된 개혁 · 개방 초기부터 이 분위기가 왜곡되어 국수주의(國粹主義)라는 보편적 가치관을 생성시켰다. 최근의 중국의 대외 통상 정책이나 중국 정부가 중국에 투자한 외국 기업들에 대한 통제 조치에서도 이러한 중국 중심, 중국 경제 중심, 중국 기업 중심의 국수주의가 어김없이 나타나고 있다. 위안화 절상 문제를 대표적인 사례로 들 수 있는데, 약간 심하게 이야기하면 자국의 경제가 매년 10%가 넘는 고속 성장을 하고 있는 반면, 대부분의 다른 나라들의 경제 성장이 지극히 침체된 상황임에도 불구하고 선진국들의 위안화 평가 절상 요구에 지나치게 인색한 자세를 취하고 있다는 것이다.

중국에 진출한 외국 기업들이 진출 초기에는 중국 정부의 대대적인 환영을 받았지만, 진출 후 중국 기업의 시장점유율을 잠식한다는 이유로 이른바 민족기업[18]의 보호 육성이라는 이름 아래 외국 기업들에게 불합리한 조치를 취하게 된 것과 궤를 같이 하는 것이다. 이런 현상은 '외자기업은 봉' 이라는 이른바 중국인들의 외세 배척이라는 과거 역사적 정서와 결합하여 더욱 심화되었다. 이런 이유로 인해 중국시장에 진출한 대부분의 외국 기업들은 중국 직원들의 근무 기업에 대한 충성심 결여에 기인한 저효율 경영 문제에 봉착할 수밖에 없다. 따지고 보면 이런 중국인들의 정서를 무작정 나무랄 수는 없는 것 같다. 과거 일본 및 서구 제국주의 열강들이 중국을 식민 침탈하면서 자행했던 악랄한 수법에 대한 대가로 봐야 할 것이다. 한국 기업의 경우 외자기업이라는 범주에 들어감으로써 도매금으로 넘어가 일본 및 서구 열강 기업들과 동일한 대가를 받게 되는 측면도 있지만, 과거 한국의 역사가 중국의 영향을 많이 받았다는 이른바 '역사적 약자' 에 대한 중국인 특유의 중화우월주의가 작용함으로써 중국 직원들의 충성심을 충분히 이끌어내지 못하는 측면도 있을 것이다.

문제는 이러한 중국 직원들의 한국 기업들에 대한 충성심 부족을 어떻게 해결할 것인가 하는 것이다. 중국 직원들에 대한 정신 교육이나 연수 활동 등으로 해결될 수 있는 문제가 아니고, 그보다 근본적인 처방이 따라야 한다. 그것은 다름 아닌 한국인의 중국 직원에 대한 사랑과 한국 기업의 중국에 대한 진정한 의미의 화합이 선행되어야 한다는 것이다. 마음속 깊은 곳에서 우러나오는 진심어린 정성과 마음가짐만이 중국 직원들의 마음을 잡을 수 있고 그들을 감동시킬 수 있으며 중국 정부의 자발적인 지원과 협력을 이끌어낼 수 있다고 생각한다. 이러한 점들을 무척 강조하고 있는 이유를 독자들에게 보다 설득력 있게 설명하기 위해 중화우월 사상과 관련된 사례 몇 가지를 아래와 같이 추가, 부연하고자 한다.

18) 중국의 대대적인 시장 개방 이후 중국에 진출한 외국 기업들의 시장점유율이 높아지게 되면서 중국 국유기업들이 상대적으로 시장 기반을 상실하게 되자 중국 정부가 중국 소비자들에게 중국 국유기업의 보호 차원에서 강조하였던 개념이다.

항미원조라는 용어가 지니고 있는 의미

6.25사변(동란)에 대하여 기술한 서적들이 중국에서 많이 출판되고 있다. 그 많은 책들을 들여다보면 모든 책들이 일관되게 한국 동란을 네 개의 글자로 축약, 표현하고 있는데 항미원조(抗美援朝)가 그것이다. 6.25동란을 미국에 대항하고 조선인민공화국(북한)을 도왔다는 것으로 축약한 말이다. 이 내용이 중국군의 6.25동란 참전의 의미와 뜻을 그대로 나타낸 것임에는 틀림없지만 말의 순서에서 약간의 의외성을 발견할 수 있다.

일반적으로 보통 사람들의 사고방식에 의하면 중국이 군대를 파견하여 6.25동란에 참전하게 된 직접적인 목적을 말하라고 한다면 당연히 북한을 돕는다는데 있었다고 할 것이다. 그 표현이 바로 원조(援朝)인데, 이 원조라는 말이 항미(抗美)라는 말 뒤에 나와 있다는 점이 우리의 눈길을 끈다. 사실 중국군은 6.25동란에서 수십만 명이 전사하고 부상자까지 합하면 90여만 명이 상처를 입었거나 희생당하였다. 전쟁 참전국들 중에서 가장 많은 희생자와 부상자를 냈다.

이러한 희생을 내면서 참전한 목적은 당연히 북한을 돕고 자신의 영토 안전을 위한 것이었다. 그런데도 그들은 항미(抗美)를 먼저 내세웠다. 세계 최강이었던 당시의 미국과 과감히 전쟁을 하였다는 점을 내세우고 싶었기 때문일 것이다. 당시 미국과의 전쟁을 피하기 위해 병력을 파견하지 않았던 구 소련과의 차이점을 부각시키고 싶어서 항미라는 말을 앞에 두었을 것이다. 그러나 그 이면을 자세히 들여다보면 한반도보다는 보다 큰 전략 목표를 미국과의 대결에 두고 있다는 점을 표현하는 중국의 의도를 읽을 수 있다.[19]

대국의 장점에 대한 중국의 맹신과 소국에 대한 상대적인 경시 태도

중국의 경제학자 리청쉰(李成勛)이 예측한 세계 주요 국가들의 국력 신장 결과를 보면 중국 경제는 1990년 세계 10위에서 2000년에는 9위로, 2010년에는 8위로, 2020년에는 6위로 뛰어오를 것으로 예상하고 있다. 리청쉰이 예측한 결과가 실제 상황과는 상당히 빗나가 여기에서 인용할 가치가 별로 없기는 하다. 그가 제시한 자료에는 2010년 중국 경제가 세계에서 랭킹 8위를 차지할 것으로 예측하고 있으나 실제 상황은 2010년 중국 경제는 일본을 제치고 2위를 차지할

19) 신주식 저, 《쳐다보는 달과 바라보는 달》, (대구, 해조음 ; 2006. 2. 26.), pp.83~86

것이 거의 확실시되는 상황이기 때문이다. 예측과 실제 상황 간의 차이가 엄청나다고 할 수 있다. 그런데도 그의 자료를 여기서 인용한 이유는 그가 한국 경제는 소국 경제이기 때문에 중국 경제에는 위협이 되지 않는다고 언급했기 때문이다. 그는 2020년 한국의 국력 위상이 10위권에 머물 것으로 예측하고 있다. 한가지 우리를 당황하게 하는 것은 2020년 후 중국 경제에 위협이 될 국가로 인도를 지목하고 있다는 사실이다. 그의 예측에 의하면 인도는 2020년경 한국보다 3단계 아래인 13위를 차지하고 있다. 하지만 인도 경제가 비록 세계 13위이지만 인구 규모와 국토 면적이 상당히 크기 때문에 중국에게 위협을 줄 수 있는 존재로 보고, 그런 반면 한국 경제는 세계 10위이지만 대국이 아닌 소국이라는 이유로 중국에게는 위협적인 존재가 되지 못할 것으로 판단하고 있는 것이다. 그의 주장에 의하면 일본이 세계 2대 경제 대국이지만 소국이라는 이유 때문에 미국에 위협적인 존재가 되지 못하듯이 한국도 소국인 관계로 아무리 경제가 발전한다 하더라도 대국인 중국에는 위협적인 존재가 될 수 없다는 논리이다.[20]

그의 이런 주장에 대해 몇 가지 질문을 던지고자 한다. 첫째, 그의 주장대로 과연 일본이 소국이냐는 것이다. 일본은 인구가 1억3천만 명이나 되며 이는 세계 200여 개국 중에서 11위이다. 그리고 국토 면적도 그렇다. 일본의 국토는 37만8천 평방킬로미터로 남한의 4배 가까이 되는 나라이다. 과연 일본이 국토가 좁은 소국이라 할 수 있는가? 그는 무엇을 기준으로 소국과 대국을 구분하였는가? 그 기준이 분명치 않다. 둘째, 그는 일본 경제가 미국 경제에 위협이 된 적이 없었다고 하는데 저자는 그 관점을 달리한다. 1980년대 일본 제조업이 미국 제조업을 완전히 제압했을 때 미국은 상당히 당황했었다. 미국 경제는 일본을 배워야 한다며 미국에서 일본으로 향하는 항공기에는 일본 경제를 배우려는 미국 기업의 CEO들로 가득 찼었다. 당시 미국은 긴장했고 겁을 집어먹었다. 결국 미국은 유럽 선진국들과 힘을 합하여 일본을 욱박질러 플라자 합의를 통해 일본 엔화의 평가 절상을 강요하여 환율 역사상 전례가 없는 높은 절상률로 엔고 사태를 야기하였고 오늘날의 일본 경제 침체의 간접적 원인을 만들어냈다. 당시 미국 정부의 일본 경제에 대한 어처구니없을 정도의 혹독한 압박만 없었더라도 오늘날의 일본 경제가 이 지경은 되지 않았을 것이라고 생각한다. 셋째, 소국 경

20) 李成勛 主編, 《2020년 중국의 미래 경제 · 기술 · 사회 · 문화 · 생태에 대한 전망》, (중국, 북경 ; 인민출판사, 1999. 12.), p.766

제라고 해서 세계 경제를 지배하지 말란 법 없고 소국 경제라 해서 대국 경제에 위협이 될 수 없다는 지적은 설득력이 없다. 주지하는 바와 같이 15세기에는 이탈리아 북부 몇 개 도시 국가의 도시 경제가 세계를 지배했고 16세기에는 포루투갈과 스페인의 경제가 세계 경제를 지배했다. 포르투갈이라는 국가가 대국인가? 그리고 17세기에는 네델란드 경제가 세계 경제를 지배했다. 네델란드도 대국인가? 18세기에는 프랑스가 세계를 지배했고 19세기에는 영국이 세계를 지배했으며 20세기에는 미국이 세계를 지배했고 지금도 미국이 세계를 지배하고 있다. 18세기 세계를 지배한 프랑스와 19세기 세계를 지배한 영국은 두 나라 모두 일본보다 인구가 훨씬 적다. 그렇다면 이들 두 나라도 소국이 되어야 맞는 게 아닌가? 만일 두 나라가 소국이 맞다면 세계는 몇백 년간 포르투갈, 네덜란드, 프랑스, 영국 등 4개국의 소국에 의해 지배될 수가 없지 않은가? 중국학자 리칭쉰은 이를 어떻게 설명해야 할까?

중국 정부가 중용하는 각국 전문가 숫자에서 본 한국의 비중

한국의 모 경제 단체가 주최하는 한중 세미나에 참석한 적이 있다. 세미나가 끝나고 한중 양국 참석자들의 오찬 모임이 있었는데 그중에서 중국인 참석 학자들 간에 서로 얘기하는 것을 필자가 우연히 들은 적이 있다.

그들의 대화 내용 중에 중국 중앙정부에서 각국 전문가를 중용하고 있는데 소위 중용되고 있는 차관급 이상 현직 고위관료 중 한반도 전문가는 두 사람뿐이라고 얘기하면서 불평을 하는 대목이 있었다. 지금 중용되고 있는 한반도 전문가라 함은 당연히 1992년 한 · 중 수교 전 북한의 대학에서 공부한 40대 중반 이상의 나이든 세대임에 틀림없을 것이다. 중국에서의 차관급 이상은 상당히 많은 편이다. 수백 명은 족히 될 것이다. 그들의 대부분은 미국이나 유럽에서 유학한 관료 또는 일본에서 유학한 관료들로 구성되어 있다. 중국 정부에서의 한반도 전문가 중용 현상이 그리 보편화되어 있지 않다는 것이다. 물론 최근 중요하게 다루어지고 있는 북핵 문제는 상당히 중요시되고 있지만 중국의 세계 전략에서의 한반도에 대한 비중은 상대적으로 낮게 평가되고 있다는 점을 간접적으로 시사하고 있다고 하겠다.[21]

21) 신주식 저, 《쳐다보는 달과 바라보는 달》, (대구, 해조음 ; 2006. 2. 26.), p.87

'아시아의 네 마리 작은 용' 에서 본 중국의 한국에 대한 비중

1992년경에는 중국이 개혁 · 개방 정책을 강도 있게 추진하던 때였다. 당시 국민 전체가 열심히 노력하면 나라가 곧 부강해진다는 점을 강조하기 위해 '아시아의 네 마리 용' 이라는 용어를 사용하기 시작하였다. 원래 이 말은 어느 서방 세계 경제학자가 처음 쓴 말이었던 것으로 기억한다. 이 말을 인용하는 과정에서 중국 정부 또는 중국 학자들은 '아시아의 네 마리 작은 용(亞洲四小龍)' 으로 고쳐 번역하였다. 이는 곧 한국, 대만, 홍콩 및 싱가포르 등 4국을 굳이 용으로 표현한다면 소룡으로 표현해야 맞다는 것이다. 중국이 대룡(大龍)이 되어야 한다는 중국인의 심리를 그대로 반영한 것으로 볼 수 있는 대목이다.

중국인 학자들 중에는 한국을 소중화(小中華)라고 표현하는 사람들이 있다. 한국인이 유교를 숭상하고 예의범절을 철저히 지키는 것이 중화민족 못지않다 하여 붙여진 이름이다. 다만 예절을 아는 능력 있고 똑똑한 민족이지만 소국이라 그 이름은 소중화로 함으로써 대중화(大中華)인 자신들과는 사뭇 다르다는 뜻을 강조하기 위해 붙였을 것으로 생각한다. 자신의 우월주의를 그대로 나타낸 표현이라 할 것이다.[22)]

사실 소위 '아시아의 네 마리 용' 이라는 표현에 대해 그리 탐탁하게 생각하지 않고 있었다. 왜냐하면 일반적으로 용이라 함은 중국을 상징한다고 볼 수 있기 때문이다. 즉 '아시아의 네 마리 용' 이라 함은 엄격히 얘기하면 아시아 지역에서 경제가 빠르게 성장하고 있는 중국이라는 의미로 해석될 수도 있기 때문이다. '아시아의 네 마리 용' 이라는 용어는 한국을 포함한 이들 4개국이 모두 중국과 관련이 있는 국가로 잘못 인식하고 용에 비유하였을 것으로 생각한다. 한국을 제외하고는 사실 나머지 세 나라는 중국과 관련이 있기에 표현상 그리 어색하지 않지만 한국을 거기에 포함시킨 것은 아무래도 적절치 않다.

당시 어떤 중국 학자는 중국 대륙을 제1의 중국이라고 부르면서 이들 4개국 중에서 대만을 소위 제2의 중국으로, 홍콩을 제3의 중국(당시는 홍콩이 중국으로 귀속되지 않았을 때였음)으로, 싱가포르를 제4의 중국이라고 표현하였는데 이를 감안하면 더욱 그렇다.[23)] '아시아의 네 마리 용' 중에서 한국을 제외한 세 나라

22) 신주식 저, 《쳐다보는 달과 바라보는 달》, (대구, 해조음 ; 2006. 2. 26.), p.88
23) 신주식 저, 《쳐다보는 달과 바라보는 달》, (대구, 해조음 ; 2006. 2. 26.), p.88

는 모두 제2, 제3, 제4의 중국으로 간주되는 터였기 때문이다. 이른바 '아시아의 네 마리 용'에 한국이 포함되어 있었고 이 용어가 중국에서 언론매체를 통해 한창 유포되고 있었을 때, 한 · 중간의 수교가 이루어졌으니 당시 중국인은 한국인을 돈 많은 국민으로 보는 것이 당연하였을 것이다.

중국인들은 한국인들이 열심히 일하여 국가가 경제적으로 부강해지고 국민들도 더불어 잘 사는 국가로 인식하였는데 그렇게 되기까지는 그 중심에 훌륭한 지도자가 있었다고 생각하였다. 중국인 공무원들을 만나면 모두 한국의 박정희 대통령을 훌륭한 지도자로 꼽고 있음을 쉽게 발견할 수 있었다. 중국인이 다른 나라들을 평가하는 데 흔히 적용하는 가치판단 기준의 주요한 잣대가 돈, 경제 수준 또는 부유한 정도라는 것은 익히 알려진 일이다. 경제적으로 윤택한 국민 또는 국가에 대해서는 그걸 인정하고 무시하지 않는다. 따라서 한국과 한국인도 당시 중국인들에 의해 무시되거나 업신여김을 당하는 상황은 적어도 그 당시는 전혀 없었던 것 같다.

그러나 1992년부터 1995년까지 중국의 매년 경제 성장률이 두 자리 숫자(적어도 10% 이상의 성장률을 의미)를 기록하면서 중국인들은 중국도 가까운 장래에 '아시아의 네 마리 용'에 끼일 수 있다고 생각하게 되었다. 그때부터 일부 소수 중국인들 사이에는 한국인을 약간 깔보는 경향이 나타나기 시작하였다. 평소 자신들이 알고 있는 한 · 중 간의 정치, 외교, 경제, 사회, 문화적인 면에서의 역사적 과정에 대한 그들의 잠재의식이 표출되면서 나타난 현상이라고 생각한다. 당시 중국인들이 인식하고 있는 한 · 중 관계는 평등 관계가 아닌 불평등 관계요, 대등 관계가 아닌 종속 관계로 보고 있었다. 물론 그들의 생각에 찬성하지 않지만 그러나 당시는 그것이 엄연한 현실이었다. 당시 대부분의 중국인들은 한 · 중 관계의 역사적 과정을 불평등 관계 또는 종속 관계로 보고 있었다. 심지어는 일부 소수 중국인들은 한국을 역사적으로 중국의 식민국가로 생각하고 있었다.

역사적 관점에서 한국을 상대적으로 경시하는 중국인의 태도

중국인들이 한국을 중국의 식민국가 내지는 종속국가로 보는 데는 중국 정부에서 중국 국민들에게 가르치는 한국 관련 역사와 한국의 제반 상황에 대한 각종 보도들이 야기한 측면이 크다. 특히 학교에서의 교육은 이러한 단견과 오해를 더욱 심화시켰다. 중국인들의 이러한 왜곡과 오해의 주요 원인을 나름대로 생각해보니 다음과 같이 정리될 수 있었다.

첫째, 정치적으로 긴 역사의 흐름에서 중국을 큰 나라, 즉 대국으로 섬긴 사대주의를 중국인들이 항상 염두에 두고 있다는 점이다. 한국이 중국을 큰 집으로 생각하고 우리 자신을 작은 집으로 생각하는, 그래서 한국이 중국을 형님으로 섬기는 그런 역사를 중국인들이 생각하고 있는 것이다.

중국인들을 만날 때마다 가장 기분이 나쁜 순간은 중국인들이 한 · 중 양국의 관계를 형제의 관계, 즉 형제지방(兄弟之邦)으로 표현할 때이다. 얼핏 듣기에는 형제 간의 관계이니 우의돈독한 관계려니 하고 생각하기 십상이지만 그들의 이런 말 속에는 중국이 형이요, 한국은 아우이니 아우인 한국이 형인 중국을 섬기라는 의도가 담겨 있음을 알아야 한다. 어쨌든 중국인들이 쓰는 형제 관계란 늘 그들의 이웃 나라에게는 달갑지 않은 표현임에 틀림없다. 이런 표현은 한국을 포함한 중국 주변 국가들이 중국에 대해 예(禮)를 다하는 사대주의의 의미를 담고 있기 때문이다.

둘째, 외교적으로 중국인은 한국이 왕위 책봉을 받아들였다는 사실에 주목하는 경향이 있다. 한국의 역대 왕조의 왕들이 왕위에 즉위하자면 중국 황제의 허가를 받아야 했는데 중국인들은 이를 중국에의 종속 현상의 일종으로 보고 있는 것이다.

셋째, 경제적인 면에서 한국의 역대 왕조는 중국 조정에 조공을 받쳤는데 중국인들은 이를 경제적인 종속 관계의 표현으로 보고 있다. 조공은 당시 일종의 무역 형태로 보는 견해도 있으나 중국 주변국이 중국 조정에 대한 예의 표시로 공물을 받치는 것으로 중국인들이 해석하고 있는 것이다.

넷째, 사회적인 면에서 중국에서 발생한 유가사상(유교)이 한국 사회의 주요한 가치관으로 오랫동안 자리 잡았고, 한국인의 생활에 깊숙이 영향을 미침으로써 한국 사회가 중국의 사상 영향권 안에 있었다는 점을 지적한다.

다섯째, 문화적인 면에서 한국은 중국 문화의 영향을 끊임없이 받아왔다고 생각하고 있다. 한국의 명절 문화가 대부분 중국으로부터 건너온 것이고, 한국의 풍속 습관들이 상당 부분 중국으로부터 도입된 것이라는 점을 지적하면서 한국을 중국의 문화적 속국 또는 식민국으로 보는 경향이 강하다.

여섯째, 대만 등지에서 발간되는 중 · 고등학교 또는 대학의 검인정 역사 교과서에 나타나는 한국 관련 역사 부분을 훑어보면 참 재미있는 점이 발견된다. 중 · 고등학교 역사 검인정 교과서에 제일 먼저 한국사 관련 기술을 보면 보통 모든 역사적 사건들 중에서 신라의 삼국통일 또는 임진왜란이 등장하는 것을 흔히 볼 수 있다. 많고 많은 사건들 중에서 왜 하필 신라의 삼국통일과 임진왜란이 제일 먼저 거론되느냐 하는 것이다.

이 두 가지 역사적 사실(史實)에서 공통점이 있다는 것을 쉽게 찾을 수 있다. 즉, 신라가 삼국통일을 하였을 때 당나라 군대의 힘을 빌었고, 조선이 임진왜란으로 왜군의 침략을 받았을 때 명나라 군대의 힘을 빌었다. 신라가 한반도에서 통일을 하려 했을 때도 중국의 도움을 받아야 했고, 조선이 왜군의 침략을 받아 국운이 풍전등화가 되었을 때도 중국의 도움을 받아야 조선의 안보가 지켜질 수 있었다는 점에서 이들 두 사건은 공통점이 있는 것이다. 한국이 국내 통일을 하기 위해서도 중국으로부터의 도움이 필요했고, 한국이 외세로부터 침략을 막아내기 위해서도 중국으로부터의 도움이 필요했다는 점을 중국의 어린 학생들에게 가르치기 위해 이들 두 사건들을 검인정 역사 교과서에서 맨 처음 언급하고 있는 셈이다. 그 다음으로 대학생을 위한 역사 서적에서 자주 다루는 문제는 포츠담 선언과 카이로 선언 등이다. 이들 두 선언에서 당시 국민당 중국 정부의 장개석이 한국의 일제 식민통치에서의 독립을 언급하였는데, 이런 것들도 중국이 한국의 일제 식민통치 상태에 종지부를 찍는 데 상당한 역할을 하였음을 강조하는 매우 적합한 사건들이기 때문이다. 어쨌든 중국에서 발행되는 검인정 역사 교과서의 한국과 관련된 역사적 사건을 다루는 데도 중국이 한국에 대해 일방적 도움과 지원을 한 사건들에 치중하는 것을 보면 최근 상당수 중국인들이 왜 한국을 자기네들의 역사적 속국이라고 생각하는지에 대해서 그 이유를 쉽게 이해할 수 있을 것이다.

하지만 이러한 중국인들의 생각에 대해 결코 동의하지 않는다. 한국이 강릉단오제를 문화유산으로 유네스코에 등재하려 했을 때 중국이 단오절의 중국 유래 사실을 거론하며 한국과 마찰을 빚었다. 만일 세계의 모든 문화의 발원지가 그렇게 중요하고 그 문화를 도입하여 그 기반 위에서 발전시킨 사례들을 모두 문화 종속 현상으로 본다면 중국이 자랑하는 불교 문화는 중국 문화가 아닌 인도 문화로 보아야 타당할 것이다. 그리고 중국인들이 자기네들의 오천 년 역사 중에서 가장 찬란했다고 자부하는 당나라 시대의 문화는 대부분 주변 국가들 또는 다른 나라들로부터 들어온 외래 문화가 집대성되어 형성되었다는 사실을 감안하면 '정관의 치' 로 대변되는 당나라 문화도 그 근원을 따진다면 중국 문화가 될 수 없는 것이다. 문화란 무릇 다른 나라로 전파되어 그 나라에서 정착되어 그 나라 특유의 성격 또는 색깔을 지니게 되면 그 나라의 문화로 간주하는 것이 일반적인 해석이라는 점을 잊어서는 안 될 것이다. 중국 문화는 여러 뿌리에 여러 줄기가 혼재하면서 어지럽게 뒤엉킨 다종(多種) 넝쿨 문화에 해당한다. 이는 다종 뿌리에 다종 줄기를 생성해내고, 다종 줄기에서 다종 가지를 생산해내는 그런 문화라는 뜻이다. 따라서 중국 문화가 다근(多根; 문화의 뿌리가 다양하다는 의미로 사용) · 다간(多幹; 문화의 줄기가 다양하다는 의미로 사용)의 넝쿨 문화라는 일부 학자들의 주장에 동의를 한다. 이런 주장은 중국 문화라는 것이 그 발원지가 중국인 경우도 많지만 엄밀히 얘기해서 중국 영토가 아닌 곳에서 발원된 문화도 상당히 많이 존재하고 있다는 것이다. 고대 및 중세 시대의 중국의 영토가 아니었으나 몽고족이 세운 원나라의 정복 전쟁에 의해 합병됨으로써 오늘날도 여전히 중국 영토에 속해 있는 지역들에는 많은 소수민족들이 살고 있다. 이들은 독특한 소수민족 문화를 창조했는데 이들 문화들이 모두 중국문화에 포함되어 있기 때문에 중국문화가 다근 · 다간의 넝쿨 문화로 보고 있는 학자들의 주장은 근거가 있다고 볼 수 있다.

직능은 대분류 기준으로 나누고 부서의 숫자는 적게 구성하라

한국 기업들이 중국에 투자할 때 한국 기업을 경영할 때 적용하는 조직 구조 체제 및 조직 구성 원칙을 그대로 도입, 적용하는 사례를 많이 본다. 특히 조직 구성을 세분화하여 과(課) 또는 부(部)의 숫자를 많이 늘리고 있다. 예를 들면, 관리과 하나면 족할 것을 인사과, 연수과, 총무과, 운송과 등으로 세분하는가 하면 경리과 하나면 족할 것을 출납과, 외환과, 경리과, 자금과, 심사과 등으로 세분하는 경향이 바로 그것이다. 일반적으로 중국 기업이나 대만 기업 또는 홍콩 및 동남아 화교 기업의 경우 부서의 직능을 소분류하지 않고 대분류하는데, 대분류된 직능을 세분하지 않고 하나의 부서에 맡긴다. 따라서 부서의 숫자가 적을 수밖에 없다.

이런 현상은 불필요하게 간부의 숫자를 늘리게 되고 각 부서의 구성 인원을 늘리게 되어 전체적으로 과다한 인원을 보유하게 만드는 원인을 제공한다. 여기에다 중국에 투자하는 한국 기업들은 대체로 중국의 인건비가 싸다고 생각하여 한꺼번에 많은 인력을 채용하는 경우가 비일비재하다. 그런데 중국의 일인당 업무 효율이 한국보다는 훨씬 낮다는 점과 채용할 때 지역에 따라서 다르기는 하지만 책상 위에서 계산한 예상 인건비보다 훨씬 많이 지불된다는 사실을 모르는 탓이다. 중국의 유명한 제약업체의 하나인 싼쪼우(三九)라는 기업은 사람당 효율을 제고하고 조직 효율을 높이기 위해 대직능(大職能)/소부문(小部門)이라는 원칙을 도입, 조직을 재편하면서 성공을 거둔 대표적인 기업이다. 조직 부문을 작게 쪼개지 않고 대형 조직으로 편성함으로써 조직 단위의 수를 줄이고 각 부문에 가급적이면 과중한 업무 부여가 될지라도 이를 감안하지 않고 소수 인원을 할당하는 것이다. 무능한 간부가 포함되어 있을 경우 한 부서 전체의 업무 추진 효율이 떨어지게 되고, 간부들 간에 업무 협조가 잘 안 되는 시스템일 경우 전체 기업 경영에 막대한 지장을 초래하기 십상이다. 총무와 인사, 연수 및 운수 업무를 합하여 관리과로 통합하고 자금 · 회계 · 경리 · 금융 · 출납 등을 경리과 한 개 과로 묶어 소수의 인원으로 많은 업무를 하도록 유도하는 것이 효율 경영에 이르는 첩경이다.

중국 기업의 조직을 장기간 관찰해오면서 한국 기업의 조직 구조와 비교를 해본 결과 중국 기업의 조직은 대직능/소부문 원칙에 의거하여 가급적인 단순 플래트형 조직을 구성하고 있는 것이 대부분인 반면, 한국 기업들은 소직무(小職務)/다부문(多部門) 원칙에 의거 복잡한 피라미드 구조를 지니고 있다. 대만 최대의 기업인 폴모사 그룹은 관계사를 3개 기업 정도로 구성하여 운영하고 있다. 그런데 그만한 외형이면 한국에서는 약 20개 관계사로 구성된 대기업 집단이 되었을 것이다. 그리고 한국 기업은 요즈음 팀장 제도를 도입함으로써 어느 정도 직급제가 단순화되었고 플래트화되기는 했지만 아직도 현재의 한국 기업의 직급의 수는 중국 기업의 2배 내지는 3배 이상이 된다고 보아야 할 만큼 한국 기업은 소직무화/다부문화의 경향에 너무 치우쳐 있다. 만일 중국에서 소직무화/다부문화 원칙을 고수하면 채용 인력의 인원 수가 증가되므로 인하여 조직이 비효율적으로 흐르면서 방만한 경영을 야기하여 실패할 가능성이 매우 높다는 점을 명심하여야 한다.[24]

중국 기업 문화와 연관된 조직관리 및 인사관리 전략

중국 기업의 경우 중국 기업 특유의 기업 문화가 존제하는데, 한국 기업의 기업 문화와는 판이하게 다른 특성을 보여주고 있다. 따라서 한국 기업인들이 유념해야 할 중국 기업의 기업 문화의 특징과 이와 관련된 전략을 아래와 같이 요

---

24) 신주식 저, 《중국 비즈니스 전략 308선》, (서울 ; 고려대학교 출판부, 2003. 12. 12.), pp.273~274

약해본다.

편법과 임기응변의 전략은 신중하게 구사하라

중국 기업의 보편적인 기업 문화는 변통성과 융통성으로 원칙을 넘어서는 원칙 초월의 기업 문화이다. 영국인은 백화점에 갈 때 너무 서둘러 일찍 도착했을 경우에는 기다리든지 아니면 되돌아가든지 한다고 한다. 즉, 상점이 오전 9시 30분에 여는데 너무 서두른 관계로 9시에 도착하였을 때 기다리든지 아니면 되돌아가든지 2가지 선택뿐이라는 것이다. 그러나 중국인들의 경우는 3가지 선택이 있다고 한다. 한 가지는 9시 30분까지 기다리는 것이고, 또 한 가지는 되돌아가는 것이고, 마지막 한 가지는 9시에 문을 두드려 사람이 있는지를 확인하고 있으면 물건을 살 수 있는지를 묻는다는 것이다. 9시 30분 전에 물건을 산다고 해서 먼저 와서 기다리는 제삼자에게 피해를 주지 않으니 상관없다는 생각인 모양이다. 이런 중국인의 사고방식은 원칙보다는 시간 절약, 편리함과 융통성을 선호하는 전통 사상 프레임에서 나온 결과이다.

중국과 대만의 경우 왕복 4차선 도로에 그어진 한쪽 2개의 차선이 너무 넓어 3줄의 차선이 줄을 설 수 있을 경우 대개의 경우 2개의 차선이 형성되지 않고 3줄의 차선이 형성된다고 한다. 한 줄 더 만들 수 있는데 안 만들면 이것이 곧 낭비(교통 흐름상의 시간 낭비)라는 실용주의가 작용한 것이다. 원칙을 지켜야 하는 준법정신을 압도하는 중국적 실용주의적 사고방식 탓이다. 실용주의를 얘기하면 웬만한 원칙 무시 또는 원칙 위배는 그대로 받아들여지는 것이 중국 사회이다. 그러나 임기응변과 편법이 명확히 불법에 해당하는 경우 절대로 실행에 옮겨서는 안 되며 관련 규정이나 법규가 없을 경우에는 적어도 중앙정부의 해석을 의뢰하여 그들의 결정에 따라야지 지방정부의 결정을 따르면 상당히 위험한 경우가 종종 발생한다. 지방정부의 결정이 자주 중앙정부에 의해 무효화되거나 번복되는 경우가 발생하기 때문이다.

채용 시 일을 중심으로 한 능력과 자질의 전문성에 초점을 맞추어라

중국 기업은 '이인위주(以人爲主)'의 기업 문화[25]이다. 따라서 중국인 인사 간

25) 일 중심으로 사람을 선발하는 것이 아니고 특정인을 중심으로 그에게 맞는 일을 만드는 것을 의미한다.

부에게 인력 채용을 일임하게 되면 그는 사람 중심의 인력 선발을 하는 경향이 있다. 중국 기업 경영에서의 '이인위주'라 함은 기업 경영에서 일 중심으로 사람을 선발하는 것이 아니고 사람을 중심으로 그 사람의 능력과 자질을 보고 일을 만들어 임무를 부여하는 방식이다. 이런 방식은 '인인설사(因人設事)[26)]'의 원칙에 의거 사람의 능력과 자질을 보고 일을 만들고 일을 부여하는 데 초점이 맞추어져 있다. 서양의 경영학 인사관리와는 상당히 거리가 있다고 볼 수 있다. '이인위주(以人爲主)'의 인사관리에 따르게 되면 업무의 분할과 효율적인 분업이 이루어질 수 없고 업무 전문성이 결여되어 부서 전반에 걸쳐 비효율 현상이 많이 발생하게 된다.[27)]

도태되어야 할 인력은 가급적이면 빠른 시간에 도태시켜라

중국 기업은 단기 및 장기 고용의 혼합 형태의 기업 문화이다.[28)] 한 회사에서 오랫동안 근무하는 직원들도 많긴 하지만 짧은 기간 동안 일을 하다가 다른 회사로 직장을 옮기는 경우가 아주 많은 편이다. 직장을 옮기는 것에 대한 두려움이나 걱정이 없는 편이기 때문에 비록 짧은 기간 안에 그 직원의 적성이나 자질이 그 업무 수행에 적합하지 않다고 판단되면 즉시 다른 직장을 알아보도록 해야 한다. 일본 기업의 경우, 물론 최근 고용 문화에 많은 변화가 있지만 과거에는 소위 종신고용에 따른 장기 고용에 무게중심을 두었다. 미국의 경우에는 단기 고용 위주의 인력 고용 체제를 지니고 있다. 중국의 경우 양국 고용 전략의 중간 형태인 장 · 단기 혼합 고용 형태를 유지하고 있어 인사관리상 기업의 운신 폭이 상당히 넓다고 볼 수 있다. 해고에 따른 부작용과 후유증을 두려워한 나머지 직원의 도태 또는 구조조정에 소홀히 할 경우 조직 효율 면에서 심각한 문제가 야기될 수 있다.

헤어지게 된다는 점을 염두에 두고 대비하라

중국 기업의 또 다른 특징은 '지동도합'의 기업 문화이다. '지동도합(志同道

26) 사람을 보고 그를 위한 일을 만드는 것이다.
27) 신주식 저, 《중국 비즈니스 전략 308선》, (서울 ; 고려대학교 출판부, 2003. 12. 12.), pp.278~279.
28) 신주식 저, 《중국 비즈니스 전략 308선》, (서울 ; 고려대학교 출판부, 2003. 12. 12.), p.279.

合)' 이란 뜻이 같은 사람들은 가는 길도 합해진다는 의미인데, 뜻을 같이 하고 가는 길이 같은 사람들은 같이 모인다는 뜻이다.[29] 중국 기업의 창업 단계에서 뜻을 같이 하는 몇몇 사람들이 모여 기업을 일으키고 상호 합의한 길로 기업을 운영해나가는 것을 의미한다. 이때 형성되는 회사를 중심으로 한 소규모 모임은 몇몇 사람이 영원히 장기적으로 파트너가 되어 지속적으로 기업을 발전시켜 나가는 것이 아니고, 일정 기간이 경과하면 서로 독립하여 각기 다른 기업을 일으켜 각자의 길을 가는 경향이 강하다. 따라서 헤어질 수 있다는 전제 아래 사업을 하면서도 늘 서로 갈라서게 되는 경우 어떻게 장기적으로 생존할 수 있는지, 그 길을 모색해두도록 해야 한다. 이런 현상은 중국인들끼리의 지동도합에만 적용되는 것이 아니라 한중 양국의 기업인들이 합작 투자 형태를 통한 합작회사 설립의 경우에도 적용된다.

'의리이변' 의 기업 문화의 특징

일부 학자들은 중국과 대만 기업들의 기업 문화를 '의리이변(依理而變)' 의 문화로 묘사하고 있다. 변화의 계기가 오면 변화를 즉시 받아들이고 그 변화에 따라가는 기업 문화를 말한다.[30] 여기에는 조직 변동, 계획 변동, 인력 변동, 업무 변동, 제도 변동 등 모든 변동이 포함된다. 변화하지 않는 것이 없다고 표현하는 것이 맞을 것이다. 모든 것이 변화한다는 사실은 중국인 개개인의 높은 이직률에서도 나타난다. 중국 기업뿐만 아니라 중국에 투자한 거의 대부분의 외자 기업들이 높은 이직률이라는 문제를 안고 있다. 높은 이직률의 한 가지 예를 들어보겠다. 삼성물산 타이베이 지점장으로 근무하던 때인 1980년대 후반부의 사례이다.

TV 주요 부품인 CRT와 CPT(흑백 및 컬러 텔레비전 브라운관)를 대만 TV업체가 삼성전자에 공급하고 있어 자주 그 회사를 방문하였다. 당시 같은 전자업계의 한국 선두 주자였던 삼성전자의 공원(工員)의 연간 이직률이 8%였던 반면 같은 시기의 대만의 거래선의 월간 공원 이직률은 8%였다. 대만 기업의 이직률이 한국 기업의 12배였던 것이다. 이렇게 높은 이직률이 발생해도 이를 줄이기 위해 개선 조치를 취하기보다는 당연한 현상으로 간주하여 이 문제를 방치하고

29) 신주식 저, 《중국 비즈니스 전략 308선》, (서울 ; 고려대학교 출판부, 2003. 12. 12.), p.279
30) 신주식 저, 《중국 비즈니스 전략 308선》, (서울 ; 고려대학교 출판부, 2003. 12. 12.), p.279

있었다.[31] 실제 높은 이직률은 해당 기업의 품질 불안정 현상을 초래하고 경쟁사 또는 타사에로의 기술 유출 현상을 초래하는 등 부작용이 크다. 특히 중국이나 대만에서 이런 부작용이 심각하다고 할 수 있다. 이를 고용 환경 탓으로 돌리고 수용하는 것이 대만 또는 중국의 기업 문화이다. 어쩌면 개선조치를 취한다 해도 만족할 만한 효과가 나타나지 않는다는 것을 기업들이 이미 알고 있기 때문일 것이다. 많은 외국 기업들이 중국시장에 진출하는 초기에는 흑자 경영을 하다가 몇 년 흐르지 않아 적자가 발생하여 결국 철수하는 사례의 대부분이 이와 같은 높은 이직률의 탓이라고 볼 수 있다. 따라서 중국에 투자한 한국 기업의 경우 기술 방면에서의 중국 기업의 추격을 막고 오랫동안 투자 공장을 유지, 발전시키자면 제일 먼저 우선적으로 신경을 써야 할 부분이 이직률을 줄이는 일이다. 특히 기술자들의 이직은 가급적이면 모든 수단과 방법을 동원해서라도 막아야 한다. 높은 이직률의 문제를 중국 및 대만 기업의 기업 문화로 간주하고 대수롭지 않게 생각하게 되면 자사의 기술우위 현상은 단명으로 끝나고 말아 조기 철수를 할 수 있다는 점을 명심하고, 고급 기술자 및 핵심 기술자들의 이직을 예방하기 위해 평소에 모든 조치를 강구해야 할 것이다.

일반적으로 중국 기업의 경영 목표도 수시 수정되고 있다고 볼 수 있는데, 이와 같은 빈번한 변화는 기업의 외부 환경의 변화가 워낙 변화무쌍한 상황이라 피할 수 없는 문제로 볼 수는 있다. 그러나 기업의 목표는 이러한 변화무쌍한 변화 속에서도 달성하고야 말겠다는 전체 직원들의 강한 의지가 있을 때 목표 달성이 가능해진다. 이는 해당 기업의 생존력이자 난관 극복 능력의 바로미터이다. 중국 기업들과 중국에 투자한 외자기업들의 상당수는 대체로 전체 직원들의 이러한 장애 요인 극복 의지가 약해 외부의 충격이나 환경변화에 기업 자체가 쉽게 무너지고 마는 경우가 자주 발생한다. 중국 직원들의 장애 요인 극복 의지가 약한 원인을 규명하다가 보면 결국 중국인들 특유의 돌아가기 전술 때문인 것을 알게 된다. 장애 요인이 발생할 때 이를 정면으로 돌파하기보다는 이를 피하여 돌아가는 전략을 구사하는 것이다. 물론 이러한 회피 전략도 효과적일 때가 있다. 그러나 이러한 태도와 자세가 고착화되어 위기가 닥칠 때마다 정면돌파는 아예 생각하지도 않고 회피 전략만을 쓰게 된다면 그 기업의 경쟁력 약화와 시간 손실, 자금상의 손실 및 기회 이익의 포기 등 심각한 경영 후유증에 직

31) 신주식 저, 《중국 비즈니스 전략 308선》, (서울 ; 고려대학교 출판부, 2003. 12. 12.), p.279

면하게 될 것이다. 사실 중국에 투자한 한국 기업들이 실제 위기를 맞을 때마다 중국 현지 직원들의 정면돌파 의지의 부재로 인해 힘 한 번 써보지도 못하고 그대로 무너져 철수하게 되는 경우가 대부분이라 할 수 있다. 중국 직원들의 정면돌파 의지의 부재는 바로 변화에 익숙한, 다시 말해서 근무 회사를 바꾸는 것을 심각하게 생각하지 않는 중국인 특유의 특성에서 기인한다고 보여진다. 어려움이 있을 때 이를 극복하여 해결하겠다는 생각보다 손쉬운 방법, 즉 월급을 조금 더 올려받는 조건으로 회사를 옮겨버리는 방법을 택하게 되는 현상은 이미 널리 보편화되어 있다. 월급도 올려받고 문제점도 회피할 수 있는 이른바 일거양득(一擧兩得)인 이직의 방식은 그들에게는 매우 매력적인 방안이 될 수 있는 것이다. 그러나 이러한 중국 종업원의 일거양득의 이직 방식의 선택은 이직으로 인한 자사 보유 기술의 유출 현상을 야기하게 되고, 이는 곧바로 중국 기업의 기술 분야에서의 한국 기업 추월 및 한국 기업의 경쟁력 상실, 한국 기업의 투자 기업 철수로 이어지는 도식을 밟게 만드는 원인이 되고 있는 것이다. 이와 같은 현상은 중국에 투자한 많은 한국 기업들이 당면하고 있는 보편적인 문제이자 회사의 존속에 치명적인 결과를 야기하는 원인으로 작용하고 있다고 보아도 무리가 없다. 기업의 외부 환경, 즉 정부 정책의 변화와 기타 사회 환경의 변화로 생존력이나 자생력 유지에서 큰 위기에 봉착하게 될 때 전체 종업원의 전폭적이고 전면적인 지원과 단결이 있을 때만이 정면돌파가 가능하다는 점을 생각하면 더욱 그렇다.

중도주의(中道主義) 또는 중용주의(中庸主義)의 기업 문화

무릇 사회 조직이나 기업 조직의 문화는 서양식 관점에서 보면 개인주의 문화와 집단주의 문화로 나눌 수 있다. 그런데 일부 중국 학자들은 중국 기업의 조직 문화는 '이합일(二合一)'의 사고체계를 중심으로 발전하고 있다고 보아야 한다고 주장하고 있다. 개인주의와 집단주의라는 2개의 극단적인 문화 체제를 한데 혼합시켜 어느 쪽에도 치우치지 않는 제3의 중용적이고 중도적인 기업 문화를 창출한 것으로 보고 있는 것이다.[32] 그런데 중국식 중용주의가 일반적으로 양 극단의 어느 한쪽에 치우치지 않고 중립적이고 중간자적인 입장의 정책을 취하는 것을 의미하지만 중국적 현실 세계에서는 자주 양 극단의 극단적인 입장 모두를 수용하는 것도 소위 중용의 범주에 들어가는 것으로 간주한다. 이

때문에 대부분의 중국 종업원들은 자신들의 권익 분야에서는 극단적인 개인주의를 주장하고 자신들의 의무와 책임 분야에서는 극단적인 집단주의를 주장하는 경향이 강하다. 이러한 현상은 자신의 책임을 남에게 전가하고 자신의 잘못을 솔직히 인정하지 않고 변명과 구실로 일관하도록 하는 후유증을 낳는다. 중국 기업의 기업 문화를 중국인 직원들로 하여금 집단의 성장 속에서의 개인의 발전을 추구하는 이른바 양면 전략의 추구에서 그 특징을 찾아볼 수 있는데, 이러한 양면 전략은 종종 그 방향성과 주체성을 상실함으로써 책임 회피 및 모든 게 남의 탓이라는 이른바 변명을 통한 자신의 무책임론을 야기하여 결국 조직의 효율성을 상실하는 나쁜 결과를 잉태한다. 자신의 개인 이익을 위해 기업의 발전에 혼신을 다하지 않는 결과를 초래하는 이러한 중국적 환경 요소야말로 중국에 투자한 거의 대부분의 외자기업들에게 각종 난관을 제공하는 원인이 되고 있는 것이다.

이상 여섯 가지 중국 기업의 기업 문화상의 특징들에 대해 종합적 평가를 해보면 첫 번째의 원칙 초월의 기업 문화는 버려야 할 것이고, 두 번째의 일 중심이 아닌 사람 중심의 기업 문화도 취해서는 안 될 기업 문화이다. 세 번째의 단기 및 장기 혼합 고용 형태는 취해야 하는 부분도 있지만 버려야 할 부분도 있다고 본다. 기업 핵심 요원이나 기술 분야의 인력은 장기 고용을 권하는 입장이다. 그리고 전문적인 지식이나 높은 숙련도가 필요 없는 일반 생산직 직원이나 기타 고용 인력은 단기적인 관점에서 처리해야 한다고 본다. 즉, 이들은 가급적 임시직으로 충당하여 해고하려고 할 때 기업 부담을 줄이고(임시직을 허용하는 지역과 허용하지 않는 지역이 혼재하고 있음) 불필요한 잡음의 발생을 막을 수 있도록 하는 것이 좋다. 네 번째의 중국 기업과의 합작은 항시 합작 관계가 종료될 경우에 대비해야 할 것이다. 다섯 번째의 의리이변(依理而變)의 기업 문화와[33] 여섯 번째의 중용주의(中庸主義)의 기업 문화도 취할 수 있는 기업 문화이기는 하지만 득보다는 실이 많은 중국의 현실을 감안해볼 때 이 문제에 대해서는 아무리 신중해도 지나치지 않다고 본다. 특히 여섯 번째의 중용주의의 기업 문화 면을 생각해보자. 중국식 중용주의는 기업의 변신을 쉽게 하고 환경 변화에 발 빠르게

32) 신주식 저, 《중국 비즈니스 전략 308선》, (서울 ; 고려대학교 출판부, 2003. 12. 12.), p.280
33) 변화에 순응하는 동태적 기업 문화

대응할 수 있도록 하며, 극단적인 대립 문화를 배격하고 융화와 협동성의 조직 문화를 구축하는 데 도움이 되기도 한다. 하지만 극단적인 개인주의의 추구, 책임 회피 수단으로서의 악용, 변명과 구실을 만들어가면서까지 자신을 보호하려는 태도 등 그 부작용과 후유증이 더 크다. 이처럼 한국 투자 기업이 중국 기업 문화를 이해하고 이를 기업 조직관리 및 인사관리에 반영하는 것은 나름대로 여러 가지 도움이 될 것이다.

중국식 개인주의에 대한 본질과 개념 이해

중국인들이 가족주의와 개인주의 성향이 강하다는 이론적 주장은 많은 문헌에서 찾아볼 수 있다.[34] 중국의 근대화 이론을 체계화하는 데 오랫동안 노력을 기울였던 진야오지(金耀基)는 중국인이 공(公)을 존중하면서도 한편으로는 서양에서 볼 수 있는 공중도덕이 결여되어 있다는 점을 지적했다. 그는 서양인은 절대적인 사(私)의 존재를 인정하기 때문에 공중도덕을 지키려고 한다는 점에 주목했다.[35] 중국의 경우 과거 5천여 년의 봉건왕조 역사와 현대 중국, 즉 중화인민공화국 60년 모두 절대적인 사(私)의 영역이 인정되지 않았던 점에서 공중도덕 개념이 중시될 이유가 없었다는 점에 중국의 개인주의는 서양의 개인주의와 그 궤를 달리한다고 볼 수 있다는 것이다. 진야오지는 그래서 중국인의 행동 양식은 서양인의 개인주의와 언뜻 보아 비슷하지만 엄연하게 다르다고 지적했다.[36] 중국 사회에 가족주의와 개인주의 성향이 강하게 나타나게 된 배경으로는 유가(儒家) 사상에서 그 원인을 찾는 학자들이 많다. 공자의 '수신제가치국평천하(修身齊家治國平天下)'의 사상에서 그 유래를 찾는다. 사회와 국가보다는 우선 먼저 개인과 가족의 평안부터 다스리라는 가르침 때문이라는 지적이다.[37] 개인이 가족을 잘 다스린 연후에 국가와 사회를 다스리라는 가르침을 개인이나 가족의 이해 관계를 국가나 사회에 우선하라는 뜻으로 왜곡시킨 결과가 아닐까 하는 생각이 드는 대목이다.

34) 曾仕强 著, 《中國式管理》, (臺灣 , 臺北 ; 建中書報社 , 2001. 8.),.p.15
35) 金耀基 著, 《中國人的公, 私槪念》, 喬健, 潘乃谷 主編 , 《中國人觀念與行爲》, (중국, 베이징 ; 麗文文化事業有限公司, 1988.), p.67
36) 金耀基 著, 《中國人的公, 私槪念》, 喬健, 潘乃谷 主編 , 《中國人觀念與行爲》, (중국, 베이징 ; 麗文文化事業有限公司, 1988.), p.67
37) 曾仕强 著, 《中國式管理》, (타이베이; 建中書報社, 2001. 8. 1.), pp.3~6

중국인의 행위는 '개인주의' 라기보다는 오히려 '자아주의' 라는 특징을 갖고 있다. 중국이 서양으로부터 개인주의를 수입할 때, 서양 사상의 본질을 바꾸어 중국 사회에 적응할 수 있도록 변형시킨 경우로서의 자아주의로 볼 수도 있다. '개인주의' 는 집단과 대립되는 의미로서 집단을 구성하는 요소가 비교적 자유롭게 독립되어 있어 자주성을 존중한다는 가치관을 갖고 있다. 그런데 '자아주의' 는 그와는 달리 모든 것을 자신을 중심으로 생각한다는 가치관이다. '자아주의' 에는 개인과 대립하는 집단이라는 구도 그 자체가 존재하지 않는다. 따라서 중국인의 행위를 깊이 검토할 때는 '개인주의' 대 '집단주의' 라는 도식을 버리고 중국인이 갖는 '자기' 의 특성을 주로 분석해야 한다.[38] 바로 이 점이 한국 기업인들이 중국 종업원을 다스릴 때 감안하지 않으면 안 되는 문제이다.

효율적이고 강력한 자율 통제 시스템을 구축하라

중국 사회도 한국 사회와 마찬가지로 부정 · 부패 · 비리 · 저효율 · 비효율의 요인들이 많이 존재하고 있다. 중국의 국가 지도자들이 이런 현상의 개선을 위해 많은 관심과 노력을 기울이고 있는 것을 보아도 알 수 있다. 이런 폐단들의 대부분은 따지고 보면 중국인들의 청렴성이나 정직성이 낮은 수준에 머물고 있기 때문에 발생된 요인도 있겠지만 보다 근본적인 원인은 중국 전통 사상의 영향과 중국인들의 사고체계에서 비롯된 것으로 보는 것이 타당하다.

중국 사회가 혼란스러울 때, 흔히 사용하는 말인 '상면유정책(上面有政策), 하면유대책(下面有對策)' 이라는 표현도 따지고 보면 불법과 위법을 지칭하는 것이 아니다. 위(정부)에서 정책을 내놓으면 밑(기업인 등 일반 국민)에는 그 정책을 피할 수 있는 합법적인 대책을 낸다는 것인데 이게 어디 불법인가? 대책이 정책에 위반되지 않고 저촉되지 않는데 위법이라는 말이 나올 수 없는 것이다.

기업 경영에서도 이런 유사한 일들이 많이 일어난다. 그러나 이런 일들을 일일이 제도적으로 또는 완벽한 규정을 통해 통제한다는 것은 불가능하다. 다양한 인적 구성과 계층 구성을 통한 이질적인 조직 구성으로 조직 스스로가 자율 규제나 자율 통제, 자율 관리를 할 수 있도록 하여야 한다. 즉, 조직 내부의 각 계층과 각 구성원들이 서로 견제하고 규율하는 시스템을 구축하는 것이다. 예를

38) 楊中芳, 高尙仁 主編, 《中國人 中國心 ; 人格與社會編》, (遠流圖書出版公司, 1991.), p.107

들면, 어떤 특정 직원의 업무 효율을 높이는 데 자신의 노력만으로는 안 되는 경우가 있을 것이다. 이럴 경우, 기업주는 타 직원의 호응과 지원을 받아야 한다는 점을 강조하고, 그 종업원으로 하여금 타 종업원과 대화를 하도록 하여 이들이 스스로 업무 효율을 제고하기 위해 협력하도록 은근히 유도하는 것이다. 이런 전략은 비단 개인 간의 협조 분위기 조성뿐이 아니라 각 부서 간에도 이런 움직임을 유도하면 부서 간 시너지 효과도 일어날 수 있다.

이런 자율 통제 시스템은 대만의 쩡스챵(曾仕强) 교수가 이야기하는 '법중무법, 무법중유법(法中無法, 無法中有法)'[39]의 이치를 미리 알고 이런 이치에 따라 실제 기업 활동에서 실행에 옮기게 하는 데 도움이 되기 때문이다.[40] 즉, 중국인 사회에서는 나름대로의 사회 작동 원리가 있다. 기업 조직원들이 제 몫을 다하도록 하기 위해서는 나름대로의 촉진 요인이 존재하고 있는 것이다. 이는 그들 스스로가 자신의 수익을 올리기 위해 서로 대화하고 설득하도록 하는 분위기를 만들어가는 것을 의미한다. 결론적으로 이야기하면 중국인들의 탈법 문제만으로 중국 사회가 혼란스러운 것이 아니듯이 기업 활동도 직원들의 불법 문제만으로 기업 활동이 혼란스러운 것은 아니다. 개인이 그리고 조직 구성원 전체가 고의적 태만이나 무의식적인 나태로 인해 기업 활동이 제대로 수행되지 않는다는 말이다. 이러한 문제는 그들 스스로가 자신의 이익 제고를 위하여 타인 또는 타 부서의 협조를 얻어내도록 유도하는 방법이 최선이 될 것이다. 법이나 규정이 다 막지 못하는 각종 약점과 틈새 구멍[41]을 잘 이용하는 것이 중국인의 특성인데, 이런 특성을 잘 이용할 경우에는 긍정적인 효과를 발생하는 약이 될 수도 있다. 그러나 반대로 이들의 이런 특성을 잘 활용하지 못하면 중국 투자는 실패로 끝나기 십상이다.

중국 특유의 조직 행태를 잘 이해하고 통제하는 전략

중국 특유의 조직 행태를 설명하기란 그리 쉽지 않다. 그만큼 그 실체를 파악하기가 어렵다. 조직의 응집력은 단체 활동과 조직 활동을 통해 구축되고 공개적인 토론과 협의를 통해서 강화되는데, 이와 같은 단체적이고 조직적인 차원에

39) 법이 있는 것 같지만 법이 없고 법이 없는 것 같지만 법이 있는 것
40) 曾仕强 著,《中國式管理》, (타이베이; 建中書報社, 2001. 8. 1.), p.224
41) 중국어로는 이를 로우똥(漏洞)이라고 함

서의 활동은 대부분 개인의 조직에 대한 충성심을 끌어내기가 쉽지 않다. 표면적으로 모두의 동의를 받았다고 해서 조직이 한 방향으로 굴러갈 것이라고 섣불리 판단했다가는 위험천만이다. 중국인의 성격상 반대를 안 한다고 해서 찬성하는 것으로 오해하는 것은 절대 금기이다. 그들은 속내를 좀체 밖으로 표출하지 않기 때문이다. 중국인들의 어떤 특정 사안에 대한 찬성과 반대도 상당히 복잡하다. 찬성에도 적극적인 찬성이 있고 소극적인 찬성이 있으며, 반대에도 적극적인 반대와 소극적인 반대가 있다. 적극적인 찬성과 소극적인 찬성 간에는 실제 나타나는 효과 면에서 보면 엄청난 차이가 있다. 그리고 적극적인 반대와 소극적인 반대 간에도 그 결과 면에서 보면 엄청난 차이가 있다. 진정으로 현지 종업원들의 관심과 충성을 끌어내는 데는 오너의 개인 대 직원 개인 간의 마음과 마음이 통하는 감정이입(感情移入)과 상호 교호작용(交互作用)이 있을 때만 가능한 경우가 많다.

중국 사업을 위한 조직 응집력 구축에 있어서 또 하나의 장애 요인은 현지 직원들의 자기 보호 심리가 무척 강하다는 데 있다. 이러한 자기 보호 심리는 조직을 중심으로 한 단결을 저해할 뿐 아니라 때로는 조직 내 비공식 조직을 생성시켜 조직 응집력을 와해시키기도 한다. 소위 따취엔(大圈)과 씨아오취엔(小圈) 그리고 황취엔(黃圈)의 세 종류의 비공식 조직이 그것이다. 따취엔이라 함은 느슨한 형태의 대형 전체 조직이고 씨아오취엔은 직원 전체 조직의 각 소그룹을 대표하는 소그룹의 리더, 즉 약하지만 영향력이 조금 있는 소그룹 리더들로 구성된 중형 규모의 집단을 지칭한다. 황취엔은 조직과 세력을 형성하고 있는 소그룹 리더들 중 몇 개의 소그룹을 자신의 영향권하에 두고 있는 핵심 리더들로 구성된 소형 조직을 말한다. 몇 개의 소그룹들에 영향력을 행사할 수 있는 핵심 리더들이 자신의 영향력을 배가시키기 위해서는 그들끼리 뭉쳐야 하는데, 이 과정에서 생겨난 것이 바로 황취엔이다. 황취엔은 그 영향력이 조직의 상당 부분에 미치기 때문에 이들 조직이 기업 본부와 충돌이 일어날 경우 사태는 자못 심각해지는 경우가 많다. 이런 비공식 조직들은 경영자가 선택한 유능한 인재를 왕따시키기도 하고 때로는 축출까지 시도하는 경우가 종종 있어 전체 조직 응집력 구축에 장애 요인이 되고 있다.

위에서 언급한 따취엔과 씨아오취엔 그리고 황취엔의 세 종류의 비공식 조직의 출현은 중국의 현지 직원들의 개인적 자기 보호 심리에서 나온 것이다. 즉, 직원들 각 개인이 자신을 조직으로부터 혹시나 있을지도 모를 각종 위협으로부터 자신을 보호하기 위해 자기와 친한 사람들과 씨아오취엔을 구성하게 되고, 이런 과정을 거쳐 탄생된 씨아오취엔이 모여 자연스레 따취엔을 형성하게 되는 것이다. 일반적으로 황취엔의 조직에 대한 통제나 제어는 쉽지 않기 때문에 대만 기업이나 홍콩 기업들은 이들 황취엔에 속하는 특정 파벌 리더들에 대한 통제가 필요하다고 판단할 때는 먼저 씨아오취엔 인력을 잘 다독거려 황취엔 인력을 포위하고 압박하는 방법을 쓴다. 때로는 반대파 조직의 힘을 활용하여 기업 정책에 반발하는 파벌을 제압하거나 견제하기도 한다는 점도 유의해야 할 대목이다.

2원 또는 3원 조직 구축의 전략

일반적으로 볼 때 기업이 전체 조직의 인력들을 모두 조직의 통제 범위 안에 두고 일사분란하게 효율적으로 관리하기란 여간 어렵지 않다. 특히 중국인 조직의 특성상 전체 조직이 한마음으로 뭉쳐 일체감 있는 상황을 연출하는 것은 매우 드물다. 그들 조직원들 사이에는 각종 다수의 파벌들이 혼재되어 있는 형태를 보이는 것이 일반적이다. 여기서 언급하는 2원 조직 또는 3원 조직의 구축이란 앞에서 언급한 사내의 다수의 파벌들로 하여금 서로 대립하고 견제하고 감시하도록 하게 만드는 것을 말한다. 연령별 계층, 지역 출신별 계층, 남녀 계층, 출신 학교별 계층, 보수와 혁신의 계층, 구세대와 신세대의 계층 등 다양하게 혼합 구성을 하여 이들 조직들끼리 서로 경쟁하고 서로 견제하도록 함으로써 현지 직원들의 조직적인 반발을 사전에 봉쇄하고 상호 건전하게 경쟁하도록 하는 일거양득의 효과를 노리는 전략이다. 서로 다른 계층의 혼합 구성은 조직의 균형과 조화를 고려한 측면도 있지만 이보다는 깨끗한 조직 및 효율성이 높은 조직을 겨냥하여 조직 세력들 간의 상호 견제와 감시 체제를 구축하는 측면이 강하다고 볼 수 있다. 한족과 조선족, 또는 출신 지방이 서로 다른 2~3개 현지인 그룹으로 조직을 형성되게 하면 조직 청렴도가 높아질 뿐만 아니라 조직 통제도 훨씬 쉬워지며 세력들 간의 상호 경쟁하는 효율적인 체제를 구축할 수 있는 방안이 되기 때문이다.

일반적으로 중국에서의 투자 기업의 2원 조직, 3원 조직 또는 다원 조직의 도입 문제를 언급할 때는 향친(鄕親) 개념이 등장하게 된다. 향친 개념 못지않게 2원 조직 또는 3원 조직 전략에 큰 영향을 미치는 것이 중국동포(일명 조선족)와 한족[42] 그룹 간의 경쟁 심리 및 견제 심리 유발이라 할 수 있다. 중국에 진출한 한국 기업들은 대부분 중국 동포와 한족 직원들을 모두 고용하고 있다. 그런데 중국 동포 직원과 한족 직원들 간에는 묘하게도 상호 경쟁하는 경우가 많고, 상호 갈등하는 경우도 많다. 어느 한국 식품 기업의 중국 진출 사례 중에 중국동포(조선족)와 한족 간의 상호 경계 심리 상태를 잘 설명해주는 사례가 있어 여기서 소개해보기로 한다.

> 이 한국 기업은 중국 동포 몇 명을 채용하여 몇 개의 부서에 1명씩 분산, 배치하였다. 생산 부문에서 근무하던 중국 동포 직원들이 휴식 시간이 되어 휴게실에 들어가면 이미 휴게실에 앉아서 휴식하던 중국 직원들이 순간 벌떡 일어나는 것이었다. 중국 직원들의 긴장하는 기색이 이런 행동으로 나타난 것이었다. 중국동포 직원들이 한국인과 혈통이 같고 같은 한국어를 사용하고 있는 관계로 한국 기업의 경영층과 보이지 않는 특별한 관계가 형성되어 있을 것이라는 선입견이 중국 직원들로 하여금 더 한층 긴장하도록 만들었다. 이는 곧 중국 직원들이 중국동포 직원들에 대해 경계심을 가지고 있다는 증거인 셈이다. 한편, 이들 중국동포 직원들이 입사한 후 2주쯤 경과되었을 무렵 이 한국 기업은 중국동포 직원들로부터 충격적인 보고를 받았다. 200여 명 가까이 되는 중국 직원들이 대부분 아침을 먹지 않고 출근한 후 회사 제품인 식품을 아침식사로 먹는다는 것이었다. 조사 결과, 회사 제품을 몇년 전부터 아침식사로 먹은 것이었고, 단지 회사 측만 이런 사실을 모르고 있었을 뿐 대부분의 현지 직원들은 모두가 알고 있었다는 사실이다. 중국동포 직원들이 한국 기업에 입사하여 각 부서에 배치된 이후 얼마 되지 않아 이런 사실이 중국동포 직원들에 의해 발견되어 회사 경영층에 보고됨으로써 밖으로 알려진 것이었다. 이런 비밀이 회사 경영층에 보고되지 않고 몇년간 지속될 수 있었던 것은 바로 중국인 직원들 전체가 상호 암묵적인 묵계하에 공감대가 형성되어 있었기 때문이다.

위의 사례에서 보듯 소위 한족, 즉 중국 혈통인 중국인과 소수민족의 하나인 중국동포(조선족) 사이에는 상호 견제하고 감시하며 경쟁하고 질투하는 묘한 관계가 형성되어 있음을 쉽게 알 수 있다.

중국인 직원들(한족 출신 직원)이 중국에 투자한 한국 기업에 근무하게 될 경

42) 소수민족과 대비되는 개념으로 혈통적으로 소위 중국인으로 분류되는 민족을 말함.

우 다음과 같은 생각을 한다고 한다. 중국 동포와 같은 혈통이 같고 언어를 공유하고 있는 한국 기업의 경영층은 중국 동포 출신 직원들을 중국인 직원들보다 더욱 중시하고 여러 가지 면에서 각종 특혜를 줄 것이라는 생각이다. 중국동포 직원들은 중국인이라는 점에서 중국어와 조선어(중국동포가 구사하는 한국어가 한국의 한국어와 약간 다르기에 편의상 조선어로 표현함)를 모두 구사할 수 있는 경우가 대부분이다. 한국 기업의 경영층은 이들 중국동포 직원들에게 중국어 통역 및 번역 업무를 맡기게 마련이고, 이 경우 통역 업무를 담당하는 중국동포 직원은 업무 관계로 항시 중국어를 구사하지 못하는 한국인 경영층을 옆에서 밀착하여 수행하게 된다. 이런 광경을 자주 목격하게 되는 중국 직원들은 중국동포 직원들에 대해 한편으로는 시기하고 질투하며 다른 한편으로는 부러워하는 양면적인 태도를 보이게 된다. 게다가 일부 중국동포 직원들은 통역이 단순한 업무 수행의 하나인 점을 과장하여 통역 업무를 하는 자신이 회사 경영층에 막강한 영향력을 미치는 가까운 측근인 양 행사를 하기도 한다. 그렇게 함으로써 중국 직원들로 하여금 '한국인은 1등 공민', '중국동포(조선족)는 2등 공민', '중국 직원(한족)은 3등 공민'이라는 생각을 하도록 만든다. 중국인 직원들의 자조감 섞인 이런 말들이 공개적인 상황이 되면서 전체 조직 구성원들 간의 단결과 인화를 저해하고 각 계층과 그룹들 간의 반목을 야기함으로써 기업 경영에 막대한 부정적 영향을 미치게 되기도 한다.

중국인에게 있어서의 지연은 학연보다 강하고 혈연만큼이나 강한 작용을 하고 있다. 중국의 속어에 "삼개공장, 불여일개노향(三個公章, 不如一個老鄕)"이라는 말이 있다. 상당한 영향력으로 일정 역할을 하는 3개의 행정 기관의 도장(印章)[43]을 갖고 있는 것보다 한 명의 동향인을 갖고 있는 것이 낫다는 뜻이다. 동향 관계가 아닌 세 사람의 공직자를 아는 것보다 한 사람의 동향인을 사귀는 것이 자신의 이익 추구에 도움이 된다는 이야기이다. 이것은 중국인의 동향(同鄕) 관계와 향친(鄕親) 관계가 그만큼 중요하다는 이야기이다.[44]

중국의 최근 정치 인맥을 두고 상당수 학자들은 상해방(上海方)이니 청화대학파(淸華大學派)니 하지만 여기서도 지연 관념이 학연 관념보다는 더 강한 것 같다. 실제 일반 중국 서민들의 사고체계 속에는 학연에 대한 집착이나 연계가 한

43) 세 사람의 고위 공직자를 배후세력으로 갖고 있는 것을 의미
44) 신주식 저, ≪중국 비즈니스 전략 308선≫, (서울 ; 고려대학교 출판부, 2003. 12. 12), p.287

국 사회처럼 강하지 않다. 혈연 및 지연 관계 중심의 사회 체계라 보는 것이 타당하다. 이는 곧 중국 사회가 안정되게 통일된 방향으로 발전하는 배경이 된다고 생각한다. 지연 · 학연 · 혈연 관계가 서로 얽히면서 전체 사회의 작동 원리에 영향을 미치며 전체 사회가 요동치는 한국과는 완전히 다른 사회 체제를 지니고 있는 셈이다. 중국이 최근에 이르러 안정된 정부의 일관성 있는 지도 아래 안정적인 경제 성장을 거듭하고 있는 것도 이와 무관하지 않다. 사회가 안정되어 외국 투자 기업이 마음놓고 투자를 할 수 있는 여건이 마련되어 있는 셈이다. 한국의 노사 관계의 격렬한 대립, 지역 간의 갈등으로 인한 정치 불안 등과 비교할 때 엄청난 차이가 있는 것이다.

물론 중국에도 지역 갈등이 있다. 베이징 사람들은 상하이 사람들을 싫어하고 상하이 사람들은 베이징 사람들을 싫어하는 편이다. 상하이 사람들은 베이징 사람들을 현대 국가 발전에 중요한 경제를 모르면서 알맹이 없는 정치놀음만 한다고 비난하고, 베이징 사람들은 상하이 사람들을 돈밖에 모르는 수전노로 비유한다. 산둥성 지난(濟南)인들은 산둥성 칭다오(靑島)인들에 대해 좋은 감정을 가지고 있지 않다. 칭다오가 한국 기업의 투자로 부유해진 것에 대한 지난(濟南)인들의 시샘에서 나온 질투이다. 칭다오 사람들은 지난(濟南) 사람들의 경제 감각 부족을 지적하면서 약간 우쭐대는 편이다. 광둥성 사람들은 푸찌엔성 사람들을 약간 얕잡아 본다. 광둥성 경제가 푸찌엔성 경제보다 훨씬 더 발전되었기 때문이다. 푸찌엔성 사람들은 푸찌엔성 경제의 상대적 낙후 현상을 대만과 대치하고 있어 그에 따른 군사 갈등의 탓으로 돌리며 광둥성 경제 발전을 부러워하고 시기하고 질투한다. 쓰촨(四川)성의 청두(成都)인과 총칭(重慶)인도 서로 반목하고 있다. 총칭이 청두보다 훨씬 인구가 많은 중국 최대의 도시이면서도 과거 성(省) 수도의 자리를 청두에게 빼앗긴 사실에서 자존심이 상했다고 볼 수 있다. 그러나 총칭시(市)가 직할시로 승격하면서 총칭 시민의 자존심은 많이 회복되었다고 볼 수 있다.

전반적으로 보아 중국의 지역 감정 문제는 심각하지 않다고 보아도 무방하다. 우리나라와 같이 심각한 상태가 아니다. 뿐만 아니라 학연 문제도 우리와 비교하면 거의 없는 편이다. 이런 상황은 기업 내의 파벌 생성을 어렵게 하고 기업이 한 방향으로 발전하는 데 상당히 기여한다고 볼 수 있다. 한국의 대기업의 경우와 같이 학연 · 지연 · 혈연이 강하게 작용하는 현상은 중국 기업 내부에는 거의 없다고 보아야 한다.

소수의 젊은 오너 분신을 육성하라

'59세 현상' 이라는 말이 중국 전역에 크게 유행한 적이 있었다. 당시 국가와 사회를 위해 반평생 이상을 몸 바쳐 일한 고위층이 퇴직을 3~4년 앞두고 노후 대비가 전혀 되어 있지 않자 잠시 눈 먼 생각을 한 나머지 사욕을 채우다 쇠고랑을 차는 현상들이 정년을 3~4년 앞둔 59세의 인사들에게 자주 일어난다 하여 붙인 말이다. 당시 가장 전형적인 예가 중국에서 매출액 1위의 연초(煙草) 제조업체인 홍탑산(紅塔山)의 전임 사장의 구속 사건이었다. 원래 홍탑산 연초 제조창은 보잘것없는 기업이었는데 구속된 사장이 취임하자마자 탁월한 경영 수완으로 중국 최고 최대의 연초 제조창으로 키운 것이었다. 최근 수년간 중국 최고의 브랜드 가치를 지닌 브랜드로 키운 것이었다.

그런데 서양 기업 같으면 엄청난 경영 성과로 연봉만으로도 돈방석에 올라앉아 있을 전임 사장에게 기다리는 거라곤 몇년 후 퇴직이라는 주어진 운명뿐이었다. 노후 대책을 위한 기업의 지급금은 몇 푼 안 되는 돈일 뿐이었다. 유능한 경영진이 엄청난 경영 성과를 거두고도 그 대가라곤 고작 소액의 퇴직금뿐이니 그가 사욕에 눈이 먼 것은 충분히 이해가 가고도 남는다. 그가 구속되기 전후 중국의 많은 지식인들이 그를 동정하고 아까워하고 애석해하는 걸 보았다. 훌륭한 경영자가 제대로 대접을 못 받는 사회의 불합리에 대한 꼬집음이자 개인적으로는 그의 범죄 동기를 충분히 이해하고 동정하겠다는 분위기였다. 또한 실질적 범죄자는 그가 아니라 공헌한 자를 공헌 규모에 걸맞게 대접해주지 못하는 중국의 기업 경영 체계라고 하면서 중국 내 젊은 교수들이 울분을 토하기도 하였다. 보잘것없는 연초 제조 회사를 전국 최고 브랜드 가치의 회사로 키운 그가 기업에 엄청나게 큰 공헌을 하였는데 거액의 보너스를 받기는커녕 쇠고랑을 차는 신세가 되었으니, 그 파장은 중국의 전체 지식인을 넘어 젊은 계층의 학생들에게까지 확산되었던 사건이었다.

'39세 현상' 이라는 것도 있다. 당시 지식인 세대들이 만들어낸 부정적인 현상 중의 하나인데, 이는 종전의 기층(基層) 인력으로서 하위직 업무를 수행하던 젊은 세대가 갑자기 중견 또는 고위 관직과 권력을 쥐게 되면서 직위와 권력을 이용하여 매관매직을 포함한 각종 부정 · 부패 · 비리 행위를 저지르는 현상을 말한다. 공교롭게도 갑작스런 승진과 이에 따른 권력의 장악을 맛본 39세 가량의 세대들이 이런 문제를 자주 야기한다 하여 '39세 현상' 이라 칭하게 된 것이다. 최근 중국의 핵심 지도자들의 연령이 급속히 낮아지고 있다. 급변하는 글로벌 경제 무대와 국제 외교 및 국제 정치 무대의 각종 복잡한 현안들에 의해 야기된 각종 위기 상황을 기민하고 슬기롭게 대처하기 위해 적절하고 과감한 전략을 적극적으로 추진하자면 나이 많은 세대들로서는 안 된다는 인식이 중국 지도층에 보편적으로 퍼졌기 때문이다. 또한 문화대혁명 시기에 학생들이었던 세대들이 대거 학업 공백으로 인하여 지도층 대열에서 탈락됨으로써 2010년 기준 50대 초·중반에서 시작하여 60대 초·중반에 이르는 연령대가 거의 부상하지 못함으로써 야기된 지도층 연령 하락 현상으로 볼 수도 있다. 국가 지도층의 노령화 현상을 막기 위해 마련된 연령 제한 및 중임 회수 제한 등이 법에 규정됨으로써 전반적으로 지도층 연령이 많이 낮아진 것도 있다. 국가 지도층의 연경화(年輕化)[45] 현상은 곧바로 지방정부의 성장(省長) 및 시장(市長)들의 연령마저 낮추는 연쇄 파급 효과를 일으켜 광동성(廣東省) 내의 중소도시의 경우 시장들의 연령은 39세 전후 수준까지 젊어졌다. 종전에는 39세 전후의 나이로는 기껏 도달할 수 있는 위치가 지방 중소도시의 과장 또는 처장 수준이었을 텐데 연경화 현상 이후에는 지방의 중소도시의 시장에까지 이르면서 종전과는 비교가 되지 않을 정도의 막강한 권력을 갑자기 쥐게 된 것이다. 시정부(市政府) 산하의 간부급 직책 수백 개의 부서장을 임명할 수 있는 권한의 행사에서 잠시 눈이 먼 매관매직으로 쇠고랑을 차는 사례가 빈번하게 발생함으로써 중국 전역에 '39세 현상'이라는 용어가 유행하게 된 것이다.[46]

위에서 언급한 '59세 현상'과 '39세 현상'은 1949년 사회주의 체제의 중화인민공화국의 건국부터 시작하여 1966~1976년 사이의 문화대혁명을 거쳐 1979년 등소평의 개혁·개방의 시작과 그 후 고도성장 과정 등 일련의 과정에서 발생한 필연적 산물로 받아들여진다. 이에 따라 권력의 추가 나이 많은 세대에서 젊은 세대로, 경제 사회의 핵심 계층 역시 노년층으로부터 젊은 계층으로 급속하게 이동하였다. 글로벌 경제 질서 및 경제 환경상 급변하는 상황에 기민하게 대처하고 효율적으로 대응하여야 하는 기업계도 이런 추세와 경향에서 예외일 수는 없다. 그러나 위에서 설명한 '59세 현상'과 '39세 현상'에서 나타나듯이 중국 사회에는 불합리, 불건전, 비효율 등의 불리한 여건들이 많이 존재하고 있다. 이런 기업 외부 환경의 열악성은 기업 내부의 불리한 여러 조건들과 어

45) 어떤 계층의 지도자들의 연령이 낮아지는 현상을 일컬음.
46) 劉寧, 田惠明 主編 , 《中國之痛》, (중국, 베이징 ; 文化藝術出版社, 2001. 1.), pp.76~87

우러져 중국에서의 기업 경영을 더욱 어렵게 만들고 있다. 이런 양호하지 못한 중국적 경영 환경 속에서 각종 난관을 극복하면서 기업 경영을 성공적으로 이끌기 위해서는 능력이 특출하고 일종의 사명감과 소명의식 속에서 자신을 희생해 가며 부단히 노력하는 현지 직원 간부가 반드시 필요하다. 중국에 투자한 외국 기업의 경우 중국 시장에서 성공적인 정착을 위해 우선 해결해야 할 문제가 바로 기업 오너를 대신할 유능한 분신을 젊은이들 중에서 선발하고, 집중 육성해야 하는 것이다. 회사에 충성하는 정도의 차원을 넘어 자신이 소속된 기업을 자기 회사라는 생각을 갖고 숭고한 사명감과 강력한 소명의식으로 무장된 젊은 지도자를 육성하여, 그에게 회사의 경영을 맡길 준비를 장기적 관점에서 차근차근 진행해야 하는 것이다.

여성 인력의 비중을 적어도 50% 이상 유지하는 전략

한 · 중 · 일 동양 3국 중에서 여성의 발언권과 가정에서의 영향력이 가장 큰 나라를 꼽는다면 단연 중국일 것이다. 그런 중국이지만 실제 공무원 사회이건 일반 기업계이건 불문하고 과장을 포함한 과장급 이하 계층에서만이 여성의 활동 능력이 돋보일 뿐이다. 처장급 이상의 높은 지위에 올라갈수록 여성의 비율은 현저히 줄어들 뿐만 아니라 특출한 여성의 비율도 확실히 줄어든다. 하지만 실제 기업의 현업 업무 수행이 거의 대개가 담당 직원과 과장 이하의 선에서 이루어진다는 현실을 감안하면 중국 투자 기업에서의 여성 인력의 역할은 대단히 크다고 할 수 있다.

음성양쇠(陰盛陽衰)는 음(陰; 여성)이 성하고 양(陽; 남성)이 쇠퇴하는 현상을 말한다. 중국 학자들의 주장에 의하면 중국 전역이 풍수지리의 관점에서 보면 여성이 성하는 지역이라 한다. 그중에서 가장 전형적으로 음성양쇠 현상이 두드러지는 지역이 상하이라고 한다. 그만큼 중국 여성의 능력이 남성에게 결코 밀리지 않는다는 뜻이다. 중국에 투자하는 한국 기업인들에게 인력 채용에 있어서 가급적이면 여성 인력을 과반수 이상 채용하라고 권하고 싶다. 그 이유는 여성 인력이 남성에 비해 능력이 우월하거나 최소한 동등하다는 점과 여성 인력이 부정이나 부패 사건에 휘말려들 확률이 낮기 때문이다. 특히 구매 부서는 대만 기업인들과 같이 100% 여성 인력으로 충당할 것을 권하며, 간부 승진에서도 남녀 구분하지 않고 철저히 능력 위주로 발탁할 것을 권한다.[47]

중국 각지에서 택시를 타보면 닝뽀(寧波)지역은 택시 운전사의 40% 정도가 여성임을 알 수 있다. 조선족이 많이 사는 옌지(延吉)시에는 택시 운전사의 95% 정도가 한족이다. 조선족 인구 비율이 40%가 넘는 지역에서의 조선족 택시 운전사의 비율이 5%밖에 안 되는 것이다. 조선족들이 택시 운전사 직업을 3D 업종으로 간주하는 모양이다. 여하튼 대부분의 택시 운전사가 한족인 옌지(延吉)에서 여성 택시 운전사의 비율은 30% 정도 된다. 상하이에 가서 버스 운전사를 살펴보면 약 30%가 여성이다. 여성이 두 대를 연결한 크나큰 전동 버스를 운전하고 있는 것을 흔히 볼 수 있다.

상하이 디젤엔진 공장을 방문하여 공장 내부를 돌아보면 용접공의 20%가 여성 인력이고, 몇십 킬로그램 나가는 각종 무거운 쇠뭉치 수십 개를 실은 밀차를 밀고 공장을 돌아다니는 공원 중 여성이 30% 정도 되는 것도 발견할 수 있다. 여공의 얼굴도 남자들과 마찬가지로 그을음과 쇠붙이 가루가 새까맣게 묻어 얼굴 모양을 제대로 알아볼 수 없을 정도이다. 그런 환경에서 남자 공원과 똑같은 일을 담당하고 있는 것이다. 그들은 남성과 똑같은 궂은 일을 마다하지 않는다. 한국 기업인들도 이런 광경을 자주 보다보면 중국 여성 인력에 대해 새로운 평가를 하게 될 것이다. 적어도 중국 비즈니스에서만이라도 한국 기업인들은 중국 여성 인력을 되도록 많이 고용하기를 권장한다. 이는 기업 경영에도 유리하기 때문이다.

중국 상하이에서 기업을 경영하고 있을 때, 다행스럽게도 상하이 쨔오통(交通) 대학 졸업생과 상해 푸딴(復旦) 대학 졸업생을 다수 채용할 수 있었다. 그 당시만 해도 상하이에는 유명한 다국적기업이 별로 없었고 있다 하더라도 유명 대학교 졸업생을 대거 채용하는 경우는 매우 드물었다. 이를 좋은 기회로 여기고 매년 십오륙 명씩 3년 이상 양교 졸업생들을 채용하였다. 주지하는 바와 같이 상하이 쨔오통 대학과 상하이 푸딴 대학은 모두 중국에서 5위권 내에 들어가는 명문대학이다. 따라서 이들 양교에서 성적 5% 내의 각 학과 우수 학생들을 골라 뽑을 수 있었으니 여간 큰 행운이 아니었다. 당시 근무했던 상하이 지점은 약 55명의 직원들을 거느리고 있었는데 그중 40여 명이 이들 양교 출신들이었다. 매년 두 번씩 이들에 대한 업적 고과를 하는데 A 등급을 받는 직원들은 12명 정도 되었다. 놀라운 것은 이들 12명 우수 사원 중 여성 인력이 8명이고 남자는 4명에 그쳤다는 것이다. 음성양쇠의 지연(地緣)을 가진 상하이라 할지라도 A 등

47) 신주식 저, 《중국 비즈니스 전략 308선》, (서울 ; 고려대학교 출판부, 2003. 12. 12.), p.321

급을 받은 12명 중 여성 인력이 전체의 3분의 2를 차지했다는 것은 놀랄 만한 일이었다. 그러나 중국 생활을 계속하면서 이런 일은 중국에서는 당연하고 흔하다는 것을 실감할 기회가 많았다. 그 이후부터는 중국에서 여성 인력의 채용 비율을 최소 과반수 이상 유지하려고 많은 노력을 하였다.

국내 모 식품업체의 중국 시장 책임자로 뻬이징(北京)에서 주재 생활을 할 때 톈진(天津)에 위치하고 있는 대만의 라면 제조업체인 캉스푸(康師傅) 공장을 방문한 적이 있다. 중국에서의 캉스푸는 당시 중국 전체 라면 시장의 40% 정도의 점유율을 기록하면서 판매량 1위를 달리는 최고의 라면 브랜드였다. 이 기업에서 고용하고 있는 원부자재 구매 요원들이 104명이었는데 104명 전원이 여성임을 보았다. 구매 부서 요원들은 자칫 잘못하면 부정 · 부패에 연루되기 쉽기 때문에 그 가능성을 줄이기 위해 전원 여성 인력으로 충당하고 있다고 했다.

비공식(informal) 경영 활동을 강화하는 전략

속된 말로 집단왕따란 말은 일본에서 비롯된 용어가 아닐까 생각한다. 일본어로 집단왕따의 의미와 비슷한 이른바 '이지메' 현상이 가장 많이 행해지고 있는 나라가 일본이기 때문이다. 수업 중 중국인 학생들에게 중국어로 이지메 또는 집단왕따를 번역해보라고 했더니 대부분 모른다고 하거나 그런 말이 중국어에는 없다고 했다. 판단하건대 중국의 일반 학교에는 이지메 현상이 존재할 여건을 구비하지 못하고 있다고 생각한다. 그러나 중국 투자 기업을 운영하는 과정에서 기업 내부에서는 이지메 현상이 존재하는 것을 발견했다. 완벽한 기업경영 시스템을 구축했을 때 이지메 현상이 나타나기 시작했다. 중국적 기업 경영 환경에서 완벽한 기업경영 시스템을 구축하면 항시 최선을 다하는 충성파 직원을 발굴하는 데 도움이 된다. 그러나 이런 시스템의 구축은 충성파 직원들을 왕따시키는 집단 움직임을 야기할 수도 있다. 왜냐하면 완벽한 시스템 구축은 고효율 직원과 저효율 직원을 구분해내는 데는 안성맞춤이고, 이는 곧 저효율 직원들의 단합을 끌어내는 역작용도 하기 때문이다. 따라서 충성파 직원에 대한 특별 관리는 어디까지나 비공식적인 조직 관리 차원에서 이루어져야 한다. 자칫 잘못 외부에 알려지면 중국인들의 단결된 힘에 의해 고효율 직원이 기업을 떠나는 상황까지 연출될 수 있다. 악화가 양화를 구축하는 셈이 되는 것이다. 중국어의 능자다노(能者多勞)라는 말의 왜곡된 의미로서 열심히 일해봐야 고단하기만 하다는 뜻이 그대로 적용되는 경우이다. 한국의 재산 분배상의 장자우선(長子優

先) 제도와 왕위 계승상의 장자승계(長子承繼) 원칙은 중국에서 들어온 제도이다. 현대 기업 경영 개념에서 보면 이는 능력 위주가 아니다. 청나라 시대 장자승계 원칙을 버리고 능력이 있는 왕자에게 왕위를 승계하도록 했더니 결국 승계한 왕이 형제들에 의해 살해되더라는 사실은 시사하는 바가 크다.

2. 노무관리

여기서는 먼저 효율적인 직원 활용을 위해 고려해야 할 사항들을 간단하게 살펴본 후, 성공적인 노무관리를 위한 몇 가지 노하우들을 소개하고자 한다.

〈표 10-2〉 노무관리 체크 리스트

근로 시간과 근무 수당	• 근로 시간 주 5일제 시행, 주당 40시간 근로 • 초과 근로 1일 1시간, 특수 상황 시 3시간, 월 36시간 한도 이내에서 가능 • 초과 근로 시간에 대한 근무 수당 평일급 기준 50%, 주 휴일 100%, 법정 휴일 근로 200% 가산 임금 지급
휴가	• 법정 공휴일 신정 1일, 춘절 3일, 노동절 3일. 국경절 3일 • 결혼, 상례 휴가 결혼 및 상례에 대해 유급 휴가 부여토록 규정(결혼 3일, 직계 친족 사망 3일, 지방에 따라 별도 기준을 제시하는 경우 있음) • 연차 유급 휴가 1년 이상 근속자에게 부여(지방에 따라 잠정 규정을 운영) • 출산 휴가 90일 부여(산전 15일, 산후 75일, 지방에 따라 별도 기준을 제시하는 경우 있음 • 공상 휴직 업무상 질병, 부상인 경우 치유 기간 동안 휴직 처리, 그 기간 동안 해고 불가
노동조합 (公會)	• 2001년 수정한 〈노동조합법(公會法)〉에 의거 모든 기업에 노동조합 설치 권장 • 중국 노동조합은 단결권과 단체교섭권만 있고 단체행동권(파업 등)은 인정되지 않음 • 기업은 전체 근로자 임금 총액의 2%를 노조 경비로 납부

퇴직금 (경제 보상금 제도)	• 근로 계약 기간 종료 전에 사용자 측 사정으로 계약 해지되는 경우, 1년 근무당 1개월분의 경제 보상금 지급 • 업무 외의 질병으로 근로 계약 해지할 경우, 근무 경력 5년 이하 시 3개월분, 5년 이상 시 6개월분의 실제 임금을 의료 보조금으로 지불
장애인 의무 고용 비율	• 장애인 의무 고용 비율: 근로자 수의 1.5% • 장애인 미채용 시 지역의 전년도 근로자 평균 임금에 근거 부담금을 납부해야 하는 경우도 있음.

사례 3 불법 조업 고발에 따른 벌금 납부

- 산동성에 진출한 ○○사는 시 정부 노동국 관계자들과 관계가 돈독하였고, 시 정부 노동국도 회사 사정상 편법 잔업이 불가피하다고 인정하며 잔업 시간 초과 근무를 묵인해주겠다는 의사를 밝혔던 터라 야간 잔업을 감행
- 그러나 회사 근로자들이 시 당국에 고발함에 따라 평소의 노동국 관계자들과의 돈독한 관계에도 불구하고, 근로자들의 진술서를 근거로 처벌하지 않을 수 없었기 때문에 벌금 고지서를 발부
- 잔업 시간 초과 근무 위반으로 벌금 20만 위안이 부과되었고, 통지서 접수 후 15일 내에 납부하도록 요구

(출처: 한국수출입은행, 〈중국 투자환경과 투자사례〉, 2002. 6.)

(1) 한국식 질책은 삼가라

중국인들은 체면을 상당히 중요시한다. 이런 점을 고려하여 현지 근로자들을 인격적으로 대우하고, 모욕적인 언사는 삼가는 것이 좋다. 직원이 잘못을 했다고 생각되더라도 확실한 증거를 확보하지 않고는 그러한 생각을 드러내지 말고, 질책할 일이 생기더라도 다른 직원들이 보이지 않는 곳에서 조용히 타이르는 것이 현명하다. 이는 단순히 직원 관리뿐만 아니라, 기업의 이미지와도 밀접하게 관련된 일임을 잊어서는 안 된다.

(2) 성과급 제도를 도입하라

중국인 근로자들은 사회주의 체제하의 평등한 분배 제도에 익숙해 있어 동일한 임금 지급으로 노동 의욕을 고취시키는 데 한계가 있으므로 생산성 향상을 위해 다양한 성과급 제도를 개발, 도입할 필요가 있다. 영업 사원의 경우 판매

목표 달성량에 따라 인센티브를 차등 지급하는 것이 바람직하며, 생산직의 경우 매월 인사 고과를 실시하여 직원의 급여 차이를 확실히 하여야 한다. 사무직원의 경우 직무급을 도입하여 업무의 난이도에 따라 급여의 차를 도입하는 것이 바람직하다.

(3) 상벌 제도를 도입하라

중국 현지 기업들은 상벌 제도를 많이 활용하고 있는데, 중국 사람들이 특히 돈에 아주 민감하기 때문에 이러한 벌금 제도는 효과를 톡톡히 보고 있다. 사규에 어긋나거나 품질 불량, 생산 차질 등을 초래했을 때, 사전에 일정한 벌과금을 정해 급여에서 공제하는 것이 개인적인 질책을 통해서 중국 근로자의 근무 자세를 바꾸려 하거나, 한국식의 온정주의적 관리 방법을 적용하는 것보다 훨씬 효과적이다.

(4) 중국인 근로자의 높은 이직률에 대한 대처 방안을 마련하라

실제 중국에 진출한 기업들이 노무관리상의 난점으로 가장 많이 지적하는 것이 중국인 근로자의 높은 이직률이다. 따라서 근로자의 잦은 이직을 방지하고 안정적인 운영을 하려면 투자자들은 작업 환경 개선과 후생복지 시설 투자 등에 보다 많은 노력을 기울여야 한다. 복지시설 제공 등 기업 환경을 개선해서 근로자들이 회사에 대해 자부심을 느끼게 하고 노동자들의 고충도 잘 처리해주어 회사에 대한 소속감을 심어주어야 한다.

(5) 조선족 근로자 관리에 신경 써라

조선족과 한족 근로자 사이의 질시와 비협조 등의 부정적인 관계 형성은 한국 투자 기업에서만 나타나는 특수한 문제이다. 우리 투자자들은 일반적으로 언어 소통, 혈연, 민족적인 동질성, 동포애 등의 이유로 조선족의 고용을 선호하는데, 이로 인해 한족 노동자와의 마찰이 생겨 사내 분위기를 해칠 수 있다. 그러므로 기본적으로 한족과 동일한 노동을 하는 조선족에 대해서는 동일한 대우를 하여 마찰의 소지를 없애고, 통역 업무를 맡기더라도 명확하게 구분된 직무만을 부여하여 직무 외의 일에 관여하지 못하도록 하는 것이 중요하다. 또한 우리 투자자들이 중국 내 조선족이 한국인이 아닌 중국인이라는 사실을 인식하는 것도 중요하다.

(6) 중국인 특유의 조직 의부감을 제거하기 위한 전략을 구사하라

중국인으로 구성된 조직은 선천적으로 한국인으로 구성된 조직에 비해 조직 충성도나 조직 응집력이 떨어진다. 그 이유는 중국인으로 구성된 조직에는 조직 구성원의 심리 속에 의부감(依附感)[48]이라는 소극적인 귀속 의식이나 의존적인 귀속감이 자리 잡고 있기 때문이다. 한국인의 경우, 상대적으로 조직에 대한 충성심과 소속감이 중국인보다 강해 이런 현상이 거의 나타나지 않는다. 따라서 중국인 조직을 효율적으로 관리하기 위해서는 조직 의부감을 조직 귀속감으로 전환시키는 전략이 매우 중요하다.

대만의 쩡스챵(曾仕强) 교수가 지적한 대로 중국인의 조직에 대한 충성도는 조직에 대한 의부감으로 나타난다.[49] 조직에 대한 의부감이란 조직에 대한 관심은 있으나 조직을 어디까지나 직원들이 기대고 의지하고 싶어하는 대상으로 보는 것이다. 즉, 자신이 조직에서의 주인이 아니고 손님이니까 손님으로 대접을 받고 싶어하는 것이다. 이런 측면에서 보면 의부감은 진정한 조직 응집력을 갖추기 위해서 반드시 필요한 조직에 대한 귀속감과는 완전히 다른 것이다. 귀속감이란 자신이 조직의 주인이고 주인으로서 적극적인 역할을 해야 한다는 의미인 반면, 의부감은 조직 구성원이 조직을 위해 어떤 역할을 하겠다는 것보다는 조직이 그 구성원인 나에게 어떤 피난처를 마련해주기를 기대하는 소극적인 태도를 의미하기 때문이다.

네비스(Nevis)라는 학자가 1983년에 중국인들을 대상으로 매슬로(Maslow)의 욕구 단계를 검증해본 결과 매슬로가 주장한 욕구 단계의 서열이 바뀌었다고 한다. 즉, 매슬로가 주장한 가장 기본적인 욕구가 생리적 욕구인 반면 중국인의 경우는 생리적 욕구에 앞서 소속 욕구가 가장 기본적인 욕구인 것으로 드러났다. 이는 곧 중국인의 인고 정신을 나타내는 것으로 중국인들이 우선 당장 배가 고파도 어떤 조직체에 소속되어 있으면 안도감으로 인해 어지간한 생리적 욕구는

48) 조직의 구성원으로서의 의무와 책무를 다할 생각은 하지 않고 조직에 의탁하여 조직이 모든 문제를 해결해줄 것으로 믿는 의식구조를 말함.

49) 曾仕强 著, 《中國式管理》, (타이베이 ; 建中書報社, 2001. 8. 1.), p.309

참을 수 있고 인내할 수 있다는 것을 말한다고 하겠다.

그런데 중국시장에 투자한 외국 기업들이 중국인들의 이러한 사고방식을 잘 이해하지 못하고 구조 조정의 이름하에 자의적으로 해고를 강행하는 경우가 있다. 이는 그들의 기업 조직에 대한 소속감을 박탈하는 것이고 그들의 기본적인 욕구 충족을 채우지 못하게 하는 것이며 기업체에 대한 귀속 의식을 스스로 와해시키는 경우이다. 기업체와 대리점 관계도 마찬가지이다. 기업이 소속 대리점들의 소속감을 무시하거나 경시함으로써 대리점들의 기업에 대한 소속 의식을 무디게 하고 기업의 경영 이념에의 동참 의식을 감소시키는 무관심 현상이 자주 일어나고 있다.[50]

이와 같은 현상은 곧 중국시장에서의 대리점 체제를 비효율적으로 만드는 가장 큰 이유 중의 하나이다. 중국적인 현실 상황을 직시해볼 때, 대리점들로 하여금 기업의 조직체의 일원으로서 조직 활동에 있어 적극적인 동참을 유도하기 위해 그들의 소속 욕구를 충족시켜주는 분위기가 아니다. 대부분의 기업들과 그들의 대리점들과의 관계에는 이런 분위기가 만연되어 있는데, 이러한 환경은 중국시장에서의 대리점 체제의 효율성 제고에 많은 장애가 되고 있다.

중국인들의 소속에 대한 욕구가 소속되어 있는 조직의 효율을 제고시키는 데 순기능을 한다면 크게 문제될 것이 없다. 문제는 소속에 대한 욕구가 강한 반면 조직에 대한 충성심이 약하고 조직 효율 제고를 위해 노력을 하지 않는다는 데 있다. 다시 말해서 조직은 개인의 생존과 생활상의 안전을 보장해주는 안전 장치 역할을 해야 한다는 의식이 강한 반면, 정작 조직 구성원들인 자신들이 조직을 위해 무엇을 할지에 대해서는 인색하다는 것이다. 이런 중국인들의 사고방식을 해결하기 위해서는 집체 교육은 물론 각 개인에 대한 개인 교육을 강화함으로써 그들 스스로가 아무런 역할을 하지 않고 조직에 기대기만 하는 의부 의식에서 벗어나도록 해야 한다. 그래서 조직 구성원으로서의 역할을 먼저 다하고 난 다음에 조직에 기댈 수 있는 소속감 강화 교육을 집중적으로 시켜야 할 것이다.

그러면 조직에 대한 의부감을 조직에 대한 귀속감으로 발전시키기 위해서는 어떤 전략을 구사해야 할까? 이를 조직 구성원의 수준에 따라 두 가지 시나리오로 나누어 설명하고자 한다. 즉, 수준 낮은 종업원으로 구성된 조직은 군대식 경영이 필요하고 높은 수준의 직원들로 구성된 기업은 민주주의 경영 방식 또는

50) 신주식 저, 《중국 비즈니스 전략 308선》, (서울 ; 고려대학교 출판부, 2003. 12. 12.), pp.269~271

쩡스챵(曾仕强) 교수가 주장하는 전제주의(專制主義) 경영 방식(민주주의 경영에 독재주의 경영을 가미한 혼합 경영 방식으로 의사결정 과정에는 모든 사람이 참여하나 토론 후 결정된 사항에 대해서는 집행권자가 전권을 갖고 집행을 진두 지휘하는 경영 방식)이 필요하다고 생각한다.

여기서 얘기하는 군대식 경영 방식은 독재적 경영 방식을 말하는 것이 아니며 쩡스챵 교수가 얘기하는 전제주의 경영 방식을 의미하는 것도 아니다. 굳이 이를 설명한다면 전제주의 경영 방식상의 집행 과정에서 반(半)민주적 및 반(半) 독재적 집행 방식으로 수정, 보완한 방식을 의미한다. 의식 수준이 낮은 조직을 군대식 방식으로 운영하여 성공하고 있는 많은 중국 국유 기업들의 선례(先例)를 눈여겨볼 필요가 있다. 의식 수준이 높은 조직의 경우 민주주의 경영 방식이 무난할 수도 있으나 중국적 기업 환경이 아직은 민주주의 경영 방식을 수용하기에는 약간의 리스크가 존재하고 있다는 점을 명심할 필요가 있다.

조직에 대한 의부감을 조직에 대한 귀속감으로 바꾸는 전략을 제시하면서도 앞부분에서는 조직의 이원화 내지는 삼원화를 주장했고 충성파 직원들의 별도 관리 전략을 주장했다. 이들 전략 간에는 분명히 모순이 있다. 그러나 이런 모순된 주장 이면에는 그럴 수밖에 없는 중국적인 환경이 있다. 조직에 대한 의부감을 귀속감으로 전환시키도록 노력하라는 전략은 미래를 겨냥한 전략이지 현재를 겨냥한 전략이 아니라는 점을 인식하면 이해가 가리라 생각한다. 또한 조직의 이원화 내지는 삼원화 전략 그리고 충성파 직원들의 별도 관리 전략은 조직 내의 비효율 요소를 파악하고 제거하기 위한 방편으로 도입한 전략일 뿐, 조직 자체를 파벌화하거나 분열시키는 데 주안점이 있는 전략이 아니라는 점을 이해하면 오해가 없으리라 생각한다. 이원화 내지는 삼원화 전략 그리고 충성파 직원들의 별도 관리는 어디까지나 비공식적인 조직 차원에서의 관리 지침일 뿐, 기업 조직 전체가 지향해야 할 공식적인 전략 목표는 기업 전체 조직의 화합과 단결, 응집력 제고에 있음은 더 설명할 필요가 없다고 본다.[51]

(7) 사장 또는 지점장의 솔선수범은 매우 중요한 리더십 전략이다

한국 기업에서는 오너가 매사에 반드시 솔선수범할 필요는 없다고 본다. 훌

51) 신주식 저, 《중국 비즈니스 전략 308선》, (서울 ; 고려대학교 출판부, 2003. 12. 12.), pp.269~271

륭한 리더십과 경영 능력을 갖고 있으면 솔선수범을 하지 않아도 기업 경영이 잘 될 수 있다. 그러나 중국에 투자하여 중국 종업원들을 효율적으로 관리하기 위해서는 오너가 반드시 솔선수범하여야 한다. 호랑이를 잡으려면 호랑이 굴에 들어가야 하기 때문이다. 솔선수범하는 오너는 중국 투자 사업에서 성공할 수 있다. 솔선수범하자면 중국어 구사가 반드시 필요하다. 솔선수범을 하는 데 항시 부닥치는 커뮤니케이션상의 한계를 극복하기 위해 오너는 중국을 배우고 중국어를 익혀야 한다.

중국 투자에서 성공한 대만 기업인들을 보면 대부분 오너가 말단 직원들과 함께 뒹굴고 같이 뒤섞여 생활하는 경우가 아주 많다. 오너라고 해서 비행기는 일등석, 호텔은 특급, 기차는 특등실(軟座; 부드러운 의자라는 뜻인데 가격이 비싼 편임)을 애용하면서 직원들이라는 이유로 그들에게는 비행기는 일반석, 호텔은 모텔급, 기차는 일반실(硬座; 딱딱한 의자라는 뜻으로 가격이 싼 편임)을 이용하게 하는 것은 중국인들의 심리적 반발을 사기 십상이다. 같이 출장 갔을 때, 직원들은 인민폐 5위안짜리 싸구려 식사를 하게 하면서 자신은 100위안짜리 고급 음식을 먹는다면 중국인들은 스스로 2등 공민이라는 자격지심을 가지게 될 것이다. 이런 상태에서 현지인 전체의 충성을 끌어내는 것은 아예 불가능하다고 봐야 할 것이다.

중국어를 잘 못하는 경영자가 통역을 위해 조선족을 고용하면 자연히 그를 통해 모든 지시 사항이 한족 조직에 전달될 것이다. 이 경우 조선족은 경영자의 힘을 빌어 자신이 힘 있는 간부나 된 양 으쓱하게 될 것인데, 이런 모습은 한족들에게 한국인은 1등 공민, 조선족은 2등 공민, 한족은 3등 공민이라는 인상을 심어줄 수가 있다. 뿐만 아니라 현지의 유력한 인사를 친구로 사귀려 할 경우 특히 중국어를 잘 구사해야 한다. 사업상의 비밀 이야기를 통역을 통해 한다고 가정해보라. 되어야 할 일도 그르치게 되는 결과를 초래할 것이다. 그 결과가 투자 실패인 것은 명약관화(明若觀火)하다. 공장 내 기숙사의 침실에서 함께 뒹굴며 동거동락(同居同樂)하는 경영자만이 중국 투자 사업에서 성공의 축배를 들 수 있음을 명심해야 할 것이다.

한국에서 거주한 적인 없는 조선족이 한국어(조선어라는 표현이 더 적절함)를 구사하게 될 경우, 정확하게 이해하기가 무척 힘들다는 사실을 발견하였다. 차라리 그들과 중국어로 대화하는 것이 훨씬 알아듣기 쉽다는 걸 깨닫는 경우가 많았다. 중국에 장기간 거주한 한국인들이라면 경험으로 아는 사실이다. 따라서 조선족을 통역으로 쓰는 한국 기업가들이 사외의 거래선, 공무원, 기타 중국인들이나 사내의 직원들과 대화를 하게 될 때, 제대로 알아듣지 못함으로써 많은 오해와 실수를 범하게 되는 원인으로 작용하곤 한다.

중국의 남부에서 기계 공장을 운영하고 있는 ○○사의 사장은 중국에 투자하려면 우선 사장 자신이 중국어를 구사하여 충분히 의사소통을 할 수 있어야만 한다고 말한다. 의사소통이 불가능한 상태에서는 아무 일도 제대로 할 수 없다는 것이 그의 지론이다. 아무리 우수한 통역을 쓴다 하더라도 내 말을 일부 빠뜨리고 전달하고 상대방의 말도 일부 빠뜨리면서 전달할 때, 쌍방의 커뮤니케이션은 제대로 될 수가 없다. 더군다나 통역의 눈치와 고의적인 의도까지 보태지면 결국은 알맹이가 없는 대화가 되고 만다. 그렇기에 ○○사의 사장은 지나간 10여 년간 중국에서 생활하면서 중국말을 할 수 있는 능력이 없으면 차라리 투자를 하지 말라고 권한다. 그의 견해에 따르면 의사소통은 기술과 돈보다 중요하다.

(8) 중국인의 강한 인고 정신을 발휘할 수 있는 환경을 조성하라

어떤 동기가 있을 때 중국인의 인고(忍苦) 정신은 세계가 알아주는 수준이다. 그러나 동기가 부여되지 않을 때에는 그들의 인고 정신은 발휘되지 않는다. 북경과 상해 그리고 광동성의 발전 지역을 제외하고는 다른 지역의 일반 서민 생활은 아직도 어려운 상황에 있다고 볼 수 있다. 특히 일반 서민들이 과거의 배급제에 기초를 둔 계획경제 체제에서 개혁 · 개방 경제 체제로 이행해 가는 과정에 있는 과도기 속에서 가치관 혼란과 갑작스런 경제적 환경 변화로 인한 충격을 극복하느라 제각기 안간힘을 쓰고 있다. 이러한 생활 현장을 보면서 중국인의 인고 정신이 대단하다는 걸 피부로 느꼈다.

중국을 대충 돌아보고 온 한국인이나 중국을 잘 모르는 한국 기업인은 중국인들을 게으르다고 한다. 그러나 중국인은 원래가 부지런한 민족이라는 점을 잊어서는 안 된다. 이는 중국인들이 갖고 있는 가장 큰 장점으로서 옛날이나 지금이나 전혀 변하지 않는 민족성 중의 하나이다.[52)]

일부 학자들이 주장하는 게으르다는 표현은 중국인을 모르기 때문에 하는 말이다. 중국인들은 동기유발만 제대로 되면 전 세계에서 제일 부지런한 민족이라

52) Arthur. H. Smith 原著, 樂愛國, 張華玉, 飜譯, 《中國人的性格》, (홍콩 ; 三聯(書店)有限公司, 2001. 5.), p.16

생각한다. 그러나 어느 민족이나 그러하듯이 중국인도 동기유발이 되지 않으면 그 부지런함은 일시에 사라져 버리고 만다. 과거 사회주의 계획경제하에서의 중국인들은 소극적이었고 게을렀지만, 개혁 · 개방 이후 동기유발이 주어진 중국인들은 무척 부지런해졌다. 따라서 중국 투자 기업에서의 인사관리 정책은 잠재되어 있는 부지런함을 어떻게 밖으로 도출해내느냐에 초점을 맞추어야 한다. 이는 곧 단체로서의 조직 효율에 앞서 개인 차원의 잠재 능력을 어떻게 하면 100% 발휘하도록 하느냐에 인사 정책의 초점이 맞추어져야 한다는 말이다.

일반적으로 중국인의 인고 정신을 대표하는 항목으로는 첫째, 장기적으로 불평하지 않고 화내지 않으며, 둘째, 고난과 어려움을 묵묵히 견뎌내며, 셋째, 시끄럽게 하지 않고 조용하게 참아내는 인내력 등이 있다.[53] 따라서 개인 업무 목표를 설정할 때는 상식적으로 약간 무리라고 판단할 수 있는 수준으로 높게 책정하고 현지 직원의 도전을 유발할 필요가 있다. 그렇게 하기 위해서는 철저한 인센티브 제도를 구축하여 업적이 올라갈 때마다 그 대가의 차이가 많이 나도록 함으로써 직원 개개인의 적극적인 업무 추진 동기를 유발할 수 있도록 해야 한다.

중국인은 생존 능력이 강하고(頑强生存) 고생을 견디는 끈기와 근성의 힘이 강하다(能忍且韌). 이는 중국 기업인이 험난한 경쟁 환경을 극복하고 위기를 슬기롭게 극복할 수 있는 원동력이 된다. 이들의 인내력은 오랜 세월 자연 환경에 적응해 오면서 단련되어온 결과이다. 천성적으로 그런 기질을 타고나기도 했지만 정신적 가르침과 같은 문화적 영향이 더욱 크다고 볼 수 있다. 고통을 감수하는 인내력은 개혁 · 개방 후에도 잘 나타나고 있다. 지금 수백만 또는 수천만 명의 중국인들은 부모, 처자식을 고향에 남겨둔 채 몇 년간이나 타향이나 타국에서 홀로 구슬땀을 흘리며 가장 힘들고 더럽고 남들이 꺼려하는 일을 하고 있다. 고통을 감수하는 인내력이 없다면 거의 견디어내기가 불가능하다. 중국인들이 가지고 있는 고통에 대한 무한한 인내력과 강인한 근성은 생존을 위한 일종의 끈기라고 할 수도 있다. 이러한 인내력은 유교문화의 영향과 관련이 깊다. 유교문화는 사람들의 정신 수양을 중시하며 의지의 단련과 심리의 안정과 조화를 강조하고 있기 때문이다.[54] 이러한 중국인의 인내 정신을 제대로 활용하기 위해서는

---

53) Arthur. H. Smith 原著, 樂愛國, 張華玉 飜譯, 《中國人的性格》, (홍콩 ; 三聯(書店)有限公司, 2001. 5.), p.106

54) 박문봉 著, 《중국인, 제대로 알고 진출하라》, (도서출판 문원북, 서울 ; 2001. 9. 15.), p.113~114

각 개인별 목표치는 능력에 벅찰 정도로 높게 부여하고, 그 목표를 성공적으로 완성하면 파격적인 보너스와 인센티브를 제공해야 한다.

(9) 중국식 전제주의 이론에 기초를 둔 노무관리 전략

한국인의 뇌리에는 경영 방식 면에서 민주적 경영이냐 아니면 독재적 경영이냐의 2분법적인 사고가 뿌리깊이 박혀 있다. 그러나 중국인의 사고방식에는 앞에서 언급한 바와 같이 민주적이지도 않고 독재적이지도 않는 제3의 경영 방식, 즉 전제(專制)주의 경영 방식이 뇌리 깊숙이 자리 잡고 있다. 이는 중국의 전통 사상인 태극 사상, 역경, 음양 이론 등으로부터 영향을 받은 탓이다. 그러면 중국인들이 말하는 전제주의 경영 방식이란 무엇을 의미할까? 그들이 이야기하는 전제주의는 우리가 생각하는 전제주의와는 다르다.

중국인들의 설명에 의하면 중국식 전제주의란 민주주의 요소와 독재주의 요소를 합한 혼합형 중간 사상이다.[55] 즉, 의사결정 과정에서는 모든 사람들이 민주적으로 자유롭게 의사를 개진하고 상호 토론을 통해 결정한 다음, 결정된 사항에 대해서는 모든 사람들이 이의를 제기하는 것을 일체 허용치 않고 독재주의에 버금가는 강력한 집행권을 행사하는 형태이다.[56] 여기서 이야기하는 독재주의는 어느 정도의 독재를 의미하는지 독자들에게 설명하기 위해 어느 중국 기업의 실제 종업원 통제 사례를 소개하고자 한다.

> ○○사와 △△사는 다음과 같은 방법으로 소위 군대식 경영을 추진하여 성공한 경우이다. 새벽 5시에 일조점호를 실시하고 인원을 점검하여 늦잠 자는 것을 막는다. 중국 전역 각지의 판매 조직 구성원으로 기업 오너의 고향 출신 청년들을 투입하고 현지 출신 인력의 채용을 금한다. 사내 또는 사외에서의 종업원 남녀 간의 데이트를 일체 금하고 교제도 허용하지 않는다. 만약 발각되면 남녀 모두 퇴사시킨다. 저녁 9시에는 일석점호를 실시하고 10시 이전에 취침토록 한다. 휴무일 또는 공휴일 외출 시간을 정하고 시간을 제한한다. 고향 방문은 명절에 한해 허용한다. 이외에도 종업원들이 지켜야 할 군대식 경영 방식은 부지기수로 많다. 이처럼 엄격한 군대식 경영을 하는 기업치고 경영 실패를 하는 기업은 극

55) 曾仕强 著,《中國式管理》, (타이베이 ; 建中書報社, 2001. 8. 1.), pp.106~107
56) 신주식 저, ≪중국 비즈니스 전략 308선≫, (서울 ; 고려대학교 출판부, 2003. 12. 12), p.253

소수라는 점이다. 대부분이 성공하는 것을 보면 중국적 경영 환경을 어느 정도 이해할 수 있으리라 생각한다.

우리는 여기서 미국과 중국이 중국 내 인권 문제를 놓고 신경전을 벌이는 이유를 알 만하다. 미국은 중국을 인권이 존중되지 않는 독재주의로 보고 있으며, 중국은 중국적 현실을 고려하여 전제주의, 즉 민주와 독재가 결합된 중국 특유의 민주주의를 채택하고 있는 것으로 생각하고 있는 것이다.

중국 사회의 이러한 사고방식을 고려하여 중국에 투자하는 기업의 경영자들에게 민주 경영이냐 독재 경영이냐의 문제에 봉착할 때는 중국 현지 실정에 맞는 전제주의 경영 방식을 고려해보라고 권하고 싶다. 물론 이 문제는 기업 조직의 구성원의 수준에 따라 달라져야 한다. 즉, 기업 조직의 구성원의 수준이 아주 높은 경우는 민주주의적 경영 방식이 알맞고 구성원의 수준이 아주 낮은 경우는 독재적인 경영 방식이 더 적합할 수도 있다. 중국의 대형 식품 업체의 상당수가 독재적인 경영 방식을 채택하고 있고, 대만 기업 중에서도 많은 기업들이 대중 투자에서 독재적인 경영 방식을 채택하여 성공한 사례를 많이 볼 수 있다. 만일 자신의 판단에 따라 채택한 경영 방식으로 경영을 하였으나 실패하였을 경우에는 전제주의 경영 방식을 고려해보는 것도 좋은 방안이 될 것이다.

일반적으로 중국인들은 독재 정치에 익숙하고 독재 체제하에서 더 효율적이다라고 말하는 중국 기업가들이 꽤 있다. 실제 이러한 독재 방식의 경영을 하여 성공한 중국 기업들도 꽤 많다. 중국 사회를 하나의 정태(靜態)적 입장에서 독재성을 상징하는 일원론(一元論)적 관점에서 본 것이다. 그러나 중국인은 역경(易經)에서 주장하는 '음중유양(陽中有陽)' 이나 '양중유음(陽中有陰)', 즉 음이 양의 속성을 지닐 수도 있고 양이 음의 속성을 지닐 수도 있다는 이른바 동태적인 속성을 지니고 있다. '일분위이(一分爲二; 하나가 두 개가 되는 현상, 즉 태극의 양성(兩性)으로 분리되는 현상)' 와 '이합위일(二合爲一; 음양의 두 개가 합하여 태극이라는 하나가 되는 것)' 의 과정은 중국의 이러한 사상이 정태적인 일원화(一元化)가 아닌 동태적인 다원화(多元化) 사상임을 알 수 있게 한다.[57] 중국인의 사상이 동태적인 다원화 사상을 내포하고 있기에 이를 효율적으로 통치하자면 독재 정치가

57) 曾仕强 著, 《中國式管理》, (타이베이 ; 建中書報社, 2001. 8. 1.), p.11

효력을 발생한다고 주장하는 것은 잘못된 생각이다. 다원화된 다양한 성격과 아메바성 물질같이 때와 장소 또는 상황에 따라 다양하게 변하는 중국인의 사고체계를 일원화된 독재 체제로 통제하는 것은 불가능하기 때문이다. 다만 독재주의 경영 방식은 조직 구성원이 교육을 제대로 받지 못하고 수준이 아주 낮은 경우에는 적합한 방안이 아닐까 생각한다.

11

자금관리

중국에서의 은행 거래는 복잡한 규정으로 인해 이해하기가 쉽지 않으며, 잘못된 규정 해석으로 기업들이 어려움을 많이 겪는다. 이 장에서는 대출 시 필요한 서류나 대출 시 유의할 점, 외환관리는 어떻게 할 것이며, 세금의 종류와 세율, 회계 등에 대해 설명한다.

CHAPTER 11

자금관리

1. 중국에서의 대출

중국에서의 은행 거래는 복잡한 현지 규정으로 인하여 이해하기 쉽지 않을 뿐만 아니라 잘못된 규정 해석으로 업무에 어려움을 겪는 기업들이 많은 실정이다. 여기에서는 외국계 기업의 관점에서 은행 거래 중 대출 거래에 대해 살펴보고자 한다.

중국에서의 대출은 '외화 대출'과 '국내 위안화 대출'로 구별되고, 외화 대출은 현지 규정에서 정하는 성격상 또다시 '외채 대출'과 '국내 외화 대출'로 구별된다. 외채 대출은 현지 법인이 중국 외 지역으로부터 직접 차입한 것으로 은행 대출금이나 본사 대여금이 이에 포함되며, 차입 전에 반드시 외환관리국에 외채 등기를 하여야 한다. 중국 내 외화 대출은 중국 내 소재한 은행(외국계 은행 포함)이 중국 내에 소재한 법인에 대출해주는 것을 말한다.

(1) 대출 방법

중국에서의 대출 가능 여부는 무엇보다도 채주(債主)의 재무 안정성과 성장성 등을 감안한 상환 능력 여부에 따라 결정된다고 볼 수 있다. 현지담보를 보유하고 있다고 해서 반드시 대출이 가능한 것이 아니라 기본적으로 기업이 정상적인 영업 활동을 유지하고 있어야 하고, 신설 법인인 경우 은행이 인정하는 향후 매출 계획을 보유하고 있어야 한다. 이러한 기본적인 조건을 갖춘 기업에 대해 신용 조사를 실시하고 신용이 부족한 부분에 대하여 본사 보증이나 담보 제고, Stand-by L/C 등을 통해 보강함으로써 대출 가능 여부가 결정된다.

대출에 소요되는 기간은 대출 서류를 모두 제출하면 일반적으로 1주에서 4주 정도 소요되며, 금액이 적고 신용도에 문제가 없는 경우 심사 기간이 짧은 반면, 금액이 크고 기업 신용도상의 문제가 있는 경우 심사 기간이 길어질 수도 있다.

대출 신청 절차를 간단히 살펴보면, ① 대출 상담 및 자료 제출, ② 은행 지점에서 은행 본점과 대출 사전 협의 진행, ③ 지점에서 본점으로 대출 승인 신청, ④ 대출 승인 등의 수순으로 진행된다.

대출 신청 시 필요한 서류는 다음과 같다.

- 차입신청서(대출 금액, 자금 용도, 기간 등 기입)
- 영업 허가증, 투자 허가증서, 정관
- 최근 자산 검사(驗資) 보고서
- 대출 카드(인민은행 발급)
- 기업 번호증(代碼證)
- 이사회 구성원 명단 및 이력서
- 차입에 대한 이사회 결의서
- 과거 회계 감사 보고서
- 당해 연도 최근 월 B/S, I/S
- 신용 조사 자료(은행 양식)
- 설비대인 경우: 설비 명세서, 구매 계약서, Invoice 등
- 신설 법인 혹은 설비대인 경우: 사업 계획서
- 필요한 경우 매출 채권, 매입 채무 명세, 여신 신청과 관계 있는 수주 계약서, 기업 소개 자료 등

(2) 대출 시 유의 사항

외화 대출의 경우 인민폐로의 전환이 불가하다. 따라서 원자재나 설비 수입 자금 결제 등 외화 용도로만 사용이 가능하고 현지 법인의 설립이나 공장 건설, 현지 원자재 구매 자금 등 인민폐 용도의 자금으로는 사용이 불가하다. 즉, 인민폐 대출 상환을 목적으로 하는 외화 대출, 인민폐 대출을 위한 외화 담보(예: Stand-by L/C) 등은 중국에서 금지되고 있는 점에 유의해야 한다.

한편 외채 대출은 중국 외 지역에서 직접 차입한 것으로 사전에 외환관리국에 외채 등기를 완료한 후 가능하다. 외채 등기 한도액 산정 방법은 외화 대출

부분에서 언급한 바와 동일하다. 그리고 일반적으로 단기 외채는 운전 자금 용도로 중장기 외채는 고정자산 투자 용도로 제한되어 있다.

보세 구역 소재 현지 기업에 대한 신용장 관련 거래는 일반적으로 보세구 내 소재 은행과만 거래가 가능하다.

현지 부동산 개발 관련 대출인 경우 일반적으로 자기 자본금은 총 투자 금액의 35% 이상이어야 하며, 4가지 허가서(국유토지사용증, 건설용지규획허가증, 건설공정규획허가증, 건축공정시공허가증)를 구비하여야 한다.

또한 중국에 진출한 현지 법인이 대출 거래를 조금이라도 쉽게 진행하려면 재무 구조를 개선하는 것도 좋은 방법이다. 많은 현지 법인들은 한국 모기업과의 이전 가격 조정을 통해 현지에는 이익을 거의 남지 않는 것으로 기록하는 경우가 많다. 그러나 이러한 경우에는 기업의 재무 구조가 열악하게 되므로 자체 신용으로 현지 차입을 하는 것이 어렵다.

〈표 11-1〉 중국의 금리 정책

	구분	규제	내용
위안화	예금	통제	• 중국인민은행 제시 기준 이율이 상한
	대출		• 중국인민은행이 제시하는 대출 기준 이율의 0.9배가 하한
외화	예금	일부 통제	• 300만 달러 이하 - 달러, 엔, 홍콩달러, 유로화 : 인민은행 고시 금리가 상한 - 캐나다달러 등 : 자율화
	대출	자율	• 은행 자율 결정

(출처: 중국인민은행 웹사이트 자료 정리)

〈표 11-2〉 달러화 대출 가중 평균 금리

(단위: %)

	2008. 4.	2008. 12.	2009. 1.	2009. 2.	2009. 3.
6개월 이상~ 1년 미만	6.63	3.65	3.48	3.13	3.05

(출처: 〈中政策執行報告(2009. 1분기)〉, 중국인민은행)

〈표 11-3〉 2008년 가중 평균 위안화 대출 금리 추이

(단위: %)

	1월	2월	3월	4월	5월	6월	7월	8월	9월	10월	11월	12월
6개월 초과 ~ 1년 이하	8.33	8.40	8.72	8.70	8.62	8.47	8.58	8.69	8.38	8.18	7.66	6.64

(출처: 〈中國貨幣政策執行報告(2008. 4분기)〉, 중국인민은행)

2. 외환관리

중국의 외환관리법(중화인민공화국외화인민조례)은 1996년 1월 포괄적인 외환 관리 법규로 제정된 이래 1997년 1월 1차 수정을 거쳐 시행되고 있다. 중국의 외환관리 방법의 가장 두드러진 특징은 '실수요 원칙에 따르는 외환 집중제' 이다. 이에 따라 중국의 개인과 기업의 모든 외화 거래는 인정된 자본 거래와 경상 거래에 대하여 국가 외환 관리 기구 또는 권환이 하부 이양된 금융 기관의 확인, 신고, 허가 등을 통해야만 거래가 가능하다. 특히 기업이 수출입 등으로 벌어들인 외화는 별도로 허가받은 보유 한도액 이외에는 반드시 정해진 기한 내에 외국환 은행에 매각하여야 한다.

최근 중국 정부는 인민폐 절상 압력이 높아짐에 따라 이를 해소하기 위해 외국 금융 기관과 기업의 외환 유입을 통제하는 한편, 중국 기업의 해외 투자 진출을 장려하고 개인 송금 한도도 상향 조정하는 등 외환의 해외 유출을 촉진시키고 있으므로 중국 투자 기업들의 이에 대한 철저한 대비가 요구되는 실정이다.

〈표 11-4〉 인민폐 평가 절상이 중국 진출 기업에 미치는 영향

긍정적 영향	부정적 영향
싼 가격으로 원자재 수입	현지 임금 및 관리비 증가
중국 내수 목표 기업의 이윤 증가	중국 경기 침체 시 매출액 감소
보유 자산 가치 상승	현지 생산 제품의 제3국 수출에는 부정적

〈표 11-5〉 외환시장 관리 기구 현황

	국가외환관리국	중국인민은행
주요 임무	• 외환관리에 대한 방침, 정책, 법규를 입안 후 국무원 또는 중국인민은행의 승인, 실시 • 국가의 외환 수지 계획, 외자 도입 계획, 국제수지 계획의 집행 상황 감독 및 국제수지표 작성, 발표 • 국가 보유분의 외환 준비 관리, 감독 • 인민폐의 외국 총화에 대한 환율 조정, 발표 • 전국 대외 채무 등록, 통계, 감독, 외채의 사용에 대한 감독, 검사 • 무역 외환과 무역외 외환에 대한 관리 • 외국인 투자 기업과 그 직원, 중국 주재 외국 기구와 그 직원에 대한 외환관리 및 외국 기구, 기업의 외환과 해외 투자에 대한 외화관리 • 전국의 외환 조절 센터 관리 • 외화 업무 조사 등	• 외환준비고 및 금 보유량 결정 후 중국 은행에 위탁관리 • 전국의 외채 통계에 대한 등기 및 감독 • 상업 차관의 도입과 해외 채권 발행에 있어 통화의 종류, 차입 지역, 시기, 이자율, 상환 시기 등에 대해 심사, 허가 • 국제수지 계획 및 외자도입 계획의 작성에 참여 • 외자 또는 중외 합자 금융 기구의 중국 내 설립과 증자 또는 합자 금융 기구의 해외 진출의 허가 등

(1) 외화계좌 관리

중국에 진출한 외국인 투자 기업의 외화계좌는 거래 유형에 따라 크게 '경상 외화계좌(경상 항목 관련 대금 입금 및 지급용 구좌)' 와 '자본 외화계좌(외자 기업의 자본금 입금 및 자본/경상 관련 지급용 구좌)' 로 구분되며, 자금 원천 및 용도에 따라 세분된다. 외화계좌를 개설할 때에는 기업체나 금융기관 임의로 개설할 수 없으며, 반드시 외환당국에 사전 허가를 받아야 한다.

또한 중국은 외환관리에 있어 기업체의 외화 현찰 사용을 엄격하게 제한하고 있다. 외화계좌에서 외화 현찰로 인출할 수 있는 계좌는 경상계좌뿐이며, 동 계좌에서 외화 현찰로 자금을 인출할 수 있는 경우는 '외국 국적 직원의 외화로 지급되는 급여 및 국외 출장비' 로 제한되며, 이 경우에도 1일 인출 금액이 10,000불을 초과할 경우에는 반드시 외환 관리 기관의 사전 허가를 받아야 한다. 개인의 경우에는 외화 예금의 외화 현찰 거래가 원칙적으로 자유로우나 이 역시 1일 10,000불 이상의 외환 현찰을 입금 또는 지급할 경우, 금융기관은 동 내용을 중앙은행에 보고하도록 되어 있다.

(2) 기업의 경상거래 외환관리

수출입 기업(외국인 투자 기업 포함)이 경상거래로 수취한 외환 수입은 별도로 허가받은 경우를 제외하고는 관련 규정에 따라 반드시 외국환 은행에 매각 또는 예치해야 한다. 수출입 기업은 외환관리국의 승인을 얻어 경상거래용 외화계좌를 개설하여야 한다.

또한 중국에서는 기업이 수출 대금을 해외에 은닉하거나 허위 수출에 의한 외화 유출을 막고자 수출 대금을 결제받고 있는지 여부를 심사하고 있다. 이는 허위 또는 과다한 수입 결제를 통한 외화 유출을 방지하기 위해 수입 대금 결제가 완료되면 외환관리국이 사후적으로 그 진위를 확인하는 제도이다. 특히 수입 계약 금액의 15% 이상 또는 계약 금액의 15%를 초과하였으나 10만 불 미만인 금액을 선금으로 지급할 때는 반드시 외환관리국에 사전 신고한 후 지급 결제토록 하고 있다.

(3) 외환 거래 은행의 선택

중국은 계좌 개설에 따른 제한 사항이 많아 계좌 변경 시 행정상의 까다로운 절차를 거쳐야 하므로 최초 거래 은행 선정이 중요하다. 무엇보다 국가 정책 변동 등으로 인해 은행이 갑자기 자금을 회수할 경우를 대비하여 거래 은행을 다변화하여 리스크의 분산을 꾀하는 것이 좋다.

3. 세무

중국의 세제상 제목의 종류는 29가지가 있으며, 그 특성에 따라 유통세류, 소득세류, 자원세류, 특정목적세류, 재산세류, 행위세류, 농 · 목축업세류 등 7가지로 분류된다. 이 중에서 외국인 투자 기업에게 적용되는 세목은 기업소득세, 증치세, 영업세 등 총 15가지가 있다.

(1) 기업소득세

중화인민공화국 경내의 기업 및 기타 소득의 취득이 있는 조직은 기업소득세의 납세자로 규정에 근거하여 기업소득세를 납부해야 한다. 즉, 중국의 기업소득세는 우리나라의 법인세에 해당하는 개념이라 할 수 있다.

2007년 3월 16일에 새로운 기업소득세법이 제정 공포되었고 2008년 1월 1일부터 외국 투자 기업과 중국 내자 기업이 차별 없이 새로운 기업 소득세법을 적용받게 되어 3가지 종류의 세율을 따르게 된다. 보통 세율은 25%이며 조건에 부합하는 소규모 기업에 대해 20%, 국가가 중점적으로 육성하고 있는 하이테크놀로지 기업에 대해 15%의 특별세율을 적용한다.

한편 기존에 저세율 혜택을 받던 기업의 경우 신규 세법이 발효되는 2008년 1월 1일부터 5년 동안 유예 기간 세율이 적용된다. 기업소득세의 15% 세율 우대를 받던 기업은 2008년에 18%, 2009년에 20%, 2010년에 22%, 2011년에 24%, 유예 기간 마지막 해인 2012년에는 25%로 세율이 점차적으로 높아진다. 원래 24%인 기업은 2008년도부터 25%의 세율이 적용되었다.

또 '5면 5감' 혜택을 누리던 기업은 새로운 세법 시행 이후에도 기존 법 규정에 따라 기한이 만료될 때까지 우대를 받을 수 있으나 아직 세수 우대 자격 미달로 혜택을 누리지 못한 경우에는 2008년도부터 우대 기간에 들어갔다. 여기서 유예 기간 혜택의 대상이 되는 기업은 2007년 3월 16일 이전에 공상 행정 부문 등 등록 관리 기관의 허가를 거쳐 등록 설립한 기업을 가리킨다.

(2) 증치세

증치세란 중국의 주요 간접세로 우리나라의 부가가치세의 개념에 해당한다. 증치세의 특징은 '기본적으로 최종 소비자가 부담' 하는 것으로, 중국의 증치세 징수 방법은 한국과 마찬가지로 거래 징수 방식을 채택하고 있다. 즉, 과세 대상 재화를 공급하는 사업자나 기업체가 납세의무자가 되는데, 실제 증치세를 징수하는 방식은 그 재화를 생산하기 위하여 원자재 등을 매입할 때 거래 상대방에게 증치세(매입증치세)를 지급하고, 매입 또는 생산한 재화를 판매할 때 그 재화의 매입자로부터 증치세(매출증치세)를 징수하여 과세 기간 동안의 매출증치세와 매입증치세의 차액을 세무국에 납부하는 방식을 취하고 있다. 중국의 증치세율은 일반 세율이 17%로 한국의 10%보다는 아주 높다고 할 수 있다.

증치세의 세율은 품목에 따라 다음과 같다.

- 17%: 기본 세율
- 13%: 식량, 식용식물유, 스팀, 냉기, 가스, 석유액화가스, 천연가스, 메탄가스, 소비자용 석탄 제품, 도서, 신문, 잡지, 사료, 화학비료, 농약, 농업기기, 국무원이 정한 기타 재화
- 0%: 재화 수출

〈표 11-6〉 중부 6성 증치세 공제 대상 지역 및 8대 업종

6성	지역	적용 업종
산시	타이웬, 다통, 양천, 창즈	• 장비제조업 • 석유화공업 • 야금업 • 자동차제조업 • 농산품가공업 • 전력업 • 채굴업 • 하이테크산업
안후이	허페이, 마안샨, 벙부, 우후, 준난	
쟝시	난창, 핑샹, 징더전, 지우쟝	
허난	정저우, 루오양, 지아오주오, 핑딩샨, 카이펑	
후베이	우한, 황스, 샹판, 슬옌	
후난	창샤, 주저우, 샹탄, 헝양	

(출처: 국가세무총국)

(3) 영업세

영업세란 서비스 제공(가공, 수리, 보수 서비스는 제외), 무형자산의 양도, 부동산의 판매를 과세 대상으로 하고 있다. 서비스 제공 중 가공, 수리, 보수 서비스가 제외되는 것은 이것이 증치세의 과세 대상이기 때문이다. 영업세와 증치세는 과세 대상을 분류하고 있기 때문에 하나의 행위에 대해 영업세, 증치세 중 어느 하나가 과세되고 양자가 동시에 과세되는 경우는 없다.

영업세의 면제 대상과 세율은 아래와 같다.

● 면제 대상

- 월영업액 200~800위안 이하
- 유치원, 탁아소 등의 부양 및 양육 서비스, 혼인 소개, 장례 서비스
- 병원 등의 의료 서비스, 학교 등의 교육 서비스

• 문화 및 종교 활동 관련 입장료 서비스, 장애자 제공 노무, 농목축업 관련 기술과 질병 예방 및 치료

● 세율

• 교통 운수, 건축, 우편 통신 및 문화 체육 업종: 3%
• 금융 보험과 서비스 업종, 무형재산 유상 양도 및 부동산 판매: 5%
• 오락업: 5~20%(지방정부가 구제 적용 세율 결정)

4. 회계

중국에서의 외국인 투자 기업에 대한 회계 제도는 2002년 1월 1일부터 적용되어온 〈기업회계제도(企業會計制度)〉가 실시되고 있다.

(1) 독립된 회계 기구 설치

외국인 투자 기업은 독립된 회계 기구를 설치하고 필요한 회계 인원을 배치하여야 한다. 중국회계법 제37조, 제38조에 의하면 외자기업은 현지 세무국에서 발급한 회계 종사자 자격증을 소지하고 3년 이상 경리 담당 근무 경험이 있는 사람을 경리과 직원으로 채용하여야 한다고 명시되어 있다. 중국회계법은 출납과 장부기장 업무를 각각 다른 직원이 맡아 상호 확인할 것을 요구하므로 경리과에는 최소한 2인 이상의 직원이 필요하다. 만약 상기와 같은 사항을 준수하지 않는 경우, 관할 세무국의 연도 검사에서 불합격하거나, 증치세(부가가치세) 전용 영수증 발행 자격을 부여받을 수가 없으므로 각별한 주의가 필요하다. 또한 경리과 직원은 회사 내의 기타 업무를 겸직하지 못하며, 외부에 경리 업무를 위탁하는 것도 원칙적으로 인정되지 않는다.

(2) 재고 자산 평가

재고의 취득 가격은 구입 가격에다 거래에 필요한 비용, 원가에 계상될 만한

세금 등을 포함해서 산정한다. 재고는 선입선출법, 총평균법, 이동평균법, 개별법, 후입선출법에 기초해 저가법에 따라 평가되지만 저가법을 채택할 때는 기말에 원가와 처분 가능 가격의 차액을 '재고자산 평가손 충당금' 으로 계상한다.

(3) 유동자산과 고정자산

자산은 1년 기준, 정상 영업 순환 기준에 기초해 유동자산, 고정자산으로 분류된다. 즉, 1년 이내 또는 1년을 초과하는 1영업 순환 기간 내에 현금화, 소비화되는 자산을 유동자산으로 하고 이 기간 내에 현금화, 소비되지 않은 자산을 고정자산으로 계상한다.

(4) 유형 고정자산의 평가 및 감가상각 방법

유형 고정자산은 내구 연수가 1년이 넘는 건물, 구조물, 기기 · 기계, 운송 도구 및 기타 생산 · 경영에 관한 설비, 기구, 공구와 생산 경영의 주요 설비에 속하지 않는 물품으로 단가가 2천 위안 이상, 동시에 내용 연수가 2년 이상인 것이 해당한다. 유형 고정자산의 감가상각은 합리적인 내용 연수에 기초하여 정액법, 생산액 비례법, 급수법, 200% 정액법에 따라 계상한다. 단, 기업소득세 손금으로 처리될 수 있는 것은 회계 처리에 불구하고 세법 기준에 따른 금액이 된다. 감가상각은 사용 개시의 익월부터 시작된다.

(5) 무형자산의 평가와 감가상각 방법

무형자산에는 특허권, 상표권, 저작권, 토지사용권, 상호 등이 해당된다. 무형자산의 감가상각은 계약에 따른 수익 기간, 법률에 따른 유효 기간에 따라 잔존 가치를 설정하지 않는 정액법에 따라 진행한다. 수익 기간, 유효 기간 등 두 가지가 있는 경우는 둘 중 짧은 기간을 선택하고 둘 다 없을 경우에는 상각 기간을 10년 내로 한다. 또 무형자산은 기말에 회수 가능 가액이 장부원가를 하회하는 경우는 '무형자산 평가손실 충당금' 을 계상할 필요가 있다.

(6) 투자자산 평가

단기투자(단기 보유 목적의 주식, 채권, 기금 등)는 저가법에 따라 평가하고 기말

시에 시장가격과 장부가의 차액에 대해 '단기투자 평가 손실 충당금'을 계상한다. 장기투자(출자)에 대해서는 지분법(20% 이상의 출자 비율, 기타 요인에 따라 비투자 기업에 대해 중요한 영향력을 가진 경우) 또는 원가법에 따라 평가한다. 단, 기말 시의 회수 가능 가액이 장부가액을 하회하는 경우는 '장기투자 평가 손실 충당금'을 계상하는 것으로 한다.

12

마케팅

15억 인구를 기반으로 막대한 내수시장을 자랑하는 중국이란 시장은 엄청나게 크고 그 성장 잠재력 또한 무한하다. 세계적인 기업들이 모두 중국에 진출하려고 경쟁을 마다하지 않으며 우리 기업들도 생산 기지 확보 중심의 중국 진출에서 벗어나 중국 현지 시장을 겨냥해 중국에 진출하고 있다. 중국에 진출한 한국 기업들의 내수 판매 비중이 이미 40%를 넘어섰다는 통계 결과도 있다. 이와 관련하여 이번 장에서는 한국 기업들의 중국 내수시장 진출 전략을 중심으로 마케팅에 대한 이야기를 해보고자 한다.

CHAPTER 12

마케팅

1. 중국 내수시장 공략

중국은 1978년 개혁 · 개방 이후 지금까지 줄곧 연평균 10%대의 고도성장을 유지해왔으며, 적어도 앞으로 20년간은 이러한 고성장을 유지할 것으로 기대된다. 중국의 국외 직접투자를 바탕으로 한 제조업의 발전과 중국 위안화의 지속적인 강세 전망, 중국 정부의 지속적인 서부 내륙 도시 개발에 따른 시장의 저변 확대 등으로 인한 내수시장의 확대가 이러한 낙관적인 기대를 뒷받침하고 있다. 결과적으로 중국 내수시장의 확대는 세계 여러 기업들의 극심한 경쟁을 초래했고, 이러한 중국 내수시장에서 성공하기 위해서는 치밀한 준비와 전략이 필요하다. 그렇다면 우리 기업들이 성공적인 중국 내수시장 진출을 위해서는 어떤 것들을 염두에 두고 또 준비해야 할까?

〈표 12-1〉 중국 내수 시장 공략 전략

	중국 시장 상황	성공 전략
브랜드 마케팅	글로벌 업체들의 고급화, 현지화 전략으로 앞서 나가는 상황	다양한 방식의 마케팅 구사와 고급 브랜드 이미지 구축
로컬 기업과 차별화	로컬 기업들의 경쟁력 강화로 로컬, 외국 기업 간 경쟁 격화	고급화 등 적절한 포지셔닝으로 로컬 기업과의 경쟁에 대처
외상 거래에 유의	외상 대금 회수의 어려움으로 상당수 외국 기업 경영난 봉착	현금 거래를 중시하는 등 보수적으로 대응해 손실 최소화
현지 지향 연구개발	시장 경쟁 격화로 현지 지향 연구개발을 해야만 생존	R&D를 포함해 중국 내에 현지 완결형 조직 구조를 구축
진출 지역 다변화	지역 간 소득 격차가 크고 소비 행태, 문화 등이 이질적	거점 지역을 일부 연해도시에서 내륙지역 등으로 다변화

중국 기업화	경영 및 인력의 현지화, 기업 시민 의식의 성패 좌우	정도 경영과 사회 환원으로 중국 사회에 공헌
정부와 우호적 관계 구축	과거보다 중요성이 줄었으나 정부와의 관계는 여전히 중요	중국 정부의 정책 의도를 파악하고 윈윈 해결책을 제시

(출처: 삼성경제연구소)

(1) 브랜드 알리기와 마케팅

중국 내수시장에 진출하려는 국내 기업들이 가장 유념해야 할 부분은 광고, 브랜드 네이밍 등 마케팅에서 고급화와 현지화를 추구해야 한다는 점이다. 중국 소비자들에게 어필할 수 있는 중국식 브랜드를 발굴하려는 노력이 중요하다. 특히 짝퉁 상품이 범람하고 애프터 서비스 개념이 부족한 중국시장에서 높은 브랜드 가치를 가진 상품을 선호하는 경향을 보이는 점도 염두에 두어야 한다.

사례 1 아모레퍼시픽

아모레 퍼시픽은 1992년 선양에 처음 진출한 이후 중국시장 공략에 지속적인 공을 들이고 있다. 선양 진출 이후 장춘, 하얼빈 등 동북 3성 백화점과 전문점을 중심으로 '마몽드'와 '아모레' 등 자사 브랜드 제품을 공급하면서 중국시장에서 서서히 두각을 나타내기 시작했다. 이후 2002년 중국 경제의 심장부라고 할 수 있는 상하이와 중국의 관문 홍콩에 진출하며 중국 시장에 완전히 정착했다는 평가이다. 특히 영화배우 전지현의 인기를 등에 업은 '라네즈'는 중국 젊은 여성들이 가장 선호하는 화장품으로 자리매김하고 있다.

중국 화장품 시장은 글로벌 화장품 기업이라고 할 수 있는 로레알과 P&G가 1~2위를 차지한다. 아모레퍼시픽은 자사의 브랜드 역량과 중국의 지역별 취향, 구매력 등을 종합적으로 고려해 브랜드 차별화에 집중했다. 고급 백화점을 중심으로 판매망을 확대해 가며 고급 브랜드 이미지를 구축하는 데 성공했다. 또 중국 화장품 시장을 고가와 중가 시장으로 이원화해서 각각 다른 브랜드로 공략하는 각개 전투 전략을 실행했다. 동북 3성에서는 미로, 마몽드 등 중가 브랜드로 시장을 개척했고 구매력이 높은 상하이에서는 고가 브랜드인 라네즈를 선보여 시장을 확대했다. 대중 매체 광고에만 의존하지 않고 다양한 마케팅 방식을 활용해 소비자에게 적극적으로 다가간 것도 도움이 됐다. 아모레퍼시픽은 중국 내 각종 문화 행사를 협찬하고 길거리 부스에서 메이크업 시현, 샘플 배포 등을 병행했다. 전지현 등 한류 스타를 적극적으로 활용해 광고의 고급화를 이루어 결과적으로 브랜드 가치를 높이는 데 성공할 수 있었다.

(출처: 승병근 · 정광재, 《중국 내수시장과 통하라》, 사람in, 2007. 1.)

(2) 로컬 기업과의 차별화

중국 로컬 기업들의 재빠른 기술 습득과 브랜드 고급화로 인해 기존의 외국 기업의 '고품질', 로컬 기업의 '저가격'이라는 외국 기업과 로컬 기업 간의 차별화 간격은 갈수록 줄어들고 있다. 따라서 중국 내수시장에 진출한 외국 기업은 로컬 기업과의 차별화를 꾸준히 추구해야 할 것이다.

사례 2 이랜드

이랜드는 국내 시장에 중저가 의류 혁명을 몰고 온 원조 기업이다. 80년대 말~90년대 초까지 이랜드 제품 한 번 입어 보지 않은 대한민국 사람이 없을 정도이다.

이랜드는 중저가 의류 시장에서의 성공을 바탕으로 M&A에 적극적으로 나서며 중견 그룹으로 거듭나고 있다. 80년대 이후 설립된 오프라인 기업 가운데 가장 성공적인 모델로 자리 잡았다는 찬사가 쏟아진다.

국내에서는 중저가 의류 시장에 집중했지만 중국 시장에서 이랜드는 고급 브랜드로 포지셔닝되어 있다. 이를 통해 로컬 중국 기업과의 경쟁 전략을 짜는 데 주력했다.

이랜드가 중국시장에 처음 진출한 시기는 1994년으로 베이징, 상하이 등 주요 도시 백화점에 이랜드, 스모필드 등 캐주얼 브랜드 매장을 개설하면서부터이다. 현재 이랜드의 중국 내 매장만 150여 개, 스코필드 역시 100개 매장이 넘는다.

이런 성공을 거두기까지 승승장구한 것만은 아니다. 진출 초기에는 국내에서와 마찬가지로 남성을 타깃으로 한 중저가 제품 시장에 뛰어들었지만 뼈아픈 실패를 경험해야 했다. 중저가 시장에서 이랜드가 중국 현지 기업과의 경쟁에서 살아 남는다는 건 처음부터 불가능에 가까운 일이었다. 국내 시장에서의 성공을 지나치게 신뢰했던 게 패착이었다.

그러던 차에 이랜드는 여성복 시장의 고속 성장과 고가 브랜드 선호 현상에 주목했다. 여성의 사회 진출이 활발하면 여성복 수요가 많이 증가하게 되고, 더욱이 사회생활을 통해 경제력을 확보한 중국 젊은 여성들의 중고가 브랜드에 대한 선호 현상이 갈수록 강해졌다.

중고가 브랜드 시장은 특히 같은 외국 기업과의 경쟁이라, 저가 의류 시장에서 로컬 기업과 벌였던 경쟁보다는 훨씬 극복하기 쉬웠다. 특히 이랜드는 진출 초기 로드샵(거리 매장)에서 실패한 경험을 거울삼아 유통 경로를 백화점, 전문점 등으로 고급화해 브랜드 가치를 높이는 데 주력했다. 이랜드의 중국 이름 '이롄(衣戀)'은 또 '옷을 사랑한다'는의미도 담고 있어 여러 면에서 이랜드의 브랜드 가치를 높였다는 평가이다.

(출처: 승병근 · 정광재, 《중국 내수시장과 통하라》, 사람in, 2007. 1.)

(3) 외상 거래에 유의

중국 내수시장에 진출한 우리 기업들 중 외상값을 받지 못하여 골머리를 앓는 경우가 빈번하다. 중국에서 외상값을 받아내기가 어려운 건 중국에 빚을 갚지 않고 도주한 불량 채무자를 찾아주는 사설탐정 업소가 난립하는 사실만 봐도 쉽게 알 수 있다. 따라서 중국에 진출한 우리 기업들은 현금 거래를 원칙으로 보수적으로 대응하며 리스크 관리에 힘쓰는 것이 좋다.

사례 3 삼성전자의 모니터 판매

삼성전자는 중국 시장에 모니터를 팔면서 은행에 돈을 입금했다는 총대리상의 증빙 서류가 도착해야만 제품을 공급하는 시스템을 운영한다. 이렇게 '간접적인' 현금 판매를 고수하는 것은 물건을 공급하고도 대금을 제대로 환수하지 못하는 문제점을 사전에 차단할 수 있을 뿐만 아니라 현금으로 물건을 구입한 판매상들이 적극적으로 판매하도록 하는 일거양득의 효과가 있다.

처음부터 삼성전자는 모니터 판매에서 현금 거래 원칙을 고수해 왔다. 그렇다고 구매력을 가진 대형 대리상들이 삼성전자에 외상 거래를 요구하지 않았던 것은 아니다. 대형 대리상들은 삼성전자에 대해 끊임없이 외상 거래 허용을 요구해왔지만 삼성전자는 외상 거래의 위험을 간파하고 품질에 승부수를 걸었다.

위기도 있었다. 모니터 시장 점유율 1위를 달리던 필립스가 외상 거래를 했고 현금 거래를 원칙으로 하던 삼성 모니터 판매가 급감하면서 대리상들이 자금 부족을 호소하고 나섰기 때문이다. 그러나 삼성전자는 '장기적'으로 현금 거래가 대리상과 삼성전자 모두에 더 유리한 결재 조건이라는 점을 확신했고, 이를 고수했다.

성과는 단기간에 나타나지 않았지만, 삼성전자는 모니터 시장에서 대형 대리상에 휘둘리지 않는 유통 체계를 구축했다. 또 현금 거래에 익숙해진 대리상들이 대금을 회수하려고 적극적으로 삼성전자 모니터 판매에 나서기 시작하면서 판매는 시간이 갈수록 급속히 증가했다. 외상 거래의 악순환을 현금 거래의 선순환으로 변화시켜 삼성전자가 주도하는 시장 구조를 확립했기 때문에 가능한 일이었다.

삼성전자 모니터의 시장 점유율은 1위였던 필립스전자를 2위로 밀어내며 결국 선두 업체로 등극했다.

(출처: 승병근 · 정광재, 《중국 내수시장과 통하라》, 사람in, 2007. 1.)

(4) 현지 지향 연구 개발

중국시장에서 장기적인 비전을 바탕으로 중국 소비자들로부터 환영을 받기 위해서는 중국을 단순히 물건을 파는 시장으로서가 아니라 중국 경제와 함께 성장한다는 인식을 심어주어야 한다. 따라서 생산과 판매뿐 아니라 현지에서의 연구개발(R&D)의 필요성이 제기되고 있다. 이에 따라 중국 정부가 전략적으로 다국적기업과의 합작을 추진하면서 자국의 뒤떨어진 연구개발, 기술력을 빠르게 끌어 올리기 위해 시장을 개방하는 대신 기술 이전을 내걸게 됨에 따라 전 세계 다국적기업의 R&D 센터가 중국에 끊임없이 늘어나고 있는 실정이다.

사례 4 LG화학

LG화학은 1995년 중국에 처음 진출해 화학제품과 정보전자 소재 부문에서 최고 기업으로 성장하고 있다. 중국 내 LG화학 지주 회사인 'LG화학 중국투자유한공사'를 통해 8개 생산 법인과 2개 판매법인을 거느리고 있다. 이제 중국은 단순 생산기지 단계를 넘어 최대 판매 시장으로 등극했다. 실제 LG화학은 2005년에만 중국 시장에서 27억 달러의 매출을 올렸다.

LG화학은 이 같은 성공에 머무르지 않고 중국 현지 완결형 사업 체계를 완성한다는 계획이다. 이를 통해 PVC, ABS, 2차전지, 편광판, 창호재 등을 중심으로 고부가가치 제품의 매출 확대를 이뤄내고, 2008년에는 50억 달러 이상의 매출을 중국에서 달성한다는 계획이다.

LG화학은 중국에 생산기지를 둔 세계적인 IT기업들을 대상으로 한 편광판, 2차전지 등 전기전자 소재 사업을 대폭 강화하겠다는 뜻을 밝혔다. 이를 위해서 무엇보다 필요한 것은 현지 연구개발 능력인데, LG화학 역시 이를 인식하고 대규모 R&D 투자에 나선다는 계획이다. 석유화학과 전자 소재 분야의 현지 기술 서비스 개선과 연구개발 인력 충원이 그 첫 번째 과제이다. 이를 위해 LG화학 CEO가 직접 중국 유명 대학을 순회하며 우수 인력 채용에 발벗고 나섰다.

무엇보다 LG화학은 중국을 석유화학 사업과 정보전자 소재 사업의 R&D 핵심 기지 가운데 한 곳으로 육성한다는 계획을 세우고 이를 실천에 옮기고 있다. 상하이, 광저우에 석유화학 R&D를 책임진 테크 센터를 설립했고 난징에는 정보전자 소재 부문 테크 센터를 운영하고 있다. 2004년에는 산업재 테크 센터를 설립해 LG화학 3대 주력 사업의 테크 센터가 중국 현지에 모두 자리 잡게 되었다.

(출처: 승병근 · 정광재, 《중국 내수시장과 통하라》, 사람in, 2007. 1.)

(5) 진출 지역 다변화

중국은 개혁 · 개방을 시작한 이래 먼저 동부 연안지역을 중심으로 경제 개발을 해왔기에 아직도 경제 개발이 활발히 진행된 동부 연안지역과 낙후된 서부 내륙지방 간의 차이가 매우 크다. 하지만 최근 들어 동부 연안 도시에서 경쟁력을 잃은 섬유, 단순 임가공 업체들이 더욱 저렴한 생산기지를 찾아 중국 내륙 도시와 동남아지역으로 생산 시설을 옮기는 추세이며, 중국 정부 역시 지역 간 균형을 고려하여 서부 내륙 도시 개발에 적극적인 지원 정책을 펼치고 있기 때문에 중국시장에 진출하는 우리 기업들도 서부 내륙 도시 개발에 주목을 해야 할 것이다.

사례 5 두산인프라코어

두산인프라코어는 옛 대우그룹 계열사 가운데 한 곳으로 모기업 부도라는 어려움 속에서도 중국 굴착기 시장에서 시장 선도 기업 자리를 유지해 왔다. 94년 옌타이에 제조 공장을 설립한 이후 중국 전역에 14개 지사와 100여 개에 가까운 판매, 서비스, 부품 관리 체제를 구축했다.

생산 공장은 물류 시설과 생산 인프라가 잘 구축된 동부 연안 도시에 설립했지만 판매 거점은 중국 오지로 확대했다. 98년, 중국 서부 신장 위구르 자치구의 우루무치에 판매법인을 설립할 때만 해도 너무 이른 것 아니냐는 비관론도 있었지만, 두산인프라코어는 서부 내륙 시장 선점에 더 큰 의미를 두었다.

두산인프라코어의 예상은 그대로 적중했다. 중국 정부의 서부 대개발 사업과 맞물려 주력 사업인 굴착기 수요가 서부시장에서 급증했기 때문이다. 신장 위구르 자치구는 유전, 가스, 광물 자원 등이 풍부해 글착기 수요가 지속적으로 급증하고 있다. 신장 위구르 판매법인을 중심으로 서부 내륙 매출도 매년 30%가 넘는 고공 성장을 이어가고 있다.

중국 내륙시장 개척은 중장기적으로 세계 원유, 광물 자원의 보고라고 할 수 있는 중앙아시아지역 시장 확대로 이어질 가능성이 크다. 중앙아시아는 최근 원유 가격 강세와 원자재 가격 상승을 배경으로 경제 개발이 한창 진행 중이다. 두산인프라코어는 중국 내륙시장의 성공을 발판삼아 서진(西進)을 계속할 계획이다.

(출처: 승병근 · 정광재, 《중국 내수시장과 통하라》, 사람in, 2007. 1.)

(6) 중국 기업화

다국적 기업이 해외 현지 시장에 진출할 때에는 궁극적으로 '현지화'를 염두에 두게 마련이며, 특히 중국 시장에서 성공하려면 '중국화'는 필수적인 조건이다. 중국시장에 진출한 글로벌 기업의 중국 기업화는 궁극적으로 중국인들의 삶 속에서 생사고락을 같이하는 기업이다. 즉, 중국의 경제 발전에 공헌할 수 있는 회사로, 정부에는 성실한 납세자로, 소비자에게는 최고의 제품과 서비스를 제공하고 고용을 창출해 중국 경제의 안정적인 성장에 이바지하는 기업을 의미한다.

사례 6 LG전자

국내 대기업 오너 가운데 구본무 LG그룹 회장만큼 중국 사업에 관심이 많은 사람도 드물다. 구 회장은 진작부터 "한국의 LG는 잊어라. 글로벌 LG가 되려면 중국에서 성공해야 한다. 중국 기업 LG로 거듭날 각오를 해야 한다."고 강조해 왔다. LG그룹의 최고 경영진들 역시 "중국에서 성공한 한국 기업 LG가 아니라, 성공한 중국 기업 LG가 되어야 한다."고 강조하고 있다.

실제 LG의 중국 기업화는 다른 글로벌 기업 사이에서도 모범적인 사례로 인용될 정도로 중국 기업화에 성공했다.

적극적인 현지화를 통해 LG전자는 처음부터 외국 기업이 아닌 '중국 기업'을 목표로 했다 진출 초기부터 중국 현지에서 연구개발, 생산, 판매, A/S 등 모든 사업 영역이 이루어지는 현지 완결형 사업 구조를 채택해 중국을 생산기지와 판매시장으로서뿐 아니라 LG의 영속적인 발전이 중국 경제 발전에 이바지하도록 했다.

문화 및 사회 공헌 마케팅을 통해 중국인들의 마음을 얻는 데도 성공했다. LG에 대한 중국인들의 신뢰를 얻었다는 이야기이다. LG전자는 'LG배 한중 축구 대회' 개최, 'LG, 2008년 베이징 올림픽 유치 대장정' 등을 개최하며, LG를 단순한 외국 기업 이상으로 만드는 데 성공했다. 낙후한 학교, 마을의 현대화를 지원하는 프로그램도 중국인들에게 많은 반향을 일으켰다. 이를 통해 LG전자는 단순히 외국 기업에서 벗어나 중국인들의 삶 속에서 함께하는 '중국 기업'의 이미지를 만들어내는 데 성공한 것이다.

(출처: 승병근 · 정광재, 《중국 내수시장과 통하라》, 사람in, 2007. 1.)

(7) 정부와의 우호적 관계 구축

중국 사회에서는 '꽌시(關係)'가 아주 중요하다. 특히 모든 경제 개발이 정부 주도하에 이루어지는 중국에서는 정치권이나 행정관료들과의 우호적인 관계 구축이 매우 중요하다. 이는 사업 성공에 상당한 플러스 요인이 되기 때문이다. 따라서 기업들은 해당 지역의 경제 정책을 책임지고 있는 공무원들과의 관계를 원만하게 유지하는 것이 좋다.

사례 7 현대자동차

중국의 수도 베이징에서 한 번이라도 택시를 타본 사람이라면 그 많은 현대자동차 택시에 놀라지 않을 수 없을 것이다. EF 소나타, 엘란트라(국내 모델 아반떼 XD) 등 현대차의 주력 승용차 모델은 베이징 택시 운전사들 사이에 가장 인기 높은 차량이다. 과거에는 둥펑 시트로앵에서 공급한 시트로앵 택시가 주종이었지만 베이징시 정부가 2008년 올림픽 개최를 앞두고 베이징 택시 교체 작업에 나서면서 현대차를 표준 택시로 선정했기 때문이다. 베이징에는 개인택시가 없고 대부분 국영 체제로 운영되어 택시 차종을 선택하는 데 시 정부의 영향력은 그만큼 절대적이다. 시민들도 현대차 택시를 무척이나 선호한다.

중국 자동차 시장은 정부가 국유기업이 주문하는 관용차 위주로 성장해 왔다. 또 지역별로 특정 자동차 제조업체와 제휴해 서로 경쟁하는 특이한 경쟁 구조로 되어 있다. 상하이의 폴크스바겐, 광저우의 혼다, 장춘의 아우디 등이 대표적이다. 현대차는 베이징시와의 우호적인 관계를 바탕으로 베이징현대자동차를 설립했다. 베이징현대는 현대차와 베이징자동차가 50 대 50으로 합작 투자해 설립한 회사이다.

베이징시는 당국이 직접 나서 현대차 판매를 독려하고 있다. 베이징현대가 생산하는 EF 소나타는 베이징에서 처음 생산되는 자동차이다. 시 당국은 EF 소나타를 베이징시의 대표 브랜드로 육성한다는 방침이다.

현대차 역시 베이징시 정부와 시민과의 우호적인 관계를 구축하려고 남달리 노력해 왔다. 2003년부터 베이징 시민이 가장 좋아하는 프로 축구팀 궈안(國安)팀을 공식 후원사로 맡아 대규모 지원을 해오고 있다. 베이징 시 정부와의 돈독한 관계를 바탕으로 현대차는 중국 자동차 시장에서 가장 빠른 속도로 성장하는 업체로 자리 잡았다. 실제 현대차의 중국시장 점유율은 2002년 0.1%에 불과했지만 2006년에는 8% 이상으로 성장하는 등 비약적인 성장을 계속해 왔다. 베이징시 정부의 든든한 후원이 밑거름이 되었음은 물론이다. 다른 글로벌 자동차 회사보다 시장 진출 자체가 늦은 단점을 극복하고 중국시장 내 3대 자동차 회사 등극을 앞두고 있다.

(출처: 승병근 · 정광재, 《중국 내수시장과 통하라》, 사람in, 2007. 1.)

2. 마케팅 전략

(1) 중국 시장을 세분화하라

중국 시장은 각 지역마다 제품에 대한 요구와 구매력 등이 서로 상이하기 때문에 생산 · 판매 · 마케팅 · 광고 · 홍보 분야에서 각 지역 시장의 특성에 따라 서로 다른 전략을 수립하여 실천하여야 한다.[1] 중국시장에서 정확한 시장 조사가 필수적인 이유는 다음과 같다.[2]

첫째, 시장 조사의 부정확성이다. 이는 주로 중국시장의 미성숙성, 시장 변수가 너무 많은 점, 변화의 속도가 너무 빠른 점, 조사 인력의 수준이 너무 낮은 점, 중국인의 심리적인 요소(습관화가 안 된 피조사 활동) 등으로 인하여 빈번히 발생되고 있다.

둘째, 일반 기업들이 시장 조사를 하는 비율이 매우 낮다. 이는 중국시장에 대해 정확한 사전 조사를 하는 기업의 사업 성공 확률이 그만큼 높아진다는 것을 의미한다.

2001년 2월 2일 〈광조우(廣州)일보〉 보도에 의하면 중국 기업의 0.24%만이 정식으로 시장 조사를 실시한 바 있다고 대답하였다. 정식으로 시장 조사를 실시하는 기업들은 다국적기업, 합작기업, 사영기업 등이 대부분이고, 특히 경쟁이 치열한 IT, 가전 및 보건 제품 분야에서 시장 조사를 중시하는 경향이 있다.

영국의 유명한 경제학자 모임인 EIU에서 발간한 책자 《중국에서의 다국적기업의 성공과 실패》에 실린 내용에 의하면 중국에 투자한 다국적기업 22개 사를 대상으로 앙케이트 조사를 한 결과, 중국시장을 하나의 시장으로 본 기업이 44%, 두 개의 시장으로 본 기업이 6%, 세 개의 시장으로 본 기업이 11%, 4개 이상의 시장으로 본 기업이 39%이었는데, 공교롭게도 중국시장을 하나의 시장으로 본 기업들은 대부분 실패하였고, 성공한 기업들은 모두 중국시장의 지역 간 차이가 너무 크다고 불평을 털어놓았다고 한다.[3]

1) 한국무역협회, 《중국비지니스 실무 가이드》, (서울 , 한국무역협회 ; 2002. 1.), p.574
2) 盧泰宏 主編 , 《行銷大中國》, (臺灣 , 臺北 ; 時報文化有限公司, 2001. 9.), pp.13~15
3) 盧泰宏 主編 , 《行銷大中國》, (臺灣 , 臺北 ; 時報文化有限公司, 2001. 9.), p.14

중국 각지에 투자한 한국 기업들의 의견을 종합해 보면 지역별로 다음과 같은 특성이 있다. 즉, 중국 소비자들 중에서 씀씀이가 가장 좋은 시장은 동북 3성 시장, 즉 랴오닝(遼寧)성, 지린(吉林)성 및 헤이룽짱(黑龍江)성이다. 특히 이 지역의 여성 소비자들의 여성 의류에 대한 소비는 타 시장의 소비를 압도한다. 이 지역 여성들은 자신의 수입에 비해 사치스런 고급 의류를 과감하게 사는 경향이 있다. 따라서 판매 시장으로서의 동북 3성은 매우 매력 있는 시장으로 볼 수 있다. 이들 지역은 겨울이 상대적으로 길기 때문에 보일러 사업이 유망하고 이와는 반대로 건설 사업이 부진하므로 건자재 사업의 경우 실패할 확률이 높다고 한다. 따라서 중국의 건자재는 대부분 남방 지역에서 공급되고 있다고 한다. 이들 지역 소비자들은 씀씀이가 헤픈 관계로 상대적으로 실업자들도 많다. 따라서 전체적인 수요량은 클 수가 없는 특징도 있다.

중국의 북부에 위치해 있는 동북 3성의 경우, 내의 사업이 적격이라는 주장들이 설득력을 얻고 있고, 아열대 기후인 중국의 남부지역의 경우, summer season용 의류 사업이 잘 된다는 이야기들이 전문가들로부터 나오고 있다. 같은 의류 사업이라 할지라도 지역과 그 지역의 기후에 따라 사업 영역이 달라질 수밖에 없는 것은 중국이라는 시장이 그 규모가 워낙 커서 기후 차이만으로도 시장 세분화의 필요성을 충분히 설명하고 있다 하겠다.

(2) 명예퇴직자 및 실업자들을 마케팅 요원으로 활용

한국에서와 마찬가지로 중국에서도 최근 몇 년 동안 정부기관이나 국유기업의 구조조정이 한창이다. 이런 구조조정과 명예퇴직 조치는 시행된 지 벌써 6~7년이 넘었지만 아직도 그 바람이 무척 거세다. 그러다보니 최근 중국의 실제 실업률이 얼마인지는 아무도 모른다. 정부 발표로는 3.5%~4% 수준을 유지하고 있다고 발표하고 있지만 실제는 이보다 훨씬 높을 것으로 추산된다. 이런 사람들을 임시직 직원으로 채용하거나 아니면 재택근무 대리점으로 채용하여 자전거나 도보로 시장을 항시 순회하도록 하는 소구역 담당 재택근무 대리점 체제가 고효율 판매 체제로 각광을 받기 시작했다. 한국 기업들도 이런 상황에 있는 인력을 대상으로 마케팅 분야나 판매 분야에 활용할 수 있는 전략을 마련해보는 것도 비용절감 목표를 달성하고 기업 조직의 비효율성 판매 문제를 해결할 수 있는 방법이 될 것이다.

상우통(商務通)은 중국 시장에서 판매 채널 확보에 기적을 이룬 성공 사례이다. 이 기업은 1999년 시장에 진입한 이래 소지역(소구역) 담당 재택 근무형 Exclusive 대리점 체제를 채택하여 소형 시장 자체를 집중적으로 관리하고 세밀하게 관리함으로써 대성공을 거두었다. 이러한 대성공의 배경에는 물론 판매구역의 엄격한 관리, 소매가격의 엄격한 준수, 판촉 요원에 대한 엄격한 교육 및 관리, 불합격 대리점을 끊임없이 도태시킨 것 등이 주효했다. 결과적으로 이 기업은 이러한 판매 체제를 채택한 지 반 년도 되지 않아 중국 전역의 현급(縣級) 이상 도시를 모두 장악함으로써 전국에 3,000여 개의 판매 거점을 마련하는 쾌거를 이루어냈다. 코닥필름은 1999년과 2000년 사이에 '9만9당(九萬九當) 오너 사업가 계획'이라는 전략을 구사하였고 2001년에는 간단하게 '오너 사업가가 되는 길'이라는 전략을 구사하였다. 이와 같은 전략은 당시나 지금이나 거리에 넘쳐나는 명예퇴직 인구의 강렬한 관심을 끌면서 상해지역의 실업자들에게 창업의 기회를 제공하는 한편 코닥필름의 소매시장을 점령하고 통제하는 수준에까지 발전하였다. 이런 전략으로 인해 경쟁사의 후지필름이 엄청난 타격을 입었음은 물론이다.[4)]

(3) 저소득층 소비를 겨냥하여 소포장 비율을 높여라

중국의 강소성 일대와 절강성 일대를 근거지로 하여 한때 반짝 성공했던 메트로가 까르푸 등의 위세에 눌려 숨조차 제대로 쉬지 못하는 상황이 되었을 때 메트로 본사를 방문한 적이 있다. 그곳에서 메트로가 앞으로도 대포장 제품 판매를 고집할 것이냐고 물었더니 메트로 본사 측은 그렇다고 대답했다. 하지만 중국 사회의 핵가족화, 나이 든 세대와 젊은 세대들 간의 분리 거주, 한 가정 1자녀 갖기 운동으로 인한 3인 중심 가정 규모, 대가족 동거 관습(五代同堂)[5)]의 중단 등 소포장 판매에 적합해져 가는 환경의 예를 들어 가며 대포장 판매를 고집하던 메트로의 정책을 다시 한 번 재고해보라는 이야기를 한 적이 있다.

중국시장은 내부에 수십 개 또는 수백 개 시장으로 나누어져 있다고 보는 것이 타당하다. 정기적 고급 제품 쇼핑이 가능한 대도시의 고소득층이 존재하는가

4) 신주식 저, 《중국 비즈니스 전략 308선》, (서울 ; 고려대학교 출판부, 2003. 12. 12.), pp.383~384
5) 과거 대가족 제도를 형성한 예로서 노인이 장수하는 가정의 경우 '5대가 함께 거주'하는 대가족 형태를 말함.

하면 한 달에 한 번 또는 일 년에 몇 번 중급 또는 저급 백화점 쇼핑만 가능한 농촌 또는 소도시의 저소득층도 많다. 초고소득 계층의 시장이 존재하는가 하면 초저소득 계층의 시장도 엄청나게 많다. 이는 곧 구매욕구가 있는 잠재 소비 계층은 많지만 실제 구매력이 따라가지 못하는 잠재 고객 계층들이 엄청나게 많다는 뜻이다. 구매력이 약한 이들 잠재 고객의 구매를 유도해낼 수 있는 전략이 소포장 제품 또는 초소형 포장 제품, 1회용 제품의 출시이다. 1회용 포장, 소포장 또는 초소형 포장 체제를 통한 단가 인하 효과로 저소득 계층의 수요를 흡수하고 창출하는 것이다.

실제 식품의 경우를 살펴보면 초소형 포장이나 소포장 제품이 먹혀 들어갈 확률이 매우 높아지고 있다. 왜냐하면 중국도 최근 십여 년 사이에 핵가족화 현상이 가속화되면서 가족 규모가 축소되고 있고, 더군다나 중국 정부의 강력한 정책 드라이브에 의해 1가정 1자녀 제도가 법으로 규제되고 있어 한꺼번에 많은 양의 식품을 구매할 필요가 없어져 가고 있기 때문이다. 뿐만 아니라 최근 식품 또는 농산물을 구매하는 중국 소비자들이 신선도가 높은 제품을 선호함에 따라 단기간 내 소비를 겨냥한 소량 구매가 인기가 있어 소포장 제품이 추세이다. 그런데도 메트로는 부유층 자동차족들이 교외의 먼 거리에 위치한 메트로 점포에 한 번 쇼핑하면 대량 구매를 하게 된다는 이유로 메이커들에게 대형 포장을 요구하고 있다. 그러나 부유층만을 겨냥한 판매 전략은 특정 소득 계층만 겨냥하는 면이 있어 다양한 소득계층이 존재하는 중국 시장에는 적합하지 않은 전략이다.

특히 유의할 점은 농촌 지역의 여성들을 위한 일회용 샴푸 제품의 인기가 매우 높다는 현상을 감안하면 중국 농촌 여성들의 강렬한 구매 의욕과 실제 구매력 간의 격차와 모순을 읽을 수 있다. 이들 잠재 고객들의 구매 의욕을 계속 유지하고 향후 그들을 고정 고객화를 시키기 위해서도 초소형 포장 체제를 구축하여 운영할 필요가 있다. 농촌 여성들이 오랜만에 외출을 하거나 친척 또는 친구 집을 방문하거나 각종 사회 활동에 참여할 때, 샴푸를 쓰고는 싶은데 소득이 낮아 중형 포장 제품을 살 수 없는 현실 문제를 1회용 샴푸로 해결해주고 있는 것이다. 이런 1회용 제품이나 초소형 포장 제품 전략은 많은 상품들의 포장에 적용할 수 있는 방안 중의 하나로 보여진다.[6]

(4) 복수 또는 다수 브랜드 전략을 구사하라

중국시장에서 동종의 제품에 대해 다수의 브랜드로 진출하여 성공을 거둔 사례로 자주 거론되는 것이 P&G의 샴푸 제품이다. P&G의 샴푸 제품의 경우 각 가격 수준별로 나누어 세 개의 브랜드로 출시를 하였는데 동종업계인 샴푸업계에서 1위, 2위, 3위를 독점하였다. 다수 브랜드의 위력을 과시한 좋은 사례로 보아야 할 것이다.

중국 사회가 계층별 빈부격차의 확대 및 지역 간 소득격차의 확대 등으로 인해 다국적기업들의 상당수가 복수 또는 다수 브랜드 전략을 구사하는 경향을 보이고 있다. 다국적기업의 복수 또는 다수 브랜드 전략은 이제 중국시장에서는 확고하게 자리를 잡은 추세로 볼 수 있다. 이는 중국시장에서의 각 소비계층 간의 소득격차가 확대되면서 중국시장이 여러 개의 이질적인 시장으로 분화되고 있다는 것을 의미한다. 한국의 대기업들도 자사 제품의 브랜드 전략에서 소득수준이 다른 각 계층을 겨냥한 복수 또는 다수 브랜드 전략을 구사할 것을 권하고 싶다.

중국의 화장품 시장에 진출한 많은 유명 브랜드가 상당수 복수 또는 다수 브랜드 전략을 구사하여 성공을 거두고 있다. 예로써 일본의 시세이도 화장품은 가격대를 달리하는 4종의 브랜드를 도입하고 있다. 상해시장의 경우를 보면 최고급 브랜드로는 일본에서 수입한 화장품에 붙인 시세이도 브랜드(판매량 2위)를, 고급 브랜드로는 AUPRES(판매량 1위)를, 중고급 브랜드로는 FITIT(판매량 3위)를, 중급 브랜드로는 ZA(판매량 4위)를 선보이고 있다. 위의 4종 브랜드의 판매순위를 보면 상해시장에서의 브랜드 전략은 고급 이미지로 나가야 한다는 걸 암시해주고 있다고 볼 수 있다. 중급 브랜드는 중국 내 합자기업에서 생산한 제품과 일부 수입제품이 혼합, 구성되어 있다. 동일 브랜드하의 판매량은 중국 현지 생산품이 수입품보다 우위를 차지하고 있다(65:35의 비율임). 복수 또는 다수 브랜드 전략은 적어도 중국에서는 필수적인 전략으로 보여지는데, 그 이유는 첫째, 중국 시장에서의 계층별 소비자의 소비 수준 격차가 매우 심하기 때문이고 둘째, 중국 시장의 지역별 소비자의 소비 수준 격차가 엄청나게 크기 때문이다.[7)]

---

6) 신주식 저, 《중국 비즈니스 전략 308선》, (서울 ; 고려대학교 출판부, 2003. 12. 12.), p.384
7) 신주식 저, 《중국 비즈니스 전략 308선》, (서울 ; 고려대학교 출판부, 2003. 12. 12.), p.395

(5) 단일 브랜드로 진출할 경우 고가 브랜드로 진입하라

브랜드 사업의 시작 단계에서는 고가 브랜드로 진입하되 고가 브랜드 유지가 불가능할 때는 고급 브랜드의 가격을 낮추지 말고 Second Brand로 중가(中價) 브랜드를 별도로 만들어 진입을 시도하는 것이 유리하다. 왜냐하면 중국 소비자들의 사고방식에 의하면 고가 브랜드의 가격이 일단 낮아지면 이들 브랜드를 고급 브랜드로 인정하지 않는 경향이 있고, 나중에 경기가 좋아져서 가격을 다시 올리려 할 때 반발 심리로 인한 제품 거부 현상이 상당히 강하기 때문이다. 또한 한 번 저가 브랜드로 진입하고 나면 중국 소비자들의 브랜드에 대한 이미지 때문에 가격을 올리기가 매우 어렵다.

다수 또는 복수 브랜드 전략으로 방향을 잡고자 할 때는 고가 브랜드부터 시장에 진입시키고 저가 브랜드는 나중에 진입시키는 것이 좋다. 하나의 브랜드를 고수할 때는 고가 정책에서 시작하되 가격 인하가 부득이 한 경우에는 갑작스런 인하가 아닌 소비자들이 감지하지 못할 정도로 느린 속도로 단계별로, 점진적으로 인하하는 것이 바람직하다.

> 산둥(山東)성에서 목공 기계 사업을 하고 있는 ○○사는 초기부터 고가 전략을 구사해 상당히 만족할 만한 성과를 거두었다. 이 회사는 고급 제품의 이미지를 확보한 다음 2001년부터는 중국 기업들이 자사의 제품을 모방하고 있는 제품이나 범용 제품은 가격을 인하하여 시장 경쟁력 확보에 노력하고 다른 고급화 기종 개발에 박차를 가하였다.[8)]

중국시장에서 고가 브랜드 전략을 쓰면 어떤 장점이 있을까? 우선 소비자 계층이 고소득층이라 제품 수명이 길어지게 되고 브랜드 가치가 높아져 기업 자산이 늘어난다. 이에 추가하여 대금 회수가 상대적으로 쉬워진다. 그리고 경쟁이 덜 심하여 적당한 폭의 이윤을 남기기가 쉽다. 또한 할인매장이나 백화점 또는 기타 상점에 상당한 이윤 폭을 제공해줌으로써 대금 결제상 유리한 조건을 받을 수 있다. 뿐만 아니라 대리점 체제를 도입할 경우, 대리점에게 상당 수준의 이윤을 보장해줄 수 있기 때문에 대리점들의 자사 제품에 대한 판매 집중을 유도할

8) KOTRA 편, 《중국투자현장점검》, (서울, 학림사 ; 2001. 11. 30.), pp.196~197

수 있고 유능하고 재력 있는 대리점 모집에도 유리하다. 한편, 기업 내부 인력을 확보하는 데 고급 브랜드 기업이면 유능하고 똑똑한 직원을 뽑을 수 있다. 이렇듯 고급 브랜드 이미지를 확보하면 기업의 면모가 달라지고 위상이 한층 더 높아지는 등 그 혜택은 헤아릴 수 없을 만큼 많아진다.[9]

(6) 임차료가 비싸더라도 좋은 위치의 매대를 점령하라

동일한 점포 내라 할지라도 매대가 어디에 위치하느냐는 매우 중요하다. 매대가 고객 흐름의 한복판에 있는지 아니면 매장의 코너에 위치하여 고객의 흐름에서 비켜나간 위치에 있는지에 따라 같은 제품이라도 판매량이 크게 달라진다. 따라서 매대를 좋은 위치에 잡기 위해 각 메이커는 극심한 경쟁을 벌이고 있다. 중국의 각 도시에 있는 대형 할인점의 매대를 확보하기 위해 수많은 대형 점포를 방문한 바 있었다. 각 대형 할인점의 매매 배정에 대한 기준과 원칙이 달라 매대 확보 문제에 전략적으로 접근하기가 상당히 힘들다는 것을 깨달았다. 칭다오(青島)에 소재한 어느 할인점은 그 지역의 어느 특정 메이커 한 개 브랜드만 입점을 허용하고 있었다. 칭다오 지방정부에 이를 항의했더니 법적으로 위반이 되지 않는다고 하였다. 어떻게 하면 다른 업체들의 제품 입점이 가능하냐고 물었더니, 할인점이 전체 매대를 일괄하여 특정 지역 업체에 계약, 임대해주었기에 만일 타 업체가 입점을 원하면 매대 전체를 일괄 임대한 입주 기업과 협의해야 한다고 했다. 어떻게 경쟁업체끼리 매대 계약을 협의, 체결할 수 있느냐고 항변했더니 해당 지방정부는 그렇게 할 수밖에 없지 않느냐고 했다. 매대 전체를 임대한 입주업체는 독점 사용을 원하기 때문에 일부를 타 업체에게 임대할 때는 폭리를 취할 것은 뻔한데 그게 어찌 사회정의가 될 수 있느냐고 화를 냈지만 소용이 없었다. 사실 이런 현상은 지방정부가 일방적으로 지역 기업을 비호하기 위해 고의적으로 허용한 측면이 강하다. 소위 지역보호주의가 이런 어처구니없는 상황을 야기시킨 것이다.

근무하고 있던 회사와 경쟁 관계에 있던 동종업계의 기업들은 전국 모든 시장에 판매를 전개하는 전국형 브랜드가 4개 있었고, 중국의 각 성(省)을 중심으로 성내(省內) 판매에 주력하는 성급(省級) 기업의 브랜드가 성별로 일정하지는

9) 신주식 저, 《중국 비즈니스 전략 308선》, (서울 ; 고려대학교 출판부, 2003. 12. 12.), pp.396~397

않으나 대개 8~12개 정도 출시하고 있었다. 성(省) 정부 또는 시(市) 정부는 암암리에 자신의 영향력이 미치는 일부 할인점에 압력을 넣어 성내(省內) 기업에 위치가 좋은 매대를 제공하도록 하거나 성내 기업(지역 기업)에게 전국형 브랜드보다 더 좋은 입점 조건(입점료 산정)으로 입점하도록 압력을 가하기도 한다. 따라서 중국시장에서의 매대 선정은 경쟁사 간의 좋은 매대 쟁취 경쟁에 추가하여 각종 불합리한 행정 개입으로 인해 야기되는 각종 부조리 및 매장 자체의 비정상적인 매대 운영 등 극복해야 할 사안들이 매우 많다고 볼 수 있다. 이러한 어려운 여건 속에서도 전국형 브랜드와 지역형 브랜드 등 15개사 브랜드들이 처절한 매대 쟁탈전을 벌이고 있다. 각 점포의 핵심 매대를 점유하면 판매량 신장에 대단히 유리하다. 따라서 좋은 위치의 매대를 확보하기 위해 메이커들의 유통업체에 대한 로비는 점입가경이다. 그만큼 핵심 매대의 확보는 판매의 사활을 좌우하는 요인이기 때문이다. 이와 관련하여 한국 기업들은 상점 측과 평소 유대 관계를 공고히 하고 수시로 상점으로부터의 철수를 계획하고 있는 기업 또는 매대 변경 의사가 있는 기업들에 대한 정보 수집을 게을리하지 말아야 한다. 다음의 두 사례는 매대 선정이 얼마나 중요한지 잘 말해주고 있다.

중국 시장에서 최근 벌어지고 있는 소매 채널의 핵심 매대 장악 대전(大戰)은 크게 두 가지 방향에서 진행되고 있다. 한 가지는 대형 제조업체들이 소매 지점을 매수 또는 점거하는 형태이고, 또 한 가지는 소매업계에서 연쇄점 형태의 대형 소매점 조직으로 확대하는 것이 그것이다. 중국 기업들이 미처 신경을 쓰지 못한 1990년대 초반부터 코카콜라, 펩시콜라 및 P&G는 각 소매 채널의 중요한 위치에 넓은 진열면적을 확보하는 등 이 분야에 많은 비중을 두었다. 우선 광고 전쟁에서 선두를 달리던 중국 기업이 문을 닫게 되면 이들 외자기업들이 도산된 중국 기업의 진열 판매 장소를 선점하고 도산된 기업의 광고 · 홍보 위치를 선점하는 등 발빠르게 움직였다. 사실 소매점에서의 장소와 위치는 판매에 절대적 영향을 미치기 때문이다. 메킨지 컨설팅의 베이징(北京) 총경리인 판망부오(潘望博)는 "중국 시장에서 제품 판매를 증가시키는 가장 직접적이고 효율적인 방법은 진열 위치를 제대로 확보하고 이를 장악, 컨트롤하는 것이다."라고 말했다.

상해에서 의류 사업을 하는 한국 기업 ○○사는 상해시에서 최고급 백화점에 입점한 후 매장의 위치를 선정할 때, 백화점 사장(총경리)을 직접 만나 가장 좋은 자리를 확보하기 위해 담판을 하곤 했다. 백화점 내에서 다른 의류 매장들의 매출이 30% 이상 격감했지만 ○○사의 매장은 두 배 이상 성장하였기 때문에 백화점은 제일 좋은 위치의 매장을 할애하고 VIP 공급선 대우를 해주게 되었다.[10)]

(7) 직접 입점과 대리점 경유 입점의 혼합 방식을 택하라

상해 지역 대형 할인점에서의 제품 판매를 기획할 때마다 느낀 점이 두 가지 있다. 중국시장은 seller's market이 아닌 buyer's market이라는 점과 중국시장은 유통업체의 제조업체에 대한 우위시장이라는 점이다. 중국시장이 buyer's market인 이유는 너무 많은 메이커들이 너무 많은 물량을 공급함으로써 공급과잉이 되어 나타난 현상이고 유통업체의 제조업체에 대한 우위는 중국시장에서의 열악한 운송 및 배송 인프라 환경(비용과 시간 그리고 효율면) 때문에 유통업체에서의 판매 결과가 기업 경영의 성패를 좌우하기 때문에 발생된 현상이다. 즉, 운송 · 배송 · 유통 분야에 많은 시간과 비용을 들이며 판매를 하는데, 판매가 부진하면 그대로 경영 적자로 연결되기 때문에 판매 실적이 양호한 유통업체들의 발언권과 영향력이 제조업체를 압도하고 압박한다는 것이다. 기업들의 성패의 운명이 대형 유통업체의 손에 의해 좌우되는 상황이 된 것이다. 이런 일반적인 유통 환경 이외에도 중국의 유통시장은 독특한 특징이 있다. 즉, 각 지역마다 탁월한 판매 실적을 기록하는 유통업체의 2~3개 사가 그 지역의 유통과 판매를 지배하다시피 리드하고 있다는 점이다. 외국 유통업체의 경우 까르푸가 월마트, 메트로 등 다른 외자 유통업체를 완전히 제압하고, 중국의 국유 중소 로컬 유통업체를 완전히 압도(예를 들면 까르푸 점포가 들어서게 되면 그 지역 반경 2km 이내에 위치하고 있는 재래 유통 기관은 거의 초토화됨)하고 있는 점도 이런 유통 우위 현상을 조성하는 데 일조를 하고 있다고 볼 수 있다. 중국 로컬 유통업체의 경우 2~3개 대형 유통업체가 까르푸의 아성에 도전하면서 나름대로의 입지를 구축하려고 노력하고 있다. 이렇듯 까르푸와 기타 중국의 2~3개 로컬 대형 할인매장이 유통 시장의 지배적 위치에 있다보니 이들 소수의 대형 유통업체들은 이를 이용하여 제조업체들에게 일방적인 입점 조건을 요구한다. 또 독단적으로 유통업체의 내부 제조업체 통제 규정을 만들어 이에 대한 준수를 강요하는 등

10) KOTRA 편, 《중국투자현장점검》, (서울, 학림사 ; 2001. 11. 30.), p.55

횡포를 부리고 있다.

> 상하이의 경우 대형 로컬 유통업체로 롄화(聯華)와 화롄(華聯)이 상해지역 유통시장의 일각을 차지하고 있는데, 이들의 횡포가 무지막지하다. 롄화는 상해 및 화동 지역 일대에 약 500~600개의 점포를, 화롄은 상해 및 화동 지역에 약 400~500개의 점포를 가지고 있다. 이 두 유통업체들과 입점 계약을 시도하면서 약 30~50개 정도의 중대형 점포에만 선별적으로 입점할 수 없느냐고 물었더니, 두 유통업체 모두 각각 500~600개의 점포 및 400~500개의 점포 전체에 입점하지 않는 한 계약 자체를 체결하지 않겠다고 했다. 이들 두 유통업체는 각각 30~50개의 중대형 점포를 제외하고는 모두 소형의 수백 개 점포들이 각 지역에 분산되어 있어 일일이 소량의 제품을 별도로 각 점포에 배송할 경우 배송비가 엄청 많이 발생하여 적자가 불가피한데도 말이다.

위의 사례에서 보듯 한국 기업이 중국시장에 진출하여 대리점을 경유하지 않고 점포 측과 직접 거래하게 될 때 북경 또는 상해와 같은 대도시의 경우, 대형 점포(연쇄점형 유통업체의 대형 점포 포함)만 취급한다 하더라도 최소 200~300개, 최대 500~600개 점포와 거래를 해야 되는 부담이 있다. 이 경우 30여 개 내지 50여 개 점포는 직접 거래를 하고 나머지 소형의 다수 점포들은 '소형 점포 공급 대행 전문 대리점'에 위탁하여 관리, 통제토록 하는 방법을 생각하는 것이 좋다. 일반적으로 대형 점포는 판매량이 크나 입점 조건 및 판매 조건이 불리하고, 소형 점포는 판매량은 적으나 각종 조건들이 유리하다. 혹자는 대형 점포는 기업 자체가 직접 거래하고 작은 점포들만 대리점에 위탁하여 거래할 때, 대리점들이 이에 불만을 가질 수 있다고 생각할 것이다. 그러나 지역에 따라서는 일부 소형 점포 전문 대리점들이 주로 소형 점포들을 상대로 거래하는 경우도 많기 때문에 이와 같은 조건을 받아들일 수 있는 대리점을 확보하는 것은 그리 어렵지 않다. 이들 대리점들은 소형 점포와 거래할 때 유통 기관 마진을 소폭으로 하는 조건으로 현금 거래를 할 수 있기 때문에 비교적 거래 안전을 도모할 수 있어 이런 소형 점포들과 거래하기를 선호하는 편이라 할 수 있다.

> 2001년 3월경, 하얼빈(哈爾濱)을 방문한 적이 있다. 평소 작은 규모의 소매 유통에 입점하면 판매량이 경제 규모에 미치지 못하고 운송비 및 배송비도 많이 들

어 이들 소규모 소매 유통과의 거래를 하는 대리점들이 없는지 조사에 착수하였다. 조사를 시작한 그 다음날 그런 대리점들이 있음을 발견하고 그들과의 접촉을 시작하였다. 그들과의 접촉에서 그들이 소형 매점과의 거래를 선호하는 이유를 알게 되었는데 그 이유는 다음과 같았다. 첫째, 소형 매점들과는 현금거래가 가능하기 때문이다. 점포 측이 자체 판매량이 작기 때문에 대리점들에 대해 외상거래를 제의할 명분이 없다. 둘째, 판매량에 대한 유통업체의 마진이 대형 유통업체보다 훨씬 낮아 대리점의 이윤이 상대적으로 많아질 수 있기 때문이다. 셋째, 입점 조건의 기타 제반 사항에서 대형 유통업체보다 유리하고 까다롭지 않아 공급 기업이나 대리점에게 유리하게 작용하고 있기 때문이다.

(8) 다른 유통업체의 배송 설비 및 운송 설비를 활용하는 방안

중국시장에서 유통 업무를 직접 수행해본 결과 효율성 확보가 가장 어려운 분야가 운송 및 배송, 물류 분야였다. 회사 자체가 직접 운송 및 배송, 물류 분야 업무를 수행하게 되면 인력의 효율적인 감독 · 통제가 되지 않아 부정 및 부패가 일어나기 쉽고, 이 업무를 외부 전문업체에 일임하게 되면 시간 및 비용 등에서 비효율적이 되기 때문이다. 외부 운송 · 배송 · 물류 관련 전문업체를 바꾸어 보기도 하지만 개선 효과가 별반 보이지 않았다. 시간적, 비용적, 효율적인 면에서의 낭비 요소를 제거하기가 중국적 여건을 감안할 때 결코 쉽지 않았다. 낭비 요인 제거가 쉽지 않은 주요 원인은 중국 현지의 열악한 배송 및 운송, 물류 환경 탓이다.

한국의 대기업의 경우 전국 각지에 판매 거점이 있어 물류로 인한 골치 아픈 문제가 대두되고 물류비 또한 많이 증가하게 된다. 이런 경우 물류비를 절약하기 위해 공동물류 네트워크에 참여하는 방법이 있다. 중국에서는 중 · 장거리 운송을 하게 될 때, 시내의 외곽 지역 교통 요지에 공차배화(空車配貨 ; 화물차의 빈 적재 공간을 활용하기 위해 이를 arrange하는 전문업체)라 하여 그곳을 지나는 각종 화물차의 빈 적재 공간을 알선해주는 업체와 접촉하게 되면 값싸게 운송할 수 있다. 그리고 시내 배송에서도 타 업체의 자체 배송 네트워크에 편승하여 공동 배송을 하게 되면 배송 비용을 많이 절감할 수 있다. 예를 들면, 제품 보존 기간이 짧은 제품인 냉장 제품 등을 취급하는 기업들은 일반적으로 자체 배송 차량을 갖고 직접 배송하는 경우가 많은데, 이들 기업의 배송 차량을 이용하여 자사 제품의 배송을 하는 방법이 그것이다. 중국에서는 물류 네트워크가 발달되어 있지 않아 긴급 배송이 필요하거나 예기치 못한 돌발 상황이 빈번히 발생하여 제품 보존 기간이 짧은 제품을 생산, 판매하는 기업들은 자체 배송 차량을 보유하는 경우가 많을 수밖에 없기 때문에 이와 같은 방법을 효과적으로 활용할 수 있는 것이다.[11)]

(9) 판촉 요원 채용은 오너 · 현장 · 확인 · 직접암행 경영 전략으로

판매 및 마케팅 전략을 언급할 때 느끼는 가장 큰 애로 사항은 핵심 가치가 있는 전략을 어떻게 강조할 것인가 하는 문제이다. 중국의 열악한 판매 및 마케팅 환경을 극복하기 위해서는 여러 가지 중요한 전략을 구사해야 되지만, 그중 가장 중요한 핵심적인 것이 오너 경영, 현장 경영, 확인 경영, 직접암행 경영을 실시하는 것이다. 예를 들면, 유능한 간부 인재를 채용해야 할 필요성이 있을 때 신문이나 방송매체를 통해 간부 채용 광고를 하게 되거나 헤드헌터 등의 전문 인력 소개 회사를 경유해 괜찮다고 하는 간부를 채용해보지만, 그 결과는 신통치 않은 경우가 대부분이다. 이런 채용 방식이 적어도 중국에서는 통하지 않은 이유는 다음과 같다.

첫째, 이런 방식의 채용은 채용하게 될 간부를 직접 겪어보지 않았고 그와 함께 업무를 수행해보지 않았기 때문에 그의 능력을 직접 확인해보지 않았기 때문이다. 중국에서는 직접 목도하고 목격했거나 경험하고 체험하지 않은 것은 믿지 말라는 말이 있다. 그저 소문으로 듣거나 다른 사람으로부터 설명을 듣거나 어떤 사람의 추천을 받아 알게 되거나 응모자 자신의 자기 소개에 의해 채용하는 경우 자주 실패를 경험하게 된다. 이와 같은 실패를 예방하기 위해서는 직접 관리, 사용하게 될 사람(오너 경영)이 인력 시장 또는 일반 시장(현장 경영)에서 직접 관찰하고(직접암행 경영) 자신의 눈과 귀로 목도하고 목격한(확인 경영) 결과에 의거 채용을 결정해야 채용 과정에서의 오류나 과오를 방지할 수 있다.

둘째, 중국시장에서만큼은 반드시 오너와 함께 본사 사무실에서 같이 근무하는 경우, 본사의 인사 명령에 의해 오너의 감독 범위를 떠나 지방으로 파견되어 홀로 근무하는 경우, 일부 소수의 인원으로 구성된 지방 조직에 근무하는 경우를 확실히 구분하여 채용 기준과 채용 조건도 달리해야 한다. 이것이 대만을 포

---

11) 신주식 저, 《중국 비즈니스 전략 308선》, (서울 ; 고려대학교 출판부, 2003. 12. 12.), p.407

함한 중국 인사 관리 전문가의 충고이다. 많은 중국인 인사 관리 학자들이 지적하는 중국인들의 특징 중의 하나가 상사나 감독자의 통제 범위 안에서 일할 때는 성실하고 부지런하나 통제 범위 밖에서 일할 때는 게을러지는 경향을 보인다는 점이다. 따라서 본사 조직과는 달리 1인 단독 근무 또는 소수 인원이 근무하는 지방 조직에 파견할 인력이 첫 번째로 갖추어야 할 덕목은 누가 보든 보지 않든 혼자 묵묵히 일을 사랑하며 일을 좋아하고 일에 빠져 일에 몰두할 수 있는 성격과 조건을 가진 그런 사람을 선택해야 한다. 또한 선천적으로나 태생적으로 자기 희생과 자기 봉사에 대한 소명의식 또는 사명감을 가지고 있는 사람을 선택해야 한다. 우리 한국 기업들은 중국 투자 기업 경영에서 중국 각 지방에 파견할 인력을 선발할 때 이런 조건을 제대로 갖추고 있는지 여부를 꼼꼼히 챙겨야 할 것 같다.

여기서 사명감과 소명의식을 갖고 있으면서도 일 자체를 사랑해 회사의 경영에 엄청난 도움을 줄 수 있는 핵심 직원을 채용하기 위해 오너 경영, 현장 경영, 확인 경영, 직접암행 경영을 마다하지 않는 ○○사의 사장의 사례를 소개하기로 한다.[12)]

○○사의 사장은 지방 판매 조직의 조직원들의 근무 태도가 매우 불량하고 연고 채용 방식의 조직원 채용으로 인해 각종 폐해가 많이 있다는 점을 알았다. 연고 채용의 폐해를 파악한 사장은 23개 지역을 암행 감사하면서 철저히 현장 상황을 낱낱이 살피기 시작했다. 우선 암행 감사의 첫 조사는 판촉 요원이 근무 시간 중에 근무 장소에 있느냐는 것이었고, 그 다음으로 점포에 들어가서 점포 매대에서 50미터쯤 떨어져 있는 지점에서 자사 판촉 요원의 근무 태도를 30분 정도 세밀히 관찰하는 것이었다. 자사 제품의 매대의 위치는 자사 제품의 포장 라벨 색깔이 독특하기 때문에 쉽게 식별이 되었고, 매대 곁에 서 있는 판촉 요원이 자사 사람이기 때문에 멀리서 관찰하여도 식별이 용이하였다. 고객이 지나가는데도 옆의 판촉 요원과 잡담하거나 고객에게 무관심한 지 여부를 30여 분간 관찰하고 난 다음 매대가 있는 장소로 접근하였다.

자신을 대만 기업인이라고 소개하고 이 지역에 해당 제품을 생산하는 공장을 건설하려 하는데 공장 건설 전에 판매 상황을 조사하기 위해 출장을 왔노라고 소

12) 신주식 저, 《중국 비즈니스 전략 308선》, (서울 ; 고려대학교 출판부, 2003. 12. 12.), p.413~424

개하였다. 그런 다음 판촉 요원들에게 각 메이커별 판매량을 물었다. 대부분의 지역에서는 판촉 요원의 90% 정도가 상업상의 기밀 문제에 개의치 않고 솔직하게 대답해주었다. 다만 상하이(上海)시와 같이 개방 수준이 높은 지역에서는 솔직하게 대답해 주는 확률이 70% 정도이고 나머지 30% 정도는 상업 기밀이라는 이유로 거절하였다. 점포당 판촉 요원들의 인원 수는 대형 점포의 경우는 10~15명 정도 되고 소형 점포인 경우는 평균 5~10명 정도 되었다. 그런데 이상한 것은 거의 대부분의 판촉 요원들은 경쟁사들의 월 평균 판매액을 정확히 기억하고 있기 때문에 판촉 요원들이 제공하는 정보는 대단히 정확하였다고 한다. 사장의 이야기로는 상점에서 매월 기업별 판매액을 각 판촉 요원들에게 알려주었다고 한다.

이렇게 전국의 23개 도시에 있는 2,150여 개 점포에 대해 메이커별 월 평균 판매량을 1년여에 걸쳐 모두 조사하였다. 그런데 사장은 조사된 자료에서 우연히 자사 점유율과 자사 판촉 요원의 능력 간에 어떤 기준이 있는 것을 발견하였다. 즉, 자사 제품의 점유율이 12% 이상이 되는 판촉 요원은 2% 정도였고, 점유율이 8%~12% 정도를 차지하는 판촉 요원은 5% 정도였으며, 점유율이 5%~8% 차지하는 판촉 요원은 12% 정도였다. 그 다음 점유율이 3%~5% 정도인 판촉 요원의 비율은 16% 정도였고, 점포율이 3% 미만인 판촉 요원은 나머지 65%였다. 사장은 점유율에 따라 이들을 최우수 판촉 요원(A급, 2%), 우수 판촉 요원(B급, 5%), 보통 수준의 판촉 요원(C급, 12%), 표준 미달 판촉 요원(D급, 16%), 불합격 판촉 요원(E급, 65%)으로 분류하였다.

이와 같은 자료는 ○○사에게 판촉 요원들을 어떤 기준에 의거 관리하고 통제할 수 있는가의 근거를 제공한 셈이어서 ○○사의 판매량 제고와 시장 점유율 제고에 엄청난 기여를 하였다. 사장은 먼저 각 시장에서 E급 중에서도 점유율이 가장 낮은 판촉 요원을 한 명씩 골라 해고 조치하였다. 최하위 1명씩의 해고 조치는 타 판촉 요원들의 분발과 긴장감을 불러일으켜 타 판촉 요원들의 판매 실적을 증가시키는 데 큰 역할을 하였다. 특히 E급과 D급의 판촉 요원들은 초긴장 상태가 되었고, 심지어는 C급 및 B급의 판촉 요원들까지도 상당히 긴장하면서 판촉 활동에 더욱 박차를 가하게 되었다. 이미 이런 기준에 의해 한 사람씩 해고시키겠다고 선언하였기에 혹시 다음에는 자기 차례가 아닌가 하고 긴장하는 것은 당연했다.

또한 사장은 ○○사의 A시의 11개 점포 중에서 시장 점유율이 가장 낮은 런런러(人人樂)와 E급으로 분류된 짜러베이짜오(家樂北郊) 점포의 판촉 요원을 해고

> 하고 며칠 전에 영입한 A시 최고의 우수한 판촉 요원 두 사람을 런런러와 쨔러베이쨔오 점포에 투입하였다. 그 결과 5주 동안의 판매액이 과거 판촉 요원의 판매액보다 런런러는 4배 이상, 쨔러베이쨔오는 2배 이상의 신장을 가져왔다. 이에 따라 ○○사의 기존의 우수한 판촉 요원들조차도 긴장하게 되었고 판촉 활동을 더욱 활발하게 하는 효과를 낳았다. 즉, 쨔러베이쨔오 점포의 판촉 요원은 자신의 종전 주별 실적에 비해 평균 40% 정도가 증가되었고 다른 점포의 주별 판매액도 크게 늘어났던 것이다. 결국 ○○사의 A시의 월별 총 판매액은 종전의 2배 이상 신장하였다.

위의 사례에서 우리는 두 가지 기억해야 할 사항이 있다. 첫째는 중국 투자기업의 판매 조직은 그 구성원에 대한 관리 및 통제를 각 지역의 현지 간부들에게 맡겨두면 상상을 초월하는 비효율의 나락으로 떨어질 수 있다는 점이다. 또 다른 한 가지는 각 지방 판매 조직을 효율적으로 관리하기 위해서는 직원들에 대해 개인별로 업적 관리를 할 수 있는 기준을 갖고 그 기준에 따라 사장이 직접 나서서 철저히 관리하면 종전의 판매액의 2배 이상 끌어올릴 수 있다는 점이다.

A시의 판매액이 2배 이상 증가한 원인은 두 가지가 있다. 한 가지는 판촉 요원 개인별 관리를 가능케 한 관리 지표를 사장이 1년 이상을 비행거리 13만 킬로미터를 기록하며 전국 23개 도시 2,150개 상점을 직접 누비는 천신만고 끝에 직접 만들 수 있었다는 점과 또 한 가지는 사장이 A시에서 가장 유능한 판촉 요원들을 직접 선발할 수 있는 능력을 가졌다는 점이다. 그런데 위의 사례에서 독자들은 한 가지 의문을 제기할 수 있을 것이다. 그것은 다름 아닌 ○○사의 사장이 어떻게 짧은 기간 내에 A시에서 가장 우수한 판촉 요원을 어떤 방법을 써서 물색할 수 있었는가 하는 것이다. 일반 평균 수준보다 약간 나은 판촉 요원은 사장이 조금만 신경을 쓰면 구할 수 있을 것이다. 그러나 위의 사례에서 보듯 ○○사의 사장이 물색한 신규 2인의 판촉 요원은 타의 추종을 불허하는 A시의 최고 우수 판촉 요원들이었다.

○○사의 사장의 말을 빌어 A시에서 최고의 판촉 요원을 구한 비결을 살펴보도록 하자.

> 나는 중국시장에서 가장 우수한 판촉 요원을 구하기 위해 먼저 어느 기업의 판촉 요원들의 자질이 우수한지를 판단하였다. 그 방법은 여러 가지가 있는데 중국

에서는 판촉 요원에 대한 컨트롤이 어렵기 때문에 일반적으로 평소 가장 긴장을 많이 하면서 판촉하는 제품이나 업종의 판촉 요원을 먼저 생각하였다. 제품의 보존 기간이 짧으면 짧을수록 그 제품을 판매하는 판촉 요원들은 자연히 긴장을 많이 하게 되고 판촉 활동도 열심히 하기 때문이었다. 그렇다면 보존 기간이 짧은 제품은 두말할 것도 없이 우유나 식빵 등의 분야가 될 것이었다. 이들 품목을 취급하는 몇 개의 우량 기업을 선정하여 각 기업이 보유하고 있는 판촉 요원들의 판촉 활동 능력을 현장에서 자세히 관찰하였고, 그 기업의 판촉 요원을 관리하는 판촉 주관을 만났다.

해당 기업의 판촉 주관을 먼저 만난 이유는 그 기업의 판촉 요원 수십 명 중에서 누가 제일 능력 있는 판촉 요원인지를 확실히 알고 있는 사람이 판촉 주관이었기 때문이다. 하여튼 나는 일류 호텔로 판촉 주관을 불러내어 일본식 요리를 대접하면서 그가 거느리고 있는 수십 명의 판촉 요원 중에서 누가 가장 재능이 뛰어난지를 물었다. 물론 그때 판촉 주관은 나의 물음에 대해 의아해했고 머뭇거렸다. 그때 당신도 월급쟁이인데 언제 구조조정될지, 아니면 언제 해고될지 모르지 않느냐고 하면서 당신이 제일 아끼는 최우수 판촉 요원을 내게 넘겨주면 나중에 내가 도움을 줄 수 있을 것이라고 말을 했다. 즉, 당신이 지금의 회사를 떠나게 될 때, 당신이 우리 회사에 입사할 수도 있고 아니면 내가 다른 대만 기업에 입사할 수 있도록 소개해 주겠다고 했던 것이다.

이쯤 되면 판촉 주관의 반응은 세 가지 형태로 나타난다. 첫째 유형은 판촉 주관인 나도 실적에 따라 보너스가 달라지는데 제일 우수한 판촉 요원을 넘겨주면 곤란하다고 하는 부류이다. 두 번째 유형은 내 밑에서 일하는 최우수 판촉 요원을 넘겨주기는 곤란하지만 그에 못지않은 능력을 가진 다른 판촉 요원을 소개하는 부류이다. 이런 부류는 대개 그 판촉 요원의 전화번호와 연락처를 자세히 소개해주는 친절까지 베푼다. 세 번째 유형은 확실히 밀어주는 유형으로 자신이 관리하고 있는 최우수 판촉 요원의 이름과 전화번호를 주면서 자기는 모르는 체할 테니 당신이 수단껏 스카웃해 가라고 하는 부류이다. 이 부류는 임금이 얼마 정도 되어야 스카웃이 가능할 것이라는 말과 나중에 자신이 지금의 기업을 떠나게 되면 당신 회사에 취직을 부탁한다는 말을 덧붙이는 것도 잊지 않는다.

어쨌든 나는 이렇게 해서 A시에서 최고로 우수한 판촉 요원 두 명을 구하여 런런러와 쨔러베이쨔오 두 점포에 파견하였다.

○○사와 같은 사례는 우리나라 기업 사장들이 중국 비즈니스를 추진할 때

반드시 기억하고 참고하여야 할 사항이다. ○○사로 입사하여 첫 주부터 최선을 다해 판촉 활동을 한 그들이 기존의 우수 판촉 요원들의 실력을 능가하는 것은 어찌 보면 당연하다 할 것이다. 이들 신규 판촉 요원의 우수한 판촉 업적은 기존 판촉 요원들을 자극시키고 경종을 울리면서 전체 비즈니스를 한 단계 올렸음은 물론이다. 우리는 여기서 이 책의 앞부분에서 언급한 바와 같이 중국 비즈니스는 오너 경영, 현장 경영, 확인 경영, 직접암행 경영을 전제로 할 때에만 성공할 수 있다는 주장이 틀리지 않다는 점을 이해할 수 있을 것이다.

중국 시장에서 자동차로 3시간 이상 걸리는 거리에 여러 개의 판매 조직이 있으면 본사는 필히 이들 조직을 엄격하게 관리할 방안을 시급히 마련해야 한다. 여기에는 주재원들이 암행 감사를 수시로 하여 근무 상태를 점검하고(예를 들면, 판매 현장 도착 후 50여 미터 떨어진 곳에서 30분 이상 서서 판촉 요원의 근무 상태를 암행 점검하는 등) 각 지역별, 매장별로 판매 점유율을 파악하여 그 점유율에 의거 점원, 판매 사원, 판촉 요원의 능력을 평가하는 시스템을 도입하여야 한다. 중국 사업에 있어 가장 중요시되어야 할 분야가 판매 분야로 점원, 판매 사원, 판촉 요원들 모두가 자신의 잠재 능력의 100%를 발휘하게 하는 것이다. 그만큼 중국의 판촉 요원들이 나태하다는 이야기이다. 그들의 적극성과 부지런함이 사업의 성패를 좌우한다고 봐야 한다.

(10) 판매 직원들의 능력을 판가름할 수 있는 지표 만들어 활용

판매 조직을 구성하고 판매 요원 각자의 능력을 십분 발휘하도록 하기 위해서는 판매 요원 각자의 잠재 능력을 일깨워주는 것이 매우 중요하다. 여기서 말하는 잠재 능력이란 '인간이 소유하고 있는 능력의 모든 것'을 의미한다고 볼 수 있다. 그런데 인간의 잠재 능력은 변하는 것일까? 변화한다면 그 변화를 이끌어내는 원동력은 무엇일까? 인간의 잠재 능력은 변화하는 것으로 본다. 그리고 그 변화의 원동력은 교육과 훈련이다. 이러한 잠재 능력의 총량은 민족, 계층, 연령, 성별, 교육 정도, 훈련 정도 등에 따라 달라질 수 있다. 인간이면 누구나 개인주의와 이기주의를 지니고 있다. 이런 개인주의나 이기주의 요소 때문에 인간은 자기 희생을 해야 할 때는 명분을 생각하고 자신에게 돌아올 후과(後果)를 생각하면서 약간은 계산적으로 행동하기 마련이다. 기업 CEO는 인간의 이러한 계산적인 행동 양태를 철저히 극복하고, 직원 모두가 자신의 잠재 능력을

1%라도 남김없이 다 발휘할 수 있도록 하게 하는 능력을 가져야 한다. 잠재 능력은 위에서 설명한 바와 같이 민족, 계층, 연령, 성별, 교육 정도, 훈련 정도 등의 변수에 따라 달라질 수 있기 때문에 각 변수 중 어떤 변수를 어떤 방식으로 자극하느냐가 중요하다. 한국인이라면 한국인 특유의 신바람 문화를 활용할 수 있겠고, 서양인이라면 돈을 활용하여 전력투구를 하게 할 수 있을 것이다. 그렇다면 중국인은……? 이 물음에 대한 해답은 최적의 정확한 평가 표준 마련과 이에 대한 충분한 금전적인 보상이 수반되어야 한다. 이런 금전적인 관점에서 보면 중국인은 같은 동양인임에도 불구하고 한국인의 특징과 가깝지 않고 미국인의 특징과 가깝다.

앞서 소개한 ○○사의 전략과 방안을 중국 투자 기업의 광고, 홍보, 판촉, 판매, 배송, 운송, 물류 등 모든 분야에 적용할 수 있다고 생각한다. 이런 방법이 확실한 근거에 의해 엄격히 집행되면 중국 종업원들로서는 이의를 제기하거나 반발할 수 없을 것이다. 왜냐하면 그 근거가 되는 기준이 사장 자신이 직접 중국 전역 23개 도시 2,150여 개의 점포를 돌아다니면서 확인, 수집된 자료에 의해 만들어졌기 때문이다. 이런 전략을 철저히 수행할 수 있다는 의미는 오너인 사장의 희생과 철저한 현장 정신을 전제로 할 때만이 가능하다. 중국 비즈니스의 모든 면에서 이러한 현장 경영과 직접행동 경영이 가능하다면 중국 비즈니스는 100% 성공이 보장될 것이다.

(11) 최고의 직원은 오너가 직접 현장으로 나가서 구하라

기업들이 일반적으로 인력을 채용할 때는 신문이나 방송의 채용 광고에 의존한다. 그러나 중국시장에서의 인력 채용은 인사과장이나 인사부장이 아닌 대표이사, 지점장, 법인장이 직접 현장을 누비면서 현장 정보에 기초한 동업종 · 동업계 최고의 인재를 찾아야 한다. 일반적으로 최고 능력의 재사(才士)는 채용 광고에 응모하지 않는다. 소속 회사의 사장이 그를 놓아줄 리 만무하기 때문이다. 따라서 그를 스카우트하기 위해서는 시장에서의 현장 정보에 의존해야 한다. 사장이 나서지 않고 부장이나 이사가 나서도 안 된다. 이런 귀중한 재사에 대한 정보는 VIP의 현장에서의 움직임 속에서만이 잡히게 된다. 재사에 대한 정보를 갖고 있는 자들이 재사를 갈망하는 사장(VIP)의 파격적인 직접 현장 행보에 감동을 받아야 귀중한 정보를 내놓게 된다. 그래서 재사에 대한 정보는 사장은 얻을 수 있어도 인사부장이나 인사담당 이사는 구할 수 없다.

정보가 범람하고 수많은 헤드-헌터 회사들이 즐비한 오늘날의 정보 환경 속에서도 진정한 재사들은 정보망에 잘 잡히지 않는다. 중국시장에서는 더욱 그렇다. 하지만 중국시장에서의 이러한 현지 직원의 재사 한 사람은 삼국지에 나오는 제갈공명과 같은 역할을 한다. 그가 있음으로 해서 그 기업의 경영 성공 확률은 상당히 높아질 수 있다. 사장이 현장에서 많은 시간을 투입해 특출한 재사를 구하기 위해 동분서주하는 것이 원시적인 것 같지만 사실은 그렇지 않다.

앞에서 언급한 대로 ○○사 사장은 그 지역 최고의 판촉 요원을 확보하기 위해 그 지역 최고의 판촉 요원 부대를 거느리고 있는 기업의 판촉 주관을 만나 담판하였다. 다른 한국 기업체 사장들도 눈여겨볼 가치가 있는 인재 확보 전략이다. 적어도 외자기업에게 있어서만은 중국 비즈니스는 곧 사람이다. 판매 조직 구성원이 어떤 능력을 지니고 있느냐에 따라 그 판매 조직 성패의 대부분이 결정된다. 앞의 사례의 ○○사의 사장과 같이 투자 기업 사장이 직접 전략을 구사할 수 있을 때 그 기업의 대중 투자는 성공 확률을 지금보다 훨씬 높은 수준으로 끌어올릴 수 있다.[13)]

(12) 중소기업의 경우 동시에 2개 이상의 시장을 개발하지 말라

중국시장에서 동시에 (시차를 두지 않고) 두 개 이상의 시장 또는 도시를 개발하겠다는 욕심은 부리지 말라. 중국시장은 중국 정부의 각종 규제, 중국 소비자들의 경제적 국수주의 행태, 중국 사회의 비정상적 작동 원리 때문에 많은 변수들이 뒤얽혀 부정적 결과가 나타날 확률이 상당히 높다. 그래서 외자기업들이 중국시장에 투자하여 성공할 확률은 그리 높지 않다. 따라서 중국 시장은 중소기업의 경우 단계별로 하나하나의 시장을 순차별로 개발하지 않고 동시에 2개 이상의 시장을 개발하게 되면 자금, 인력 등의 부족과 해당 시장의 개발 작업 완료의 고난도성(중국 시장의 미성숙성에 기인) 때문에 실패할 가능성이 높아질 수밖에 없다.

자사 제품을 많이 판매함으로써 조기에 공장 가동률을 정상화하겠다는 욕심이 지나친 나머지 여러 시장을 동시에 공략하려고 하면 부작용과 후유증을 맞게

---

13) 신주식 저, 《중국 비즈니스 전략 308선》, (서울 ; 고려대학교 출판부, 2003. 12. 12.), p.425

될 가능성이 커진다. 능력이 부족해서가 아니라 판매 시장이 여러 곳으로 확대될 때는 여러 지역의 조직 효율을 단기간 내에 모두 일정 수준 이상으로 끌어올릴 수 없는 중국적 환경 때문이다. 본사에서 최선을 다해 지원한다 해도 한 지역의 판매만을 정상화시키는 데도 힘이 벅찬데 하물며 여러 시장을 동시에 공략한다는 것은 현지 인력들의 능력과 근무 자세를 고려할 때 거의 불가능에 가깝다고 해야 할 것이다. 따라서 중국 비즈니스는 가급적이면 하나의 시장에서 승부를 걸고 성공을 한 다음에 제2시장의 진출을 시도해야 한다.[14)]

모 외자기업이 중국 진출을 하고 난 후 줄곧 션양(沈陽)지역에서만 집중 판매를 함으로써 성공한 사례가 있다. 특정 지역 한 개 시장에만 판매를 집중함으로써 성공적인 중국 진출의 훌륭한 모델로 등장한 것이다. 특히 중국 측 파트너와의 합작으로 당시 션양 지역 1개 도시에 집중한 판매 전략은 중국을 제대로 알고 진출한 사례로 꼽히고 있다. 그 성공 요인은 아래와 같이 정리될 수 있다.

첫째, 특정 지역의 한국과의 특수 관계를 활용하기 위해 한국 제품에 대한 선호도가 높은 션양 지역에 진출하였다. 특히 당사가 채택한 저가 가격 정책을 도입하고, 소규모 투자로 투자 리스크를 최소화하였을 뿐만 아니라 션양이라는 1개 도시 시장을 중심으로 판매 역량을 단일 소형 시장에 집중하고 타 지역으로 확산시키지 않았던 전략이 맞아 떨어졌던 것이다.

둘째, 션양 지역에의 진출에서 저가 정책으로 고급 브랜드로서의 이미지 확보의 실패가 불리한 점으로 작용하였으나 단일 도시 시장에서의 생산 및 판매, 마케팅 분야에서의 경험은 중국시장 본격 진출을 위한 풍부한 노하우와 올바른 전략 수립에 긍정적인 영향을 미쳤다. 뿐만 아니라 기업의 자금 사정이 여의치 않을 때, 중국 투자에서 소규모 투자로 경험을 쌓는 것이 필요하다는 점을 알고 있었고, 어떻게 하면 적자를 피할 수 있는지를 이미 숙지하고 있던 터라 향후 중국 진출에 대한 자신감이 사내에 충만했던 것으로 판단된다. 션양과 같은 지방 도시에서의 성공을 바탕으로 본격적으로 상하이와 같은 대도시 진출을 시도하면서 비로소 공장다운 공장을 건설하는 전략이 돋보인다. 대도시 핵심 시장에서 프리미엄 백화점에만 진출하기로 결정한 것 역시 중국시장을 세계 전략의 일환으로 보는 각도에서 판단할 때 옳은 전략, 옳은 선택으로 볼 수 있다.

14) 신주식 저, 《중국 비즈니스 전략 308선》, (서울 ; 고려대학교 출판부, 2003. 12. 12), pp.425~426

한 개의 시장에만 진출하여 성공한 또 하나의 한국 기업이 있다. 이 기업도 당초엔 하얼빈뿐만 아니라 챵춘(長春) 및 션양(沈陽)까지 영업 시장을 확대하였다가 손익 상태가 확대되자 하얼빈 한 곳으로만 집중하여 회생에 성공하였다. 동양 초코파이 사례를 보더라도 초기 베이징(北京)과 티엔찐(天津)를 중심으로 한 화북지역에 판매를 집중함으로써 불필요한 경비와 노력의 낭비를 방지할 수 있었던 것이 성공 요인이 되었다.

투자 초기 단계에는 대형 시장 1개소에 판매를 집중하고 성공하기 전까지는 제2시장 진입을 시도하지 말아야 한다. 원거리 시장의 판매 관리는 자칫 잘못하면 부실을 초래하기 쉽다. 중국의 씨아하이따오(夏海鈞) 교수는 시장 개발을 점진적으로 천천히 하면서 기업의 판매 능력의 발전과 보조를 맞추는 것이 중요하다는 점을 강조하기 위해 용수언타이마이야(永順泰麥芽) 그룹의 시장 개발 원칙에 관한 사내 구호를 소개하였다. 이는 '공고광동, 온주화동, 개척서남(鞏固廣東, 穩住華東, 開拓西南)'으로 우선 광동(廣東)성 시장을 공고히 다지고, 그 다음 화동(華東) 시장을 안정화시키고, 나중에 서남(西南) 시장을 개척한다는 뜻이다. 너무 서두르다보면 어느 시장도 제대로 장악할 수 없다는 뜻이다.[15] 초기 단계에서의 전국적인 판매망 구축 또는 중국시장 전체의 2분의 1이나 3분의 1을 차지하겠다는 야심찬 시장 구축 의도는 실패를 자초하게 된다.

(13) 직접 판매 체제로 대리점 체제를 피하는 전략[16]

직접 판매 체제를 운용할 능력(인력 및 정보 · 조직 능력)이 있다면 가급적이면 직접 판매 체제로 하고 대리점 체제를 피하라는 것이다. 이 말을 설명하기 전에 그 내용을 정확히 파악하기 위해 우선 몇 가지 관점에서 분명히 정의할 필요가 있다.

첫째, 직접 판매 체제를 운용할 인력 능력은 한국인 사장 및 간부들이 중국 직원들과 중국어로 커뮤니케이션하는 데 전혀 지장이 없는 정도의 중국어 구사 능력을 의미한다. 정보 능력은 시장 현장에 필요한 정보를 수집할 수 있는 정보 수집망의 구축 능력과 중국 정부 관료들과의 교분과 친분을 활용하여 정부 정책

15) 夏海鈞 著, 《MBA 中國企業案例》, (중국, 베이징 ; 中信出版社, 2000. 10.), p.161
16) 신주식 저, 《중국 비즈니스 전략 308선》, (서울 ; 고려대학교 출판부, 2003. 12. 12.), pp.436~445

의 설정 방향과 전망 등에 대해 나름대로 판단할 수 있는 능력을 의미한다. 마지막으로 조직 능력은 간부들이 효율의 조직을 구축할 수 있는 테크닉과 기량을 소지하면서 조직 상호 간의 경쟁 심리 유발에 탁월한 능력을 발휘할 수 있도록 지원하는 시스템의 구축 능력 등을 의미한다. 둘째, 여기서 얘기하는 직접 판매 체제와 대리점 체제의 개념을 분명히 해두는 것이 독자들의 이해를 돕는 데 필요할 것 같아 이를 간단하게 설명하고자 한다. 직접 판매 체제란 기업이 상점이나 매장에서 자사 제품을 판매할 때, 운송 · 물류 · 배송 · 판촉활동 · 상점과의 회계정리 · 홍보 · 판촉요원 관리 등의 제반 업무를 기업 스스로가 책임지고 처리하는 것을 의미한다. 반면에 대리점 체제란 상기 제반 업무를 대리점에게 위탁하고 대리점에서 이를 수행하고 기업과 대리점 간에 약정한 계약에 의해 일정한 대가를 기업체로부터 수취하는 형태를 말한다. 다시 말하면 직접 판매 체제란 자신이 직접 상점이나 매장과 계약을 체결하고 자신이 직접 제품을 배송, 판매하는 것을 의미하고, 대리점 체제란 기업이 각 지역에 대리점을 지정하고 대리점으로 하여금 상점이나 매장과 계약하고 기업을 대신하여 제품을 배송, 판매하는 것을 지칭하는 것임을 미리 밝혀둔다.

조사한 바에 의하면 M사는 중국 화북 및 동북 지역의 10개 도시에서 10개의 대리점 체제를 구축하고 있었는데, 제대로 영업을 하여 판매액이 일정 규모에 도달하고 흑자를 내는 곳은 단 한 개의 대리점, 즉 타이위엔(太原)밖에 없었다고 한다. 또 하나의 L기업은 중국에 약 70여 개의 대리점 체제를 구축하고 있었는데, 그중에서 흑자를 내면서 정상적인 규모의 외형을 올리는 곳은 단 4개 대리점밖에 되지 않았다고 한다.[17] 다음의 사례들을 살펴보자.

상해 시장에서의 화장품 업체들의 영업 시스템 전략을 보면 대체로 일본 기업들은 대부분 직접 판매 체제를 채택하고 있고, 유럽 및 미국 기업들은 대리점 체제를 채택하고 있는 경향이 있다. 또 한 가지 특기할 만한 현상은 직접 판매 체제를 유지하고 있는 기업이 대체적으로 대리점 체제를 유지하고 있는 기업을 압도하고 있다는 것이다. 이는 곧 중국 화장품 시장에서 직접 판매 체제를 선호하는 일본 기업이 프랑스 기업의 독주를 견제하고 거의 대등하게 경쟁을 하고 있는 원인이 되고 있다. 한 가지 이채로운 것은 유럽(프랑스) 브랜드 중 상해 시장에서

17) 신주식 저, 《중국 비즈니스 전략 308선》, (서울 ;고려대학교 출판부, 2003. 12. 12.), p.436

최강자의 하나로 꼽히는 Loreal 브랜드, 일본 브랜드 중 상해 시장에서 독보적인 존재인 시세이도, 한국 화장품 기업 중 중국 시장에서 가장 선두를 달리고 있는 아모레 화장품 등 3개 브랜드가 모두 직접 판매 체제 위주의 판매 시스템을 유지하고 있다는 것이다. 특히 Loreal과 아모레는 직접 판매 위주의 전략에다 대리점 체제의 특성 중의 하나인 '물류 협력 파트너' 시스템을 가미한 혼합 체제로 성공을 거두고 있는 점이 눈길을 끌고 있다.

휴대폰 메이커 중 외자기업이 중국 휴대폰 메이커와의 경쟁에서 고전하고 있는 이유 중의 한 가지가 중국 기업들이 직접 판매 체제 위주의 전략을 구사하고 있는 반면, 외자기업들은 대리점 체제 위주의 판매 전략을 구사하고 있기 때문이다. 외국 기업은 대리점 체제 위주의 판매 조직 전략으로 인해 대리점 상호 간의 영역 침범 및 시장 중복 현상으로 인한 악성 경쟁 환경 조성, 물류 · 유통 · 배송에 대한 통제력 상실, 물류 · 운송 · 유통 관련 구성원의 충성심과 성실성 문제가 매우 심각하다. 중국 기업들은 대부분 가전업체들이 휴대폰 산업에 뛰어든 관계로 유통 경로, 판매 네트워크 및 A/S 분야가 이미 구축되어 있어 외자기업들의 대리점 체제로는 그들과의 경쟁이 쉽지 않다.[18)]

상해(上海)시에 투자한 한국 기업 A는 의류 사업을 하고 있는데 현재 한국 직원 12명, 현지 직원 500명 정도로 구성되어 있다. 자체 생산 외에도 중국 내 약 500여 개 공장에 하청을 주고 있을 만큼 실력 있는 회사이다. 매장은 전부 직영 매장으로 위탁 판매나 대리점 판매는 하지 않는다. 현재, 상해, 무석, 항주, 북경, 천진, 장춘, 하얼빈, 심양, 남경 등 9개 도시에 60여 개의 매장을 가지고 있다. 상당히 성공적임은 두말할 여지가 없다.[19)]

위의 사례에서 보듯 일반적으로 중국시장에서는 대리점 체제보다는 직접 판매 체제가 효율적이다. 그러나 외자기업으로서는 직접 판매 체제를 운영할 능력이 없는 경우가 많아 대리점 체제를 도입하지 않을 수 없는 것이 현실이다. 중국의 국유기업들도 예외는 아니다. 전형적인 예로서 중국의 유명 브랜드에 속하는 칭따오(靑島) 맥주도 대리점 체제를 취하다 결국 대리점 체제와 직접 판매 체제의

18) 盧泰宏 主編, 《行銷大中國》, (臺灣, 臺北 ; 時報文化出版企業有限公司, 2001. 9.), pp.73~77
19) KOTRA 편, 《중국투자현장점검》, (서울, 학림사 ; 2001. 11. 30.), p.53

혼합 체제로 끌고 가면서 기업 정상화를 이룬 사례이다.[20] 이처럼 중국 국유기업들 중에도 대리점 체제를 포기하고 직접 판매 체제로 전환하면서 성공한 사례들이 많다. 또 아래에서 설명하는 사례 연구에서도 직접 판매 체제가 대리점 체제보다는 유리하다는 사실을 입증하고 있다.

대만의 많은 기업들의 얘기를 참고하면 직접 판매가 훨씬 더 효율적이라는 통계가 나온다. 또한 중국 기업 중에서도 광동성의 우양본티엔(五羊-本田)이라는 오토바이 생산업체도 대리점 체제에서 직접 판매 체제로 전환하면서 판매 효율이 제고되어 경쟁사와의 경쟁에서 유리한 고지를 점령하였다.[21] 다음은 2001년 3월 H 제품을 생산하는 산업계의 경쟁 상황을 조사한 사례 연구이다.

H 제품의 경우, 실력이 엇비슷한 중국업체 2개사가 거의 대부분의 시장을 장악하고 있었다. 그중 S사는 대리점 체제 위주의 판매 체제를, 다른 W사는 직접 판매 체제 위주의 판매 체제를 채택하여 경쟁한 결과 직접 판매 체제 위주의 판매 체제를 채택한 W사가 판매 경쟁에서 완전 승리하였음을 발견하였다.

먼저 조사한 양사의 지역별 판매 체제 선택 상황을 보도록 하자. W사는 각 시장에 따라 채택한 판매 체제가 다르나 대체로 기업 자신이 상점 또는 매장과 직접 판매 계약을 체결하고 자사가 직접 제품을 배송, 진열, 관리를 하고 있었으며 판촉 사원 고용 등 모든 판촉 활동도 직접 관장하고 있었다. 즉, W사는 총 16개 시장 중에서 직접 판매 체제를 도입하고 있는 시장이 13개소, 대리점 체제를 도입하고 있는 시장이 1개소, 직접 판매 체제 및 대리점 체제가 혼합된 판매 체제를 도입하고 있는 시장이 2개소로서 대체로 직접 판매 체제 위주의 판매 체제를 구축하고 있었다. 반면, S사의 경우 총 16개 시장 중에서 직접 판매 체제를 도입하고 있는 시장이 6개소, 대리점 체제를 도입하고 있는 시장이 4개소, 직접 판매 체제와 대리점 체제의 혼합 체제를 도입하고 있는 시장이 6개소로서 W사에 비해 상대적으로 대리점 체제 위주의 판매 색채가 강한 체제를 구축하고 있었다.

이 16개 시장에서 W사와 S사의 각 지역별 상점별 판매 금액을 일일이 조사한 후, 양사의 상점별 판매 금액을 각기 모두 합산하였다. 그 결과 W사는 판매 금액 총액이 인민폐 6,129,000위안이었고 S사는 인민폐 4,257,000위안으로 W사가 S사를 판매 총액 면에서 크게 앞섰다. W사가 S사를 압도한 원인을 살펴보니

20) 徐國良, 王進 共著, 《企業管理案例精選精析》, (中國, 北京 ; 經濟管理出版社, 2000. 10.), pp. 52~54

21) 中山大學管理學院案例開發中心 編, 《中大管理案例》, (中國 , 廣州 ; 2001. 4.), pp.23~24

판매 체제 때문임을 알 수 있었다. 엄밀한 의미에서 W사와 S사가 경영 능력과 경영 환경이 동일하다고 할 수는 없으나 생산 능력이 각기 일산(日産) 1,050톤과 1,200톤, 종업원 수도 2,900명과 3,200명, 전국 도시 판매망 숫자도 32개소와 34개소 등 거의 모든 면에서 비슷한 수준을 유지하고 있어 비교 대상으로는 안성맞춤이었다. 그러나 이러한 양사 간의 단순 비교는 양사 간의 본래의 경영 능력 및 경영 환경 차이에서 오는 판매 능력 차이 문제를 감안하지 못했다는 결점을 내포하고 있었다.

그럼에도 불구하고 S사가 16개 시장에서 대리점 체제 위주의 판매 체제를 운영하면서 창출해낸 인민폐 4,257,000위안이라는 판매고는 1년에 인민폐 1백만 위안 정도의 광고 · 홍보 자금을 투입하여 얻은 판매 총액인 반면 W사가 16개 시장에서 직판 위주의 판매 체제를 운영하면서 창출해낸 인민폐 6,129,000위안이라는 판매고는 광고비와 홍보비를 거의 투입하지 않고 얻은 판매 총액인 것이다. 이런 측면에서 본다면 만일 W사가 S사와 마찬가지로 인민폐 1백만 위안의 광고 · 홍보비를 투입하였다면 S사의 판매 총액과의 격차를 더욱 크게 벌이며 S사를 더욱 크게 압도하였을 것으로 판단한다.

다음으로 상기 16개 시장에서 양사가 채택한 판매 체제를 기초로 하여 각 케이스별로 W사 및 S사의 판매 효율의 상대 비교를 해보도록 하자. 위에서 언급한 W사 및 S사의 케이스별 유형 비교에 대한 설명 내용을 간략하게 표로 정리하면 〈표 12-2〉와 같다.

〈표 12-2〉 양사의 판매 체제 케이스별 판매액의 상대 비교

CASE	양사의 판매 체제의 유형	W사가 이긴 시장 수	S사가 이긴 시장 수
CASE 1	W사는 직접 판매 체제를, S사는 대리점 체제를 채택	2	0
CASE 2	양사 모두 직접 판매 체제 유지	2	4
CASE 3	W사는 직접 판매 체제를, s사는 직접 판매 체제와 대리점 체제가 혼합된 형태를 유지	4	1
CASE 4	양사 모두 직접 판매 체제와 대리점 체제의 혼합된 형태를 유지	0	1
CASE 5	양사 모두 대리점 체제를 유지	1	0
CASE 6	W사는 직접 판매 체제와 대리점 체제의 혼합 형태를, S사는 대리점 체제를 채택	7	10

① W사와 S사는 H라는 제품을 생산, 판매하고 있는데, 각기 일산 1,050톤과 1,200톤 규모의 생산 능력을 보유한 공장을 갖고 있는 H 제품업계에서는 쌍두마차로 일컫는 초대형 국유기업들이다. 이들의 제품 개발 능력과 생산 기술 및 조직 관리 능력은 난형난제로 불릴 만큼 별 차이가 없는 거대한 기업으로 기업의 전반적인 실력이 엇비슷한 상태이다.

② 기업의 전반적인 실력과 능력이 엇비슷한 양사가 동일 시장에서 서로 다른 판매 체제를 갖고 경쟁할 때 어떤 결과가 나올 것인지에 대해 상호 비교, 연구하는 것은 참으로 큰 의미가 있다고 생각한다.

③ 우선 케이스 2에서 양사 모두 직접 판매 체제를 유지할 경우 W사는 2개의 시장에서 승리하였고, S사는 4개의 시장에서 승리하였다. 반면, 케이스 5의 양사 모두 대리점 체제를 유지할 경우는 반대로 W사가 승리하였다. 이와 같은 현상을 보면 이들 양사가 동일한 판매 체제를 유지하면서 경쟁하면 어느 기업이 이길지 속단하기 힘들다는 점을 암시하고 있다고 하겠다.

④ 이처럼 능력과 실력 면에서 막상막하의 관계에 있는 두 기업이 케이스 1의 경우와 같이 W사가 직접 판매 체제를 유지하고 S사가 대리점 체제를 유지하면서 싸운 두 개의 시장에서 W사가 모두 승리하였다는 사실은 W사의 직접 판매 체제가 S사의 대리점 체제를 완전히 제압하였다는 것을 의미하는 것으로 볼 수 있다.

⑤ 뿐만 아니라 케이스 3에서 보는 바와 같이 W사가 직접 판매 체제를 유지하고 S사가 직접 판매 체제와 대리점 체제의 혼합 체제를 유지할 경우에도 W사가 4개의 시장에서 승리하고 S사가 1개의 시장에서 승리한 것은 직접 판매 체제가 대리점 체제보다 상대적으로 효율적이라는 것을 입증하고 있다고 볼 수 있다.

⑥ 이와 같은 결과를 종합해 보면 중국시장에서는 적어도 대리점 체제가 직접 판매 체제보다는 비효율적이고 저효율성을 지니고 있다고 보아도 무방할 것 같다.

(14) 두 마리 고래 싸움에 새우 등이 터지지 않기 위한 전략

중국 경제가 시장 경제를 도입한 지는 이제 겨우 30여 년 정도 되었다. 1979년 덩샤오핑(鄧小平)이 개혁 · 개방 정책을 도입한 이래 긴 세월이 흐르지 않아 초기 도입되었던 사유 재산 제도가 갖는 자유 확보와 자유에 대한 제한, 자유 경쟁과 자율성, 효율과 공평 간의 모순 해소 정책, 경영 자주권 확보와 시장에서의 공적인 의미, 개혁 정책에 따른 책임 · 의무와 권한 · 권리와의 관계 등에서 그 개념조차 아직 완전히 정립되지 않았고 아직도 과도기적인 논의 과정 중에 있다. 과거 사회주의경제 체제, 즉 계획경제 체제에 익숙해 있던 중국 기업들에게는 개혁 · 개방으로 인한 경제 체제에 대한 혁명적 변화의 정확한 의미를 아직도 정립하지 못한 상태이다. 자유 경쟁 개념만 해도 그렇다. 자본주의 체제하에서의 자유 경쟁의 개념은 어디까지나 합법성, 합리성, 도덕성, 사회적 윤리성의 범위 안에서만 작동되고 전개되어야 한다는 눈에 보이지 않는 기준이 있다. 그러나 작금의 중국의 사회주의 시장경제 체제 아래에서는 자유 경쟁이란 합법성, 합리성, 도덕성 및 윤리성을 무시한 채 상대 기업에 대한 무차별 공격을 해도 경쟁에서의 사회정의의 실현과 공정 개념의 실천에 아무 문제가 없다는 듯이 행동하는 사례가 비일비재하다. 중국의 전자 · 전기 제품 업체들끼리 가격 낮추기 경쟁을 하면서 가격 경쟁 차원이 아닌 가격 전쟁 차원의 혈투를 벌이고 있는 것이 이를 방증한다.

이 업종 최대 규모의 선두 기업이었던 E업체는 생산 규모가 연산 2,400만 대인 데 반해 업계 2위를 차지하고 있던 F업체는 1위 업체 생산 규모의 30%에 해당하는 연산 720만 대의 생산 능력을 보유하고 있었다. E업체는 자신의 몸체에 비해 형편없이 작은 규모의 F업체 때문에 함부로 제품 판매 가격도 못 올리고 원부자재 구매 가격도 깍지 못하고 직원들의 봉급도 조정, 결정하지 못한다고 생각하였다. 그래서 이참에 F업체를 도산시켜 버리면 마음대로 업계 전체를 좌지우지할 게 아닌가 하는 생각을 하게 되었다. 드디어 E사는 제품의 시장 판매 가격을 F사의 공장 생산원가 수준으로 대폭 낮추어 판매하기 시작했다. E사가 이렇게 낮은 가격으로 덤핑을 하게 되면 F사는 팔면 팔수록 손실의 액수가 늘어나 판매 자체를 할 수 없는 상황까지 염두에 둔 것이었다. 또한 F사보다 생산 능력이 3배 이상이 되는 E사는 대량생산의 이점 및 대량생산으로 인한 원자재 구매 lot의 대형화로 구매단가를 대폭 인하할 수 있어 원가 경쟁력에서도 E사가 경쟁 상대가 될 수 없을 것을 충분히 고려한 것이었다.

앞서 직접 판매 체제를 운영할 능력이 된다면 직접 판매 체제를 운영하는 것이 대리점 체제를 유지하는 것보다 유리하다는 결론을 거대 기업인 W사와 S사의 사례를 통해 얻어냈다. 앞에서 언급한 W사와 S사도 비록 앞의 전자 · 전기업체들 간의 참혹한 가격 전쟁만큼은 아니라 할지라도 그에 버금가는 혈전을 중국의 거의 모든 시장에서 펼쳤다. 그러면 이들 두 고래들의 싸움에 끼여 있는 새우와 같은 존재인 나머지 중소기업들은 어떠할까? 이들 두 마리의 고래 싸움에 새우등(중소기업)이 터질까?[22] 이를 검증하기 위해서는 '제3의 기업'(두 고래 사이에 끼여 있는 새우에 비유)의 케이스별, 지역별 판매 효율 변화에서 본 대리점 체제의 저효율성을 검증해보면 된다.

같은 제품을 생산하며 중국의 국유기업인 W사와 S사랑 경쟁하는 대만의 중소기업인 M사가 있다. M사의 판매량이 W사와 S사의 판매 체제와 밀접한 관련이 있음을 발견하였다. 즉, W사와 S사의 판매 효율이 상대적으로 높은 직접 판매 체제를 채택하고 있을 경우 대만의 M사의 시장 점유율이 줄어들고 판매 효율이 상대적으로 낮은 대리점 체제를 채택하고 있을 경우 M사의 시장 점유율이 상대적으로 높게 나타난다는 사실이다. 이는 곧 동종업계의 대부분의 기업들이 대리점 체제를 채택하고 있을 경우 그중의 한 기업이 직접 판매 체제를 채택하게 되면 직접 판매 체제를 채택하고 있는 기업의 판매량이 상대적으로 증가하게 되어 대리점 체제의 저효율성을 간접적으로 설명하는 것이 된다.

다음의 〈표 12-3〉은 W사와 S사가 채택하는 판매 체제의 유형이 변함에 따라 M사의 판매액이 어떻게 변하는지를 나타내고 있다. M사의 판매금액 지수는 W사의 지수를 100으로 할 때, 평균 31을 기록하고 있다. 케이스 1과 케이스 2의 경우 M사의 지수는 각기 16, 19를 기록하여 평균 지수보다 낮게 나타나고 있다. 케이스 1은 W사가 직접 판매 체제를, S사가 대리점 체제를 유지하고 있는 경우이고, 케이스 2는 양사 모두 직접 판매 체제를 채택하고 있는 경우이다. 이 경우 M사의 판매액은 직접 판매 체제에 의한 양사의 적극적인 판매 활동 때문에 위축되고 감소될 수밖에 없다.

반대로 양사 모두 직접 판매 체제와 대리점 체제를 혼용시킨 혼합 체제를 끌고 가는 케이스 4의 경우(이때 M사의 지표는 평균 지표 31을 초과한 169를 기록)나

22) 신주식 저, 《중국 비즈니스 전략 308선》, (서울 ; 고려대학교 출판부, 2003. 12. 12.), pp.442~445

양사 모두 대리점 체제를 유지하고 있는 케이스 5의 경우(이때 M사의 지표는 평균 지표 31을 초과한 76을 기록) 및 한 기업은 직접 판매 체제와 대리점 체제의 혼합 체제를, 다른 한 기업은 대리점 체제를 갖고 있는 케이스 6의 경우(이때 M사의 지표는 평균 지표 31을 초과한 79를 기록)는 M사의 판매액은 상대적으로 높은 수준을 유지하는 경향을 보이고 있다. 특히 양사가 직접 판매 체제와 대리점 체제를 혼합시킨 혼합 체제로 끌고 가는 경우에는 이들 기업들의 직접 판매 조직과 대리점 조직이 서로 대립하면서 판매 효율이 떨어지는 틈을 이용하여 M사의 판매액이 이들 2개 사를 능가하는 현상을 보이기도 한다. 이는 곧 W사 및 S사가 대리점 체제를 유지하거나 직접 판매 체제 및 대리점 체제의 혼합 체제를 유지할 경우 이들의 적극적인 판매 활동이 이루어지지 못함으로써 M사가 어부지리를 얻어 판매량이 신장함을 의미한다 하겠다.

이와 같이 경쟁사가 직접 판매 체제를 채택하고 있을 때 M사의 판매량이 큰 폭으로 감소하는 추세를 보이고, 경쟁사가 대리점 체제를 채택하고 있을 때 M사의 판매량이 큰 폭으로 증가하는 현상을 보면서 우리는 중국시장에서의 대리점 체제가 여러 가지 요인으로 인하여 저효율성을 지니고 있다는 결론을 내릴 수 있다.

〈표 12-3〉 W사와 S사가 어떤 판매 체제를 갖느냐에 따른 M사의 점유율 변화 상황
(상대 비율은 W사의 판매액을 100으로 할 때의 S사와 M사의 판매액 지수임)

(단위: 천 위안)

CASE	총 판매액	W사 판매액	W사 상대 비율	S사 판매액	S사 상대 비율	M사 판매액	M사 상대 비율
전체 시장	21,580	6,129	100	4,257	69	1,881	31
CASE 1	2,969	1,432	100	385	27	228	16
CASE 2	8,380	2,070	100	2,009	97	394	19
CASE 3	9,360	2,435	100	1,651	68	1,108	46
CASE 4	385.5	76	100	87	114	128.5	169
CASE 5	169	41	100	33	80	31	76
CASE 6	702	151	100	179	119	120	79

판매 체제 유형에 따른 W사, S사, M사의 판매 효율 게임이 어떻게 전개되는지를 보도록 하자. 〈표 12-3〉과 다음 전략 부분에서 나타나는 〈표 12-4〉를 근거로 하여 2개의 표를 분석하여 W사, S사, M사의 판매 경쟁 게임을 정리해보면 아래와 같다.

- CASE 1 : W사가 직판 체제, S사가 대리점 체제일 경우인 두 지역 모두 W사가 이기면서 S사 실적의 3배 이상을 판매하였다.(100:27)
- CASE 2 : W사와 S사가 모두 직판 체제의 경우는 W사가 두 지역에서 이기고, S사가 네 지역에서 이기면서 W사와 S사의 실적이 비슷하였다.(100:97) 이때 M사의 점유율은 거의 최악이었다.
- CASE 3 : W사가 직판 체제를, S사가 직판 체제와 대리점 체제를 혼용할 경우는 W사가 네 지역에서 이기고 S사는 한 지역에서 이기면서 W사가 절대 우세하였다(100:68).
- CASE 5 : 양사 모두 대리점 체제일 경우는 W사가 약간 우세하였다(100:80). 이 경우 M사는 양사의 판매액과 비슷한 수준까지 도달하였다(100:80:76).
- CASE 6 : W사가 직판 체제, 대리점 체제 혼용이고 S사는 대리점 체제일 경우는 오히려 S사가 상당히 앞섰다.(100:119) 이때 M사의 판매액도 상당한 수준에 도달하였다.(100:119:79)

다음으로 각 판매 체제 간의 경쟁 시의 상호 상관 관계가 어떤 결과를 도출하는지를 보도록 하자. 위의 분석 결과에 대해 정밀 조사를 실시한 결과 발견한 다른 한 가지 사실은 직접 판매 체제와 대리점 체제를 혼용한 혼합 체제를 채택할 경우는 성공하는 케이스와 실패하는 케이스의 두 가지 경우로 나타날 수 있다는 것이다. 즉, 각 케이스별 상황을 보면 직접 판매 체제와 대리점 체제의 혼용 형태인 혼합 체제가 직접 판매 체제의 판매 효율과 비슷하거나 그 이상의 판매 효율을 내게 될 경우는 혼합 체제 내의 직접 판매 체제와 대리점 체제 간의 조화와 호흡이 잘 맞은 경우라 볼 수 있다. 반대로, 이러한 혼합 체제가 직접판매 체제보다 낮은 판매 효율을 보일 경우는 혼합 체제 내의 직접 판매 체제와 대리점 체제 간에 마찰과 대립 현상을 보임으로써 조직 효율이 크게 떨어지는 경우라고 볼 수 있다. 따라서 이론적으로는 가장 이상적이라고 볼 수도 있는 혼합 체제는 그 체제의 운영이 어떠하냐에 따라 판매 효율이 완전 성공과 완전 실패라는 극단적인 결과를 나타낼 수 있는 것이 중국의 현실이다. 다시 말해서 직접 판매 체제와 대리점 체제를 혼용한 혼합 체제는 가장 이상적으로 운영될 때, 두 개의 체제가 상호 견제하고 경쟁함으로써 판매 효율 면에서 직접 판매 체제를 능가할 수도 있고(케이스 3의 북경 시장의 경우), 혼합 체제 속의 두 개의 체제가 서로 대립하고 갈등할 경우는 대리점 체제의 판매 효율보다 훨씬 못할 수도 있는 것이 중국 시장이라 할 수 있다(케이스 6의 하얼빈의 경우).

(15) 단체 도급제의 도입 전략[23)]

기업이 사업을 시작하여 어느 정도의 영업 능력이 키워지면 점차 시장을 확대해나가는 전략을 채택하게 된다. 그런데 현대 경제 사회란 그 변화의 속도가 매우 빠르고 변화의 폭도 대단히 커서 그런 환경 속에서 비즈니스를 영위해 나가는 과정에서 당초 예상과는 달리 갑작스레 큰 장애요인에 직면하게 되어 철수를 고려해야 할 상황이 도래할 수도 있다. 그런데 실제 이미 진출한 기업이나 공장이 철수를 결행하는 데는 엄청난 손실과 부담이 따르는 게 사실이다. 따라서 철수를 결정하기 전에 최악의 상태인 현재 난국을 돌파할 수 있는 최종 카드가 없는지 또는 마지막 수단으로서의 극약 처방은 있는지를 다시 한 번 생각해보는 것이 바람직하다. 이때 고려될 수 있는 극약 처방으로서의 마지막 카드가 소위 단체 도급제가 될 수 있어[24)] 여기서 잠깐 소개해보기로 한다.

단체 도급제란 원래 1980년대 초에 중국 정부가 농산물 생산을 증가시키기 위해 도입한 제도로서 중국어로는 청바오(承包)제라고 한다. 농민들이 단위 면적당 수확량이 많고 적음에 관계없이 농민에게 돌아오는 대가가 일정하여 농산물 생산이 답보 상태에 놓이자 중국 정부가 농민들에게 인센티브를 제공하기 위해 도입한 제도이다. 즉, 농민이 정부에 제공하는 농산품 수량을 정해놓고 정부에 제공한 후 남는 농산품은 그 수량에 관계없이 농민들이 자유로이 처분하는 제도를 말한다. 이로 인해 농민들의 사기와 인센티브를 자극하여 농산물 수확량이 대폭 증가하게 되었다. 이와 같은 성공 사례를 경험한 중국 정부가 개혁 · 개방 정책을 도입한 후 공업을 포함한 기타 산업에도 이와 같은 단체 도급제(승포제)를 적용하는 경우가 많이 나타나게 되었다.

---

23) 신주식 저, 《중국 비즈니스 전략 308선》, (서울 ; 고려대학교 출판부, 2003. 12. 12), pp.445~451
24) 王文靜 等 共著, 《安家立業 新中國》, (臺灣, 臺北 ; 商智文化出版社, 2001. 6. 12.), pp.37~41

앞의 사례에서 본 바와 같이 중소기업인 M사가 두 마리 고래의 싸움에서 살아남기 위한 수단으로 채택할 수 있는 전략으로는 판매 조직을 단체 도급제로 전환하는 방법밖에는 없는 것 같다. 판매 조직원들 개개인이 자기 희생을 마다 않고 온몸을 던져 경쟁사에 도전하는 필사적인 자세 없이는 두 마리 고래 싸움에 끼일 수 없는 것이 중국시장의 현실이기 때문이다. 단, 전제 조건은 현지 판매 책임자 및 현지 직원들로부터 담보 확보가 우선되어야 한다는 점이다.

다음은 M사가 판매액 문제로 가장 골치 아파하던 중국의 J시의 판매액을 증가시키기 위해 단체 도급제를 도입한 예를 보여준다.

M사의 경쟁 상대인 W사와 S사는 M사와 생산 능력이 비교가 되지 않을 정도로 큰 공장을 가지고 있는 거인 기업이다. W사는 M사의 생산 능력의 60배, S사는 M사의 생산 능력의 80배나 되는 초대형 거인 기업이다. 그런데 공교롭게도 W사와 S사의 사장의 고향이 모두 J시가 소속된 K성이었다. W사와 S사의 본사와 공장은 K성의 바로 옆에 있는 성(省)에 위치하고 있는데, J시에서의 양사의 판매액은 양사 사장의 자존심이 걸린 문제였다. 고향 시장에서의 판매에서 상대방 기업에게 밀리지 말아야 고향 사람들에게 자신의 자존심을 세울 수 있는 분위기였던 것이다. 따라서 J시는 항상 양사의 판매 격전지였다. 중국인들도 출세하면 고향 사람들에게 뽐내고 싶은 욕망이 있는 것은 한국인들의 심리와 같다. 따라서 양대 거인 기업들의 사장들이 직접 벌이는 J시의 전장(戰場)터에서 M사가 살아남기란 그리 쉬운 일이 아니었다. 거의 그로키 상태였다고 보는 것이 타당할 것이다. M사는 다음의 〈표 12-4〉에서 보는 바와 같이 단체 도급제를 도입하지 않고 정상적으로 판매 거점을 활용하여 판매를 한 3월 및 4월에는 순 손실액이 매출액의 40~50%에 달하였다. 즉, 순이익률이 마이너스 40~50%나 되었다.

특히 W사의 사장의 경우 중국 전역에 40여 개의 판매 거점을 갖고 있는데 이들 거점에서 필요한 판매 조직의 책임자와 직원들 수천 명을 모두 자기 고향 사람들로 충원했다. 이는 중국인들조차 타 지역 중국인들을 믿지 못한다는 사실을 뒷받침하기도 하지만, 빈곤 지역인 자기 고향 사람들 수천 명의 취업을 알선했다는 말을 들음으로써 고향 사람들에게 자신의 입지를 강화하겠다는 의도로 볼 수밖에 없다. 이렇듯 J시를 두고 두 거인 기업 간에 벌어진 혈투 속에서 M사의 판매액은 거의 비참할 지경에 이르렀다. M사는 몇 번이나 J시를 포기할까 하다가 마지막 방편으로 중국인의 심리적 약점을 최대한 활용할 수 있는 단체 도급제(승포제)를 도입하기로 결정하였다. 우선 종전의 J시 판매 조직의 책임자를 단체 도급제의 책임자로 임명하고 단체 도급제 조직의 인원을 몇 명으로 하고 그들에 대한 임금을 얼마로 책정할 것인가 하는 문제를 포함하여 모든 조직 경영 권한을 그 책임자에게 위양하였다. 물론 그 책임자에게 일정 담보물을 확보하는 것도 잊지 않았다. 이들이 제공하는 담보물은 단체 도급제가 실패하게 될 경우 기업이 손실을 회수할 수 있는 방편이 되기 때문이다.

어쨌든 단체 도급제가 실시되고 난 후 판촉 요원들의 판매 실적부터 엄청나게 증가하기 시작하였다. 표에서 보는 바와 같이 단체 도급제가 실시되기 이전인 3월 중의 매주 판매 실적과 단체 도급제가 실시된 이후인 7월의 매주 판매 실적이 적게는 3배 이상 많게는 6배 가까이 급신장하였다. 이는 외자기업이 중국에서 정상적인 방법으로 조직을 운영할 경우의 조직 효율과 배수의 진을 친 상태를 의미하는 단체 도급제하에서의 조직 효율을 비교할 때, 하늘과 땅 차이라는 사실을 설명해주고 있다. 표의 결과는 중국인들이 자신의 개인적 이해 관계를 직결시키기를 거부하는 심리가 강한 일반 기업 조직에서는 절대 최선을 다해 자신의 잠재 능력을 100% 발휘하지 않는다는 사실을 입증하고 있는 셈이다. 단체 도급제와 같이 자신의 노력 수준이 바로 자신의 봉급 수준에 바로 영향을 미친다는 것을 알게 되면 중국 직원들은 최선을 다해 일을 한다고 보면 된다. 이는 중국에 투자한 한국 기업에 근무하는 중국인 직원들이 평소 자신의 잠재 능력의 50%도 발휘하지 않을 것이라는 주장을 뒷받침하는 사례라 할 수 있다.

〈표 12-4〉 단체 도급제 실시 전과 실시 후의 판매 실적 비교 (단위 : 위안)

상점명	직판 체제하에서의 판매 실적			단체 도급제하에서의 판매 실적		
	3월 5일~3월 11일	3월 12일~3월 18일	3월 19일~3월 25일	7월 23일~7월 29일	7월 30일~8월 5일	8월 8일~8월 12일
合家福	971	890	962	2,908	3,232	3,185
華聯	972	846	889	2,948	3,115	2,961
紅府	368	451	500	내부 수리로 영업 중지		3,755
蜂埠百代	312	409	481	1,363	2,510	2,810
商之都	542	615	565	3,529	2,457	2,700
華聯金塞路店					4,521	4,674

단체 도급제 실시 이후의 변화는 비단 판촉 요원들의 근무 태도만은 아니었다.

조직 관리의 모든 분야에서 엄청난 변화가 일어났다. 표에서 보는 바와 같이 직판 체제하에서는 각 상점마다 판촉 요원을 두고 있는데도 불구하고 상점별 주간 판매량이 인민폐 300위안에서 1,000위안 사이를 맴돌았다. 이는 곧 상점별 월간 판매액이 1,200위안에서 4,000위안 사이를 오르내렸다고 볼 수 있다. 매출 이익률을 15%로 볼 때, 각 상점에서 벌어들이는 이윤은 240위안에서 800위안 사이를 오르내렸던 것이다. 이 지역의 판촉 요원 봉급을 700위안으로 볼 때, 모든 상점에서 판촉 요원의 임금도 다 주지 못하는 상황이었다. 판매 책임자 및 판매 사원의 임금, 배송비, 운송비, 보존 기간을 넘긴 제품의 폐기 처분에 따른 손실, 상점에 지불하는 각종 경비 등의 비용은 벌어들일 생각조차 못하는 상황이었다. 이런 상태에서 J시의 판매 조직이 대형 적자가 발생하는 것은 너무나 당연했다. 다음의 〈표 12-5〉에서 보는 바와 같이 M사의 J시의 판매 조직은 단체 도급제를 실시하기 전인 3월과 4월에는 각기 마이너스 15,543위안, 마이너스 11,316위안의 대형 적자를 냈다. 그러나 5월과 6월에는 단체 도급제 실시의 효과가 서서히 드러나기 시작하면서 각기 7,018위안, 7,106위안의 적자로 적자 규모가 훨씬 줄어들더니 7월에는 드디어 3,906위안의 흑자를 냈다. 8월에도 실제 514위안의 흑자를 냈으나 하반기 판매를 겨냥하여 증정품을 15,182위안어치를 구매하여 소비자들에게 나누어줌으로써 의도적인 적자 14,668위안을 기록하였다(〈표 12-5〉의 증정품 란의 증정품 비용 15,182위안 지불 참조).

〈표 12-5〉 M사의 J시의 월별 판매액, 비용 및 이익 명세표 (단위 : 위안)

구분	3월	4월	5월	6월	7월	8월	비고
판매량(kg)	1,169	1,213	1,106	1,246	2,168	2,605	
반품 수량(kg)	28	41	67	10	68	164	
실제 판매량(kg)	1,141	1,172	1,039	1,236	2,100	2,440	
판매 금액	1,158	31,253	27,524	31,334	42,114	64,873	
반품 금액	897	1,175	2,077	288	1,948	5,312	
실제 판매액 (부가세 불포함)	25,864	25,708	21,750	26,535	42,877	50,907	
구분	3월	4월	5월	6월	7월	8월	비고
gross profit rate	21.72%	19.97%	25.21%	25.20%	23.4%	30.4%	
gross profit(금액)	5,615	5,135	5,482	6,686	10,016	15,492	

판촉 요원 봉급	2,810	3,360	2,950	3,100	0	5,918	
상점 관리비	175	410	68	0	300	100	
증정품 비용	215	0	1,118	0	0	15,182	
판촉 비용	555	57	0	1,081	28	12	
할인 판매	0	0	0	0	0	0	
정식 직원 임금	7,682	5,443	3,793	6,336	0	2,627	
운송비	111	130	56	124	297	504	
운전사 봉급	900	0	0	0	0	0	
차량 유지비	0	0	0	0	0	0	
고정자산	108	108	108	108	108	108	
차량	0	0	0	0	0	0	
사무실	515	515	587	583	574	576	
냉장 창고	450	450	450	450	450	450	
휴대전화	300	390	300	300	400	400	
일반전화	788	764	510	506	540	600	
서무비	128	927	269	55	70	224	
임금	0	0	0	0	0	0	
교통비	53	0	0	40	50	60	
출장비	82	0	0	0	0	0	
교제비	0	0	0	0	0	0	
정상 반품	228	175	368	150	286	463	
찬조비	0	0	0	0	0	0	
입점비	667	917	917	0	0	0	
현금 리베이트	2,285	1,849	217	170	2,193	2,084	
광고비	0	0	0	0	0	0	
배상금	0	0	0	0	0	0	
직원 교육 훈련비	0	0	0	0	0	0	
복리후생비	0	0	0	0	0	0	
월별 이윤 리베이트	0	0	0	0	0	0	
외상 매출금 이자	1,646	956	789	789	814	852	
기타 비용	0	0	0	0	0	0	
비용 합계	19,698	16,451	12,500	13,792	6,110	30,160	

손익	-14,083	-11,316	-7,018	-7,106	3,906	-14,668	
공장 운송비	1,460						
최종 손익	-15,543	-11,316	-7,018	-7,106	3,906	-14,668	

단체 도급제 도입으로 인해 왜 엄청난 손익 구조 개선 효과가 있었을까? 이유는 간단하다. 단체 도급제 도입으로 인해 판매 조직 전원이 판매 책임자의 지휘 체제하에 일사불란하게 움직였고 판매액을 늘리고 비용을 줄이기 위해 최선을 다해 뛰었기 때문이다. 판매액 증가는 물론 반품률이 감소되고 각종 배송 비용이 대폭 절감되면서 이는 곧 이익 증가로 연결되었고, 이로 인해 J시의 판매 거점의 영업 상황은 일시에 호전되었다. 특히 평소 판매 부진으로 인한 배송량 감소에도 불구하고 계속 배송 회사의 배송 차량을 이용하여 배송하던 것을 판매 사원들이 직접 배송하면서 배송 비용도 많이 줄어들었다. 배송을 하던 운전기사를 해고하면서 운전기사의 인건비만큼 경비가 절감된 것이었다. 일반 전화비 비용도 스스로 절감하는 분위기가 되어 본사가 관여하지 않아도 계속 감소 추세를 보였다. 뿐만 아니라 상점 측에 독촉하여 외상 매출금을 조기에 회수하는 데도 많은 개선 효과가 있어 외상 매출금 이자도 많이 줄어들었다. 또한 판매 사원들이 직접 배송함으로써 배송 차가 거의 매일 상점에 가게 되고 그에 따라 각 상점에서의 품종별 판매 현황과 재고 현황을 판매 사원들이 확실하게 파악할 수 있게 되었다. 판매 현장을 그만큼 많이 자주 방문하다보니 각 상점에서 근무하는 판촉 요원들과의 대화도 많아지고 판촉 요원을 독려하는 기회도 많아져 판촉 요원들의 판매액도 급신장하게 되어 엄청난 효과가 있었음은 불문가지이다.

어디 그뿐이겠는가? 평소 판촉 요원 관리를 철저히 하라고 해도 판촉 요원들의 태만 행위를 묵인해주던 판매 책임자 및 판매 직원들이 눈을 부릅뜨고 그들을 감시하고 엄격하게 통제하다보니 판매액이 급증하게 되었음은 두말할 필요도 없다. 평소 경비를 절약하라 해도 거의 개의치 않던 직원들이 단체 도급제 실시 이후는 알아서 스스로 절약하는 풍토가 정착되기 시작한 것이다. 판매액이 급증하고 비용이 격감하니 판매 조직 전체의 손익이 완전히 개선됨은 당연한 일이다. 기업의 판매가 어려울 때, 이러한 단체 도급제의 도입을 강력하게 권장하는 이유는 이 제도가 갖고 있는 이러한 특성과 중국 직원들의 심리적 약점 간의 상호 교호 작용이 기업의 실적을 몇 배 개선시킬 수 있기 때문이다.

앞에서 언급한 M사 이외에도 단체 도급제를 도입하여 성공한 사례가 많이 있다. 그중에서 대만과 한국 기업의 성공 사례를 소개해보기로 한다.

대만 신발 제조업체인 푸찌엔용언집단유한공사(福建永恩集團有限公司)의 중국 투자가 성공을 거둔 데는 단체 도급제, 즉 승포제 도입의 힘이 컸다. 중국 내 500대 외자기업 중에서 제8위의 신발 제조업체로 '다푸니' 브랜드를 생산하여, 연간 매출액이 18억6700만 위안(83% 수출, 17% 국내 판매)에 달하는 기업이다. 대만의 영신플라스틱이 모회사인 이 회사는 1987년 대만의 소형 여성신발업체 공장 설비를 중국으로 이전하여 18개 공장을 보유한 대기업으로 성장하였다. 현재 보유 생산설비의 6개 생산라인 및 12개 보조 및 부품 생산라인을 가동하고 있으며, 대만 기업 85%, 중국 기업 15% 투자의 합자회사이나 대만 기업이 중국 기업을 합병한 형태로서 모든 경영권을 대만 기업이 장악하여 사실상 독자기업으로 볼 수 있다.[25] 이 회사는 돈에는 철저히 민감하게 반응하는 중국적인 사고방식에 가장 적합한 단체 도급제를 도입해 성공했다. 즉, 이익이 생길 경우 회사에 고정 금액의 이윤을 지불하고 나머지는 종업원들에게 분배하였는데, 이 제도의 과감한 도입으로 조직의 자율 통제 기능 확보가 가능해졌다. 또 대리점 체제의 폐해를 사전에 예방하기 위해 직판 조직을 채택했으며, 원거리는 부득이하게 대리점 체제를 도입했다.

청도에 투자한 한국의 모 기업 사장은 기업 생산성을 향상시키기 위한 방안에 대하여 종업원 및 간부들과 수많은 토론과 논의를 한 결과 단체 도급제의 실시가 가장 적합한 방안이라는 결론에 도달하고 이를 도입하기로 결정하였다. 제품 특성상 라인 작업이기 때문에 우선 조별로 단체 도급을 실시하기로 하였다. 공구 관리 및 인원 채용에 관한 권한도 조장에게 위임하였고 분실 시에는 조별 단체 배상을 하도록 하였다. 불량품 발생 시도 마찬가지로 관리하였다. 그리고 생산성 향상 상위 3개조에게는 노임의 20%에 해당하는 금액을 인센티브로 지급하였다. 몇 개월이 지나자 생산성이 눈에 띄게 향상되었고 직원들끼리 자기 조 내에서 필요 없는 인력과 생산성이 떨어지는 인력은 자체 정리하는 방법으로 근로자들의 정예화가 빠른 시간에 이루어져 생산성 향상에 가속도가 붙기 시작했다. 인원은

25) 黃文雄 著, 《中國投資誡》, (臺灣, 臺北 ; 草根出版事業有限公司, 2000.), p.85

절반 가까이 줄어든 상태에서 생산성이 약 2배 가까이 향상되었다.[26)]

(16) 직접 판매 체제와 대리점 체제 중 도입은 어떻게 판단하나?

대리점 체제가 왜 중국에서는 성공하기 힘든 것일까? 특히, 제품 지명도가 낮거나 제품의 차별화가 제대로 되어 있지 않은 경우와 제품의 매력 또는 제품의 품질이 다른 경쟁사의 제품을 압도하지 못하는 경우에는 더욱 성공하기 힘들다. 좋은 조건과 능력을 구비한 유능한 대리점들은 제품의 지명도가 낮은 제품을 취급할리 만무하다. 따라서 능력이 부족한 대리점만이 지명도가 낮거나 판매가 용이하지 않은 제품을 취급할 수밖에 없게 된다. 그런데 능력이 부족한 대리점은 지명도가 낮은 제품 또는 판매가 쉽지 않은 제품의 생산업체 1개사를 대리하는 것으로는 손익분기점(BEP)의 이윤 수준은커녕 적자를 면할 수밖에 없다. 5~6개 기업들의 제품들을 동시에 취급해야 대리점으로서의 조직을 유지할 경비를 벌 수 있다. 한 개의 대리점이 5~6개 사의 제품을 동시에 취급하다보니 어느 제품에도 판매력을 집중할 수 없어 모두에게 불만스런 결과를 내고 마는 악순환이 계속되는 것이다.

즉, 5~6개 회사의 지명도 낮은 제품들을 동시에 취급하게 되면 어느 제품에도 판매 집중을 할 수 없게 된다. 이에 적당히 5~6개 제품에 분산할 수밖에 없어 5~6개사 기업들도 판매에 불만족을 가지게 되고 대리점 역시 수익이 늘지 않아 판매력 보강이 힘들어진다. 이에 따라 5~6개 기업들이 다른 대리점을 물색하게 되는 똑같은 상황의 반복적인 악순환이 나타나게 된다. 이런 대리점들은 기업 조직으로서의 경비를 벌어들이기 위해 지명도가 높은 기업의 제품을 취급하기를 희망하나 현존 자금력과 인력으로는 불가하여 그저 엉거주춤하는 상황에 놓이게 되는 것이다. 이와는 반대로 능력이 뛰어난 대리점의 경우 지명도 높은 기업의 제품을 취급하고 판매력이 있는 1개 사 제품 판매에 집중하여 판매량이 증가되고 대리점 수입 또한 증가하게 된다. 이에 따라 대리점 수익의 일부를 판매 인력 보강 및 판촉 활동에 투입할 수 있게 되어 대리점 판매 능력의 배가를 위한 노력의 선순환이 반복되는 것이다.

앞에서 설명한 바와 같이 중국적 시장 상황에서는 대리점 체제가 직접 판매

26) 중소기업진흥공단 편, 《중국투자경영 실무》, (서울 ; 보성인쇄기획, 2001. 12.), p.79

체제보다 판매 효율 면에서는 뒤떨어지는 것이 일반적이다. 그러나 중국 사회 내부의 각종 저효율 및 비효율 요인들을 비롯한 전반적인 사회 체제 문제로 인해 직접 판매 체제를 도입하는 것이 그리 쉽지는 않다.[27] 이런 환경하에서 직접 판매 체제를 도입하고자 할 때는 현지 시장 상황에 대한 완전한 이해와 관리 및 통제 능력을 갖고 있어야 한다. 조직 장악 능력과 시장 상황 파악 능력이 구비되지 않은 상태에서 직접 판매 체제를 도입하면 대리점 체제를 도입하는 경우보다 오히려 더 위험한 상황을 맞을 수도 있다. 따라서 중국시장에서 성공적인 비즈니스를 하고자 하는 기업들에게 다음과 같은 전략적 접근을 할 것을 제의한다.

첫째, 조직 관리 능력과 중국 시장 장악 능력이 있다고 생각할 때는 직접 판매 체제를 도입하라.

둘째, 그런 능력이 없을 경우에는 대리점 체제 도입을 고려하되, 대리점 간의 상호 경쟁을 유발함으로써 철저한 관리가 수반되지 않더라도 자율통제가 될 수 있도록 동일한 단일 시장에 대해 복수 또는 다수의 대리점 체제를 도입해야 한다. 그러나 중국 대리점들은 동일 시장에서 복수 또는 다수 대리점 체제를 수용하지 않는 경우가 대부분이다. 이럴 경우는 제품의 SPECIFICATION별로 시장을 분리하여 대리권을 나누어주든지 아니면 품종별로 시장을 쪼개어 여러 대리점들에게 나누어주는 방안을 제시할 수 있을 것이다.

셋째, 복수 또는 다수 대리점 체제가 작동이 잘 안 될 경우에는 포기하지 말고 시장 내 일부 구역을 별도로 떼어내어 직접 판매 체제를 도입하여 직접 판매 체제와 대리점 체제를 병행한 혼합 체제를 도입해보는 것도 좋은 방법이라 생각한다.

넷째, 동일한 단일 시장에 대해 복수 또는 다수 대리점 체제를 도입한 결과가 이상적이지 못하거나 아니면 어떤 특별한 이유로 복수 또는 다수 대리점 체제를 도입할 수 없는 경우에는 자율적 조직 통제를 완벽하게 수행할 수 있는 단체 도급제(승포제)의 도입을 권장한다. 단체 도급제는 완벽한 인센티브 제도를 통해 조직 관리에 노력을 기울이지 않더라도 조직원 스스로가 주인 의식을 갖고 최선을 다하도록 만드는 데 상당히 효험이 있기 때문이다. 단체 도급제는 각종 사회 환경 요인으로 인하여 조직 관리가 효율적으로 수행되기 어려운 중국적 사업 환경에서는 상당한 효과가 있다는 점을 명심하자.

---

27) 周逸 著,《中國經濟社會的困惑》, (中國 , 廣東 ; 廣東經濟出版社 , 2001. 5.), pp.152~165

(17) 대리점 계약을 체결할 때에는 반드시 담보를 요구하라

동일한 사안을 두고 어떤 지역에서는 가능하나 다른 어떤 지역에서는 가능하지 않은 경우가 종종 있다. 규정 자체가 애매모호하여 각 지역에 따라 해석 결과가 달라 어떤 지역에서는 허가를 해주나 다른 지역에서는 허가를 해주지 않는 경우가 바로 그것이다. 따라서 이런 경우 정확히 판단하기 위해서는 우선 규정의 정확한 내용을 파악하고 난 다음 판매 활동을 하고자 하는 지역의 지방정부의 구체적인 판단 결과를 직접 받아보는 것이 좋다. 판매 후 수금된 판매 대금을 자사 판매 부서 직원이 고의적으로 기록을 누락시키거나 횡령하여 도주하는 경우가 있고, 이런 사고가 대리점에 의해 발생될 수도 있다. 판매 사원을 모집, 채용할 경우에는 판매 대금 회수 과정에서 발생되는 사고를 사전에 방지하기 위해서는 보증인의 입보(立保)를 요구하면 판매와 관련하여 발생되는 각종 비리와 부패를 사전에 방지할 수 있다. 그러나 이런 입보(立保) 행위가 불가한 지역도 있으니 주의를 해야 한다. 그리고 대리점들에게도 부동산 담보나 기타 담보를 요구하는 것을 잊지 말아야 한다. 물론 판매 제품의 상품성이 떨어져 어느 대리점도 담보를 제공하지 않으려는 경우가 나타날 수도 있다. 이 경우, 장기간에 걸쳐 끊임없이 설득하고 자사 제품의 장점을 홍보하여 대리점들로 하여금 담보 제공을 하도록 하는 것이 가장 안전한 방법 중의 하나이다. 대리점이 담보를 제공할 수 있는 재무적 능력이 충분하고 별다른 사유가 없는데도 불구하고 담보 제공을 끝까지 거부하는 대리점은 질이 좋지 못한 대리점일 가능성이 높으니 조심해야 한다. 자사 제품이 잘 팔리고 인기가 있는 제품이라면 더욱 그렇다고 봐야 한다.

뿐만 아니라 한국 기업의 사장이 한국에서의 기업 경영으로 바쁘기 때문에 중국에 투자한 투자 기업의 경영에 모든 역량을 집중하지 못할 경우에는 중국 현지에서 대리 사장을 고용할 수밖에 없다. 이 경우 대리 사장으로 하여금 담보물을 제공하도록 요청하든가 아니면 대리 사장도 투자 기업에 합자 투자하도록 하여 주주로 만든 다음 그가 보유한 지분을 담보로 그에게 경영권의 일부를 위양하는 방법도 있다. 그러나 이러한 방법은 리스크가 따르기 때문에 신중하게 결정하여야 할 사안이라 할 수 있다.

(18) 1인형 대리점을 다수 확보하여 활용하는 전략

중국이 1979년 개혁 · 개방 정책을 실시하게 된 시점으로부터 15~16년 후인

1990년 중반 중국 중앙정부는 상당 규모의 구조조정과 명예퇴직 제도를 도입, 실시하였다. 구조조정 및 명예퇴직 제도는 북경에서 시작하여 중국 전역으로 확산되어 나갔다. 그 강도도 일반 예상보다 훨씬 더 강한 편이었다. 당시 중국 중앙정부의 주도로 실시되다보니 솔선수범이라는 측면을 고려하여 중앙정부의 기구부터 구조조정에 착수하는 성의와 의지도 보였다. 그러다보니 중앙정부 기관에 근무하는 사람들의 구조조정의 강도도 지방정부 기관보다 더욱 높았다. 당시 중앙정부가 구조조정으로 직장을 떠나야 하는 중견 간부 공무원들을 배려한 각종 사전 조치도 제삼자의 입장에서 보아도 충분히 수긍이 갔다. 예를 들면, 국무원 산하에 '연구발전중심(研究發展中心)'이라는 대형 국책연구기관이 있었는데 이 연구 조직의 중견 간부급 이상의 고위 공무원 350명을 구조조정 대상으로 정하면서 이들 350명 전원에게 중국이 자랑하는 세계적인 대학인 베이징대학과 칭화대학에서 개설한 MBA 과정을 이수하도록 했다. 이 MBA 과정 이수 후 이를 어떻게 활용할 것인가 하는 문제는 개인이 결정해야 할 문제였다.

1990년대 중반부터 불어 닥친 구조조정과 명예퇴직의 바람은 지금도 지속되고 있다. 국무원 산하의 '연구발전중심'과 같은 중요 기관의 구조조정 대상 또는 명예퇴직 대상자들은 그들이 보유하고 있는 능력의 전문성이나 위상을 고려하고 국가가 그들의 능력을 지속하여 활용한다는 목적에서 상당한 배려와 지원이 있었다. 그러나 그렇지 못한 환경에 있는 여타의 생산공장 또는 기업, 행정기관 등에서 근무했던 구조조정 대상자와 명예퇴직 대상자들은 변변한 지원이나 배려를 받지 못한 채 그대로 황량한 세태의 벌판으로 내동댕이쳐지곤 했다. 워낙 많은 규모의 구조조정 대상자들이 대량으로 실업(失業)의 혹한지로 몰려나오다보니 정부가 일일이 모든 개인들에게 제대로 된 지원을 제공하기에는 역부족일 수밖에 없었다. 이들이 제때에 직업을 구하지 못할 경우에 그것이 중국 정부에는 상당한 부담이 될 수밖에 없는 데도 말이다.

최근 구조조정 과정에서 도태된 인력이나 명예퇴직한 인력들을 활용하여 이동형(재택 근무형) 대리점으로 채택하는 방안이 성공을 거두면서 중국에서 상당히 보편화된 전략으로 간주되고 있다. 이들 재택 근무형 대리점은 사무실도 없고 휴대전화 하나만 갖고 거래 알선의 방식을 통해 영업을 하기 때문에 대리점 수수료가 매우 낮아 기업이 상대적으로 높은 이윤율을 확보하는 데 많은 도움이 된다. 이 전략을 수행하는 데는 기본적으로 갖추어야 할 조건들이 있는데 그 내용은 다음과 같다.

첫째, 거래가 완료되고 입금이 100% 완결된 후에 대리점 커미션을 지급해야 한다. 거래가 완료되지 않은 상태에서의 커미션 지불은 절대 금물이며 부득이 한 경우 외상거래를 할 때는 믿을 만한 은행의 지급보증을 받아야 한다.

둘째, 특정 제품에 한정되는 비즈니스에 적용할 수 있다. 경쟁 상황의 관점에서 볼 때, 중국에서 현금거래를 할 수 있는 제품은 그리 많지 않고 일부 제품에 국한되어 있다. 부득이 외상거래를 하게 될 경우는 반드시 은행의 지급보증이 수반되어야 한다. 건설기계 장비 제품이 지방정부의 알선하에 지방은행의 지급보증을 받아 외상 판매하는 것이 이런 예에 속한다.

셋째, 개인형 대리점 또는 재택 근무형 대리점 체제는 대리점 자체가 제품 홍보 능력이 없는 경우가 많기 때문에 텔레비전 광고나 기타 광고 형태로 전면적인 광고 및 홍보 지원이 뒤따라주어야 성공을 거둘 수 있다.

넷째, 한 개의 시장(도시)에 수십 명(중소도시) 또는 수백 명(대도시)의 대리점을 두어 한 개 대리점으로 하여금 극소 규모로 세분화된 시장을 맡도록 하여 가가호호 방문하는 방문 판매 형태를 취해야 한다.[28]

(19) ONE LOT는 외상으로 하자는 제의는 한시적으로만 허용하라

잘 알고 지내던 대만 기업인이 자신의 경험담을 얘기해준 적이 있다. 거래선 중의 한 곳이 끈질기게 ONE LOT만은 지속해서 외상으로 거래하자고 제의한 모양이었다. 이 대만 기업인은 ONE LOT 정도쯤이야 최악의 경우 대금 회수에 실패하더라도 손실이 크지 않을 것이라고 예상하고 이를 받아들였다. ONE LOT 외상거래라 함은 첫 번째 LOT는 외상으로 하고 두 번째 LOT 출고를 할 때 첫 번째 LOT의 대금을 갚고 세 번째 LOT 출고 시 두 번째 LOT의 대금을 갚는 식으로 제품 대금을 지급하는 방식이다. 그런데 이 대만 기업인은 평소 몹시 바쁜 관계로 이 거래선과의 거래 진행 과정에 별다른 관심을 두지 않았다. 일곱 번째 LOT의 규모가 갑자기 커졌고 여덟 번 째 LOT가 더 커졌다. 특히 여덟 번째 LOT가 출고되기 전 일곱 번째 LOT 대금이 지불된 것을 확인해야 했으나 이 거래선의 술수에 말려들어 일곱 번째 LOT 대금이 지불되었다는 전화 연락만을 받고 여덟 번째 LOT를 출고해버렸다. 이 거래선은 금액 규모가 상당히 큰 일곱

28) 신주식 저, 《중국 비즈니스 전략 308선》, (서울 ; 고려대학교 출판부, 2003. 12. 12.), p.477

번째와 여덟 번째 LOT의 대금을 꿀꺽 삼켜버린 것이다. 대만 기업인은 이 얘기를 하면서 쓴 맛을 다셨다.

실제 많은 한국 기업들이 중국에서 내수 사업을 하게 될 경우, 외상거래를 하지 않으면 내수를 전혀 할 수 없는 것으로 생각하고 있다. 그러나 방법은 얼마든지 있다. 외상거래를 하지 않는 대신 품질이 월등히 우수한 제품을 중국 기업의 가격보다 싸게 공급한다든가 아니면 적어도 동일한 가격으로 판매하면 현금거래를 할 수 있는 여지가 많이 있다. 자체 생산 제품의 가격 경쟁력이 없어 이런 전략마저 통하지 않는다면 아예 중국 기업 또는 중국인들에게 판매를 하지 않고 중국에 진출한 한국 기업 및 외자기업 또는 중국에 거주하는 외국인들에게 판매하면 해결이 된다.[29)]

중국의 북경과 상해에 진출한 미국의 식품업체인 호멜(HOMEL)은 오로지 대도시의 중국 거주 외국인들(특히 미국인들)을 주된 고객으로 한 고가 판매 전략을 구사하고 있다. 중국인들 중에서 해외 생활을 통해 HOMEL 브랜드의 인지도를 알고 있는 소수의 부유층들도 그들의 고객의 일부분을 형성하고 있다. 중국시장을 장기적으로 보고 고급 제품으로서의 이미지를 확고히 다지려는 그들의 의도가 강하게 엿보인다.

중국에 투자한 S사는 초기에는 중국시장을 넘보지 않았다. 그러나 장기적인 관점에서 내수시장 진출을 검토했고 실제 중국 기업과의 거래도 해보았다. 그러나 중국 내수시장의 가격이 처음에는 높았으나 갈수록 가격이 낮아져 거래선의 요구 가격을 맞출 수가 없었고 거래선의 신용도가 낮아 수금이 제대로 안 되었다. 그 이후로는 중국 기업에게의 공급을 중단하고 중국 내 외자기업 또는 한국 기업들에게만 공급하는 쪽으로 방향을 바꾸었다.[30)]

(20) 판매 대금의 입금 확인 후 출고 조치하는 전략

은행에 근무하는 직원이 메이커인 중국 기업에 근무하는 직원과 친한 친구 관계일 경우, 두 사람이 서로 짜고 실수 또는 비고의적인 과오로 포장하여 송금

29) 신주식 저, 《중국 비즈니스 전략 308선》, (서울 ; 고려대학교 출판부, 2003. 12. 12.), p.489
30) KOTRA 편, 《중국투자 현장점검》, (서울, 학림사, 2001. 11. 30.), pp.139~140

여부를 확인하는 송금 SLIP을 가짜로 발행하는 수도 간혹 있다. 몇 번 경험한 사례인데 판매 부서의 직원이 모 대리점으로부터 물품 대금 송금이 이루어졌다면서 은행 송금 SLIP을 회사에 제시하였기에 그걸 믿고 제품을 출고하였다. 그러나 며칠 후 송금 은행은 사전 각본대로 그 금액을 실제 송금하지 않고 도로 대리점에게 되돌려주었다. 결국 그 은행 SLIP은 무효가 되어버렸다. 따라서 중국에서는 판매 대금 입금 통보를 받으면 그 금액이 자사 구좌에 실제 입금이 되었는지를 확인하고 난 후 제품을 출고하는 것이 최선의 방법이다. 송금을 위한 대리점과 은행의 자기 구좌에로의 송금 전표를 믿지 말라는 이야기이다. 특히 대리점이 거래하고 있는 은행의 신용 상태가 좋지 않은 경우에는 이런 일들이 자주 일어날 수 있다. 어떤 경우에는 자사의 직원이 대리점의 직원과 공모하여 물품 대금을 송금하지도 않는 상태에서 가짜 송금 SLIP을 제시하는 수도 있으므로 주의를 해야 한다.

(21) 외상 채권 회수 관리 업무에서는 융통성을 허용하지 않는 전략

중국시장에 투자한 외국 기업들이 경영 부실로 도산하게 되는 원인 중에 가장 빈번하게 발생하는 것이 외상 채권 회수 부진으로 인한 것이다. 속칭 앞으로 남고 뒤로 밑진다는 말이 가장 어울리는 경영 부실 원인이 바로 외상 매출금 회수 부진일 것이다. 일부 외자기업의 경우 판매 실적이 우수하고 외상 매출금 회수 실적이 양호하면 판매 직원별로 일정 비율을 정해 그 한도 내에서 외상거래를 허용하거나 기존 허용 비율을 상향 조정해주는 사례가 있는데 이는 매우 위험한 발상이다. 뿐만 아니라 특정 상점의 판매량의 증가 속도가 빠르고 판매 대금 지급도 양호할 경우 그 상점에 대해 일정 비율을 정해 일정 한도 내에서 외상거래를 허용하거나 기존 허용 비율을 상향 조정해 주는데 이 또한 위험한 발상이다. 오히려 해당 판매 직원에게 보너스나 인센티브 형태로 보상하는 것이 나으며 해당 상점에게 리베이트 형태로 지불해주는 것이 보다 바람직하다. 왜냐하면 중국 현지 직원의 경우 외부 타 기업에서 더 좋은 조건으로 스카우트하려 하면 대부분의 직원들이 크게 개의치 않고 조건이 좋은 직장으로 옮겨가는 것이 상례이고, 이 경우 인간관계의 기초가 순식간에 허물어지면서 기존 외상 매출금의 회수가 곤란해지는 경우가 갑자기 생길 수 있다.

뿐만 아니라 회사의 경영 방침이 바뀌면서 특정 계층의 직원들에게 불리한 여건이 조성될 경우 이들이 조직적인 업무 태만 또는 해사(害社) 행위를 한다든지, 조직 간부가 바뀌면서 종전에 총애를 받던 우수 판매 사원이 나중에는 비우수 판매 사원으로 평가됨으로써 그 판매 사원의 반감과 반발이 일어나 고의적으로 업무 수행을 태만히 하거나 소홀히 함으로써 기존 불량 채권 회수 업무에 악영향을 미치는 수가 자주 발생한다. 상점별 외상거래 허용 한도 상향 조정 문제도 신중히 다루어야 한다. 중국에서의 상점 경영이 외부 환경의 변화에 따라 재무 상황이 급격히 악화되는 사례가 빈번히 발생하고 경영층이나 간부층이 바뀌면서 대금 지급에 관한 규정도 수시로 바뀔 수 있기 때문에 언제 자사에 불리한 결정이 내려질지 모르는 상황이다. 따라서 아예 미래의 불씨를 싹부터 잘라버린다는 차원에서 상점별 외상 매출 거래 한도를 높이는 전략은 신중하게 결정하여야 한다.

(22) 기사 보도나 뉴스 방송을 이용한 제품 홍보 전략

우리는 기업 홍보라고 생각하면 자금을 들여 신문, 방송, 잡지 등에 자사 제품에 관한 광고를 게재하는 행위를 제일 먼저 떠올리게 된다. 그러나 회사의 구성원 각자가 평소 대외 활동을 하면서 여러 사람들을 만나고 자사의 제품, 경영 이념, 장기 비전 등에 대해 설명하는 자체가 모두 기업 홍보 및 제품 홍보가 될 수 있다. 간혹 정기적으로 또는 비정기적으로 개최되는 각종 이벤트가 있을 경우 사전에 이를 보도하거나 게재되게 함으로써 미리 독자나 시청자들이 알도록 해주는 것도 훌륭한 기업 홍보, 제품 홍보가 될 것이다. 중국에서 신문기자와 친하면 자사 제품에 대한 기사성 광고를 하기도 매우 쉽다. 이 경우에는 광고 자금도 들어가지 않고 상당히 효과 있는 광고를 할 수 있어 권장할 만한 전략이다.[31] 평소 신문 또는 방송 기자들과 식사하고(예로써 3개월에 한 번 정도 식사) 매년 춘절과 중추절에 조그마한 선물 정도면 충분하다. 이런 과정을 통해 이들을 전략적으로 활용하는 방안을 모색하도록 한다. 이는 적은 비용으로 광고 및 홍보 효과를 극대화할 수 있는 손쉬운 방법이 되기 때문이다. 기업의 각종 언론 매체 기자들에게 자사의 평소 경영 활동 내용을 수시로 알려주고 그 사실들을 보도하게 함으로써 독자 또는 시청자들로 하여금 자사 제품과 기업 활동 내용을

31) 신주식 저, 《중국 비즈니스 전략 308선》, (서울 ; 고려대학교 출판부, 2003. 12. 12.), p.523

자세히 알도록 해주어야 한다. 그리고 그 내용들이 기사나 기타 신제품 코너, 제품 소개 형태를 통해 소비자들에게 알려지면 그 자체가 제품 홍보가 되는 것이다. 기업 홍보는 이벤트가 있어야만 가능한 것이 아니고 평소의 일상 경영 활동 자체가 홍보의 재료가 된다는 것을 잊지 말아야 한다.

13

경영관리의 애로 사항

이번 장에서는 중국에 진출한 우리나라 기업들이 경영관리상에서 느끼는 애로 사항들과 흔히 겪고 있는 사례들에 대해 살펴보고자 한다. 경영관리의 애로 사항은 진출 단계와 운영 단계의 두 가지 단계로 나눌 수 있다.

CHAPTER

13 경영관리의 애로 사항

1. 진출 단계의 애로 사항

우리 기업들이 중국 진출 단계에서 겪는 애로 사항으로 실제 중국에 진출한 우리 기업들을 상대로 한 조사에서 많은 기업들이 현지의 복잡한 행정 수속, 의사소통의 어려움, 중국 측의 태도 변화나 약속 불이행 등을 꼽았다.

〈표 13-1〉 중국 진출 초기 애로 사항

항목	응답 수	응답 비중(%)	사례 비중(%)
중국 측 태도 변화	69	13.7	24.1
현지의 복잡한 행정 수속	159	31.7	55.6
현지 협력선 물색난	28	5.6	9.8
현지 협력선과의 갈등	20	4.0	7.0
공장 시공 곤란	38	7.6	13.3
의사소통 곤란	82	16.3	28.7
문제없다	34	6.8	11.9
기타	72	14.3	25.2
계	502	100.0	175.5

(출처: 대외경제정책연구원) 응답 업체 286개사. 다중 응답

특히 위 표에서 사례 비중이 24%에 달하는 '현지의 복잡한 행정 수속' 문제와 관련하여, 1994년 무역협회의 조사에서도 '중국의 복잡한 행정 체계 및 제도 미비'가 가장 중요한 애로 사항으로 지목된 바 있으며, 1996년 대한상공회의소의 조사에서도 가장 많은 기업이 이 문제를 투자 결정의 장애 요인으로 꼽았다. 이와 같은 결

과로 볼 때, 중국에 진출한 외자기업들이 진출 초기에 복잡한 행정 수속 과정에서 큰 어려움을 겪고 있는 것을 알 수 있다.

사례 1

중국의 잦은 정책 변화에 따른 기업 애로

- ○○기업은 완제품을 해외로부터 수입하여 중국 내에서 판매가 가능하다는 정보를 믿고 요녕성 대련 보세구에 무역회사를 설립
- 그 뒤 중국 정부가 외화 밀반출 억제를 위해 외환관리를 강화하면서 외화 환전 규모를 제한하였고, 결국 수입 대금 결제를 위한 외화 확보 곤란으로 사업 정리

인가 취소로 합작 사업 중단

- ○○사는 북경에서 중국 정부 산하 문화 기관과 패스트푸드점을 공동 경영키로 계약을 체결하고 투자 인가 획득
- 그러나 사업을 시작하기 전에 인가 기관은 정부 당국, 학교, 기타 정부 조직은 영리적인 영업 활동과 수출입 업무에 종사할 수 없다는 규정을 이유로 동 사업의 인가를 취소한다는 내용의 문서를 발송
- ○○사는 취소 결정 이후에 4만 달러를 투입하고 합작선 및 인가 기관과 협의를 하였으나, 취소 결정을 번복시키지는 못하였음. 이에 ○○사는 합작선을 계약 불이행으로 손해배상 청구 소송 제기
- 법원은 합작 계약의 체결은 당초에는 유효하였으나, 인가 기관이 이를 취소함에 따라 계약도 무효라고 판결

인가 취소 후 송금된 투자 자금에 대해서는 중국 측이 취소 사실을 알고 있으면서도 점포 건설에 사용하였으므로 양 당사자는 계약 체결 이전의 상태로 환원할 것과 중국 측은 손해배상금 1만 위안을 ○○사에 지급할 것을 명령

합작선의 사기로 신뢰 손상

- 쓰츄안성에 진출한 일본 투자 기업 ○○사는 1992년부터 4년간 중국 △△사와 가공 송이버섯 거래를 함으로써 유대 관계를 돈독히 유지
- ○○사는 1996년에 사업 확장의 필요성을 느끼고 △△사 총경리 Y씨에게 계약서 작성 없이 부지 매입 및 공장 건물 신축을 의뢰하고, 350만 위안을 Y씨 앞으로 송금
- 1997년 완공된 공장과 토지의 감정 가격이 430만 위안으로 산정되자 Y씨는 차액 80만 위안을 요구

• ○○사가 이를 거절하자 사천성 인민법원에 미납 잔금과 위약금으로 200만 위안 청구 소송 제기

△△사는 소송에 앞서 ○○사와 합작으로 투자 기업을 설립한다는 투자 의향서를 위조로 작성하였으며, 의향서에는 ○○사가 공장 신축 및 토지 매입을 위해 350만 위안을 투자하는 것으로 명시

• ○○사는 이러한 투자 의향서가 위조임을 법원에 제기

실제 법원 조사 결과 토지 사용권 권리자가 Y씨 앞으로 되어 있었으며, Y씨는 ○○사 몰래 이를 담보로 은행에서 대출을 받는 등 합작투자의 의도가 불순함을 인정하여 Y씨로 하여금 ○○사에게 송금액 350만 위안을 상환토록 명령

(출처: 한국수출입은행, 〈중국투자환경과 투자사례〉, 2002. 6.)

2. 운영 단계의 애로 사항

경영관리 전반을 놓고 볼 때 주된 장애 요인으로 대부분의 중국 진출 한국 기업들이 생산 원가 상승, 원부자재 조달 곤란, 생산 관련 인프라 미흡, 판매 대금 회수 곤란, 현지 금융 조달 곤란, 증치세 환급 지연, 고용 · 인사 관리 곤란, 내수 진출 곤란, 한국 업체 간의 경쟁 등을 꼽았다.

특히 가장 많은 기업이 지목한 어려움인 '생산 원가 상승' 문제는 최근 중국에서 인건비가 빠르게 상승하고 있고 에너지 · 원자재 수급난이 심각한 점 등과 관련이 있다. 한편 우리 기업들은 재무관리에서도 어려움이 많은 것으로 나타났으며, 현지 금융 조달 곤란 또한 경영상의 주요 장애 요인으로 꼽았다.

〈표 13-2〉 경영관리 전반의 주요 장애 요인

항목	응답 수	응답 비중(%)	사례 비중(%)
원부자재 조달 곤란	94	15.6	32.9
생산 관련 인프라 미흡	79	13.1	27.6
현지 금융 조달 곤란	57	9.5	19.9
생산 원가 상승	116	19.3	40.6
고용 인사관리 곤란	47	7.8	16.4
노사 갈등과 분규	5	0.8	1.7
내수 진출 곤란	42	7.0	14.7
판매 대금 회수 곤란	58	9.6	20.3
증치세 환급 지연	48	8.0	16.8
한국 기업 간 경쟁	39	6.5	13.6
중국 당국의 간섭, 관료주의	17	2.8	5.9
계	602	100.0	210.5

(출처: 대외경제정책연구원)　　응답 업체 286개사. 다중 응답

〈표 13-3〉 현지에서 자금 조달 시의 애로 사항

항목	응답 수	응답 비중(%)	사례 비중(%)
모기업 보증 요구	52	18.9	26.7
과다 담보 요구, 담보 설정 곤란	99	36.0	50.8
복잡한 절차	69	25.1	35.4
커미션 요구	10	3.6	5.1
한국 신인도 하락	10	3.6	5.1
이자 부담	8	2.9	4.1
기타	27	9.8	13.8
계	275	100.0	141.0

(출처: 대외경제정책연구원)　　응답 업체 195개사. 다중 응답

사례 2

관할 지역 상이에 따른 관세 및 증치세 환급 곤란

- ○○사는 협력 업체의 요청으로 중국에 진출하였으나 협력 업체가 입주한 천진의 전력, 용수 등 인프라 이용 비용 및 인건비가 비싸기 때문에 천진에서 1시간 정도 거리에 있는 하북성 랑방 개발구에 법인 설립
- ○○사가 공장을 완공하고 한국으로부터 원자재를 수입하여 가공한 후 협력 업체인 천진 공장에 제품 납품을 시도하였음. 협력 업체는 생산 제품을 대부분 수출하고 있기 때문에 동사는 당연히 로컬 수출로 인정되어 제품 생산을 위해 수입했던 원자재의 관세와 증치세 환급이 이루어질 것으로 예상했으나 관할 당국에서 환급해주지 않았음. 관세와 증치세 부담으로 협력 업체에 높은 가격으로 납품할 수밖에 없었고 협력 업체는 가격이 높다는 이유로 제품 사용에 난색
- 원자재 수입과 관련해서 하북성 세관과 세무 당국에 증빙 서류를 제출해야 하고, 다시 천진 세관 및 세무 당국에서 천진 협력 업체가 ○○사가 제공한 반제품을 사용하여 제품을 생산, 수출하였다는 확인을 받아야 함. 관계 당국은 천진 협력 업체가 ○○사가 납품한 제품을 수출용으로 사용하였는지 일일이 확인할 방법이 없다는 핑계로 증치세 환급 불가 통보

현지 금융 활용과 애로

- 북경 ○○사는 초기 투자 자금의 일부를 국내 B은행에서 차입(420만 달러)하였으나, 외환위기에 따른 국내 은행 차입 금리의 급격한 상승(7%에서 15~20%로)으로 과도한 금융 비용이 발생하여 손실 규모가 확대
- ○○사는 과도한 금융 비용을 줄이기 위해 중국 농업은행으로부터 건물과 공장을 담보로 운영 자금 300만 위안을 대출받아 국내 B은행의 차입금을 일부 상환
- 그러나 현지 금융 역시 이용 과정에서 많은 애로 요인 발생

대출 기간은 1년으로 채권 은행인 농업은행 규정상 단기 운영 자금의 대출 연장은 불가능하다고 하여 매년 대출을 갱신해야 하는 번거로움이 있음. 또한 중국 은행들은 부동산 담보대출의 경우 대출을 갱신할 때마다 담보물 평가를 요구하고 있어 매년 평가 금액의 0.5%~0.7%에 해당하는 수수료를 지급해야 하며 공상관리국에 담보물 등기 수속 수수료도 지급해야 하는 등 관련 수수료 부담이 적지 않음.

(출처: 한국수출입은행, 〈중국투자환경과 투자사례〉, 2002. 6.)

정리하면 진출 초기에 업체들이 주로 겪는 어려움은 복잡한 행정 수속, 의사소통 곤란, 중국 측의 태도 변화로 나타났다. 복잡한 행정 수속 문제는 그동안 중국의 개방 및 국제화가 많이 진전되었음에도 불구하고 여전히 주요 애로 사항으로 꼽히고 있다.

운영 단계의 애로 사항 중 가장 많이 지목되는 것은 생산 원가 상승 문제이다. 이는 최근 중국에서 인건비가 빠르게 상승하는 점, 에너지 · 원자재 수급난이 심각한 점 등에서 연유하는 것으로 보이며 타 기업과의 경쟁이 치열해지고 있음을 시사한다. 따라서 저비용 생산 기지로서 중국의 비교우위는 앞으로 줄어들 것이다. 한편 중국의 거대한 시장 잠재력은 비록 최근 빠르게 실제화되고 있으나, 진출 업체들이 현지 내수시장에 진출하기도 어려운 것으로 나타났다.

05

PART

현지화, 중국 상관습, 주재원 관리

14

주재원과 현지 직원 간 관계 유지 전략

우리의 장점을 단점으로 보는 중국인들의 오해를 불식시키고, 최대한 우리의 약점을 노출시키지 않도록 유의하며, 중국인과의 관계에서만은 항시 여유를 갖고 행동한다. 더 나아가 현지 직원과 의형제 및 의남매 관계와 같은 돈독한 관계를 유지하기 위해 노력하고, 사장이나 간부들은 자신을 낮추고 현지 직원과 동고동락하는 자세로 그들의 의견을 들어야 한다.

CHAPTER 14

주재원과 현지 직원 간 관계 유지 전략

1. 적극성 · 진취성 · 도전성에 대한 오해 불식

인간의 약점을 숨긴다는 표현은 좀 어색하다. 약점을 되도록이면 노출하지 않는다고 표현하는 것이 좋지 않을까? 여기서 말하고자 하는 한국인의 약점이란 한국인의 결점을 얘기하는 것이 아니다. 그것은 한국인의 강점이기도 하지만 적어도 중국인 앞에서는 그 강점이 약점으로 작용할 수도 있다는 것을 말하는 것이다.

최근 한국에는 프로야구가 인기가 있다. 베이징 올림픽에서 금매달을 땄고 WBC에서 준우승을 하기도 했다. 최근 2~3년 사이 매년 강세를 보이던 어떤 프로야구 팀이 갑자기 슬럼프에 빠져 침체 국면을 빠져나오지 못하고 있다. 어떤 프로야구 전문가는 미국의 야구 전문가의 프로야구 관련 이론을 인용하면서 '프로야구에서의 경쟁력 상승 요인의 부작용; 경쟁력 하락 촉진 현상 초래' 라는 문제에 대해 설명을 하였다. 그는 설명에서 아무리 강한 실력을 가진 야구팀이라 하더라도 강한 상태가 상당 기간 동안 진행하다보면 반드시 강한 실력을 창출해낸 강점이 반드시 다른 약점을 잉태시켜 그 팀의 경쟁력이 약화되어 상황이 어려워질 수 있다는 이론이다. 즉, 강점이 일반적으로 다른 강점을 창출해내어 더 강해지기보다는 그 강점이 일면 다른 방면에서 부작용과 후유증을 유발함으로써 그 야구팀의 경쟁력이 약화되는 현상을 초래한다는 것이다.

한국인이 국제 무대나 국제 사회에서 강점으로 작용하는 것은 진취성과 도전성, 적극성과 집착력이다. 그런데 이런 점들이 사실 중국인의 입장에서 보면 한국인은 도발적이고 무모하며 포악하고 거칠다는 표현으로 바뀌어 나타난다. 지난 40년간 세계 경제 2위의 경제대국이면서도 그 존재조차 드러내지 않고 조용히 지내고 있는 일본인에 비해 한국인은 세계 13위 정도밖에 되지 않는 국력임에도 불구하고 유엔 사무총장직을 맡고 있고 올림픽이나 월드컵 대회도 일본과 거의 같은 수준으로 개최하는 등 국제 사회에서 외향적이면서도 적극적인 자세를 발휘하는 민족으로 간주되고 있다. 중국인 입장에서 보면 인구나 국토 면적 등에서 덩치도 작은 소국이 국제 무대에서 발언권을 확대하면서 이른바 한류라는 한국형 문화 · 예술 · 예능을 통해 중국인의 정신 세계와 의식 세계에 영향을 미치는 등 적극적인 중국 침투를 시도하고 있고, 삼성전자 · 포스코 · 엘지전자 · 현대조선 · 현대자동차 · 삼성반도체 등 한국의 글로벌 기업들이 중국시장 전반을 휩쓰는 위협적 상황을 연출하자 돌연 경계심과 긴장감이 발동하기 시작한 것이다. 한국이라는 존재는 어쩌면 중국이라는 거대한 국가의 입장에서 보면 하찮은 존재로 보이는 것이 자연스러운데 그것을 거부하고 한국인의 호연지기와 한국 청년의 기상을 보여주는 진취적 자세가 중국인들의 시선을 자극한다고 보면 무리일까? 한국인들의 한국 사회 및 한국 경제에 대한 과도한 자신감은 일면 중국인에게 시기와 질투 또는 오해와 질시를 초래할 수 있다는 점을 염두에 두고 하는 말이다.

그런데 문제는 이러한 중국인들의 바람직하지 못한 시각이 스마트하고 지혜롭지 못한 '투박한 중국', '거친 중국'의 단면이 야기한 결과물로 볼 때 중국 및 중국인에게도 상당한 책임이 있는 것으로 볼 수 있다. 근세의 150여 년의 근세사와 현대사를 제외하고는 역사적으로 대국의 위치를 누려왔고 강국의 위상을 과시해온 중국인들이 자기 중심적 사고방식인 중화우월 사상에 도취되어 이웃 나라들을 깔보고 무시해 온 중국 중심론이 작용한 결과로 볼 수도 있기 때문이다. 그런데 중국은 2010년을 기점으로 세계 2위 경제대국이었던 일본을 제치고 미국에 이어 제2의 경제대국으로 부상하면서 국제 사회에서의 발언권과 영향력의 확대를 노리고 있다. 이러한 중국이 비단 한국 등 인접 국가들뿐만 아니라 국제 사회라는 넓은 무대에서도 자국의 입장을 위주로 자신의 정책을 강요하는 듯한 무례를 자주 범하기도 하고 오만한 자세를 보이고 있다. 최근의 한국의 천안함 사태와 이란에 대한 제재에서도 중국이 한국과 미국 및 국제 사회에 보여준 태도 역시 국제 사회의 정의 구현과는 거리가 먼 불량 세력들에 대한 비호 또는 폭력 세력에 대한 지원이라는 보기에도 좋지 않은 모습을 보이고 있다. 중국 및 중국인의 이러한 모습은 전 세계로부터 '사랑받지 못하는 거인'으로 자리매김할 가능성을 높여주는 것으로 크게 우려가 되는 부분이기도 하다. 하지만 우리의 힘만으로는 이에 대한 개선이나 시정을 관철하기에는 역부족인 측면도 있다 하겠다.

중국과 중국인의 이러한 '힘의 논리에 의한 지배'가 한국 및 한반도 정세에 크게 영향을 미치지 못하도록 노력하고 자체 국력을 키워나가는 적극적인 자세를 견지해야겠지만 다른 한편으로는 중국 또는 중국인들이 우리의 입장을 이해하고 우리들에게 협조할 수 있도록 분위기를 조성하는 것도 매우 중요하다고 생각한다. 한국인과 중국인 간의 정서적 충돌 문제와 민족적 · 역사적 마찰과 갈등 문제를 성공적으로 극복하자면 최근의 동북아 정세 속에서 중국이 보여준 이런 거친 태도를 누그러뜨리고 완화할 수 있는 한국인의 부드러운 접근과 소프트한 터치가 필요한 시점이 아닐까 생각한다. 한국인이 장점으로 생각하는 진취성과 적극성, 도전성과 호연지기는 때에 따라서는 절제하고 억제하며 넓은 아량과 도량으로 중국과 중국인을 포용하는 자세를 갖자는 의미이다. 한국인들의 강점인 도전정신과 적극성을 발휘할 때는 적극적이어야 하겠지만 중국인의 자존심을 상하게 해가면서까지 무리하게 발휘할 필요성은 없을 것 같다. 한 가지 예를 들어보자.

한때 주재원의 현지화라는 주제가 북경 주재 한국 주재원들에게 강조되던 시기가 있었다. 당시에 강조한 현지화 문제는 언어의 현지화, 행동의 현지화, 판매 및 마케팅의 현지화, 구매의 현지화, 생산 현장의 현지화 등 모든 분야의 현지화 전략이 포함되어 있었는데 특히 사무실 근무의 현지화도 포함되어 있었다. 한국인들이 중국인들의 풍습과 습관을 잘 이해하고 문화적 충돌이 발생하지 않도록 조심하자는 뜻에서였다. 그래서 한국인 주재원과 중국인 직원들이 매일 아침 출근할 때는 한국인 주재원은 중국어로 "자오상 하오(早上 好)"로 아침 인사하고 중국 직원들은 한국어로 "좋은 아침입니다."라고 고개를 숙이면서 인사를 건네자고 제안하였다. 그랬더니 북경대 졸업생인 중국인 직원이 "중국인은 고개를 숙이면서 인사하는 데 익숙해 있지 않다."고 말하길래 그렇다면 고개를 숙이지 말고 "좋은 아침입니다."라는 말로만 아침 인사를 하도록 조치한 적이 있다.

그로부터 몇 개월이 지난 어느 날 그 북경대 출신 직원과 그 직원이 담당하는 중국인 거래선 한 사람을 집으로 초대하여 가족과 함께 식사를 할 기회가 있었다. 식사를 하면서 맥주 한 잔씩을 나누어 마시게 되었는데 자식들이 맥주를 마실 때 아버지의 얼굴 면전에서 술잔을 들이키지 않고 고개를 옆으로 돌려 마시는 광경을 중국인 거래선이 목격하였다. 그때 중국인 거래선이 이런 모습이 기이하다고 생각했던지 그 이유를 물었다. 한국의 유교적 풍습에 따라 자녀가 아버지와 술을 마실 때 아버지의 얼굴을 쳐다보며 마시는 것은 예의에 어긋나는 행동이기에 자녀들이 얼굴을 돌려 마시는 거라고 설명해주었다. 조금 후 식사가 진행되고 시간이 흘러 중국인 거래선이 맥주를 조금 많이 마신 관계인지는 몰라도 식사 도중에 화장실에 가게 되었다. 그때 마침 아들이 화장실에서 담배를 피우고 있었던 모양이다. 화장실에서 돌아온 중국 거래선은 대뜸 "한국의 유교 풍습에 의하면 다 큰 성년인 아들이 아버지 앞에서 담배를 피울 수 없느냐?"고 물었다. 그렇다고 대답하였더니 중국인 거래선은 "정말 이런 점은 중국인이 한국인에게서 배워야 하는 점이다. 정말 이런 예의바른 한국사회가 부럽다."면서 한참 동안 생각에 잠기는 듯했다.

그 일이 있고 난 후 몇 주가 지났다. 북경대 출신 회사 직원과 함께 중국 칭다오로 출장을 같이 떠나게 되었다. 낮 시간에 열심히 거래선들을 방문하고 저녁 시간이 되어 그 직원과 단 둘이서 저녁 식사를 하게 되었다. 그때 그 직원은 갑자기 몇 개월 전 한국 주재원들의 중국식 아침 인사와 중국 직원들의 한국식 아침 인사 제의 건을 떠올렸다. 그 북경대 출신 직원은 중국어로 "죄송합니다. 몇 개월 전 제가 중국인 직원들의 한국식 아침 인사 제의를 중국인의 풍속 습관에 맞지 않는다고 거절한 것 기억하십니까?" 하고 물어왔다. 기억난다고 했더니 그 직원은 정말 죄송하다고 얘기하면서 이번 출장에서 돌아가면 다른 중국 직원들과 상의하여 한국식으로 머리를 약간 숙이면서 아침 인사를 하도록 하겠다고 말했다. 갑자기 인사 문제가 거론된 데 약간 놀란 표정으로 왜 갑자기 그 문제를 거론하였느냐고 물었더니 그는 자신이 중국인 거래선과 함께 집으로 초대받아 식사를 하던 그날 자녀들의 아버지 앞에서의 맥주 마시기 예절과 아들의 담배 피우기 예절과 관련한 실제 사례를 목격하고 상당한 충격을 받았다고 했다. 즉, 한국인 자녀들은 이렇듯 예의를 차려 부모님을 모시고 젊은 사람들은 나이 많은 어른들을 공경하는 습관이 아직 남아 있다는 얘기를 듣고 그날 그 북경대 출신 직원은 상당한 충격을 받았다고 했다. 한국에 이런 풍습이 고스란히 남아 있다면 몇 개월 전 중국 직원들에게 한국식 아침 인사를 권유했던 이유도 어쩌면 한국의 어른 공경이라는 유교적 풍습이 남아 있기에 나올 수 있었던 배경이 아니었을까 하는 추론을 할 수 있었기 때문이란다. 그런데 이번에 칭다오에 출장을 가기 위해 북경에서 칭다오 행 비행기를 타면서 자신은 다시 한 번 부끄러워 어쩔 줄을 몰랐다고 했다. 그건 다름 아닌 비행기 안에서의 중국 여성 스튜어디스들의 중국인

> 승객들에 대한 '집단 고개 숙여 인사하기' 프로그램 때문이었다고 했다. 북경대 출신 직원을 태운 산동항공(SD) 비행기가 북경 공항을 이륙하여 3만 피트 상공에서 수평 비행을 하기 시작하자 안전벨트를 매고 앉아 있던 중국 여성 스튜어디스 6명이 비행기 한가운데 복도에 일렬로 정렬하여 구호에 맞춰 일제히 승객들에게 머리 숙여 인사를 한 것이었다. 그 광경을 목격한 북경대 출신 중국인 직원은 순간적으로 자신이 거절했던 한국식 인사법 제의 사건이 생각났던 모양이다. 그는 분명 "중국인은 상대방에게 고개 숙여 인사하지 않는다. 그런 모습에 중국인들은 익숙하지 않다."고 말했던 사실이 생각났으리라. 그래서 그날 단 둘이서 저녁 식사를 하는 기회를 이용하여 사죄도 하고 앞으로 중국인인 자신은 한국식으로 아침 인사를 하겠다고 약속을 한 것이었다.

위의 사례는 몇 가지 시사점을 던져주고 있다. 특별한 사연이 없는 한, 그리고 특별한 사건이 발생되지 않는 한, 중국인들의 자발적인 한국인들에 대한 존경은 기대하기 힘들다는 사실이 첫 번째 시사점이다. 따라서 한국인들은 중국인들로부터 존경을 받고 지원을 받기 위해서는 한국인 스스로가 먼저 희생하고 노력해야 하며 중국인들이 한국인들을 존경할 수 있도록 환경과 분위기를 만들어야 한다. 한국인들이 이런 노력을 하지 않는다면 중국인의 한국인에 대한 긍정적 평가는 가까운 시일 내에는 이루어질 수 없는 요원한 망상일 것이다. 두 번째 시사점은 중국인들의 한국 사회에 대한 이해가 생각보다 훨씬 부족하여 거의 이해하지 못하고 있다는 것이다. 우리 한국인들이 중국에 대해 상당히 이해하는 폭이 넓고 깊으니 중국인들의 한국에 대한 이해도 마찬가지일 것이다라고 생각하면 오산이다. 참고로 한국이라고 말하면 거의 100% 이해하지만 Korea라고 말하면 20년 전만 하더라도 80% 이상의 중국인들이 한국인지를 이해하지 못했다는 것을 잊지 말아야 한다. 그러니 한국의 문화, 한국 유교의 한국 사회에 대한 영향력, 한국인들의 사고방식, 한국인들의 행동양식에 대한 중국인들의 이해는 거의 제로 상태에 가깝다고 봐야 한다. 이런 점에서 볼 때 한국인들은 한국인, 한국 사회, 한국 경제, 한국 기업에 대해 틈만 나면 중국인 직원들로 하여금 배울 수 있는 기회를 제공하고 교육하고 설명하고 가르쳐주어야 할 것이다. 그렇게 해야 원활한 커뮤니케이션이 이루어질 수 있을 것이다. 결국 한국인들의 적극적인 성격, 진취적인 기상, 호연지기에 기초를 둔 도전정신에 대한 중국인들의 오해와 질시는 역사적으로나 정치 · 경제 · 문화 · 사회적으로 중국인들이 정확하게 우리를 이해하지 못하는 데서 출발한다고 보아야 한다. 그들은 그들의 역사와 문화에 대해 특별한 우월 의식을 갖고 있기에 한국인이 한국 문화의 우수성을 얘기하고 한국 역사의 전통성을 강조할 때 그들은 쉽게 오해하고 곡해한다. 좀 더 열심히 중국인에 대해 연구하고 머리를 써서 지혜롭게 우리의 강점을 그들에게 부각시켜 그들을 정신적으로 마음적으로 복속시켜 우리의 목적을 달성하도록 해야 할 것이다.

2. 우리의 약점을 노출시키지 말자

한국인과 중국인 간의 근본적인 차이점은 무엇일까? 한국인과 중국인은 비슷한 점이 많은 편일까? 중국인들과 20년 넘게 부대끼며 살아본 결과 결론은 다른 점들이 훨씬 많다는 것이다. 그렇다면 중국인과 한국인은 어떻게 다를까? 한국인은 정열적이고 열정적인 반면 중국인은 약간은 냉정하고 차분한 성격이다. 한국인은 미래 지향적이고 현실에 대해서는 적극적이고 진취적인 면을 추구한다면 중국인은 현재 지향적이고 현실에 대해서는 실리와 기술 및 기능을 중시한다. 한국인이 호연지기와 패기를 중시하는 동적 민족이라면 중국인은 지혜와 기교 그리고 요령을 중시하는 정적 민족이다.

이러한 한중 간의 차이를 야기한 가장 큰 환경 요소가 문화 · 사상적인 요소가 아닐까 생각한다. 한국의 조선시대 500년은 유교 문화 일변도로 점철되어 있다. 반면, 중국은 유교와 도교 두 가지 문화 · 사상을 장기간 고수한 채 서로 견제하고 협력하며 서로 다른 영역에서 힘을 발휘해 왔다. 중국 역사와 역대 왕조의 대부분 시기에 황실과 왕조의 중심부에서 영향력을 발휘해 온 유교는 당나라와 수나라 등 두 왕조 시기에 잠시 도교에 자리를 내어주었을 뿐 줄곧 중국 정치의 상층부에서 지배 계급의 지배 이론으로서 중국 역사를 지배해 왔다. 이에 반해 도교는 작은 정부, 작은 정치, 인위적 요소의 배격과 자연적 요소의 선호 등의 소극적 사상에 힘입어 중국 서민 계층의 주류 사상으로 자리매김해 왔다. 한국의 역사를 관통하는 긴 역사의 흐름에서 그렇게 많이 그렇게도 강하게 중국 문화의 영향을 받아온 한국 문화가 어찌하여 도교의 영향을 받지 않았을까 하는 의문을 항시 품고 있다.

한국 문화의 특성의 대명사는 유교 문화이다. 동아시아의 유교 문화권을 지칭할 때에도 한국이 포함된다. 유교 다음으로 한국 문화의 중요한 요소는 불교 문화이다. 사실상 불교는 마지막 왕조인 조선시대만 빼고 그 이전인 고려시대 · 통일신라시대 · 삼국시대에 있어서는 국교이거나 가장 중요한 문화의 위치를 차지했다. 오늘날 유교적인 것보다 오히려 더 많이 남아 있는 불교의 유물은 이러한 사실을 웅변한다. 이 같은 유교 · 불교의 중요성에 비해 도교는 한국 문화에서 비중이 낮은 편이다. 그러나 한국의 학자들은 한국 문화의 내용을 논할 때 항상 유 · 불 · 도 혹은 유 · 불 · 선(仙)의 3교를 나란히 말해왔다. 도교는 한국의 역사에서 유 · 불처럼 표면적으로 세력을 떨친 적도 없고, 실제로 교단과 같은 종교 조직을 갖춰본 적도 없지만, 한국 문화의 내면 혹은 잠재의식을 지배해온 것으로 보여진다. 한국의 도교는 무속과 민속의 밑바탕에 강력한 영향을 드리우고 있으며, 심지어 유교 · 불교 속에도 일부 스며들어가 있다. 한국의 도교는 토착 문화와 긴밀히 결합되어 있어 언제나 다른 문화의 바탕에 깔려 있는 것이다. 한국의 도교 학자들은 대부분 한국의 도교가 특정한 시기에 중국으로부터 수입된 것이 아니라 중국과 마찬가지로 한국에서도 본래부터 지니고 있던 고유한 문화라고 믿고 있다.

중국인들이 가장 많이 믿는 종교는 도교와 불교이다. 특히 도교를 믿는 인구가 불교 인구를 능가한다는 통계도 나오고 있다. 한국인은 불교와 그리스도교를 많이 믿는 편이다. 중국인들이 도교를 많이 믿는다는 것은 여러 가지 면에서 중국의 민족성 형성에 많은 영향을 미쳤다고 볼 수 있다. 특히 인위적인 제도나 규정 및 법규를 배격하는 사상은 집단주의 형성을 어렵게 하고 이기적이고 개인주의적인 성향을 강화한다. 정부의 역할이나 기능을 되도록 작도록 하는 점은 정부 불신이나 부정 · 부패를 촉발시키는 부작용을 초래할 수 있다. 반면 한국과 같이 유교를 상대적으로 중시하는 국가의 국민들은 정부 통제에 잘 순응하고 단결하며 집단주의 분위기에 편승하기가 쉽다. 중국과 같이 유교가 지배층의 지배이론으로 많이 이용되면서 유교가 정부의 통제 기능 및 관리 기능 강화에 이용되다보니 도교에 심취해 있는 중국 서민들은 자연히 통제 기구 또는 지배 세력의 영향력에서 이탈하려는 움직임을 취할 수밖에 없기에 중국이라는 국가 또는 사회는 이질적이고 이중적 복합 관리 구조로 변형되어 서로 따로 노는 형상을 피하기가 어렵게 되었다. 여기서 우리는 왜 중국과 한국의 정치 및 사회가 동일한 문화 및 역사 환경에도 불구하고 이와 같이 상호 이질적 형태를 띠게 되었는지를 알게 된다.

이러한 차이는 두 민족 간의 정서 충돌과 감정 마찰을 야기하는 원인이 된다. 이는 어떤 면에서 보면 불행이다. 이러한 역사적 문화적 차이에서 기인된 해묵은 그리고 수천 년간이나 지속된 모순과 갈등은 어쩌면 '태생적 마찰 요소'로 규정해도 무리가 없지 않을까? '태생적 마찰 요소'라고까지 표현한 데는 나름대로 이유가 있다. 한 나라는 영토와 인구가 작은 조그마한 소국인 반면, 다른 한 나라는 영토가 방대하고 인구가 엄청 많은 대국이다. 또 한 나라는 외세의 침입과 외부 충격파의 유출입이 빈번한 반도국이고, 한 나라는 몇십 개의 나라와 국경을 접하면서 그들을 가운데서 아우르는 대륙 국가이다. 이러한 점이 서로 판이하게 다른 환경을 가지게 되었다는 점을 확실하게 보여준다. 그래서 그 큰 대형 국가는 세계사의 중심부에서 그 존재의 명멸을 확실하게 보여준 반면 다른 한 조그마한 나라는 그 명맥 유지마저 걱정해야 하는 그래서 늘 불안한 상태에 조바심을 내며 생존을 도모해야 하는 절박함을 보여주었다.

사실 한국은 이웃 나라 대국 중국의 영향을 많이 받아왔다. 문화적으로, 역사적으로, 정치적으로, 경제적으로, 사회적으로, 사상적으로 많은 영향을 받아왔다. 영향을 받아왔다고 표현하기보다 압박과 통제를 받아왔다고 표현하는 것이 더 정확할지도 모르겠다. 그런 가운데서도 그 작은 나라는 강한 주체 의식과 민족 의식을 가지고 모진 생명을 포기하고 않고 끝까지 연명해 왔다. 이 작은 나라의 역사에는 끈기와 집념, 모든 고난을 극복할 수 있는 자신감과 패기 등이 늘 파워풀하게 꿈틀대면서 역사의 수레바퀴를 계속 앞으로 밀고 나왔다. 어느 나라에도 뒤지지 않겠다는 강한 의지와 자신감 속에서 작은 나라는 경제를 발전시키고 국력을 키워왔고 결국 성공을 거두었다. 세계 13위의 경제력을 바탕으로 앞으로도 선진국 대열 진입을 위해 혼신의 힘을 다하고 있다. 그 작은 소국은 이제 상당한 국력과 힘을 비축하고 보다 강한 미래의 창조를 위해 온힘을 다해 강국으로의 도전을 계속하고 있다. 이 작은 나라의 국민들의 자존심 역시 하늘 높은 줄 모르고 솟고 있다. 이웃 나라 거인 대국의 존재마저 두려워하지 않고 대든다. 오히려 한 번 겨뤄보자고 공세적 자세를 취한다. 힘이 무척 강한 대국 역시 가만히 참고 있지 않으려 한다. 서로 개인적으로 만나도 상대방에게 주눅이 들지 않으려고 한다. 이런 환경 요소의 차이가 가져다준 경쟁 심리가 바로 한국인과 중국인의 정서 충돌이요 감정 마찰의 원인이 된다고 보면 무리일까?

이와 같은 정서 충돌과 감정 마찰의 문제를 풀 수 있는 방안은 현실적으로 한국인들이 찾아야 한다. 왜냐하면 첫째, 한국은 작은 나라이고 중국은 큰 나라이기에 한국이 중국으로부터 얻어야 할 부분이 크고 많기 때문이다. 중국이라는 대형 시장에 진출해야 하는 것도 한국 기업의 몫이고, 중국시장에서의 투자 기업에서 한국인 경영층이 외형적으로는 중국인 직원들을 통제, 관리하지만 중국인 소비자에 의지하여야 한다든가 중국 정부의 정책에 적응해야 한다든가 하는 문제에서는 철저히 순응할 수밖에 없는 현실적인 제약들이 있기 때문이다. 둘째, 한국인은 태생적으로, 성격적으로 그리고 환경적으로 외국인들과 편안하고 화목하게 지낼 수 있는 여유 있는 느긋한 성격의 민족이 아니다. 그걸 증명이라도 할 수 있는 글을 며칠 전 읽은 적이 있다.[1] 한국인들이 왜 외국인들과 더불어 사는 데 약한지를 몇 개의 사례에서 적나라하게 설명하는 글이어서 여기에서 관련 있는 부분만 선별하여 인용해보기로 한다.

> 나의 고향은 몽골 남부 바얀홍고르. 초원 가운데 자리 잡은 도시이다. 대학 졸업 후 수도 울란바토르에 있는 오빠 집에 살다가 아는 사람 소개로 한국 남자와 만났다. 아버지가 말렸다. 어머니는 "가라, 그 길이 네 길이라면."이라고 했다. 어머니와 떨어지는 게 슬펐지만 이 남자와 헤어지기는 싫었다. 이렇게 착한 남자와 함께라면 먼 나라에 가도 행복할 것 같았다. 더구나 한국은 잘사는 나라라고들 했다. 서울살이 8년째. 쉽지 않았다. 서울에 오자마자 주위 사람들이 "한국 학교에는 '왕따'라는 게 있다."고 했다. 놀라고 걱정됐다. 몽골 학교에는 '왕따'가 없다.
>
> 몽골 사회와 마찬가지로 중국인 사회에도 왕따가 없다. 이들 두 나라는 집단주의 및 전체주의가 약하고 개인주의와 이기주의가 강하다는 말로 해석할 수 있다. 일본과 한국에서 왕따 현상이 강하다는 말은 이들 두 나라가 집단주의, 전체주의가 강하고 개인주의, 이기주의가 약하다는 말이다.
>
> 결혼 첫해에 아들을 낳았다. 혼자 있을 때도 나는 필사적으로 아기에게 한국말을 썼다. 힘들었다. 답답했다. 아이를 야단칠 때도, 칭찬할 때도 '벽'을 느꼈다. '벽'은 집 밖에도 많았다. 서울에서는 아이들끼리 놀이터에서 만나도 "너 몇 살이니?"부터 묻는다. 몽골에서는 위아래로 다섯살까지는 스스럼없이 지낸다.

---

1) 〈조선일보〉, 2010. 8. 25.

한국 사회가 그만큼 나이 의식을 많이 한다는 얘기인데 이는 바로 나이 차이에 따른 차별 의식 또는 계급 의식이 강하게 작용하는 것이 바로 한국 사회라는 뜻이다. 이는 유교 사회의 연령 질서 또는 장유유서의 영향에서 나타나는 후유증이나 부작용이 아닐까? 몽골뿐만 아니라 중국 사회에서도 나이 차이에서 나타나는 배척이나 홀대 현상은 좀체 있지 않다. 그래서 어지간한 나이 차이에도 불구하고 서로 어울리기 쉬운 사회라서 한국 사회와는 상당히 대조가 된다고 볼 수 있다.

나는 땅이 넓고 사람이 적은 나라에서 사람이 사람을 무시한다는 게 뭔지 잘 모르고 컸다. 한국에 와서 무시하는 게 뭔지 알았다. 무시당하는 대상이 바로 나였다. 하루는 친한 몽골인 주부들과 아이를 데리고 택시를 탔다. 우리가 몽골말을 주고받자 기사의 표정이 표나게 달라졌다. 목적지 근처에서 우리가 길을 정확히 몰라 "조금만 더 가달라."고 하자, 그는 반말로 "너희가 여기라고 했잖아." 했다. 우리는 거기서 내렸다.

한국인보다 가난하게 살고 한국 사회보다 부유하지 못하면 한국인들은 곧잘 깔보는 경향이 있어 이런 일들이 일어나고 있다고 봐야 할 것이다. 한국인과 중국에서 살고 있는 중국동포(조선족)와의 갈등과 한국인과 중국인들의 갈등에는 이와 같은 한국인들의 편협된 생각과 사고방식이 상당 부분 영향을 주었다고 보아야 하지 않을까?

이런 일은 시장에서 옷 살 때, 주민 센터에서 서류 뗄 때, 아이 데리고 나들이 갈 때 수없이 반복된다. 내가 가만히 있으면 한국 사람인 줄 알고 자연스럽게 대하던 사람들이 내가 입을 열면 '어, 너 뭐야?' 하는 얼굴이 된다. 처음에는 내가 뭔가 잘못했나 싶었다. 한국 남자와 결혼한 게 잘못인 걸까. 한국인은 외국인을 차별하는 게 아니라 '못사는 나라 사람'을 차별한다. 같은 외국인이라도 미국인은 잘해주면서 필리핀 · 베트남 · 몽골 · 러시아에서 왔다고 하면 '못사는 나라'로 뭉뚱그려 얕잡아본다.

후진국 국민들에 대한 한국인의 편견과 한국인 자신들에 대한 일그러진 자화상이 만들어낸 자만 현상이 빚어낸 결과가 아닐까?

"한국에 시집 오니 좋으냐?"는 질문도 자주 받았다. "못사는 나라 사람이 잘사는 나라에 오니 좋으냐?"는 의미로 들릴 때가 많았다.

수치적이고 통계적인 경제 수준이 판단의 주요한 잣대가 되므로 진정한 행복과 만족이 무시되고, 형식적이고 겉으로 나타나는 경제 수준이 객관화된 판단 기준이 되는 것이 한국 사회의 실제 모습이 아닐까?

내가 근무를 하는 도서관에서 엊그제 미국 여론 조사 기관인 갤럽이 148개국 성인 35만 명을 대상으로 '이민 가고 싶은 나라'를 조사했다는 기사를 읽었다. 1등은 싱가포르, 2등은 뉴질랜드, 한국은 50등이었다. 모든 사람이 원하는 대로 삶의 터전을 바꿀 수 있다면 싱가포르와 뉴질랜드는 지금보다 인구가 두 배쯤 늘고, 한국은 8% 줄어든다고 했다. 한국은 잘사는 나라인데, 어째서 살고 싶어 하는 사람보다 떠나고 싶어 하는 사람이 더 많은 걸까. 한국 사람들은 '층계'를 좋아하는 것 같다. 저마다 마음속에 무수한 층계를 만들고 '못사는 나라' 사람은 무조건 자기보다 낮은 계단에 서 있다고 생각한다. 이민자를 위한 제도를 갖추는 것 못지않게 마음의 층계가 사라져야 '이민 가고 싶은 나라'가 될 것이다. 국적을 따지기에 앞서 '인간 대 인간'으로 외국인을 존중할 때 비로소 진정한 관계가 시작되기 때문이다.

한국 사회에 팽배한 집단주의, 혈연 · 지연 · 학연 등으로 인해 야기되는 집단 간의 충돌 또는 마찰 현상, 사회 신분상의 차별 또는 계급 의식이 강하게 작용함으로써 야기되는 사회 분열 현상 등은 한국 사회의 특징을 적나라하게 나타내는 현상으로 간주해도 무리가 없을 것 같다.

위의 사례에서 보듯 우리 한국인들은 적지 않은 특징을 가진 민족으로 볼 수 있다. 그 특징들 중에는 좋은 점들도 많고 나쁜 점들도 많다. 한국 현대사 50여 년의 발전 과정에서 한국 민족이 보여준 경제적 발전 성과와 국력 신장의 속도는 우리 민족의 역량을 충분히 입증한 훌륭한 사례로 볼 수 있다. 그러나 그런 장점의 이면에는 단점도 두드러지게 나타나고 있다. 이웃 나라 혹은 국제 사회와 협조하면서 조용히 사태를 수습하며 부드럽게 넘어갈 수 있는 사안에도 국내외를 시끌벅적하게 만들어 사태를 확대시키는 과격함과 거침이 우리 민족의 DNA 속에 잠재되어 있다. 그래서 우리는 항시 이웃 나라와 부대끼고 마찰음을 내면서 요란하게 살아왔다. 그 요란함 중의 하나가 바로 한중 양 국민들 간의 갈등과 마찰이요, 한일 양 국민들 간의 갈등과 마찰이다. 특히 한중 관계에 있어서는 이제 우리 민족도 인내와 자기 억제라는 지혜와 슬기를 발휘해 중국인과 중국과의 관계를 보다 한 단계 부드럽고 원만한 관계로 격상시켜야 할 때가 된 것 같다. 가장 대표적인 몇 가지 우리의 약점들을 살펴보면 다음과 같이 요약할 수 있을 것 같다.

(1) 성질 급한 면을 중국인 직원들에게 노출시키지 말라

중국인들은 한국인들이 조급한 성격을 갖고 있다고 생각한다. 한국인의 이러한 조급함은 중국인의 느긋함을 하나의 비효율 요소로 간주하려는 경향이 있다고 지적한다. 서울의 광화문에서 남대문에 이르는 도로에서 서울 시내버스가 달리는 속도는 대개 80킬로미터 이상을 상회한다. 그래서 도로변 인도를 천천히 걸으면서 유유자적할 기분이 도무지 생겨나지 않는다. 바로 옆 도로변을 쏜살같이 달리는 덩치 큰 시내버스에서는 위압감을 느낀다. 빠른 속도로 질주하는 시내버스가 일으키는 도로 위의 진동은 바로 옆 인도의 보도블록의 흔들림을 자극하여 인도를 걷는 사람들이 시내버스가 자기 자신을 덮치지나 않을까 걱정하게 만든다. 질주하는 시내버스가 일으키는 광풍은 인도를 걷는 사람들의 얼굴을 때려 잠시 무게중심을 잃고 휘청하는 상황을 만들기도 한다. 중국인들은 이처럼 왜 서울 시민들은 조급해하면서 살아가야 하는가 의아해한다.

중국인 거래선들이 한국을 방문하여 한국 기업 측 인사들과 식사를 하는 경우, 특히 업무 담당자와 식사를 같이 하는 경우 한국인 업무 담당 직원들의 식사 속도에 놀라는 경우가 많다. 자기 자신들은 서너 숟갈 뜨는 참인데 상대방인 한국인 직원들은 벌써 밥 한 그릇을 다 비워 놀란다. 사무실 분위기도 중국인에게는 매우 특이하고 낯설게 비춰지는 모양이다. 직원들을 대하는 간부들의 분위기는 항시 독촉하고 채찍을 가하는 모습이다. "과장님, 이 건 언제까지 해야 합니까?"라는 직원들의 질문에 과장의 대답은 "야 임마, 빨리 끝내!"라는 것이다. 언제까지 완수해라는 대답 대신 빨리 끝내라는 것이다. 한국인들의 조급한 이러한 상황은 중국인들에게는 어떤 영향을 미칠까? 중국인들의 대답을 들어보면 성질 급한 한국인 상사의 독촉을 받으면 중국인들은 마음이 아주 불편해진다고 했다. 특히 언제까지라는 시간적 데드라인이 없는 상태에서 막연히 빨리라는 용어의 명령을 받은 중국인 직원들은 시간적 강박 관념마저 받는다고 한다. 이런 상태에서는 중국인 직원들이 일을 제대로 처리할 수가 없게 되거나 어렵게 될 확률이 높다.

한국인의 조급성과 관련하여 다음과 같은 마음가짐으로 중국인 직원들을 관리, 통제해보라고 권유하고 싶다.

첫째, 시간적 승부로 일 처리의 성패를 결정짓지 말고 일 처리의 맵시와 일 처리의 마무리 등의 깨끗함으로 결정짓는 것이 좋다. 즉, 시간에 구애받지 않고 일을 깨끗하고 말끔하게 마무리하는 데에 초점을 맞추게 되면 구체적 일정에 따라 일 처리 과정을 감독할 수 있고 계획에 따라 일 처리 과정을 관리하게 될 것이다. 다시 말해, 언제까지 처리하라는 기간을 제시하고 그 기간 안에 처리해야 할 항목을 구체적으로 나열하며 각 항목별 완성 시간표를 작성하도록 하고 그 시간표대로 진행되고 있는지 여부를 중간 점검하는 것이다. 여기서 중국인들과 같이 일을 처리하거나 중국인 직원들을 고용하여 일을 처리할 경우 제일 중요한 것이 중간 점검이다. 중간 점검은 일 처리 결과의 성패를 좌우하는 것이니만큼 점검 자체가 철저하고 엄격하게 진행되어야 한다. 점검에서 지적되는 사항은 다음 점검 때에는 제대로 수정, 보완되고 있는지 잘 챙겨야 한다. 적어도 중국인 직원들로 하여금 업무를 처리하게 하고 그걸 감독해야 하는 위치에 있는 한국인 간부들에게는 엄격하고 치밀한 점검 활동이 일 처리 성패의 관건이 된다는 점을 잊어서는 안 된다.

둘째, 계획에 따라 계획된 일정에 의거하여 일 처리를 하되 그 일 처리를 위한 기간을 충분히 주라는 것이다. 일반적으로 한국인들은 일 처리 기간의 단축에 익숙해져 있어 기간 배정을 할 때 가급적 짧게 시간을 허용하는 경향이 강하다. 중국인 직원들을 활용하여 일을 처리할 경우 사정이 허락하는 한 긴 시간을 할애해주는 것이 매우 중요하다. 그 대신 일 처리에 대한 성공의 보장을 얻고자 한다면 중간 점검을 자주, 철저하게 감시, 감독해야 한다. 일 전체를 중국인 직원들에게 맡긴다는 생각은 가급적 삼가고 직접 진두 지휘한다고 생각하면서 모든 사항을 꼼꼼하게 챙겨야 한다. 중국인 직원들로 구성된 조직으로 일 처리를 하고자 하면 반드시 치밀하고 한 치의 오차도 없는 정확성을 가지고 있어야 중국인 조직을 제대로 관리, 장악할 수 있다는 것을 명심해야 한다. 대충대충 처리하며 카리스마를 발휘하는 간부보다 치밀하면서도 꼼꼼한 성격에 폭발적인 카리스마를 동시에 발휘하는 간부가 더욱 적격이다.

셋째, 중국인 직원과 토론하거나 의논을 할 때 먼저 결론을 얘기하거나 해결 방향을 제시하지 말고 스스로 해결 방안을 강구하고 진행 방향을 제시할 수 있도록 인내심을 갖고 기다릴 줄 알아야 한다. 중국인 직원들이 스스로 해결할 능력이 없다고 해서 한국인 간부가 직접 일을 처리해 버린다면 그 중국인 직원들은 영원히 자신이 해결할 수 있는 능력을 갖지 못하게 되고, 매번 한국인 간부가 직접 해결해주어야만 하기 때문에 결국 실패로 끝나고 만다. 중국인 직원 스스로가 문제 해결 능력을 배양할 수 있도록 어린아이에게 교육하듯 옆에서 지도,

교육해주어야 한다. 중국인 직원과 협상하거나 토론할 때는 성급히 결론을 낼 생각을 말고 일부러 정회, 유회 등 지연 전술을 써가면서 회의를 진행하는 것이 좋다. 가급적이면 서두르지 말고 충분한 시간을 가지면서 스스로 체득할 수 있을 때까지 인내심을 갖고 기다려 주는 자세가 매우 중요하다.

(2) 중국인 직원들에게 과격하거나 거친 면을 보이지 말라

한국인들은 중국인들에 비해 상당히 야성적이고 거칠다. 이런 성격은 한국인들의 적극성과 대담성과 관련되어 있다고 보여지는데 이런 특성이 지나치다보면 한 조직 내에서 한국인과 중국인의 관계가 최악의 상태로 발전되기 십상이다. 중국인들은 일반적으로 직선적이고 직설적인 성격이라기보다는 부드럽고 소프트한 성격을 지니고 있다고 봐야 한다. 상대방에 대한 부정적인 태도나 자세를 항시 감추고 좀체로 밖으로 드러내지 않는 편이다. 다만 인내에도 한계가 있다고 판단할 경우에만 폭발하여 밖으로 터져나온다. 그 전까지는 철저하게 은둔하여 보이지 않는 소극성과 보이지 않는 태만성으로 일관한다. 예를 들어, 한국인 경영층의 과격성과 거침이 마음에 들지 않으면 회사의 업무에 소극적으로 대응하고 대충 하는 둥 마는 둥 하며 시간을 때우기가 일쑤다. 이렇게 되면 회사의 모든 업무는 겉으로만 돌아가지 실제로 돌아가는 것이 아닌 상태로 된다. 회사의 경영이 엉망이 되는 전초 단계인 셈이다.

한국인과 중국인의 궁합이 가장 맞지 않는 점은 바로 한국인의 조급성과 중국인의 지나칠 정도의 느긋함이요, 한국인의 과격성과 중국인의 지나칠 정도의 소극성이다. 한국인은 성격이 급한 관계로 느려 터진 중국인의 태도를 보면 화부터 낸다. 화가 난 한국인의 얼굴은 색깔부터 붉게 변한다. 인상이 찌그러지고 분노의 기운이 얼굴 전체를 덮는다. 언성이 높아지고 큰소리가 나기 시작한다. 욕설이 나가고 때로는 폭력이 나간다. 이런 상황이 중국인에게는 가장 나쁜 상황을 야기하는 최악의 조건이다. 어떤 경우든 한국인은 화를 내거나 언성을 높이거나 욕을 하거나 폭력을 행사해서는 안 된다. 화가 날수록 얼굴 표정이나 제스처에서 나타나도록 해서는 안 된다. 해고를 해야 되거나 중벌을 주어야 할 상황일수록 조용하게 그리고 부드럽게 분위기를 이끌어 가야 한다. 굳이 해고를 해야겠다면 서면으로 처리해야 한다. 말이나 행동이 아닌 서면으로 미리미리 준비하는 자세가 필요하다. 예를 들어, 경고장을 발부한다든지 아니면 시말서를 쓰게 한다든지 하여 기록으로 보존, 유지하며 처벌에 대비해야 한다.

한국인 상사가 부하 직원들을 꾸짖을 때는 잘못을 저지른 것에 대한 질책의 의미도 포함되어 있지만 앞으로 다시는 똑같은 실수를 저지르지 말라는 교육적 의미도 포함되어 있다. 그러나 한국인 간부가 중국인 직원의 오류에 대해 지적하고 질책할 때는 분위기나 주변 환경을 고려하여 상당히 신중하게 접근할 필요가 있다. 한국 기업의 경우 과장이나 부장이 직원을 꾸짖을 때는 다른 직원들이 있는 자리에서도 꾸짖는 경우가 종종 있다. 예를 들어, 과 회의 또는 부서 회의를 할 때 특정 직원의 오류 또는 실수는 다른 직원들도 아차 하는 순간에 범할 가능성이 높을 경우 다른 직원들에게 주의하라는 경고성 메시지를 주기 위해 회의석상에서 공개적으로 질책할 수가 있다. 이 경우 한국인 직원들은 상사의 이런 의도를 이해하고 넘어가는 수가 많지만 중국인의 경우 공개적으로 질책을 당했을 때 상당한 충격을 받아 회사에 보복하는 수가 많다. 공개적으로 당한 질책을 개인에 대한 망신으로 생각하고 회사에 대해 아니면 질책한 상사나 상급자에 대해 보복을 생각하게 되는 경우가 많다는 것이다. 상급자나 상사들은 이런 점에 주의를 기울여 신중하게 행동할 필요가 있다. 가급적이면 공개적인 상황에서의 질책을 삼가고 꼭 질책할 필요가 있다고 판단되면 개인적으로 불러 제삼자가 없는 상태에서 잘못을 지적할 필요가 있다. 만일 질책을 하는 자리에 비서나 다른 여직원이 있을 경우, 그 비서나 여직원을 밖으로 내보낸 후 질책을 하는 것이 좋다. 특히 질책을 하기에 앞서 평소 그 직원이 잘하는 점이 있다거나 장점이 있을 경우 그 장점을 지적해주면서 칭찬을 먼저 하고 나중에 잘못을 지적하는 것이 더 효과적이다.

특히 당사자가 아닌 제삼자에게 특정 직원의 결점이나 약점을 언급한다든지 잘못을 지적하는 것은 절대 해서는 안 된다. 언제나 당사자가 혼자 있는 자리에서 당사자에게만 해당되는 사안과 관련한 질책을 당사자에게만 하는 원칙을 지키는 것이 중요하다. 뿐만 아니라 특정인의 장점에 대해서도 제삼자에게 함부로 얘기하는 것도 좋지 않다. 중국인 직원 간의 호불호가 민감한 문제로 작용할 수도 있기 때문이다.

(3) 남을 칭찬하는 데 인색하지 마라

한국인의 단점들 중의 하나는 남의 단점을 꼬집는 데 익숙하다는 점이다. 많은 중국인들이 한국의 고궁을 돌아볼 때 자주 두리번거리며 무언가 찾으려 한다. 이들이 이런 행동을 하는 이유는 한국의 고궁에는 박정희 대통령 동상 하나 정도는 있을 것으로 예상하기 때문이다. 한국에는 박정희 대통령의 동상이 없다고 대답하면 중국인들은 왜 없냐고 반문하는 경우가 많다. 박대통령 재임 시절 국민의 의사를 무시하고 반강제적으로 실시한 유신독재 때문에 일부 국민들이 박대통령의 동상 건립을 반대한다고 하면 중국인들은 깜짝 놀라는 표정을 짓는다. 박대통령이 재임 기간 중 이룩한 공적을 생각하면 그까짓 사소한(?) 유신독재 문제야 그냥 넘어가고 눈 감아줄 수 있는 문제가 아니냐는 것이다. 다시 말해서 어떤 사람의 공과를 논할 때 공로만을 놓고 말하는 것도 문제이지만 과실만을 들어 말하는 것도 문제라는 것이다. 가장 좋은 방법은 공과를 적당한 비중을 두고 균형 있게 검토하고 종합적으로 판단해야 하는 것이다. 중국인의 눈에 비친 한국인은 이런 점에서 본다면 다분히 남의 결점을 보고 그 사람의 됨됨이를 판단하는 경향이 짙다고 보는 것 같다.

여기서 중국인들의 모택동에 대한 평가를 살펴보면 상당히 긍정적이라는 점을 알 수 있다. 실제로 설문 조사를 실시하지 않아 정확한 수치는 알 수 없지만 한국인들에게 중국 정치 지도자들에 대해 평가하라고 하면, 등소평의 경우 90% 이상의 지지를 획득할 수 있을 것 같고 모택동의 경우 과반수 지지도 얻기가 힘들 것으로 판단해본다. 그러나 정작 중국인들의 모택동과 등소평에 대한 인기투표에서는 두 사람 모두 비슷한 비율의 지지를 받는다고 한다. 같은 인물들을 대상으로 한 지지도에서 한중 양국 국민들의 생각이 이같이 상반된 데는 한국인의 경우 지도자의 단점과 실정을 먼저 보는 습성이 있는 반면 중국인의 경우 지도자의 장점과 업적을 먼저 보는 습성이 있기 때문이 아닌가 생각한다. 또한 한국인들의 경우 그 대상 인물이 보여준 단점이 자신이 싫어하는 점일 경우 그의 업적이나 장점 및 긍정적인 면을 감안하지 않거나 무시하고 부정적으로 평가해버리고 마는 습성이 있는 반면, 중국인들의 경우 그의 장점, 업적, 긍정적인 면과 단점, 약점, 실정(失政) 등을 종합하여 평가하는 습성이 있다고 생각한다.

한국인들에게 모택동 하면 중국의 정치 독재자로 각인되어 있어 한국인들의 특정 인물에 대한 평가가 주로 단점에 초점이 맞추어져 있음을 보여주고 있다 그런 반면 중국인들에게 모택동 하면 이민족인 만주족, 즉 여진족이 세운 국가인 청나라를 멸망시키고 한족, 즉 중국 민족이 중심이 된 중국 국가인 중화인민공화국을 세운 위대한 민족 지도자 또는 '중국 건국의 아버지' 로 불리고 있다. 그의 단점이라 할 수 있는 독재정치가 또는 전제주의자는 적어도 중국 국민에게는 그의 위대한 장점에 묻혀버리는 셈이 된다. 반면, 박정희 대통령에 대한 한국인들의 평가는 '독재자' 라는 실정의 그늘이 '한국 현대 경제의 개척자', '경제 강국으로의 부흥을 주도한 정치인' 의 업적을 완전히 덮어버린다. 우리는 이처럼 한국인들과 중국인들의 인물 평가 기준의 상이함에 다시 한 번 놀라게 된다. 박정희 대통령의 생가 방문객과 모택동 주석의 생가 방문객의 숫자와 방문객의 사고의 정체성도 차이가 많다. 박정희 대통령의 생가 방문객의 경우 보수주의 성향의 사람들이 주류를 이루는 반면 모택동의 생가 방문객의 경우 보수파와 개혁파들이 두루 망라된 점도 큰 차이를 보이고 있다. 이런 현상들을 종합해볼 때 중국인들이 보는 한국인들은 남의 장점을 보기에 앞서 단점을 먼저 보는 습성이 있으며, 남의 단점이 장점보다 더 크게 보이는 경향이 있다는 점에 주목할 필요가 있다.

극단적인 상황 속에서도 늘 긍정적으로 생각하고 낙천적으로 생각하는 데 길들여지고 습관이 된 중국인들에게 경의가 표해지는 건 그들이 다른 민족들을 보면서 항시 그들의 장점을 중심으로 긍정적으로 평가하는 측면이 강하다는 점이 있기 때문이다. 자신이 싫어하는 단점을 상대방이 갖고 있다는 이유로 그 상대방이 어떤 장점이 있고 어떤 강점이 있는지를 별로 생각하지 않고 그 상대방을 부정적으로 평가해버리는 우리 한국인들을 보면서 늘 중국인들의 이러한 일면을 부러워하곤 했다. 우리 한국인들도 이제는 남들의 장점을 인정하고 단점이 있더라도 강점과 비교해 가며 그 사람의 존재 및 가치를 객관적으로 평가하고 긍정적으로 평가하는 습관을 길러야 한다. 특히 중국시장에 투자한 한국 기업의 경영 활동에서 한국인 간부들이 중국인 직원을 대할 때 항시 칭찬하고 용기를 북돋우어 주는 데 많은 시간을 할애해야 한다. 그래야만 한국인들은 중국인들의 환영과 호감과 지원을 받아낼 수 있을 것이다.

3. 중국인과의 관계에서는 항시 여유를 갖고 행동하자

앞에서 언급한 한국인의 조급성, 한국인의 과격성, 한국인의 칭찬에 인색한 태생적 결점 등 세 가지 약점들은 자세히 살펴보면 환경 또는 배경에서 공통적인 원인을 찾을 수 있다. 그것은 바로 한국인들의 여유가 부족한 데서 기인한다는 점이다.

한국인의 여유 부족의 원인을 생각해보면 크게 4가지로 나눌 수 있다. 첫째는 시간적 여유이고, 둘째는 마음의 여유이며, 셋째는 정신적인 여유이고, 넷째는 물질적인 여유이다. 첫째 시간적 여유가 없으면 조급해지고 시간적 여유가 있으면 느긋해진다. 그런데 시간이라는 것이 인간이 만든 제도이고 시간의 확보는 인간의 마음가짐에 달려 있다. 어떤 마음가짐을 갖느냐에 따라 조급해질 수도 있고 느긋해질 수도 있는 것이 인간이다. 한국이라는 사회에서는 항시 시간과의 싸움이 지속되는 시간 경쟁 사회의 속성이 강하다. 오죽했으면 한국의 IT산업의 발전이 한국인의 민첩성과 조급성의 특징에서 비롯되었다고 보는 학자들의 견해가 공감을 얻을까? 한국인들이 한국인들을 대할 때는 '빨리빨리' 를 외치더라도 외국인 특히 중국인들과 접촉할 때는 '천천히' 를 되뇌이면서 느긋하게 행동하도록 노력해야 할 것이다. 둘째 마음의 여유는 있을 경우 이해와 용서가 가능하여 관용과 아량이 생기게 되고 마음의 여유가 없으면 과욕과 보복이 생겨나 과격성과 공격성이 나타나게 된다. 행동이 느린 중국인들을 느림의 미학의 관점에서 긍정적으로 보는 것도 '속도의 미학' 이라는 한국 사회의 특징적 관점의 결점을 보완하고 보충하는 효과가 있지 않을까? 셋째 정신적인 여유가 있으면 낙천주의와 낙관주의 그리고 긍정주의가 생겨나고 정신적인 여유가 없으면 비판주의와 목전 이익 추구 현상이 나타난다. 중국인의 행동 패턴에 대해 우리의 행동 패턴과 상이하다고 비판할 것이 아니라 그들이 갖고 있는 특징을 수용하는 자세를 갖도록 해보자. 한국인이 먼저 그들의 특징을 수용하게 되면 그들도 한국인의 특징을 수용하려고 노력할 것이다. 그리고 마지막으로 물질적 여유가 있으면 양보 · 봉사 · 희생정신이 발휘되고 물질적 여유가 없으면 각박함과 이해타산성이 강하게 나타나 사회 전체가 건조해진다. 다른 직원들에게 귀감이 되고 모범적인 행동을 하며 조직의 발전과 영업 활동의 활성화를 위해 헌신하는 중국인 직원들에게 파격적인 대우를 해주고 승진의 길을 넓혀주자. 한국인 CEO나 간부들이 시간적 여유, 마음의 여유, 정신적 여유 및 물질적 여유를 가지고 중국인 직원들과의 관계 개선을 통해 한 차원 높은 인간관계의 구축 및 인사관리의 목표 달성을 도모하도록 노력해보자.

4. 의형제, 의남매 맺기 캠페인을 전개하자

어떤 조직이건 조직원과 경영층 또는 간부들 간에 화합이 잘 이루어지지 않는 주요한 원인은 조직 내에서 믿음, 즉 신뢰의 장이 형성되어 있지 않기 때문이다. 믿음이란 서로의 마음을 내보이는 행동에서 시작된다. 그런데 불행하게도 중국에 투자한 우리 한국 기업들이 중국 직원들을 가까이 하려고 노력함에 있어 항상 장애물로 등장하는 요소가 중국인 직원들이 자신의 마음과 가슴을 열려고 하지 않는다는 점에 있다. 조직 전체 분위기가 인정의 교류나 감정의 교류 없이 다람쥐 쳇바퀴 돌 듯 흘러만 가면 조직 효율 제고나 조직 효율 극대화와 같은 목표 달성은 희망이 없어지고 절망적이 된다. 많은 중국 투자 기업들이 이러한 과정과 전철을 밟고 있어 매우 안타깝다. 조직도 물 흐르듯 자연스레 움직여야 되는데 물이 고여 썩게 되고 썩은 물이 파이프를 녹쓸게 하는 현상이 반복되는 것이다.

여기서 지극히 비효율적인 중국인 조직을 두고 '물이 고여 썩게 되고 썩은 물이 파이프를 녹쓸게 하는 현상' 이라고 묘사하였는데, 이런 조직은 어떤 조직이며 이런 비효율적인 조직은 왜 생겨나는 지 설명하기가 여간 어렵지 않다. 경험해보지 않는 한 그 느낌이 좀체 오지 않는다는 말이다. 경험에 의하면 중국시장에서의 투자 기업 경영은 아주 잘해야(조직 전체뿐만 아니라 개인 차원에서 개인 고과 관리를 철두철미하게 통제하는 경우를 의미함) 보통 수준, 즉 손익분기점 정도 수준(손실을 막을 수 있으나 그렇다고 이익을 내는 것이 아닌 수준을 의미)에 도달할 수 있고(즉, C급 정도의 경영 성적을 낼 수 있다는 말임), 부서 평가 정도로 평가 관리를 하고 개인 차원의 업적 관리를 약간 소홀히 할 경우는 조직 비효율 문제와 적자 경영을 탈피하지 못하게 되는 수준, 즉 D급 정도의 경영 성적을 낼 수밖에 없다. 또한 부서별 특징과 부서별 영업 환경을 고려하여 특단의 대책과 특수 전략을 마련하지 못하고 기업 전체 차원에서 일반적인 경영 전략만을 도입하여 실시할 경우 심각한 경영난에 봉착하는 최악의 상황, 즉 E급 정도의 경영 성적을 낼 수밖에 없을 것으로 판단된다. 이를 좀 더 구체적으로 표현하면 아래와 같은 3가지 경영 상황들의 범주를 넘어서기가 쉽지 않다는 뜻이다.

(1) 최악의 조직 효율 수준인 E급

전체 조직과 구성원을 상대로 한 규정이나 내규 정도가 존재하고, 각 부서별 영업 실적에 따른 성과급 제도나 인센티브 제도가 존재하나 종업원에 대한 자극과 분발 및 충격을 주는 수준에서 보면 상당히 미약하고 허점 투성이이며, 조직 통제 및 관리 면에서 주로 조직원 개인의 자발적 동참과 자율적 의지에 맡길 경우가 바로 최악의 조직 효율 수준인 E급이다.

중국시장에 투자한 외자기업의 경우 중국 비즈니스 환경의 특수성을 제대로 이해하지 못하고 그저 자국의 경영 환경과 동일하다고 생각한 나머지 대충 최소한의 회사 내규와 관리 규정만을 마련하고 적당한 수준에서 느슨하게 관리할 경우 이런 상황을 면치 못할 확률이 매우 높다고 본다.

(2) 저효율 수준인 D급

저효율 수준인 D급은 조직의 독자적이고 독립적인 생존이 불가능하고 매년 누적적으로 기업의 적자 규모를 증대시키는 저효율 수준을 말한다. 조직 구성원에 대한 평가를 부서 평가에만 의존하고, 그 부서의 영업 성적과 관리 상태가 그 부서의 구성원 개인에게 절대적인 영향을 미치도록 하고, 각 개인에 대한 평가를 하지 않아 개인적으로 영업 실적이 부진하여도 심리적 압박감과 스트레스를 받지 않는 경우를 말한다.

중국에 투자한 외자기업의 경우 나름대로 중국시장의 특수성과 중국인 직원의 특성을 어느 정도 이해하고 있다고 판단하고, 그에 따른 각종 장애 요인을 극복하기 위해 필요한 각종 대책을 마련하고 적극적으로 추진하고 있음에도 불구하고 이런 상황들이 흔히 발생한다고 볼 수 있다.

(3) C급 수준

C급 수준은 보통 수준의 조직 효율을 이끌어낼 수 있어 기업의 생존을 겨우 도모할 수 있는 수준을 말한다. 각 개인 차원의 노력의 정도를 구체적인 기준에 의해 평가하고 강제하며, 노력의 정도가 일정 수준에 미달할 경우 금전적 보상이나 승진 등에서 큰 불이익을 감수할 수밖에 없고, 각종 복지 및 복리 면에서도 상당한 불이익을 받도록 개인별로 통제할 경우이다.

중국시장 진입상의 어려움과 중국시장이 안고 있는 각종 난관들을 사전에 충분히 숙지하고 이에 대해 3~4년간의 철저한 준비를 하였으며, 중국시장에 진입하고 난 후에도 각종 개선 대책과 극복 전략을 마련하는 등 최선을 다해 경영 효율화를 도모하는 자세를 보였지만, 겨우 보통 수준의 조직 관리 효율과 보통 수준의 경영 성과를 내는 정도이다. 중국시장이 외자기업에게는 그만큼 우량 경영의 실적을 내기가 어렵다는 점을 시사하는 것으로 봐야 할 것이다.

이와 같은 중국적 상황, 즉 중국시장이 내포하고 있는 특이한 난관들을 제대로 극복하자면 우선 중국인 조직을 게릴라 작전을 통해 침투하여 그들이 자연스레 구축하고 있는 중국식 의식구조의 성곽을 허무는 작전을 써야 한다. 여기서 중국식 의식구조의 성곽이라 함은 중국인 직원 전원의 조직 구성체가 보이지 않는 동일 의식 체계로 한데 뭉쳐 일종의 공감대를 형성하고 있는 경우를 말하는데, 그 공감대란 외자기업의 현지 직원으로서 열심히 할 필요는 없고 적당히 요령을 부리며 손쉽게 회사 생활을 하는 편안한 생활에 대한 열망을 의미한다고 볼 수 있다. 회사의 성공적인 생존을 위해 악전고투하고 고군분투하는 그런 자세보다는 내 직장으로서 남이 그것을 빼앗아가지 않도록 감시하며 그 자리에 눌러 앉아 오래도록 일하는 것을 목표로 하는 그런 자세를 유지하고 싶어 하는 공감대이다. 중국에 투자한 외국 기업의 조직이 일단 이런 조직 문화에 물들게 되면 상황은 걷잡을 수 없을 정도로 악화될 수밖에 없다.

이를 해결하기 위해서는 소질과 능력 및 소양을 구비하고 있으면서 주변 직원들에게 상당한 영향력을 행사할 수 있는 핵심 인물들을 선정하고 개인 각개 격파식으로 접근하여 이들을 회사 사람, 주재원 사람, 지점장 사람으로 만들어야 한다. 이들을 신바람 및 강한 정열과 열정으로 정신무장하게 한 다음, 이들을 중심으로 전체 조직의 군데군데에 소조직을 만들어 신나는 직장, 희망 있는 직장, 보람 있는 직장을 만들도록 뒤에서 조종하고 유도하는 것이다. 그러기 위해서는 이들 소수 정예 멤버, 소수 소조직 지도자들을 한국인 지점장 또는 한국인 주재원 또는 한국인 간부들과 개인적으로 의형제 또는 의남매 관계를 맺도록 유도하고 실제 이들에게 형제로서 남매로서 해줄 수 있는 모든 일들을 해주는 것이다. 금전적 혜택은 물론이고 개인적인 보살핌 그리고 그들 가족들에 대한 특별한 배려 등을 통해 특정 한국인과 친인척 이상의 끈끈한 관계를 형성하도록 만드는 것이다. 이들 소수 정예 의형제 또는 의남매들이 보이지 않게 현지 직원들의 후미에서 게으름을 피우는 현지 직원들을 독려하고 나태한 태도를 보이는 현지 직원들에게 채찍을 들고 앞으로 전진하게 하는 역할을 하게 한다면 그 조직은 짧은 시간 내에 효율이 높고 추진 동력이 강한 조직으로 탈바꿈하게 될 것이다. 의형제 또는 의남매 전략이 중국에 투자한 외자기업들의 성공을 이끄는 주요 전략으로 자리매김할 수 있다는 점을 명심하도록 하자.

5. CEO의 솔선수범과 직원들과의 동고동락

중국인들은 계급 의식이나 상하 의식이 그리 강하지 못한 민족에 속한다. 따라서 기업 조직에서도 일반 직원들이 상사를 대하는 태도나 자세는 한국인들의 그것과는 상당히 차이가 크다. 한국인 직원들은 나이 차이가 많이 나는 사장들 앞에서 담배를 피우는 것을 부담스러워하지만 중국인 직원들은 전혀 개의치 않는 편이다. 한국인 직원들은 나이 차이기 열 살 이상 나면 친하게 어울리고 반말하는 것에 대해 부담감을 느끼지만 중국인 직원들은 스무 살 정도 차이가 나도 서로 친구가 되는 것에 대해 거의 부담감을 느끼지 않는다. 중국어 자체가 존칭 또는 존댓말이 거의 없기 때문에 인간 관계에서의 상하 질서 또는 명령과 복종 관계가 한국인의 경우와 같이 그렇게 분명하지가 않다. 따라서 중국인 부하 직원과 중국인 상사 간의 관계는 부하 직원의 상사에 대한 충성심과 상사의 부하 직원에 대한 개인적 보살핌이 상호 교차되는 관계가 부족하고, 상사의 격려와 지원에 따른 부하 직원의 상사에 대한 의리와 서로 간의 약속을 파기하지 않는 끈끈하고 유대감 강한 관계를 유지하는 현상을 발견하기가 쉽지 않다. 중국인 부하와 중국인 상사 간의 관계조차도 이럴진데 중국인 부하 직원과 외국인 상사 간에 의리와 정열, 열정과 충성, 명령과 복종 관계가 강하게 형성되기를 기대한다는 자체가 현실적으로 실현 가능성이 없다고 보아야 한다. 중국인들의 이러한 자세와 태도가 형성된 배경에는 몇 가지 이유가 있다. 사상적으로나 종교적으로는 중국인들이 많이 신봉하고 있는 도교의 영향이 큰데, 그에 따른 소극성, 인위적 제도 · 규범의 배격, 자연적 현상의 신봉, 통제 및 관리의 억제, 개인주의 및 이기주의 성향 등이 자기 중심, 중국 중심, 중국인 중심적 사고방식으로 몰아감으로써 야기된 현상이 아닐까 생각한다.

첫째, 외세와 외국 기업에 대한 중국인들의 배척 의식과 중국식 편견에 대해서 언급해보면서 중국인들이 왜 그런 생각을 갖게 되었는지를 살펴보도록 하자. 19세기 중엽부터 말기에 이르기까지 서양 열강들이 중국의 영토를 분할하여 식민 지배하기 전 서양 세력들은 군대를 동원하기에 앞서 미리 선교사, 포교사 등을 앞세워 무력 침공의 의도를 덮으려 했고 그 다음 상선, 기업 진출 등을 앞세워 무력 점령을 위장하려 했다. 서양 열강들의 이런 위장술을 익히 보아온 중국인들은 가슴부터 이들 외자기업들의 중국 진출을 부정적으로 보게 만든 면이 있다. 따라서 많은 중국인들의 머릿속엔 '외자기업은 중국인 실속 채리기의 희생물', '외자기업은 중국인들의 봉', '외자기업은 중국인 직원들이 사익을 챙겨도 죄악이 아니다' 라는 선입견들로 가득 차 있다고 보여진다. 그러니 중국인 직원들의 생각 속에는 외자기업이 적당히 요령부리고 쉬어가며 일하는 곳으로 각인되어 있다고 볼 수 있다. 따라서 이들 외자기업의 조직 내에서 중국인 직원들의 분발을 기대하기란 애초부터 불가능한 일인지도 모르겠다.

둘째, 개인 소유 기업 또는 사업과 타인 소유 기업 또는 사업에 대한 중국인의 열정의 차이가 중국인 직원들이 월급쟁이 생활을 할 때 어떤 영향을 미쳤는지를 생각해보도록 하자. 중국 속담에 "이 세상에 믿을 거라곤 돈과 가족밖에 없다."라는 말이 있다. 이 속담에서 우리는 중국인들이 남을 잘 믿질 않는다는 것을 알 수 있다. 중국인들이 중국인조차도 믿지 않는 것이 분명한데 중국인 직원들이 잘 모르는 외국인 회사 사장의 말과 행동을 믿을 리 없는 것은 당연하다. 개인 소유의 기업이나 비즈니스일 경우에는 근면과 성실, 정열과 열정, 난관 돌파 의지와 극복 의지 등의 면에서 중국인들은 세계 최상 수준의 민족으로 평가해도 지나치지 않다고 생각한다. 그런 그들이 막상 타인이 설립한 회사의 월급쟁이로 들어가게 되면 지극히 소극적인 자세와 부정적인 사고방식으로 무장된 효율성이 떨어지는 인력으로 전락하게 된다. 중국 속담에 "용 꼬리보다는 차라리 닭 대가리가 되겠다."라는 말이 있다. 사실 한국에서는 용이라는 신성한 동물의 꼬리가 되는 것만 해도 대단한 일로 여겨진다. 일례로 대기업의 신입사원으로 입사만 해도 좋은 신랑감 또는 신부감이 되는 것이 한국 사회이다. 대기업의 신입사원을 용의 꼬리로 보면 무리일까? 그러나 중국인의 경우 대기업의 신입사원, 즉 용의 꼬리가 되기보다는 차라리 나홀로 사장인 택시운전사, 즉 닭의 대가리가 되는 것이 낫다는 생각을 한다. 그러니 화교 사회나 대만, 홍콩, 싱가포르 등 동남아 각국의 경제는 주로 중국인 또는 화교들이 설립한 중소기업들에 의해 지탱되고 유지될 수밖에 없는 것이다.

월급쟁이로서 근무할 때의 중국인들은 자신들이 갖고 있는 잠재력의 50%밖에 발휘하지 않으나 자기가 창업하여 사장이 되면 자신의 잠재 능력의 200%를 발휘한다고 보면 정확한 표현일 것이다. 이런 현상 때문에 많은 대만인 기업가들이나 화교 기업가들은 "비록 월급쟁이이지만 월급쟁이의 차원을 뛰어넘을 수 있는 중국식 도급제, 개인별 사업부제, 개인별 평가 비중 강화 등을 중국인 직원들로 구성된 회사의 경우 필연적으로 채택하여야 할 필승 경영 전략이다."라는 말을 자주 하는데, 그 이유를 곰곰이 생각해볼 필요가 있다. 이러한 전략은 비록 중국인 직원들이 고용된 월급쟁이 신분이지만 자기가 노력한 만큼 보상을 충분히 받을 수 있어 중국인 직원들로 하여금 자신이 사장의 역할을 하고 사장의 대우를 받는다는 느낌을 갖도록 만들 수 있다는 면에서 성공할 가능성이 매우 높은 전략으로 간주될 수 있다.

셋째, 중국인의 신나는 직장 및 신바람 기업 문화 의식의 결여와 적당주의 현상에 대해 언급해보기로 한다. 한국인들의 경우 상사나 기업 오너가 노력에 상응하는 보상을 기꺼이 해주고 대우와 위상 부여를 충분히 해주면 신바람 분위기 속에서 신바람 경영의 특수 효과를 누릴 수 있다. 그렇다면 중국인들에게도 신바람 분위기 조성이 가능하고 신바람 경영이 제대로 효과를 발휘할 수가 있을까? 아니라는 대답을 할 수밖에 없다. 한국인과 중국인의 비교 결과 사고방식이나 행동양식은 같은 점보다는 다른 점들이 훨씬 많다.

일부 학자들은 한국인은 집단주의 지향적이고 중국인은 개인주의, 이기주의 지향적이며, 일본인은 전체주의 지향적이라고 주장한다. 중국인들이 개인주의 및 이기주의적 성향이 강하기 때문에 집단주의나 전체주의에서나 나타날 수 있을 법한 '집단 왕따(일본어로는 이지메)' 현상이 중국인 사회에서는 나타나지 않는다는 주장도 제기되고 있다. 이런 주장의 등장 배경과 맥락을 같이 하여 중국인의 개인주의 · 이기주의 성향을 고려해볼 때 중국인 사회는 '신바람 경영' 또는 '신바람 조직' 이 존재하기가 매우 어렵다고 감히 주장한다. 소규모 중소기업일 망정 개인이 창업주가 되겠다는 욕망이 보편화되어 있는 중국 사회 속에서 중국 시장에 투자한 외자기업의 조직 내 분위기가 신바람 경영 분위기로 불이 붙었다는 사례는 거의 전무하다고 보며 만약 있다고 하더라도 극소수일거라고 생각한다. 그만큼 중국인 조직 내에서 개인적 희생과 양보, 솔선수범 등이 요구되는 신바람 경영 문화를 정착시키기란 하늘에 있는 별을 따는 만큼이나 힘든 일이다.

그렇다면 중국 기업의 CEO들은 어떻게 중국인들의 회사에 대한 충성심이나 신바람 경영 환경은 아니더라도 이와 비슷한 환경들을 유도해낼까? 오랫동안 대만, 싱가포르, 중국 대륙 등에서 관찰한 바에 의하면 사장 또는 CEO들이 솔선수범하고 직원들과 함께 뒹굴며 동고동락하는 방식을 통해 중국인 직원들의 근면성과 성실성을 유도해낸다는 점이다. 화교 기업이나 대만 기업 또는 싱가포르 · 홍콩 기업들의 사장들이 한국 기업이나 일본 기업의 사장들과 다른 점은 이들은 쉽게 중국인 직원들과 동화하고 어울리며 함께 뒹굴고 함께 기숙하며 함께 식사하고 함께 동고동락한다는 점이다. 한국인이나 일본인 사장들은 사장이라는 신분이 그들의 세계와 직원들의 세계를 구분짓는다는 생각에 갇혀 있어 기업의 생산 작업 현장에서 자연스레 함께 토론하고 대화하며 개선 전략을 논의하는데 익숙하지 않다. 의견을 건의하자면 반드시 공문 형식을 통해야 하며, 정식 절차를 밟아야 그 문건 처리가 효력을 발휘하게 되는 것이 한국과 일본 기업 내의 업무처리 프로세스이다. 그러나 화교 기업이나 중국 기업은 이런 형식적인 절차가 그리 중요하지 않다. 생산 작업 현장 안이든 바깥이든 일단 사장에게 전달되면 사장은 그걸 검토하고 가능성 여부를 판단한다. 사장과 직원 사이에 신분의 차이는 물론이고 직위 차이에서 생기는 위엄과 영향력 차이는 적어도 중국인 조직에서는 무시되고 있다. 그 차이가 무시될수록 사장과 직원 간에는 거리감과 소원감이 없어지고 기업의 상층 구조와 하층 구조가 일심동체가 되어 생산 효율과 조직 효율이 높아지게 되는 것이 중국인 조직의 특성이라고 생각한다. 격식과 형식 및 절차에 따라 기업 경영이 이루어지는 한국과 일본의 기업 문화가 중국인 직원들에게는 현실적으로 상당한 부담감과 거리감을 느끼게 한다는 점을 한국 및 일본 기업들은 철저하게 깨달아야 할 것이다.

6. 항시 동의를 이끌어내는 타협과 협상

한국 사회와 일본 사회는 상하 관계와 수직 관계에 익숙한 사회이다. 따라서 양국 기업 문화에서도 이와 유사한 분위기가 감지된다. 그러나 중국 사회와 중국 기업 문화에서는 이런 분위기가 확연하게 감지되지 않는다. 중국 사회 구조 또는 중국 기업 문화에서 수직 문화보다는 수평 문화가 더욱 크게 감지된다는 사실은 한일 양국 기업들에게 시사하는 바가 크다. 그만큼 명령과 복종, 품의(직원이 간부 또는 경영층에 의견을 제시하는 행위를 말함)와 재가 · 결제(하부의 의견을 상부가 허가하는 행위)의 과정을 거치는 한일 양국의 기업 문화가 중국 직원들에게는 받아들이기 힘든 부분이 있는 것이 사실이다. 중국인의 특징을 언급하면서 개인주의와 이기주의가 강한 중국인과 집단주의가 강한 한국인, 전체주의가 강한 일본인 간의 차이점을 언급한 적이 있다. 개인주의와 이기주의가 강하다는 면에서 중국인들은 한국인과 일본인에 가깝다기보다는 오히려 서양인에 가깝다는 표현을 한 적이 있다. 다만 서양 사회가 규범과 법규 등에 의해 질서 있게 작동되는 반면, 중국 사회는 명령과 복종에 기반을 둔 관례, 행정 명령 또는 관료주의 또는 꽌씨에 의해 작동되는 것이 다를 뿐이며, 중국의 기업들도 마찬가지이다. 그러나 중국 기업의 내부 인간 관계는 이들, 즉 중국의 관례, 행정 명령, 관료주의 또는 꽌씨의 영향을 받는다고 보기 어렵다. 중국 기업의 내부 인간 관계는 개인 관계에 기반을 두고 있다고 보아야 한다. 따라서 기업 내부의 상하 관계에서 명령과 복종 관계의 형성은 하층 인력의 반발을 야기할 가능성이 크다. 다시 말해서 기업과 정부 또는 기업과 행정기관 간의 관계는 명령과 복종의 관계에 기반을 두고 있지만 기업 내부의 인간 관계를 비롯한 각종 관계는 철저히 개인 관계에 기반을 두고 있는 것이다. 이러한 기업 내부의 인간 관계가 개인 관계에 기반을 두고 있다는 사실은 기업의 상층부와 하층부 간의 대화 관계가 철저히 타협과 협상, 그리고 협의 · 협력에 의해 진행되어야 한다는 점을 시사하고 있다고 보아야 한다.

중국에 투자하여 설립된 투자 기업 역시 명령과 복종에 기반을 둔 기업-행정, 기업-정부 간의 관계와 타협과 협상에 기반을 둔 기업 내부 관계 등 복합 관계의 문화를 지닌 조직체이다. 이는 중국 문화상의 특징을 반영하는 현상이기도 하다. 중국은 역사적으로나 사상적으로 상층부, 즉 지배층은 유교 문화와 유가 사상을 믿어왔고, 하층부, 즉 서민 · 백성들은 도교 문화와 도가 사상을 믿어오는 복합적, 이중적 구조를 형성해왔다. 중국 정부가 중국시장에 진출한 외자기업에 대해 각종 행정명령 등을 통해 행정상의 간섭을 하지만 그건 어디까지나 기업의 경영층에만 영향을 미치는 것일 뿐, 기업의 경영층과 기업의 일반 직원 계층 간에는 명령과 복종 관계가 효력을 발휘하지 못하는 것이다. 중국이 사회주의 시장경제 체제를 표방하고 있으나 그건 어디까지나 정부 기구의 핵심 기관과 국영기업의 경영층에만 해당되는 것이고, 일반 서민들은 이미 자본주의 체제하의 사고방식에 흠뻑 물들어 있다고 보아야 한다. 그래서 중국을 두고 정부와 공산당, 인민과 서민들이 따로 노는 나라가 아닐까 하는 생각을 해본 적이 있다. 복합 구조 또는 이중 구조가 생성해내는 중국 내부의 모순은 중국 또는 중국인에게는 그리 심각한 문제가 될 수 없다. 왜냐하면 그들은 실리에 의지하는 성향 속에서 그저 실질적인 이익만 추구하면 되기 때문이다. 한국 기업체의 주재원이나 경영층들이 중국인 직원들의 거부 의식과 거부 반응을 무시하고 무조건 밀고 나가다가 어려움에 직면하는 경우는 비일비재하다. 이제는 우리 한국 기업들도 중국 직원과 타협하면서 줄 것은 주고 받을 것은 받되 받을 것에 대해서는 철저히 효율과 성과에 기초를 두고 계산하여야 할 것이다.

15

중국 상관습과 거래선 관리 전략

중국 상인의 사고방식은 철저한 실리주의이다. 따라서 어떤 물건을 얼마나 사들여서 얼마에 팔아 얼마의 이익을 내느냐에 철저히 초점이 맞추어져 있다.

최고의 비즈니스란 무엇인가? 상대방으로부터 가장 합리적인 방법으로 가장 큰 파이(pie)의 이익을 창출해내는 데 있다. 상인이나 기업인이 중시하는 것은 상대방의 강점을 활용하여 이윤을 확대, 창출하는 데 기여하도록 하고 상대방의 약점을 최대한 파고들어 가장 좋은 조건으로 거래하도록 유도하는 데 있다. 따라서 중국인 거래선들을 다룰 때는 좀 더 현실적이고 보다 더 실리적인 인간이 되어야 하며, 경제적 이해 관계에 더 많이 집중할 필요가 있다.

CHAPTER

15 중국 상관습과 거래선 관리 전략

1. 인정 및 동정에 호소한 감동 전략

(1) 상대방의 마음을 움직여라

상대방을 감동시킬 수 있다는 것은 전 세계 어느 지역 거래선의 마음도 움직일 수 있는 만병 통치약이다. 상대방을 감동시킬 수 있는 능력을 갖고 있다는 말은 그 사람이 반드시 자신의 자존심을 땅바닥에 팽개칠 수 있는 각오와 용기가 있다는 말이다. 자신의 자존심을 내던질 수 있다는 말은 다음과 같은 상황에서 자신의 자존심을 버릴 수 있다는 말로 요약될 수 있다고 생각한다.

여성 앞에서도 무릎을 꿇을 수 있는 남자

다음은 남존여비 사상과 남성 주도의 동양 사회에서 자신보다 어린 그리고 자신보다 경력이 화려하지 못한 여성 앞에서 무릎을 꿇을 수 있는 남자의 이야기이다.

모 대기업의 싱가포르 지점 섬유 주재원으로 근무하던 시절의 이야기이다. 그 당시 한국산 직물을 싱가포르를 비롯한 동남아 지역에 수출하는 업무를 담당하기 위해 싱가포르로 파견되었다. 그런데 당시 수출하던 폴리에스터 직물 가격은 PIECE DYING US $1.00, SCREEN PRINGTING US $1.35, DISCHARGING PRINTING US $1.55에 거래되었다. 10만 야드를 팔아봐야 US $10만 내지는 15만이 고작이었다. 해외 주재원일 경우 영업 외형을 기준으로 업무 평가를 받게 되므로 거래 계약가의 비중이 상당히 높은 편이다. 따라서 계약서 금액 기준으로 금액이 큰 계약에 대해 큰 관심을 갖게 마련이다. 그런데 어느 날 한국의 모 SILK 직물 메이커 사장이 싱가포르 지점을 찾아왔다. 품질 수준도 높아 블라우스 제조 봉제 공장에도 공급할 수 있고 프린팅 기술과 제직 기술도 뛰어나 향후 비즈니스 전망이 매우 밝다고 했다. 여러 가지 장점들 중에서 가장 관심을 끄는 대목은 실크 직물이자 여기에 프린트를 한 것이므로 직물 단가가 US $8.00 이상으로 10만 야드를 계약하면 계약 금액이 80만 달러나 된다는 사실이었다. 평상시 단가가 야드당 1달러밖에 안 되는 직물만 수출하다가 모처럼 8달러가 넘는 단가의 제품을 팔게 되니 사장의 기쁨은 클 수밖에 없었다. 그런데 수출 계약이 되어 싱가포르의 여성용 블라우스 생산 봉제 공장에 직물이 납품이 되었는데, 블라우스가 만들어진 이후 직물 표면의 수축률이 균등하지 않아 블라우스 전반에 다림질하지 않은 상태와 같이 우글쭈글한 상태가 나타난 것이다. 봉제공장의 구매과장이 전화를 걸어 봉제품 판매 계획 가격의 30%의 클레임을 보상하라는 요청을 해왔다. 블라우스 한 장에 들어가는 직물이 1.2야드이고 블라우스 한 장 예상 판매가격이 US $50.00이었으니 직물 1야드당 클레임 금액이 US $12.50이었던 셈이다. 실크 직물 1야드를 8달러에 팔고 1야드에 대한 클레임을 US $12.50을 맞았으니 이것이야말로 배보다 배꼽이 훨씬 큰 격이 아니고 무엇이란 말인가?

한국 쪽 실크 직물 메이커 사장과 이 클레임 관련 사항을 협의하고 난 후 협의된 결과를 갖고 싱가포르 봉제공장 직물 구매과장과 통화를 하였다. 봉제공장의 구매과장은 무조건 자신이 제시한 직물 1야드당 US $12.50의 클레임을 무조건 수용하면 방문해도 좋으나 그렇지 않고 클레임 금액을 다시 흥정하고자 한다면 방문하지 말라고 강하게 경고성 메시지를 날리고는 전화를 끊어버렸다. 구매과장과의 전화 통화 분위기가 아주 좋지 않았고 방문 허락을 받지 못한 상태에서 불쑥 방문하는 것은 정말로 마음에 내키지 않았다. 하지만 한국의 직물 메이커 사장의 간곡한 호소 때문이라도 방문을 할 수밖에 없을 것 같았다. 한국 실크 메이커의 재정 상태가 좋지 못하여 만일 이 클레임 건이 자신들의 희망대로 직물 1야드당 US $6선 이하로 해결되지 못하면 회사 전체가 큰 타격을 받게 된다는 것이었다.

방문은 해야겠는데 상대방이 허락하지 않은 상태에서 방문을 하는 방법은 상대방의 방문 거절 요청을 무시하는 수밖에 없었다. 그래서 그 다음날 아침 8시에 봉제공장 구매과가 있는 건물에 도착하여 구매과장의 출근을 기다리기로 했다. 아침 9시가 되어 구매과장이 사무실에 도착하였다. 당시 구매과장은 봉제공장 사장의 며느리로 나이가 30대 초반이었던 걸로 기억한다. 자기를 기다리고 있던 모습을 보더니 쌀쌀맞게 아무 말도 없이 총총걸음으로 그대로 자기 방으로 들어가버렸다. 뒤따라 들어가기에는 적절한 행동이 아닌 것 같아 안에서 어떤 연락이 올 때까지 사무실 입구 프런트에서 기다리기로 했다. 스스로를 처벌하고 스스로를 벌 주고 있다는 점을 프런트의 여직원을 통해 구매과장에게 전달시키기 위해 권하는 의자에 앉질 않고 그대로 서서 계속 구매과장으로부터의 연락을 기다렸다. 적어도 12시까지만 기다리면 점심 먹으로 구매과장이 나올 것이기에 그때는 어떤 결말이라도 날 것 같은 판단을 하고 있었다. 그런데 12시가 되었는데도 구매과장은 나오지 않았고 도리어 구매과장이 비서를 통해 시킨 점심 도시락이 구매과장실로 배달되었다. 난감했지만 이때 뭔가 잘 풀릴 수 있겠다는 생각이 들었다. 우선 오후쯤 언젠가는 구매과장이 화장실에 가기 위해 한번쯤은 자기 사무실에서 나올 것이라고 판단했고, 그때 점심을 굶은 채로 그대로 서서 기다리고 있는 광경을 보게 되면 자기도 인간인 이상 자기 방으로 불러들이지 않을 수는 없을 것이라는 결론을 내린 것이었다. 점심이야 도시락 구매 방식을 통해 해결할 수 있지만 화장실에 가는 것은 대리 심부름꾼을 시킬 수가 없기 때문이다. 어쨌든 그날 오후 4시경 구매과장은 화장실에 가기 위해 자기 방에서 나왔다. 화장실에 갔다가 자기 방으로 돌아가는 참에 그때까지 프런트 앞에서 꼿꼿이 서서 기다리는 것을 보고 그대로 지나치기가 너무 심하다는 생각에서인지 자기 방으로 들어오라고 말했다. 순간 드디어 기회는 왔다고 생각했다. 구매과장 방에 들어가자마자 원래 계획대로 소파 옆 방바닥에 재빨리 꿇어앉았다. 그 광경을 바라보고 있던 구매과장은 처음에는 약간 당황하면서 일어서라고 얘기했지만 한 번 굳힌 결심에 흔들릴 수 없었고 그래서 계속 꿇어앉아서 구매과장에게 클레임 금액을 대폭 낮추어줄 것을 간청하였다. 30여 분 이상 둘 사이의 언쟁과 토론은 지속되었지만 서로의 주장에는 변화가 없었고 드디어 꿇어앉아 있던 시간이 1시간 정도 흘러 구매과장이 퇴근할 시간인 5시가 넘었다. 자기는 퇴근을 해야 할 시간이니 이제 일어서서 나가달라는 얘기를 했다. 이대로 꿇어앉아 여기서 밤을 세울 테니 밖에서 문을 잠그고 퇴근하라고 얘기했고 내일 아침에 구매과장이 출근한 후 이 자리에서 다시 얘기하자고 했다. 어차피 그동안 물 한 방울 마시지 않았을 뿐만 아니라 점심도 굶었고 저녁도 굶고 내일 아침도 굶을 것이니 화장실에 갈 일도 없을 것인 바 걱정하지 말고 퇴근하라는 얘기까지 첨가하였다.

구매과장은 안 되겠다 싶었던지 곧바로 봉제공장 사장인 자기 시아버지께 전화를 하여 이제까지 일어났던 일을 자초지종 자세히 보고하였다. 이미 전에 며느리로부터 클레임 사건 전모를 보고 받아왔던 사장인 시아버지는 며느리로부터 예상치도 못했던 상황 보고를 받고 매우 당혹스러워했던 것으로 기억한다. 클레임 문제로 한국의 대기업의 과장이 자기 며느리 앞에서 점심도 굶은 채 서서 8시간 동안을 버티었고 이어서 꿇어앉아 한 시간 이상 벌을 서고 있는 모습을 예전에는 본 적도 없고 상상한 적도 없는 희귀한 상황이었으니 사장으로서는 상당히 놀랐을 수도 있었으리라. 사장으로서 한편 가만히 생각해보니 회사의 업무를 위해 개인의 자존심마저 팽개쳐버리는 충성심 높은 간부의 행동에 나름대로 부럽기까지 했으리라. 드디어 사장은 자기 며느리에게 클레임 보상 조건을 받아들이라는 지시를 하였고 그로 인해 고난과 역경의 클레임 사고 터널로부터 해방될 수 있었다.

이 세상의 모든 문제와 고민들은 모두 사람들에 의해 초래되는 것이기에 그런 문제들은 거의 모두 사람들에 의해 해결될 수 있다. 그런 문제들이 인간에 의해 만들어진 이상 성의와 노력을 다하면 해결의 실마리가 풀릴 수 있다는 것이다. 문제 해결의 핵심은 결정권을 가진 상대방의 마음을 움직이거나 감동하도록 만들어버리면 되는 것이다. 문제를 야기한 상대방이 마음속 깊이 반성하고 있다는 점을 행동으로 보여주어야 한다. 말로는 부족한 법이다. 인간이란 말로서 표현할 경우 그 말을 신뢰하기가 힘들다. 특히 다른 사람들을 쉽게 믿지 않는 것이 특성인 중국인들에게는 더욱 그렇다. 따라서 행동으로 보여줘야 하는데 그 행동이 좀체 다른 사람들에 의해서는 취해질 수 없는 충격적이고 쇼킹한 행동이어야 하고 그런 충동과 쇼킹의 과정에서 상대방에게 감동을 느끼게 할 수 있어야 한다. 여자들이 남자들에게 호소할 때는 눈물을 보여주는 것이 가장 효율적일 것이다. 그러나 반대로 남자가 여자에게 호소할 때는 남자의 자존심의 포기를 한눈에 확인시켜주는 행동이 가장 효과적일 것이다.

모든 수단을 통해 지원하고 도움을 주라

중국 거래선들이 어떤 경우에 처했을 때 한국 주재원들의 개인적인 도움과 지원을 받게 되면 좋아하고 기뻐할까? 중국에서 직접 체험하거나 다른 한국 주재원들의 경우를 관찰해본 결과, 그들은 다음과 같은 상황에서 한국 주재원들이 개인적으로 그들을 도와주면 그 효과가 100% 나타난다는 점을 발견하였다.

예로써 현지 중국인 거래선이 갓 결혼하여 애기를 낳았는데 몇 개월 되지 않아 산모인 부인이 병이 생겨 입원을 할 수밖에 없는 상황이라고 해보자. 입원한 후에는 애기를 산모 옆에 둘 수도 없고 거래선의 친척이라고는 그 주변에 살고 있지 않다. 그래서 한국인 주재원의 부인이 입원 기간 내내 입원한 중국인 거래선 부인을 간호하고 한국인 주재원 가정의 파출부를 중국인 거래선 집에 보내 갓난아기를 돌보도록 하는 도움과 조치를 취했다. 그럴 경우 중국인 거래선의 한국 회사와 한국인 주재원에 대한 고마움은 예상하지 못할 정도로 깊고 끈끈하게 오랫동안 이어질 것이다. 이 거래선으로부터의 지속적이고 성공적인 비즈니스는 이미 보장된 것이나 다름없다.

또 하나의 예로써 중국 거래선 가정에 육체적으로 장애인 자녀가 한 사람 있다고 치자. 한국의 성형 의술이 뛰어나기에 한국에 있는 유명 성형수술 병원을 거래선에게 소개하고 그 장애인 자녀가 한국의 성형수술 병원에서 수술은 받는 기간 동안 모든 성의와 노력을 다하여 거래선 자녀를 보살펴주고 불편함이 없도록 해주었다. 그 거래선의 한국 기업 또는 한국인 주재원에 대한 고마움과 감사의 마음은 오랫동안 소멸되지 않고 그의 머리와 가슴속에 남아 있을 것이다.

자녀에 대한 부모로서의 애정과 사랑은 중국인 부모나 한국인 부모나 다를 바 없다. 그러기에 이러한 경우의 지원과 봉사는 몇백 배 혹은 몇천 배의 보답으로 거래 관계에서 수확될 것임에 틀림없다. 자녀들의 교육열에 관한 한 중국 부모들은 한국 부모들의 교육열 못지않다. 그러나 학교의 좋고 나쁨에 따른 차별과 대학 졸업 여부에 따라 나타나는 학력에 대한 차별은 한국이 중국보다는 훨씬 강한 편이며 학력 사회의 영향력, 즉 학연 역시 한국이 중국보다는 훨씬 강한 편이다. 따라서 자녀에 대한 부모의 교육열이 매우 높은 점을 감안하여 중국인 거래선의 자녀가 중국에서의 교육에 성공적으로 적응하지 못하고 방황하고 있을 경우 그 자녀를 한국으로 초청하여 한국에 있는 고등학교나 대학에 유학할 수 있도록 도와주고 유학 기간 동안 지극 정성으로 자녀를 돌봐주었다고 하자. 거래선 부모들의 한국 기업 또는 한국인 주재원에 대한 감사의 마음은 오랫동안 지속되면서 그 혜택이 기업 간 거래 관계에서 확실하게 나타날 것이다.

거래선의 가족이나 친척 중에서 지병이 있어 중국에서 유명한 병원이나 의사를 다 찾아다녔지만 치료 효과가 없을 때 치료 기술이 높고 유명한 한국 병원과 의사를 중국인 환자에게 소개해주고 그 중국인 환자가 한국 병원에 입원하는 동안 모든 편의와 도움을 제공해주면 중국인 거래선들이 두고두고 고마워하는 모습을 볼 수 있다. 이런 경우 확실하게 도와주는 것이 상당한 효과가 있음을 알 수 있다.

(2) 애매모호한 표현에 익숙한 중국인 거래선

중국인들과 대화를 하면서 자주 느끼는 바는 중국인들은 자신의 입장이 난처하거나 표현하기가 곤란하거나 솔직히 상대방에게 얘기하는 것이 머뭇거려질 때 자기 자신의 생각을 숨긴다. 이때 그들은 생각을 숨기는 수단으로 애매모호한 표현을 쓴다. 중국인들이 이런 애매모호한 표현을 쓰거나 행동을 하게 될 경우 대화 파트너인 한국인들은 대체로 모르고 넘어가는 수가 많다. 일반적으로 한국인들은 상대방과 대화를 할 때 자신의 생각을 솔직히 털어놓는 경우가 많기에 중국인들의 대화술과는 상당히 다른 모습을 보이곤 한다. 이 경우 손해를 보는 쪽은 중국인이라기보다는 한국인이다. 솔직히 자신의 생각을 털어놓은 쪽은 더 이상 숨겨놓은 카드가 없기 때문이다. 이러한 불리한 국면을 피하기 위해서는 중국인 거래선들의 애매모호한 표현을 제대로 읽어내야 한다. 한국인은 자신의 속내를 명확히 드러내는 편이나, 중국인들은 여간 해서는 처음 보는 사람이나 몇 번 정도밖에 만난 적이 없는 사람에게 자신의 속마음과 속내를 드러내지 않는 편이다. 이럴 경우 어떻게 하면 한국인들이 중국인들의 속내를 알아낼 수 있을까? 즐겨 썼던 방법들 중 세 가지를 소개해보면 아래와 같다.

첫째, 중국인이 별다른 의도 없이 그저 자신의 난처한 입장을 피하기 위해 애매모호한 태도를 취한다고 판단할 때는 '이런 경우는 어떻게 되나?', '저런 경우는 어떻게 되나?', '상황이 이렇게 흘러가면 당신이라면 어떻게 할 것인가?', '이렇게 상황이 바뀌면 당신이라면 어떤 전략을 구사하겠는가?', '당신이 나의 입장에 있다면 어떤 결정을 내리겠는가?' 등의 여러 가지 질문을 해서 상대방의 진심과 속내를 파악해야 한다.

둘째, 중국인 거래선이 한국인 거래선과 거래 관계를 구축할 의도가 전혀 없고 마지못해 만나는 듯한 분위기가 감지되면 대화의 주도권을 아예 중국인 측에게 맡겨버리고 잠시 입을 다문다. 그 대신 상대방 중국인이 묻는 말에는 잘 대답해준다. 상대방에 대화의 분위기를 맡겨버리는 것이다. 한국 측이 계속 대화 분위기를 만들어가려고 하다보면 오히려 중국인들의 생각에 말려들어가 버리는 경우가 종종 발생하기 때문이다.

셋째, 거래선과 비즈니스 관계로 만나는 사이는 대화가 끊이지 않고 자연스럽게 물 흐르듯이 흘러가는 것이 좋다. 그렇지 못할 경우에는 양자 간의 분위기가 어색해지는 경우가 많다. 이때 문제가 되는 것이 쌍방 거래 당사자 간의 수준 차이이다. 가장 이상적인 양자 간의 수준은 양측이 모두 지적 수준이 높고 지식 배경이 깊은 경우이다. 이 경우 상호 대화가 즐겁고 상대방과 자신이 한 몸으로 일체화되는 느낌을 받는다. 일체감을 느낄 때 안 될 것 같은 비즈니스도 성사되는 경우가 많다.

문제는 이와 같이 쌍방이 모두 지적 수준이 높고 각종 시장 정보에도 밝아 상대방을 좋아하고 존경하게 되는 경우는 현실적으로 그리 자주 나타나지 않는다는 점이다. 설사 간혹 나타난다 하더라도 양측 간의 교류가 빈번히 그리고 오랫동안 지속되었을 경우에만 나타나는 경우가 다반사이다. 따라서 이러한 상황을 감안하고 양측이 만나는 순간부터 바로 쌍방이 호감을 갖는 국면을 창출해내기 위해 기업의 간부나 CEO 또는 세일즈 맨들이 가장 신경을 쓰는 부분이 바로 공통 관심사를 찾아내는 작업이다. 일단 공통 관심사를 찾아내면 쌍방의 수준이 일치되지 않아도 무난한 대화 국면을 이끌어갈 수 있다. 양자 간의 수준의 차이가 만들어내는 어색한 분위기가 공통 관심사의 발견과 공유를 통해 어느 정도 극복이 가능한 것이다. 그래서 비즈니스 상담 시 으레 거론되는 문제가 상호 공통 관심사가 무엇인지를 미리 파악해야 된다는 지적이 종종 나오는 것이다.

주재원으로서 현지 중국 내에서의 중요한 VIP 거래선을 한국 본사로부터 출장 온 사장에게 소개하고 상호 미팅을 주선한다고 하자. 그럴 경우 주재원으로서 반드시 사전에 당사 사장과 VIP 고객 간에 진행될 대화 내용과 주제에 대해 미리 메모하여 사장에게 보고해야 한다. 이 경우 대화 주제나 내용에 대해서는 양사 간의 비즈니스 내적 주제와 비즈니스 외적 주제 등 두 가지 분야로 나누어 정리하되, 대화 분위기를 화기애애하게 하기 위해 다른 두 종류의 주제를 번갈아가며 교대로 배열, 정리하는 지혜를 발휘하는 것도 매우 중요하다.

2. 중국인 거래선들과 좋은 관계를 유지하는 방안과 전략

(1) 적극성과 도전의 강도를 줄이면서 좀 더 부드럽게 대하라

일반적으로 중국인들이 보는 한국인들은 과감성과 적극성을 발휘하며 자신의 생각을 강하게 밖으로 표출하는 민족이다. 중국인들의 한국인들에 대한 이러한 평가는 실제 비즈니스에서는 이로울까 아니며 불리할까? 이에 대해서는 과거의 상황과 현재의 상황이 다르다.

1992년 8월 24일 한중 양국이 수교를 하고 양국 간의 거래가 막 시작되었을 당시는 한국인들의 진취적이고 도전적인 성향과 사고방식이 중국인들에게는 부러움의 대상이었고 자기 반성의 기준이 되었다. 그때 한국을 묘사하면서 가장 많이 인용하였던 단어가 '아시아 네 마리 용의 선두 주자'로, 잘 사는 나라라는 인식이 강하게 작용하였다. 당시의 한국인들이 중국인들에게 보여준 자신감과 패기는 선망의 대상이요 시기의 대상이었다. 당시 중국인들의 중국인에 대한 평가는 조상이 잘 만들어 발전시킨 중국의 역사와 문화 그리고 전통을 후대 중국인들이 다 망쳐놓았다는 부정적인 평가가 주조를 이루고 있었다.

그러나 중국이 개혁 · 개방 정책을 과감하게 시행한 이후 중국 경제가 빠른 속도로 성장하면서 중국인들의 자신들에 대한 평가가 긍정적인 평가 일변도로 바뀌기 시작했다. 세계에 대한 지배 세력의 변천 역사에서 중국인들은 15세기 이탈리아 도시국가에 의한 지배, 16세기 포루투갈과 스페인에 의한 지배, 17세기 네델란드에 의한 지배, 18세기 프랑스에 의한 지배 , 19세기 영국에 의한 지배, 20세기 미국에 의한 지배를 얘기하면서 21세기에는 중국인들이 세계를 지배할 것이라고 공언하기 시작했다. 중국의 개혁 · 개방을 시작한 지 30여 년이 지난 오늘날 이러한 중국인들의 공언은 착착 현실화되면서 중국의 입김과 중국의 영향력은 하늘 높은 줄 모르고 치솟고 있다.

이런 상황에서의 중국인들이 보는 한국인들의 도전정신과 개척정신은 과거의 흠모의 대상과 시기의 대상에서 약간은 분수를 모르고 무모하기까지 한 건방진 모습으로 투영되고 있다. 이는 단순하게 역사적으로 중국인들이 원래 거만한 민족이라든가 중화사상에 물들어 있어 주위 국가의 민족들을 깔보는 경향이 있다는 등의 문제가 아니다. 최근 주목하고 있는 점은 현대 세계 역사 50년 사에서 동양의 국가가 서양의 지배 세력에 대해 반기를 들며 정면 비판을 하거나 노골적으로 비난을 한 적이 있었느냐는 것이다. 간혹 독일이나 프랑스 또는 러시아 정도가 점잖게 미국의 잘못을 지적하고 미국의 패권주의에 대해 시비를 거는 정도였다. 과거 40여 년 이상 미국에 이어 세계 2위의 경제대국의 자리를 차지해온 일본이 그간 그 국력에 걸맞는 행동이나 경제력에 상응하는 의연함을 내비친 적이 있는가? 그저 미국의 발 아래에서 미국의 눈치만 보며 굽신거리던 모습에서 2위 경제대국의 굴욕을 보았다기보다는 동양 국가의 서양 국가에 대한 굴종의 모습을 보았다고 한다면 너무 지나친 생각일까?

개혁 · 개방 이후 중국은 경제력이 강해지자마자 10년도 되지 않아 미국에 할 소리 못할 소리를 쏟아내고 있다. 거기에는 과거 일본이 제2의 경제대국이면서도 감히 하지 못했던 머뭇거림과 망설임에 대한 카타르시스의 희열과 시원스러움이 있었다. 중국의 이러한 오만함과 방자함이 오로지 한반도만 겨냥하고 있다면 우리는 참으로 견디기 힘든 심적 부담과 고통을 갖게 될 것이다. 그런데 중국과 중국인들의 이러한 거침과 과격함은 특정 방향과 특정 국가를 겨냥하지 않고 전방위 및 전방향을 겨냥하고 있다. 이러한 측면에서 한중 양국 국민들 간의 관계가 원만하게 유지되는 것이 바람직할 것이다. 그런 의미에서 본다면 한국인들이 과격성과 거침의 특성을 줄이면서 좀 더 부드럽게 다가가 중국인 직원들과의 마찰을 최소화하는 것은 반드시 필요하다.

한국인 직원들 또는 한국인 간부들이 평상시의 적극성과 도전성을 줄여야 하는 이유는 과거 양국 국민들이 상호 접촉하고 마주하는 장면이 주로 중국시장이라는 곳에서 이루어져 왔고, 앞으로 중국 내수시장이라는 곳에서 양국 국민들이 서로 접촉하고 부대낄 가능성이 더욱 높아질 것이기 때문이다. 한국 국내시장의 경우 시장 규모나 시장 발전 잠재력 면에서 보면 중국 내수시장 규모와 비교가 되지 않아 중국 기업들이 한국 내수시장에 진출할 가능성보다는 한국 기업들이 중국 내수시장에 진출할 가능성이 훨씬 커 양국 국민들 간의 감정 충돌로 인한 일방적인 손실을 한국 측이 떠안을 수밖에 없는 처지가 될 것이기 때문이다. 어차피 한국 기업들이 중국 내수시장에 진출하여 투자 기업을 설립하고 경영할 경우 회사의 경영층은 한국 기업 측이 맡게 마련이고 고용되는 직원들은 중국인 현지 직원들이 될 것이기에, 만일 양국 국민들 간에 의견 충돌이나 감정 마찰이 발생한다면 경영 층을 떠안는 한국 측이 절대 불리하게 될 수밖에 없을 것이다.

한국인들이 원래 지니고 있는 적극성과 도전성의 강도를 약간 줄이면서 좀 더 부드럽게 변신하기 위해서는 한국 직원 출신 간부 또는 경영층이 중국인의 속성을 잘 이해하는 것부터 출발해야 한다.

(2) 중국인의 사고방식과 행동양식을 존중하라

한국인은 자신의 생각을 확실하게 밝히고 상대방의 의견에 대해 어떻게 생각하는지를 분명히 해야 상대방과의 대화를 잘할 수 있는 조건을 갖추었다고 생각한다. 서구식 의사소통과 서구식 인간관계를 도입하여 한국 사회에 적용하다보니 자연히 서구적인 판단 기준과 잣대가 형성되어 있다. 그러나 중국 사회의 경우 중국의 문화 전통 및 중국 사상 특유의 중국적 요소가 많이 남아 있어 서구적 사고방식과 서구적 커뮤니케이션이 도입되어 정착하는 문화적 환경이 그리 녹녹하지 않다. 따라서 한중 양국인의 대화 패턴은 상이한 특징과 서로 다른 모습을 보이고 있다.

그런데 한국인들이 중국인들과 대화하고 얼굴을 맞대는 곳은 중국 내수시장이다. 또 이곳에 한국 기업들이 주로 투자를 하고 있기에 한국인들의 주된 입장이 경영자의 입장이고 중국인의 주된 입장은 노무자 또는 근로자의 입장이다. 즉, 한국인의 입장은 소수의 지배계층의 입장이고 중국인의 입장은 다수의 피지배계층의 입장이다. 한국 경영층의 입장은 조직 문화와 조직 운용의 리더적 입장이고 중국인 근로자들의 입장은 피동적이며 복종적 입장이다. 따라서 한중 양국 국민이 상대방에 대한 비판이나 공격을 상정할 경우 그 방향은 중국인으로부터 한국인을 향해 오는 공격이나 비판 · 비난이 될 것이다. 결론적으로 얘기하면 공격을 하는 쪽은 중국인 근로자들이고 수비를 하면서 수세적 입장을 취해야 하는 쪽은 한국인 경영층이라는 것이다. 따라서 한국인 경영층은 중국인의 사고방식을 존중하고 그들의 의견을 상당 수준 조직 관리에 반영하여야 한다. 그렇지 못할 경우 조직은 삐걱대고 마찰음이 생기며 불협화음이 나타나게 된다.

중국 시장 안에서의 국민 정서 충돌은 무조건 한국이 불리하기 마련인데, 이런 이유 때문이라도 한국인들은 중국인들의 사고방식과 행동 양태에 가급적이면 거슬리지 말고 잘 적응해야 한다. 한국인과 중국인의 사고방식 및 행동양식상의 차이는 여러 가지 형태가 있다. 양국 국민성의 차이 중 확연히 구분되는 한 가지 사례를 들어보면 바로 찬성과 반대의 입장 표시가 두드러진다는 점이다. 한국인의 경우 찬성을 하든 아니면 반대를 하든 그 입장 표명이 분명한 편이다. 분명하지 않는 것이 오히려 이상할 정도이다. 자신의 입장을 분명하게 표시하지 않으면 상대방으로부터 오히려 오해를 받기 십상이다. 애매모호한 의사의 표시는 때로는 사쿠라 또는 사이비로 몰리게 되는 수난도 당할 수 있다. 애매모호한 입장의 표시는 종전의 주장 변경(과거에는 찬성하는 입장을 견지하였으나 현재는 반대하는 입장을 견지하는 경우)과 함께 한국 사회에서는 각종 오해와 비난의 대상이 될 수 있기에 조심해야 한다. 그러나 중국인들에게는 이러한 것이 크게 문제가 되지 않는다. 그들이 자신의 생각과 주장을 나타낼 때도 때로는 적극적인 찬성을, 때로는 소극적인 찬성의 입장을 견지하기도 하고, 반대를 하는 경우에도 때로는 적극적인 반대를, 때로는 소극적인 반대를 표시하는 데 제약을 받거나 방해를 받질 않는다. 그러나 중국인들이 자신의 의지나 생각을 나타낼 때 자주 내보이는 성향이 한 가지 있는데 그건 다름 아닌 찬성을 하더라도 소극적인 찬성으로, 반대를 하더라도 소극적인 반대를 한다는 점이다. 중국인의 입장에서는 소극적으로 찬성하든가 아니면 소극적으로 반대하는 것은 상대방에 대한 배려로 간주한다. 상대방의 속내를 명확히 파악할 수 없기에 자신의 진심이나 속내를 적극적으로 개진하는 것은 일종의 위험 부담을 안는 것을 의미한다. 따라서 소극적인 찬성이나 소극적인 반대를 통해 상대방의 진심이나 내심과의 차이가 크므로 인해 야기될 수 있는 후유증이나 부작용을 최소화하는 데 익숙해지는 것이 바로 중국인의 습관인 것이다. 적극적인 찬성 또는 적극적인 반대는 상대방의 분노와 상대방의 반발을 야기할 가능성이 크기에 중국인들의 소극적인 반대 또는 소극적인 찬성 입장 선호는 자기 방어 본능에 충실하려는 중국인들의 심리적 작용과 맞물려 나타나는 현상으로 보아야 할 것이다.

또 다른 측면에서 중국인들의 소극적 태도 표명의 배경을 들여다보면 상대방이 더욱 적극적으로 자신에게 다가올 수 있도록 유도하는 효과도 거둘 수 있다.

거래 상대방이 빨리 거래를 타결하기 위해 호시탐탐 기회를 노려보고 있는 가운데 중국인 거래선은 정작 조급하게 타결하려는 마음의 갈등을 지긋이 누르고 짐짓 관심이 별로 없는 양, 거래 의사가 별로 없는 양, 대충 얼버무리고 넘어감으로써 상대방의 조바심을 자극하려는 의도도 깔려 있다고 보여진다. 한국인은 보통 중국인의 대표적인 행동 패턴을 '만만디' 라는 용어를 사용하여 표현한다. 과연 중국인들은 '만만디' 일까? 정작 중국인들은 자신들을 '만만디' 라고 부르는 것에 동의하는 것일까? 중국인들의 행동 양태를 표시하는 만만디라는 표현은 우리 한국인들만 사용하는 용어일 뿐 정작 중국인들은 자기 자신들이 만만디에 해당하는 국민이라는 점을 인정한 적이 없는 것 같다. 적어도 아는 중국인들이 중국인의 행동 양태의 특성을 표현하면서 '만만디' 라고 인정한다는 말을 들어본 적이 없다. 다만 그들이 생각하는 만만디 행동의 숨겨진 의미와 의도는 조급함과 조급성이 야기할 수 있는 실수와 실패를 예방하고 자신의 입장을 보호하기 위한 처세술의 하나일 수도 있다.

(3) 겸양의 자세로 대화와 소통에 임하라

중국 문화가 공세적 문화일까? 아니면 수세적 문화일까? 이 명제는 서양의 학자에 의해 제기되었는데, 그는 중국 문화를 공세적 문화로 간주하였다. 사실 중국 문화를 공세적 문화로 볼 것인가 아니면 수세적 문화로 볼 것인가 하는 문제는 간단하게 결론을 지을 수 있는 문제가 아니라고 본다. 중국 문화를 국가적 차원, 역사적 차원, 공적인 차원에서 볼 때 다분히 공세적 문화의 속성을 가지고 있다고 볼 수 있고, 개인적 차원, 사적인 차원, 민족성적인 관점에서 보면 수세적 문화의 속성을 지니고 있다고 표현하는 것이 적절할 것 같다. 최근 국제 무대에서 많이 사용되는 G2 개념의 등장과 중미 대결 구도라는 용어의 등장에서 보듯 중국 정부가 국가적 차원에서 취하는 전략과 정책 그리고 각종 조치들에서 보면 그들은 매우 공격적이고 도발적이다. 같은 동양 국가로서 일본은 세계 2위의 자리를 40여 년 이상 누려왔지만 그들은 늘 소극적이고 회피적인 자세를 견지해 왔다. 국제 기구나 국제 조직의 수장이 되어 세계의 정치, 경제, 사회, 문화 등 각 방면에서 영향을 미치고 지배력을 행사하려는 시도와 노력이 크게 나타나지 않았던 관계로 국제 사회에서의 일본의 존재는 있는 둥 마는 둥 하는 그런 존재였다. 반면에 중국은 자국 경제가 발전하고 세계 경제에서 차지하는 비중이 높아지자 세계 경제의 기축통화로서의 역할을 그런 대로 잘하고 있는 US 달러의 존재를 깍아내리며 세계 공통 화폐의 창출을 통해 세계 금융 운영 체제와 금융 지도를 바꾸어야 한다고 압박을 가하고 있다. 중국 정부가 이러한 국제 사회에서 공세적 입장을 취하고 있는 반면에 중국 국민들은 자신들의 입장을 표현하는 말과 행동 면에서 거의 반응이 없다. 아예 자신들의 존재를 스스로가 묻어버리는 무반응 · 무신경의 모습을 그대로 노출시키고 있다. 스스로가 수세적이라고 하기에는 너무나도 그들은 말이 없고 행동도 없다. 중국 인민들이 국가적 또는 정부적 차원을 떠나 개인적 또는 개별적 운동 또는 켐페인을 전개하는 것이 있는가? 스포츠나 연예 또는 문화 등에서는 개인이 역량을 발휘하기가 매우 용이해 전 세계의 각 선진국 국민들은 그들 개인의 능력을 발휘하고 자질을 뽐내는 활동을 적극적으로 전개하고 있다. 하지만 중국의 인민들 개인들은 철저히 함구하고 안으로 감추는 양태를 보이고 있다. 오히려 국가가 주도하고 국가 기관이 리드하는 모습을 만들어내고 있다. 중국 인민들의 이런 소극적 자세와 피동적인 성격은 그들 개인의 성향들을 수세적이고 방어적인 자세로 나아가도록 만들었고, 이는 곧 그들의 행동 양태를 만만디라는 특이한 현상으로 만들었다고 볼 수 있다. 중국인들의 행동에서 자주 발견되는 이런 개인적인 소극성과 피동성은 적극적인 사고와 도전적인 자세를 자주 보이는 한국인들에게는 오히려 그들의 침잠성을 자극하도록 하는 도발적 요인의 생성을 야기하고, 이런 한국인들의 도발적 또는 도전적 언사가 중국인들의 눈에는 거만하고 오만한 자태로 각인되기도 하는 것이다. 중국인들이 한국인들을 평가하면서 과격하고 거친 민족이라는 표현을 하기도 하고, 때로는 상당히 포악한 민족성을 가진 부류로 분류하는 이유가 여기에 있는 것이다.

특히 한국인의 입장에서는 적어도 중국인들을 대하거나 그들과 대화를 하게 될 경우, 좀 더 침묵적이고 말을 아끼는 자세를 보일 필요성이 있다. 그 이유는 한국인에 대한 중국인의 평가가 이처럼 지나치게 과격한 모습으로 비춰지는 것에 기인한다고 보아야 할 것이다. 더군다나 중화사상이라는 중국 중심주의에 익숙해져 있는 중국인들이 역사적으로나 전통 및 문화적 관점에서 보아 한국이라는 나라는 자기네들의 변방에 있는 조그마한 소국으로 각인되어 있음을 생각해보면 한국인들이 왜 중국인들과의 대화나 소통에서 약간은 소극적으로, 약간은 겸손하게, 약간은 자신을 죽이는 겸양의 자세로 대화와 소통에 임해야 하는지를 이해할 수 있게 된다. 자신의 속내와 마음속 깊이 잠겨 있는 내면의 생각을 안으로 숨기면서 겉으로는 겸손, 겸양, 사양, 양보의 마음가짐을 보이는 것 자체가 국가에 대한 충성심과 기업에 대한 애사심의 차원을 넘어 인생의 원숙미를 보여주는 모습이 아닐까? 우리 한국인들이 상대방의 속내를 파고드는 조용하면서도 부드러운 접근 방식으로 중국인들을 향해 가슴을 통해 이해하고 가슴을 통해 대화하는 고품격 이미지의 국민으로 다시 태어나 중국인의 존경과 사랑을 받는 국민이 되었으면 한다.

3. 선물이 중국인 거래선들에게 갖는 의미

(1) 선물은 중국 문화의 한 부분

일반적으로 중국 문화의 3대 요소를 언급할 때 인정미, 체면, 꽌씨라고 표현한다. 이러한 인정미, 체면, 꽌씨의 3대 요소를 모두 포함하고 있는 단어가 바로 '선물' 이다. 인정미가 자신의 호감을 상대방에 표현하는 행위로 볼 때 '선물' 이라는 매개체는 호감을 상대방에게 전달하는 나름대로의 기능을 발휘한다. 또 체면이 자기 자신에 대한 상대방의 존중과 존경의 기대와 자기 자신의 상대방에 대한 믿음과 신뢰를 의미하는 것으로 볼 때 '선물' 은 자신의 상대방에 대한 성의와 감동을 마음에 실어 상대방에게 전달하는 좋은 매개체가 될 수 있다. 마지막으로 꽌씨는 상대방의 공직상의 직위 또는 영향력과 관련되어 있는 위상을 개인적 이해관계에 활용하기 위해 자신과 상대방 간의 심리적, 공간적 관계를 가깝게 만들기 위한 행위 또는 의도로 볼 수 있기에 '선물' 은 나름대로의 기여를 하게 된다. 따라서 선물이라는 것이 중국 사회 및 중국인에게 문화적 관점에서 특별한 의의와 의미가 있다고 볼 수 있는데, 여기서 강조하고자 하는 의미는 중국인들이 자신의 마음을 표현하고자 할 때 선물이라는 매개체를 자주 활용하고 이용한다는 것이다. 앞에서 언급한 바와 같이 중국 문화의 3대 요소의 관점에서 '선물' 이라는 것은 중국 문화의 중요한 부분을 구성하고 있다. 뿐만 아니라 '선물' 이라는 것은 중국 문화의 본질적인 문제를 내포하고 있기도 하다.

(2) 실리와 실용에 입각한 선물

'중국 문화의 본질은 무엇일까?' 라는 질문은 쉽게 대답할 수 있을 정도로 간단하지가 않다. 중국 문화의 본질은 실리주의요 실용주의이다. 중국인들에게 가장 배격되고 배척되어야 할 것은 형식주의요 이념주의이다. 많은 상황에서 많은 중국인들과 갈등하기도 하였고 찰떡궁합을 과시해 보이기도 했지만 결국에 가서는 중국인들이 남기는 흔적은 실리와 실용이었다. 실리와 실용이라는 관점에서 중국인의 가치관의 중심부를 들여다볼 때 중국인들에게 선물을 해야 할 때 반드시 고려해야 할 점이 있다. 그것은 다름 아닌 실리적이요 실용적인 선물의 선정이다. 실리적이면서도 실용적인 선물이란 특정 선물이 특정 중국인 거래선에게 주는 가치이다. 오늘날 한국 사회에서는 선물의 교환은 정례화된 격식이요 정착화된 사회 문화이다. 그러다 보니 선물을 선정하는 과정 역시 선물을 받는 상대방 중심이 아닌 선물을 하는 측의 입장을 대변한다. 그래서 선물을 받는 사람의 감흥이나 감동이 결여되곤 한다. 특히 실용과 실리를 중시하는 중국인에게는 선물을 받은 후의 감흥이나 감동의 여진은 상당히 긴 편이다. 중국인들에게는 선물을 주고받고 하는 과정이 정례화된 격식이 아니라 꽌씨, 체면, 인정미와 같은 중국 문화의 3대 요소와 밀접하게 결부되어 있기 때문이다. 그래서 중국인에게 선물을 하게 될 경우 경계를 해야 할 점이 바로 선물을 선정할 때 별다른 의미를 부여하지 않고 격식주의와 형식주의에 의거 적당히 의례절차를 밟는다는 기분으로 적당히 하는 것이다. 중국인들은 한국의 인삼을 좋아한다고 하더라. 그 중국인 거래선은 나이가 많으니 건강을 생각해서 비싼 홍삼을 좋아하겠지. 홍삼이나 인삼은 한국의 특산품이니까 중국인들에게 특별한 의미가 있겠지. 그러니까 고가의 홍삼을 준비하도록 하지. 이런 과정을 거치면서 선물하고자 하는 물건을 정한다면 이는 크나큰 잘못을 저지르게 된다. 적어도 중국인 거래선에게 선물을 한다는 것은 다른 민족 또는 다른 국민들의 선물과는 다른 무언가가 작용하고 있기에 평소에 선물 결정을 위한 각종 자료와 데이터를 축적해두어야 한다. 평소 주재원이나 회사 직원들이 구실을 만들어 거래선 집을 사전에 방문해서 조사를 해두어야 한다는 말이다. 집 구조를 구경한다는 핑계로 남편이 무슨 브랜드의 넥타이를 매고 다니는지, 무슨 브랜드의 양복을 입고 다니는지, 무슨 스킨 로션을 쓰고 있는지, 무슨 브랜드의 구두를 신고 다니는지, 무슨 브랜드의 손목시계를 차고 다니는지, 무슨 넥타이핀을 착용하고 다니는지, 어떤 브랜드의 휴대폰이나 스마트폰을 지니고 있는지, 무슨 브랜드의 담배를 즐겨 피우는지, 무슨 브랜드의 꼬냑 또는 위스키를 즐겨 마시는지, 보양식과 건강식품으로 무엇을 복용하고 있는지, 어떤 골프채를 사용하고 있는지 등을 꼼꼼하게 파악하고 조사해두어야 한다. 그리고 부인이 무슨 브랜드의 핸드백을 즐겨 휴대하고 다니는지, 어떤 브랜드의 의상을 즐겨 입고 다니는지, 어떤 액세서리를 착용하고 다니는지, 어떤 브랜드의 구두를 신고 다니는지, 어떤 보석을 즐겨 착용하는지, 어떤 브랜드의 향수, 색조 화장품, 스킨 로션, 기초 화장품을 즐겨 사용하는지, 어떤 브랜드의 골프채를 사용하고 있는지 등을 꼼꼼하게 조사하여 자료를 축적해두어야 한다. 아이들이 어떤 책가방과 어떤 브랜드의 필통, 컴퓨터, 휴대폰을 선호하고 있는지, 어떤 브랜드의 지우개와 연필 또는 볼펜을 좋아하는지, 어떤 종류의 인형과 어떤 브랜드의 장남감을 선호하는지 등도 미리 조사해 기록해둘 필요가 있다. 거래선에 선물할 때는 거래선 남자용만 달랑 선물할 게 아니라 거래선 남자용, 거래선 부인용, 거래선 자녀용 선물을 한 세트로 하여 보내는 것도 매우 이례적이고 인상적이 될 것이다. 거래선 자신, 부인, 자녀들의 기호품을 이렇게 파악해두면서 매년 한 번씩 생일 때마다 그들이 선호하는 브랜드로 생일 선물을 하는 것도 매우 유익한 전략이 될 것이다.

(3) 상대방에게 고마움을 주는 선물

그런데 일반 비즈니스상의 거래선이 아닌 정부의 공공기관의 공무원 또는 국영기업의 간부 또는 경영자에 대한 선물 제공과 관련해서는 어떤 점에 유의해야 할까? 이들에 대한 선물은 일반 기업체 거래선들에 제공하는 선물과는 선물로서의 성격, 뇌물성의 정도, 꽌씨 형성과의 관계, 관계 투명성 등에서 그 특징을 달리한다고 볼 수 있다. 특히 이들 공인(공무원 또는 정치인)들에게 제공하는 선물은 어떤 의미에서 뇌물의 성격이 짙을 수 있기에 상당히 신중하게 접근해야 한다. 공적인 직위와 공적인 직책을 지닌 인사들에 대해서는 가급적이면 자사의 생산제품을 한 번 시용(試用)해보고 그 결과 괜찮다고 판단되거나 마음에 들어하면 주변의 여러 사람들에게 선전하고 홍보해달라는 목적으로 제공할 수도 있겠고, 또는 판매촉진 또는 세일즈 프로모션 명목과 목적으로 제공하면 될 것이다. 자기 회사 제품의 성능과 품질에 대해 고객들의 의견을 청취하기 위해 자사 제품의 시용 기회를 제공한다는 명목이니, 뇌물성 성격의 선물이라는 부담감으로부터 벗어날 수 있고 공짜로 선물을 받는다는 기분을 느끼지 않고 회사 제품의 판촉 활동에 동참한다는 생각을 갖게 함으로써 선물 제공의 효과를 100% 달성하도록 만드는 효과가 있다 하겠다. 특히 자사 제품들 중에서 전자제품 관련 생산 품목이 망라되어 있을 경우에는 상대방 공직 인사가 제품을 선정하기에도 편하고 선물을 제공하는 기업의 입장에서는 상대방의 비중과 영향력을 고려하여 품질 평가 명목으로 제공하는 제품의 가치와 가격을 달리할 수 있어 여러 모로 편리하다 하겠다.

공무원 또는 공직에 있는 인사들에 대한 회사 제품의 품평용으로의 제공 방식이 문제가 될 수도 있다. 하지만 현실적으로 그리 큰 문제는 아닐 듯하다. 특히 기업이 회사의 제품을 소비자 평가 또는 품질평가(품평)를 위해 여러 계층의 인사들에게 제공할 경우 각 집단 중 대표 소비자 대상에 해당 공직 인사 또는 해당 공무원을 선정하면 되고, 선정된 공무원 또는 공직 인사는 여러 집단 표본 인물 중 한 사람에 불과하기 때문에 문제가 될 소지가 없을 듯하다. 사실 이런 방식보다 더욱 경제적이고 현실적인 방안이 있는데 그것은 다름 아닌 거래선 부인들을 대상으로 한국의 주재원 부인들이 김치 담그는 방법 등을 가르쳐주는 것이다. 한국 김치는 중국인들에게 과거 별로 관심을 끌지 못한 한국 식품이었다. 너무 맵기 때문에 중국인의 입맛에 맞지 않았기에 중국인들의 흥미를 유발할 수 없었다. 그런데 각국 국민들의 입맛이라는 것도 최근에는 국제화 또는 글로벌화가 되는 환경이 조성되고 있다. 과거에는 특정 민족들에 의해 기피되던 맛들이 국제화 또는 글로벌화된 식문화의 영향을 받아 자연스레 받아들여지기 시작했는데, 그 대표적인 사례가 한국 김치와 일본의 날 음식(사시미)의 국제화 성공이다. 원래 중국 음식들에는 특정 지역, 즉 쓰츄안성과 후난성을 제외하고는 매운 맛의 음식이 존재하지 않았다. 쓰츄안성과 후난성의 매운 맛도 한국의 매운 맛과는 근본적으로 맛 색깔이 다르다. 한국의 매운 맛은 상큼한 매운 맛이고 콕 찌르고 톡 쏘는 매운 맛이라면 중국 쓰츄안성 또는 후난성의 매운 맛은 마(麻)의 매운 맛, 즉 입 안에서 천천히 조금씩 퍼져나가는 쥐어 짜는 매운 맛이라 할 수 있다. 따라서 한국 김치가 중국인의 입맛에 적응해나가는 데는 20여 년이라는 세월이 흘렀다. 지금은 한국 김치가 없으면 식사를 할 수 없다고 하는 중국인들도 상당히 많은 편이며, 일부 중국인들은 이미 한국 김치에 중독되어 있기도 하다. 또한 중국 음식에는 날 것으로 먹는 식습관이 없었는데 최근에는 날 음식인 일본의 사시미도 잘 먹는 중국인들이 많이 나타나고 있다. 일본의 날 음식이 중국인의 식탁에 오르는 데 30여 년이 세월이 걸렸다고 한다. 한국 김치에 관한 한 이제 중국 주부들도 많은 관심을 갖고 있기 때문에 이들 중국인 거래선 주부들에게 한국인 주재원 부인들이 시장에서 김치 재료를 사다가 부엌에서 김치 담그는 실습을 하게 하면 돈도 들이지 않고 상대방이 매우 고마워하는 일석이조의 효과가 있다고 생각한다. 이러한 김치 담그기야말로 돈 안들이고 비용 절약하며 한국의 식문화를 중국인 거래선에게 소개하는 유용한 방안이 될 것이다.

4. 정부 기관 공무원들과 관계망 형성

지금에 와서 생각해보면 장기적 안목으로 생각하지 못하고 그냥 쉽게 생각하여 흘러가는 대로 내버려둔 것이 한 가지 있는데, 그건 다름 아닌 인맥 구축 문제였다. 일반적으로 우리가 인맥이라 하면 개인적 인맥을 먼저 떠올리게 된다. 인맥이란 각 개인의 영향력을 활용하여 기업의 이익과 경제적 이익을 도모하기 때문에 은밀하고 비공개적인 면을 먼저 생각하게 된다. 사실 기업이 시장 및 현지 규정을 뛰어넘고 제약을 초월하여 다른 경쟁사에 비해 유리한 대우를 누리고 혜택을 받기 위해서는 개인적인 인맥을 활용하는 것이 보다 효율적일 수 있다.

그러나 여기서 현지 규정을 뛰어넘고 현장의 제약을 초월하여 혜택을 누리자면 여러 가지 리스크가 많이 따른다. 부정이나 부패 또는 비리 행위로 경쟁 상대방에 의해 고발될 수도 있고 때로는 현지 규정을 초월하고 뛰어넘다보니 아예 법규를 위반하는 위법 행위로 변질되거나 탈법 행위로 변질될 수도 있어 위험 부담이 상당히 크다.

이런 위험 부담을 줄이고 자사에 유리한 국면으로 주변 환경을 전환하는 데 기여할 수 있는 방안을 없을까? 분명히 있다. 특히 중국의 경우와 같이 특정 행위의 위법성이나 탈법성을 떠나 중국에 진출한 외국 기업에 대해 중국 정부의 호의적이냐 그렇지 않느냐는 이런 문제를 해결하는 매우 중요한 사안이 될 수 있다. 이른바 중국 정부의 경제적 국수주의, 즉 중국의 국영기업들을 일방적으로 옹호하고 지원하면서 외국 기업에 대해서는 노골적으로 불리하게 대우하는 이른바 민족기업 옹호론을 완화시키고, 외자기업도 중국 정부의 보호를 받을 수 있도록 유도하는 것이 바로 그 전략이 된다. 그 전략들의 핵심에 '집단 인맥 체제 구축'이라는 방안이 있다. 이러한 집단 인맥 체제란 중국에서 외국 기업이 영업 활동을 하는 데 필요한 지원과 협조를 유도하기 위해 정부의 주요 관련 부서 핵심 간부들을 크게는 20명~30명씩(대기업의 경우), 작게는 5명~10명씩(중소기업의 경우) 확보하여 이들 인맥 체제를 집단적으로 관리하는 것을 말한다. 이러한 집단 인맥 체제는 중국에 투자한 외자기업의 외곽에서 외자기업이 영업 활동을 하는 데 도움이 되는 전략을 구사하도록 유도하고, 중국 정부에 의해 주도되는 경제적 국수주의로부터 외자기업이 불이익을 받지 않도록 보호하는 역할을 한다. 즉, 중국 정부의 공무원들로 구성된 집단 인맥 체제가 중국에 투자한 외자기업에 직접적인 도움을 줌으로써 야기될 수 있는 부작용과 후유증을 미리 사전에 예방하고, 이들 외자기업이 중국 정부의 경제적 국수주의에 의해 피해를 받지 않도록 막아주는 간접적인 역할을 하여 실제로 외자기업에 도움이 되면서도 각종 오해와 감시로부터 자유로울 수 있는 방안을 제공해줄 수 있게 되는 것이다. 중국에 투자한 외자기업으로서 다른 일반 외자기업과 동일하게 상대적으로 불리한 처분을 받지 않도록 우산의 역할을 하게 되는 것은 매우 중요하다.

집단 인맥 체제 구축은 주재원의 개개인의 개인 인맥일 뿐 회사의 이해관계와 얽혀진 회사 인맥이 될 수 없다는 개인 인맥 구축의 현실적인 문제 때문에 나름대로의 이점이 있다. 개인 인맥은 주재원이 회사의 비용과 회사의 시간을 들여 구축하였지만 주재원이 회사를 사직하고 개인적으로 창업을 하게 되면 개인 인맥으로서의 가치만 남을 뿐 회사와는 인연이 끊어지게 된다. 이럴 경우 회사가 고스란히 그 손실을 입을 수밖에 없고 회사의 인맥으로서의 기능도 종료되기 마련이다. 집단 인맥 구축은 회사를 축으로 한 인맥 체제로 형성되기 때문에 이런 위험성을 피할 수 있고 수 년이 아닌 수십 년간 유지할 수 있는 여건이 마련된다. 지점장이 바뀌더라도 후임 지점장이 집단 인맥 체제를 이어받아 이끌어나갈 수가 있으며 한국에 있는 본사의 관련 부서장이 지점장을 대신하여 관리할 수도 있다.

집단 인맥 체제의 성공이 가져다주는 이익은 여러 가지가 있을 수 있다. 일반적으로 개인 인맥을 관리하기 위한 비용은 일반적으로 예상하는 액수보다 엄청나게 크다. 중국의 경우와 같이 사안의 처리에 변수가 많을 때에는 더욱 그렇다. 집단 인맥 체제의 경우 의외로 비용을 절감해 가면서 운용할 수 있다. 예로써 일 년에 한 번씩 한국 방문을 마련한다 해도 집단으로 움직이기 때문에 사람당 비용을 많이 절약할 수 있다. 선물을 마련한다 해도 공개적인 것이기에 비용이 많이 들어가는 물건을 준비할 필요도 없다. 상대방이 중국 정부의 주요 부서 공무원들이니만큼 한국 정부 기관의 방문 및 한국 정부와의 회의 개최 등을 추진하기가 쉽고 비용도 거의 들어가지 않는다. 일 년에 한 번 찾아오는 생일날 선물도 품목이 고정되어 있어 골치 아픈 일도 없다.

5. 중국인 거래선들과의 신뢰 형성

자고로 서로 이웃하고 있는 인접국 간에는 좋은 점들보다 나쁜 점들이 더 많이 더 자주 부각되기 마련이다. 과거의 한중 관계가 그러했고 과거의 한일 관계가 그러했다. 오늘날의 한중 관계가 그렇고 오늘날의 한일 관계가 그렇다. 이런 현상은 한국을 둘러싸고 있는 한반도 주변 동북아지역에만 국한되는 것이 아니고 독일과 프랑스, 프랑스와 영국, 중국과 인도, 중국과 러시아, 러시아와 폴란드, 터키와 그리스 등의 관계에서도 역사적으로 불편한 관계가 지속되어왔다. 한국인과 중국인들 간에 발생되고 있는 불신 조장과 신뢰 추락에 대해 새삼스레 여기서 언급하고 있는 이유는 이 문제가 양국 국가 간 또는 양국 사회 저변에 스며들어 있는 민족 간의 단순한 불협화음이 아니라, 한국 기업의 중국시장 진출 및 진출에 따른 성공을 가로막는 커다란 장애 요인이 되고 있기 때문이다. 더구나 앞에서 언급한 바와 같이 중국인들은 자국의 사회 현상과 문화적 전통의 영향을 받아온 관계로 남을 잘 믿지 못하는 경향이 강하고 보면 이 문제를 푸는 열쇠는 중국시장에 투자한 한국 기업의 경영층이나 주재원들의 손에 달려 있는 셈이다. 많은 중국인 직원들과 대화하면서 한국 기업들에 대한 호감이 낮은 이유를 물어보면 한국 기업의 경영층들이 자신들의 능력을 살릴 수 있는 기회를 만들어주지 않고 앞으로 계속 성장하도록 기회를 주는 배려도 없어 믿음이 가지 않는다고 했다. 한국 기업과의 거래에 비판적이고 소극적인 자세를 견지하고 있는 중국인 거래선에게 왜 한국 기업과의 거래에 비판적이냐고 물으면 장기적 거래 유지에 대한 믿음을 주지 못하기 때문이라고 했다. 따라서 중국시장에 투자한 한국 기업들의 경영층들이 특히 신경을 써야 할 것이 바로 중국인 거래선들로부터 신뢰를 받기 위한 특단의 대책을 마련해야 한다는 점일 것이다. 중국인들로부터 한국 기업이 선진 기업으로, 한국이 선진국으로 간주되지 못하는 이유는 바로 중국인의 한국인에 대한 신뢰 기반이 매우 약한 탓에 기인한다는 점을 명심하자.

6. 소형 거래선들의 마음을 잡는 전략

(1) 자존심을 지켜주라

중국인 거래선들의 마음가짐과 정신 상태는 우리가 생각하는 이상으로 현실적이고 실리적이다. 그런 현실적이고 실리적인 가치관의 허점을 허물고 그들의 비즈니스 세계로 침투하기 위해서는 실리적 접근이 가장 효과적이다. 그들의 실리적인 가치관의 허점이란 무엇일까? 그건 다름 아닌 그들의 자존심을 살려주는 것이다. 우리는 중국인 거래선 하면 실리만 추구하는 상인들로만 생각해왔다. 어찌 보면 맞는 얘기이다. 실로 그들은 어떤 경우에든 실리를 취하는 데 주저하지 않는다. 그러나 그들에게도 우리가 생각하지 못한 실리보다 귀한 자존심이라는 숨겨진 칼날이 있다. 자기 자신이 운영하는 가게가 조그마한 가게이고 거래량이 작아 공급업체 어느 곳도 자신에 대해 성의를 다해 대해주지 않는다고 생각하면 가격을 오퍼할 때도 대형 거래선보다 적어도 3% 내지 5% 비싸게 내곤 한다. 또한 대부분의 공급업체들은 효율적인 거래선 관리 및 통제를 위해 대형 거래선들이 중형 거래선을 장악하도록 유도하여 시장을 재편하고, 중형 거래선들이 소형 거래선들을 통제하에 두게 함으로써 시장을 장악하려 하곤 한다. 이 과정에서 물량 배정이나 가격 책정에서 소형 거래선들은 항시 무시당하고 홀대를 받게 마련이다. 그러니 그들은 항상 서럽고 서운하다. 목구멍이 포도청이라 메이커들의 이런 작태에 뭐라 말도 하지 못한다. 그랬다가는 그나마 소량이기는 하지만 계속 공급되던 물량 공급마저 끊어지게 되면 그 길로 업계에서 도태될 수밖에 없다. 이런 현상들은 중국뿐만 아니라 홍콩, 싱가포르, 동남아 각국의 화교 세계에서도 지극히 보편화된 일반적 현상이다. 화교 기업계와 중국인 거래선 세계에서 소형 거래선들은 그래서 대부분 주눅들고 자신감을 상실한 상태에서 생존의 길을 더듬으며 지금까지 자기들 세계를 지켜왔다.

이러한 소형 중국인 거래선들에게 진정한 의리가 있고 신의와 명예를 지키는 정직하고 참된 기업인이라는 인상을 한 번 보여주라. 그들은 그 열 배 백 배로 보답할 것이다. 비즈니스 세계는 철두철미 약육강식의 정글의 법칙이 적용되는 냉혹한 승부의 세계이다. 인정도 없고 전투만이 있는 각박한 세계이다. 그런 세계에서 시달려온 중국인 소형 거래선들에게 비록 수량이 미미한 소형 오더를 받더라도 고개를 조아리고 진정으로 감사의 말과 행동을 보여라. 오더의 규모가 8천 달러 혹은 9천 달러밖에 되지 않는데도 감지덕지하는 자세를 보여라. 오더에서 몇백 달러의 이윤밖에 내지 못하지만 그들을 한국 본사로 초대하여 한국 본사의 과장이나 부장이 환대를 해보라. 그러면 그들은 감격하고 그 상황을 자기가 활동하고 있는 시장의 다른 소형 거래선들에게 자랑하고 돌아다닐 것이다. 그 소문은 시장 전체에 퍼져 아무개 회사 아무개 주재원은 인간미와 인정이 있고 의리와 우정이 있으며 남자로서의 기개가 있는 최고의 남아가 될 것이다.

(2) 쉽게 포기하지 마라

영업 규모가 작은 소형 거래선들에게서 한 번 작은 인콰이어리가 있으면 수량이 작더라도, 수주 금액이 작더라도 결코 소홀히 하지마라. 오더 금액도 작고 쌍방의 가격 차이도 크고 이를 오더로 성사시키려면 많은 시간과 노력이 든다 하더라도 쉽게 포기하지 말아야 한다. 쉽게 포기하면 그 소형 거래선은 자신이 작은 거래선이라서 자신을 홀대한다고 생각하기 십상이다. 그럴수록 시간을 자주 내어 열 번 스무 번 찾아가 가격 흥정을 해보라. 그러면서 당신은 나에게 매우 중요한 거래선이니까 당신과의 거래가 수량이 적다는 이유로 또는 가격 차이가 크다는 이유로 쉽게 포기되는 일은 없을 것이니 최선을 다해 서로 양보함으로써 어떻게 하든지 성사시켜 거래 관계를 이어가자고 설득해보라. 이번에 가격이 맞지 않는다는 이유로 거래가 중지되어 몇 개월 지속된다면 두 회사 간의 손실이 클 것이니 어떻게 하든지 가격 차이를 극복하고 오더를 성사시키도록 노력하자고 설득시켜보라. 그가 만약 가격 차이가 너무 커 오더 성사가 쉽지 않다고 하면 거래 수량을 반이나 4분의 1로 줄여 상호 손실을 최소화하면서 관계만은 유지하고 싶다고 설득해보라. 쌍방이 손실을 보더라도 거래 관계를 지속시키기 위해 우리도 손실을 감수할 터이니 당신도 손실을 감수하라는 말은 상당히 설득력 있게 들릴 수밖에 없을 것이다. 가격 흥정 과정도 그 진행 과정을 곰곰이 생각해볼 필요가 있다.

가령 주재원이 폴리에스터 직물인 매트 죠제트(Matt Georgette) 1야드에 97센트(CIF)에 오퍼했다고 하자. 거래선이 이에 96센트에 카운터 오퍼를 냈다. 그러면 주재원이 그 중간선인 96.5센트를 제시하고 거래선이 또 중간선인 96.25센트를 제시하였을 경우 판매 손실 때문에 이 가격을 도저히 받아들일 수 없을 경우 그 중간선인 96.375센트를 제시하여 상대방이 받아들이도록 설득하는 끈질긴 자세가 필요하다. 사실 이 오더가 10,000야드 규모일 경우 계약 총액에서의 쌍방의 차이는 불과 몇십 달러 또는 몇백 달러 차이에 불과하지만 중요한 것은 그 손실 규모가 아니라 손실 발생에도 불구하고 우리는 당신과 꼭 거래 관계를 지속하고 싶다는 강한 욕망을 상대방으로 하여금 느끼게 해주는 것이 중요한 것이다. 주재원 입장에서 성의를 다하고 최선을 다하고 있다는 느낌만 상대방에게 전달하면 그의 마음도 움직이기 시작할 것이다. 자기는 희생하지 않고 상대방만 희생하라고 하면 상대방은 당연히 거절할 것이다. 그런데 쌍방이 희생하자, 그러면서 실제로 우리가 당신에게 희생하고 있음을 보여주겠다며 설득하면 상대방도 무언가 희생할 각오를 드러낼 것이다. 소형 거래선으로서 평소 공급업체들로부터 푸대접을 받아가며 불리한 거래 조건(가격 및 지불 조건 등에서의 불리함)임에도 어쩔 수 없이 거래 관계를 지속해온 터이기에 다른 메이커들로부터의 조그마한 성의 및 작은 마음의 표시로도 그들을 감동시키고 마음을 움직일 수 있는 것이다.

싱가포르에 있을 때였다. 당시는 주로 한국산 폴리에스터 직물을 동남아로 수출하는 업무를 담당하였는데, 싱가포르는 당시 동남아 각국의 중개 무역항으로서 많은 양의 한국산 폴리에스터 직물을 수입하여 주변 국가로 공급하던 시절이었다. 그런데 당시 중개항으로서의 싱가포르의 역할이 크기는 했지만 싱가포르의 에이전트, 항만 시설, 금융 기관, 보험 회사, 물류 및 운송 인프라 등을 이용하여 한국산 폴리에스터 직물을 수입하던 인접 국가, 즉 인도네시아 및 말레이시아, 타일랜드 등의 거래선들이 그 이윤의 상당 부분을 싱가포르 회사(에이전트 또는 수입상)에 넘겨주는 것을 아깝게 생각하고 서서히 한국 메이커와 직접 거래 쪽으로 방향을 바꾸던 시기였다. 다시 말해서 과거에는 싱가포르를 경유하여 한국산 폴리에스터 직물을 수입하던 동남아 각국 수입상들이 경유에 따른 커미션 지급을 절약하고 자체 상권을 확보하기 위해 한국 메이커와 직거래를 선호하기 시작하였던 것이다. 싱가포르의 이웃이었던 말레이시아 역시 싱가포르 의존 탈피라는 변화의 과정 속에 있었는데, 그 시기 말레이시아 시장을 개척하기 위해 싱가포르에서 쿠알라룸푸르로 출장을 갔다. 당시 말레이시아 전체 직물 시장은 하카인이라는 중국 상인 계통 3인에 의해 쿠알라룸푸르, 페낭, 잇뽀, 말라카, 조호바루 등 5개 도시에서 통제, 지배되고 있었는데, 처음 찾아간 거래선은 당연히 말레이시아 직물 시장 전체를 좌지우지하던 하카인 3인방이었다. 워낙 유명한 시장 지배자 3인방이었으니 이들을 맨 처음 찾아가 거래를 간청하는 방법이 가장 효율적일 것이라 생각하였다. 그런데 막상 방문하니 이들 3인방으로부터 완전히 문전박대, 문전걸식의 대접을 받았다. 완전히 무시당하고 멸시를 당한 끝에 강제 추방당한 꼴이었다고 표현하는 것이 적절하였다. 어쩌면 이런 상황을 미리 예견하기는 했지만 그래도 문 밖으로 쫓겨나니 상당히 처량했다. 이들 3인방은 당시 세계 최대 폴리에스터 직물 생산업체였던 한국 모 대형 기업의 제품을 전문적으로 판매하는 조건으로 말레이시아 직물 시장을 지배하고 있었다.

이들 3인방의 박대는 머뭇거림 없이 다음 단계의 작전 개시를 촉발시키게 했다. 그 작전이란 3인방의 문전박대 후 곧바로 최소 규모 소형 거래선들에 대한 직접 판매 추진으로 진행한다는 사전 계획이었다. 이들 소형 거래선들은 자신의 명의로 수입은 가능했지만 구매 수량이 워낙 작아 직접 수입은 하지 않고 대형 수입상이 수입한 제품들 중에서 일부 수량을 로컬 구매하기도 하고 때로는 자신이 직접 수입하기도 하는 그런 상황이었다. 이들 소형 거래선들을 찾아가 자사 제품의 장점과 품질의 우수성 등을 강조하면서 슬슬 이들 소형 거래선들의 설움을 자극하기 시작하였다. 당신네들이 해외 메이커로부터 직접 수입할 수는 있으나 해외 메이커들이 대형 수입상에 오퍼하는 가격보다 적어도 5% 이상 비싸게 사지 않느냐면서 우리는 당신들 같은 모든 소형 거래선들과만 거래하고 경쟁업체들이 거래하는 대형 3인방들과는 전혀 거래를 하지 않을 것이기에 모든 거래선에게 오퍼하는 가격이 같다는 말을 해주었다.

당시 말레이시아 5개 직물 수입 도시를 순회하였는데 이들 각 도시들에는 직물 수입상(포목상)들이 3개 내지 4개 스트리트에 분산, 집중되어 있어 한 스트리트에서 하루 종일 방문하면 하루 50여 개 이상의 점포를 방문할 수 있었다. 첫 주는 방문 업체 수 50개 점포 중 Trial order를 주는 곳은 많아야 한 두 점포에 지나지 않았다. 오더 규모도 평균 9천 달러밖에 안 되는 조그마한 계약이었다. 그러나 이들 Trial order가 선적되어 품질 및 각종 조건에 대한 수입 거래선의 만족도가 매우 높게 나타나자 직물을 수입하면 상당한 이윤을 낼 수 있다는 소문이 말레이시아 시장 전체에 퍼지기 시작했다. 다른 경쟁사는 대형 거래선 3인방에게만 대량으로 계약, 판매하는 데 큰 물량이다 보니 가격이 상당히 낮게 수출되는데다 이들 3인방이 중형 거래선에게 넘기면서 이윤을 취하고 중형 거래선이 소형 거래선에 넘기면서 또 이윤을 취하다보니 마지막의 소형 거래선이 구매하는 가격은 커미션과 기타 비용이 첨가되어 상당히 높게 형성되는 것이 보통이었다. 그러나 이들 대형 거래선 3인방과 중형 거래선 모두를 거래 대상에서 제외하고 소형 거래선들과 직접 거래를 하고 있으니 중간 수입상이나 중간 도매상에게 커미션이나 기타 비용을 지불할 필요가 없었다. 그러니 소형 거래선 업체들이 집단적으로 접촉해 오면서 시장에는 큰 변화가 밀어닥치기 시작했다.

일반적으로 말레이시아 시장 같은 경우에는 이들 대형 거래선 3인방이 exclusive 조건으로 최대 해외 메이커의 제품의 수입 및 판매를 독점하고, 이들 수입품을 제한된 중형 거래선들에게 넘기면 이들 중형 거래선들은 산하의 소형 거래선들에게 공급하는 패턴을 가지게 마련이다. 이런 시장 구조는 결국은 대형 3인방이 밑에 있는 중형 거래선들에 의해 스스로 생존할 수 있는 체제를 구축하고, 또 이들 중형 거래선들은 그 밑의 소형 거래선들에 의해 스스로 생존할 수 있는 체제를 구축하게 된다. 즉, 대형 3인방은 결국은 그 밑의 중형 거래선을 통해 최말단 소형 거래선을 지배하게 되는데 그 지배 관계야말로 평상시는 큰 문제가 없으나 일단 소형 업체들이 중형 거래선들의 지배를 이탈하기 시작하면 걷잡을 수 없는 상황이 발생한다. 저자가 말레이시아 시장에 있던 소형 거래선들을 직접 공략하였더니 이들에 의탁하며 생존을 도모하던 중형 거래선들과 이들 중형 거래선들에 의탁하며 생존을 도모하던 대형 거래선 3인방의 시장 기반이 일시에 흔들리기 시작한 것이었다. 드디어 시장 개척 단계 초기 방문하였다가 망신을 당한 대형 거래선 3인방으로부터 연락이 왔다. 자신들과 협력하여 좋은 비즈니스를 해보자는 제의였다. 문전박대를 당한 지 1년 반 만의 일이었다.

말레이시아 시장에서 소형 거래선들의 마음을 얻어 일거에 시장 전체에 큰 영향을 미치는 공급업자로 나타날 수 있었던 데는 몇 가지 이유가 있었다. 위의 사례가 주는 몇 가지 시사점을 훑어보면 첫째, 중국인 거래선들의 공급업체 또는 메이커에 대한 충성심이 그다지 강하지 않다는 점이다. 특히 소형 거래선들이 메이커 또는 제조업체들로부터 거래 조건상 대형 거래선들과 비교할 때 불리한 대접을 받거나 차별 대우를 받는다고 스스로 생각하면 항시 그 메이커 또는 공급업체들로부터 이탈하려는 심리가 강하게 작용하는 점에 유의할 필요가 있다. 소형 거래선들의 이러한 이탈 심리는 다른 어느 나라의 소형 거래선보다 그 욕구가 강한 것이 중국인이다. 따라서 중국인 거래선 중에서 거래 조건상 불리한 대우를 받고 있는 소형 거래선들을 효율적으로 관리하기 위해서는 구매량이 소량인 관계로 가격 또는 지불 조건상의 불이익을 피할 수 없는 것이라 할지라도 다른 조건의 예를 들면서 품질 조건 또는 물품 인도 조건 또는 기타 서비스 방면의 조건에서 유리한 조건을 제시하는 등 나름대로 특별 대책을 마련하고 실행에 옮길 필요가 있다. 둘째, 중국인 소형 거래선들은 메이커 또는 공급업체들로부터 제시되는 각종 조건들이 자신에게 불리한 것이라 판단되면 항시 다른 공급업체가 자신에게 더 좋은 조건을 제시하는 경우가 없는지 알아보기 위해 각종 정보망을 활용하여 조사를 하기 시작한다. 이 경우 그 소형 거래선이 다른 공급업체 또는 다른 메이커를 찾아 그들에게 주문을 한다 하더라도 자사와의 거래관계가 완전히 단절되도록 방치해서는 안 된다. 설사 소량이라 하더라도 일부는 다른 공급업체에 주문하더라도 나머지 일부는 자사에 주문하도록 마지막까지 최선을 다해 설득할 필요가 있다.

분명히 동의하는 중국 상인의 사고방식은 비교적 철저한 실리주의요, 그러한 실리주의는 거의 대개가 단기주의에 얽매여 있다고 생각한다. 반면에 일본 상인은 사업관에 정신과 혼을 깃들인 가치관을 존중한다. 따라서 일본 상인은 단기적인 면보다는 장기적인 관점에 무게를 둔다. 그래서 중국 상인을 상인(商人) 정신에 비유하고 일본 상인을 장인(匠人) 정신에 비유한다. 일본인은 물건을 하나 만들어도 자신의 모든 혼과 정신을 집중하여 최고의 예술품을 만들어낸다. 그 물건의 값이 얼마이고 그것이 얼마의 이윤을 내는지에 대한 관심보다도 그 물건이 어떤 가치를 지니고 있는지에 초점을 맞춘다. 반면, 중국인은 어떤 물건을 얼마에 사들여서 얼마에 팔아 얼마의 이익을 내느냐에 초점이 맞추어져 있다. 그 물건이 어떤 가치를 지니고 있는지 어떻게 가치를 유지할 수 있는지에 대한 관심보다 그 물건이 나에게 얼마의 이윤을 창출하는지에 관심이 많다. 따라서 중국인의 상인 정신은 단기적인 이윤 창출에 초점이 맞추어져 있고, 일본인들은 물건의 가치에 초점이 맞추어져 있다.

최고의 비즈니스란 무엇인가? 상대방으로부터 가장 합리적인 방법으로 가장 큰 파이(pie)의 이익을 창출해내는 데 있다. 상인이나 기업인이 중시하는 것은 상대방의 강점을 활용하여 이윤을 확대, 창출하는 데 기여하도록 하고 상대방의 약점을 최대한 파고들어 가장 좋은 조건으로 거래하도록 유도하는 데 있다고 생각한다면 너무 현실적인 면에 집착하는 것일까? 여하튼 중국인 거래선들을 다룰 때는 적어도 한국인 기업인이라면 좀 더 현실적이고 보다 더 실리적인 인간이 되어야 하며, 경제적 이해 관계에 더 많이 집중할 필요가 있다.

16

주재원 관리 전략

해외 주재원 관리 문제는 대단히 복잡하고 중요하다. 그러나 대부분의 기업들이 이 문제를 소홀히 취급하고 크게 비중을 두지 않는 듯하다. 해외 주재원이건 본사 근무 사원이건 구분하지 않고 일률적인 판단 기준과 잣대에서 바라보고 이들에 대한 모든 인사 문제를 처리하고 있기 때문이다. 따라서 이 장에서는 부작용과 후유증이 큰 주재원의 사직(辭職)을 예방하고 더욱더 열심히 회사를 위하여 충성하면서 더 큰 기여를 할 수 있도록 계획적이고 조직적으로 관리, 통제를 위해 어떤 전략들을 구사해야 되는지에 대해 살펴보도록 한다.

CHAPTER 16 주재원 관리 전략

1. 주재원의 중국어 구사 능력의 배양

(1) 중국어 구사의 필요성

중국 주재원에게 있어 중국어 구사 능력은 주재원의 자질을 결정짓는 결정적인 잣대가 될 수 있다. 이는 비단 중국어뿐만 아니라 다른 외국어의 경우도 마찬가지인데 중국의 경우 중국어 구사의 수준과 구사 능력은 다른 어느 지역보다도 중요하다고 생각한다. 그 이유는 중국인들의 사고방식의 틀을 결정하는 중국 문화적 요인을 감안하더라도 중국 거래선들과 친해지고 마음과 마음이 교감을 하는 정도에까지 도달하자면 유창한 중국어의 구사가 반드시 필요하기 때문이다. 소위 중국 문화의 3대 요소라 하면 꽌씨, 인정미, 체면을 얘기한다. 꽌씨와 인정미의 두 가지 요소는 모두 감정, 즉 정서적인 측면과 밀접한 관련이 있다. 사람과 사람이 마음을 나누고 교감을 갖게 될 때 쌍방의 마음속 깊은 곳의 생각이 맞아떨어지며, 상대방의 마음 상태와 교감을 이룰 수 있을 때 진정으로 생각의 일체감과 마음의 일치성을 맛볼 수 있다. 이런 상태에 도달하게 되면 쌍방은 정과 마음을 나눌 수 있게 된다. 오랫동안 중국 거래선들과 교제를 해 온 경험을 바탕으로 이 문제를 짚어볼 때 특히 이런 상태에까지 이르면 중국인은 상대방에게 자신의 마음을 주게 된다. 중국 거래선들로부터 이런 마음의 교감을 받게 될 때, 불가능할 것으로 보이던 쌍방 간의 사업상의 교류도 가능하게 된다. 이런 현상이 나타나게끔 만드는 것이 바로 언어의 기능, 즉 중국어의 기능인 것이다.

(2) 중국어 구사 능력의 수준

그렇다면 주재원의 중국어 실력이 어느 정도 되어야 이러한 마음의 교감, 인정의 교류, 꽌씨의 형성이 가능하게 될까? 주재원의 중국어 구사 능력은 과거 HSK 기준으로 9급(현행 HSK 수준으로 6급 수준에 해당)에 회화 부문 고급 수준 정도는 되어야 한다고 생각한다. 현행 HSK 6급 정도 되어야 하는 이유는 자신의 생각을 표현함에 있어 마음과 느낌 상태를 매끄럽게 표현할 수 있고, 자신의 판단 결과와 배경에 대해 논리적이며 체계적으로 설명할 수 있는 수준이기 때문이다. 즉, 자신의 마음 깊숙한 곳에 흐르는 감정의 실타래를 자연스럽게 풀어내는 능력의 수준이 현행 HSK 기준으로 보자면 6급 정도의 수준이다. 일반적으로 주재원이 주재국에서 주재국 언어를 구사할 때 의사의 전달 가능 수준에 머물러서는 안 된다. 해당 지역 거래선들과 최고 수준의 우정을 나누고 인생관과 가치관을 함께 공유하면서 가장 친한 관계를 유지해야 회사의 영업에 많은 도움을 줄 수 있다. 따라서 우정이 가장 돈독한 관계에 이르자면 자연히 두 사람 간의 대화가 물 흐르듯 부드럽고 자연스러워야 한다. 또한 두 사람 간의 대화가 최고 수준의 인간 관계를 창출해낼 수 있도록 고급스러워야 하고 우아하고 고상한 수준을 유지할 수 있어야 한다. 거래선과의 우아하고 고상한 관계를 창출해내기 위해서는 우선 언어 관계가 고아하고 품위가 있어야 한다. 비유적인 화법과 은유적인 화술을 구사하면서 우아하게 함께 공유할 수 있는 대화의 영역이 많이 존재하여야 한다. 자기 세계를 확실히 지니고 있는 고품격의 성인이 어린 아이들과의 대화를 우아하게 이끌어 나가기가 힘든 이유는 언어 표현상의 수준 및 언어 구사상의 수준에 차이가 있기 때문이다. 마찬가지로 주재국 언어의 구사 능력 수준이 높지 않은 주재원의 경우 거래선과 최상의 관계를 유지하는 것은 매우 어렵다. 주재원의 주재국 언어 구사 능력이 그 지역에서의 주재 활동의 성패와 직결된다고 볼 수밖에 없는 이유가 여기에 있다.

그렇다면 중국어 구사 능력을 현행 HSK 6급 수준으로 끌어올리고 회화 수준도 고급 수준으로 끌어올려야 되는데, 중국어 구사 능력을 끌어올리기 위해서는 어떻게 해야 할 것인지에 대해 생각해보기로 하자. 외국어를 배우는 방법에 대해서는 사람마다 차이가 있을 수밖에 없다. 그러나 경험한 방법 중 제일 효율적이고 확실한 방법은 '외국어 학습의 생활화' 이다. 외국어 학습의 생활화란 외국어를 공부하는 것 자체를 생활화하는 것을 말하는데, 이를 구체적으로 표현하면 외국어 공부를 하기 위해 매일 또는 매주 또는 매월 시간표를 짜면서 별도로 시간을 마련하는 것이 아니라 거의 매일의 생활 자체 속에 외국어를 공부하는 시간이 녹아들어가게 하자는 것이다. 생활 속의 일거수 일투족이 모두 외국어 학습과 연결시키는 방법을 말하는데, 이를 위해서는 자신의 생활 공간이 모두 외국어 학습과 연계되어 있도록 해야 한다.

예를 들면, 아침에 침대에서 눈을 뜰 때부터 중국어로 녹음된 테이프가 모닝콜이 되어 기상 나팔의 역할을 해주어야 하고 그 다음으로 옮겨가는 화장실 또는 세면실에 중국어 회화 녹음 테이프가 비치되어 있어야 한다. 그 다음 식사할 때의 식탁 위에도 중국어 방송의 뉴스 또는 대담 프로그램이 방송되고 있어야 하고 회사로의 출근을 위해 옷을 갈아입는 공간에도 중국어 회화 녹음 테이프가 비치되어 있어야 하고, 출근 길 운전하는 자동차 속에서는 자동적으로 중국어 라디오 방송 프로그램과 연결되어야 한다. 그리고 회사에 도착한 이후 지점 또는 법인 현지 직원들과의 대화는 반드시 중국어로 하고 거래선들과의 미팅 시에도 반드시 중국어로 대화해야 한다. 일과가 끝나고 한국 본사로부터 출장 온 간부들과의 저녁 식사 때에도 식당 직원들과 중국어로 대화하고, 심지어 저녁 식사 후 술집에 가서 술을 마실 경우에도 중국어로 대화를 하도록 해야 한다. 하루 24시간과 매주 1주일, 매월 30일, 일년 365일 중 수면 시간을 제외한 모든 시간을 중국어 대화로 채워야 하고 회사나 개인이 구독하는 신문도 모두 중국어 신문들로 채워야 한다. 그래야만 중국어 사용이 생활화될 수 있고 중국어 회화 실력이 늘 수 있다. 중국어 학습의 생활화가 적어도 5년 이상 지속되면 중국어 회화 실력은 고급 수준으로 향상될 수 있고 중국어 실력도 현행 HSK 6급 실력 정도에 도달할 수가 있다.

2. 주재 생활의 갈등 문제 해결 방안

한국적 기업 문화 속에서 근무를 하다보면 업무상 각종 스트레스를 많이 받을 수밖에 없다. 스트레스를 받는 과정에서 스스로 외로움을 느끼기도 하고 소외감을 느끼기도 한다. 한국의 본사 근무에서 이러한 스트레스나 정신적 억압을 받게 되면 옆의 동료 사원이나 선후배 사원들과의 대화를 통해 소외감이나 고독감을 극복하기도 하고 해소하기도 한다. 때로는 가족이나 친구들과의 대화나 접촉을 통해 이런 문제점들에 대한 해결책을 찾기도 한다. 그러나 해외 주재원일 경우 이런 문제점들에 대해 상의하고 논의할 대상이 거의 없다고 보아야 한다. 해외 주재원 파견은 본사 조직상 각 본부 또는 사업부에서 차출된 1인의 주재원이 본부 또는 사업부를 대표하여 파견되기 때문에 각 주재원들 간의 이해 관계가 상충되고 서로 간의 교분도 그리 깊지도 못하고 서로 친하지도 않다. 여기서 이해관계가 상충된다고 함은 지점 또는 법인 관리 업무를 각 본부 또는 사업부에서 파견된 주재원들이 돌아가면서 일정 기간 담당하여야 하는데, 서로 이 업무를 맡지 않으려 하다보니 관련 주재원들끼리 어색해지는 분위기를 만들기가 십상이기 때문이다.

이때 지점장이나 법인장이 잘 조정하여 공평하게 하도록 하면 문제가 없다. 하지만 지점장이나 법인장 입장에서 보면 지점 또는 법인 전체의 실적 제고를 위해 지점 또는 법인 관리 업무를 영업 기여도가 낮은 부서의 주재원에게 관리 업무를 맡기려는 경향을 보여 의견 충돌이나 불협화음을 초래하는 경우가 자주 발생할 수 있다. 지점장 또는 법인장의 입장에서는 지점 또는 법인 영업에 기여도가 높고 이익 창출에 공헌이 큰 부서의 주재원들에게는 영업에만 전념하도록 하고 지점 또는 법인의 관리 업무에서 해방시켜주려는 생각을 하게 마련이다. 따라서 특정 부서 출신의 주재원, 즉 지점 또는 법인 영업에 대한 기여도가 낮은 부서 출신의 주재원이 오랜 기간 지점 관리 업무를 담당해야 하는 상황이 많이 생기게 될 수밖에 없다. 지점장 또는 법인장의 입장에서는 이러한 조치가 어떤 면에서 보면 불가피할 수도 있고 합리적인 조치일 수도 있지만 주재원을 파견한 한국 본사의 부서장 입장에서 보면 자기 부서에서 파견한 주재원이 자기

부서 제품의 영업 활동에 전념하지 못한 채 지점 관리 업무 수행에 상당한 시간을 투입함으로써 당초의 실적 목표를 달성하지 못하게 되는 결과에 대해 불만일 수도 있다. 대개 이런 경우 한국 본사의 부서장은 지점장에게 항의를 못하고 이를 수용한 주재원에게 불만을 갖게 되고, 그 결과 주재원은 본사 부서장의 눈밖에 나는 경우가 많이 발생한다. 반대로 주재원이 자신에게 지점 관리 업무를 시킨 지점장이나 법인장에게 불만을 갖고 저항했다가 지점장 또는 법인장으로부터 인사 고과상 불리한 처분을 받아 두 사람 간의 관계가 악화되는 경우도 흔히 발생한다.

주재원 입장에서는 지점장이나 법인장의 경우 향후 5년 정도 같이 근무하다가 어차피 헤어질 관계이지만 본사 부서장의 경우 주재원이 해외 근무를 마치고 본사로 돌아가 같이 오랜 기간 근무해야 할 가능성이 높기 때문에 본사 부서장과의 관계에 더욱 큰 비중을 두게 된다. 하지만 일반적으로 주재원의 고과는 한국 본사의 부서장과 해외 지점장 또는 법인장의 고과가 합해져서 산출되기 때문에 주재원 입장에서는 어느 한쪽도 소홀히 할 수 없다. 이럴 경우 주재원은 본사 부서장과의 관계에 더 큰 비중을 둔 나머지 지점장과의 관계를 소홀히 할 수 있어 지점장 또는 법인장과의 갈등이 심각할 수가 있다. 반대로 현재가 미래보다 중요하다고 판단하는 주재원의 경우 지점장 또는 법인장과의 관계에 더 큰 비중을 둠으로써 본사 부서장의 업무상의 명령을 소홀히 하는 경우가 생길 수도 있다. 이 경우 본사 부서장의 인사 고과가 불리하게 반영되어 주재원과 본사 부서장 간에 냉냉한 분위기가 조성되기 마련이다. 주재원의 자신의 전공 분야 영업 실적이 부진할 경우 이를 자신이 담당하고 있는 지점 관리 업무 탓으로 돌리면서 본사 소속 부서장에게 보고하게 되면 그것을 기화로 본사 소속 부서장과 지점장 또는 법인장 간에 알력과 갈등이 조성되어 주재원의 입장이 난처해지는 경우도 발생한다. 본사 소속 부서장과 지점장 또는 법인장 간의 불협화음은 결국 주재원에게 불똥이 튀게 되어 급기야는 지점장과 주재원 간의 갈등으로 발전되기도 한다.

이런 문제가 발생되는 근본적인 원인은 현재의 단기간적인 상사(지점장 또는 법인장)와 미래의 장기간적인 상사(본사 소속 부서장)라는 두 상사를 모셔야만 하는 해외 주재원의 미묘한 입장과 위상이 초래한 결과로 보아야 할 것이다. 이런 문제의 발생을 미연에 방지하기 위해서는 해외 지점이나 법인이 본사의 관리 부서로부터 관리 업무 담당 주재원을 확보하여 영업 담당 주재원들이 관리 업무로부터 해방되어 자신의 전문 분야 영업에만 매진할 수 있도록 해주는 것이다. 그러나 이 경우에도 문제는 있다. 본사 관리 부서에서 관리 업무 담당 주재원 한 사람을 해외의 특정 지역에 파견하기 위해서는 그 해당 지점 또는 법인의 외형 또는 매출 규모가 적어도 연간 1억 달러 이상이 되어야 손익분기점을 맞출 수 있다. 따라서 대형 지점이나 대형 법인이 아니면 관리 업무 전담 주재원을 별도로 파견하기가 쉽지 않다. 그런데 굳이 한국적 기업 문화를 고려하지 않고 합리적인 해결 방안을 찾는다면 해외 주재원 한 사람 파견하는 데 연간 경비가 최소 20만 달러(중소기업의 주재원이 주재 경비가 저렴한 지역에 주재할 경우) 내지는 50만 달러(대기업 주재원이 주재 경비가 비싼 지역에 주재할 경우)가 소요되기 때문에 지점 관리 업무는 지점장이 직접 수행하는 것이 현실적인 방안이 될 수도 있다고 생각한다. 물론 이는 대기업의 지점장이나 법인장의 경우 대외 활동도 많고 지점장이나 법인장으로서 해야 할 일이 상당히 많긴 하지만, 지점장이 상당히 우수하고 유능한 현지 직원들을 모집, 육성하여 한국화를 철저히 시킨 다음 이들로 하여금 지점 관리 업무를 수행하도록 하고 지점장이나 법인장이 그들을 관리, 통제하면 될 것이기 때문이다. 지점 관리 업무 또는 법인 관리 업무 담당 현지 직원들의 경우는 그들로 하여금 본사 장기 연수를 시켜 한국어를 구사하는 능력을 배양하도록 하고, 스스로 모든 한글 보고서를 열독하고 회신 공문을 한글로 작성할 수 있을 정도로 한국화 능력을 키움으로써, 한국 주재원 1인의 역할을 충분히 할 수 있도록 사전 육성 프로그램을 마련하고 실시하여야 할 것이다. 물론 이 경우 회사의 업무 또는 영업 방면의 극비 사항에 대해서는 지점장 또는 법인장이 직접 취급하도록 함으로써 현지 직원에게 회사의 극비 사항이 노출되어서는 안 되도록 하는 것이 매우 중요하다.

그런데 한국적 기업 문화 속에서는 지점장이나 법인장이 지점 또는 법인 관리 업무를 담당하는 것이 자연스럽지 않을 수도 있다. 여러 가지 정황상 부득이 주재원들이 돌아가면서 지점 관리 업무 또는 법인 관리 업무를 담당해야 한다면 담당 기간을 1년씩 공평하게 배정하여 이로 인한 갈등이 없도록 지점장이나 법인장이 신경을 많이 써야 할 것이다. 만일 지점 또는 법인 관리 업무 담당 문제로 인해 주재원 간에 갈등이 빚어지면 지점장이나 법인장이 합리적으로 조정, 통제하여야 하고, 주재원과 지점장 간에 갈등이 빚어질 경우 본사의 주재원 파견 부서의 부서장과 지점장 간의 대화에 의해 해결하든지 아니면 본사의 해외 지점 관리부 또는 해외 업무팀의 부서장의 결정에 의해 해결할 수도 있을 것이다. 주재원 가족들 간의 갈등 문제는 주재원들이 책임을 지고 해결의 실마리를 찾아야 할 것이다.

3. 주재 생활의 고독감과 외로움 문제

같은 회사에 근무하면서도 주재원들끼리 서로 교분도 깊지 못하고 친하지도 않은 현상은 각자 본사에 근무했을 때 서로 다른 부서에서 근무하였던 관계로 본래부터 서로 잘 알지 못하는 사이였고 지점에 부임하여 처음 만나는 사이가 대부분이기 때문이다. 이런 상황에서 각 주재원들이 특별히 다른 주재원들과의 관계 강화 및 개선에 신경을 쓰지 않으면 각 주재원들이 느끼는 소외감이나 외로움은 더욱 깊어지면서 주재원의 주재 생활에 부정적인 영향을 끼치게 된다. 따라서 해외의 지점 생활에서 본인들이 느끼는 고독감이나 외로움을 해소하기 위해 서로 의논하고 대화하는 분위기를 만들기 위해 주재원 스스로가 노력을 많이 할 필요가 있다. 그런데 이런 당연한 것들이 실제 상황에서는 소홀히 다루어지는 경우를 자주 볼 수 있다.

왜 이런 문제들이 생기는 것일까? 그 이유는 한국이 아닌 해외라는 타국에서 가족 생활 및 가정 생활이 이루어지고 있다는 점 때문이다. 주재원 신분이 아닌 본사의 직원 신분으로서 한국에서의 가족 생활 및 가정 생활에서는 부인의 남편에 대한 의존 및 아이들의 아버지에 대한 의존이 그리 무겁지 않다. 어지간한 일들은 부인 혼자서 또는 아이들 혼자서 판단이 가능하고 처리가 가능하다. 잘 모르면 주위에 있는 친구들이나 친척들에게 물으면 된다. 그런데 가족이 종전 경험이 없는 해외 생활을 하게 되면 우선 언어가 다르고 주변 환경이 다르고 사회 체제 및 사회 작동 원리가 다르다보니 혼자 판단하고 처리하기가 어렵게 된다.

특히 부임한 지 얼마 되지 않은 주재원 가족들의 경우는 더욱 그렇다. 물어보려고 해도 물어볼 대상이 없고 대상이 있다 하더라도 언어 구사가 자유롭지 못해 물어보기도 어려운 상황이 대부분이다. 이럴 경우 가정 생활의 하나부터 열까지 모두 가장인 주재원에 의존하지 않을 수 없게 된다. 이런 경우 매사를 가장인 주재원이 해결하려고 하지 말고 같은 회사에 근무하는 다른 주재원의 부인이나 가족들 중 오랜 기간 현지에 살아왔던 부인이나 가족들의 도움을 받아 문제를 해결하도록 하는 것이 가장 효율적이다. 이런 도움을 통해 주재원 가족들 간의 우의도 돈독해지고 상호 좋은 관계를 유지할 수 있어 주재원들의 해외 지점 또는 법인 근무가 훨씬 수월해지고 행복한 주재 생활이 보장될 수 있을 것이다. 지점장이나 법인장, 그리고 주재원 가족들 간의 원만한 관계 유지는 전체 지점 또는 법인의 성공적인 운영을 위해서도 매우 중요한 문제이기에 지점장으로서도 많은 신경을 써야 할 부분이다. 특히 주재원 가족 중에 장애우가 있을 경우 전체 주재원 가족들의 따뜻한 관심과 배려가 절대 필요한 것이 해외 주재 생활이다.

4. 주재원의 업무 고과 및 인사 고과 문제

(1) 주재원의 매출 목표 설정과 이윤 창출 및 주재 비용 계산

주재원이 주재국에서 수행하고 있는 비즈니스 성과는 정확한 기준에 의해 공정하게 평가되어야 하고, 이를 위해서는 정확하고 공정한 평가 기준이 마련되어야 한다. 공정한 평가 기준은 시장의 특성, 본사의 공급 능력, 제품의 경쟁력, 지점의 영업 역사와 인력 상황, 브랜드 지명도 등이 고려된 상황에서 치밀하고 정확한 조사 활동에 의거 파악되고 만들어져야 한다. 한국 내에도 제품에 따라 특정 경쟁사가 강한 경우가 많고 특정 경쟁사가 약한 경우도 많다. 시장 전체에서 해당 품목의 총 수요량을 조사하여 당사가 몇 퍼센트의 시장점유율을 차지해야 평균 성적(C급 주재원)으로 평가받을 수 있는지? 몇 퍼센트의 시장점유율을 차지해야 A급 주재원의 평가를 받을 수 있는지를 생각한 다음 외형 또는 매출의 목표치를 정하여야 한다. 외형 또는 매출의 목표치를 설정할 때는 순 이윤율이 2%인지, 3%인지, 4%인지, 5% 이상인지를 파악하여 현실적인 수준에서 이윤율을 결정하고 주재원 연간 경비를 참고로 한 다음 주재원 파견으로 인해 회사가 수익을 창출할 수 있는 수준에서 외형 또는 매출 규모 및 목표를 설정해야 할 것이다. 일반적으로 주재원 복지 · 복리를 중시하는 대기업이 주재원을 해외에 파견할 경우 물가가 비싼 지역일 경우 연간 비용이 50만 달러로 추정하고 물가가 싼 지역일 경우 30만 달러 수준으로 책정한다. 주재원 복지 및 복리를 덜 중시하는 중소기업이 주재원을 해외에 파견할 경우 연간 주재 경비는 물가가 비싼 지역은 약 30만 달러, 물가가 싼 지역은 약 15만 달러를 책정하는 것이 보통이다. 제품에 따라 이윤율은 다르기 마련인데, 직물의 경우보다 봉제 또는 의류의 이윤율이 더 높을 수밖에 없으며, 철강제품의 경우 메이커가 주로 포항제철에 국한되어 있고 국제 철강 시장에서의 경쟁이 극심하였던 과거 관례가 있어 이윤율이 낮을 수밖에 없다. 프로젝트 사업부에서 파견된 주재원의 경우 제품 특성상 한 번 큰 건을 수주하면 수억 달러에 달하기도 하지만 수주가 없을 경우 제로 실적이 될 수 있는 경우도 허다하므로 3년간 실적을 기준으로 하여 목표를 설정하고 3년 단위로 평가하는 것이 합리적이다. 특히 프로젝트 수주는 수주를 위해 준비하고 노력해야 하는 기간이 오래 걸리고 수주 기반 구축을 위해 평소에 많은 투자를 해야 하므로 특별한 기준에 따라 평가 기준에 탄력성과 가변성을 보장해주는 것도 이상적인 방법이 될 수 있을 것이다.

(2) 주재원별 목표 달성 평가 기준

기업이라는 조직은 경쟁 환경 변화에 따라 수주 능력이 수시로 변하는 경우가 많다. 그리고 영업의 역사를 무시할 수도 없다. 어떤 시장의 경우에는 어떤 기업이 강하고 어떤 제품의 경우에는 어떤 기업이 강한 경우는 매우 흔하다. 주재원에 대한 평가 기준을 마련할 때 이런 상황을 감안하여 객관적인 자료에 의거하여 목표를 설정하여야 한다. 제품의 지명도, 기업의 지명도, 제품 수준, 제품 경쟁력 등을 정확히 체크하여 합리적인 선에서 목표를 설정하지 않고 과도하게 높게 책정하여 인사고과상 불리한 처분을 받게 되면 주재원이 불만이 쌓이게 되면서 급기야는 현지에 눌러 앉아 사업을 하기 위해 사직을 하는 경우를 촉발시킬 수 있다. 뿐만 아니라 어떤 제품의 경우 특정 기업에게는 이제 막 시도하는 신제품일 수도 있고 어떤 시장의 경우 특정 기업에게는 이제 막 진출을 시작하는 신시장일 수도 있다. 신시장, 신제품으로 시작하는 주재원에게는 충분한 시간적 여유를 주어 시장 개발이나 거래선 개척에 필요한 기간적 고려를 해야 하며, 본사의 공급 능력에 따라 상이한 주재원 평가 기준도 마련하여야 할 것이다. 특정 제품에 대한 한국 전체 수출에서 본사의 비중이 낮음에도 불구하고 유독 특정 지점에게 높은 수준의 목표를 요구한다거나 해외 지점에게 과중한 부담을 주는 목표 설정은 삼가는 것이 좋을 것이다. 특정 시장이 특정 기업에게 신시장에 해당되는 것인지, 아니면 성숙 시장에 해당되는 것인지 아니면 사양 시장에 해당되는 것인지를 정확히 포지셔닝을 하여 주재원에게 억울하거나 불리한 평가가 나오지 않도록 신경을 많이 써야 할 것이다.

(3) 주재원 파견 목적과 업적 평가

기업이 특정 시장에 주재원을 파견하게 되는 경우에는 원래의 목적이 있을 것이다. 이 경우 회사의 목적에 따라 주재원에게 요구하는 목표도 다를 수밖에 없다. 수주의 외형 또는 매출을 목표로 하는 주재원이 있는가 하면 매출이 목표가 아니고 이윤 창출이 목표인 주재원이 있을 수도 있다. 브랜드 이미지 제고를 위해 주재원을 파견하는 경우가 있는가 하면 기타 다른 목적으로 파견하는 주재원이 있을 수가 있다. 예를 들면, 신시장 개척을 위한 주재원 또는 시장에서 제품 정보 및 기술 정보 수집을 위한 주재원 등이 바로 이러한 파견 목적에 해당된다. 주재원에 대해 업적 평가를 하게 될 경우, 어떤 목적에 따라 그 주재원을 파견했느냐에 따라 평가 기준에 대한 비중을 달리해야 하는 것은 당연하다. 예로써 외형 또는 매출을 신장하는 데 초점을 두고 파견한 주재원이라면 외형 및 매출 신장에 약 70% 이상의 비중을 두고 평가 기준을 정해야 할 것이고, 이윤 창출을 위해 파견한 주재원이라면 이윤 창출에 약 70% 이상의 비중을 두어야 할 것이다. 그리고 브랜드 이미지 제고를 위해 파견한 주재원이라면 브랜드 이미지 제고에 기여하는 항목의 비중을 높여야 할 것이고, 정보 수집을 위한 주재원 파견의 경우 수집되는 정보의 양적 실적과 질적 실적 모두를 감안해야 할 것이다.

(4) 탄력적인 주재원 평가 방식의 도입

같은 외형 또는 매출 신장 부분에 대한 평가 비중이라 하더라도 신제품 분야의 실적 상승에 대한 비중과 기존 제품의 실적 상승에 대한 비중을 달리하여 신제품 분야의 실적 상승에 대한 비중을 훨씬 더 높여주어야 할 것이다. 신시장 개척에 기여한 수주분에 대한 비중을 기존 시장 수주분 비중보다 훨씬 높게 책정할 필요가 있으며, 신규 거래선 개척에 기여한 수주분에 대한 비중을 기존 거래선의 수주분에 대한 비중보다 훨씬 높게 책정해야 함은 당연하다 하겠다. 좀 더 신경을 써서 수주 확보의 난이도를 반영하여 그 비중을 정하는 지혜가 반드시 필요하다. 예를 들면, 주재국이 아닌 주재국의 인접국에 소재하는 거래선으로부터 수주를 하였을 경우에는 수주 총액에 가산점을 주어 인정 매출의 몇 십 %를 더 인정해주는 조치가 필요할 것이고, 거래선들 중에서 그들과의 거래가 상징적이면서도 특별한 의미가 있을 경우에는 가산점을 인정해주어야 할 것이다. 또한, 직물을 도매상과 수입상에 판매하여 생긴 외형 및 매출보다 봉제공장이나 패션업체 공장에 판매를 하였을 경우에는 그 수주에 대한 의의나 의미가 다를 뿐만 아니라, 그로부터 생기는 이윤율도 완전히 다르기 때문에 이들에게 판매한 수주분에 대해서는 도매상이나 수입상 오더보다 적어도 2배 내지는 3배 정도의 외형을 인정해주는 지혜가 필요하다.

(5) 주재원 파견 여부를 결정하는 판단 기준

다음의 표 〈16-1〉은 해외 주재 경험에 의해 추정에 의거하여 작성해본 시장별 품목별 주재원 목표 관리 계획이다. 해외 주재원의 경우 본사에 근무하는 직원 또는 간부에 비해 주재원 유지 비용이 훨씬 많이 들기 때문에 주재원 1인을 파견하고자 할 경우에는 대개 얼마 정도의 외형 또는 매출을 달성해야 파견을 고려할 수 있을 것인지에 대해 판단 기준을 제공하여준다는 점에서 그 의미가 있다 하겠다. 일반적으로 주재원 파견 문제를 단기적으로 판단하고자 하는 회사의 경우에는 파견 시 그 주재원이 당장 C급 주재원 이상의 실적을 내어야 할 것이고, 장기적으로 주재원 파견 문제를 판단하고자 한다면 당장 D급 주재원이나 E급 주재원 수준밖에 내지 못한다 할지라도 모두를 수용할 자세를 지녀야 할 것이다. 장기적인 관점에서 보아야 할 경우에는 본사의 해당 부서의 공급 능력이 취약하여 공급 능력을 끌어올리는 데 상당한 기간이 소요된다고 판단될 경우나 현지 거래선 개발이 용이하지 않고 거래선을 개발하는 데 상당한 노력과 시간이 필요할 경우 등이 이에 해당될 것이다. 그러나 어떤 경우든 주재원 평균 해외 지점 주재 기간이 5년 정도 된다고 가정할 때 주재 기간 5년이 경과한 후에는 적어도 C급 주재원 수준 이상이 되어야 그 주재원을 파견할 가치가 있다고 보아야 한다. 주재 기간이 5년이 지났는 데도 불구하고 C급 주재원 수준 이상이 될 수가 없다면 그 주재원은 파견할 가치와 필요조차 없다고 보아야 할 것이다.

(6) 경쟁사의 주재원의 업적을 참고하는 상대 비교 분석

다음의 표 〈16-1〉과 같이 각 시장의 각 품목별 주재원 외형 평가 기준을 마련하였다 하더라도 타 경쟁사의 해당 지역 동일 제품 판매 주재원의 실적도 감안하여 상대 비교를 통한 평가를 할 필요가 있다. 예를 들면, 경쟁사 중 해당 제품의 특정 지점 담당 지역이 강세인 경우 그 경쟁사 강세를 극복하고 자사 동일 제품의 외형 및 매출 신장에 발군의 실력을 발휘하였다면 그 주재원의 능력은 기록에 나타난 숫자 이상으로 높게 평가해주어야 할 것이고, 경쟁사 중 해당 제품의 특정 지점 담당 지역이 약세인 경우 그 경쟁사 약세 현상보다도 더욱 빈약한 실적을 이루었다면 그 주재원에 대한 영업 능력 평가는 그만큼 하향 조정되어야 할 것이다. 다시 말해서 경쟁사의 특정 시장에서의 강세 또는 약세 현상도 자사 주재원의 영업 능력 평가에 적극적으로 반영되어야 할 조건임을 인식해야 된다는 말이다.

(7) 융통성 있는 업적 고과 방식

다음의 표 〈16-1〉의 실적 표준 기준에 탄력성과 융통성을 생각해가며 넓은 시야와 폭넓은 관점에서 평가해야 되는 경우에는 특정 제품의 수주가 타 제품의 판매 증가 또는 판촉에 긍정적 영향을 미칠 경우와 타 제품의 판매 신장을 가져오는 경우 등이 포함될 수 있을 것이다. 예를 들면, 자사의 카시트용 직물을 자동차 메이커에 팔 경우 다른 자사의 자동차 부품을 동일 자동차 메이커에 판매할 경우 여러 모로 유리하게 작용할 것이다. 이 경우에는 카시트 매출의 업적을 실제 계약 금액보다 2~3배 더 인정해준다 해서 잘못된 것은 없다고 보아야 할 것이다. 결론은 표 〈16-1〉은 어디까지나 참고 자료로 활용할 가치가 있을 뿐이고 실제 운용할 경우에는 각종 상황과 각종 조건들을 폭넓게 고려하여 종합적으로 판단하고 종합적인 평가를 해야 한다는 것이다. 각종 난이도와 각종 어려움을 다각도로 분석하면서 주재원이 실적을 쌓아가는 데 지출한 노력과 땀을 어떻게 하면 정확하고 공정하게 인정해줄 것인가에 초점을 맞추어 평가를 하면 그 평가에 무리수가 적어질 것이라는 점에 유의할 필요가 있다. 인사고과의 주요

〈표 16-1〉 각 시장별 주재원 연간 실적에 대한 인사고과 등급 기준 (단위: 백만 달러)

부서 구분	선진국 시장	후진국 시장
직물 사업부	A급 주재원 ; 12 이상 B급 주재원 ; 10 이상 C급 주재원 ; 8 이상 D급 주재원 ; 6 이상 E급 주재원 ; 5 이상	A급 주재원 ; 20 이상 B급 주재원 ; 15 이상 C급 주재원 ; 12 이상 D급 주재원 ; 10 이상 E급 주재원 ; 8 이상
봉제 사업부	A급 주재원 ; 10 이상 B급 주재원 ; 8 이상 C급 주재원 ; 5 이상 D급 주재원 ; 4 이상 E급 주재원 ; 3 이상	A급 주재원 ; 판매가 아닌 생산관리 주재원 B급 주재원 C급 주재원 D급 주재원 E급 주재원
철강 사업부	A급 주재원 ; 25 이상 B급 주재원 ; 20 이상 C급 주재원 ; 15 이상 D급 주재원 ; 12 이상 E급 주재원 ; 10 이상	A급 주재원 ; 35 이상 B급 주재원 ; 30 이상 C급 주재원 ; 25 이상 D급 주재원 ; 20 이상 E급 주재원 ; 15 이상
화학 사업부	A급 주재원 ; 25 이상 B급 주재원 ; 20 이상 C급 주재원 ; 15 이상 D급 주재원 ; 12 이상 E급 주재원 ; 10 이상	A급 주재원 ; 35 이상 B급 주재원 ; 30 이상 C급 주재원 ; 25 이상 D급 주재원 ; 20 이상 E급 주재원 ; 15 이상
프로젝트 사업	A급 주재원 ; 기술 정보 수집용 주재원 B급 주재원 C급 주재원 D급 주재원 E급 주재원	A급 주재원 ; 100 이상 B급 주재원 ; 80 이상 C급 주재원 ; 50 이상 D급 주재원 ; 40 이상 E급 주재원 ; 30 이상

목적 중의 하나가 그 구성원들이 갖고 있는 잠재 재능을 가급적이면 많이 일깨워내는 데 있음을 고려하면 충분히 이해가 될 것이다.

5. 주재원 인사관리 전략에서 유의해야 할 점

(1) 주재원 인사관리 전략이 중요한 이유

주재원들이 안심하고 회사에 근무할 수 있도록 장래 문제에 대해 어느 정도의 확신을 주면서 진로 문제를 함께 걱정하는 시스템이 구축되지 않으면 해외 주재원의 심리 상태는 항상 불안할 수밖에 없다. 이러한 불안한 주재원들의 안정된 인사관리를 위해 특별한 대책을 마련하여야 할 것이다. 이러한 대책 중에는 주재원을 장기 체류 주재원과 단기 체류 주재원으로 구분하고 장기 체류 주재원일 경우 본사 인사부에서 인사고과의 주도권을 쥐고 별도의 장기 체류 주재원 인사관리 규정을 마련하여 철저히 시행하는 방안도 고려해봄 직하다. 이 경우 일반 본사 조직에서 전체 구성원들에 대해 각 평가 등급별 강제 배분 비율 규정을 두고 엄격하게 관리하는 방식은 지양되어야 하고 좀 더 융통성 있게 신축적으로 운용될 수 있도록 해야 할 것이다.

(2) 주재원의 신분상의 특성

속담에 "보지 않으면 멀어진다."는 말이 있다. 부서장의 입장에서 보면 본사에 근무하는 직원이 있고 해외에서 근무하는 직원들이 있다. 모두 과거에는 본사의 같은 부서에서 근무했던 직원들이다. 그런데 어떤 직원은 계속해서 본사의 같은 부서에서 계속 근무하고 있고 어떤 직원은 해외 지점 또는 법인으로 파견되어 해외 주재원 생활을 하고 있다. 그런데 시간이 흐르면서 이들 직원들이 승진할 시기가 되었다. 이들 두 부류, 즉 본사에 근무하는 직원과 해외 지점에 근무하는 직원들은 모두 본사의 같은 부서장의 인사고과를 받기 때문에 승진에 관한 결정권은 본사 부서장이 갖고 있다. 이 경우 본사의 부서장은 본사의 같은 부서에 계속 근무하고 있는 직원들을 먼저 승진시키고 해외 지점에 근무하는 직원의 경우 승진을 뒤로 미루는 것이 상례이다. 가까이 있는 자식이 부모로부터 떡 한 덩어리 더 얻어먹을 수 있는 점과 같다. 아무래도 멀리 떨어져 있는 해외 주재원이 인사고과상의 강제 배분 규정이나 승진 비율상의 제약 등에서 희생이 될 수밖에 없는 상황이다. 그럴 경우 해외 지점에 근무하는 직원의 경우 회사에 대해 불만을 갖게 되고 이것이 회사에 대한 충성심이나 애사심에 영향을 끼칠 수 있다.

(3) 주재원과 지점장 또는 법인장 간의 일시적 만남과 상호 신뢰 관계

지점장이나 법인장과 주재원의 출신 부서나 전문 분야는 서로 다르다. 상이한 전문성을 지닌 사람들이 적게는 2~3인이, 많게는 10~20인이 동일한 해외 조직에 같이 생활하게 되는 것이 해외 조직이다. 상사로서의 지점장 또는 법인장은 전문성이 다른 각 부서 출신의 주재원들의 능력을 정확하게 평가하는 것은 불가능하다. 왜냐하면 각자의 상이한 전문성 때문이다. 그리고 상이한 제품을 취급하고 각 제품의 시장 환경이 동일한 시장이라 하더라도 제품에 따라 판이하게 다를 수 있기 때문에 각 주재원의 능력을 상대 비교하고 강제 배분율에 의해 등급화하기가 쉽지 않다. 이런 경우 정확한 비교 자료도 없고 비교 근거가 없는 상태에서 지점장 또는 법인장의 주재원에 대한 평가가 자칫 잘못하면 인정과 친소 관계에 의해 결정될 수 있다. 그래서 지점장 또는 법인장과 주재원 간에는 갈등이 일어나고 마찰이 생기게 된다. 이런 상태에서 주재원 전원에 대해 지점장이나 법인장이 상당히 높은 비중으로 고과권을 갖도록 해주면 일부 지점장이나 법인장과 사이가 좋지 않은 주재원의 경우 인사고과상 치명타를 입게 된다. 이런 점에서 볼 때 주재원에 대한 인사고과권을 본사 원 소속 부서장에게 높은 비중으로 주고 지점장 또는 법인장에게는 비교적 낮은 비중으로 주어 주재원이 인사상 치명적 타격을 입는 경우를 예방하여야 한다.

(4) 일반적으로 해외 주재원의 재능은 괜찮은 편으로 평가

일반적으로 해외 지점이나 법인에 근무하는 사람의 경우 국제화 또는 글로벌화가 앞서 있고 외국어 습득의 언어 감각이 뛰어난 사람이 많다. 또 낯선 환경에서의 적응력이 뛰어나며 혼자 당면한 난관을 헤쳐나가는 힘과 집념이 강한 사람이 많다. 그런 유능한 사람이 해외라는 특수한 환경 탓에 오해와 갈등 및 마찰로 인해 회사를 그만두고 나가는 경우가 생긴다는 것은 회사에 큰 손실이 된다. 국제적 감각이 뛰어나고 해외시장에서 특정 시장 전문가로서 많은 경험과 체험을 한 국제시장 전문가를 잘 육성하지 못하고 잃는다는 것은 회사 입장에서 보아도 큰 손실임에는 틀림없다. 더군다나 지점장 또는 법인장과의 인간적인 갈등 때문에 주재원이 회사를 떠나는 경우에는 더욱 그렇다. 따라서 단기적인 해외 근무가 아닌 특정 해외시장에서 특정 시장 전문가로서 장기간 근무해야 하는 해외 전문가 주재원의 경우 본사 인사부에서 직접 평가하고 관리, 육성해야 할 필요성이 있다. 만일 본사 인사부에서 관리, 육성하는 것이 현실적으로 어렵다면 적어도 본사 원 소속 부서장이 관리, 육성하는 것도 고려해야 한다. 일반적으로 주재원과 지점장들의 해외 지점 또는 법인의 근무 기간은 5년 전후가 보통이다. 5년 정도라는 짧은 기간 동안 같이 근무하는 경우에는 설사 지점장 또는 법인장과 주재원 사이에 갈등과 마찰이 있다 하더라도 감수할 만한 수준으로 치부할 수 있다. 주재원이 불공정한 인사고과로 불이익을 받는다고 하더라고 그 후유증은 그리 크지 않을 수 있다. 그렇지만 15년 이상 또는 20년 이상 줄곧 해외 지점에서 근무하는 장기 체류 주재원의 경우 자신의 일생 또는 인생 전체에 큰 영향을 미칠 수 있다. 잠시 머물다가 본사로 귀임하는 지점장 또는 법인장의 신중하지 못한 고과의 결과에 의해 장기 체류 주재원의 긴 장래가 큰 악영향을 받는다면 이는 회사로 볼 때도 큰 손실이고 한 사람의 귀중한 인재를 잃어버리게 할 수도 있음을 명심해야 한다.

(5) 주재원들의 고민 및 고충 해결 방안

주재원들의 고민과 고충을 해결하고 그들로 하여금 회사에 충성하고 애사심을 가지면서 열심히 근무하도록 해주기 위해서는 어떤 방안을 마련하는 것이 바람직할까? 몇 가지 중요한 방안을 열거해보면 다음과 같다.

첫째, 인사고과에서 적용되는 등급별 강제 배분 규정에 너무 얽매이지 않게 하는 것이 좋다. 그 이유는 인사고과의 기준을 정함에 있어 A등급, B등급, C등급, D등급, E등급 등에 대한 강제 배분율을 적용하게 될 경우 적용을 받는 직원들 간의 평가 항목에서 상대 비교가 가능한 전제 조건이 구비되어 있어야 하기 때문이다. 즉, 평가를 받는 직원들이 동일 부서에서 근무하고, 동일 제품을 수출하면서 동일한 업무를 수행하고 있는 등 상대 비교를 하는 데 무리가 없어야 한다. 그런데 대개의 해외 지점의 경우 몇 명 또는 몇십 명 정도의 주재원들을 보유하고 있는데, 각자가 전문적으로 취급하는 품목이나 제품이 서로 다르고 판매 또는 마케팅 환경이 서로 다르며 경쟁 환경도 판이하게 다른 경우가 대부분이다. 이런 상이한 환경에서 영업 활동을 하는 주재원들을 어떤 동일한 기준에 의해 평가하고 등급별로 강제 배분율에 따라 등급별로 요구하는 사람 수로 강제 배분하게 되면 공정성과 합리성을 보장할 수 없고 불합리한 결과를 초래할 가능성이 아주 높다 하겠다.

둘째, 주재원의 능력과 업적을 평가하게 될 경우 능력 부분과 업적 부분을 나누어 평가하는 것이 좋다. 주재원이 보유하고 있는 능력은 뛰어나나 제품의 제품력과 품질력 및 공급력이 뒷받침되지 못할 경우 주재원이 자신이 보유하고 있는 능력을 100% 발휘하기가 어려운 점을 감안하여 이를 분리하여 평가할 필요가 있다. 본사가 공급하는 제품의 제품력과 품질력, 공급력은 떨어지는데 주재원의 능력 탓으로 돌리는 경우가 발생하면 그 주재원은 억울한 심정에서 회사를 배반하고 이직을 통해 자신이 창업할 수 있는 기회를 찾는 경우가 생길 수 있음을 명심해야 한다. 본사가 공급하는 제품의 제품력과 품질력, 공급력이 빈약하기 때문에 주재원의 영업 실적이 저조할 수 있으므로 주재원의 능력을 별도로 평가할 수 있는 제도가 마련되어 있어야 한다. 이런 제도가 있으면 주재원의 능력이 제대로 평가받을 수가 있기 때문에 억울한 상황은 피할 수 있어 최악의 경우를 예방할 수 있다.

셋째, 주재원의 업적을 평가하는 분야를 질적 평가와 양적 평가의 두 가지로 나누어 평가하는 것이 주재원의 사기를 떨어뜨리지 않고 북돋아주는 방안이 될 수 있다. 예를 들면, 고급 제품과 중급 제품 및 저급 제품 중 고급 제품의 판매량에 대해서는 일정 비율의 가중치를 주어 주재원의 질적 평가에 반영해주는 것이다. 고급 제품의 판매량이 증가하게 되면 이윤율이 상대적으로 증가하게 되고 따라서 이윤 총액도 증가하기에 회사의 경영 실적에 도움이 되기 때문이다. 과거의 주력 품목과 현재의 주력 품목, 미래의 주력 품목 중에서 미래의 주력 품목에 대한 판매 금액에 대해서는 일정 비율의 가중치를 얹어주는 방안도 추천해봄직한 방안이다. 회사의 장래 영업에 대한 향후 기여도를 미리 감안하여 현재의 영업 실적에 반영해준다는 명분이 있는 것이다. 그리고 각 제품의 경쟁 환경을 상대 비교하여 경쟁이 치열한 품목일수록 가중치를 더 주는 방향으로 질적 평가 항목에 삽입하는 것도 상당히 도움이 될 것이다.

넷째, 주재원의 영업 실적이 부진한 것이 주재원 능력에 의해 기인된 것이 아니고 시장 환경과 경쟁 환경상의 문제에서 기인된 것일 경우 더 이상 머뭇거림 없이 조속히 주재원으로 하여금 조기 귀국 조치시키는 민첩성을 보여주는 것도 매우 중요하다. 이런 결정을 늦추게 될 경우 주재원의 자존심이 상하는 것은 물론 주재원과 회사 간에 갈등을 초래하여 상황이 극단적으로 치닫는 경우가 왕왕 발생하는데, 이 경우 회사는 유능한 인재를 잃게 되고 주재원은 좋은 직장을 잃게 되는 불행을 맞게 될 수도 있다. 이 경우 쌍방이 모두 잃는 것이 많아 타격을 많이 받으므로 이를 미연에 방지하기 위해 빠른 시간 안에 정확한 판단을 내리는 것이 매우 중요하다. 특히 이 경우 중요한 것은 이런 조치로 인해 주재원이 억울하게 피해를 입거나 불리한 인사 처분을 받는 것은 절대로 일어나서는 안 된다는 것이다.

6. 주재원의 사직을 사전에 차단하는 방안

(1) 평소 한국 내 메이커와 해외 바이어 관리를 완벽하게 하는 방안

한국 본사가 주재원을 파견했다는 이유로 그 지역 영업에 대해 모든 것을 주재원에게 일임하고 본사가 전혀 신경을 쓰지 않는 것은 더 큰 화를 입는 결과를 초래할 수도 있다. 주재원이 영업 실적이 좋지 않고 이로 인해 본사 소속 부서로부터 비난을 받거나 지적을 받을 경우 주재원은 나름대로의 탈출구를 찾으려고 노력을 하게 된다. 즉, 부족한 부분의 개선을 위해 노력하기도 하고 아예 개선의 노력을 포기하고 현실을 회피하여 새로운 탈출구를 찾으려고 한다. 주재원이 새로운 탈출구를 찾으려는 행동과 결심을 하게 되면 회사를 사직하고 현지에 눌러앉아 창업을 하게 될 경우 자신을 도와줄 수 있는 자원들이 무엇인지를 먼저 생각하게 된다. 예로써, 한국 본사와 늘 접촉하면서 제품의 공급을 책임지고 있는 한국 메이커들이 개인 창업의 경우 어느 정도 도와줄 것인지 그리고 주재원이 주재하고 있는 해외 시장의 바이어와 거래선들이 어느 정도 개인 창업에 도움이 되어줄 것인지를 생각하게 된다. 이 경우 한국의 본사의 소속 부서가 한국에 있는 제품 공급의 하청업체들에게 어느 정도의 영향을 미칠 수 있는지와 한국 본사의 소속 부서가 주재원의 주재 지역 수입 거래선들과 바이어들에게 어느 정도의 영향력을 미칠 수 있는지의 문제는 주재원의 창업을 위한 회사 이직 문제를 결정지을 수 있는 척도가 된다. 따라서 한국의 본사는 늘 한국에 있는 메이커나 공급업체, 하청업체들을 완벽하게 장악하고 해외 각 지역에 있는 바이어와 수입업체들에 대해서도 본사의 영향권 안에 있도록 평소의 거래선 및 메이커 관리에 소홀함이 있어서는 절대 안 된다. 이런 것들을 소홀히 할 경우 유능한 사내 인재도 잃고 한국 내의 공급 기반도 잃게 되며 해외에 있는 구매 기반도 상실하게 된다. 그 손실이 어마어마하게 큰 것임을 명심하고 평소의 거래선 및 메이커 관리에 만전을 기할 필요가 있다.

(2) 문제가 있는 주재원들과의 끊임없는 대화 채널 구축

주재원이 어떤 생각을 하고 있는지 그리고 주재원이 어떤 문제점을 안고 있는지에 대해 수시 또는 정기적으로 파악하고, 문제가 발생할 경우 바로 대처 방안을 가동하는 체제를 갖추어야 한다. 일반적으로 주재원들의 해외 주재 지역에서의 체류는 크게 세 가지로 나눌 수 있다. 첫 번째는 지금의 소속 회사에서 계속 근무하겠다고 생각하는 부류이고, 두 번째는 미리 개인 창업을 염두에 두는 일은 없으나 주재 과정에서 지점장과의 관계 또는 본사 부서장과의 관계가 악화되면서 개인 창업을 생각하는 부류이고, 세 번째는 기회가 있으면 회사를 사직하고 개인 창업을 할 기회를 찾아야겠다고 생각하는 부류이다. 첫 번째 부류는 주재 환경상 자신에게 불리한 상황이 발생되지 않는 한 주재 지역에서 개인 창업을 하겠다는 생각을 하지 않는다. 그러나 두 번째 부류의 경우에는 평소에 잘 근무할 때는 개인 창업을 생각하지 않으나 상황이 악화되어 소속 회사에서 승진이 어렵다든지 아니면 승진이 늦어지는 경우가 예상될 경우에는 개인 창업을 행동으로 옮기는 수가 있다. 세 번째 부류는 아예 처음부터 주재 생활을 하면서 개인 창업을 하겠다고 결심하고 주재 생활 초기 단계부터 착착 준비를 해나간다. 지점장이나 법인장 또는 본사 소속 부서장이 평상시 대화 채널을 가동하면서 주재원 관리를 철저히 하여야 하는 부류는 두 번째 부류의 주재원이다. 세 번째 부류의 주재원의 경우는 처음부터 파견하지 말아야 하는 대상이다. 누가 이런 대상에 포함되는지는 파악하기가 그리 쉽지 않다. 본사의 부서장이 이를 파악하고 있어야 하는 문제이기는 하나 직원들이 이런 면을 부서장에게 내보일 리 만무하기에 부서장이 이를 파악하기는 상당히 어렵다. 각 개인의 가정 환경, 개인의 장래 야망, 개인의 인생 목표, 개인의 진로 설정 방향 및 가치관, 인생관 등의 파악을 통해 간접적으로 추정하고 판단할 수밖에 없다. 주재 지역 영업이 잘 안되거나 지점장 또는 본사 소속 부서의 부서장과의 관계가 악화되거나 마찰 또는 갈등이 생기게 될 때 지점장, 법인장 또는 본서 소속 부서 부서장은 특히 주재원 관리에 신경을 많이 써야 할 것이다.

17

주재원 현지화 관리와 주재원 가족 관리

중국시장에 진출한 한국 기업이 성공하기 위해서는 '이윤 창출'이라는 기업의 절대 목표에 충실해야 한다. 그러기 위해서는 중국인에 대해 더 큰 양보와 더 큰 희생을 해야 하고 중국인들로부터 동의와 동조를 이끌어내야 한다. 그렇게 함으로써 한국 기업들은 많은 비용을 들여가며 한국인 주재원들을 중국에 파견할 필요 없이 주재원 못지않은 능력을 지닌 중국인 현지 간부를 채용하거나 육성할 수 있고, 한국인 주재원의 충성심 못지않은 강한 충성심을 가진 중국인 직원들을 채용하거나 육성할 수 있을 것이다.

CHAPTER 17

주재원 현지화 관리와 주재원 가족 관리

1. 주재원들의 현지화 의식구조

(1) 구미 기업 CEO들의 현지화 수준

중국시장에 투자한 외국 기업들 중에서 중국 현지 직원들이 가장 근무하고 싶어 하는 기업들을 기업 국적별로 나누어 비교하면 단연 구미 기업이 한국 기업 또는 일본 기업 등 아시아계 기업보다 압도적으로 선호도가 높다. 그 이유를 살펴보면, 구미 기업은 중국 직원들의 사고방식과 행동양태에서 긍정론에 기반을 두고 문제 해결책에 접근하고 있는 반면, 한국 또는 일본 기업은 부정론에 기초를 두고 접근하기 때문에, 중국 직원들의 관점에서 보면 구미 기업이 종업원으로서의 기업과의 마찰이나 갈등이 훨씬 적을 수밖에 없고 자연스럽고 편안한 기분을 느낄 수밖에 없을 것이다. 따라서 구미 기업의 기업들이 보는 중국 직원들의 사고방식과 행동양태는 극복의 대상이요 활용의 대상이 될 뿐 제거의 대상이나 개혁의 대상이 되지는 않는다.

권한 위임의 보장과 자율권 확보 가능

구미 기업들은 중국시장의 작동 원리에 대해 잘 이해를 하지 못하기 때문에 중국 투자 기업의 경영에 대한 대부분을 현지의 유능한 간부에게 맡기는 성향이 있다. 이 때문에 중국 현지 직원들은 구미 기업에 근무하는 것을 좋아한다. 중국 현지 직원이나 간부들 입장에서는 자신들에게 상당한 업무상의 권한과 책임이 위임되기 때문에 그것이 직장에서 일하는 보람으로 작용한다. 이처럼 중국인 현지 직원이나 간부들에게 많은 권한을 위임할 수 있는 이유는 중국시장 환경 자체가 구미인들에게는 생경한데다가 중국인들의 사고방식에 대해서도 익숙하지 않기 때문이다. 따라서 상황 논리 면에서 최선의 선택을 한 것이 바로 현지 중국인 직원이나 간부에게 대폭 권한을 양도 또는 위임을 하는 것이라 볼 수 있다.

구미 기업들의 문화적 차이 인정 심리

구미 기업들의 CEO들에게는 중국시장이라는 시장 환경이 구미 기업 문화와는 완전히 다르고, 구미 기업 문화가 중국적 시장 환경에서 통할 수 있을 것인지에 대해 확신이 서지 않다보니, 자연히 현지의 유능한 간부급 직원들에게 기업 경영을 맡기는 성향이 강하다고 볼 수 있다. 즉, 중국에서의 기업 문화에 대해 잘 이해하지 못하고 중국 문화에 대해서도 잘 모른다고 생각하는 구미 기업의 CEO들이 중국에 투자한 구미 기업의 경영을 책임지고 맡는 것에 대해 상당한 부담을 느끼게 될 것으로 생각된다. 따라서 대부분의 구미 기업들이 중국에 투자 기업을 설립하게 되면 동남아, 특히 홍콩이나 싱가포르에서 육성한 현지 홍콩인 또는 싱가포르인 CEO를 중국 투자 기업 CEO로 임명하는 경우가 다반사이다. 구미 기업 CEO들이 바로 중국 대륙 출신 인물을 중국 투자 기업 CEO로 임명하지 못하는 이유는 중국시장이 개혁 · 개방된 지 얼마 되지 않아 현대적 경영 감각에 의거 육성된 인재가 충분치 않은 중국적 현실을 고려한 것이다. 따라서 과거에는 구미 기업이 중국 투자 기업 경영을 위해 싱가포르인 또는 홍콩인 출신 CEO를 고용하게 되면 그 CEO 아래서 일하게 되는 간부들은 대부분 중국 출신 간부들인 경우가 대부분이었다. 그러나 최근 중국 대륙에도 현대 경영 환경의 바람이 거세게 불고 있고 중국 대륙 내부에도 미래의 경영자가 육성될 수 있는 여건이 충분히 마련됨으로써 중국 대륙에서 직접 투자 기업 CEO를 구하게 되는 구미 기업들도 많이 나타나고 있다.

중국 현지 직원 또는 간부 봉급에 대해 상당히 후한 구미 기업의 인심

구미인들이 문화적 차이와 생소한 경영 환경으로 인해 중국에 투자한 기업 경영에 관여를 하지 않기 때문에 구미 기업이 갖고 있는 유일한 선택권은 현지인들에게 모든 것을 맡기면서 높은 수준의 경영 효율을 내도록 유도하는 길이다. 따라서 현지 중국인 CEO들의 높은 경영 효율을 바라기 위해서는 봉급과 보너스 등을 후하게 줄 수밖에 없을 것이다. 이처럼 업무상 권한 위임이 잘 되어 있고 봉급과 보너스가 후한 구미 기업에 대해 중국인 현지 직원들이 높은 호감을 가질 수밖에 없다. 구미 기업들의 입장에서 보면 중국 문화라는 것이 생소하기도 하지만 독특함이 있어 일종의 호기심으로 긍정적 관점에서 수용하는 경향이 짙다. 그러다보니 중국인 직원들에 대한 평가에서도 지극히 긍정적이고 생산적인 면이 작용하게 되어 그들에 대한 처우 문제나 봉급 문제 등에서도 자연히 여유롭게 처리할 수 있는 여건과 환경이 마련된다고 보여진다. 특히 중국인은 동양에 속하고 있음에도 불구하고 한국인과 일본인과 같이 집단주의 및 전체주의 성향을 보이기보다는 오히려 서구인들과 같이 개인주의 또는 이기주의의 속성을 많이 보인다. 따라서 중국 종업원 입장에서도 그들이 한일 양국의 기업에 근무하는 것보다는 구미 기업에 근무하는 것이 훨씬 편안하고 구미 기업의 CEO 입장에서 볼 때도 중국인 종업원 또는 중국인 간부들을 다루는 데 별다른 이질감이나 어려움이 발견되지 않을 가능성이 상대적으로 높다고 할 수 있다.

현지화와 글로벌화의 상호 관계에서의 현지화 우위 사고방식

미국의 신자유주의 사조에 의거하여 최근 전 세계적으로 보편화되어 있고 일반화되어 있는 글로벌화(globalization) 또는 국제화/세계화의 개념은 일반화에 기초를 둔 서구적 지배 개념으로 볼 수 있다. 그에 반해 현대 경영학에서 강조되고 있는 현지화(localization) 개념은 특정 지역에 한정되어 적용되는 특수화에 기초를 둔 지역성 인정 개념으로 보아야 한다. 구미 기업들이 문화적, 역사적, 사상적 환경이 다른 동방 지역, 즉 중국 지역에 투자를 하다보니 세계화 및 글로벌화의 진전이 늦어져 있는 이들 지역에서 서구적 개념으로 기업 조직을 운영하기에는 아무래도 부담스러울 수밖에 없을 것이다. 세계화 및 글로벌화가 느린 지역에의 진출은 현지화 방향으로 더 많은 비중과 노력 그리고 자금이 투자되어야 한다. 구미 기업들에게는 세계화와 글로벌화가 덜 된 중국시장이 낯선 시장이고 생경한 시장이기에 현지화 방면에 초점을 맞출 수밖에 없고, 그중에서도 인력의 현지화에 비중을 둘 수밖에 없다. 그래서 자연적으로 중국인 CEO와 중국인 간부 및 중국인 직원을 중심으로 기업을 운영해나갈 수밖에 없는 것이다.

현지화와 글로벌화의 영역 분리와 별도 취급 논리

구미 기업의 관점에서 보면 글로벌화와 현지화는 서로 다른 영역을 가진 상반된 개념으로 정의된다. 서양 과학의 문화가 서양 문화 발전을 주도하였다고 가정할 때 물질의 본질을 연구함에 있어서도 분자, 원자 등의 방향으로 한없이 쪼개지는 그래서 결국은 물질의 본질을 규명해내는 과정을 거친 것이 서양 문화이다. 따라서 글로벌화는 규격 · 맛 · 품질 · 기능의 세계적 표준화 등의 개념으로 구성되어 있고, 현지화(또는 중국화)는 규격 · 맛 · 품질 · 기능의 중국화 표준 등의 개념으로 구성되어 있다고 볼 수 있다. 구미 기업의 입장에서 보면 인력의 현지화라는 관점에서 기업의 경영을 중국인 현지인 CEO에게 맡기기가 쉽고 기업 내 각 본부나 사업부의 관리 및 경영을 중국 현지인 간부에게 맡기기가 자연스럽게 되는 것이다.

(2) 한국 · 일본 등 동양 문화권 기업들의 문화적 차이 불인정

앞에서 지적한 바와 같이 중국 직원들이 가장 근무하고 싶어 하는 외자기업들 중 한국 기업이나 일본 기업에 대한 선호도는 가장 낮다. 마찬가지로 일본 기업의 CEO나 한국 기업의 CEO들이 중국 직원 또는 중국 간부들에 대해 평가하고 있는 수준도 역시 상당히 낮은 편이다. 중국 국민들의 과거 사회주의 체제하에서 비효율, 저효율의 사고방식에 젖어 있던 환경에 대해서도 부정적인 견해와 생각을 갖고 있을 것이며, 과거 한중 간, 일중 간의 역사적 · 전통적 · 문화적 관계에서의 갈등 및 마찰이 선입견으로 작용하면서 중국 투자 기업의 중국인 현지 직원의 사고방식과 행동양태에 대한 부정적 판단 기준을 갖고 있을 것이다. 뿐만 아니라 자국 우선의 문화적 긍지도 한중 간 또는 일중 간 민족 정서 충돌을 자극하는 효과를 나타낸다고 보아야 할 것이다. 따라서 한국 또는 일본 기업들이 보는 중국 직원들의 사고방식과 행동양태는 개혁의 대상이요 제거의 대상이 되는 경향이 짙다고 보여진다.

자국 기업 경영 수준의 중국 기업 수준에 대한 우위 사상

중국의 역사와 문화적 관점에서 보면 중국은 한국과 일본을 압도한다고 볼 수 있다. 그러나 이는 어디까지나 과거 역사적 관점에서 보면 그렇다는 얘기이다. 일본의 경우 16세기 중반 이후부터 서양 문물을 수입하기 시작하면서 중국을 서서히 앞서다가 19세기 말부터 서구 열강과 힘을 합하여 중국을 압박하기 시작하였다. 그리하여 결국 청일 전쟁을 승리하면서 중국의 넓은 국토의 일부를 장악하여 식민지화하고 중국을 얕잡아보기 시작하였다. 한국의 경우 제2차 세계대전 후 자본주의 체제를 도입함으로써 초기 어려웠던 단계를 잘 극복하여 30여 년 정도 사회주의 체제의 중국을 경제적으로 압도하였다. 중국이 몰락하기 시작한 19세기 말부터 중국 경제가 개혁 · 개방 정책을 추구하며 빠른 성장 속도로 성장하기 전, 즉 1970년대 말까지 중국 경제는 그야말로 침체의 늪을 벗어나지 못하였고, 중국 경제 및 중국 사회 그리고 중국인은 중국 현대사적 굴욕 기간을 맞이하였다. 따라서 현대 중국 및 현대 중국 경제에 대한 한국과 일본 기업의 평가는 그리 높은 수준이 아니었다. 최근까지 중국 시장에 진출한 한국 기업과 일본 기업들은 과거 몇십 년에 걸쳐 맛보았던 달콤한 성공의 맛을 보게 했던 한국적 경영관과 가치관 및 일본적 경영관과 가치관을 대중 투자 한국 기업과 일본 기업에 그대로 이식시켜 대중 투자 기업의 성공 사례를 이어가고자 하는 열의와 의지가 강했다. 이들 한국 및 일본의 대중 투자 기업들에게는 중국식 경영 방식은 곧 실패로 연결되는 지름길로 인식되었으니 자연히 중국인 직원들이나 간부들에 대한 비중도 낮게 둘 수밖에 없었다. 이런 현상은 중국에 투자한 한국 기업이나 일본 기업에서 중국 직원들이 높은 평가를 받으며 중요한 역할을 수행할 수 있는 기회를 감소시켜 중국 직원들이 만족을 느끼면서 근무할 직장 분위기를 만들 수 없었다. 그 결과가 외자기업들 중 화교 · 대만 · 홍콩 · 마카오 기업들을 제외하고 중국 직원들이 근무하기 가장 싫어하는 직장이 바로 한일 두 나라 기업들로 나타나게 된 것이다.

기업 효율 제고 방안에 대한 차이 불인정

한국은 1970년대와 1980년대, 1990년대 경제의 급성장을 통해 전 세계로부터 찬사를 받고 있다. 베이징 컨센서스에 버금가는 코리안 컨센서스라는 말이 통할 수 있을 정도의 공감을 얻은 바 있다. 일본 경제의 경우 1960년대와 1970년대의 도약을 통해 1969년 미국에 이어 세계 제2위의 경제대국으로 도약하였으며, 1980년대에는 미국의 제조업을 능가하여 전 세계 제조업의 최강자로 등

극한 적도 있었다. 이와 같이 한국과 일본은 경제 성장의 신화를 창조하는 성공의 표본 국가로 불리었는데, 여기서 두 나라 기업들의 자긍심과 자부심이 대중 투자 기업 경영전략 면에서도 자국의 경영 문화와 기업 문화를 고집할 수 있도록 만들었다. 그러나 중국은 1949년 중화인민공화국을 건국한 이후 사회주의 체제를 도입하였기 때문에 경제 및 사회 작동 원리 면에서도 비효율성과 저효율성이 개재되어 있어, 한일 양국의 기업 CEO들에게는 중국인 직원들의 사고방식과 행동양태에 상당한 거부감과 배타성을 보일 수밖에 없었다. 중국식 기업 효율 제고 방안에 대한 차이 불인정은 곧바로 한일 양국 기업들의 CEO들로 하여금 중국식 경영 방식과 중국인들의 사고방식에 대한 거부 반응으로 나타나게 되었고, 대중 투자 기업의 경영에 자국 기업 문화를 접목시키고자 하는 과정에서 중국인 현지 직원들에 대한 권한 위임의 제한 및 제약 현상을 초래하게 하였다.

절대 복종의 기업 문화에 거부 반응 보이는 중국 직원에 대한 반발 의식

한중일 3국의 국민성에서 한국인과 일본인은 집단주의와 전체주의라는 틀에 매여 상호 비슷한 특성을 보이고 있다. 그러나 중국인은 한일 양국의 국민성과는 상당한 차이를 보이며 동양인답지 않게 이기주의 및 개인주의가 상당히 강한 서구인의 특성을 지니고 있다. 따라서 전체 직원들의 응집된 단결력과 결집력으로 점철된 끈끈한 유대 관계가 중국인 조직에서는 좀체 발견하기가 힘들다. 따라서 한국 기업의 기업 문화와 일본 기업의 기업 문화 자체가 개인주의 및 이기주의 성향이 강한 중국인들에게는 집단주의적 조직 문화로 인식되어 적응하는데 문제가 될 수밖에 없고 중국인 직원들에게는 그런 조직에서 근무하는 자체가 고역일 수밖에 없을 것이다. 따라서 각종 마찰과 갈등이 일어날 가능성이 매우 높아 한국 기업과 일본 기업들이 중국 시장에 투자하여 기업을 경영할 때 성공할 확률이 다른 나라의 기업들보다 매우 낮다.

현지화와 글로벌화 상호 관계에서의 글로벌화 우위의 사고방식

한국 기업이나 일본 기업은 각기 특이한 강점을 갖고 있다. 양국 기업의 이러한 강점은 미국의 신자유주의가 주도해온 글로벌화와 세계화의 언덕을 가뿐하게 성공적으로 넘어서게 만들었다. 최근 국가 간 장벽이 없어지고 이른바 flat화가 보편화된 글로벌 경제 환경에서 한일 양국의 경제는 우등생으로 평가받아 마땅할 정도로 글로벌화된 경제 체제를 선두에서 이끌어왔다. 따라서 이들 양국의 기업들이 중국시장에 진출하여 중국에 투자 공장을 세우게 되면 자동적으로 글로벌화 지향의 방향으로 기업 경영을 유도하게 되어 있다. 이들 양국의 기업들은 중국적 경영 환경에 적응하기 위해 중국화 또는 현지화 방향으로 움직이기보다는 자동적으로 양국 기업들의 강점인 글로벌화 또는 세계화 지향적인 방향으로 움직이게 되는 것이다. 그런데 문제는 중국 직원들의 사고방식이 집단주의 지향적이거나 전체주의 지향적이 아닌 개인주의 또는 이기주의 지향적인 관계로 한일 양국 기업의 글로벌화 지향적인 회사의 방침에 잘 순응하지 못하고 그들 스스로가 선천적으로 또는 태생적으로 타고난 중국화 또는 현지화 방향으로 방향을 틀게 된다는 것이다. 이 경우 한일 양국의 기업 방침과 현지 직원들의 사고방식 및 행동양태가 엇박자를 보이면서 상호 마찰과 갈등을 초래하게 된다.

현지화와 글로벌화의 분리 취급 불가론과 상통론과 일치론

서양의 과학 · 문화와 사상이 역사적으로 보아 분리적이고 분해적이라면 동양의 문화와 사상은 융합과 통합적 경향을 보여왔다. 또 논리적이고 과학적이라기보다는 뭉뚱그려 하나의 공통의 길과 통합의 길을 모색하는 데 그 초점이 맞추어져 왔다. 예를 들면, 글로벌화와 현지화는 전체 세계성과 특정 지역성이라는 상반된 방향과 관점을 내포하고 있지만, 동양적 관점에서는 현지화가 모여 글로벌화가 이루어지는 만큼 결국은 이 두 가지 방향의 길이 서로 만나 일치된 모습을 보이는 게 아니냐는 이론 전개인 것이다. 이 두 가지 상이한 개념이 서로 다른 방향으로 진행되고 있는 것 같지만 결국은 서로 만나게 되어 본질을 같이 하는 융합으로 나타난다는 것이다. 결국은 동양 국가들 국민들의 관점에서 보면 현지화와 글로벌화는 그 본질적인 궤를 같이 하기에 글로벌화를 통해 현지화도 실천할 수 있다고 생각하는 것이다. 따라서 한국 기업이나 일본 기업의 입장에서 보면 중국시장도 글로벌화의 측면에서 보는 경향이 강하고 글로벌화를 통해 현지화 실천이 가능하다고 보기 때문에, 현지화 측면의 상징이라 할 수 있는 인력의 현지화에 큰 비중을 두지 않고 자국민을 중심으로 운영을 추진해 나가게 되는 것이다. 이 과정에서 중국 인력을 중심으로 한 인력의 중국화, 즉 중국 현지인에 의한 인력의 현지화는 답보 상태를 면하지 못함으로써 더 이상 발전을 못하게 되는 것이다.

2. 주재원의 현지화 개념 정의와 실천 문제

현지화를 사전에서 찾아보면 "일을 실제 진행하거나 작업하는 곳의 특성에 맞춤. 그 나라 언어를 사용하는 것은 현지화 전략의 기본이다."라고 되어 있다. 이러한 현지화라는 말을 '한국 기업의 중국 주재원의 현지화'로 연결시키게 되면 주재원이 중국에서 본연의 업무를 수행하게 될 때 영업하는 중국 시장의 특성에 맞추는 것이라고 정의할 수 있다. 중국 주재원으로 하여금 중국식 특성에 맞추어 일을 하도록 하기 위해서는 첫째, 주재원의 사고방식과 관념이 중국인의 그것과 유사하거나 일치하도록 변화시켜야 할 필요가 있고, 둘째, 중국화된 사고방식과 관념으로 현지인인 중국인들이 보아 거부감이나 생경감이 없이 자연스럽게 받아들일 수 있는 행동과 실천이 수반되어야 할 것이다. 그래서 주재원의 현지화 문제는 크게 둘로 나눌 수 있다. 첫째는 주재원의 사고방식, 관념 또는 생각의 현지화이고, 둘째는 주재원의 행동과 실천상의 현지화이다. 현지화의 이런 정의는 기업의 업무 수행상 각 부문의 모든 업무에 적용될 수 있기에 다음에서는 몇 가지 주요한 분야만을 중심으로 '중국화의 관점에서 본 현지화'에 대해 기술해보기로 한다.

(1) 주재원 인력의 현지화

주재원 자신의 사고방식 및 행동양식 면에서의 현지화를 말한다. 주재원이 중국의 베이징 지점이나 상하이 지점에 부임 명령을 받고 부임했다고 하자. 그는 분명 한국인 국적이다. 그런데 다음 사항에 대해 별다른 거부 반응 없이 자연스럽게 받아들일 수 있는지 테스트를 해보면 자신에 대한 현지화 수준이 어느 정도인지를 판단할 수 있다. 여기서 한 가지 강조하고 싶은 점은 중국인이든 아니든 특정 국민에 대해 좋지 못한 편견을 갖고 있거나 경시하는 풍조나 사고방식을 갖고 있으면 현지화가 결코 순조롭게 진행될 수 없다는 점이다. 진정한 현지화란 피부의 색깔, 교육의 정도, 환경의 차이, 역사의 차이 등에 관계없이 공정하고 공평하게 그 능력과 자질을 평가하고, 그에 맞게 대우하고 승진시킬 수 있을 때 이루어질 수 있다. 민족 간, 인종 간 불공평한 생각을 갖고 있는 사람이 현지화를 논한다는 자체가 모순이요 접근 자체가 잘못된 것이다. 결국 현지화가 제대로 이루어질 수 있는 조건은 인종, 혈통, 문화, 전통, 역사, 국가, 민족에 구애받지 않고 동등하고 대등한 관점에서 판단하고 행동할 수 있는지의 여부라고 보아야 할 것이다.

첫째, 자기 자신보다 직위가 높은 중국 간부를 상사로 모실 수 있는가의 문제이다. 예를 들어, 자신의 직위는 과장인데 중국인 부장을 모시고 잘 근무할 수 있느냐는 질문이다. 어찌 보면 한국인 상사를 모시는 것과 중국인 상사를 모시는 것 간에 차이가 없어 별다른 어려움이 없을 것 같은데, 중국인들에 대해 나쁜 선입견을 갖고 있거나 중국인의 능력에 대해 부정적 판단을 하고 있는 사람들에게는 이러한 질문이 받아들여지기 힘들 것이다.

둘째, 자신보다 직위가 높은 중국인 여성 간부 밑에서 일할 수 있는가의 문제이다. 중국인 여성을 상사로 모시면서 그녀 밑에서 자연스럽게 근무할 수 있느냐는 것이다. 한국인 남자로서 중국인 여성 상사를 모시고 일할 수 있느냐는 질문인데, 한국 여성을 상사로 모시고 일하는 것이 자연스럽지 못하다고 생각하는 사람이라면 중국인 여성 상사를 모시는 것도 당연히 쉽지 않을 것으로 생각한다.

셋째, 승진 연한에서 한국인 승진 기간과 중국인 승진 기간이 같다면 수용할 수 있는가의 문제이다. 한국 국적의 회사가 한국인과 중국인의 승진 조건을 같게 가져가는 문제를 수용할 수 있는가 하는 문제인데, 중국인에 대한 편견을 가진 한국 사람이라면 받아들이기가 상당히 어려울 것이다.

넷째, 의남매 또는 의형제를 맺고 진짜 남매, 진짜 형제 관계를 유지할 수 있느냐의 문제이다. 마음의 벽을 허물고 생각의 벽을 허물고 진정한 마음이 될 수 있는 각오와 결심이 되어 있는지를 가름할 수 있는 문제로 보인다. 어떤 편견이나 아집이 없이 중국인을 사랑하고 무작정 좋아할 수 있는 정서적 일체감을 가질 수 있느냐의 문제로 보아야 할 것이다.

다섯째, 유능한 중국인 간부가 한국 본사에서도 승승장구로 성장할 수 있도록 도울 의향이 있는가의 문제이다. 중국 법인이나 중국 지점에서 능력을 발휘하는 유능한 중국인 간부가 한국 본사에서 근무할 경우에도 그가 승승장구할 수 있도록 지원하고 도와줄 수 있느냐의 문제인데, 민족 및 혈통을 떠나 동료애나 친우애의 차원에서 그리고 회사 발전이라는 차원에서 그를 밀어줄 수 있느냐의 문제이다. 결코 쉬운 일은 아닐 것 같다.

해외 전 지역 지점장 회의에서 단골 메뉴로 올라오는 주제가 현지화 전략 문제였다. 그때마다 진정한 의미에서의 현지화를 달성하고자 한다면, 순수 혈통의 단일 민족에 대한 지나친 예찬론이 있어서는 안 되며, 지나친 애국심의 강요 또는 요구도 있어서도 안 되며, 도가 넘은 경제적 국수주의도 있어서는 안 되며, 종교적 배척감이나 문화적 배타심도 있어서는 안 된다는 생각을 하곤 했다. 이러한 모순과 문제점들을 그대로 안은 채 현지화를 얘기한다면 그건 하나의 위장이요 기만일 수밖에 없다. 현지화를 남에게 설명하고 받아들이도록 요구하기는 쉬운 문제이지만 자기 자신이 실천하며 행동에 옮기는 것은 결코 쉽지 않은 문제이다. 자기의 기득권을 먼저 버릴 각오가 되어 있어야 하며, 자기가 가진 것을 남에게 내어줄 수 있을 때 우리는 그 문제를 논할 수 있는 것이다.

(2) 제품의 현지화

중국 소비자들의 대부분이 저소득층인데도 불구하고 빈부 격차가 커서 외자 기업이 중국에 투자하여 공장을 건설하면 반드시 고급 제품을 생산해야 성공한다고 한다. 인구가 워낙 많다보니 돈 많은 사람들은 일부이기는 하지만 그 일부 부자들의 숫자가 한국과 같은 인구가 적은 나라의 전체 인구의 몇 배가 되니 가능한 일이다. 그러다보니 그들이 고급 제품이나 유명 브랜드에 쏟아붓는 쇼핑 자금이나 쇼핑 수요가 엄청나다. 물론 대다수 국민들이 저소득층으로 그들의 구매력에는 한계가 있다. 하지만 그들의 잠재력 있는 수요는 잠시 열외로 하고 돈 많은 일부 고소득층의 소비에 중국 투자 외국 기업의 고급 제품 생산에 초점이 맞추어져야 하는 것이 현실이다. 이를 '중국적 현실을 감안한 제품 생산의 현지화'라 정의하기에는 여러 가지 모순점이 있다. 그러나 제품의 현지화라 할 때 우리가 고급 제품의 생산이라고 표현한다면 이것이 정답이라고는 할 수 없을지 몰라도 틀린 답이라고는 할 수 없는 것이 중국의 진정한 모습이 아닐까?

(3) 생산의 현지화

일본은 장인(匠人) 정신에 기초를 둔 생산 체제를 유지하고 있고, 중국은 상인(商人) 정신에 기초를 둔 생산 체제를 구축하고 있다. 그 이유는 일본인들은 생산을 할 때, 즉 물건을 만드는 과정에 자신의 혼과 정신을 온통 쏟아부으며 제조 기술에 전력을 다하기 때문이라고 한다. 반면, 중국인들은 제품의 품질이나 기술보다는 어떻게 하면 원가를 적게 들이고 값이 싼 제품을 만들어낼까에 초점을 맞추기 때문이라고 한다. 간단히 말하면 일본인은 제조 자체에 집중하고 중국인은 제품의 판매 또는 매매 자체에 집중한다고 한다. 한국의 경우 일본에 가까울까? 아니면 중국에 가까울까? 한국인의 경우에는 중국에 가깝다고 생각한다. 그 이유는 양국의 장인 정신과 상인 정신은 양국의 사(士)의 개념에서 나왔기 때문이다. 일본의 경우 무사(武士)의 사(士)에서 장인 정신이 나왔고, 중국의 경우는 사대부(士大夫)의 사(士)에서 상인 정신이 나왔다. 일본의 사(士)는 곧 세습이 가능해지면서 기술 및 기능의 세습이 이루어져 장인(匠人)의 등장을 가능케 했다는 면에서 일본 사회의 제조업 중심의 보수성을 엿볼 수 있다. 그러나 중국의 사(士)는 관료제도하에서의 과거제도에 기반을 둔 것으로 연결되면서 세습이 불가해졌는데, 이는 중국 사회의 상업 중심의 개방성을 엿볼 수 있다. 즉, 중국 사회는 관료와 상인이 존중받는 환경 속에 발전되어 와 제조업보다는 상업이 발달할 수 있는 환경이었던 셈이다. 한국의 경우 과거 중국의 과거제도 등 중국 역사와 문화의 영향을 많이 받아 제조업보다는 상업 중심의 경제 구도로 발전되어 왔다고 볼 수 있다.

따라서 중국에서의 생산의 현지화라 함은 그 초점이 품질 제고와 기술 수준 제고보다는 원가 절감과 판매 지향적인 생산 체계로 귀결된다고 볼 수 있다. 기업 간의 경쟁도 좋은 품질로 소비자에게 호소하겠다는 측면보다 값싼 가격의 제품을 공급하는 데 그 초점이 맞추어지므로 인해 시장 전체의 질서의 중심에 가격 경쟁이 도사리고 있는 것이다. 최근 중국산 값싼 제품이 전 세계의 시장을 석권하고 있는 점도 이와 같은 중국인의 상인 정신과 무관하지 않다. 동남아 화교들 및 대만, 홍콩, 싱가포르의 중국인들이 과거 수십 년 동안 전 세계를 상대로 무역을 하면서도 자신의 브랜드를 심어나가는 형태의 비즈니스보다는 OEM 생산을 중심으로 한 이윤 확보 등의 목전 이익만을 추구해온 사실을 보더라도 중국인들의 생산 관련 가치관과 사고관이 품질 경쟁 중심보다는 가격 경쟁 중심, 제조업 중심보다는 상업 중심, 브랜드 육성 등 장기 비즈니스 전략 중심보다는 단기 이익 추구 중심, 생산 중시 사고보다는 유통 · 매매 중심 사고 지향적이라 볼 수 있는 것이다. 중국에 투자하는 외자기업들이 공장을 건설하고 제품을 생산하여 판매하고자 할 때는 중국 국유기업 및 중국 기업들의 이러한 속성을 잘 이해하고 이들과의 경쟁에서 싸워 이기기 위해서는 생산의 현지화, 즉 생산의 중국화를 일부 수용하지 않으면 안 된다는 점을 인식해야 할 것이다. 여기서 얘기하는 생산의 중국화라 함은 평상시 가격 경쟁에 대비한 원가 절감 전략의 준비, 상대 경쟁 기업의 도산을 노리는 파격적 가격 전쟁에 대한 대비, 품질 강화와 더불어 원가 절감 병행 전략의 구사 등도 포함된다고 보아야 할 것이다.

(4) 조직 문화의 현지화

일본의 제조업에서의 프로 정신은 상당히 보편화되어 있는데, 자기 분야에서 최고를 지향하는 정신을 말한다. 최고를 지향하는 가치관을 중시하는 사람은 두 가지 특색이 있다. 첫째, 자기 자신을 의식적으로 낮추는 겸양과 겸손의 미덕을 갖게 되고, 둘째, 자기 일 외에 남의 일에 잘 참견하지 않는다. 즉, 자기 주장이 적고 상대의 입장을 먼저 배려하며 공개석상에서 자기 주장을 적극적으로 개진하지 않는다. 그래서 우리는 국제사회에서 일본인 출신 리더나 일본인 출신 지도자를 잘 발견할 수 없는지도 모른다. 그래서 우리는 국제사회 및 국제회의에서 일본인들이 주체성이 부족하다는 비판을 하곤 한다. 주제넘지 않고 예의를 중시하다보니 항시 우두머리와 스승을 존경하고 동업자끼리의 유대 관계가 강화되곤 하는 점을 일본인에게서 쉽게 발견할 수 있다. 그러나보니 조직과 기업에 대한 충성심이 높은 일본인을 발견하기 쉬우며 단결심이 강한 일본인의 속성을 쉽게 인지할 수 있다. 동업자들이 하는 일에 항시 관심을 갖고 다른 동업자들이 좋다고 하면 금방 받아들이고 자기가 고안한 것을 아낌없이 다른 사람에게 가르쳐주고 회사의 돈벌이를 위해 자기 기술을 제공한다. 그러면서도 완벽주의를 추구하고 창조경영보다는 유용성(효용성) 경제에 강한 특징을 보인다. 특히 요리사, 목수, 기계공, 컴퓨터 기술자들이 대발명품은 만들 수는 없지만 항시 작은 개량을 통해 소비자의 만족을 높이는 효용 경영에 능하다.

2위주의, 2등주의에 만족해야 할 운명이랄까? 물론 한때 진주만 습격을 통해 대담하고 용감한 면을 노출시켜 세계를 놀라게 한 적도 있었지만 전체적인 분위기와 모습은 2등으로 만족하는 모습을 줄곧 보여왔다. 제2차 세계대전 패전 후 줄곧 미국의 그늘 밑에서 미국에 굽신거리고 미국의 비위를 맞추는 행태를 보여왔기 때문이다. 일본 경제를 개미 경제라고 하든가? 작은 것이 모여 큰 것을 이루는 사회가 일본 사회요 작은 개인 경제가 나라 경제를 떠받치는 것이 일본 경제이다. 다수의 장인이 모여서 든든한 국가 경제를 이룩한 나라가 일본이다. 소수가 다수를 먹여 살리는 미국 경제와 비교할 때 일본 경제는 다수가 다수를 먹여 살리는 경제이다. 장기적 안목에서 기술을 아래 세대로 세습하고 전통과 역사를 존중하는 것이 일본이다.

이와는 상반되게 중국인들은 정반대의 길을 걸어가려 한다. 아직 갈 길이 먼데도 불구하고 중국인 부자들은 유명 브랜드 사재기에 바쁘다. 아직 미국 경제에 도전할 충분한 힘을 갖추지 못했는데도 불구하고 일본과는 다르게 미국에 대해 도발적인 자세를 취하고 있다. 미국의 달러화 가치가 하락하여 자국이 보유한 미국 국채의 가치가 하락하여 자신들이 손해를 보게 되자 달러 중심의 세계 기축통화 체제를 바꾸자고 감히 주장하고 있다. 미국의 신용평가 기관이 세계 각국의 정부 및 각국의 다국적기업의 신용 상태를 좌지우지하자 자국 내에 글로벌 신용평가 기관을 설립하고 먼 장래에 대비하고 있는 나라가 중국이다. 과거 못살던 나라 중국이 이제는 잘사는 서구 선진국들과 맞붙어 싸우려 하고 있다. 거기에는 중국이라는 국가가 중심을 잡고 있지만 동양 국가의 동양인이면서도 동양인들과는 약간 다른 중국인의 민족성과 개성도 한몫 하고 있다. 그들은 동양인 특유의 집단주의를 표방하면서도 집단주의 성격은 개인 대 개인의 관계에서는 흔적도 없이 사라지고 만다. 개인적 관점이 작용만 하면 국가관과 사회관과 같은 개념은 완전히 소멸되어버리고 마는 것이다. 이것이 바로 중국인의 상인 정신의 한 진실된 모습이다. 상인 정신의 한계라 해야 할까? 이윤을 챙기기에 급급하고 이기주의와 개인주의의 성행이 그들 사회의 모든 구석에 보편화되어 있다. 단기적인 목표에 초점을 맞춘 한탕주의 · 한건주의에 기초를 둔 단기적 안목이 판을 친다. 그래서 중국 경제는 창조성 · 독창성이 결여된 단순 생산, 대량생산에 초점을 둠으로써 일류 상품을 만드는 데는 불리하다고 할 수 있다. 그들의 저축성 강한 속성은 장사란 것이 잘 안 되도록 하는 속성도 지니고 있다.

이러한 가운데서 중국인의 개인주의적, 이기주의적 속성을 무시하고 중국 투자 기업의 중국인 직원들을 통제하려고 하면 조직의 응집력을 도모할 수 없음은 물론이고 조직 효율 자체도 떨어지게 마련이다. 이와 같은 중국인의 약점을 커버하고 이를 생산적 차원과 긍정적 차원으로 승화시키기 위해서는 중국식 전제주의의 요소를 중국 투자 기업 조직 문화 속에 침투시켜야 한다. 그것이 바로 개인주의 및 이기주의에 물든 중국인들로 하여금 조직 효율 제고를 위해 집단과 조직의 목표를 달성하는 데 혼신의 노력을 투입하도록 만드는 전략이다. 즉, 의사결정 과정에서는 끝없이 민주적 리더십을 적용하되 그런 민주적 리더십에 의해 나타나는 다음 단계의 의사결정 단계의 결과물에 대한 집행 단계(정책의 집행 단계)에서는 민주적 리더십이 실패할 경우 머뭇거리지 말고 바로 전제형(독재형) 리더십으로 전환하는 전략이다. 중국인 조직의 구성원들이 나태하고 게으름을 피우게 될 때 상당한 시간을 허비하더라도 의사결정 과정은 가급적 반대파들을 설득시켜 동의하도록 만들고, 이를 집행하게 될 경우 초기 단계에는 민주적 방식으로 집행하되 만일 이런 초기 단계의 민주적 집행 방식이 제대로 되지 않을 경우 주저하지 말고 바로 강한 압박식 경영으로 밀어 붙이라는 전략이다. 이런 중국식 전제주의 전략은 바로 중국인들의 개인주의적, 이기주의적 약점을 극복하고 성공적인 조직 문화로 이끄는 전략이라는 것이 일부 중국 인사관리 전공 학자들의 견해임을 잊지 말자.

(5) 구매의 현지화

중국 사회 문제들 중 그 후유증이 가장 심각하고 척결 자체가 어려운 문제가 부정 · 부패일 것으로 생각한다. 사실 부정 · 부패의 핵심은 물질의 유혹으로 규정할 수 있다. 이러한 물질의 유혹이 가장 빈번하게 나타나고 자주 출현하는 곳이 구매 부서일 것이다. 그래서 중국에 투자한 대만 기업들의 사장들은 구매 부서에 종사하는 중국인 직원들의 대부분을 여성 사원으로 충당한다고 한다. 여성 직원들이 아무래도 남성 직원들보다 부정 · 부패에 물들 가능성이 낮기 때문이라는 것이다. 이렇듯 중국 투자 기업에서 구매 업무가 가장 까다롭고 민감한 문제를 안고 있는 있는데, 그렇다고 구매 부서의 모든 직원들을 여성으로 충당하는 것도 자연스러운 모습은 아니므로 근본적인 대책이 될 수 없다. 그렇다면 이 문제를 구매의 현지화 관점에서 풀어볼 수 있는 방법은 없을까? 분명히 있다고 생각한다.

부정 · 부패는 왜 생겨날까? 그 이유는 거래선과 회사 직원이 업무 수행차 만나는 상황이 단 둘이라는 데서 발생하는 경우가 많다. 따라서 회사의 의사결정에 결정적 영향을 미치는 사람(예로써 사장 등)의 개입을 유도하면 문제 해결의 실마리가 풀리게 된다. 이를 구체적으로 설명하면 구매 협의를 하는 상황에서 회사의 CEO나 회사 오너와 생각을 같이 하는 사람이 구매 수량 및 구매 가격 그리고 주요한 구매 조건을 결정하는 데 개입할 수 있게 만들면 되는 것이다. 현실적으로 자연스럽게 이런 상황이 만들어지도록 유도하기 위해서는 거래선의 의사결정권자들을 구매하고자 하는 회사 CEO나 기업 오너와 생각을 같이 하는 사람들이 참석하기에 편리한 곳으로 오도록 만들면 될 것이다. 그리고 그들을 회사가 원하는 편리한 장소로 오게 만드는 방법은 그들이 오지 않을 경우 큰 비즈니스 기회를 놓친다는 생각을 할 수 있도록 만들면 되는데 이 경우가 바로 구매 수량의 규모를 늘리는 방법이 될 수 있다. 회사의 구매 수량이 원래 크지 않을 경우라면 종전에는 3개월 치 또는 4개월 치씩 분할 구매하였다면 이런 분할 구매의 수량을 모두 합해 일 년에 한 번씩 구매하도록 하게 하고 그 협상 장소를 회사가 정하는 장소로 하게 하면 어느 정도 문제 해결이 되리라고 생각한다. 그들을 한 장소에 모아놓고 각자 가격을 포함한 판매 조건을 적어서 내도록 함으로써 공급 기업들 스스로가 긴장하도록 분위기를 조성하면 오히려 구매 가격을 대폭 내리게 할 수도 있다. 이러한 방안은 구매 업무가 부정 · 부패에 물들기 쉬운 중국적 환경을 극복하기 위해 중국식 방식을 도입하는 방안으로 볼 수 있기에 이를 구매 방식의 현지화로도 해석할 수 있을 것이다. 어떤 문제이든 현지 상황 또는 사정상 가장 자연스럽고 무리가 없는 방안이 된다면 그것은 기업 전략의 현지화가 될 수 있다.

(6) 대우 및 보상 지급의 현지화

모든 기업은 왜 한 달에 한 번씩 봉급을 지급할까? 한 달에 한 번씩 지급하기 때문에 우리는 봉급을 월급이라고 부르기도 한다. 주급도 있고 일급도 있는데 왜 하필이면 월급이 보편화될 수밖에 없을까에 대해 생각을 해보았다. 소위 월급쟁이들은 일자리를 갖게 되면 결혼을 하고 가정을 꾸리게 된다. 가정을 꾸리고자 하면 가정의 비용 지출, 즉 가계가 발생하게 된다. 이 가계는 가정의 성립에 가장 중요한 문제이자 핵심적인 과제가 된다. 이러한 가계는 남편과 아내가 공동으로 책임을 지고 해결해야 한다. 부부 두 사람이 책임을 지고 가계를 해결하는 데 반드시 필요한 것은 부부 간의 대화와 협의이다. 부부 간의 대화와 협의는 특정 기간 동안의 수입 계획과 지출 계획을 중심으로 전개된다. 그런데 이런 계획을 수립하고 그 계획에 따라 집행하자면 계획 수립 및 계획 집행의 효율이 쉽게 확보가 되는 기간이 필요하다. 가계의 수립에 가장 적합한 기간이 30일 정도가 아닐까? 만일 일급 개념으로 하루살이를 하게 되면 현실적 가계 운영이 불가능하게 된다. 그 기간이 너무 짧기 때문이다. 주급이 되도 그 기간이 너무 짧아 가계 운영이 복잡하고 번거롭게 되어 현실적인 방안이 못 된다. 따라서 수입 계획을 세우고 지출 계획을 세워 계획에 따라 가계를 운영하는 데 가장 편리한 기간이 한 달이 아닐까 생각한다.

그런데 재미있는 통계와 사례가 있다. 중국인들이 개인주의적이고 이기주의적이라 중국 국유기업들도 중국인 직원을 효율적으로 관리하기가 쉽지 않은 모양이었나보다. 그래서 중국의 동북 3성지역의 한 국유기업이 현지 중국인 직원을 효율적으로 관리하기 위해 일급제로 운영을 하였더니 직원 일인당 업무 효율이 엄청 높아지더라는 것이다. 이런 사례를 접했을 때 중국에 투자한 한국 기업들도 일급제는 도입하기가 어렵더라도 주급제를 도입할 필요성은 있지 않을까 하는 생각을 하게 되었다. 그런데 그런 생각도 잠시, 주급제를 도입하면 중국인 직원의 가계는 어떻게 계획하고 꾸려나갈 것인지에 생각이 미치자 망설여졌다. 분명히 주급제가 되면 직원들이 긴장을 많이 하게 될 것이다. 한 주를 낮은 주급으로 인해 어렵게 지냈으면 다음 한 주는 어렵게 지내지 않도록 하기 위해 분발할 수밖에 없으니 말이다. 여기서 주급제를 시행하는 것이 중국 투자 기업의 경영 상황을 획기적으로 호전시키는 데는 분명 도움이 된다고 주장한다. 그러나 주급제 시행으로 인한 종업원들의 생활상 겪게 되는 불편함과 번거로움을 어떻게 제거할 것인가의 문제에 대해 지금 골몰하고 있다. 주급제의 실시는 저효율 문제로 많은 고민을 하고 있는 중국 투자 외자기업에게 어려운 현실 상황을 잘 극복할 수 있는 현실적인 현지화 전략일 수도 있을 것이다.

(7) 변화하는 현지화 전략

중국 사회는 급변하고 있다. 변화의 속도는 엄청 빠르다. 그런데 우리는 산업기술의 발전 속도와 생산 기술의 발전 속도가 빠른 것만 보았지 일반 국민들의 의식구조 및 의식수준의 변화 속도가 빠르다는 점은 거의 인식하지 못하고 있는 듯하다. 1999년 중국 전역의 매장의 판촉 여사원의 분발을 촉구하고 다녔을 당시 상당수 판촉 여사원들은 중국 소비자들은 판촉 여사원들이 너무 친절하게 대하면 오히려 불편해하고 피한다고 푸념하곤 했다. 그런데 3년 후인 2002년에는 고객이나 소비자에게 불친절하거나 무관심하면 철퇴를 맞는 상황으로 급변하였다. 중국이 사회주의 체제를 채택하여 배급 제도를 오랫동안 시행해오면서 판매나 마케팅 개념이 시장 매대에서 사라져버렸던 시절이 있었기에 개혁 · 개방 후 일정 기간 동안은 중국의 소비자들은 여전히 친절 서비스에 익숙하지 않았을 것이다. 결국은 매장의 분위기는 개혁 · 개방의 진행 속도에 따라 변화한다는 얘기이고 과거에는 약간 불친절하더라도 전혀 문제될 것이 없었으나 최근에는 약간만 불친절해도 고객들로부터 엄청난 비난을 받게 된다는 점이다.

과거의 상황이 바뀌어 현재의 전략도 바뀔 수밖에 없는 상황이 된 것이다. 즉, 중국시장에서의 현지화 전략을 과거 중국 문화와 나이 많은 세대의 사고방식에 충실한 것이 아니라, 최근에 바뀐 방향으로 조정, 변경하여 최근 변화된 중국 문화와 나이 어린 젊은 세대의 사고방식에 충실하도록 수립하고 실천해야 하는 상황이 된 것이다. 이런 상황을 생각하면서 잠시 사고의 혼란 속으로 빠져들었다. 도대체 무엇이 그리고 어떤 방향이 현재의 중국 시장 상황에 적합한 전략이요 조치일까? 예를 들어보자. 1992년경의 중국은 붉은 색깔 천국인 세계였다. 어떤 이벤트성 행사를 위한 식장(式場)의 설계 및 장식, 배치 등은 대개 붉은

색을 바탕으로 황금색 장식을 가미하면 크게 문제될 것이 없었다. 그런데 2000년대를 넘어서면서 중국에는 과거의 붉은색 위주의 장식 문화에 추가하여 우아하고 고아한 식장(式場) 분위기 연출이라는 또 하나의 큰 흐름이 형성되기 시작하고 있음을 발견했다. 과거의 붉은색 일변도의 분위기 연출이 중국식 과거 지향적 현지화 흐름에 맞춘 것이라면, 현대적 우아함과 고아한 분위기 연출이라는 또 하나의 다른 흐름은 서구식 현대적 미감(美感)을 지향한 현지화 흐름이었던 것이다.

농촌 농가의 외관을 보면 과거 우중충한 회색 일변도에서 최근에는 화려한 색깔의 다양함을 보이고 있고, 길거리 행인의 옷차림을 보면 과거 단조로운 집단주의적 의복 스타일과 색깔 구조에서 최근에는 개성을 강조하는 독특성과 특이성이 듬뿍 배어 있는 스타일로 변화되었다. 과거와 최근의 차이점이 너무 크다보니 어떻게 적응하고 조치해야 할지 난감하기 짝이 없는 경우가 많다. 앞 장에서 언급한 바와 같이 중국 문화라는 것이 여러 가지 이질적인 특성들을 섞어 놓은 융합성, 혼합성 및 종합성을 지니고 있으면서 변화 지향적인 동태적 성질을 지니고 있다고 생각하면 어느 정도 이해될 만도 하겠으나, 현지화라는 관점에서 보아 어떻게 처신하고 어떻게 조치하고 어떤 것을 취하는 것이 가장 중국적이고 중국식인지를 판단하기는 쉽지 않을 것이라는 생각이 든다.

3. 주재원 가족 관리 문제점

(1) 가족 동반 부임과 주재원 단신 부임의 문제

주재원의 가족을 주재원과 같이 해외로 파견하느냐 아니면 주재원 단신으로 파견하느냐의 문제는 그렇게 단순하지가 않다. 주재원 각 개인의 가정 형편이 다르고 파생되는 문제점에 대한 판단 기준과 판단 결과가 다르기 때문에 일률적으로 제시하기가 쉽지 않다. 기업에 따라서도 단신 부임을 권장하는 기업이 있고 가족 동반 해외 주재를 권장하는 기업도 있다. 단신 부임을 권장하는 회사의 경우 혼자서 생활이 충분히 가능하도록 주재 수당을 주면서 일부 주재 수당을 해외에서 저축할 수 있도록 하고, 가족들의 생계비를 위한 가족 수당은 100% 보장하는 방향으로 운영하는 것이 좋다. 또한 가족의 동반 주재를 권장하는 회사의 경우 가족의 복리 및 복지 제고에 비교적 높은 비중을 두는 것에 초점을 맞추고 주재원의 저축이나 주재원 가족의 저축 등에는 상대적으로 낮은 비중을 두는 방향으로 조정하는 것이 좋을 것이다. 결론부터 얘기하면 단신 부임일 경우는 저축 금액을 증대시키는 것이 좋을 것 같고, 가족 동반 해외 주재 생활의 경우에는 가족의 복지 및 복리 향상에 초점을 맞추어 지원하는 것이 좋을 것이다.

(2) 주재 생활과 자녀 교육

해외 주재 생활은 본인의 선택에 따라 이루어진다. 회사가 직원들에게 해외 주재 생활을 권유할 수는 있지만 강권하지는 못한다. 해외 주재 생활을 할 것인지 아닌지에 대한 선택은 본인이 결정할 몫이다. 해외 주재 생활을 하면서 자녀들의 교육 선택 대상은 다양하고, 선택에 대한 결정권은 대개가 부모가 행사한다. 해외 주재 생활을 하지 않고 국내에서만 근무하면 일반적으로 자녀들을 유학 보내지 않는 한 교육 과정들의 대부분은 한국 내 교육 기관에서 이루어진다. 그러나 부모가 해외 주재 생활을 하게 될 경우에는 자녀의 교육 기회가 다양해진다. 첫째, 부모 중 한 쪽의 단신 부임으로 자녀의 교육이 한국 내에서 이루어질 수 있고, 둘째 가족 동반 부임으로 주재국에서 생활할 수도 있다. 두 번째 경우 가족 전체가 해외 생활을 하게 되는 경우에도 자녀들을 주재국의 미국 학교(American School), 일본인 학교(Japanese School) 등 이른바 국제학교(International School)에 보내는 경우가 있을 수 있고, 아니면 현지어로 공부하고 현지어로 가르치는 현지인 학교(Local School)에 보내는 경우가 있을 수 있다. 국제학교에 보낼 것이냐 아니면 현지인 학교에 보낼 것이냐 하는 문제는 자녀의 장래와 미래 설계에 크게 영향을 미친다는 면에서 매우 중요한 문제이다.

국제화된 일반적 인재로의 성장을 생각한다면 국제학교에 보내는 것이 유리할 것이고, 전문화된 국제 전문가적 인재로의 성장을 생각한다면 현지인 학교에 보내는 것이 좋을 것이다. 한국 사회의 발전 방향과 향후의 사회 발전 추세를 감안해볼 때, 국제화된 인물은 넘쳐 흐를 정도로 공급이 많아질 것이다. 미국이나 중국으로 유학 가거나 언어 연수를 떠나는 사람들의 숫자가 해마다 폭증하는 추세가 이를 반영하고 있다고 보면 된다. 그러나 국가나 사회가 더욱 많이 필요로 하는 것은 이런 국제화된 인재 중에서 특정 분야의 전문가들이다. 따라서 국제 전문가에 대한 수요는 앞으로도 계속 늘어날 것이고, 이들 분야에 아무리 많은 공급이 있다고 하더라도 늘어나는 수요를 충족하지는 못할 것이다. 그렇다면 자녀들에 대한 교육을 어느 방향으로 그 초점을 맞추어야 할 것인지는 자명해진다.

(3) 주재원 부인들의 자기 개발 문제

동남아지역이나 개발도상국에서 주재 생활을 하는 경우 주재 지역의 생활비가 저렴하고 인건비가 싸기 때문에 파출부를 고용하는 것이 비용상 큰 부담이 되지 않는 경우가 많다. 특히 국민소득 수준이 아주 낮고 인건비가 아주 싼 지역에는 집에 하인, 청소부, 가정부를 따로 두는 경우도 있었다. 그런 지역에 파견된 주재원들 부인의 경우 시간이 많이 남아도는 경우가 많았다. 그러한 주재원 부인들을 대학에 보내 전공을 살리게 하거나 전문 과목 공부를 하게 하거나 학위 취득 등을 통해 자기 개발에 신경을 쓰게 하는 것이 좋겠다는 생각을 자주 했다. 한국 전체의 통계로 보면 해외에 나가 주재 생활을 하는 가족들이 수만 가구는 될 터이고 이들 수만 가구의 수만 주부들이 전공 또는 전문직 공부를 하게 되면 국가적인 차원에서 그만큼 고급 인력 확보에 크나큰 도움을 줄 수 있기 때문이다.

물론 주재원 부인들이 여가 생활을 즐기고 취미 생활을 하며 여유 있고 행복한 주재 생활을 하는 것도 매우 의미 있는 일이기는 하다. 그렇지만 힘들게 해외 주재 생활을 하는 남편들의 노고에 보답하고 그런 남편들과 함께 동고동락한다는 의미와 취지에서 부인들도 공부하고 자기 개발에 힘쓰는 모습을 보여주는 것도 상당히 의미 있는 일이라는 생각이 든다. 더욱이 국가와 사회 발전에 크나큰 기여를 하는 측면도 있기 때문이다. 물론 최근에는 실용적이고 실질을 중시하는 젊은 세대들이 등장하면서 젊은 주재원 부인들이 해외 생활이라는 기회를 잘 살려 자기 개발에 힘쓰는 경우가 꽤 많이 생겨났다. 하지만 아직 그 숫자가 많지 않은 것 같아 좀 더 많은 주재원 부인들이 해외 생활을 자기 개발의 기회로 삼을 것을 권유한다. 우리나라가 인구도 그리 많지 않고 국토 면적도 상당히 좁아 국제적으로 강대국이 되는 데는 여러 가지 한계가 있다. 인구가 많다는 사실 한 가지만으로도 강대국이 되는 조건을 갖추었다는 것이 학계의 보편화된 인식이고 보면 우리나라와 같은 소국이 강대국이 되는 첩경은 바로 제한된 인구 대부분이 높은 수준의 기술과 지식을 보유한 일등 국민이 되는 길밖에 없을 것 같다. 따라서 전공 또는 전문 지식 취득과 자기 개발 작업이 비교적 용이한 환경 속에서 살고 있는 주재원 부인들이 이 분야에 관심을 갖고 적극적인 삶을 산다면 국가 전체의 미래에 밝은 희망의 빛을 가져다주는 등대 역할을 할 수 있을 것으로 생각한다.

(4) 주재원 부인들의 남편 소속 회사의 지원

남편이 소속 회사를 위해 열심히 일하는 모습 못지않게 소속 기업에 더욱 중요한 것은 가족 전체가 평소 남편 또는 아버지가 근무하고 있는 기업에 대한 관심과 지원을 하고자 하는 마음가짐일 것이다. 주재원 가족들이 이런 마음가짐을 갖도록 하기 위해서는 회사가 좀 더 조직적으로 그리고 계획적으로 이 문제에 접근할 필요가 있다고 보여진다. 주재원 부인들의 자기 개발 작업에 회사가 각종 지원책을 마련하고 이를 실행에 옮기는 것이다. 해외 지점 조직이나 법인 조직에서 가장 통제와 관리가 어려운 분야가 판매 조직이다. 일반적으로 구매, 생산, 총무, 인사, 회계, 경리 등의 부서는 그 부서원들이 모두 본사 사무실에서 근무하기 때문에 이들에 대한 관리, 통제가 용이하다. 그러나 판매 조직의 경우 판매 요원들이 거의 대부분 외부에서 근무하기 때문에 그들 판매 요원에 대한 통제가 여의치 않다. 현지 판매 업무 간부를 임명하여 그들을 관리, 통제하게 하여도 해당 간부의 회사에 대한 충성심이 부족하여 조직 효율을 개선하기가 쉽지 않다. 더군다나 고객과 직접 대면하게 되는 접점 지역에 혼자 근무하게 되는 판촉 사원의 경우에는 아무도 관리, 통제하는 사람이 없어 판촉 요원에 의한 낭비 요소 발생과 비효율성이 야기되어 매우 심각한 문제가 되기 마련이다. 따라서 이런 문제를 해결하기 위한 방편으로 주재원 부인들을 판촉 요원 관리와 통제에 관한 교육을 받도록 한 다음 판촉 요원들을 관리, 감독하게 하는 것이다.

주재원 부인들에게 이런 업무를 맡기게 될 경우 남편의 근무지인 지점 사무실과 부인의 근무지인 판매 매장이 서로 다른 관계로 남편과 부인이 같이 근무하게 됨으로써 야기되는 각종 불편한 점과 어색한 점을 미리 예방할 수 있는 장점도 있게 된다. 주재원 부인의 남편 회사에 대한 충성심 등을 감안하면 현지에서 판촉 요원을 관리하기 위해 충성심이 약한 현지인 판촉 주임을 고용하는 것보다 훨씬 유리할 수 있고, 특히 주재원 부인인 관계로 월급 또는 보수를 특별히 낮게 책정해도 불평이나 불만이 나올 수 없는 장점도 있다. 주재원에게 주재 및 가족 수당이 지급되므로 주재원 부인에게는 아르바이트 비용 정도의 보수로도 충분히 채용할 수 있기 때문이다. 따라서 주재원 부인들을 판촉 요원 관리 및 통제를 위한 판촉 주임으로 채용하면 비용 효율이나 업무 효율 면에서 한층 더 유리할 수 있을 것이다. 비단 판촉 주임 업무뿐만 아니라 기타 외근 업무에 주재원 부인들을 활용할 수 있는 업무 분야는 많다. 제품 검사 요원들을 관리하는 제품 검수 주임이나 제품 창고 관리 등의 업무 또는 매장 매출 대금 수납 업무 등에 활용할 가치가 매우 높다고 볼 수 있다.

(5) 가족 건강 및 주택 등의 복리 · 복지 문제

주재원 및 주재원 가족들에 대한 의료보험 문제와 주택 문제는 매우 중요하다. 우선 주재원 가족들에 대한 의료보험 문제는 아무리 강조해도 지나침이 없다고 생각한다. 주재원 본인 및 가족의 건강 문제는 주재원의 주재 목적이라 할 수 있는 지점 영업 성적과 직결되어 있기 때문이다. 주재원 본인의 건강이 좋지 않아도 지점 영업에 미치는 영향이 크지만 주재원 가족의 건강이 좋지 않아도 주재원에게 걱정거리를 안겨주어 지점 영업에 큰 타격을 줄 수 있다. 따라서 주재원 본인 및 가족들의 건강보험과 의료보험에 관한 한 회사는 예산을 아끼지 말고 최고의 지원을 해주어야 한다. 한국에서 본사 직원 가족이 아플 때와 해외에서 주재원 가족이 아플 때 가장으로서 또는 부모로서 느끼는 걱정의 심도와 걱정의 깊이는 확연히 다르기 때문이다. 해외에서 가족들이 아플 때는 주위에 위로를 받고 걱정을 나누어 가질 수 있는 친척이나 친구, 친족들이 없기에 더욱 서럽고 슬프다. 주재원 부인 입장에서 보면 서럽고 슬픈 것은 물론이고 온 집안 일 자체가 꼬이게 된다. 친척 및 친구가 없는 관계로 돈으로 다른 현지인들을 고용하여 대신

돌보게 해야 한다. 말도 잘 통하지 않는 지역이면 고용된 현지인과 커뮤니케이션이 문제가 되기도 한다. 여러 가지 불편한 점이 한두 가지가 아니다.

의료보험 및 건강 문제에 못지않게 중요한 문제는 주택 문제이다. 주재원 또는 주재원 가족의 안전을 고려하여 치안에 문제가 없는 지역을 선택해야 한다. 특히, 개발도상국이나 저개발 국가의 경우 강도나 도둑 문제도 고려해야 한다. 자녀들이 매일 통학하는 학교와의 거리도 생각해야 하고 주재원이 매일 출근하는 출근길도 생각해야 한다. 그런데 주택 임차 비용을 고려하여 임차료가 비교적 싼 지역을 고르다보면 치안, 강도, 절도 등의 문제가 생길 수가 있고, 자녀들의 통학 및 주재원의 통근 거리가 문제될 수도 있다. 주재원의 주택 문제는 건강 및 의료보험 문제와 마찬가지로 회사가 비용 문제를 떠나 주재원 및 주재원 가족의 복리 및 복지 차원의 관점에서 결정을 내려야 할 것이다. 자칫 비용 우선으로 판단하여 주택을 잘못 선택하다보면 이사 문제 등 회사 차원에서 더 큰 손실을 감수할 수 있음을 명심해야 한다.

(6) 주재원 가족들의 현지 사회봉사 활동

해외에서의 주재원들에 의한 봉사 활동은 회사의 이미지를 제고하고 홍보 및 선전 효과를 극대화하는 데 많은 도움을 준다. 주재원의 봉사 활동 시 현지 직원들도 함께 참여하도록 하는 것이 매우 바람직하지만 더욱 바람직한 것은 주재원 가족들 모두가 참여하는 것이다. 주재원 및 주재원 가족의 봉사 활동은 현지 밀착형 경영의 대표적인 전략으로 현지 언론 및 정부기관, 그리고 현지 주민들에게 좋은 인상을 남기는 데 매우 유용하다. 독거 노인을 돕고 그들의 식사 준비 및 청소 작업을 수행하는 것도 매우 효과적이고 현지 장애우를 돕는 활동도 매우 효율적인 봉사 활동이다. 하지만 거리 청소 및 고궁 · 고적 청소 등 대중 접촉성 및 가시성(可視性)이 높은 야외에서의 봉사 활동이 더욱 효과적이라고 생각된다.

(7) 주재원 부인의 한국에서의 직업 유지 문제

과거에는 주로 남편만이 직장 생활을 하고 부인은 전업 주부로서 가정에 머물렀기 때문에 남편이 주재원으로 파견되게 될 때 주재원 부인의 한국에서의 직장 유지 문제가 거의 수면 위로 떠오르지 않았으나 최근에는 이 문제가 거론되고 있는 듯하다. 남편 또는 부인이 한국에서 다니던 직장을 사직하고 남편 또는 부인을 따라 주재국으로 출국해야 하는 상황이 빈번하게 발생하고 있기 때문이다. 과거에는 부부가 맞벌이를 하는 경우가 많지 않았으나 최근에는 대부분의 부부들이 맞벌이를 하고 있다. 부부가 맞벌이를 하는 상황에서 남편 또는 부인 중 한쪽이 해외 근무 발령을 받을 경우 나머지 한 쪽이 동반 출국해야 하는지 아니면 동반 출국하지 않고 잠정 별거를 해야 하는지를 결정하여야 할 것이다. 동반 출국을 할 경우, 학교에서의 교직 생활을 하고 있던 선생님의 경우에는 주재지의 한글 학교 또는 한국인 학교에서 재직하면 근무 연수로도 인정을 받고 교사로서의 직업의 영속성도 어느 정도 약간의 보장을 받는 등 제한된 조건하에서 약간의 혜택을 누릴 수 있으나 다른 직종에서는 아직 이런 혜택들이 주어지지 않고 있다. 동반 출국 여부를 결정하기 전에 회사 차원에서 배우자의 직장 또는 기관 · 부서와 접촉하여 이러한 혜택이 주어질 수 있도록 교섭을 해보는 것이 필요하다고 생각된다. 또 3년간 휴직 또는 5년간 휴직 처리 등의 가능성도 타진해 보는 것이 좋을 것이다. 이런 문제는 개인 차원의 해결보다는 회사 대 회사 차원에서 서로 주고받고 하는 방식의 해결 방안도 생각해볼 수 있을 것이다. 국제화 및 글로벌화 시대에 부부 쌍방이 서로 다른 회사 또는 조직에 근무하다보니 이런 제도가 정착되면 각 기업 및 기관의 고급 인력의 유지에 도움이 될 수 있기 때문이다.

4. 주재원 대체 인력으로서의 현지인 활용 전략 구사

앞에서 언급한 바와 같이 주재원 한 사람을 해외에 주재시키는 데는 큰 비용이 들어간다. 주재원 자녀들의 교육비, 주재원 본인 및 가족들의 의료 관련 비용, 주재원 가족들이 거주해야 할 주택 관련 비용, 주재 및 가족 수당 등의 비용 등이 바로 그것이다. 이러한 비용을 절감하자면 주재원 파견 인원의 숫자를 줄이는 길이 가장 효율적인 방안이다. 따라서 주재원과 같은 능력을 가진 현지인 인력 및 주재원과 같이 회사에 충성심이 강한 현지인 인력을 확보하여 활용하는 전략이 매우 중요하다. 그런데 이런 현지 직원이나 현지인 간부들을 찾아내는 것은 그리 쉽지 않다. 찾아내기가 쉽지 않을 뿐만 아니라 잠재 능력이 있는 직원을 찾아내어 그 잠재 능력을 현지화시키는 작업 또한 용이하지 않다. 잠재력 있는 현지 직원들을 발굴하여 유능하고 충성심이 강한 직원 또는 간부로 육성시키는 작업 또한 그리 순탄치 않다. 그 이유는 중국인 자신들의 민족성, 한국과 중국 간의 역사적인 연관성과 문화적인 연계성, 중국 역사 및 중국 문화에 대한 중국인들의 우월의식, 중국인 특유의 개인주의와 이기주의 지향적인 사고방식 등이 작용하기 때문이다.

이들 중국인들의 독특한 개성과 가치관 및 의식 구조는 한국인들과 잘 조화되지 못하고 충돌과 마찰을 일으키는 후유증과 부작용을 야기한다. 여기에는 한국인 특유의 강직성과 강력한 민족의식 및 진취적인 성향이 한몫을 한다. 한국인도 중국인 못지않게 자존심이 강하고 주체 의식 및 주인 의식이 강하기 때문이다. 이들 두 민족 구성원들이 부딪히면 요란한 마찰음과 충돌음이 생성되기 마련이다. 한국 기업의 대중국 투자는 일면으로 보면 경제적 행위요 경제적 활동이기에 합리성과 논리성이 강조될 수 있고 타당성과 당위성이 요구되기도 한다. 그러나 다른 한편으로 보면 한국 기업이 중국시장에 진출하는 행위는 종국적으로는 한국 기업 자신의 경제적 이익을 위해서 이루어지는 것이다. 그렇다면 위에서 지적한 합리성, 논리성, 타당성 및 당위성을 뛰어넘어 자신의 이익추구를 먼저 생각하고 우선시해야 한다. 그러기 위해서는 한국 기업 및 한국인들이 먼저 양보하고 먼저 희생하는 정신을 발휘하는 전략도 한번쯤 생각해보아야 할 것이다. 한국인의 자존심과 한국인의 존엄, 한국의 정체성과 주체성은 한중 양국 간의 외교 관계나 양국 간의 정치 관계에서 추구하고 경제 관계에서는 철저히 경제적 이해 관계만을 추구하는 것도 어리석은 일은 아닐 것이다. 한국 기업들은 이러한 점을 신중하게 생각하고 깊이 통찰해볼 필요성이 있다.

만일 한국인들이 대중 투자 기업의 조직 내에서 겸손과 겸양의 자세로 중국 직원들을 대하게 되면 중국 직원들은 한국 기업에 충성하고 자신이 갖고 있는 잠재 능력을 100% 발휘하려고 노력할 것이다. 그들이 이러한 자세를 갖게 될 때 중국시장에 진출한 한국 기업들이 한국인 주재원의 충성심 못지않은 강한 충성심을 가진 중국 직원들을 키워내는 데 어려움이 없을 것이다. 또 한국인 주재원이 소속 한국 기업을 위해 자신의 능력을 모두 쏟아붇는 경우와 마찬가지로 자신의 모든 것을 한국인 회사를 위해 투입하는 중국인 간부들을 키워내는 데 별다른 어려움이 없을 것이다. 다시 말해서 한국 기업이 이윤 창출이라는 기업 목적을 위해 중국시장에 진출하는 이상 가장 우선적으로 고려해야 될 것이 기업 목적 달성이라는 과제 해결이라면 한국 기업과 한국인이 중국 및 중국인에게 먼저 양보하고 먼저 희생하는 것이 이치에도 맞고 논리에도 맞다고 보아야 할 것이다. 중국인에 대한 한국인의 더 큰 양보와 더 큰 희생만이 중국인들로부터 어느 정도의 동의와 동조를 이끌어낼 수 있다는 점을 명심해야 할 것이다. 이런 상황에 도달하게 되면 자연히 한국 기업들은 많은 비용을 들여가며 한국인 주재원들을 중국에 파견할 필요 없이 주재원 못지않은 능력을 지닌 중국인 현지 간부를 채용하거나 육성할 수 있고, 한국인 주재원의 충성심 못지않은 강한 충성심을 가진 중국인 직원들을 채용하거나 육성할 수 있을 것이다.

06

PART

철수 전략

18

철수 전략

중국에서 갑작스러운 기업 환경의 악화나 다른 경영상의 문제점으로 인해 더 이상 사업을 지속할 수 없게 되었을 때에는 정식으로 사업 철수 절차를 진행해야 한다. 이를 위해서는 〈외상투자기업청산방법〉, 〈중화인민공화국회사법〉, 〈중화인민공화국기업파산법〉 등을 꼼꼼히 살펴보고 사업 철수에 관련된 법률 및 절차에 대해 주의를 기울여야 한다.

CHAPTER

18

철수 전략

1. 개요

중국에서 갑작스러운 기업 환경의 악화나 다른 경영상의 문제점으로 인해 더 이상 사업을 지속할 수 없게 되었을 때에는 정식으로 사업 철수 절차를 진행해야 한다. 이를 위해서는 우선 최초 투자 허가 기관으로부터 인가를 받아야 하고, 경우에 따라서는 이전에 감면받았던 세금을 납부하거나 직원에 대한 경제 보상금을 지불해야 한다. 그러나 정식으로 사업 철수 절차를 밟기 위해서는 앞에서 언급한 경제적 부담 외에도 상당한 시간이 소요되기 때문에 실제로 정식으로 사업 철수 절차를 진행하는 외자기업의 사례는 많지 않다. 특히, 한국 투자 기업들의 야반 도주가 심각한 이슈로 제기되면서 중국 상무부, 외교부, 공안부, 사법부는 공동으로 외자기업의 무단 철수에 대하여 외자기업이 청산 절차를 밟지 않고 비정상적인 방법으로 철수할 경우 국경을 초월한 책임 추궁과 소송을 통해 중국인의 합법적인 권익을 보호할 것이라고 밝힌 바 있다.[1] 이는 단순한 기업 문제를 넘어 한중 간 경제 사회적인 문제로 대두되고 있는 점을 감안하여 투자 기업들은 사업 철수에 관련된 법률 및 절차에 대해 각별히 주의를 더 기울여야 할 것이다.

1) 〈人民網〉, 2008. 11. 19.

〈표 18-1〉 중국 산동성 청도시 한국 투자 기업 중 무단 철수 기업 현황

(단위: 건)

연도	2000	2001	2002	2003	2004	2005	2006	2007	합계
신규 투자	560	663	1,010	1,356	1,543	1,691	801	609	8,243
무단 철수	–	–	–	21	25	30	43	87	206

(출처: 대외경제연구원, 〈한국기업의 철수에 대한 중국의 시각〉, 2008. 7.)

사례 1 칭다오 한국 기업 206곳 '야반 도주'

8년간 '야반 도주' 2.5%…지난해에 42% 집중

지난 2003년부터 중국의 칭다오에서만 무단 철수한 한국 기업이 206곳에 이르는 것으로 조사됐다.

12일 한국수출입은행이 칭다오의 대외무역합작국의 통계를 인용해 발표한 '청도지역 투자 기업 무단 철수 현황' 자료를 보면, 2000년부터 2007년까지 중국 산둥성 칭다오에 한국 자본 투자 기업 8344곳이 들어섰으며, 이 가운데 2.5%인 206곳이 이른바 '야반 도주' 한 것으로 나타났다.

무단 철수 기업의 숫자는 2000~2002년에는 전혀 없다가 2003년 21곳, 2004년 25곳, 2005년 30곳, 2006년 43곳 등 꾸준히 늘어났으며, 지난해는 87곳으로 치솟아 전체 무단 철수의 42.2%에 이르렀다. 한국 자본 투자 기업은 2005년 1691곳을 정점으로 2006년 801곳, 2007년 720곳 등 줄어드는 추세이다.

무단 철수한 기업을 업종별로 보면, 중국과의 수교 초기에 진출한 전통적 노동집약적 업종인 공예품(액세서리)이 63곳(30.5%)으로 가장 많았고, 봉제 33곳, 피혁 28곳, 가방 14곳, 신발 13곳, 방직 6곳 등이었다.

종업원 규모로는 50명 미만 기업이 114곳으로 전체의 55.3%를 차지했으며, 101~300명이 47곳, 51~100명이 29곳, 301~500명이 8곳, 501~1000명이 1곳 등이었다.

박진오 한국수출입은행 칭다오 주재원은 "올해 임금 부담이 지난해보다 40% 이상 늘어난 데다, 원자재 가격도 상승해 기업 활동이 어려워지고 있다."면서도 "중국 내수시장이 확대되고 있으므로 신제품 개발 등을 통해 경쟁우위에 서는 것이 필요하다."고 말했다.

(출처 : 한겨레)

외국인 투자 기업의 사업 철수 방식은 해당 기업이 처한 상황에 따라 지분 양도, 청산, 파산으로 크게 세 가지로 구분할 수 있다. 세 가지 방식 가운데 청산이나 파산 방식에 의한 사업 철수에는 대개 경영난 혹은 중국 측 합작선과의 불화로 인한 경우가 많아 원만하게 진행되지 못하거나 시간적 · 금전적 손실이 발생하는 어려움에 직면할 수 있어, 외자기업은 일반적으로 지분 양도 방식을 가장 선호하며, 이것이 여의치 않을 경우 청산, 파산 등의 방식을 취한다.

2. 지분 양도 방식에 의한 사업 철수

지분 양도 방식이란 회사의 출자 지분을 다른 회사에 양도해서 철수하는 방법이다. 합작회사의 경우 어느 한쪽이 지분을 매각코자 할 경우 합작선의 우선 매입 여부에 대한 의사를 확인해야 하고 합작선의 매입 의사가 없을 경우에 제삼자에게 매각한다. 제삼자 매각 시 합작선에게 처음에 제시했던 가격보다 낮게 제시할 수 없고 합작 상대방의 동의가 필요한데, 이를 위반한 제삼자 지분 매각 혹은 양도 계약은 무효가 된다.

지분 양도 시 적정한 양도 가격의 산정은 가장 중요한 사안이나 이를 표준화할 수 있는 적정한 규정과 평가 방법은 없으므로 경영 개시 시점에서부터 양도 시점까지의 합작회사의 경영 상태, 합작회사의 발전성, 양도 비율, 출자액에 영향을 미치는 환율 변동 상황, 양도 원인 등의 요소를 종합적으로 고려하여 평가해야 한다.

외국인 투자 기업이 중국 기업에게 지분 양도를 해서 철수하거나 합자 · 합작 중국 측 파트너에게 지분 양도를 해서 매각하는 경우에도 청산 절차와 마찬가지로 각종 세제 우대 조치가 취소되고 세금이 부과된다. 또한 기업은 양도 차익에 대한 세금과 인지세를 납부해야 하고, 현물이나 기술 자산을 양도할 경우 영업세도 내야 함에 유의해야 한다.

지분 양도 절차는 다음과 같다.

동의청구서(양수인명, 대가, 시기 등을 명기)

이사회 결의(법률상, 출자자 전원의 일치가 필요)

한국 본사 이사회에서 출자지분 양도 결의

지분 양도 계약서 체결

원 투자 허가 기관에 신청, 인가 취득

〈필요 서류〉

① 이사회 의사록
② 지분 양도에 대한 인가증
③ 한국 본사의 이사회 결의
④ 한국 본사의 등기부 등본
⑤ 한국 본사의 파견 이사 해임서
⑥ 인가신청, 등기말소수속 위임장
⑦ 영업허가증
⑧ 당초 검자보고서
⑨ 당초 출자증명서

지분 양도 실행

등기 변경

(출처: KOTRA, 《중국투자실무가이드》, 2007, p.414)

[그림 18-1] 지분양도 절차

3. 청산 및 파산 방식에 의한 사업 철수

청산이란 회사를 해산하여 모든 법률 관계를 중단시키고 재산 관계를 정리하는 것을 말한다. 외국인 투자 기업에는 1996년 7월 9일부터 시행된 〈외상투자기업청산방법(外商投資企業清算方法)(이하 〈청산방법〉으로 지칭)〉이 적용되었으나, 2008년 1월 15일 〈청산방법〉이 폐지되면서 2005년 수정된 〈중화인민공화국

회사법(中華人民共和國公司法)(이하 〈회사법〉으로 지칭)〉에 의해 대체되어 적용되고 있다.

그러나 〈청산방법〉이 폐지된 지 얼마 지나지 않았고, 기타 외자기업 관련 법규의 청산 조항들은 여전히 수정이 되지 않아 〈회사법〉의 적용 시 여러 가지

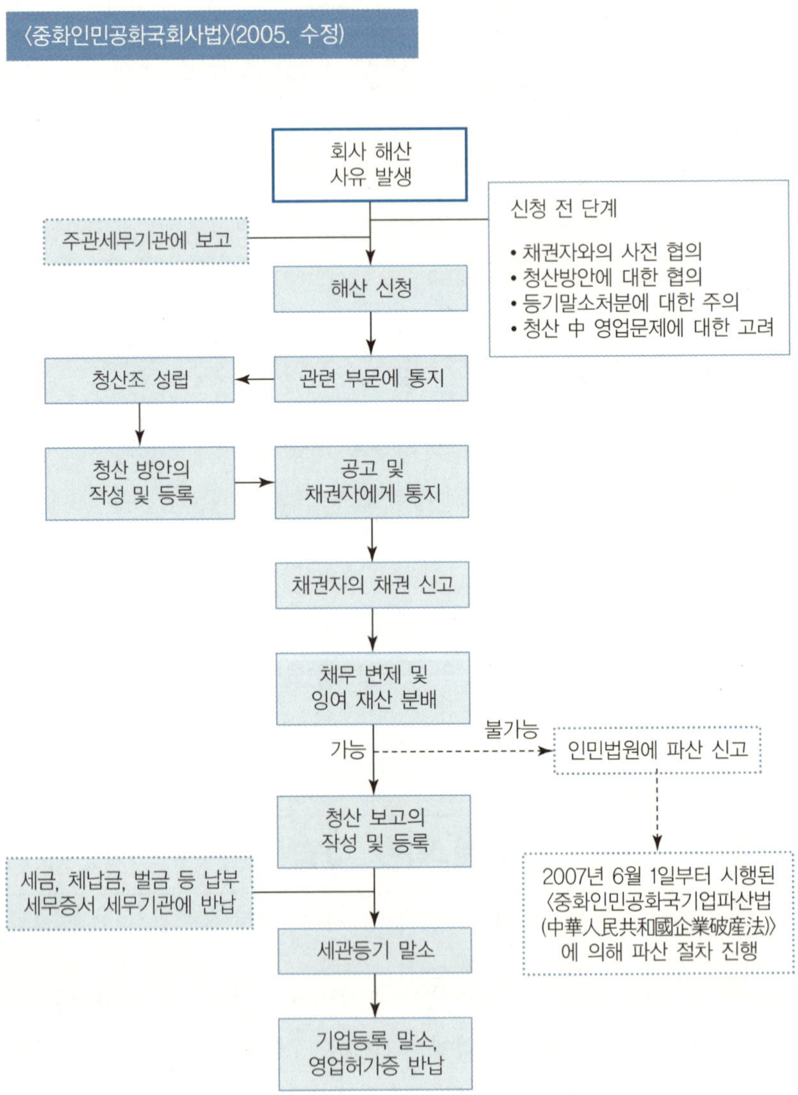

(출처: 경기개발연구원)

[그림 18-2] 새로운 〈회사법〉에 의한 중국의 기업 청산 절차

불명확한 점들이 발생하기 때문에 새로운 청산 제도가 정착되려면 어느 정도의 과도기를 거쳐야 할 것으로 보인다. 따라서 청산을 염두에 두고 있는 기업은 〈회사법〉과 외상투자 관련 법규를 기본으로 하되, 앞으로 중국 중앙정부 및 해당 지역정부의 동향에 유의하여 사전에 해당 지역 기관 등에 확인하는 절차가 필요하다.

청산 과정에서 기업 재산이 채무를 충분히 변제할 수 없을 경우 청산조(폐지된 〈청산방법〉상에서는 '청산위원회'로 규정했었음)는 인민법원에 파산선고를 신청하여야 하며 법원에 의해 파산 신고를 받은 기업은 파산 관련 절차에 따라 '파산 청산'을 진행해야 한다. 기업이 파산 청산을 하는 경우에는 여전히 2007년 6월 1일부터 시행된 〈중화인민공화국기업파산법(中華人民共和國企業破産法)〉에 따라 파산 절차를 진행하면 된다.

그럼 구체적인 청산 절차와 파산 절차에 대해 알아보기 전에 투자자들의 이해를 돕기 위해 기존의 〈청산방법〉과 새로 바뀐 〈회사법〉상의 차이점에 대해 다음의 표를 통해 좀 더 살펴보도록 하자.

〈표 18-2〉 〈청산방법〉의 청산 제도와 〈회사법〉에 따른 청산 제도의 차이점

구분	내용
〈청산방법〉의 청산 제도	• 〈청산방법〉의 폐지 전에는 외상투자기업의 청산을 보통청산, 특별청산으로 나누었다. • 보통청산이란 외상투자기업이 청산 시 청산위원회를 자체적으로 조직하여 청산 절차를 진행하는 것을 말하였다. • 특별청산이란 기업이 청산위원회를 자체적으로 구성할 수 없는 '심각한 장애 사항'이 발생할 경우 기업 최초 투자 비준 기관이 기업이나 채권자의 신청을 받아 청산을 진행시키는 것을 말하였다. • 보통청산에 장애가 발생할 경우, 기업의 이사회, 투자자 혹은 채권자는 기업심사비준기관에 '특별청산'을 신청할 수 있었다. • 단, 특별청산의 경우 법조항이 구체적이지 않고, 관련 정부 기관의 책임 소재가 분명하지 않아 여러 가지 문제를 가지고 있었다.
〈회사법〉에 따른 청산 제도	• 보통청산, 특별청산의 구분이 없어졌다. • 청산 기간을 규정하지 않는다. • 주주의 해산청구권을 규정 • 외상투자기업도 중국내자기업과 동일하게 기업법의 청산 관련 규정을 적용 • 단, 외상기업 관련 법규 중 청산 조항이 수정되지 않았고, 〈회사법〉상의 관련 법규도 구체적이지 않아, 앞으로 관련 법규가 제정 또는 수정될 것으로 보여진다. • 당분간 새로운 법률 적용을 위한 과도기적 기간으로서 지역마다 적용상 차이가 있을 가능성이 크다.

(1) 청산 절차

〈청산방법〉의 폐지로 〈회사법〉의 적용을 받게 되었으나 기본적인 절차상에서는 아직까지 큰 차이가 없다. 외국인 투자기업은 〈중화인민공화국중외합자경영기업법실시조례(中華人民共和國中外合資經營企業法實施條例)〉 및 〈외자기업법실시세칙(外資企業法實施細則)〉에서 규정하는 일정한 기업 해산 사유가 발생할 시 해산을 신청할 수 있다.

외자기업의 해산은 다음과 같은 해산 사유가 적용된다.

- 외자기업의 경영 기한 만료
- 심각한 경영상 손실로 외국 투자자가 해산을 결정
- 자연재해, 전쟁 등 불가항력으로 인한 심각한 손실로 경영 불가
- 기타 정관에서 정한 해산 사유의 발생
- 중국 법률, 법규를 위반하고, 사회 공공 이익을 훼손하여 법에 의해 말소되는 경우

중외 합자 · 합작 기업은 다음의 해산 사유가 적용된다.

- 외자기업의 경영 기한 만료
- 심각한 경영상 손실로 경영을 계속할 수 없는 경우
- 합영 일방이 합영기업 협의, 계약, 정관에서 규정한 의무를 이행하지 않아 기업이 경영을 계속할 수 없는 경우
- 자연재해, 전쟁 등 불가항력으로 인한 심각한 손실로 경영 불가
- 합영기업이 그 경영 목적을 달성할 수 없고, 발전 가능성이 없는 경우
- 기타 합영기업 계약, 정관에서 정한 해산 사유의 발생

또한 다음과 같은 〈회사법〉의 적용으로 회사의 주주 결의권 10% 이상을 소유한 주주는 인민법원에 회사 해산을 청구할 수 있게 되었다.

> 주주 간 또는 회사 관리층 간의 이익 충돌과 마찰 등으로 회사의 운영이 원활하지 못하고, 주주총회 또는 동사회가 제대로 소집되지 않는 등 회사의 모든 사무처리가 곤란한 상태에 이르러 주주 이익에 커다란 손해가 발생하는 경우, 또한

> 이러한 상황이 협상, 중재 등의 내부적인 해결 방법으로 해결되지 않을 때 주주 의결권 10% 이상을 소유한 주주는 인민법원에 해산을 신청할 수 있다.
>
> 〈회사법〉 제181조 5항, 제83조

일단 앞에서 언급한 해산 사유가 발생하면 기업은 동사회 등의 의결 기구의 전원 일치를 통해서 청산을 결정하게 된다. 이때 청산 신청 전 단계에서 유의해야 할 점은 청산 절차 진행 중에 합자사 및 채권자, 노동자 등과 분쟁이 생겨 청산 기간이 지연될 수 있으므로 청산 절차의 원활한 진행을 위해 청산 신청 전 단계에서 충분한 협의를 통해 불필요한 비용과 법률적 리스크를 줄여야 한다는 것이다.

해산 신청은 기업 설립 시 최초 허가 기관에 개업 해산을 신청해야 한다. 이때 최초 허가 기관에 신청서 및 기타 필요 서류(이사회 결의, 청산위원회 성원 명단, 투자자의 계약, 직원 배치 설명, 험자보고, 사전 종결 계약 · 정관, 회계 심사 보고, 이사회 명단, 원 비준 증서 , 원 계약 · 정관 등)들을 제출한 후 해산에 대한 동의를 얻어내면, 일반적으로 최초 허가 기관의 비준일로부터 청산 절차가 시작된다고 보면 된다.

해산 신청 후 기업은 세관, 세무 기관 등 관련 부문에 서면 통지를 해야 하고, 만약 청산 기업에 국유 자산이 있다면 자산 관리 행정 주관 부문에 통지해야 한다.

또한 기업은 해산 사유 발생일로부터 15일 이내에 '청산조'를 성립해야 한다. 청산조는 그 성립일로부터 10일 내 청산조 구성원, 청산조 책임자 명단을 회사 등기 기관에 등록해야 하며, 성립일로부터 10일 내에 채권자에게 통지하고 60일 내에 신문에 공고문을 게재해야 한다.

〈표 18-3〉 청산조

청산조의 구성	• 유한책임회사의 청산조는 주주로 구성되고, 주식유한회사의 청산조는 동사 또는 주주총회에서 결정한 인원으로 구성된다. • 기한을 넘겨 청산조를 성립하고 청산을 진행하지 않는 경우, 채권자는 인민법원에 청산조 구성원 지정 청구를 할 수 있다.
청산조의 권한	• 기업의 재산 정리, 대차대조표와 재산 명세서 작성, 청산 방안 작성 • 채권자를 위한 공고, 채권자에 대한 서면 통지 • 청산과 관련된 기업의 현안 업무 처리 • 미납 세금 및 청산 과정 중 발생한 세금 청산 • 채권, 채무 정리 • 기업 채무 상환 후 잉여 재산 처분 • 외상투자기업 대표로 민사 소송 참가
청산조의 업무	• 청산조는 회사의 채권 채무의 정리를 처리한다. 즉, 주요하게 채무의 상환, 채권의 회수 및 미종료된 업무의 종결 등 업무를 처리한다. • 청산조는 잉여 재산을 분배한다. 즉, 청산 비용, 직원의 임금, 사회보험 비용과 법정 보상금, 미납 세금의 납부 후에 남은 재산을 주주에게 배분한다. • 청산 기간 동안 회사는 독립적으로 민사 행위를 할 수 없으며 청산조는 회사를 대표하여 대외 업무를 책임진다. 만약 청산 기간 동안 회사가 소송을 하거나 소송을 당하는 경우, 청산조가 회사를 대표하여 소송을 진행한다.

한편, 채권자는 통지 접수일로부터 30일 이내에 청산위원회에 채권액 및 채권과 관련된 증명 자료를 함께 제출하여 채권 신고를 해야 한다. 만약 통지를 접수하지 못했을 경우 공고일로부터 45일 내에 청산조에 채권 보고를 해야 한다.

채무 변제 순위 및 잉여 재산 분배와 관련해서는 청산 기업은 청산 재산에서 청산 비용을 먼저 지불한 후에 기타 채무(종업원의 임금, 사회보험 비용, 미납된 세금 등)를 변제하고 나서야 잉여 재산을 주주에게 분배할 수 있다. 유한책임회사는 주주의 출자 비율에 따라 잉여 재산을 분배하고, 주식유한회사는 주주가 소유하는 지분 비율에 따라 분배한다.

재산 분배 문제가 해결되면 청산조는 청산 절차 개시 시에 작성한 청산 방안에 따라 청산 보고서를 작성한다. 청산 보고서는 회사의 주주총회 등 의결 기구의 확인을 받거나 확인을 받은 후 회사 등기 기관에 보고하고 회사등기말소신청을 해야 하며 회사 종료를 공고해야 한다.

청산 보고서를 등록하고 나면 기업은 세무기관과 세관에 각각 등록말소를 진행해야 한다. 이때 기업등록말소 수속을 밟기 전에 세무기관에 납부할 세금, 체납금, 벌금 등을 납부하여야 하며, 세무 영수증 및 기타 세무 증서를 세무기관에 반납하고, 관련 납부 증명 및 반납증명을 가지고 세무 관리 기관에 세무등기말소 수속을 신청하면 된다.

기업 등록의 말소는 청산조가 청산을 완료한 날로부터 30일 이내에 회사의 청산조 책임자가 서명한 등기말소신청서를 청산 보고서와 함께 기업등기기관에 제출하여 진행한다.

(2) 파산 절차

파산 청산이란 채무자가 경제적으로 파탄 상태에 빠져 채무를 변제할 수 없을 때 그 총재산을 모든 채무자에게 나누어주는 형식을 말하며, 파산 청산의 경우 여전히 기존의 방식과 마찬가지로 2007년 6월 1일부터 시행된 〈중화인민공화국기업파산법(中華人民共和國企業破産法)〉을 따르고 있다. 파산 청산과 일반 청산의 가장 큰 차이점은 인민법원이 개입하여 주요한 절차에 관여한다는 점이다.

기업이나 채권자는 법원에 파산을 신청하고, 법원이 파산을 선고하면 그 선고 날짜가 파산 청산 개시일이 된다. 법원은 파산 신청 수리일로부터 25일 내에 파산 기업과 채권자에게 파산 선고 사실을 통지하고 공고하게 되는데, 파산 선고 전에 파산 기업은 법원에 화해 신청을 할 수 있다. 기업이 채권단 회의와 화해 협의를 거쳐서 법원의 판정을 받으면 법원은 파산 절차 중지를 공고한다. 하지만 기업이 화해 협의에 따라 모든 채무를 상환하지 않으면 채권자가 법원에 강제집행을 신청할 수 있다.

4. 청산 시 세무 문제

여기서는 청산 과정 중에 우리 기업들이 흔히 접할 수 있는 세금 관련 사항들을 정리해본다.

〈표 18-4〉 청산 시 흔히 발생하는 세금 문제

경영 활동 중 발생하는 세금	• 청산 시 세금신고 기한이 도래하지 않아 미납 상태인 세금 • 청산 기간 중 계속되는 업무로 인하여 발행하는 세금
세금 혜택 반환	• '2면 3감반(二免三减半)' 의 세제 우대 반환 기업이 받고 있는 '2면 3감반' 의 세제 우대에 대해서는 청산으로 인하여 기업의 실제 경영 기한이 10년 이하로 될 경우, 이미 혜택을 받은 부분의 세금을 보충 납부해야 한다. • 재투자 세금 반환 혜택의 보충 납부 기업의 재투자로 인하여 재투자 세금 반환 혜택을 받은 기업은 청산으로 인하여 재투자 기한이 5년을 초과하지 못할 경우, 이미 반환된 세금을 보충 납부해야 한다. • 지방 재정 혜택 정책에 대한 반환 또는 보충 납부
수입 증치세 및 관세	• 수입 기계 등 제품의 수입 관세와 수입 증치세 보충 납부 수입 기계 등 제품이 세관의 관리 감독 기한 내에 있을 경우, 기업의 청산으로 인하여 관련 세관의 동의를 받고 해당 제품을 국내 내자 회사에 매각, 양도 혹은 기타 용도로 사용할 수도 있지만 사용 기한에 따라 감가상각한 후 나머지 부분에 관하여 수입 관세와 수입 증치세를 보충 납부해야 한다.
기업소득세	• 청산 소득에 대한 기업소득세 납부 • 기업 청산 중 재산 처분에 대한 영업세 및 증치세 등 납부

지금까지 중국에서의 사업 철수 절차에 대해 살펴보았는데, 앞에서도 언급했듯이 기존의 〈청산방법〉이 폐지되고 〈회사법〉의 적용을 받게 된 지 얼마 되지 않아 새로운 청산 제도가 정착되기까지는 일정한 시간이 소요될 것으로 보인다. 따라서 당분간 투자자들은 본 사업 철수 절차를 기본으로 각 지방정부나 법률사무소에 구체적으로 확인하는 작업의 과정을 거쳐야 할 것이다.

부록 APPENDIX

세수우대 지정 지역과 우대정책

1. 경제특구(經濟特區)

▶ 지정 지역(현재 5곳)

중국 경제특구

(1) 션쩐(深圳)

(2) 샤먼(厦门)

(3) 주하이(珠海)

(4) 샨터우(汕头)

(5) 하이난성(海南省)

▶ 우대정책 세부 내용

1. 특구 외자기업 감세: 특구 내의 외국인투자기업과 설립기관, 생산에 종사하는 외국기업에 대해 15%의 기업소득세를 징수한다.(시행세칙 제71조)[1)]

2. 특구은행 감면세: 특구 내의 외자은행, 중외합자은행 등의 금융기관에 대해 1000만 달러 이상 투자하고 경영 기한이 10년 이상인 경우 15%의 소득세를 징수한다. 또한, 흑자 연도로부터 1년 동안은 면세, 2~3년째에는 50% 감세의 혜택을 받을 수 있다.(시행세칙 제73조)[2)]

---

1) 시행세칙 제71조 : 세법 제7조 제1항에서 말한 15%의 기업소득세 징수는 세법 제7조 제1항에서 규정한 기업이 해당 지역 내에서 생산, 경영을 통해 취득한 소득에 한정된다. 세법 제7조 제2항에서 말한 24%의 기업소득세 징수는 세법 제7조 제2항에서 규정한 기업이 해당지역 내에서 생산, 경영을 통해 취득한 소득에 한정된다.

2) 시행세칙 제73조 : 세법 제7조 제3항에서 말한 15%의 기업소득세 징수에 적용되는 기업은 아래와 같다.

(1) 연해경제개발구와 경제특구, 경제기술개발구에 속하는 도시의 구도심에 설립한 아래 항목에 해당되는 생산성 외국인 투자기업: ① 기술집약, 지식집약형 산업, ② 외국인이 3천만 달러 이상 투자하고 투자 회수 시간이 긴 산업, ③ 에너지, 교통, 항구건설 산업

(2) 항구부두를 건설하는 중외합자 경영기업

(3) 경제특구와 국무원에서 비준한 기타 지역에 설립한 외자은행, 중외합자은행 등의 금융기관, 단, 외국 투자자가 투자한 자본 혹은 본점에서 지점에 투자한 운영자금이 1천만 달러를 넘으며, 경영기한이 10년 이상인 경우에 한함.

(4) 상해 포동지역(上海浦東新區)에 설립한 생산성 외국인 투자기업 및 공항, 항구, 철도, 고속도로, 발전소 등 에너지, 교통 건설의 외국인 투자기업

3. **구도심 특정 기업 감세**: 특구 내의 구도심에 설립한 기술지식 집약형 산업임과 동시에 3000만 달러 이상 투자하고 투자 회수 기간이 긴 산업의 기업, 에너지, 교통, 항구 등 인프라건설과 관련된 생산형 외국인 투자기업은 15%의 세율로 소득세를 징수한다.(시행세칙 제73조)
4. **구도심 기업 감세**: 특구 내의 구도심에 설립한 외국인 투자기업에 대해 24%의 소득세를 징수한다.(시행세칙 제71조)
5. **특구 서비스 기업 감면세**: 특구 내의 서비스형 외국인 투자기업에 대해 투자액이 500만 달러 이상이며 경영 기한이 10년 이상인 경우, 흑자 연도로부터 1년 동안은 기업소득세를 면제하고, 2~3년째에는 50%를 감한다.(시행세칙 제75조)
6. **특구기업 감면세**: 특구의 각종 기업 중에 생산형 산업이며 경영 기한이 10년 이상인 경우, 흑자 연도로부터 1~2년은 기업소득세를 면제하며, 3~5년은 반감한다.
7. **외국인 투자기업 분할 취득이윤 면세**: 특구 내 합자기업의 외자 측이 기업 이익을 국외로 반출 시 소득세를 면제한다.
8. **수출기업 감세**: 특구 내의 외국인 투자기업 중 상품수출기업(수출액이 70% 이상)에 대해 10%의 소득세를 징수한다.(시행세칙 75조)
9. **하이난(海南) 특구기업 감면세**: 하이난 경제특구에 설립한 항구, 부두, 공항, 고속도로, 철도, 발전소, 탄광, 수력 등 기반시설과 농업개발 경영에 종사하는 외국인 투자기업은 경영 기한이 15년 이상인 경우, 흑자 연도부터 1~5년은 면세, 6~10년 소득세를 반감한다.(시행세칙 제75조)
10. **지방소득세 감면**: 특구 내의 기업은 지방소득세를 감면하며, 이는 특구인민정부가 정한다.(세법 제9조)[3]
11. **특구 예납세 감면**: 외국인 투자자가 취득한 주식배당금, 이자, 임대료, 특허권 사용료 및 기타 소득 등 면세 대상 이외의 항목에 대해 10%의 소득세를 징수한다. 그

---

(5) 국무원이 확정한 국가첨단기술산업개발구에 설립한 첨단기술기업이라 인정받은 외국인 투자기업 및 북경 신기술산업개발실험구에 설립한 신기술기업이라 인정받은 외국인 투자기업
(6) 국무원에서 규정한 기타 지역에 설립한 국가장려 항목에 종사하는 외국인 투자기업

제(1)항의 항목에 속하는 외국인 투자기업은 국가세무국의 비준을 얻은 후에 15%의 기업소득세 혜택을 받을 수 있다.

3) 세법 제9조: 합영기업은 매번 소득세 납부기한 내에 해당 지역 세무기관에 소득세 납부신고서를 작성 제출해야 한다. 연말 3개월 내에 연간 소득세 신고서와 회계결산 보고서를 제출해야 한다.

중 자금과 설비조건 우대 혹은 기술이전 및 기타 감면세 우대에 관한 사항은 특구 정부가 결정한다.

12. **외국인 투자은행 이자 면세:** 외국은행, 국제은행 간 업계 내 콜머니 대출 이율을 외국은행 특구지점에 줄 경우, 취득한 이윤에 대해 예납세를 면제한다.

13. **외국인 예금자 이자율 면세:** 홍콩, 마카오 및 외국인 예금자가 외자은행 특구지점에서 예금이자를 취득한 경우, 예납세와 개인소득세를 면제한다.

14. **특구 내에서의 물품판매 면세:** 특구 내의 기업이 생산한 상품을 해당 특구에서 판매할 경우, 일시적으로 증치세(부가가치세)를 면제한다.

15. **특구 내의 노무 제공 감세:** 특구 내의 기관, 단체 및 개인이 가공, 수리, 조립 혹은 도소매 물품을 특구 내의 기관, 단체, 개인에게 제공할 경우, 6%의 증치세를 징수한다.

16. **기업 수출상품 면세:** 특구 내의 기업이 지역 내 생산 상품을 수출한 경우, 중국의 제한 수출상품 혹은 별도규정 상품 이외의 것에 대해 수출관세를 면제한다.

17. **특구 자체 이용 수입물자 선징수 후반환:** 특구 내의 중국자본기업, 행정사업기관이 자체 이용 물자를 수입비준액 한도 내에서 수입할 경우, 1996~2000년까지 5년 동안 증치세와 관세를 선징수 후반환한다.

18. **특구 외자은행 영업수입 면세:** 특구 내에 설립한 외국인 투자기업 및 외국 금융기업의 특구 내에서의 영업수입에 대해 등록일로부터 5년 동안 영업세를 면제한다. (이 정책은 재세[2001] 74호 문건 규정에서 2001년 5월 1일부터 시행이 정지됨. 단, 소급 적용)

19. **하이난성(海南省) 부동산 처리 면세:** 국유은행 이외의 기타 금융기관이 하이난성과 광시장족자치구 베이하이시(廣西北海市)에서 아파트 소유권 조정 과정에서 인수한 공실 아파트 및 기타 기업(단체)이 법원 결정에 따라 인수한 공실 아파트를 2004년 12월 말 전에 전매할 경우, 영업세와 계약세를 면제한다.(재세[2002] 205호)

2. 경제기술개발구

▶지정 지역(총 53곳)

경제기술개발구(국가급)는 중국 국무원 상무부에서 비준하고 있으며, 국내외 기업(합자나 독자기업 포함)을 대상으로 투자를 유치하고 있다.

〈중국의 경제기술개발구〉

北京	山西	海南
北京经济术开发区	太原经济术开发区	海南洋浦经济开发区
上海	福建	廣東
上海金桥区 上海闵经济术开发区 泾经济技術开发区 桥经济术开发区	东经济术开发区 福清侨经济术开发区 门沧资区 冓经济术开发区	广经济术开发区 广錐经济术开发区 湛江经济术开发区 惠州大亚湾经济术开发区
天津	湖北	廣西
天津经济术开发区	武汉经济术开发区	南宁经济术开发区
重慶	湖南	四川
重庆经济术开发区	长经济术开发区	成都经济术开发区
黑龍	貴州	新疆
哈尔滨经济术开发区	贵阳经济术开发区	乌鲁齐经济术开发区 石河子经济术开发区
吉林	江西	陕西
长经济术开发区	南昌经济术开发区	西安经济术开发区
遼寧	江蘇	浙江
大连经济术开发区 营经济术开发区 沈阳经济术开发区	南京经济术开发区 昆山经济术开发区 连经济术开发区 南通经济术开发区 苏业园区	杭州经济术开发区 宁榭开发区 温经济术开发区 宁经济术开发区 萧经济术开发区
河北	甘肅	雲南
秦皇岛经济术开发区	兰州经济术开发区	昆明经济术开发区
山東	安徽	寧夏
青岛经济术开发区 威海经济术开发区 烟台经济术开发区	合肥经济术开发区 芜经济术开发区	银川经济术开发区
內蒙古	河南	青海
呼和浩特经济术开发区	郑州经济术开发区	西宁经济术开发区

출처: 중국투자망(www.fdi.gov.cn)

▶ 우대정책 세부 내용

1. 특구 외자기업 감세: 특구 내의 외국인 투자기업과 설립기관, 생산에 종사하는 외국기업에 대해 15%의 기업소득세를 징수한다.(경제특구 제1조 적용)

2. **구도심 특정기업 감세:** 특구 내의 구도심에 설립한 기술지식 집약형 산업임과 동시에 3000만 달러 이상 투자하고 투자 회수 기간이 긴 산업의 기업, 에너지, 교통, 항구 등 인프라건설과 관련된 생산형 외국인 투자기업은 15%의 세율로 소득세를 징수한다.(경제특구 제3조 적용)
3. **구도심 기업 감세:** 특구 내의 구도심에 설립한 외국인 투자기업에 대해 24%의 소득세를 징수한다.(경제특구 제4조 적용)
4. **기업 수출상품 면세:** 특구 내의 기업이 지역 내 생산 상품을 수출한 경우, 중국의 제한 수출상품 혹은 별도 규정 상품 이외의 것에 대해 수출관세를 면제한다.(경제특구 제16조 적용)
5. **수출기업의 물품수입 면세:** 개발구 내의 기업이 수출상품 생산에 실질적으로 소비되는 물품을 수입할 경우, 관세와 수입 유통 증치세를 면제한다.
6. 쿤샨(昆山), 웨이하이(威海), 잉커우(营口), 동샨(东山), 롱챠오(融侨) 등 도시에서도 '경제특구 제1조 정책' 혜택을 받을 수 있다.

3. 연해경제개발구

▶ 지정 지역

장강삼각주(长江三角洲), 주강삼각주(珠江三角洲), 민남 하장천지역(闽南夏-漳-泉), 요동반도 및 기타 연해지역에 속하는 개방도시, 진우현의 청관구(金吴县 矣区), 산밍시(三明市), 난핑시(南平市), 롱옌시(龙市), 푸안시(福安市), 푸딩현(福鼎县), 장강삼협지역이 이에 해당한다.

▶ 우대정책 세부 내용

1. **구도심 특정기업 감세:** 특구 내의 구도심에 설립한 기술지식 집약형 산업임과 동시에 3000만 달러 이상 투자하고 투자 회수 기간이 긴 산업의 기업, 에너지, 교통, 항구 등 인프라건설과 관련된 생산형 외국인 투자기업은 15%의 세율로 소득세를 징수한다.(경제특구 제3조 적용)
2. **구도심 기업 감세:** 특구 내의 구도심에 설립한 외국인 투자기업에 대해 24%의 소득세를 징수한다.(경제특구 제4조 적용)

4. 첨단기술산업개발구(高新技術產業開發區)

첨단기술산업개발구는 중국 과학기술부에서 관장하고 있는데, 그 대상은 경제기술개발구보다 까다로워 중국 과학기술부로부터 첨단기술 기업으로 인정받아야 한다. 첨단기술산업개발구는 당초 국내 첨단기업을 위주로 운영되어 왔으나 최근에는 해외 첨단기업도 입주할 수 있도록 하고 있다.

▶ 지정 지역(총 52곳)

이들 첨단기술산업개발구는 4개 직할시(북경, 상해, 천진, 중경), 20개의 성도(省都, 성정부 소재지), 4개의 계획단열시(計劃單列市), 따칭(大庆), 지린(吉林), 안샨(鞍山), 진저우(锦州), 바오띵(保定), 바오터우(包头), 웨이하이(威海), 웨이팡(潍坊), 쯔보(淄博), 수저우(苏州), 우시(无锡), 창저우(常州), 뤄양(洛阳), 샹양(襄阳), 주저우(株洲), 궤이린(桂林), 주하이(珠海), 중샨(中山), 포샨(佛山), 훼이저우(惠州), 바오지(宝鸡) 등 52개 도시에 하나씩 위치하고 있다.[4)]

---

4) 하이난성(海南省)과 시닝(西宁), 인촨(银川), 후허하오터(呼和浩特), 라사(拉萨), 닝보(寧波)는 제외됨

〈중국의 첨단기술산업개발구〉

天津新技术产业园区	威海高技术产业开发区
石家庄国家高新技术产业开发区	郑州国家高新产业开发区
保定国家高新技术产业开发区	洛阳国家高新产业开发区
太原国家高新技术产业开发区	武汉东湖高新技术产业开发区
包头稀土国家高新技术产业开发区	襄樊高新技术产业开发区
沈阳国家高新技术产业开发区	长沙国家高新技术产业开发区
大连国家高新技术产业开发区	株洲高新技术产业开发区
鞍山国家高新技术产业开发区	广州国家高新技术产业开发区
长春国家高新技术产业开发区	深圳高新技术产业开发区
吉林国家高新技术产业开发区	珠海国家高新技术产业开发区
哈尔滨国家高新技术产业开发区	中山火炬高新技术产业开发区
大庆国家高新技术产业开发区	佛山国家高新技术产业开发区
上海高新技术产业开发区	惠州仲恺高新技术产业开发区
苏州国家高新技术产业开发区	南宁国家高新技术产业开发区
无锡国家高新技术产业开发区	桂林国家高新技术产业开发区
常州国家高新技术产业开发区	海南高新技术产业开发区
南京高新技术产业开发区	重庆国家高新技术产业开发区
杭州国家高新技术产业开发区	成都高新技术产业开发区
合肥国家高新技术产业开发区	绵阳国家高新技术产业开发区
福州市科技园区	贵阳国家高新技术开发区
厦门火炬高技术开发区	昆明高新技术产业开发区
南昌国家高新技术产业开发区	西安高新技术产业开发区
济南高新技术产业开发区	杨凌农业高新技术产业示范区
青岛高新技术产业开发区	宝鸡国家高新技术产业开发区
潍坊高新技术产业开发区	兰州国家高新技术产业开发区
淄博高新技术产业开发区	乌鲁木齐高新技术产业开发区

출처: 중국개발구망(www.cadz.org.cn)

▶ 우대정책 세부 내용

1. 첨단기술기업 감세: 지역 내 설립된 첨단기술기업은 15%의 소득세 징수
2. 새로 설립한 첨단기술기업 면세: 새로 설립한 첨단기술 내자기업(국내기업)은 생산경영일로부터 2년 동안 소득세를 면제한다.
3. 합자 첨단기술기업 면세: 경영 기한이 10년 이상인 중외합자 첨단기술기업은 흑자연도로부터 2년 동안 기업소득세를 면제하고 3년 동안 반감한다.
4. 내자기업의 건물 건축 면세: 내자기업이 스스로 조달한 자금으로 기술개발과 생산경영에 필요한 건물을 건축할 경우, 고정자산투자 방향조절세를 면제한다.
5. 원료수입 면세: 첨단기술기업이 수출상품 생산을 목적으로 수입한 원료와 부품에 대해서 관세와 수입유통 증치세를 면제한다.

6. 수출상품 면세: 첨단기술기업이 생산한 수출상품에 대해 수출관세를 면세한다.
7. 수입물품 면세: 세관의 허가를 통해 첨단기술기업은 개발구 내에 보세창고와 보세공장을 설립할 수 있으며, 세관은 가공무역 관련 규정에 따라 실제 가공 수출 물량을 근거로 수입관세와 수입증치세를 면제한다.

5. 연해개방도시

▶ 지정 지역(총 18곳)

따리엔(大连), 친황다오(秦皇岛), 톈진(天津), 옌타이(烟台), 칭다오(青岛), 리엔윈강(连云港), 난퉁(南通), 닝보(宁波), 푸저우(福州), 광저우(广州), 짠쟝(湛江), 샹하이(上海), 온저우(温州), 베이하이(北海)와 샨터우(汕头), 주하이(珠海), 샤먼(厦门)의 경제특구를 제외한 시내 지역, 웨이하이시(威海市) 시내

▶ 우대정책

1. 구도심 특정기업 감세: 특구 내의 구도심에 설립한 기술·지식 집약형 산업임과 동시에 3000만 달러 이상 투자하고 투자 회수 기간이 긴 산업의 기업, 에너지, 교통, 항구 등 인프라건설과 관련된 생산형 외국인 투자기업은 15%의 세율로 소득세를 징수한다.(경제특구 제3조 적용)
2. 구도심 기업 감세: 특구 내의 구도심에 설립한 외국인 투자기업에 대해 24%의 소득세를 징수한다.(경제특구 제4조 적용)
3. 기업 수출상품 면세: 특구 내의 기업이 지역 내 생산 상품을 수출한 경우, 중국의 제한 수출상품 혹은 별도 규정 상품 이외의 것에 대해 수출관세를 면제한다.(경제특구 제16조 적용)
4. 특구 서비스 기업 감면세: 특구 내의 서비스형 외국인 투자기업에 대해 투자액이 500만 달러 이상이며 경영 기한이 10년 이상인 경우, 흑자 연도로부터 1년 동안은 기업소득세를 면제하고, 2~3년째에는 50%를 감한다.(경제특구 제5조 적용)

6. 연강개방도시

▶ 지정 지역(총 9곳)

우후(芜湖), 지우쟝(九江), 우한(武汉), 웨양(岳阳), 충칭(重庆), 황실(黄石), 이창(宜

昌), 완시엔(万县), 푸링(涪陵)

▶ **우대정책: 연해개방도시와 동일**

7. 내륙개방도시

▶ **지정 지역(총 19곳)**

북경(北京), 스지아쫭(石家庄), 타이웬(太原), 후허하오터(呼和浩特), 하얼빈(哈尔滨), 장춘(长春), 난창(南昌), 허페이(合肥), 정저우(郑州), 창샤(长沙), 난닝(南宁), 청두(成都), 쿤밍(昆明), 귀이양(贵阳), 시안(西安), 란저우(兰州), 시닝(西宁), 인저우(银州), 우루무치(乌鲁木齐)등 19개 내륙도시

▶ **우대정책**

연해개방도시와 동일

8. 변경대외개방도시

▶ **지정 지역(총 14곳)**

헤이허(黑河), 수이펀허(绥芬河), 만저우리(满洲里), 단둥(丹东), 훈춘(珲春), 핑샹(凭祥), 루이리(瑞丽), 이닝(伊宁), 얼리엔하오터(二连浩特), 동싱전(东兴镇), 허커우시엔(河口县), 타청(塔城), 완딩(畹町), 보러(博乐)

〈변경대외개방도시(國家級邊境經濟合作區)〉

满洲里边境经济合作区 二连浩特边境经济合作区 丹东边境经济合作区 珲春边境经济合作区 绥汾河边境经济合作区	黑河边境经济合作区 广西东兴边境经济合作区 广西凭祥边境经济合作区 畹町边境经济合作区 云南瑞丽边境经济合作区	河口边境经济合作区 博乐边境经济合作区 塔城边境经济合作区 伊宁边境经济合作区

출처: 중국개발구망(www.cadz.org.cn)

▶ 우대정책

1. 감세: 생산성 외국인 투자기업에 대해 24%의 소득세를 징수한다.
2. 출자관계기업 감세: 변경경제합작구의 출자관계기업에 대해 24%의 소득세를 징수하며, 출자관계기업의 출자 측이 투자이윤을 내륙으로 회수할 경우 9%의 소득세를 더 징수한다.

9. 국가여행휴양지(國家旅游度假區)

▶ 지정 지역(총 13곳)

하이난 야롱완(海南亚龙湾), 쿤밍 띠엔츠(昆明滇池), 베이하이 인탄(北海银滩), 광저우 난후(广州南湖), 푸지엔 우이산(福建武夷山), 메이저우다오(湄州岛), 항저우의 강(杭州之江), 쟝수 타이후(江苏太湖), 샹하이 헝샤다오(上海横沙岛), 칭다오 스라오런(青岛石老人), 따리엔 진스탄(大连金石滩) 등

〈국가여행휴양지〉

北海银滩国家旅游度假区 杭州之江国家旅游度假区 大连金石滩国家旅游度假区 昆明滇池国家旅游度假区 北京中华民族园	湄洲岛国家旅游度假区 青岛石老人国家旅游度假区 上海余江国家旅游度假区 苏州太湖国家旅游度假区 温州马莽潭国家旅游度假区	无锡太湖国家旅游度假区 福建武夷山国家旅游度假区 亚龙湾国家旅游度假区

출처: 중국개발구망(www.cadz.org.cn)

▶ 우대정책

1. 감세: 지역 내의 외국인 투자기업에 대해 24%의 소득세를 징수한다.(경제특구 제4조 적용)
2. 외자기업 감면세: 경영 기한이 10년 이상인 외국인 투자기업에 대해 흑자 연도로부터 1~2년은 기업소득세 면세, 3~5년은 반감한다.
3. 수입물품 보세: 외자기업이 여행 수출상품 생산을 목적으로 수입하는 원료, 부품, 원자재, 조립세트, 보조재, 포장재는 보세물품으로 취급한다.

10. 쑤저우공업원구

▶ **지정 지역:** 쑤저우시 진지후(**蘇州市 金鷄湖**) 지역

▶ 우대 정책

1. 경제기술개발구의 각종 세수우대정책을 적용한다.(경제기술개발구의 제1~5조 적용)
2. 지역 내에 수입한 자체 이용 물자 선징수 후반환: 지역 내의 기업이 자체 이용을 목적으로 수입한 물품에 대해 수입관세와 수입증치세를 면제하고 경제특구 정책에 따라 5년 동안 시행하며 선징수 후반환한다.(경제특구 제17조 적용)
3. 지역 내 외자은행의 영업수입 면세: 지역 내의 외국인 투자기업과 외국 금융기업이 지역 내에서 취득한 영업수입에 대해 등록일로부터 5년 내에 영업세를 면제한다.(경제특구 제18조 적용)

11. 푸젠대만기업투자구(福建臺商投資區)

▶ **지정 지역:** 푸저우 마웨이 경제기술개발구의 대만기업투자구, 샤먼시 싱린, 하이창, 지메이 지역

▶ 우대정책

1. 푸저우 마웨이 투자구는 '경제기술개발구'의 세수우대정책 혜택을 동일하게 받을 수 있다.(경제기술개발구의 제1조~5조 적용)
2. 샤먼 대만기업투자구는 '경제특구'의 세수우대정책의 혜택을 받을 수 있다.(경제특

구 제1조~17조 적용)

12. 상하이 푸동지역(上海浦東新區)

▶ **지정 지역**: 상하이 푸동

▶ **우대정책**

1. 감세: 지역 내의 생산형 외국인 투자기업과 기초시설 건설에 종사하는 외국인 투자기업에 대해 15%의 기업소득세를 징수한다.
2. 특정 항목의 감면세: 지역 내의 외국인 투자기업이 공항, 항구, 철도, 발전소 등의 에너지 교통 분야에 종사하며 영업 기한이 15년 이상인 경우, 1~5년은 소득세를 면제하며, 6~10년은 소득세를 반감한다.
3. 외자은행 감세: 외자금융기관이 외국인 투자가 1000만 달러가 넘으며 영업 기한이 10년 이상인 경우, 경영업무소득에 대해 15%의 기업소득세를 징수한다.
4. 외자 금융기업 면세: 지역 내의 외국인 투자 및 외국 금융기업이 지역 내에서 취득한 영업수입에 대해 등록일로부터 5년 동안 영업세를 면제한다.
5. 내자기업 수입물자 선징수 후반환: 지역 내의 내자기업 및 행정사업기관에 대해 1996년 4월 1일부터 수입한 자체 사용 물자에 대해 5년 동안 관세와 수입증치세 선징수 후반환제를 실시한다.

13. 하이난 양푸개발구(海南洋浦開發區)

▶ **지정 지역**: 하이난 양푸 30만km^2

▶ **우대정책**

1. 지역 내 세수우대는 하이난 경제특구 정책과 동일하게 시행
2. 지역 내 수입관세 및 수입 증치세는 보세구 정책을 적용하여 시행

14. 수출가공구(出口加工區)

▶ **지정 지역**: 국무원의 비준을 받아 세관에서 관리 감독하는 15개 특수봉쇄지역

〈수출가공구(國家級出口加工區)〉

北京天竺出口加工区 天津出口加工区 大连出口加工区 珲春出口加工区 上海松江出口加工区 上海金桥出口加工区	昆山出口加工区 苏州工业园区出口加工区 杭州出口加工区 厦门出口加工区 烟台出口加工区	武汉出口加工区 广州出口加工区 深圳出口加工区 成都出口加工区 威海出口加工区

출처: 중국개발구망(www.cadz.org.cn)

▶ 우대정책

1. **국산설비 물자판매 면세**: 수출가공구 밖의 기업이 수출가공구 내 기업에 판매하고 수출가공구 공동구역 내 기업이 사용하는 국산설비, 원자재, 부품, 포장재 및 기초시설 건축, 가공기업과 행정관리 기관 생산품, 사무실 건설에 필요한 물자(물, 전기, 가스 불포함)에 대해 지역 외의 기업이 세무기관에 세금 반환이나 면세를 신청할 수 있다. 지역 외의 기업이 지역 내 기업이나 행정관리기관에 판매하고 가공구 내에서 공동으로 사용하는 생활 소비용품, 교통운수수단에 대해서는 세금 반환이나 면세를 신청할 수 없다. 지역 외의 기업이 지역 내 기업이나 행정관리기관에 판매하고 가공구 내에서 공동으로 사용하는 수입기구, 설비, 원자재, 부품, 포장재 및 기초건설 물자에 대해서는 세금 반환이나 면세를 신청할 수 없다.
2. **수출화물면세**: 지역 내의 기업이 지역 내에서 가공 생산한 화물을 직접 수출하거나 지역 내 기업에 판매하는 경우, 증치세와 소비세를 면제한다. 단, 지역 내 기업이 수출하는 화물에 대해서는 세금 반환 신청을 할 수 없다.
3. **기타 세금징수혜택**: 지역 내의 외국인 투자기업에 대해서는 현행 경제기술개발구 관련 소득세 정책 규정에 따라 시행한다.(경제특구 제1조, 3조, 4조, 11조 적용)
4. **소비용 수도, 전기, 가스 세금 반환**: 수출가공구에서 쓰이는 소비용 수도, 전기, 가스에 대해 세금반환정책을 시행한다.(국세[2002] 116호)

15. 보세구(保稅區)

보세지역은 보세구와 수출가공구로 나뉜다. 보세구는 주로 무역, 유통, 물류 기업들이 활동하고 있으며 수출가공구는 가공무역 전용보세구로 가공수출기업, 가공무역 관련 창고, 운송 기업들이 입주해 있다.

▶ 지정 지역(총 15곳)

상하이(外高橋), 톈진항, 션쩐(푸티엔, 샤터우쟈오, 옌티엔), 광저우, 따리엔, 칭다오, 장지아항, 닝보, 샨터우, 샤먼, 하이거우, 주하이 등 도시의 보세구, 양푸개발구(하이난)

〈중국의 15개 국가급 보세구〉

天津保税区 大连保税区 上海浦东外高桥保税区 张家港保税区 宁波保税区	福州保税区 厦门象屿保税区 青岛保税区 广州保税区 珠海保税区	汕头保税区 深圳福田保税区 深圳沙头角保税区 深圳盐田保税区 海口保税区

출처: 중국개발구망(www.cadz.org.cn)

▶ 우대정책

1. 감세: 지역 내에서 가공 수출하는 생산형 외국인 투자기업에 대해 15%의 기업소득세를 징수한다.
2. 수입화물면세: 지역 내의 기업이 자체 사용을 목적으로 수입한 건설자재, 생산 및 관리설비에 필요한 수리부품, 생산용 연료에 대해 수입관세와 수입증치세를 면제한다.
3. 기초시설물자 수입 면세: 보세구 기초시설 건설에 필요한 수입기기, 설비 및 기타 물자에 대해 수입관세와 수입증치세를 면제한다.
4. 수입수출상품 화물 보세: 지역 내의 기업이 수출상품 생산에 필요로 하는 원자재, 부품, 포장재에 대해 보세한다.
5. 경우화물 면세: 지역 경유화물은 보세화물로 처리하며, 재수출 후 면세 적용한다.
6. 수출상품 면세: 지역 내의 기업이 가공한 상품을 수출하는 경우 수출관세를 면제한다.
7. 국산 강재 면세: 역내 가공무역기업이 생산을 목적으로 반입한 국산 강재를 원료로

하여 가공 상품을 만들어 수출한 경우 가공유통 증치세를 면제한다.

16. 중서부 빈곤지역(中西部貧困地域)

▶ 지정 지역(총 19곳)

국가가 규정한 19개 중서부지역, 혁명근거지, 소수민족지역, 국경지역 및 기타 빈곤지역

▶ 우대정책

1. **변경지역 면세:** 변경지역 주민이 타국과의 교역에서 수입한 상품의 1인당 하루 거래액이 1000위안 이하인 경우 수입증치세, 소비세, 관세를 면제한다.(국발[1996] 2호)
2. **3선지역[5] 기업 목표치 초과 부분 반환:** 중국은 '3선지역 탈위험 이전기업' 명단에 속하는 3선 기업의 증치세, 영업세에 대해 목표치를 초과한 부분만큼 반환 정책을 시행한다.(재세[1998] 42호)
3. **빈곤지역 감세:** 다음 지역에서 성급인민정부(직할시, 자치구, 성 정부가 이에 해당함)의 비준을 얻으면 농업세 감세 혜택을 받을 수 있다.
   (1)농민의 생산과 생활에 어려움이 있는 혁명근거지
   (2)생산성이 낙후되고 생활이 어려운 소수민족지역
   (3)교통 미발달, 생산 낙후 및 농민 생활이 어려운 빈곤 산촌지역
4. **삼협(三峽)지역 농민수입 면세:** 삼협댐 공사지역의 농촌에서 외부로 이주한 농민이 황무지 개발 시 취득한 농업 수입에 대해 3~5년 동안 농업세를 면제받을 수 있다. 삼협 이주민이 황무지 개척 이외의 부분에서 취득한 농업 수입에 대해서는 각 성, 구, 시로부터 일정 기한의 감면세 보호를 받을 수 있으나 최장 3년을 넘지는 못한다.(국세서한[1999] 845호)
5. **빈곤지역 면세:** '노, 소, 변, 빈(老少邊貧)' 지역 및 기타 지역 중 최저생계 문제가 해결되지 않은 빈곤 농가에 대해 납세가 어려운 경우, 농업특산세를 면제한다.(국무원령 143호 제6조)
6. **삼협지역 농업특산세 면제:** 삼협지역 농촌 이주민이 황무지, 민둥산, 사주에서 농업

---

5) 중국은 60년대부터 국토를 전략적 위치에 따라 1선, 2선, 3선으로 구분하고 가장 후방에 3선을 배치, 군수산업(무기산업, 항공산업, 핵공업) 등을 집중적으로 육성하였다.

특산품을 새로 개발할 경우, 취득한 농업특산물 수입에 대해 수입 연도부터 농업특산세를 3~5년 면제한다. 삼협지역의 외부 이주 농민이 취득한 비개황농업특산수입에 대해 각 성급정부로부터 일정 기간의 감면세 보호를 받을 수 있지만 최장 3년을 넘지는 못한다.(국세서한[1999] 803호)

7. **변경지역 목장 목축민 감세**: 신장(新疆)에서는 변경의 향(鄕), 진(鎭)(군대 목축장 포함)의 납세자에 대해 10%의 목축세를 징수한다.(정부령 45호 제9조, 제10조)

8. **민족자치지역 기업 감세**: 민족자치지역의 기업이 보호와 장려를 필요로 하면, 성급 인민정부의 비준을 받아 정기적인 소득세 감세 혹은 면세의 혜택을 받을 수 있다.

9. **빈곤지역 신설기업 감세**: 국가가 확정한 '노, 소, 변, 빈(老少邊貧)' 지역에 새로 설립한 기업은 3년 동안 소득세를 감면받을 수 있다.([94]재세 제1호)

10. **변경 빈곤농장, 삼림장 소득면세**: 변경 빈곤지역에 속하는 166개 국유농장 및 442개 국유산림장의 생산경영소득과 기타 소득에 대해 임시적으로 기업소득세를 면제한다.(재세[1997] 49호)

11. **빈곤 현(縣) 농촌신용사(農村信用社) 면세**: 국가가 정한 빈곤현의 농촌신용사는 정기적으로 기업소득세를 면제받을 수 있다.(재세[1998] 60호)

12. **변경지역 기업 감면세**: 경제 발전이 취약한 변경지역에 설립한 외국인 투자기업에 대해 경영 기한이 10년 이상인 경우 흑자 연도부터 1~2년은 기업소득세를 면제하고, 3~5년은 기업소득세를 반감한다. 위에서 말한 2면3감의 세수혜택은 기간 만료 후 국무원 세무부서의 비준을 얻어 이후 10년 동안 계속해서 15~30%의 기업소득세 혜택을 받을 수 있다.(세법 제8조)

13. **중서부지역 기업 감면세**: 2000년 1월 1일부터 중서부지역 19개성, 자치구, 직할시에 설립한 〈외국인 투자기업 지도목록〉 내 장려류와 제한 乙류 프로젝트 및 국무원이 비준한 우위산업 프로젝트에 속하는 외국인 투자기업은 현행 우대정책(2면3감) 기간 만료 후 3년 동안 15%의 기업소득세만을 징수한다. 그중 선진기술 기업 혹은 수출액이 총생산액의 70% 이상인 기업은 기업소득세를 반감하지만 반감 후의 세율이 10% 이하가 될 수는 없다.(국세발[1999] 172호)

14. **기업기부공제**: 외국인 투자기업 및 외국기업이 중국 내 비영리성 사회단체나 국가기관을 통하여 빈곤지역에 기부할 경우, 기업소득세 계산 시 사전에 공제받을 수 있다.(국세서한발[1995] 175호)

15. **개인기부공제**: 자영업자, 개인독자기업과 동업기업, 중국·외국 국적의 개인이 소득을 중국 내 사회단체, 국가기관을 통해 빈곤지역에 기부할 경우 기부액이 소득세액의 30%를 넘지 않으면 개인소득세 계산 시 공제받을 수 있다.(조례 제24조)

16. **빈곤지역 감세:** 경제낙후지역의 토지사용세 적용 세액 기준은 성급인민정부의 비준을 통해 적당히 낮출 수 있으나, 낮춘 금액이 세법에 규정된 최저액인 30% 이하가 될 수는 없다.

17. **빈곤지역 농가 신축주택 면세:** '노, 소, 변, 빈' 지역 내 생활이 어려운 농가주택이 규정용지기준 내에서 신축주택납세가 어려운 경우, 현급 인민정부의 비준을 얻어 농경지 점용세를 감면받을 수 있다.(조례 제8조, 국발[1987] 27호)

18. **삼협지역 건설용지 감세:** 삼협지역 건설용지가 댐 부근 지역에 있는 경우, 기존 납세액의 40%만을 농지점용세로 징수한다.(국세서한[1999] 845호)

19. **빈곤지역 고속도로용지 감면:** 국가가 '노, 소, 변, 빈' 지역에서 실업자구책 방편으로 건설한 도로에 대해, 납세가 어려운 경우 재정부의 비준을 얻으면 농지점용세를 감면받을 수 있다.

20. **서부대개발 세수우대:** 충칭, 스촨, 윈난, 시장, 샨시, 간쑤, 닝샤, 칭하이, 내이멍구, 광시, 신장 등 12개 서부지역과 신장 생산건설병단(新疆生产建设兵团)[6] 및 후난 샹시 자치주, 후베이 은시 자치주, 지린 옌볜 자치주에 투자한 기업은 2001년 1월 1일부터 이하 세금혜택을 받을 수 있다.(재세[2001] 202호, 국세발[2002] 47호)

    (1) 서부투자기업 소득세 감세: 서부지역에 설립한 국가장려류 산업의 내외자기업에 대해 2001년부터 2010년까지 1%의 기업소득세를 징수한다.

    (2) 민족자치지역 기업소득세 감면: 성급정부의 비준을 얻은 민족자치지방의 내자기업은 정기적으로 기업소득세를 감면받을 수 있다. 외국인 투자기업은 지방소득세를 감면받을 수 있다.

    (3) 신설기업 기업소득세 감면: 서부지역에 신설한 교통, 전력, 수력, 우편, 방송기업은 앞서 말한 프로젝트의 업무 수입이 기업 총수입의 70% 이상인 경우, 내자기업에 대해 생산 경영일로부터 1~2년은 기업소득세를 면제하고, 3~5년은 기업소득세를 반감한다. 외국인 투자기업에 대해 경영 기한이 10년 이상인 경우 흑자 연도로부터 1~2년은 기업소득세를 면제하며, 3~5년은 기업소득세를 반감한다.

    (4) 농림수입 농업특산세 면제: 서부지역 농림산업으로 취득한 농업특산수입에 대해 수입 취득 연도로부터 10년 동안 농업특산세를 면제한다.

---

6) 신장지역에만 설립된 특수행정지역

(5) 도로건설 농지점용세 면제: 서부지역의 고속도로, 지방도로건설 용지는 철도, 공항 건설 용지와 비교하여 농지점용세를 면제한다. 서부지역의 고속도로, 지방도 이외의 기타 도로 건설용지의 농경지점용세 면제는 각 성급정부가 결정한다.

(6) 자체 사용 설비 수입증치세, 관세 면제: 서부지역의 내자장려산업, 외국인 투자장려산업 및 우위산업 항목에 종사하는 기업이 투자 총액 내에서 수입한 자체 사용 설비에 대해 〈국내투자항목 면세불가 수입상품 목록(2000년 수정)〉 및 〈외국인투자항목 면세불가 수입상품 목록〉을 제외하고는 관세와 수입유통증치세를 면제한다.

21. **서부 재투자 세금 반환**: 2002년 1월 1일부터 2010년 말까지 집적회로 생산기업, 밀봉포장기업 투자자가 지역 내에서 취득한 소득세 납부 후 이윤을 서부지역의 집적회로 생산기업, 밀봉포장기업 혹은 소프트웨어 상품생산기업에 재투자할 경우, 재투자 부분에 대해 이미 납부한 기업소득세액 80%를 환급받을 수 있다.(재세[2002] 70호)

22. **빈곤지역 신문기부 공제**: 공상기업 및 개인이 빈곤지역에 〈인민일보(人民日報)〉, 〈치우스(求是)〉 잡지를 기부하는 데 지출한 비용을 공익성 기부로 보고 현행세법규정에 비례해 기업소득세와 개인소득세 납부 전에 공제받을 수 있다.(재세[2003] 224호)

23. **서부 14개 중점 고등교육기관(대학) 교수 장려금 면세**: 교육부에서는 홍콩 이가성 기금회에서 14개 서부지역 고등교육기관의 강사 및 교수에게 기부하는 1인당 1.5만 위안~5만 위안의 장려금에 대해 개인소득세를 면제한다.(국세서한[2002] 737호)

17. 농촌 세금개혁 시범지역(農村稅費改革試点地區)

▶ 지정 지역

국무원 또는 국무원 농촌세금개혁지도팀에서 비준한 농촌세금개혁 시범 시행 성, 자치구, 직할시 및 관할지역

▶ 우대정책

1. **농촌세금개혁 시범지역 우대세율:** 농촌세금개혁 시범지역의 농업특산세 납세품목 및 세율은 다음과 같다.(재세 [2001] 93호)
   (1) 담배 20%
   (2) 가공하지 않은 차, 과일류, 원목, 대나무, 수산물, 천연수지, 식용버섯, 화분(8%), 소가죽 및 양가죽(5%), 양모, 토끼털, 캐시미어, 낙타털(10%)
   (3) 목축상품, 돼지껍질 일시적인 징수 정지
   (4) 천연고무 5%
   (5) 귀중식품 12%
   (6) 성급정부가 정한 농업특산세 징수 품목의 세율은 성급정부가 8%의 폭을 넘지 않는 범위에서 정한다.
   (7) 농업특산세 세율은 최고 20%를 넘지 못하며 징수 여부 및 구체적인 비율은 성급정부에서 정한다.
2. **농촌세금개혁 시행지역 농업특산 개인소득세 면제:** 농촌세금개혁 시범지역의 농업특산세 징수를 정지하고, 징수하기로 한 후의 자영업자(개인경영상공업자) 및 개인이 취득한 농업특산물 소득에 대해 개인소득세를 다시 징수하지 않는다.(재세 [2003] 157호)
3. **농촌 세금개혁 시범지역의 농업특산세 취소 후 농업세 정책:** 2003년 농촌세금개혁 시범지역에서의 농업특산세 취소 여부는 각 성급정부가 통일된 정책에 근거해 분권 정책 결정 원칙에 따라 스스로 결정한다. 조건이 좋은 성의 경우 현지 실정에 맞춰 재정 감수 전제하에 일부 농업특산품(담뱃잎 제외)에 대해 단독으로 농특세를 징수할 수 없으며 농업세로 변경 징수한다. 구체적인 품목은 각지에서 선정 후 세목 전환, 세율확정, 세금계산 근거와 징수 방식은 다음 규정에 따라 시행한다.(재세 [2003] 136호)

(1) 세목전환: 현행 농업특산세는 납세 품목 중의 과일, 건조과, 약재, 과실, 화초, 경제임목 등 원예작물 수입, 수산품 수입, 임목상품 수입, 식용버섯 수입 및 성급정부가 정한 기타 수입을 농업세로 변환 징수한다. 원예작물 수입 중 누에고치는 뽕잎으로, 미가공 차는 일반 차로 변경해 농업세를 징수한다. 귀중식품 중 해삼, 전복, 말린 조개관자, 상어 입술, 상어 지느러미는 수산품에 포함하여 농업세를 징수한다. 가축상품(돼지껍질, 소가죽, 양가죽, 양털, 토끼털, 캐시미어, 낙타털), 땅에서 생산되지 않는 농업특산품(꿀, 제비집 등 수산품에 포함되지 않는 상품), 드문드문 산발적으로 생산되는 농업특산품에 대해 농업특산세와 농업세를 징수하지 않는다. 목축업세를 징수하는 성에서는 계속해서 양, 소 등의 가축상품에 대해 목축업세를 징수한다.

(2) 세율확정: 과일, 건조과, 차, 약재, 과실, 화초, 경제임목 등 원예작물 수입, 수산품 수입, 임목상품 수입, 식용버섯 수입 및 성급정부가 정한 기타 수입에 대한 세율을 성급정부가 농촌세금개혁에 규정한 농업세 세율에 따라 시행한다. 각 성의 원목, 약재, 경제임목, 천연고무 등의 품목 수입은 기존의 농업특산세의 세율이 현지 농업세 세율보다 낮아 원래 세율로 농업세를 징수한다. 정규 세율에 따라 20%를 추가 징수할 것인지는 성급정부가 정한다. 단, 정규 세율 부가의 전체적인 부담 수준은 기존 농업특산세(추가 포함) 수준을 넘어서는 안 된다.

(3) 세수계산: 농업세로 변경 징수하는 농업특산품의 세수계산은 실제적인 수입에서 원칙상 식량작물 수입을 참고하는 것으로 변경하여 정한다. 구체적인 규정은 다음과 같다. 농경지 및 원지(화원, 과수원, 식물원 등)에서 생산한 경우, 현지의 동등한 토지의 식량작물 평년 생산량에 따라 세수를 책정한다. 기타 토지에서 생산한 경우, 현지 농경지 식량작물의 평년 생산량에 따라 세수를 책정한다. 간석지, 해수에서 양식 및 채취한 수산품에 대해 과거의 수입 기록에 따라 세수를 책정한다. 세수계산 책정 후 원칙상 일정 기간 동안 변동이 없다. 농업특산품 생산에 미친 자연조건의 영향이 큰 경우, 세수계산은 원칙 규정보다 낮게 책정해야 한다.

(4) 감면세: 농업특산품을 농업세로 변환 징수 후, 통일적으로 농업세 감면정책을 시행한다.

(5) 징수 방법: 농업특산품 및 식량 등의 농산품에 대해 일반적인 농업세 징수법을 채택한다. 재무제도가 완비되고, 회계계산이 정확한 수산품, 원목, 대나무를 채취한 기업 및 기관에 대해 장부검사 징수를 시행한다. 수산품을 양식, 채취

한 개인, 장부가 없는 수산품 채취 기업, 기관 및 원목, 대나무를 채취한 임농에 대해 조사 결정하여 징수한다. 과거 계속해서 수매자가 대리로 할인 납부한 경우, 생산자로 바꾸어 징수하기 어려운 경우, 원래의 대리 할인 납부 방식을 채택한다.

중국 국무원의 기업소득세 과도기 혜택정책에 대한 통지

〈중화인민공화국기업소득세법〉(이하 신세법이라 약칭함)과 〈중화인민공화국기업소득세법실시조례〉(이하 실시조례라 약칭함)는 2008년 1월 1일부터 실시한다. 신세법 제57조의 규정에 따라 기업소득세 특혜정책 과도 문제에 대하여 아래와 같이 통지한다.

1. 신세법 발포 전에 비준 설립된 회사의 기업소득세혜택 과도 방법

기존의 세수법률, 행정법규 등 규정에 따라 기업소득세혜택정책을 향유하던 기업의 세수과도는 아래 방법에 따라 실시한다:

2008년 1월 1일부터, 저세율 혜택을 누리던 기업은 신세법 실행 후 5년 내 점차 법정세율로 과도한다. 그중, 15% 세율을 적용하던 기업은 2008년 18%, 2009년 20%, 2010년은 22%, 2011년은 24%, 2012년은 25% 세율로 집행한다. 원 24% 세율을 적용하던 기업은 2008년부터 25%세율로 집행한다.

2008년 1월 1일부터, 기업소득세 '2년 면제, 3년 반감', '5년 면제, 5년 반감' 등 정기적 감면세 혜택을 누리던 기업은 신세법 실시 이후에도 과거의 세수법률, 행정법규 및 관련 규정의 특혜 방법과 만기일을 지속적으로 적용할 수 있다. 단, 신세법 실시 후 아직 이익이 발생하지 않아 우대혜택을 적용받지 못했던 기업에 대해서는 우대혜택 기간을 2008년부터 기산한다.

상술한 과도기 세율 적용 대상 기업은 2007년 3월 16일 전에 공상국 설립허가를 마친 기업을 가리킨다. 과도기 세율 특혜정책의 실시 항목과 실시 범위는 〈기업소득세 과도특혜정책 실시표〉에 따라 집행한다.

기업소득세 과도특혜정책 실시표

1. 〈중화인민공화국외국상인투자기업과 외국기업소득세법〉 제7조 제1항

경제특별구에 설립한 외상투자기업 및 경제특별구에 기구 및 장소를 설립하여 생산경영을 진행하는 외국기업과 경제기술개발구의 생산성 외상투자기업은 15% 세율에 따라 기업소득세를 징수한다.

2. 〈중화인민공화국외상투자기업과 외국기업소득세법〉 제7조 제3항

연해경제개발구, 경제특별구, 경제기술개발구 소재 성시의 도시구역 또는 국무원에서 규정한 기타 지역에 설립한 외상투자기업 중, 에너지/교통/항구/부두 및 국가에서 격려하는 기타 항목에 종사할 경우, 15% 세율에 따라 기업소득세를 징수한다.

3. 〈중화인민공화국외상투자기업과 외국기업소득세법 실시세칙〉 제73조 제1항 제1호

연해경제개발구, 경제특별구, 경제기술개발구 소재 성시의 도시구역에 설립한 생산성 외자기업 중, 아래 격려 항목에 해당되는 생산성 외자기업은 15% 세율에 따라 기업소득세를 징수한다:

기술 밀집형 및 지식 밀집형 항목; 투자 총액이 3000만 달러 이상, 투자 회수 기간이 긴 항목; 에너지/교통/항구 건설 항목

4. 〈중화인민공화국외상투자기업과 외국기업소득세법실시세칙〉 제73조 제1항 제2호

항구 및 부두 건설업에 종사하는 중외합자 기업은 15% 세율에 따라 기업소득세를 징수한다.

5. 〈중화인민공화국외상투자기업과 외국기업소득세법실시세칙〉 제73조 제1항 제4호

상해포동신구에 설립한 생산성 외상투자기업 또는 공항, 항구, 철도, 도로, 전력 등 에너지 및 교통건설 항목에 종사하는 외상투자기업은 15% 세율에 따라 기업소득세를 징수한다.

6. 상해 외고교, 천진항, 심천후꾸다, 심천 사두각, 대련, 광주, 하문 상여, 장가항, 해구, 청도, 녕파, 복주, 산두, 주해, 심천 염전 보세구역에 대한 국무원의 비준(국한[1991] 26호, 국한[1991] 32호, 국한[1992] 43호, 국한[1992] 44호, 국한[1992] 148호, 국한[1992] 150호, 국한[1992] 159호, 국한[1992] 179호, 국한[1992] 180

호, 국한[1992] 181호, 국한[1993] 3호 등)
생산형 외상투자기업은 15% 세율에 따라 기업소득세를 징수한다.

7. 〈복건성 연해지구에 대만상인투자구역을 설립할 데 관한 국무원의 비준통지〉(국한[1989] 35호)

샤먼 대만상인 투자구역 내에 설립한 대만 투자기업은 15% 세율에 따라 기업소득세를 징수한다. 복주 대만상인 투자구역 내에 설립한 생산성 대만 투자기업은 15% 세율에 따라 기업소득세를 징수하고, 비생산성 대만 투자기업은 24% 세율에 따라 기업소득세를 징수한다.

8. 〈남녕, 중경, 황석, 장강삼협경제개발구, 북경 등 도시를 진일보 개방할 데 관한 국무원의 통지〉(국한[1992] 62호, 국한[1992] 93호, 국한[1993] 19호, 국한[1994] 92호, 국한[1995] 16호)

성 소재지 및 연해개방도시에서 하기 항목에 종사하는 생산성 외자기업은 15% 세율에 따라 기업소득세를 징수한다:

기술 밀집형 및 지식 밀집형 항목; 투자 총액이 3000만 달러 이상, 투자 회수 기간이 긴 항목; 에너지/교통/항구 건설 항목

9. 〈소주공업단지건설문제에 관한 국무원의 비준통지〉(국한 [1994] 9호)

소주공업단지 내에 설립한 생산성 외상투자기업은 15% 세율에 따라 기업소득세를 징수한다.

10. 〈외상투자기업의 에너지 & 교통 기초시설투자항목의 세수특혜규정 적용범위를 확대할 데 관한 국무원의 통지〉(국발[1999] 13호)

1999년 1월 1일부터 외자세법실시세칙 제73조 제1항(1)-3조목에 해당되는 에너지 & 교통 기초시설건설업에 종사하는 생산성 외상투자기업은 15% 세율에 따라 기업소득세를 징수하며, 적용 범위는 전국으로 확장한다.

11. 〈광동성경제특별구조례〉(1980년 8월 26일 제5기 전국인민대표대회상무위원회 제15차 회의에서 비준 실시)

광동성 심천, 주해, 산두 경제특별구의 기업소득세 적용 세율은 15%이다.

12. 〈복건성 샤먼경제특별구를 건설할 데 관한 국무원의 비준통지〉([80]국한자 88호)

샤먼경제특별구 기업소득세 적용 세율은 15%이다.

13. 〈중화인민공화국외상투자기업과 외국기업소득세법〉 제7조 제2항

연해경제개발구, 경제특별구, 경제기술개발구 소재 성시의 기존 도시구역에 설립한 생산성 외상투자 기업은 24% 세율에 따라 기업 소득세를 징수한다.

14. 〈국가관광구역 시운영에 관한 국무원의 통지〉(국발[1992] 46호)

국가관광구역 내에 설립한 외상투자기업은 24% 세율에 따라 기업소득세를 징수한다.

15. 〈흑하, 이녕, 평상, 이련호트시 등 변경도시를 진일보 개방할 데 관한 국무원의 통지〉 (국한[1992] 21호, 국한[1992] 61호, 국한 [1992] 62호, 국한[1992] 94호)

변경개방도시의 생산성 외상투자기업은 24% 세율에 따라 기업소득세를 징수한다.

16. 〈남녕, 곤명, 평상 등 5개 변경도시를 진일보 개방할 데 관한 국무원의 통지〉(국한 [1992] 62호)

평상, 동흥, 만정, 예려, 하구 등 5개 도시(현, 진) 중 조건을 구비한 도시(현, 진)에서 변경경제합작구를 설립하는 것을 비준하며, 상기 변경경제합작구 내에서 수출을 위주로 하는 생산성 국내기업은 24% 세율에 따라 기업소득세를 징수한다.

17. 〈남녕, 중경, 황석, 장강삼협경제개발구, 북경 등 도시를 진일보 개방할 데 관한 국무원의 통지〉

(국한[1992] 62호, 국한[1992] 93호, 국한[1993] 19호, 국한[1994] 92호, 국한 [1995] 16호)

성 소재지 및 연해개발도시의 생산성 외상투자기업은 24% 세율에 따라 기업소득세를 징수한다.

18. 〈중화인민공화국외상투자기업과 외국기업소득세법〉 제8조 제1항

생산성 외상투자기업의 경영 기간이 10년 이상일 경우, 경영 수입 취득 납세 연도부터 첫해와 두 번째 해는 기업소득세를 면제하고 세 번째 해에서 다섯 번째 해는 기업소득세를 반감하여 징수한다.

19. 〈중화인민공화국외상투자기업과 외국기업소득세법 실시세칙〉 제75조 제1항 제1호

경영 기간이 15년 이상인 항구부두건설업에 종사하는 중외합자기업, 관련 성, 자치구, 직할시 세무기관에 신청하여 비준을 거친 후, 경영 수입 취득 납세 연도부터 1~5년간은 기업소득세를 면제하고 6~10년간은 반감하여 징수한다.

20. 〈중화인민공화국외상투자기업과 외국기업소득세법 실시세칙〉 제75조 제1항 제2호

해남경제특별구에서 공항, 항구, 부두, 철도, 도로, 석탄, 수력 등 기초시설항목에 종사하는 외상투자기업 및 농업개발업에 종사하는 외상투자기업의 경영 기간이 15년 이상일 경우, 해남성 세무기관에 신청하여 비준을 거친 후, 경영수입 취득 납세 연도부터 1~5년간은 기업소득세를 면제하고 6~10년간은 반감하여 징수한다.

21. 〈중화인민공화국외상투자기업과 외국기업소득세법 실시세칙〉 제75조 제1항 제3호

상해포동신구에서 공항, 항구, 철도, 도로, 전력 등 에너지 & 교통건설항목에 종사하는 외상투자기업의 경영 기간이 15년 이상일 경우, 상해세무기관에 신청하여 비준을 거친 후, 경영 수입 취득 납세 연도부터 1~5년간은 기업소득세를 면제하고 6~10년간은 반감하여 징수한다.

22. 〈중화인민공화국외상투자기업과 외국기업소득세법 실시세칙〉 제75조 제1항 제4호

경제특별구에서 서비스업에 종사하는 외상투자기업의 투자 금액이 500만 달러 이상, 경영 기간이 10년 이상일 경우, 경제특별구 세무기관에 신청하여 비준을 거친 후, 경영 수입 취득 납세 연도부터 첫 1년은 기업소득세를 면제하고 두 번째 해와 세 번째 해는 반감하여 징수한다.

23. 〈중화인민공화국외상투자기업과 외국기업소득세법 실시세칙〉 제75조 제1항 제6호

국무원의 비준을 받은 국가하이테크개발구에 설립한 하이테크기업 중의 중외합자기업의 경영 기간이 10년 이상일 경우, 현지 세무기관에 신청하여 비준을 거친 후, 경영 수입 취득 납세 연도부터 첫해와 두 번째 해는 기업소득세를 면제한다.

24. 〈중화인민공화국외상투자기업과 외국기업소득세법 실시세칙〉제75조 제1항 제6번 〈북경시 신기술산업실험구 임시조례에 관한 국무원의 비준통지〉(국한[1988] 74호)

북경시 신기술산업개발실험구에 설립된 외상투자기업에 대해, 북경시 신기술산업개발실험구의 세금혜택 규정에 따라 기업소득세를 징수한다. 실험구 내의 신기술회사에 대해, 회사 설립일로부터 첫 3년은 기업소득세를 면제하고, 북경시정부 유관 부문의 비준을 거친 후 네 번째 해부터 여섯 번째 해는 15% 또는 10% 세율에 따라, 반감하여 기업소득세를 징수한다.

25. 〈중화인민공화국기업소득세임시조례〉 제8조 제1항

민족자치지역에 설립한 기업은 성급정부의 비준하에 정기감면 또는 면세혜택을 향수할 수 있으며, 과도기 우대정책 기간은 5년을 초과하지 않는다.

26. 〈해남도투자를 격려할 데 관한 국무원의 규정〉(국발[1988] 26호)

해남도에 설립한 기업(국유은행과 보험회사 제외) 중 항구, 부두, 공항, 철도, 도로, 전력, 석탄, 수력 등 인프라시설업에 종사하는 기업 및 농업개발경영에 종사하는 기업의 경영 기간이 15년 이상일 경우, 경영 수입 취득 납세 연도부터 첫 5년은 기업소득세를 면제하고 그 후 5년간은 소득세를 반감하여 징수한다.

해남도에 설립한 기업(국유은행과 보험회사 제외) 중 공업, 교통운수업 등 생산업에 종사하며 경영 기간이 10년 이상일 경우, 경영 수입 취득 납세 연도부터 첫 1~2년은 기업소득세를 면제하고 그 후 3~5년 간은 소득세를 반감하여 징수한다.

해남도에 설립한 기업(국가은행과 보험회사 제외) 중 서비스업에 종사하며 투자 총액이 500만 달러 이상 또는 인민폐 2000만 위안 이상이며, 경영 기간이 10년 이상일 경우, 경영 수입 취득 납세 연도부터 첫 1년은 기업소득세를 면제하고 그 후 두 번째 해와 세 번째 해는 소득세를 반감하여 징수한다.

27. 〈국가중장기과학기술발전계획개요(2006-2020년) 관련 정책을 실시할 데 관한 국무원의 통지〉(국발[2006] 6호)

국가하이테크산업개발구 내에 새로 설립한 하이테크기업은 엄격한 인증을 거친 후, 경영 수입 취득 납세 연도부터 첫 2년은 기업소득세를 면제한다.

외상투자산업 지도목록(外商投資産業指導目錄)

(2007년 12월 1일 시행)

I. 외상투자를 권장하는 산업목록

1. 농림목축어업 및 관련 공업

(1) 황지황산간석지 개간개발(군사시설은 제외), 생산고가 낮은 농지 및 산림 개조

(2) 양식, 면화, 기름 원료(식물성 기름의 원료), 설탕 원료, 과수, 야채, 화초, 목초 등 농작물의 고품질, 생산 증대, 신품종의 개발

(3) 야채, 화초 무토 재배 계열화 생산

(4) 임목 조성 및 임목 우량종 도입

(5) 우량종축·가금, 치어 번식(우리나라 특유의 진귀한 우량품종은 제외)

(6) 수산품 양식 및 원양어업

(7) 효율이 높고 안전한 농약, 원약 신품종(살충률, 살균률이 80% 이상에 달하고, 사람과 가축, 농작물 등에 대해 안전해야 함)

(8) 농도가 높은 화학비료(요제, 합성암모니아, 인암모늄)

(9) 농업용 비닐하우스를 생산하는 신기술 및 신제품 개발(섬유막 등)

(10) 가축용 항생제(동물 전용 항생제, 동물용 체내외 기생충 항생제, 동물용 항생제의 신약제), 가축용 구충약

(11) 배합사료, 첨가제 및 단백질사료 개발

(12) 야채, 과일, 육류식품, 수산품 저장, 신선도 유지, 가공의 신기술 및 신설비

(13) 임업, 화학제품 및 임업지역에서 저품질 목재를 이용한 신기술, 신제품

(14) 수리종합중추의 건설 및 경영(일당 급수 능력 30만 톤 이상 또는 발전기조용량이 25만kW 이상이고 국유자산이 주가 되는 경우)

(15) 물 절약 관개 설비 제조

(16) 농업 기계설비, 농기구 및 관련 부품

2. 경공업

(1) 비금속 제품의 모형설계, 가공, 제조

(2) 펄프

(3) 피혁 가공

(4) 수은, 알칼리, 망간이 없는 전지, 리튬이온전지, 수소니켈전지
(5) 첨단기술의 특수 공업용 재봉기
(6) 폴리아미드(Polyamide) 신선도 보전막
(7) 효소제, 합성세제 원료
(8) 합성 향료, 단일 향료
(9) 프레온을 대신하는 응용기술연구 및 보급

3. 방직업

(1) 매우 세밀하고 수축이 용이하고 방정전기, 방연소 화학섬유 및 방향성 합성섬유, 암모니아 섬유, 탄소 섬유 등 특수 화학섬유
(2) 직물 나염 및 나염 후 가공
(3) 고품질 화학섬유 원단
(4) 방직용 유제
(5) 공업용 특수 방직품

4. 교통운수, 우편통신업

(1) 철도운수 기술설비 : 기관차 차량 및 주요 부품설계 제조, 철도선설비 설계 제조, 고속철도 관련 기술 및 설비 제조, 통신 신호와 운수 안전 감측 설비 제조, 전기철도 설비 및 기자재 제조
(2) 지방철도 및 교량, 터널, 연락선 시설의 건설 및 운영(외상독자경영 불허)
(3) 도로, 항구 기계설비 및 제조기술
(4) 도시 지하철, 경철도 건설 및 운영(국유자산이 주종을 이루어야 함)
(5) 도로, 독립 교량과 터널, 항구시설의 건설 및 운영(공용부두는 국유자산이 주종을 이루어야 함)
(6) 민용 공항의 건설과 운영(국유자산이 주종을 이루어야 함)
(7) 900메가Hz 이동통신설비 제조
(8) 5차군 이상 동기 광섬유, 마이크로초단파통신계통, 계측설비 제조
(9) 비동기 이동식 ATM 교환기 설비 제조

5. 석탄공업

(1) 석탄채취, 운반설비 설계 제조
(2) 가스일식화 설비 설계 제조
(3) 고농도 수탄설비 및 첨가제 제조

(4) 저열량 연료나 재활용자원 종합개발 이용
(5) 석탄 종합개발 이용

6. 전력공업

(1) 화력발전소의 건설 · 운영(일반 화력발전소와 석탄정결 연소기술 발전소 포함)
(2) 수력발전소의 건설 · 운영(발전기조 용량이 25만kW 이상이고 국유자산이 주가 되는 경우)
(3) 원자력발전소의 건설 · 운영(국유자산이 주가 되는 경우)
(4) 신형 에너지발전소의 건설 · 운영(태양에너지, 풍력에너지, 자석에너지, 지열에너지, 조수에너지 등)

7. 흑색야금공업

(1) 해면철(석탄을 환원제로 한 제조)
(2) 분말야금(철분)
(3) 20만 톤 이상의 단기공정과 50만 톤 이상의 철강콤비나트라인
(4) 냉간 압연 규소강철판, 아연도금판, 주석도금판(Sn), 스테인리스강판
(5) 열간 압연 박철판, 냉 압연 박철판
(6) 베어링 철강파이프, 석유철강파이프, 스테인리스철강파이프, 고압보일러철강파이프
(7) 기관차 · 차륜, 차륜테
(8) 초고공률전극, 침상코크스
(9) 보크사이트와 산화알루미늄, 경질점토광 및 가공한 원료
(10) 철광선택
(11) 다진 코크스와 콜타르 가공
(12) 고순도 마그네슘(외상독자경영 불허)
(13) 주조, 주물용기, 복합충풍전용의 양질 내화재료와 전용보호침적물

8. 유색금속공업

(1) 단결정규소(직경 5인치 이상), 다결정규소
(2) 경질합금, 주석(Sn)화합물, 안티몬(Sh)화합물
(3) 유색금속복합재료, 신형합금재료
(4) 동, 연, 아연광 채취(외상독자경영 불허)
(5) 알루미늄광 채취(외상독자경영 불허) 및 산화알루미늄(30만 톤 이상)
(6) 희토응용

9. 석유, 석유화공 및 화학공업

(1) 이온막 가성소다 및 새로운 유기염소 계열제품

(2) 가성소다 이온막의 제조

(3) 에틸렌(연간 생산 30만 톤 이상), 프로필렌 및 C4-C9제품의 종합 이용

(4) 공정비닐제품 및 비닐합금

(5) 합성고무(용액 SBR, 부틸합성고무 등, 부타디엔(butadiene), 폴리우레탄), 아크릴산(acrylic), 염화주정고무

(6) 정제화공 : 염료, 중간체, 촉매제, 보조제 및 염료 신제품, 신기술, 염(안)료 상품화 가공 기술, 전자, 제지용 과학기술화학품, 식품첨가제, 사료첨가제, 피혁화학품, 유전보조제, 계면활성제, 물처리제, 접착제, 무기섬유, 무기분말 투입료 및 설비

(7) 염화티타늄(Ti)백분

(8) 석탄을 원료로 한 화공제품

(9) 합성재료의 부대재료(페놀, SBR액, 피리딘)

(10) 기초 유기화학원료, 벤졸(benzol), 톨루엔(toluene), 크실렌 파생물제품의 종합 이용

(11) 폐기, 폐액, 찌꺼기 종합 이용

(12) 석유, 가스도관 및 기름창고, 석유전용부두 건설, 운영(국유자산이 주를 차지함)

10. 기계공업

(1) 용접로보트와 고공률 용접생산라인의 설비제조

(2) 고온에 견디는 절연재료(절연등급은 F, H급) 및 절연성형건(완성품)

(3) 박철판주조 압연기, 대형 냉·열간 압연설비, 도시가스화와 공업용 무오염 가스 발생로 제조

(4) 갱내무궤도 채취, 적재, 운수설비, 100만 톤 이상의 기계동력광산용자동하역차, 이동식분쇄기, 이중진출식 해탄기, 3,000m^3 이상의 굴착기, 5m^3 이상의 광산용 적재기, 전단면 갱도굴진기 제조

(5) 콘테이너 하역교, 도관식 수송기 제조

(6) 3만m^3 이상의 대형공기분리 일식설비 제조

(7) 다색오프세트 인쇄기 제조

(8) 4,500m 이상의 사막, 해상석유 시추설비, 70메가Hz 이상의 석유, 가스갱 분사방지기, 105메가Hz 이상의 프레스설비, 50만 톤급 이상의 갱도수선기 제조

(9) 연간 30만 톤 이상 합성암모니아, 48만 톤 이상 요소, 30만 톤 이상 에틸렌 종합

설비 중의 터빈압축기 및 혼합조립기 제조(국유자산이 주를 차지함)

(10) 전자, 신형방적기, 신형제지(펄프) 등 종합설비 제조

(11) 대형정밀과학 계측기 제조

(12) 안전검측기 설비(진동, 소음, 유독물질, 분말농도 검측, 가스돌출, 지면 충격압력 계측)

(13) 신형 계기의 소재 · 부분품과 원료(주로 지능성전감기, 접촉기, 유연성 칩반, 광전스위치, 접근스위치 등 신형스위치, 기능재료 등을 가리킴)

(14) 정밀, 고공률, 대형 데이터통제선반 및 기능부분품 제조

(15) 수압소자, 압축공기 소자, 밀봉건

(16) 정제 펀치다이, 모형표준건

(17) 25만 톤/일 도시폐수처리설비, 공업폐수처리설비, 생물폐수처리설비, 분탄생산설비(5~10만 톤/년), 폐비닐재생설비, 탈유황, 탈질산 설비, 대형내고온 · 내산 분진제거기 제조

(18) 대형도로 시공기계 제조

(19) 대형(외직경 200~430mm), 정밀 베어링 제조

(20) 자동차의 주요 부품 제조 : 제동기, 변속기, 조향장치, 디젤기관 연료펌프, 피스톤(피스톤정을 포함), 밸브, 부싱(bushing), 중압기, 여과기(세 가지를 여과), 알루미늄 라디에이터(radiator), 얇은 막클러치(clutch), 유니버설 조인트, 샥 업소버, 자동차용 에어컨 계통, 에어백, 좌석시트 경사각조절기, 잠금장치, 백미러, 파워 윈도우, 미터기, 전기장치, 조명등 및 전구, 전용베어링

(21) 자동차 사출성형막, 압축성형막, 기계부속품 고정장치(용접한 고정장치 등) 제조

(22) 자동차용 주조 · 단조 반가공품

(23) 자동차 기술연구센터, 설계 개발기구

(24) 석유공업 전용 사막차와 공항 전용차 등 고기술 특장차

11. 전자공업

⑴ 규모 집적회로 생산
⑵ 형전자부품(전자칩 포함) 및 전력전자부품
⑶ 전기부품, 감지장치부품, 감응신호장치의 제조
⑷ 중형 계산기의 제조
⑸ 고급 미니 컴퓨터의 제조
⑹ 도면문자 팩스의 중요 부속품(영상센서 등)의 제조
⑺ 디지털형TV, 고해상도TV(HDTV), 디지털 테이프형 비디오, LD
⑻ 반도체, 광전자 전용재료
⑼ 신형 디스플레이 부품(컬러 액정 부품, 정반 디스플레이 부품)
⑽ CAD, CAM, CAE
⑾ 전자전용설비, 계측기기 및 공구와 틀의 제조
⑿ 수문데이터 측정기 및 설비의 제조
⒀ TES와 PES 및 중요 부품의 제조
⒁ SDH 및 통신계통, 교차연결설비, 네트워크 관리설비의 제조
⒂ 소프트웨어의 개발, 생산(컴퓨터, 통신용 소프트웨어 등을 포함)
⒃ 항공, 교통관리계통 설비의 제조
⒄ 대용량의 광자기 기억장치 및 기타 부품의 개발과 제조
⒅ 신형타이프 장치(레이저 타이프 장치 등)의 개발과 제조

12. 건축재료 설비 및 기타 비금속광물제조공업

⑴ 하루 500t급 또는 그 이상 용해할 수 있는 유리 생산라인
⑵ 연 생산량이 50만 건 이상인 고급위생도자기 생산라인
⑶ 신형 건축자재
⑷ 특수 시멘트
⑸ 시멘트 첨가제
⑹ 시멘트 저장 · 운수 시설
⑺ 도시위생 특수설비의 제조
⑻ 터널 굴착기계, 도시지하철 굴착설비의 제조
⑼ 식목 기계의 제조
⑽ 도로 평삭 · 수선 기계의 제조
⑾ 유리섬유 및 경질유리 제품

⑿ 무기 비금속재료 및 그 제품

⒀ 비금속광 및 세가공제품

13. 의약품 제조업

⑴ 특허기 내에 있거나 행정보호를 받는 화학원료약품과 수입 의약전용 중간제

⑵ 소염 해열류 : 국내에서 아직 생산할 수 없는 효과가 좋은 제품

⑶ 비타민 D3, 파토텐산, 니코틴산

⑷ 신형항암제, 심장과 뇌혈관약

⑸ 약품제제 : 신상품 및 보조약제 등

⑹ 암모니아산류

⑺ 신형 약품포장재료, 용기 및 선진적인 제약설비

⑻ 국내에서 아직 생산되지 않는 효과가 좋고 경제적인 신형 피임약품과 도구

⑼ 한약의 약질을 제고시키고 조제 · 포장을 갱신할 수 있는 새로운 기술 및 설비

⑽ 한약의 유효성분 분석 기술과 유효성분 추출 기술

⑾ 생물공정기술을 이용하여 생산한 신형약품

14. 의료기기

⑴ 800mA 이상의 뢴트겐기

⑵ 숫자감영장치

⑶ 생물화학 분석측정기

⑷ 전자내시경

⑸ 의료용 감호기기

⑹ 다성능 마취기

⑺ 의료용 파이프

15. 우주 · 항공공업

⑴ 민용 항공기 제조

⑵ 항공기 엔진

⑶ 항공기 설비

⑷ 경형가스 터빈

⑸ 민용 위성 제조

⑹ 위성 유효 부하 제조

⑺ 위성 응용(국유자산이 주가 되는 경우)

16. 선박공업

(1) 특수선박, 고성능 및 3.5만 톤 이상 되는 선박의 수리와 제조

(2) 선박 부대제품의 제조

17. 신기술산업

(1) 마이크로 전자기술

(2) 신소재

(3) 바이오 엔지니어링

(4) 정보·통신계통의 네트워크 기술

(5) 동위소 복사 및 레이저 기술

(6) 해양개발 및 해양에너지 개발기술

(7) 에너지 절약·개발기술

(8) 자원재생 및 종합이용기술

(9) 환경오염 처리공정 및 처리기술

18. 서비스업

(1) 국제경제, 과학기술정보 부문

(2) 정밀기기 설비의 수리 및 A/S

II. 외상투자를 제한하는 산업목록

(甲)

1. 경공업

(1) 기계, 전자시계 핵심부품과 완제품 조립, 자전거, 가정용 재봉기

(2) 가정용 전기기구 : 세탁기, 냉장고, 냉동고

(3) 일회용 캔

2. 방직업

(1) 연 5,000톤 이하 데틸론 섬유

3. 석탄공업

(1) 재래식 코크스 제련

4. 흑색야금공업

(1) 규소철, 보통탄소전극

(2) 30톤 이하 보통 전기로 제철, 30톤 이하 회전로 제강, 300m^2 이하 용광로 및 그 부대 세척장치, 코크스와 설비

(3) 100mm 이하 용접관과 76mm 이하 무봉관압연기, 보통 1차 압연기

5. 유색금속공업

(1) 알루미늄재료, 알루미늄 섀시

6. 석유화공, 화학공업

(1) 바륨염, 벤졸 등

(2) 250만 톤 이하 정유공장

(3) 경사교차타이어, 중고타이어(자오타이어 제외)의 재생 및 저성능공업고무 부품

(4) 다시마에서 요오드 추출

7. 기계공업

(1) 일반 데틸렌섬유, 단섬유 설비

(2) 보통 객(화물)선 제조 및 선박용 디젤발동기제조

(3) 탄화규소 원료 가공

(4) 전기드릴, 전동연마기

(5) 보통 탄소강관 용접봉

(6) 보통급 표준 견고부품, 소형과 중소형 보통 베어링

(7) 보통 산화납축전지

(8) 콘테이너

(9) 엘리베이터

8. 전자공업

(1) 라디오, 녹음기

(2) 흑백텔레비전 및 흑백 브라운관

(3) 소형계산기

(4) 450메가헤르츠 이하 무선전화 생산설비

(5) 라디오 · 텔레비전 발사 계통

9. 건축재료설비 및 기타 비금속광물 제품업

(1) 연 30만 톤 이하 시멘트 생산라인

(2) 일 용해량 200만 톤 이하 보통건축용 판유리 생산라인

10. 의약공업

(1) 항생제류 : 클로로마이세틴, 젠타마이신 등

(2) 화학합성약품류 : 아날긴, 비타민B1, 비타민B6

(3) 한약음편(전통적인 정제제조기술은 제외)

(4) 한약 및 그 반제품

11. 의료기계

(1) 일회용 주사기

(2) 중저급 B형 초음파촬영기기

(3) 심전도기

12. 서비스업

(1) 택시(국내에서 구매한 차에 한함)

(2) 주유소(관련 항목 부대건설 및 운영에 한함)

(乙)

1. 농 · 임 · 목축 · 어업 및 관련공업

(1) 희귀수종의 원목 가공, 수출(외상독자경영 불허)

(2) 근해 및 내륙수역의 수산업(외상독자경영 불허)

2. 경공업

(1) 식염 및 공업용 소금

(2) 외국제의 알코올이 없는 음료(고체음료도 포함)

(3) 유명 맥주

(4) 담배에 쓰이는 이초산섬유소

(5) 권련, 필터 등 담배가공업

(6) 돼지, 소, 양 가죽 가공 및 생산

(7) 천연향료

3. 방직업

⑴ 모방직, 면방직

⑵ 생사, 미가공 실크

⑶ 화학섬유 및 화학섬유 원료(폴리에스테르, 프로필렌, 나일론 66염 등)

4. 석탄공업

⑴ 코크스탄의 채취(외상독자경영 불허)

5. 유색금속공업(외상독자경영 불허)

⑴ 동가공

⑵ 귀금속(금, 은, 백금족) 광산물의 채굴, 제련, 가공

⑶ 텅스텐(W), 주석(Sn), 안티몬(Sb) 등 유색금속 채취

⑷ 희토금속의 채취, 제련

6. 석유화공, 화학공업

⑴ 흑백, 컬러 필름

⑵ 붕소, 마그네슘, 철광의 채굴 및 가공

⑶ 스트론튬(Sr)염

⑷ 페닐벤젠

7. 기계공업

⑴ 승용차 완성차(국유자산이 지주 혹은 주도적 지위 차지)

⑵ 오토바이 완성차(국유자산이 지주 혹은 주도적 지위 차지)

⑶ 경형차, 소형차(소형버스, 세단형 차량), 완성차(국유자산이 지주 혹은 주도적 지위 차지)

⑷ 자동차, 오토바이 엔진(국유자산이 지주 혹은 주도적 지위 차지)

⑸ 자동차용 에어컨 압축기, 전자제어오일분사시스템

⑹ 중고 자동차, 오토바이 재상, 해체(재조립)

⑺ 에어컨, 냉장고 공율(출력)2kW 이하 압축기(차량용 에어컨 압축기 제외)

⑻ 분산형 제어시스템(편집할 수 있는 시스템 제어기 포함)

⑼ 탁상식의 정전기복사기

⑽ 화력발전설비 : 10만kW 이상 유니트(발전기, 증기터빈, 보일러, 보조기, 제어장치), 가스터빈연합순환 발전설비, 가스화 연합순환 기술 및 장비(IGCC), 증압유화

(PFBC), 탈황 및 탈초석 설비제조(외상독자경영 불허)

⑾ 수력발전설비 : 터빈 직경 5m 이상인 수력발전유니트(수력발전보조기와 제어장치 포함), 5만kW 이상 물을 빨아올려 에너지를 저축하는 대형 유니트, 1만kW 및 그 이상 대형 관류식 유니트 제조(외상독자경영 불허)

⑿ 원자력발전유니트(unit) : 60만kW 및 그 이상 유니트 제조(외상독자경영 불허)

⒀ 송전, 변전설비 : 220만kW 및 그 이상 대형 변압기, 고압스위치, 케이블설비 제조(외상독자경영 불허)

8. 전자공업

⑴ 컬러TV 및 튜너(tuner), 원격조정기, 플라이백(flyback)변압기

⑵ 컬러 브라운관

⑶ 촬영기(촬영 및 녹화장치 포함), 비디오

⑷ 비디오 자기헤드, 자기드럼

⑸ 모방제 이동통신계통(호출기, 무선전화기 등)

⑹ 팩시밀리

⑺ 위성TV 수신기 및 주요부품

⑻ 4차군 이하 극초단파 릴레이 통신설비

9. 건축자재 설비 및 기타 비금속광물제조업

⑴ 금강석 및 기타 천연보석 등 귀금속 비금속광의 탐사, 채취 및 가공(외상독자경영 불허)

10. 의약공업

⑴ 수출허가증 관리를 실시하는 한약제

⑵ 마약일체(마황염기, 위마황염기, 맥각아민 맥각산)

⑶ 페니실린 G, 개사철쑥류의 학질예방약

⑷ 인을 함유하는 마취약품 및 향정신의약품

⑸ 비타민 C

⑹ 혈액제제

11. 교통운수, 우편통신업

⑴ 간선철도 건설운영(국유자산이 지주 혹은 주도적 지위 차지)

⑵ 수상운송(외상독자경영 불허)

(3) 출입국 자동차 운수(외상독자경영 불허)

(4) 항공운송(국유자산이 지주 혹은 주도적 지위 차지)

(5) 통용항공(공업항공 국유자산이 지주 혹은 주도적 지위 차지, 농 · 임업 항공은 외상독자경영 불허)

(6) 테이프 프로그램 제어용과 사용자 교환기설비 제조

12. 대외무역, 국내무역, 관광, 부동산 및 서비스업(외상독자경영 불허)

(1) 상업 소매, 도매

(2) 물자공급과 판매

(3) 대외무역

(4) 국가 관광구역 건설, 경영

(5) 고급 호텔, 별장, 고급 오피스

(6) 골프장

(7) 관광회사

(8) 회계, 감사, 법률자문서비스, 브로커 회사

(9) 대리업무(선박, 화물운수, 선물거래, 판매, 광고 등)

(10) 교육, 번역서비스

13. 금융 및 관련 업종

(1) 은행, 재무회사, 신탁투자회사

(2) 보험회사, 보험브로커 및 대리인 회사

(3) 증권회사, 투자은행, 상업은행, 기금관리회사

(4) 리스금융

(5) 외환브로커

(6) 금융, 보험, 외환자문

14. 기타

(1) 인쇄업, 출판발행업무(외상독자경영 불허)

(2) 수출입상품 검사 · 감정업무(외상독자경영 불허)

(3) 시청제품 제조, 출판, 발행

15. 국가에서 제한하는 기타 산업, 국가가 체결했거나 참가한 국제조약 규정에서 제한하는 기타 산업

III. 외상투자를 금지하는 산업목록

1. 농 · 임 · 목축 · 어업 및 관련 공업

(1) 국가에서 보호하는 야생동식물 자원

(2) 희소하고 진귀한 우량품종(재배업, 목축업, 수산업 중의 우량한 종 포함)

(3) 동식물의 자연보호구 건설

(4) 녹차 및 특종차(명차, 흑차 등)의 가공

2. 경공업

(1) 상아조각, 호골가공

(2) 수공카펫

(3) 탈태 칠기

(4) 대모제품

(5) 청화영롱자기

(6) 화선지, 먹자루

3. 전력공업 및 도시공용사업

(1) 전기 네트워크 건설과 경영

(2) 도시의 물 공급과 배수, 가스관 난방설비관의 건설과 경영

4. 광업 채취와 선광 및 가공

(1) 방사성 광산물의 채취, 선광, 제련가공

5. 석유화학공업 · 화학공업

(1) 붕소와 마그네슘의 채취와 가공

(2) 천청석의 채취

6. 의약공업

(1) 국가보호자원에 속하는 한약재(사향, 감초, 두충, 후박)

(2) 전통적인 한약제조기술과 밀방 제품

7. 우편, 통신, 교통운수업

(1) 우편, 통신업무의 경영관리

(2) 항공교통 관제

8. 무역업

(1) 선물무역

9. 라디오, 영화, TV, 방송업

(1) 각급 라디오 방송국, TV 방송국(유선TV 네트워크 및 발사대, 중계발사대)

(2) 라디오, TV, 프로 제작, 출판, 발행

(3) 영화제작, 발행, 상영

(4) 비디오의 상영

10. 신문업

11. 군수무기 생산업

12. 기타

(1) 군사시설의 안전과 효율을 해치는 항목

(2) 암, 기형, 돌연변이를 초래하는 원료 및 가공

(3) 경마장, 도박

(4) 윤락서비스

13. 국가에서 금지하는 기타 산업, 국가가 체결했거나 참가한 국제조약 규정에서 금지하는 기타 산업

중화인민공화국 회사법

(中華人民共和國公司法)
시행일: 2006년 1월 1일
발표일: 2005년 10월 27일

第10장 회사의 해산 및 청산

第181조 회사에 다음 원인이 있을 경우, 해산할 수 있다.

1. 회사정관에 규정된 영업기간이 만료되었거나 또는 회사정관에 규정된 기타 해산 사유가 발생했을 경우
2. 주주회 또는 주주총회가 해산을 결의하였을 경우
3. 회사의 합병 또는 분리로 인하여 해산할 필요가 있을 경우
4. 법에 따라 영업허가서가 말소되고, 폐업 또는 허가취소를 명령받은 경우
5. 인민법원이 본 법 제183조 규정에 따라 해산을 결정한 경우

第182조 회사가 본 법 第181조 1항에 해당하는 경우, 회사정관을 수정하여 존속할 수 있다.
전항의 규정에 따라 회사정관을 수정하는 경우, 유한책임회사는 3분의 2 이상의 표결권을 가진 주주에 의해 결의되어야 하고, 주식유한회사는 주주총회에 출석한 주주가 보유한 표결권의 3분의 2 이상으로 결의되어야 한다.

第183조 회사가 경영 과정에서 큰 어려움이 발생하여, 계속해서 존속할 경우 주주의 이익에 중대한 손실이 발생하게 된 상황에서, 다른 경로로 해결이 불가능한 경우, 회사의 전체 주주 표결권의 10% 이상을 보유한 주주는 인민법원에 회사 해산을 청구하는 소를 제기할 수 있다.

第184조 회사가 본 법 제181조 1, 2, 4, 5항에 해당하여 해산하는 경우, 해산사유가 발생한 날로부터 15일 이내에 청산조를 구성하여 청산을 시작하여야 한다.
유한책임회사의 청산조는 주주로 구성되며, 주식유한회사의 청산조는 이사 또는 주주총회에서 확정한 인원으로 구성된다. 기한을 초과하고도 청산조를 구성하여 청산을 진행하지 않을 경우, 채권자는 인민법원에 관련인원을 지정하여 청산조를 구성, 청산을 진행하도록 청구할 수 있다. 인민법원은 해당 신청을 수리하여 적시에 청산조를 구성하여 청산을 진행하여야 한다.

제185조 청산조는 청산기간에 하기 직권을 행사한다.

1. 회사의 재산을 정리하고 대차대조표와 재산명세서를 각기 작성
2. 채권자에게 통지하거나 공고
3. 청산과 관계되는 회사의 미완료 업무 처리
4. 미납세금 및 청산과정에서 발생하는 세금을 완납
5. 채권 · 채무를 정리
6. 채무상환 후의 회사 잔여 재산을 처리
7. 회사를 대표하여 민사소송활동에 참여

제186조 청산조는 구성된 날부터 10일 이내에 채권자에게 통지하여야 하며 또한 60일 이내에 신문에 공고하여야 한다. 채권자는 통지서를 받은 날로부터 30일 이내에, 통지서를 받지 못하였을 경우 공고일부터 45일 이내에 청산조에 그 채권을 신고하여야 한다.

채권자가 채권을 신고하는 경우, 채권의 관련 사항에 대하여 설명하고 증명자료를 제공하여야 한다. 청산조는 채권에 대하여 등기하여야 한다.

제187조 청산조는 회사재산을 정리하고 대차대조표와 재산명세서를 작성한 후, 청산방안을 제정하여 주주총회 또는 인민법원의 확인을 받아야 한다.

회사재산으로 청산비용, 종업원 임금, 사회보험료 및 법정보상금을 각기 지불하고, 미납 세금을 납부하며, 회사의 채무를 상환한 후의 잔여 재산은, 유한책임회사는 주주의 출자비율에 따라 배당하고 주식유한회사는 주주가 보유한 주식의 비율에 따라 배당한다.

청산기간 동안 회사는 존속한다. 단, 새로운 경영활동을 할 수 없다. 회사의 재산은 전항 규정에 따라 상환을 완료하기 전에는 주주에게 배당하지 못한다.

제188조 청산조가 회사의 재산을 정리하고 대차대조표와 재산명세서를 작성한 후, 회사 재산이 채무를 상환하는 데 부족하다는 것을 발견하였을 경우, 즉시 인민법원에 파산선고를 신청하여야 한다.

회사가 인민법원의 재결에 따라 파산을 선고한 후, 청산조는 청산사무를 인민법원에 이관하여야 한다.

제189조 회사의 청산이 끝나면 청산조는 청산보고서를 작성하여 주주회, 주주총회 또는 인민법원의 확인을 받아야 하고, 회사등기기관에 보고하여 회사등기말소를 신청하며, 회사의 종결을 공고하여야 한다.

제190조 청산조의 구성원은 직무에 충실하며 법에 따라 청산의무를 이행하여야 한다.

청산조 구성원은 직권을 이용하여 뇌물이나 기타 탈법적 수입을 수취하여서는 안 되며 회사재산을 침해하여서는 안 된다.

청산조 구성원이 고의 또는 중대한 과실로 인하여 회사나 채권자에게 손실을 입혔을 경우에는 배상책임을 진다.

제191조 회사가 법에 따라 파산을 선고받은 경우, 기업 파산에 관한 법률에 따라 파산청산을 진행하여야 한다.

〈합자투자 절차도〉

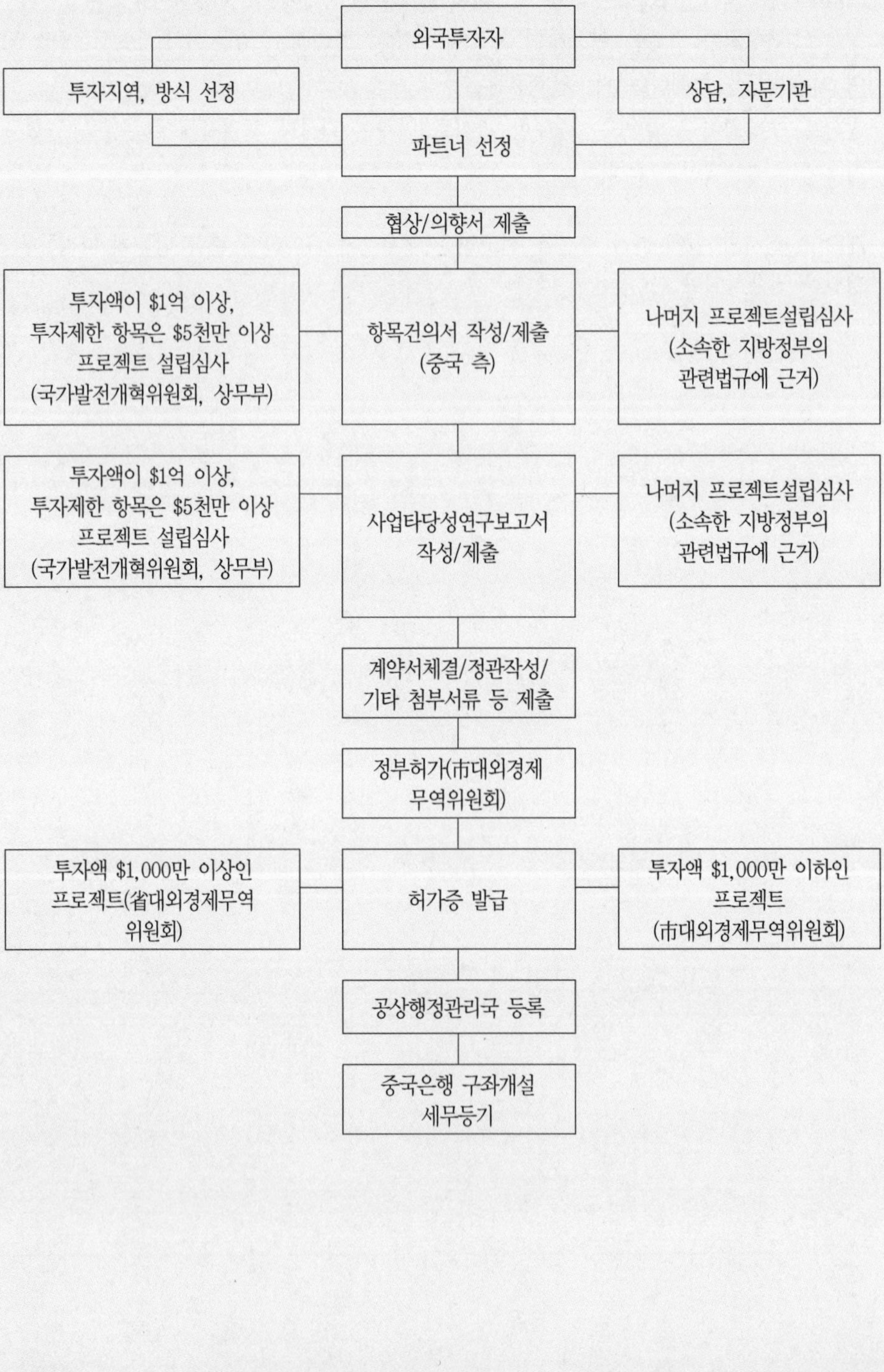
외국투자자
투자지역, 방식 선정
상담, 자문기관
파트너 선정
협상/의향서 제출
투자액이 $1억 이상, 투자제한 항목은 $5천만 이상 프로젝트 설립심사 (국가발전개혁위원회, 상무부)
항목건의서 작성/제출 (중국 측)
나머지 프로젝트설립심사 (소속한 지방정부의 관련법규에 근거)
투자액이 $1억 이상, 투자제한 항목은 $5천만 이상 프로젝트 설립심사 (국가발전개혁위원회, 상무부)
사업타당성연구보고서 작성/제출
나머지 프로젝트설립심사 (소속한 지방정부의 관련법규에 근거)
계약서체결/정관작성/기타 첨부서류 등 제출
정부허가(市대외경제 무역위원회)
투자액 $1,000만 이상인 프로젝트(省대외경제무역 위원회)
허가증 발급
투자액 $1,000만 이하인 프로젝트 (市대외경제무역위원회)
공상행정관리국 등록
중국은행 구좌개설 세무등기

투자의향서 예

한국 ㅇㅇ다이아몬드㈜(이하 "갑" 측이라 약칭)와 중국 XX재료유한회사 (이하 "을" 측이라 약칭)는 우호 협상을 통해, 원재료 회사의 설립 및 원재료와 다이아몬드 구매에 관련된 계약을 체결하기로 하며, 첫 단계로 아래와 같이 양해각서(투자의향서)에 동의한다.

1. 원재료 회사 설립

(1) "갑" 측은 중국 ㅇㅇ성 ㅇㅇ시에 "Grit" *억 캐럿/년을 생산할 수 있는 합성주를 생산하기 위한 원재료 회사를 설립한다.

(2) 원재료 회사의 투자총액은 ***만 달러이며, 그중 원재료 회사의 등록 자본은 ***만 달러이다. "갑" 측은 현금으로 ***만 달러를 출자하며, 등록자본의 ㅇ%를 차지한다.

(3) 원재료 회사가 사용할 토지는 "을" 측으로부터 임대하여 사용하며, "을" 측은 원재료 회사에 현지 우대 임대료로 임대해준다.

(4) 원재료 회사의 공장 건물은 "Grit" *억 캐럿 생산을 위한 규모이며, "을" 측의 회사 내에 설립한다. 공장 건물, 작업장은 쌍방이 공동으로 설계한다. "을" 측은 건설을 책임지며, 원재료 회사에 현지 우대 임대료로 임대해준다.

(5) 원재료 회사가 사용할 설비는 원재료 회사에서 정한다.

(6) "을" 측은 원재료 회사에서 요청하는 경우, 원재료 회사의 설립에 관한 제반 수속 및 인원 채용 등에 협조하여야 한다.

2. 원재료

(1) 원재료 회사는 생산한 합성주를 "을" 측에 판매하여, "을" 측이 다이아몬드 제조에 사용할 수 있도록 한다.

(2) 원재료 회사가 "을" 측에 판매하는 합성주의 가격은 "기준가격"에 합성주 사용 후에 따라오는 매출 총이익 순증가치의 *%를 합한 가격으로 한다. "기준가격"은 원재료, 인건비, 임대료 등이 포함된 제조원가이다. "을" 측은 매달 말 원재료 회사 합성주를 사용해 생산하여 얻은 매출 총이익을 원재료 회사에 공개하여야 하며, 원재료 회사가 필요하다고 간주할 때 "을" 측은 원재료 회사의 인원으로 하여금 동 정보를 조사 확인토록 하여야 한다.

3. 기술 방식과 판매 방식

(1) "갑" 측은 원재료 회사의 합성주를 사용하여 "을" 측이 고품질의 다이아몬드를 제조하는 데 필요한 기술자문을 "을" 측에 제공하며, 상기의 기술자문을 위해 쌍방이 협상하여 확정한 인원과 작업 기한 내에서, "갑" 측은 "을" 측에 컨설턴트를 파

견하고, "을" 측에서 수행하는 합성, 후처리, 분류, 품질관리 등 전 과정을 지도한다.

(2) "을" 측이 생산한 다이아몬드 판매에 대해서 "갑" "을" 쌍방은 시장 판매 시 상호 협력하며, 고객 충돌을 피해야 한다.

4. 쌍방의 책임과 의무

(1) 쌍방이 본 양해각서에 서명한 후, "을" 측은 30일 내, "Grit" *억 캐럿 생산을 위한 프레스 **대를 발주한다.

(2) 시장 상황에 따라 "을" 측이 "Grit" 생산 규모를 **억 캐럿/년으로 확대할 필요가 있다고 "갑" 측이 요청하면, "갑" 측의 다이아몬드 구매 수요를 만족하기 위해, "을" 측은 정상적인 투자 회수가 가능하다고 판단하는 조건하에서, 제때에 생산능력을 확대해야 한다.

(3) 원재료 회사가 제품 품질, 수량 면에서 "을" 측의 구매 수요를 만족한다는 전제 하에, "을" 측은 원재료 회사 이외의 합성주를 사용해서는 안 되며, ***합성주를 개발하거나 생산해서도 안 된다.

5. 기 타

(1) 협력 기한은 **년이다.

(2) 본 양해각서는 중국어, 한국어를 사용하여 각 2부씩 작성한다. 각 언어의 문건들은 동등한 효력이 있다.

(3) 본 양해각서 체결 후 30일 이내에 〈협력계약서〉를 체결하는 것을 원칙으로 한다.

"갑" 측:ㅇㅇ다이아몬드주식회사 ____________________

"을" 측:XX재료유한회사 ____________________

년 월 일

사업타당성 검토 보고서 예[7)]

제1장 총칙

북경시 ㅇㅇㅇ(이하 갑방으로 약칭)과 한국ㅇㅇㅇ(이하 을방으로 약칭)는 우호적 협상을 거쳐 북경에 합자기업을 설립, 국제유행의류 제품을 생산경영하기로 동의한다.

(1) **합자기업 명칭**: 북경시 ㅇㅇㅇ유한공사

(2) **법정주소**: 북경시 XXX 경영범위 및 규모: ㅇㅇㅇ

(3) **합자쌍방**

갑방: 북경시 ㅇㅇㅇ

법정주소: 북경시 XXXX

법정대표: XXX 직무: XX 국적: 중국

주관기관: 북경 XXXX

을방: 한국 ㅇㅇㅇ

등록국가: 한국

법정주소: 한국 XXXX

(4) **합자기업 투자그중 등록 자본은 XXX만 달러**

쌍방의 협의 확인을 거쳐 본 기업의 투자총액을 US$ XX만으로 결정함.

그중 등록자본은 US$ XX만임.

(5) **투자방식 및 비율**

갑방: 생산설비를 US$XX만으로 환산 투자하는데, 부족분은 중국 국가외환관리국이 공포한 인민폐의 대미 $ 환율로 계산 보충하며 등록자본금의 XX%를 차지함.

을방: US$XX만을 현금으로 투자하여, 등록자본금의 XX%를 차지함.

(6) **합자기한**: XX년, 기업의 이익과 손실을 투자비율에 따라서 이익을 공동향유, 손실은 공동 분담함.

---

7) KOTRA, 《중국투자실무가이드》, 2004, pp.70~75

제2장(합자쌍방의 기본 상황)

갑방: 북경시 ○○○은 북경시 제2경공업 총공사 소속의 집체소유제 기업으로 공장면적은 22,264m^2, 건축면적은 11,651m^2이며 현재 정식직공은 558명임.

주요제품은 XXXXX이고 연간생산액이 인민폐 XX만원임.

동 공장은 1958년 건립되어 이미 30여 년의 역사를 가지고 있으며, 일정 수준의 생산 경영관리 경험과 기술조건을 가지고 있음. 합자를 통하여 선진기술과 관리경험을 도입하고 신제품 개발을 추진함으로써, 수출을 확대하고 외화를 벌어들일 수 있음.

을방: 한국○○○는 수출을 위주로 하는 회사로서 한국 내 동종 업종 중 판매규모 제 XX위이며, 일본시장 개척에 있어서는 최선두 지위를 차지하고 있음.

제3장(시장수요 및 기업규모)

(1) 시장상황

최근 중국 내 X제품의 발전이 비교적 빠른 편이나 제품의 품종과 디자인, 품질, 포장 등 여러 면에서 선진국보다 크게 낙후되어 국제시장에서 중국 X제품의 경쟁력이 아주 뒤떨어져 있음.

따라서 우리가 합자를 통해서 외국의 선진기술과 관리 및 기계설비를 도입함으로써 중국 X제품의 수준을 높이고, 국제경쟁력을 강화 발전시켜 수출을 확대하는 것은 중요한 의미를 갖고 있음.

현재 세계 X제품 무역이 안정적으로 성장 확대되는 추세이며, 시장수요도 점차 보급화되고 있어 X제품의 시장잠재력은 아주 큰 편임. 한편 한국은 노동비용이 급상승, 생산원가를 높여 상품경쟁력을 약화시키고 있는 데 반해, 중국은 노동력이 풍부하고 임금이 저렴하기 때문에 한국이 북경에서 합자파트너를 찾는 것은 필연적이며, 쌍방 합자를 통하여 상호 장단점을 보완함으로써 보다 높은 경제적 효율성을 확보할 수 있음.

(2) 기업규모

합자기업은 XX제품을 생산경영하는 데 제1차 연도 54만 개, 제2차 연도 60만 개, 제3차 연도 80만 개를 생산함. 직공 인원 수는 150명(관리인력 포함)으로 함. 합자기업에 필요한 공장건물은 갑방이 임대형식으로 제공하는데, 면적은 대략 1,077m^2임. 합자기업의 생산제품은 XX% 수출, XX% 내수 판매함.

제4장(원재료 공급)

합자기업이 생산 수출하는 제품에 소요되는 원부자재는 소요량의 일부만 외국에서 수입하고 중국 내 내수판매 제품에 소요되는 원부자재는 중국 내에서 해결함.

제5장(에너지)

합자기업이 사용하는 석탄, 용수, 전기, 휘발유 등은 갑방이 책임지고 유상으로 공급하는데, 허용된 용량을 초과해서는 안 됨. 교통운송은 합자기업이 자체 해결하나 갑방의 지원이 필요할 때는 갑방이 유상으로 협조함.

제6장(기술설비 및 처리과정)

(1) 생산처리 과정도

준비절차:____________________

조작과정:____________________

완성절차:____________________

(2) 주요설비

〈중방(갑방)투입 설비 명세〉

(단위:대, 세트)

설비명칭	설비번호	대수	산지	비고
XXX	XX	1	이탈리아	
XXX	XX	1	이탈리아	
XXX	XX	1	이탈리아	
XXX	XX	1	중국	
XXX	XX	1	이탈리아	
XXX	XX	1	중국	
XXX	XX	1	중국	
XXX	XX	1	이탈리아	
XXX	XX	1	이탈리아	

설명: 이상 설비는 국가 명문규정에 의한 설비자산 평가기준에 따라 가격을 산정 투입함. 부족한 금액은 자산평가 당일 중국 국가외환관리국이 공포한 인민폐 대미 $ 환율로 계산한 인민폐로 투자함.

제7장(생산조직 구성 및 임금)

(1) 근무제도

전체 연간 근무일을 300일로 계산, 매 근무당 8시간씩 일인당 연간 평균 근무시간을 2,400시간으로 함.

(2) 인원구성

합자기업 직공 150명, 이 중 생산노동자 143명, 고급관리인원 3명, 기술인원 3명, 일반 관리인원 1명임.

(3) 임금표준

1. 중국 고급관리인원: 월급 인민폐 XXX위안
2. 중국 중급관리인원: 월급 인민폐 XXX위안
3. 중국 중급기술인원: 월급 인민폐 XXX위안
4. 중국 노동자(조선족 포함): 월급 인민폐 XXX위안
5. 한국 고급관리인원: 월급 인민폐 XXX위안
6. 한국 고급기술인원: 월급 인민폐 XXX위안

이상표준을 원가 계산에 투입함.

합자기업이 직공에게 지급하는 임금은 기본급여, 장려금, 정부부문에서 지급하는 각종 보조금을 포함하며, 직공 임금수준은 생산발전에 따라 향상시킴.

제8장(환경보호 및 예방관리)

합자기업이 XX제품 생산과정에서 채용하는 처리방법, 기술은 폐기가스, 폐수 등 오염문제를 일으키지 않음. 환경보호 업무 등은 합자기업이 갑방에 위탁, 환경유관부서와 절차를 처리하도록 함.

제9장(합자사업 실시 계획)

본 사업은 갑방과 을방이 XXX일 의향서를 체결, XXX일, 제 XXX호 문서로 추진허가를 받았음.

사업타당성 연구보고가 허가를 받은 후 쌍방은 바로 계약을 체결함. 본 사업은 X월 생산을 시작함.

제10장(재무 예측 및 분석)

(1) 생산판매량 예측

(2) 합자기간 판매수입 총액은 US$ XXX만, 이 중 내수수입은 US$ XXX만, 수출수입은 US$ XXX만임.

(3) 합자기간 이윤총액은 인민폐 XXX만이며, 판매이윤율은 XX%임.

(4) 합자기업 투자 총액은 US$ XX만이며, 이 중 등록자본이 US$ XX만임. 투자회수기간은 XX년 정도임.

(5) 합자기업 내부수익률은 XX%이며, 요구수익률은 XX%의 X배가 넘음.

부합자합작계약서 예

제1장 총 칙

한국 ○○다이아몬드주식회사와 중국 XX재료유한회사는 중국법률에 근거하여, 원재료 회사의 설립 및 원재료와 다이아몬드 구매에 협력하기로 동의하고 특별히 본 계약을 체결한다.

제2장 협력 당사자

제1조 본 계약의 당사자

1.1 한국 ○○다이아몬드주식회사(이하 "갑" 이라고 약칭함)는 한국법률에 의해 설립되었고 존재하는 기업법인으로 한국에서 등록하였다.

법정주소: 한국_______________________

법정대표: 성명______ 대표이사, 국적 한국

1.2 중국 XX재료유한회사(이하 "을" 이라고 약칭함)는 중국법률에 의해 설립되었고 존재하는 기업법인으로 중국에서 등록하였다.

법정주소: 중국_______________________

법정대표: 성명______ 동사장, 국적 중국

1.3 "갑" 과 "을" 은 각 소속국가의 법률에 의하여 합법적으로 설립된 법인이고, 본 협력계약을 체결하고 본 계약에 따른 권리의무의 주체가 될 수 있는 합법적인 권리능력자임을 보증한다.

제3장 회사의 설립목적, 범위, 규모

제2조 "갑" 은 〈중화인민공화국 외자기업법〉에 근거하여 중국 ○○성 XX시에 외자기업인 △△재료유한공사(이하 "병" 라 약칭함)를 설립한다.

제3조 "원재료회사" 의 명칭은 △△재료유한공사이다. 영문명칭은 △△material Co., Ltd.이다. 법정주소지는 ○○성 XX시 **에 있다.

제4조 "병" 의 모든 활동은 반드시 중화인민공화국 관련 법률, 법규의 규정을 준수하여야 한다.

제5조 "갑" 은 "병" 에 자금, 설비, 기술 등을 제공하고, "을" 은 협력조건으로서 건물을 제공하며 토지를 현지 우대 임대료로 "병" 에게 임대한다.

5.1 "병" 이 사용할 설비는 "갑" 에서 정한다.

5.2 "병" 이 사용할 토지는 ** 평당미터이며, 별첨 **과 같다.

5.3 "병" 의 공장 건물은 ㅁㅁ캐럿 생산을 위한 규모이며, "을" 의 회사 내에 설립한다. 공장 건물, 작업장은 쌍방이 공동으로 설계하며, "을" 은 건설을 책임진다. 건물은 기본 Utility를 포함하며, 설계도는 별첨 **와 같다. "을" 은 계약서 체결 완료 후 **개월 이내에 공장 건설을 완성한다.

5.4 토지와 건물의 임대료는 1차년도 XXX RMB/평방미터/1일로 한다. 2차년도부터는 매년 말 협의한다.

제6조 "병" 은 "갑" 이 70% 출자하여 설립한다. 투자총액은 XXX만 달러이며, 그중 등록자본은 XXX만 달러이다. "을" 이 제공한 토지사용권 혹은 건축물은 등록자본에 계산하지 않는다.

제7조 "병" 은 XX캐럿/년을 생산할 수 있는 합성주를 생산한다. 시장 상황에 따라 생산규모를 XXX억 캐럿/년을 생산할 수 있는 합성주를 생산할 수 있도록 확대할 수 있다.

제8조 "병" 은 다이아몬드 생산에 필요한 원재료 중에서 합성주 이외의 원재료는 생산하지 않는다.

제9조 "을" 은 "병" 에서 요청하는 경우, "병" 의 설립에 관한 제반 수속 및 인원 채용 등을 담당한다.

제4장 제품의 판매

제10조 제품 판매

10.1 "을" 이 생산한 다이아몬드 판매에 대해서 "갑" , "을" 쌍방은 시장 판매 시 상호 협력하며, 고객 충돌을 피해야 한다.

10.2 두 개 이상의 공급선을 가진 고객에 대해, "갑" , "을" 쌍방 중 일방이 이미 그 고객의 공급선일 경우, "갑" , "을" 쌍방의 다른 일방이 진입하고자 할 때, 반드시 상대방

의 동의를 얻어야 하며, 일단 진입한 후에는, 쌍방은 협력하고, 서로 경쟁하지 않는다.

10.3 쌍방의 계약일 현재 고객 List는 별첨 **과 같으며, 수시로 개정한다.

제5장 협력 쌍방의 책임과 의무

제11조 "갑" 과 "을" 은 각기 다음 사항을 책임지고 수행하여야 한다.

11.1 "갑" 의 책임과 의무

(1) "병" 의 설립에 따른 중국 지방인민정부에 비준을 신청하고 〈영업허가증〉을 취득하는 등 사항을 수행한다.

(2) "을" 의 요청이 있을 경우 별첨** 범위 내에서 "을" 에 컨설턴트를 파견한다.

11.2 "을" 의 책임과 의무

(1) 계약 체결 후 60일 이내 "병" 의 건물 건축을 완료한다.

(2) "병" 의 합성주가 제품 품질, 수량 면에서 "을" 의 구매 수요를 만족한다는 전제하에서, "병" 이외의 합성주를 사용해서는 안 된다.

(3) "갑" 의 컨설턴트가 필요한 입국비자, 공작허가증과 관광수속 등을 협조하여 해결한다.

(6) "병" 이 중국 국내에서 설비, 재료, 원료, 사무용품, 교통도구, 통신설비 등을 구입설치하고 임대하는 것을 협조한다.

(7) "병" 에 협조하여 현지의 중국 국적 경영관리인, 기술자, 노동자와 필요한 기타 직원을 모집한다.

제6장 보 험

제12조 "병" 의 각 항 보험은 모두 중국인민보험회사에 가입한다. 가입보험의 종류, 보험금액, 보험기한 등은 중국인민보험회사의 규정에 따라 결정한다.

제7장 협력기한, 해산 및 결산

제13조 협력기한은 XX년으로 한다. "병"의 설립일은 "병"의 〈영업허가증〉 발급일로 한다. 일방의 제안으로 다른 일방의 동의를 얻으면 협력만료기한 6개월 전에 상무부(또는 위임한 심사허가기구)에 신청하여 협력기한을 연장할 수 있다.

제14조 본 협력계약은 다음과 같은 경우에 해산한다.

(1) 협력기한만료

(2) 본 계약 제**조에 의해 본 계약이 해지 또는 해제되는 경우

제8장 계약의 개정 및 해지

제15조 본 계약서의 수정은 반드시 "갑", "을" 쌍방이 서면협의를 체결하고 원 심사비준기관에 보고하여 허가를 받아야만 유효한 것으로 한다.

제16조 다음 각 호의 하나에 해당되는 사항이 발생할 경우 쌍방의 협의를 통해, 만기 전에 본 계약을 해지할 수 있다.

(1) 불가항력에 의하여 계약이행이 불가능하거나 또는 "병"이 매년 적자를 기록하여 계속 경영할 수 없는 경우

(2) 일방이 본 계약서나 정관에서 규정한 의무를 이행하지 않거나 위반하여 "병"의 경영이 불가능하거나 계약규정의 경영목적을 달성하지 못할 경우

제17조 다음 각 호의 하나에 해당되는 사항이 발생할 경우 상대방에 대한 서면통지로서 본 계약을 해지 또는 해제할 수 있다.

(1) 본 계약체결 이후 XX일 이내에 "병"의 영업허가증을 취득하지 못하는 경우 또는 "병"의 설립인가가 어떤 사유로든 취소되는 경우(외자기업법시행세칙11조, 12조-90일 이내 비준결정, 30일 이내 등록신청, 영업허가증 발급)

(2) 어느 일방이 본 계약을 위반하고 상대방의 서면통지를 수령한 후 30일 내에 이를 치유치 않을 경우

(3) 어느 일방이 파산, 청산, 법정관리 또는 이에 준하는 절차를 진행하는 경우

제9장 위약책임

제18조 일방의 위약으로 인하여 본 계약에 대한 이행이 불가능하게 되었거나 완전한 이행이 불가능하게 되었을 경우 위약 측이 위약책임을 부담한다. 만일 쌍방의 위약에

속할 경우 실제 상황에 근거하여 쌍방이 각기 각자가 부담해야 할 위약책임을 부담한다.

제10장 불가항력

제19조 지진, 태풍, 수재, 화재, 전쟁 및 기타 예측할 수 없고 그 발생과 결과를 예방하거나 피할 수 없는 불가항력으로 인하여 계약이행에 직접적으로 영향을 미쳤거나 또는 약정한 조건을 이행할 수 없게 되었을 경우, 상기 불가항력에 직면한 일방은 즉시 상대방에게 통지함과 동시에 30일 내에 불가항력의 상세한 상황 및 계약의 이행불가능, 부분적 이행불가능, 이행을 연기할 필요가 있다는 이유 등을 밝힌 효과적인 증명문서를 제공하여야 한다. 이 증명문서는 불가항력 발생지역의 공증기관이 제출하는 것이어야 한다. 이것이 계약이행에 영향을 미치는 정도에 따라 쌍방이 협의하여 계약의 해제여부, 계약의 일부 이행책임의 면제여부 계약이행의 연기 여부를 결정한다.

제11장 법률의 적용

제20조 본 계약의 체결, 효력, 해석, 이행 및 쟁의의 해결은 모두 중화인민공화국법률의 관할을 받는다. 특정 사안에 있어서 이미 발표한 중국법률이 없을 경우 국제관습법을 참조하여 처리할 수 있다.

제12장 중 재

제21조 본 계약으로 인하여 발생하였거나 또는 본 계약과 관련된 모든 분쟁은 쌍방이 우호적인 협상을 통해 해결한다. 협상을 통해 해결할 수 없을 경우, 일본에서 ICC중재규칙에 의거하여 1인의 중재인에 의한 중재를 진행한다. 중재판정은 최종적이며 쌍방에 대하여 모두 구속력을 갖고, 패소한 측은 승소한 측의 변호사 자문료 및 비용을 배상해야 한다.

제13장 계약언어

제22조 본 계약서는 중국어와 한국어로 작성하고 두 가지 문자는 동등한 효력을 갖는다. 상기 두 가지 언어로 된 문서에 일치하지 않은 점이 있으면 한국어로 된 것을 기준으로 한다.

제14장 계약의 발효 및 기타

제23조 본 계약은 모두 중화인민공화국 상무부(또는 중화인민공화국 대외경제무역부에서 위탁한 심사비준기관)의 허가를 얻어야 하며 그 허가일부터 효력을 발생한다.

제24조 본 계약상의 규정들은 각기 독립한 것으로서 어느 한 규정이 무효 또는 법적으로 집행할 수 없는 것이라 하여도 여타 규정들의 효력에 영향을 미치지 아니한다. 본 계약상 한 개 또는 수 개의 규정이 지나치게 광범위하다는 이유로 집행할 수 없는 때에는 당사자 사이에 별도의 협의가 없더라도 법률상 허용되는 최대한의 범위까지 동 규정이 축소, 수정한 것으로 해석한다.

제25조 완전협의

본 계약 체결 이전에 당사자 간에 본 계약의 내용과 관련하여 합의한 약속, 결정사항, 각서 내지 이행사항 등에 대하여 본 계약이 우선하고 기존의 모든 합의사항은 본 계약에 흡수되어 소멸된다는 내용을 규정한 것이다.

제26조 "갑", "을" 쌍방의 통지방법은 팩스, 이메일, 국제특급우편 등을 이용하여 통지할 수 있으며 각 측의 권리, 의무에 관한 사항일 경우에는 동시에 서면우편으로 통지하여야 한다. 본 계약서에 열거한 "갑", "을" 쌍방의 법정주소를 "갑", "을" 쌍방의 우편수령주소로 한다.

제27조 본 계약은 2010년 ___ 월 ___ 일 "갑", "을" 쌍방의 수권대표가 ______ 에서 서명한다.

한국 ○○다이아몬드주식회사　　　　　　중국 XX재료유한회사

대표________________(서명)　　　　대표________________(서명))

외상투자기업토지사용계약(劃撥土地使用權合同)

제1조 본 계약의 쌍방 당사자:

중화인민공화국 ______성(자치구, 직할시) _____시(현)토지관리국(이하 갑이라 함), 법인주소지 __________; 우편번호 ____________.

__________(이하 을이라 함), 법인주소지: _________; 우편번호: ______.

중화인민공화국 외상투자기업 토지사용관리 관련 법률, 법규와 해당 국가규정에 근거하여 쌍방은 우호적인 협상을 통하여 본 계약을 제정한다.

제2조 갑이 을에게 제공하여 사용하는 토지는 ___________에 위치하고 있으며 면적은 ______평방미터이다. 위치와 범위는 본 계약 첨부도표에 표시한 바와 같다. 첨부도표는 갑, 을 쌍방이 이미 확인하였다.

제3조 본 계약하의 토지사용 연한은 ____년이며 본 계약이 서명된 일부터 계산한다.

제4조 을은 갑에게 토지개발비용과 토지사용비용을 포함한 장소사용비용을 지불하는데 동의한다.

(또는: 제4조 합자 또는 합작기업 계약에 근거하여 을의 _____(주: 중국 측 합자자 또는 합작자)는 갑에게 토지개발비용과 토지사용비용을 포함한 장소사용비용을 지불한다.)

제5조 토지개발비용은 매 평방미터에 인민폐로 ______원이며 총금액은 인민폐로 _____원이다. 을은(또는 중국 측 합자자 또는 합작자) 반드시 본 계약 체결일로부터 ____일 내 전부의 금액을 지불, 완료하여야 한다.

을은(또는 중국 측 합자자 또는 합작자) 전부의 토지개발비용을 지불 완료 후 ____일 내 반드시 토지등기 신청절차(또는 변경등기)를 완료하여야 하며 [중화인민공화국국유토지사용증]을 수령(갱신)하여야 한다.

제6조 토지사용비용은 매 평방미터에 인민폐로 _____원이며 ____년 ___월 ___일부터 을(또는 중국 측 합자자 또는 합작자)은 매년 ____월 ___일 전 갑에게 당해 연도의 토지사용비용을 지불하여야 한다.

토지사용비용 수급표준은 중화인민공화국(또는 ___성(자치구, 직할시) ____시(현)의 관련 규정에 따라 5년 후 갑에 의하여 상응한 조정을 하며 조정 후 을은 조정 연도부터 새로운 표준에 따라 토지사용비용을 납부하여야 한다.
(또는: 토지사용비용은 합자(또는 합작)기업 경영기한 내 조정을 한다.)
(주: 을은 관련 규정에 근거하여 감면 우대정책을 향유하며 감면규정에 근거하여 동 조항을 제정할 수 있다.)

제7조 본 계약에 별도의 약정이 있을 경우를 제외하고 을은 본 계약이 규정한 지불기한 내 계약에 따라 비용을 갑의 은행구좌에 송금하여야 한다. 은행명칭은 _____은행 ___ 지행, 계좌번호는 _________이다.
갑의 은행계좌번호에 변경이 있을 경우 변경 후 ____일 내 서면 형식으로 상대방에게 통지하여야 한다. 갑이 제때에 변경사항을 통지하지 않아 지급이 지연으로 발생한 입금지연에 대하여 을은 여하한 계약위반책임을 지지 아니한다.

제8조 동 토지는 ____항목 건설에 사용되며 을은 반드시 동 기획목적과 규정된 용도에 따라 토지를 사용하여야 한다.
본 계약기한 내 을은 토지용도변경이 확실히 필요할 경우 갑의 동의를 거쳐 토지용도 변경절차를 완료할 수 있다.

제9조 갑은 동 토지의 징수, 이사, 분계선말뚝 확정 등 구체적인 사무를 책임지는 데 동의하며 ___년 ___월 __일 전에 토지를 교부한다.
을은 적절히 분계선말뚝을 보호하여야 하며 사사로이 변경하여서는 아니되며 분계선 말뚝이 파괴되거나 또는 이동될 경우 제때에 서면으로 현지 토지 관리부문에 보고를 하여야 하며 새로이 매설할 것을 요구하고 관련 비용은 을의 부담으로 한다.
(또는: 제9조 을이 합자(또는 합작)기업의 중국 측 원래 장소를 사용할 경우 원래 장소의 분계선말뚝을 갑이 새로이 조사 확인한다.)

제10조 토지사용 연한이 만료되거나 또는 을이 사전에 경영을 종료할 경우 본 계약은 동시에 이행이 종료된다. 을은 등기말소 절차를 완료하고 토지사용증을 반납한다. 을은 동 토지 내에 투자, 건설한 건축물, 부착물에 대하여 처분할 권한이 있으나 ____를 초과하지 못하며 기한을 초과할 경우 갑이 무상으로 취득할 수 있다.
만약 을이 계속하여 동 토지를 사용하려고 할 경우 반드시 기한 만료 6개월 전에 갑에게 토지 계속 사용 신청을 제출하고 갑이 동의한 후 반드시 토지 사용 계약을 새로이 체결하고 사용할 수 있다.

제11조 을이 본 계약에 근거하여 할당(劃撥)방식으로 취득한 토지사용권은 양도, 임대, 저당권을 설정할 수 없다. 만약 양도, 임대, 저당권을 설정하려면 반드시 [중화인

민공화국 성진국유토지사용권 출양과 양도조례]의 규정에 근거하여 출양절차를 완료하고 출양금을 보강 납부하여야 한다.

제12조 만약 을(또는 중국 측 합자자 또는 합작자)이 제때에 토지사용비용을 지불하지 못할 경우 체납일부터 시작하여 매일 납부하여야 할 금액의 ___%를 체불금으로 납부하여야 한다. 체납기한이 6개월을 초과할 경우 갑은 무상으로 토지사용권을 회수할 권한이 있다.

제13조 만약 갑의 과실로 인하여 을이 토지사용권을 지연 점유하였을 경우 본 계약하의 토지사용기한은 연기하여야 하며 이에 대해 을은 배상을 청구할 수 있다.

제14조 만약 을이 동 토지에 연속 2년간 투자건설하지 않았을 경우 갑은 동토지사용권을 회수할 권한이 있다. 을이 이미 납부한 토지비용은 반환하지 않는다.

제15조 본 계약의 제정, 효력, 해석, 이행 및 분쟁의 해결은 모두 중화인민공화국 법률의 보호와 관할을 받는다.

제16조 본 계약의 이행과 관련하여 발생한 분쟁은 분쟁 쌍방이 협상하여 해결하며 협상이 파기될 경우 쌍방은 _______중재위원회에 중재를 신청하는 데 동의한다.(당사자 쌍방이 계약에서 중재기구를 약정하지 않거나 또는 사후에 서면으로 중재계약을 달성하지 못할 경우 인민법원에 제소할 수 있다.)

제 17조 본 계약은 쌍방 법인대표(권한위임대리인)가 서명한 후 효력을 발생한다.

제18조 본 계약은 1식 ___부로 갑, 을 쌍방이 각각___부를 소지한다.

제19조 본 계약은 ___년 ___월 ___일에 중화인민공화국 ____성(자치국, 직할시) _____시(현)에서 체결한다.

제20조 본 계약의 미진 사항은 쌍방이 약정한 후 계약의 첨부서류로 하며 본 계약의 첨부서류는 계약의 구성부분으로 본 계약과 동등한 법률효력을 지닌다.

갑: 을:

중화인민공화국__________________성(자치구, 직할시)

_________시(현) 토지관리국(날인) ___________(날인)

법인대표(위탁대리인) 법인대표(위탁대리인):

______________(서명) ___________(서명)

勞動合同書

(2008规范版)

甲方（用人单位）：

法定代表人：

地址：

电话：

乙方（劳动者）：

身份证号码：

身份证住址：

现居住地址：

家庭电话： 手机：

合同起止日期：

根据〈中华人民共和国劳动法〉、〈中华人民共和国劳动合同法〉及国家有关法律法规，甲乙双方经平等协商，自愿签订本合同，共同遵守本合同所列条款。

一、合同訂立條件

第一条 乙方保证符合甲方如下录用条件：

⑴ 岗位技能：____________________

⑵ 工作经验：____________________

⑶ 文化程度：____________________

⑷ 其他条件：____________________

第二条 乙方保证在签订本合同时与其它任何单位不存在任何形式的劳动关系

二、合同期限

第三条 甲´乙双方选择以下第________种形式确定本合同期限：

(一) 固定期限：自_____年_____月_____日起至_____年_____月_____日止°

(二) 无固定期限：自_____年_____月_____日起至法定的或本合同所约定的终止条件出现时止°

(三) 以完成一定的工作任务为期限°自_____年_____月_____日起至_________工作任务完成时即行终止°

第四条 合同期限前____个月为试用期°即______年______月____日至______年______月____日°

三、工作内容和工作地点

第五条 乙方同意根据甲方工作需要，在______部门从事______岗位工作°

第六条 甲方根据经营情况和乙方工作业绩能力表现，可以变更或调整乙方的职位和工作内容°

第七条 乙方应按照甲方的要求，按时完成规定的工作数量，达到规定的质量标准°

第八条 乙方的工作地点为__________.根据甲方的工作需要，经甲乙双方协商同意，可以变更工作地点°

四、工作時間和休息休假

第九条 乙方实行__________工时制（标准工时制´不定时工时制´综合计算工时制）°

(一) 实行标准工时制的，甲方安排乙方每日工作时间不超过八小时，每周不超过四十小时°甲方由于工作需要，经与乙方协商后可以延长工作时间，一般每日不得超过一小时，因特殊原因需要延长工作时间的，在保障乙方身体健康的条件下延长工作时间每日不得超过三小时，每月不得超过三十六小时°

(二) 实行综合计算工时制的，平均每日工作时间不得超过8小时，平均周工作时间不得超过40小时°

(三) 实行不定时制的，工作时间和休息休假乙方自行安排°

第十条 乙方在合同期内享受国家规定的各项休息´休假的权利，甲方应保证乙方每周至少休息一天°

五、勞動報酬

第十一条 工资分配遵循按劳分配原则°甲方每月____日以货币形式支付乙方上月工资，

遇节假日可以微调发薪日期。

第十二条 乙方试用期的月工资为人民币________元整（税前），转正后的月工资为人民币________元整（税前）。乙方的个人所得税由甲方代扣。如甲方的工资制度发生变化或乙方工作岗位变动，按新的工资标准确定。

第十三条 乙方任职不同的职位和不同的级别享受相应的工资和奖金。甲方将根据乙方的业绩、能力和表现调整乙方的工资和奖金。

第十四条 乙方患病或非因工负伤，其病假工资、疾病救济费和医疗待遇按国家有关规定执行。

第十五条 甲方根据实际经营状况、规章制度、对乙方考核情况，以及乙方的工作年限、奖罚记录、岗位变化等，调整乙方的工资标准，但不可低于国家规定的最低工资标准。

第十六条 甲方根据工作需要安排乙方加班，应依法安排乙方同等时间补休或支付加班加点工资。

第十七条 乙方依法享受各种休假期间，甲方应按国家有关规定或规章制度规定的标准，支付乙方工资。

【예 시】〈규정서식 제9-1호〉

<table>
<tr><td colspan="5" rowspan="2">해외직접투자신고(수리)서</td><td>처 리 기 간</td></tr>
<tr><td></td></tr>
<tr><td rowspan="5">신청인</td><td rowspan="2">상 호</td><td rowspan="2" colspan="2"></td><td>사업자등록번호</td><td></td></tr>
<tr><td>법인등록번호</td><td></td></tr>
<tr><td>대 표 자</td><td colspan="2">(인)</td><td>주민등록번호</td><td></td></tr>
<tr><td>소 재 지</td><td colspan="2"></td><td colspan="2">전화번호 :</td></tr>
<tr><td>업 종</td><td colspan="4"></td></tr>
<tr><td rowspan="7">해외직접투자내용</td><td>투 자 국 명</td><td></td><td>소 재 지</td><td colspan="2"></td></tr>
<tr><td>투 자 방 법</td><td colspan="4"></td></tr>
<tr><td>투 자 업 종</td><td colspan="2"></td><td>주 요 제 품</td><td></td></tr>
<tr><td>투 자 금 액</td><td colspan="2"></td><td>자 금 조 달</td><td></td></tr>
<tr><td>투 자 목 적</td><td colspan="4"></td></tr>
<tr><td>투 자 비 율</td><td colspan="4"></td></tr>
<tr><td>현지법인명
(영 문)</td><td colspan="4"></td></tr>
<tr><td colspan="6">한국수출입은행장 귀하
외국환거래법 제18조의 규정에 의거 위와 같이 신고합니다.
1999년 10월 15일</td></tr>
<tr><td colspan="4" rowspan="3">신청인 귀하

위의 신고를 다음 조건으로 수리합니다.</td><td>신고수리번호</td><td></td></tr>
<tr><td>신고수리금액</td><td></td></tr>
<tr><td>유 효 기 간</td><td></td></tr>
<tr><td colspan="6">년 월 일

1. 신고수리조건을 준수할 것
2. 기 타

신고수리권자 : 한국수출입은행장 (인)</td></tr>
</table>

〈첨부서류〉 1. 투자개요서 또는 사업계획서(자금조달 및 운영계획 포함)

2. 합작인 경우 당해 사업에 관한 계약서

3. 외국환거래법 시행령 제7조 제1항 제4호에 규정한 금전의 대여에 의한 해외직접투자인 경우에는 금전대차계약서

※ 업종은 통계청 한국표준산업분류표상 세세분류코드(5자리) 및 업종명을 기재

참 고 문 헌

국내

강준영 편, ≪중국진출전략 대특강≫, 중앙 M&B, 2003. 3.
김영우, ≪중국사업, 진출에서 성공까지!≫, 세창미디어, 2008.
김화섭, ≪중국진출 무엇이 문제인가?≫, 산업연구원, 1997.
김용준, ≪중국소비자와 중국시장≫, 박영사, 2000. 6.
김용준, 이재하 엮음, ≪중국의 경제개혁과 한국기업의 진출전략≫, 성균관대학교 현대중국연구소, 1998. 11.
대외경제정책연구소, ≪중국진출 한국기업의 경영실태와 시사점≫, 2004.
대한상공회의소, ≪중국인의 상관습과 협상요령≫, 1995.
박문봉 著,≪중국인, 제대로 알고 진출하라≫, 도서출판 문원북, 2001. 9.
박종한, 김민수 공저, ≪중국시장 브랜드 전략≫, 궁리, 2008.
산업연구원/파이낸셜 뉴스 편, 〈금융위기와 주요 업종 대중국 수출증대 방안〉, 2009. 12. 19.
산업자원부, 〈Q&A로 본 중국투자 A to Z〉, 2006.
승병근, 정광재, ≪중국 내수시장과 통하라≫, 사람인, 2007.
신주식, ≪쳐다보는 달과 바라보는 달≫, 해조음, 2006. 2.
신주식, ≪중국 비즈니스 전략 308선≫, 고려대학교 출판부, 2003. 12
장세은, 장효경, 〈중국 경제체제 흐름의 변화와 우리 기업의 전략적 과제〉, 2007
鄭光浩, ≪중국 비즈니스 터닝 포인트≫, 프리미엄북스, 2001. 6.
〈조선일보〉, 2010. 1. 30., 4. 3., 4. 11., 4. 20., 7. 19., 8. 25.
중소기업 진흥공단 편, ≪중국 투자 경영 실무≫, 보성인쇄기획, 2001. 12.
윤덕우, 〈중국의 부정적 투자환경과 한국기업의 조직관리전략에 관한 사례연구〉, (대구가톨릭대학 대학원, 2003. 2.)
이만수, ≪중국에서의 기업경영≫, 청림출판, 2001. 3.
차오티엔셩 지음, 김장호 옮김, ≪중국상인, 그 4천년의 지혜≫, 도서출판 가람기획, 2000. 8.
소노다 시게토 著, 박준식 옮김, ≪중국인 이렇게 생각하고 행동한다≫, 2002. 2.
한국무역협회, ≪중국비지니스 실무 가이드≫
한국무역협회, ≪중국투자 이런 점에 유의하라≫, 1994.

한국수출입은행, 〈중국 투자환경과 투자사례〉, 2002.
한국수출입은행 해외경제연구소,〈우리나라 대중국투자기업의 청산현황분석〉, 2003. 4.
한국환경산업협회, 〈국내외 환경산업체의 중국진출 성공 실패 사례 분석 연구〉, 2005.
최필규, ≪중국을 넘어야 한국이 산다≫, 한국경제신문사. 1994.
KOTRA 편, ≪중국투자 현장점검≫, 학림사, 2001. 11.
KOTRA, ≪전문가에게 듣는 중국 투자 포커스≫, 2006.
KOTRA, ≪중국 Grand Survey 2009 ≫, 2009.
KOTRA, ≪M&A를 통한 중국 진출 전략 ≫, 2007.
KOTRA, ≪투자실무가이드-중국≫, 2007.
卓子旋 著, 류혜인 옮김, ≪중국 비즈니스의 성공의 비결≫, 하서출판사, 1994. 9.
邱永漢 지음, 이정식 옮김, ≪중국인과 일본인≫, 삶과 꿈 출판사, 1995. 8.

국외

〈홍콩경제일보〉, 2010. 1. 28.
〈파이낸셜 타임즈〉 2009. 3. 23
〈中國國際商報〉, 招商週間, 2005. 4. 18.
曾仕强 著, ≪中國式管理≫, (臺北；建中書報社, 2001. 8. 1.)
夏海鈞 著, MBA, ≪中國企業案例≫, (中國, 北京；中信出版社, 2000. 10.)
〈經濟日報〉, (中國, 北京；1999. 1. 26.)
周逸 著, ≪中國經濟社會的困惑≫, (中國, 廣州；廣東經濟出版社, 2001. 5.)
程超澤 著, ≪中國經濟隱憂≫, (中國, 北京；外文出版社, 1999. 1.)
胡兆量 著, ≪中國區域發展導論≫, (中國, 北京；北京大學出版社, 2000. 8.)
Arthur. H. Smith 原著, 樂愛國, 張華玉 飜譯, ≪中國人的性格≫, (홍콩；三聯(書店) 有限公司, 2001. 5.)
盧泰宏 主編, ≪行銷大中國≫, (臺灣, 臺北；時報文化出版企業有限公司, 2001. 9.)
徐國良, 王進 共著, ≪企業管理案例精選精析≫, (中國, 北京；經濟管理出版社, 2000. 10.)
金耀基 著, 「中國人的公, 私概念」, 喬健, 潘乃谷 主編, ≪中國人觀念與行爲≫, 麗文文化事業有限公司, 1988.
曾仕强 著, ≪解讀中國人 ≫, (中國, 北京；中國工人出版社, 2001. 6.)
楊中芳, 高尙仁 主編, ≪中國人 中國心；人格與社會編 ≫, 遠流圖書出版公司, 1991.
王文靜 等 共著, ≪安家立業 新中國≫, (臺灣, 臺北；商智文化出版社, 2001. 6.)
黃文雄 著, ≪中國投資誡≫, (臺灣, 臺北；草根出版事業有限公司, 2000.)

관련 웹사이트

• 코트라	http://www.kotra.or.kr
• 차이나인포	http://www.chinainfor.com
• 인민일보	http://www.people.com.cn
• 중국인민은행	http://www.pbc.gov.cn
• 중국전문가포럼	http://csf.kiep.go.kr/
• 한중무역투자정보망	http://koreachina.mke.go.kr
• 한국무역협회	http://www.kita.net/
• 대외경제정책연구원	http://www.kiep.go.kr/
• 대한상공회의소	http://www.korcham.net/
• 중국개발구정보망	http://www.cdz.cn/
• 삼성경제연구원	http://www.seri.org/
• 중소기업수출지원센터	http://www.exportcenter.go.kr
• 중국망	http://www.china.org.cn
• 법학망	http://www.legaldaily.com.cn
• 중국 대한민국 대사관	http://www.koreanembassy.cn
• 한국주재 중화인민공화국대사관 경제상무참사처	http://www.kr2.mofcom.gov.cn

찾 아 보 기

가격 카르텔 199
가격 탄력도 197
간접수출 30
간접투자 62
개발구 51
개원의 치(開元之治) 227
건설공사품질관리감독(建設工程質量監督) 180
경광(京廣) 15
경광철도 16
경상 거래 283
경상 외화계좌 284
경제기술개발구(經濟技術開發區) 55, 56, 57, 181
경제특구 181
고급 브랜드 200
고부가가치산업 56
고정자산 289
공동지분투자형 합자기업(Joint-share Company) 67
공차배화(空車配貨) 310
꽌시(關係) 35, 98
광동성 16
광조우(廣州) 15
구매의 현지화 449
국가보조금(複貼工資) 221
국가소유(全民所有) 172
국가출입국검사검역국(國家入出境檢驗檢疫局) 189
국가토지관리국 172
국내 외화 대출 280
국내 위안화 대출 280
국수주의(國粹主義) 236
국유토지사용권출양계약서(國有土地使用權出讓合同) 174
국제통화기금 23
궁형(弓型) 14
글로벌화(globalization) 438, 441
기계전자제품수입신청서(機電產品進口申請書) 187
기술 라이선싱 30
기술 이전 139, 142
기술 제휴(라이선스 생산) 63, 71
기업 명칭 등록신청서 127
기업 명칭 예비 등록 127
기업소득세 285, 286
기축통화 23

내건장배(來件裝配) 71
내료가공(來料加工) 71
내수시장 51, 68, 87, 292
내수판매 48, 143, 144
내양생산(來樣生產) 71
넝쿨 문화 245
노동계약(勞動合同) 221
노동보험 146
노무관리 145
농·목축업세류 285

다간(多幹) 245
다공장 경영(multi-plant operation) 196
다국적기업 41
다근(多根) 245
다근 · 다간의 넝쿨 문화 245
다부문(多部門) 246
단기 체류 주재원 427
단기투자 289
단기투자 평가 손실 충당금 290
단체 도급제(승포제) 330
담보 제고 280
당안 224
대륙교 18
대리점 체제 321
대중 투자 목표의 명확화 30
대중화 경제권 14
대직능(大職能) 246
대차대조표(資産負債表) 101, 124
도시부동산세(房産稅) 179
독자(獨資)기업 62, 155
동사(董事) 64
동사장(董事長) 64
동사회(董事會) 64
동향(同鄕) 관계 259

만만디 397
무상양도(劃拔) 176
무형자산 투자 92, 94
무형자산 평가손실 충당금 289
물류비용 49, 192

배후시장 43
보상무역 71
보세구 51, 55, 56
보세운송 불허 품목 190
보세창고 185
보험회사 76
복리비(福利工資) 221
본사 보증 280
부동산관리국(房地産管理局) 176
부속 합의 문서 148
북경-광주 간 고속철도 16
북경-파리 17
비준증서(批准證書) 164

사무소 62
사업 타당성 검토보고서(可行性研究報告) 114, 115, 116, 127
사전 조사 35
삼래일보(三來一補) 71
삼자기업(三資企業) 62
상벌 제도 268
상인(商人) 정신 412
상장기업 68
생산성 30
생산원가 54
생산의 현지화 446
서부대개발 43
석탄 의존형 에너지 산업구조 183, 184
선물 399
선물회사 76
성과급 제도 267
세계의 공장 26
세계의 시장 26
세계의 은행 26
세계화 441
세수 우대 정책 55
세수 우대 지역 55, 56
소규모 탄광 폐지 정책 184
소득세류 285

소부문(小部門) 246
소비 수요 197
소비지 중심 47
소위 따취엔(大圈) 256
소직무(小職務) 246
손익계산서(損益表) 101, 124
손익분기점(BEP) 89
수익성 31
수입 가격(CIF) 192
수입유효증서 187
수입 쿼터제 187
수입쿼터증명서 187, 188
수입허가증 186
수직 문화 383
수평 문화 383
시설 투자 93
신기축통화론 23
신노동계약법 221, 225
신설투자(Green Field) 68
신자유주의 441
실리주의 400
실물 투자 92
실수령임금(實得工資) 221
실수요 원칙에 따르는 외환 집중제 283
실용주의 400
씨아오취엔(小圈) 256

아웃소싱(out-sourcing) 84
양자강(장강) 16
에너지 · 자원 소모형 산업 56
역가격 197
연합관리위원회 65
연해지역 16
영업세 285, 287
영업허가증(營業執照) 166
예측표 122
오너 경영 51, 311
와이까오챠오보세구(外高橋保稅區) 79
외국인 직접투자(FDI) 56
외국인투자산업지도목록(外商投資産業指導目錄/外商投目) 72, 74
외국인투자프로젝트 비준에 관한 잠정 관리방법(外商投資項目核准暫行管理方法) 125
외상독자기업 66
외상투자기업청산방법(外商投資企業清算方法) 469
외상투자방향지침에 관한 잠정규정(外商投資方向指針暫定規定) 72
외상투자산업지도목록(外商投資産業指導目錄) 72
외자기업 41, 53, 56, 237, 472
외자기업법(外資企業法) 63
외자기업법실시세칙(外資企業法實施細則) 472
외자기업 설립보고서 113
외채 대출 280
외화 대출 280
외화가득액 115
외화수지 144
외환보유고 144
외환조절센터 146
용역(用役) 196
원가법 290
원가절감 35
원료 및 원자재 생산 지역 46
위생허가증 190
위안화 23
위탁가공 63, 71
유동자산 289

유상양도 173
유통세류 285
유한책임회사 474
의리이변 249
의부감(依附感) 269
이념주의 400
이인위주(以人爲主) 247
이직률 249, 268
이합일(二合一) 251
인인설사(因人設事) 248
인정미 399, 414
일반제품수입쿼터증명서(一般産品進口配額證明書) 187
임가공 생산(來料加工) 214
임차(出租) 175

자금조달표 124
자본 거래 283
자본 외화계좌 284
자원세류 285
작업 실명제 204
장강(양자강) 14
장강(長江)삼각주지역 43
장기 체류 주재원 427
장기투자 290
장기투자 평가 손실 충당금 290
장인(匠人) 정신 412
장정(章程) 155
장지 사용비(場地使用費) 175
재고자산 평가손 충당금 289
재물(財物) 196
재산세류 285
재양도(轉讓) 173
저가법 289
정관(章程) 164
정관의 치(貞觀之治) 227
정주(鄭州) 15
제1대륙교(大陸橋) 17
제2대륙교 18
제품경쟁력 54
제품의 현지화 445
조인트벤처(Joint Venture) 62
조직 문화의 현지화 447
주강(珠江)삼각주지역 43
주식시장 68
주식유한회사 474
주재원 405, 414
주재원 사무소 71
주재원 사무소 설립 63
주재원의 현지화 443
주주총회 474
중경 14
중경-사우디아라비아 18
중국강제인증제도(CCC) 202, 204
중국식 전제주의 275
중도주의(中道主義) 251
중서부지역 외국인투자 비교우위산업목록 78
중외합자경영기업법(中外合資經營企業法) 63, 65, 94, 144, 185
중용주의(中庸主義) 251
중화우월주의 234
중화인민공화국기업소득세법 56
중화인민공화국기업소득세법실시조례 56
중화인민공화국기업파산법(中華人民共和國企業破産法) 471
중화인민공화국외화인민조례 283
중화인민공화국중외합자경영기업법(中外合資經營企業法) 63
중화인민공화국중외합자경영기업법

실시조례(中外合資經營企業法實施條例) 63, 65, 472
중화인민공화국중외합작경영기업법(中華人民共和國中外合作經營企業法) 65
중화인민공화국회사법(中華人民共和國公司法) 469
증권업 76
증치세 285, 286, 288
지동도합 248
지분 양도 468
지분법 290
지점 62
직접 경영 51
직접 판매 체제 320
직접수출 30
직접암행 경영 311
직접투자 30, 62
진출 목적 30
집단 인맥 체제 405
집단 인맥 체제 구축 404
집체소유(勞動群衆集體所有) 172

첨단기술개발구(高新技術開發區) 55, 56
첨단기술산업개발구 57
첨단기술제품에 대한 외국인투자 78
첨단산업 56
청바오(承包)제 330
청산 148, 468, 469
청산방법 469
청산조 473
체면 399, 414
총경리(總經理) 64
출양(出讓) 173
출자 명세서 136

토지 개발비 174
토지관리국(土地管理局) 176
토지사용비잠정규정(土地使用費暫行規定) 180
토지사용증서(土地使用證書) 176
토지 취득비 174
토지출양(出讓)계약 172
통관 사례비 191
투자 목표 38
투자 입지 38
투자 지역 선정 38
투자의향서 109
특별인출권(SDR) 23
특정목적세류 285
특정상품수입자동등기관리잠정조치 190
특정상품수입허가증 190

파산 468
파산 청산 475
판매 지역 46
판매지 중심 47
포지셔닝 198
표준공장 180
푸둥신구(浦東新區) 79
품질 인증 제도 204
프랜차이징 30
프로젝트 신청보고서 114, 115
피고지주의 151

합동(合同) 132
합동서(合同書) 132
합의 148
합작(合作)기업 62
합작회사 468
항목건의서 113, 127

항목입항(項目立項) 113
행위세류 285
향친(鄕親) 257
현금 투자 92
현금흐름표(財務狀況變動表) 101
현물출자 176
현물투자 178
현장 경영 51, 311
현지인 활용 459
현지화 438, 439, 443
협의 148
형식주의 400
호구부 224
화남지역 15, 16
화상회의(華商會議) 14
화중지역 15
확인 경영 51, 311
환경오염 유발 산업 56
황취엔(黃圈) 256
황허강 16
횃불계획(火炬計劃) 56
회사등기말소신청 474
회사 정관 155
회사법 470
후오회의 21

BEP 89
CCC 마크 205
CCEE 마크 205
CCIB 마크 205
G2 19, 21
G20 21
G8 21
IEC(국제전기표준협회) 205
KOTRA 99
M&A(인수합병) 68
OEM 생산 214
Stand-by L/C 280
WTO 76, 204
39세 현상 261, 262
59세 현상 262

저자약력

신주식

대구카톨릭대학 교수
전 삼성물산 북경지점장 등 홍콩, 대만, 싱가포르, 중국에 20여 년 근무
중국 비즈니스실무 최고권위자

박혜영

미국 보스턴대학교 Management School, Human Resource Policy Center 교환교수
전 휴잇 상무, 액센츄어 이사 등 역임, HRD 전문가

박정동

인천대학교 무역학과 교수
전 인천대학교 중국학연구소 소장, 아프카니스탄 재건사업 전문가 파견단장

저자와의 협의에 의해
인지를 생략합니다.

중국에서 기업하기

신주식 · 박혜영 · 박정동 공저

초 판 발 행 : 2011. 3. 6
제1판 2쇄 : 2012. 9. 7
발 행 인 : 김 승 기
발 행 처 : 생능출판사
신 고 번 호 : 제406-2005-000002호
신 고 일 자 : 2005. 1. 21
I S B N : 978-89-7050-695-1

413-756
경기도 파주시 문발동 507-12 파주출판도시
대표전화 : (031)955-0761, FAX : (031)955-0768
홈페이지 : http://www.booksr.co.kr

* 파본 및 잘못된 책은 바꾸어 드립니다.

정가 29,000원